KB036432

한반도와 4대 강국

이 도서의 국립중앙도서관 출판예정도서목록(CIP)은 서지정보유통지원시스템 홈페이지(http://seoji.nl.go.kr)와
국가자료공동목록시스템(http://www.nl.go.kr/kolisnet)에서 이용하실 수 있습니다.
CIP제어번호: CIP2016022136(양장), CIP2016022137(반양장)

C H I N A

R U S S I A

J A P A N

A M E R I C A

THE TWO KOREAS AND THE GREAT POWERS

한반도와 4대 강국

새뮤얼 킴 지음 | 김병로 옮김

The Two Koreas and the Great Powers
by Samuel S. Kim

헬렌에게,

감사와

기쁨과

사랑을 담아…

일러두기

1 이 책에 나오는 외래어는 외래어 표기법에 따라 표기했습니다. 단, 외래어 표기법과 다르게 굳어진 일부 표기는 관용적인 표기를 사용했습니다.

2 서양 인명은 처음 나올 때만 성명을 모두 표기하고, 이후에는 성만 표기했습니다. 단, 조지 H. W. 부시의 경우 조지 W. 부시와의 구별을 위해 성명을 모두 표기했습니다. 또한 빅터 차, 캐서린 문 등 한국계 미국인을 포함해 필요한 경우에는 성명을 모두 표기했습니다.

3 각 국가를 나타내는 방식은 원서의 표기를 최대한 반영했습니다. ROK는 대한민국, DPRK는 조선민주주의인민공화국, North Korea는 북한, South Korea는 남한으로 번역했으며 Korea는 문맥에 따라 남한이나 한국(한반도)으로 표기했습니다. 서울, 평양, 베이징 등 수도명으로 국가명을 표현한 부분은 그대로 옮겼습니다.

4 원서의 영문 기사는 해당하는 한글 기사가 있는 경우 한글로 실었습니다. 단, 해당하는 한글 기사가 없는 경우 원서에 있는 영문판 제목을 그대로 실었습니다.

5 원어 병기가 필요한 경우 괄호를 사용했으며, 한자어로 된 우리말의 뜻을 분명히 해야 할 때는 첨자를 사용했습니다.

6 원서의 내용에 설명이 필요하다고 보는 경우, 옮긴이가 설명을 덧붙였습니다. 옮긴이의 설명은 각주에 [옮긴이]라고 표시했습니다.

차례

옮긴이 서문

4대 강국에 대한 선린 조화 외교를 꿈꾸며

한반도에서 역사가 시작된 이래 우리는 늘 외세의 강한 영향을 받아왔고 그 사정은 지금도 다르지 않다. 사정이 이러한데, 한반도와 4대 강국의 관계를 서술한 변변한 개론서 하나 없는 현실이 속상했다. 이 책을 번역하게 된 동기이다.

저자 새뮤얼 킴은 몇 가지 점에서 한계를 보인다. 그는 (너무 짧게 언급하여 진의를 충분히 파악하기 어렵지만) 한미 자유무역협정(FTA)을 긍정적으로 바라보는 한편, 김대중 정부와 노무현 정부의 대북 정책이 동일하다는 전제하에 서술하고 있다. 그러나 나는 전략적·선별적·제한적 개방이 아닌 극단적·전면적 개방 형태인 한미 FTA를 반대하며, 노무현 정부의 대북 정책이 김대중 정부에 비해 훨씬 보수적이었으며 일관성도 없었다고 생각한다. 그럼에도 이 책을 번역한 또 하나의 이유는 한미동맹 일변도의 냉전적 시각이 지배하는 한반도에서 4대 강국과의 관계에 대해 이 정도로 객관적이고 건조하며 담담하게 서술한 책도 드물기 때문이다. 이 책이 한반도와 4대 강국의 관계에 대한 대강의 틀과 흐름을 이해하는 데, 그리고 미래의 정세를 조망하는 데 큰 도움을 주리라 믿어 의심치 않는다.

제1장 중반부와 후반부는 국제정치에 관한 고도의 추상적이고 난해한 이론적 서술로 구성되어 있다. 국제정치를 전공하는 학생이 아닌 일반 독자들은 이 부분은 읽지 않아도 무방할 것이다.

유럽 냉전의 종식과 함께 세계 각국의 외교 정책은 이념 경쟁에서 벗어나 국가이익 쟁탈전으로 재편되었다. 특히 미국은 탈냉전 이후 세계적·지역적·국지적 차원의 거대 변화를 꾀하고 있는데 해외주둔 미군 재배치(GPR) 추진, 환태평양 경제동반자 협정(TPP) 체결, 미사일 방어(MD) 프로그램 추진, 아시아로의 회귀(Pivot to Asia) 전략 추진, 한미 FTA 체결, 전략적 유연성(Strategic flexibility) 개념 도입 등이 모두 미국의 세계 패권 전략과 깊이 연계되어 있다. 이들의 궁극적인 목적은 세계적으로는 '패권 유지'일 것이요, 지역적으로는 '중국 굴기의 견제'일 것이요, 한반도와 관련해서는 '현상 유지(분단 한국 유지)'라고 요약할 수 있을 것이다. 이러한 미국의 전략을 우리의 국익에 맞게 변용하고 윤색하는 것이 바로 외교 역량이라고 할 수 있다.

이 책을 내는 데 많은 분들의 도움을 받았다. 특히 프랑스 소르본 파리 제3대학에서 국제관계학을 전공한 임지민 씨가 이 책을 번역하는 데 도움을 주었음을 이곳에 적어 밝힌다. 임지민 씨는 원고를 몇 번씩 읽는 수고를 마다하지 않았다. 또한 어려운 출간 사정에도 불구하고 출간을 결정해준 한울엠플러스에 크게 감사드린다.

이 책은 19세기 말부터 2005년까지 4대 강국과 한반도의 역사와 외교 정책의 추이, 특히 1989년 미소 냉전 종식 이후 한반도와 4대 강국의 관계를 집중적으로 다루고 있다. 유의할 점은 이 책이 2006년에 출간되었다는 것이다. 따라서 본문에 언급된 각종 통계가 현재와 차이가 있을 수 있다. 그러나 이는 2006년의 추이가 더욱 가파르게 진행되어 생긴 변화일 뿐이다. 그만큼 한반도와 4대 강국, 세계는 하루가 다르게 급변하고 있다.

옮긴이 씀

저자 서문

한반도는 동북아시아의 핵심 요충지에 위치하고 있지만 정치적으로는 외부 세계와 격리를 추구해왔다. 그러나 '은자隱者의 나라'를 고수하려던 한국의 시도는 20세기에 들어서면서 일제강점기, 제2차 세계대전 종결, 냉전의 시작과 종식, 세계화의 강화 등으로 무산되고 말았다. 제2차 세계대전 후 진행된 국제적 운명 때문에 오늘날 한반도에는 두 개의 한국이 존재하지만, 그 이전 1269년 동안 그들은 하나의 국가였다. 오늘날 우리가 알고 있는 남북한은 자신들의 실체를 스스로 형성했다고 보기 어렵다. 오히려 그들은 냉전 갈등의 도가니 속에서 창출되었고, 또 탈냉전 이후에는 세계화라는 외부 충격에 의해 휩쓸린 국가 정체성을 가진 불완전한 두 개의 민족국가(nation-state)로 존재하고 있다고 보는 것이 적절하다.

이 책은 외교관계 연구에 대한 통합 상호작용적 접근법(synthetic interactive approach)에 기반을 두고 4대 강국, 즉 중국, 일본, 러시아, 미국과의 관계 속에서 남한과 북한의 정체성이 어떻게 진화되었는지를 탐구한다. 개인이 타자와 무관하게 자아를 정의할 수 없는 것처럼, 민족국가 역시 세계 정치 속에서 다른 행위자 집단과 관련 없이 국가 정체성을 발전시킬 수 없다. 두 개의 한국에게는 이러한 대상으로, 유교적 제국이자 사회주의 국가인 중국, 과거 식민지 지배자였던 일본, 지난날에는 간섭하기 좋아했지만 오늘날에는 모두에게 조심스러운 상대인 러시아, 남한에게는 구세주이지만 북한에게는 불구대천의 원수인 미국, 그리고 아마도 가장 중요한, 서로를 거울 속의 대상처럼 면밀히 살피고 있는 38선 너머의 또 다른 한국이 포함된다.

한반도에서 일어나는 지역·국제정치의 상호작용과 전 세계를 휩쓴 변화의 바람 — 민주화, 냉전 및 초강대국 간 경쟁 종식, 세계화 — 에 따라, 한국 속담처럼 '고래 사이에 낀 새우'라는 한국의 정체성과 역할이 이제는 확실하게 막을 내렸다. 비록 한국의 국가 정체성 탐색 과정은 역량과 실제 수행 능력 사이의 커다란 격차로 인해 유난히 요동치고 있지만, 오늘날 남한은 더 이상 허수아비가 아니라 동북아시아 경제·안보·문화의 중요 행위자이다. 비무장지대 북쪽에 있는 또 다른 한국은 치명적 내부 고난과 급격한 외부 충격이 계속되고 있는데도 생존해 있다. 사실 북한은 동북아시아의 주요 행위자 여섯 중 가장 약체이지만, 핵을 활용한 벼랑 끝 외교를 전략적으로 활용하여 스스로를 동북아시아 지정학의 주요 추진체로 만들었다.

남한과 북한, 이 두 나라는 향후 동북아시아의 새 시대를 여는 국가가 되겠지만, 그럼에도 그들이 겪은 과거사를 되돌아보지 않을 수 없다. 우리는 한반도라는 렌즈를 통해 동서 갈등이 확고히 자리 잡았던 동북아시아가 탈냉전 이후 어떻게 더 다양하고 광범위한 동맹과 적대감이 공존하는 지역으로 진화했는지 검토할 수 있을 것이다. 이를 통해 안보 갈등, 경제협력, 문화 정체성, 그리고 한반도 통일의 문제를 포함한 지역 질서(regional order)에 대해 실현 가능한 미래를 조망할 수 있다. 한편 동북아시아에 대한 4대 강국의 시각을 통해 남한과 북한이 이러한 과정에 얼마나 필수적인 존재인지, 그리고 광범위한 지역 역사와 진화 과정 속에서 그들이 어떤 방식으로 민족국가로 자리 잡아왔고 또 앞으로 어떻게 정의되어갈 것인지 명확하게 볼 수 있을 것이다. 한반도의 대외관계에는 많은 움직임과 변동이 있지만, 국가 정체성이 군사적·경제적·

외교 정책적 목표와 어떻게 상호작용하는지를 관찰함으로써 이러한 궤도를 정확하게 밝히고, 모든 세계시민이 공감할 수 있도록 하는 것이 이 책의 목표이다.

책을 구상하는 데에 약 10년의 시간이 필요했음을 고백한다. 연구의 성격이 독특하고 시간이 오래 걸려서 그동안 수많은 사람의 도움을 받았다. 개인적·집단적 교정과 더불어 작업 구상에 도움을 준 이들의 참여 덕분에 많은 문제점을 수정할 수 있었다.

이 책과 관련된 자료 조사와 집필은 지난 12년간 내가 가르친 컬럼비아대학교 정치학과의 '한국 외교관계' 전공 대학원생들에게 맞추어 구체화되었다. 이들은 내가 책을 쓰는 이유였고 나의 독자였다. 또한 이들은 이상을 시험하는 실험실이 되어 책에서 구체화된 아이디어를 테스트할 수 있는 소중한 기회를 제공했고, 그러한 경험이 집필의 원동력이 되었다. 따라서 이 책은 진정한 의미에서 내 강의의 산물이라고 할 수 있다(나는 내 강의 노트 및 학생들과의 수많은 토론을 통해 집필에 필요한 1차 자료와 아이디어를 얻었다). 책을 구체화하는 과정에 공헌해준 성실한 학생들에게 감사의 뜻을 전한다.

한편, 다양한 현장 인터뷰가 없었더라면, 한반도와 4대 강국과의 관계와 연관된 논쟁적 이슈의 동기적·행동적 차원의 윤곽을 설명하는 데 필요한 핵심 자료를 얻을 수 없었을 것이다. 나는 정치적·군사적·외교적 이슈의 막후 내부 논쟁에 대한 이해를 넓히기 위해, 1998년 5~6월과 2000년 6월에 각각 서울과 베이징에서 전현직 정부 관리와 비밀리에 많은 인터뷰를 하고 현지 조사도 진행했다. 유감스럽게도 북한 외교관과의 접촉은 겨우 두 번의 뉴욕 비밀 회담 — 1.5트랙 — 과 컬럼비아대학교 한국 연구 센터를 방문한 북한 'NGO' 대표단과의 만남에 그쳤다. 나는 현대 한국학 세미나 의장(1994년부터 현재까지 맡고 있다)으로서, 세미나 발표를 전후해 참가자들에 대한 '비공식 인터뷰'를 실시했다. 세미나의 기조 연설자들은 미국 정부의 전 관리 또는 대사, 현 주미 한국대사, 저명한 한국학 학자 및 기자 등 미국인과 한국인으로 거의 균등하게 구성되었다. 이 책은 다음 기조 연설자들과의 수많은 비공식 인터뷰 덕분에 더욱 풍부해질 수 있었다.

도널드 그레그(Donald Gregg), 윌리엄 글라이스틴(William Gleystein), 토머스 허버드(Thomas Hubbard), 웬디 셔먼(Wendy Sherman), 찰스 카트먼(Charles Kartman), 필립 윤(Phillip Yun), 찰스 프리처드(Charles Pritchard), 로버트 갈루치(Robert Gallucci), 더세이 앤더슨(Desaix Anderson), 미첼 리스(Mitchell Reiss), 이홍구, 박수길, 양성철, 마커스 놀랜드(Marcus Noland), 니컬러스 에버스탯(Nicholas Eberstadt), 브루스 커밍스(Bruce Cumings), 캐시 문(Kathy Moon), 빅터 차(Victor Cha), 존 메릴(John Merrill), 레온 시걸(Leon Sigal), 데이비드 스타인버그(David Steinberg), 스티브 린튼(Steve Linton), 이정식, 이명수, 최장집, 돈 오버도퍼(Don Oberdorfer), 셀리그 해리슨(Selig Harrison), 데이비드 강(David Kang), 문정인, 김일평, 이만우, 소냐 량(Sonia Ryang), 문승숙, 스콧 스나이더(Scott Snyder), 케네스 퀴노네스(C. Kenneth Quinones), 이숙종, 캐머런 허스트(Cameron Hurst).

또한 한국학 및 국제관계학 분야의 많은 동료들이 비판적 논평을 해주었는데, 이것이 큰 도움이 되었다. 제임스 시모어(James Seymour), 존 페퍼(John Feffer), 잭 스나이더(Jack Snyder), 맷 윈터스(Matt Winters)는 원고의 일부를 읽고 유용한 논평과 제안을 해주었다. 케임브리지대학교 출판사의 검토 단계에서는 익명의 독자 세 분이 통찰력 있는 비평과 제안을 해주기도 했다.

이 책을 준비하는 동안 나는 전체 교수진과 컬럼비아대학교의 WEAI와 정치학과에서 제공하는 쾌적한 분위기의 도움을 받았다. 지역 연구 및 국제관계학 동료들의 끊임없는 지지와 격려에 감사의 뜻을 전하고자 한다. WEAI의 연구 분위기는 나의 독특한 연구 과제와 궁합이 가장 잘 맞았다. 왜냐하면 WEAI는 매년 다수의 객원연구원과 전문 선임연구원을 중국, 일본, 한국, 대만에서 유치했기 때문이다. 미국 현지의 정치학·역사학·사회학·경제학 분야의 동아시아 지역 연구 교수진은 이들과 함께 도시락 점심 강연, 일상 대화, 웨더헤드 정책 포럼을 통하여 상호 교류할 수 있었다.

오랜 시간이 걸리는 기획에 걸맞게, 나는 자료를 수집하는 데 홍준석, 에이브러햄 킴(Abraham Kim), 이지인, 엠마 챈릿-에이버리(Emma Chanlett-Avery), 에릭 톨슨(Erik Tollesfson), 재니스 윤(Janice Yoon) 등 많은 대학원생과 연구 조교로부터 큰 도움을 받았다. 도서관 자료 또는 온라인 자료 수집 업무를 성실하게 수행해준 이들 모두에게 감사의 말을 전하고자 한다. 특히 누구보다도 매슈 윈터스(Matthew Winters)에게 가장 감사하다. 그는 내 원고 초안을 거의 마지막까지 통찰력을 갖고 신중하게 읽어 그를 모르는 사람들까지도 놀라게 했다. 그는 대학원생으로, 저명한 국제관계 학자에게 필요한 비판 능력, 개념 구상 능력, 분석 능력을 타고났다

잘 알려진 지명(평양, 서울, 부산 등)이나 이름(이승만, 박정희, 김대중, 김일성, 김정일, 강석주 등) 같은 몇몇 익숙한 예외를 제외하고, 맥큔 라이샤워(McCune-Reischauer) 방식으로 로마자를 표기했다. 그렇지 않으면 이해에 어려움이 있을 것이기 때문이다.

케임브리지대학교 출판사와 함께 이 책의 출간 작업을 한 것은 큰 즐거움이었다. 특별히 사회과학 편집자인 프랭크 스미스(Frank Smith)의 지원과 격려, 그리고 출판 과정 내내 그가 보여준 귀중한 길잡이 역할에 감사를 전하고자 한다. 캐시 펠가(Cathy Felgar)에게도 특별한 감사를 전한다. 그는 출판의 여러 단계에서 출판인으로서 효율적인 원고 조정 능력을 보여주었다.

늘 그랬듯, 나의 가장 소중한 아내 헬렌(Helen)의 끊임없는 인내, 지원, 그리고 음악이 없었다면 – 그렇다. 그녀는 정치학이 아니라 음대 교수이다 – 이 프로젝트는 열매를 맺지 못했을 것이다. 그녀는 이 길고 끝이 없어 보이는 수정과 보완의 모든 단계에 참여함으로써, 기회비용을 협력 의지로 승화시킬 수 있도록 해주었다. 내가 소진되어 버리기 전에 이 프로젝트를 완성할 수 있도록 나를 끊임없이 재촉하기도 했다. 따라서 이 책은 그녀의 작품이기도 하다.

두 개의 한국은 여전히 여러모로 격동적이며, 가늠할 수 없는 궤도를 따라

움직이는 목표물이기 때문에 나는 이 원고를 끝내는 것이 주저된다. 그럼에도 이제 원고를 마치려고 한다. 완성의 의미보다는 깊은 안도의 한숨과 이 끝없는 여정을 함께하며 나를 도와준 많은 분들에 대한 깊은 감사의 마음을 가지면서 말이다. 통상적인 면책 조항은 이 책에도 해당된다. 즉, 이 책에 있을지 모를 국지적·남북관계·지역적·글로벌 차원의 사실관계와 해석의 오류에 관한 책임은 모두 저자에게 있다는 점이다.

제1장

서론: 변화하는 세계 속의 한반도와 4대 강국

고래 싸움에 새우 등 터진다.

_ 한국 속담

우리의 역사는 도전과 극복의 연속이었습니다. 열강의 틈에 놓인 한반도에서 숱한 고난을 이겨내고, 반만년 동안 민족의 자존과 독자적 문화를 지켜왔습니다. 해방 이후의 분단과 전쟁과 가난을 딛고 반세기 만에 세계 열두 번째의 경제 강국을 건설했습니다.

_ 2003년 2월 25일, 노무현 대통령 취임사[1]

세 개의 한국을 다시 논하다

'고래 싸움에 새우 등 터진다'는 한국 속담은 강대국 틈에 둘러싸인 약소국의 안보적 곤경에 대한 종래 현실주의적 지혜를 간결하게 표현하고 있다. 세계 정치 속에서 한국을 두고 강대국끼리 벌인 치열한 경쟁의 파급효과는 실로 대단했다. 한 세기 이상, 특히 1894년부터 1953년 사이에 한반도는 광범위한 지정학적 투쟁과 심지어 피비린내 나는 전쟁의 소용돌이에 빠진 극심한 경쟁 지역이었다. 이 경쟁에는 제국주의 일본부터 제정 러시아, 소련, 청나라, 중화

1 http://english.president.go.kr/warp/app/enspeeches/view?groupid=en-ar

인민공화국(PRC), 미국까지 다양한 정도로 연관되었고, 이는 동시대 동북아시아 국제관계에 대한 4대 강국(미국, 중국, 일본, 러시아)의 다양한 변화를 보여주는 것이었다.[2] 일본은 한국전쟁(1950~1953)을 제외하고는, 이 기간 내내 침략적이고 제국주의적인 모습으로 한반도와 범아시아-태평양에서 패권을 확대하기 위해 전쟁의 선봉에 섰다. 한반도 지배권을 획득한 1894~1895년 중일전쟁, 만주와 한반도 장악을 위한 1904~1905년 러일전쟁, 1930년대 중일전쟁, 그리고 1941~1945년 태평양전쟁 등이 그것이다. 이 과정에서 은둔 왕국인 한국은 일본에 점령당했고, 식민지가 되었고, 해방되었고, 분단되었고, 내전이자 국제전인 한국전쟁으로 폐허가 되었다. 동시에 고래 사이에 낀 새우 처지인 한국은 국가 정체성을 형성하는 데 장애가 되는 세 단계의 변형을 겪어야 했는데 조선(1392~1910), 식민지 한국(1910~1945), 분단된 한국(1945~)이 그것이다.

한반도를 지배하던 일본이 몰락한 후 곧 한국전쟁이 발발했는데, 이 전쟁은 그 무엇과도 비교할 수 없을 만큼 중대한 사건이었다. 한국전쟁은 제2차 세계대전 이후 발생한 최대의 국제적 사건으로, 동북아시아와 그 외 지역에서 남북한 및 강대국 정치의 특징을 구체화하는 데 결정적 역할을 했다. 비록 이 전쟁이 1947~1950년 한반도에서 형성된 정치적 긴장에서 비롯되었고, 전쟁 개시 아이디어가 김일성에게서 나온 것이라 해도, 한국전쟁은 사실상 한국 땅에서 벌어진 강대국 사이의 전쟁이었다. 유엔 역시 국제평화와 안전을 위한 군사행동이라는 명분으로 직접 개입했다. 16개 회원국이 다양한 규모의 전투부대를 파견했고, 수많은 사상자를 낳았다.[3]

한국전쟁은 미국이 국방비 지출을 네 배로 늘리는 주요 계기가 되었을 뿐만 아니라 일본, 남한, 대만, 남베트남, 필리핀, 태국 등과 일련의 상호방위조약을 맺는 발판이 되었다. 또한 잘못 구상되어 단명한 다자안보기구, 즉 동남아시

2 동북아시아 국제관계에 대한 다차원적이고 종합적인 분석은 S. S. Kim(2004e) 참고.

3 참가국 군대 및 사상자 수에 대한 좀 더 자세한 목록은 국방부(2000: 355~356) 참고.

아조약기구(SEATO: South-East Asia Treaty Organization) 설립에 중대한 계기가 되었다. 그러나 외교사학자인 윌리엄 스턱(William Stueck)이 주장하듯 한국전쟁의 가장 큰 역설은 이 분쟁이 한국을 파괴하고 냉전을 고취시킨 것에 그치지 않고 마침내 통제 불능의 상황으로 치달아, 만약 유럽에서 일어났다면 더욱 끔찍했을, 즉 제3차 세계대전의 대체물로서 대리전쟁의 양상을 띠었다는 점이다(Stueck, 1995: 3, 370). 이 전쟁의 결과 냉전 논리가 한반도를 수십 년간 지배하게 되었다.

특히, 중요하지만 널리 인정되지 않는 한국전쟁의 역할 중 하나는, 한국전쟁이 동북아시아는 물론 동북아시아를 넘어선 지역까지 냉전적 정체성을 창출했다는 점이다. 한국전쟁은 남북한 모두의 정체성 정치(identity politics)에 결정적 변화를 초래했다. 다양한 정체성이 경쟁하던 정치에서 냉전적 정체성이 지배하는 정치로 변화하기 시작한 것이다. 그 결과 한국은 하나의 민족국가라는 집단 정체성이 급격하게 약화되었다(C. S. Chun, 2001: 132). 아무리 한국전쟁이 냉전체제의 확립을 가속화하고 완성했다고 하더라도, 수십 년 후 냉전이 종식되고 공산체제의 전환과 붕괴가 이어졌음에도 남북한은 냉전적 정체성 정치를 반전시키는 데에 실패했다(C. S. Chun, 2001: 142).

미국도 냉전체제의 결정체인 한국전쟁의 덕을 보았는데, 이는 결국 세계적 양극체제(bipolarity)와 도처에 존재하는 공산주의 위협에 대한 이분법적 시각(manichaean vision)[4]이 만연하게 되는 전략적 풍토를 낳았다. 소련의 전략적 풍토 역시 1980년대 후반까지는 냉전적 정체성에 기반을 두고 확산되었다. 극명하게 양극화된 단선적 세계관은 미국의 영향력이 미치는 지역에서 초강대국으로서 정체성과 안보를 추구한다는 이유로 불가피한 충돌을 야기했다. 소련은 미국에 필적하는 초강대국 역할을 수행한다는 구실로 피포위 강박관념

4 [옮긴이] 선과 악, 빛과 어둠처럼 세상의 모든 것은 두 개의 반대되는 것으로 구성된다는 믿음을 뜻한다.

(siege mentality)[5]에서 벗어나는 동시에, 국내의 권위주의적 정책을 정당화할 수 있었다. 이런 해석이 아니고는 소련의 지정학적 정책을 이해하기 어렵다. 확실히 미국은 소련에게 '중요한 타자(significant other)'임에 틀림없다. 유력한 국제적 준거자이며, 부러움의 대상이며, 모방의 대상이며, 때로는 공동 협력을 위한 회유 대상이기도 하다. 여기서 우리는 냉전 시대의 미소美蘇 라이벌 구도가 인식 가능한 '국익(national interest)'을 증진하기 위한 것이라기보다는 지위 경쟁으로 국가 정체성을 고양하기 위한 것과 더욱 관련이 있었음을 주목할 필요가 있다.

중국은 한국전쟁에서 많은 사상자를 냈지만 세계 최강 국가 미국을 상대로 협상 테이블에서 동등한 대표성을 인정받아 한국 문제를 타협하는 데 성공했다. 이제 서구 열강 중 그 누구도 다시는 1950년 가을의 더글러스 맥아더(Douglas MacArthur) 장군처럼 중국을 물리칠 수는 없을 것이다. 확실히 중국은 한국전쟁에서 민족적 자아와 '중요한 타자'를 분명히 확인했고, 반사회주의 초강대국인 미국에 맞서는 혁명적 사회주의 국가로서 새로운 국가 정체성을 확립할 수 있었다.

일본에게는 한국전쟁이 전화위복의 기회가 되었다. 도쿄는 막대한 정치적·경제적 이득을 얻었기 때문이다. 전쟁이 끝날 무렵 도쿄는 주권을 회복했고, 공동 방위 부담은 회피하면서도 일본에 대한 미국의 보호 의무를 규정하는 새로운 상호 안전보장조약을 솜씨 좋게 타결했다.[6] 일본은 유혈사태나 물질적

---

5 [옮긴이] 항상 적들에게 둘러싸여 있다고 믿는 강박 관념을 의미한다.

6 [옮긴이] 그러나 이에 대해서는 이견이 있다. 미일안보조약 1조에는 "미군은 극동에서의 국제평화와 안전 유지에 기여하고, 한 개 또는 두 개 이상 외국의 개입으로 야기된 대규모 내란이나 소요 사태를 진압하기 위한 일본국 정부의 명백한 요청에 따라 미군을 사용할 수 있다"고 규정하고 있다. '사용할 수 있다'라는 말은 의무조항이 아니므로, 미국은 적어도 1960년 신안보조약이 체결될 때까지는 법적으로 일본 방위 의무가 없었다는 주장이 있다. 다음을 참고할 것. 마고사키 우케루, 『미국은 동아시아를 어떻게

손실 없이 미국의 병참기지로서, 군수물자 공급을 위한 핵심 지역이라는 잠재력에 힘입어 전시경제의 이익을 거둬들일 수 있었다.[7] 한국전쟁과 아시아 및 유럽 전역에 퍼진 적대적 냉전체제의 세계화 덕분에, 일본은 그들의 제국주의 과거를 청산하는 절차를 모면할 수 있었다(그리고 이는 탈냉전 이후 동북아시아에 분쟁의 씨앗을 뿌린 결과가 되었다). 이를 상징하는 사건이 바로 1957년 기시 노부스케(岸信介)가 일본 총리로 재등장한 것이다. 기시 노부스케는 만주국 철도 책임자를 역임하고, 도조 히데키(東條英機)[8] 정부의 상공대신을 역임하고, 1941년 대미 전쟁 선포에 서명했던 사람이다. 이런 사람이 총리로 복귀했다는 것은, 같은 제2차 세계대전 패전국인 독일의 맥락에서는 상상도 하지 못할 일대 사건이었다.

지난 20년간 냉전 종식과 또 다른 세계적 차원의 변화 — 세계화와 민주주의의 제3의 물결 — 덕분에 남한은 더 이상 '하찮은 새우(marginal shrimp)'가 아니라 동북아시아 경제, 안보, 문화의 중심 행위자가 되었다. 남한은 이미 신흥 공업국가(NIC)이자 신흥 민주주의국가(NDC)라는 새로운 정치적·경제적 정체성을 갖게 되었고, 노무현 대통령은 2003년 2월 23일 취임사에서 "가능한 빠른 시간 내"에 동북아시아 시대의 완성을 위해 혼신의 노력을 다할 것을 약속했다. 노무현 대통령은 또한 대한민국이 동북아시아에서 점증하는 지역주의를 포용하고, 주변국을 하나의 단위로 통합시킬 협력축(collaborative spokes)의 중심 원동력으로서, 그리고 세계화된 경제로 뻗어나가는 중심 원동력으로서 주도적 역할을 할 것을 촉구했다. 2005년 3월 22일 연설에서는 "대한민국은 한반도뿐만 아니라 동북아시아에서 균형자(balancer) 역할을 수행할 것"이라고

지배했나: 일본의 사례, 1945-2012년』, 양기호 옮김(서울: 메디치미디어, 2013), 162~164쪽.

7 1950~1954년까지 미국은 군수물자와 관련해 거의 30억 달러에 해당하는 돈을 일본에서 사용했다(Woo, 1991: 33~34).

8 [옮긴이] 태평양전쟁을 일으킨 전범으로, 패전 후 교수형에 처해졌다.

강력한 어조로 밝혔다.[9] [10]

DMZ 북쪽에 있는 또 하나의 한국도 광범위한 기근, 사회주의적 고립의 심화, '영원한 수령'인 김일성의 사망 등 극심한 내부적 고통뿐만 아니라 급격한 외부적 충격 — 베를린 장벽 붕괴, 냉전과 초강대국의 경쟁 종식, 국제 공산주의와 소련 연방의 해체 — 에 잇따라 직면하면서도 생존해 있다. 사실 북한은 동북아시아의 주요 행위자 여섯 중 가장 약체인데, 핵을 이용해 벼랑 끝 외교를 전략적으로 활용함으로써 자신 스스로를 동북아시아 지정학의 주요 추진체로 만들어버렸다(S. Kim, 1995). 이렇게 일변一變하는 지정학적 상황은 동북아시아 지역에서 심각한 역설적 상황을 초래했다. 즉, 오늘날 탈냉전 시대에도 불완전한 두 개의 한국은 과거 통일 한국이 누렸던 것보다 훨씬 더 강력한 안보 능력을 유지하는 것으로 보인다.

지금까지 60여 년 동안 두 개의 한국이 존재했지만, 그들은 이전 1000년 이상을 하나의 국가로 존속해왔다. 이렇게 광범위한 하나의 민족적 실체가 냉전으로 인해 분단된 예를 다른 국가에서는 찾아볼 수 없다. 하지만 이러한 분단을 만들어냈던 양극 세계, 더 나아가서 20세기 중반 이후의 역사 대부분을 형성해나간 이 냉전적 양극 세계가 점차 약화되고 해체되어가는 와중에도, 한국의 분단은 중국과 마찬가지로 여전히 냉전의 특징을 보이며 존속하고 있다. 남한(대한민국)과 북한(조선민주주의 인민공화국) 모두 여전히 자신들이 한반도 전체에서 유일한 주권국가임을 선언하고 있다. 그러나 또한 남북한은 지난 수십 년에 걸쳐 국제사회에서 '정상적' 민족국가로 기능하는 각각의 메커니즘을

---

9 영문본은 다음 주소를 참조. http://english.president.go.kr/warp/app/enspeeches/view?group id=en-ar

10 [옮긴이] 이와 같은 노무현 대통령의 이른바 '균형자론'은 미국 정부의 의심을 불러일으켰는데, 이에 대해서는 다음 기사를 참고할 것. "한국이 왜 '막가는 동맹'이냐고? 동북아균형자론 보면 알 수 있다", ≪오마이뉴스≫, 2005년 5월 27일 자; "노무현의 어떤 말에 미국은 고개를 저었나", ≪한겨레≫, 2014년 1월 16일 자.

발전시켜왔다. 마치 엉덩이가 붙은 쌍둥이처럼 남북한의 모든 움직임과 국가 정체성은 정반대의 이념을 가진 판박이로 거듭난다는 것을 뻔히 알면서도 말이다.

따라서 오늘날 세계 공동체 속에서 남북한의 위상을 규정하는 대외관계는, 냉전 정체성 및 냉전 정치를 고려하여 선택 – 또는 강요된 선택 – 된 궤적의 산물이다. 게다가 국제적 환경 또한 남북한의 선택을 제약하는 상황이었는데, 남북이 교류하는 동북아시아의 경우 4대 강국이 불안정하게 상호작용하고 마주치는 지역이기 때문이다. 남북한은 각각 4대 강국 중 하나와 냉전체제의 유산인 동맹으로 엮여 있다. 즉, 북한은 중국과, 남한은 미국과 동맹을 맺고 있다. 그러나 오늘날 남북한은 고래 사이에 낀 새우라는 오랜 역사적 정체성에도 불구하고, 냉전 시절이라면 불가능했을 주도권을 잡기 위한 새로운 능력을 확보하게 되었다. 전 세계를 휩쓴 변화의 바람 – 민주화, 냉전 및 초강대국 간 경쟁 종식, 세계화 – 에 따라, 한국 속담에 나오는 고래 사이에 낀 무력한 새우로서의 정체성과 역할은 결정적으로 막을 내리게 된 것이다.

김대중 대통령과 김정일 위원장이 서로의 정통성을 인정하며 정상회담을 했을 때, 새로운 주도권에 대한 가능성도 열렸지만 동시에 고질적인 지역적·세계적 차원의 제약 또한 명백해졌다. 남북 정상회담은 외부적 충격이나 4대 강국의 후원 없이, 한국인 스스로 기획하고 실행했다는 점에서 놀랄만한 사건이었다. 남북 정상회담으로 인해 남북은 각자 패권적 통일을 추구하는 공상空想에서, 두 국가의 평화적 공존이 가능하다는 입장으로 고집을 꺾은 것처럼 보였다. 정상회담에 이어 평양은 처음으로 "남북의 다른 체제를 하나로 통일하는 문제는 후손들이 점진적으로 해결하도록 미래에 맡길 것"이라고 공식 선언했다(≪로동신문≫, 2000.6.25, 6면). 남한에서는 독일 방식의 흡수통일에 대한 우려가 확산되는 상황이었고, 따라서 김대중 정부의 '햇볕 정책(Sunshine Policy)'과 노무현 정부의 '평화번영 정책(Policy of Peace and Prosperity)'에서 실증되었듯, 북한과 상호 교류를 통한 개입론이 더욱 힘을 얻고 있는 상황이었다. 남북 정상회담 이후 남북은 이산가족 상봉을 주선했고, 교역을 증대시켰으며, 금강산 관광을 더욱 발전시켰다. 김대중 대통령은 자신의 재임 기간이나 생존해 있는 동안에 통일을 기대하지 않는다고 자주 언급했지만, 평화적 통일을 향한 점진적이고 실용적인 경로는 과거 어느 때보다 더욱 명백해진 것으로 보인다.

남북 정상회담 2년 후인 2002년 10월, 극적이지만 그렇다고 반드시 놀라울 것도 아닌 국면 전환이 있었다. 미국 부시 행정부의 교섭 담당자[11]가 "북한이 고농축 우라늄(HEU) 핵 프로그램을 개발 중임을 밝혔다"고 주장한 것이다. 이러한 북한의 '시인'은 4대 강국과 남북한이 포함된 일련의 3자회담 및 6자회담으로 이어졌다. 회담 시작부터 미국은 북한에 대한 미국의 일도양단식 압박(all or nothing demand)에 동참할 것을 남한에 요구했다. 그러나 대한민국은 북미 사이의 상호 적대성을 완화시키기 위해 애쓰는 동시에 중국, 러시아와는 좀 더 유연하게 협력하는 등 중립적 자세를 취하며 타협을 이끌었다. 이와 같은 ─ 남한, 중국, 러시아가 함께 협력한 ─ 안정 본위의 이해관계(stability-centered interests) 연합은 냉전 시대에는 꿈도 꿀 수 없었던 일이다. 그러나 한편, 과거 냉전 집단의 행위자들이 모두 그대로 관련되었다는 점은 어떤 의미에서는 상황이 하나도 변하지 않았음을 암시하는 것일 수도 있다. 혼자 변하면 변한 것이지만, 다 같이 변하면 변한 게 아니기 때문이다.

북한의 핵 교착 상태는 워싱턴(미국 언론도 포함)의 주된 관심 사항이었지만, 서울 ─ 북한 핵무기의 우선 목표물로 추정되는 ─ 은 핵 교착 상태를 대수롭지 않게 여기며 북한과 실용적 관계를 지속적으로 추구하고 있다. 노무현 정부는 미국과 거리를 두겠다는 공약에 일정 정도 힘입어 당선되었는데, 그들이 기대했던 북한의 국제적 이미지는 2000년 정상회담 당시의 북한이지 2002년 핵 프로그램을 시인한 북한이 아니었다. 뚜렷하게 대조되는 이 두 개의 사건[12]과 이

11 [옮긴이] 미국 국무부 동아시아태평양 차관보 제임스 켈리(James Kelly)를 말한다.

들이 남긴 유산은 다양한 수준의 한반도 외교 정책을 낳고 있다. 한 가지 분명한 것은, 한반도에서 국가 정체성을 확립한다는 것은 배타적인 국내 현상이 아니라 동북아시아 정세의 안정에 따라 조율되고 좌우된다는 점이다.

지역 정세 속 한국의 신구 정체성

바야흐로 새천년 초기의 한반도를 둘러싼 지역 안보 복합체 내에는 매우 오래되었지만 한편으로는 새로운 어떤 것이 존재한다. 그것은 바로 변하지도 않았고, 변할 수도 없는 강대국 세 개가 촘촘히 둘러싸고 있는 한반도의 지정학적 위치이다. 1935년에 쥘 캄봉(Jules Cambon)[13]이 언급한 바 있듯, "한 국가의 지리적 위치는 그 나라의 외교 정책을 좌우하는 가장 기본적인 요소이다. 즉, 국가가 외교 정책을 가져야만 하는 가장 중요한 이유 그 자체이다".[14] 어느 국가든 지리가 그 나라의 외교 정책을 형성하는 데 중요한 것은 물론이지만, 특히 남북한과 이를 둘러싼 3대 강국(중국, 일본, 러시아)에게는 더욱 그렇다. 지도를 힐끗 보라. 최근 북미 간 제2차 핵 교착 상태[15]로 촉발된 지정학적 먹구름은 왜 동북아시아가 세계에서 가장 중요하면서도 휘발성이 강한 지역인지를 잘 보여준다. 따라서 4대 강국 각자가 한반도를 동북아시아 안보의 전략적 축으로 간주하고, 자신들의 전략 지정학적(geostrategic) 범위 내에 포함시키려고 하는 것은 새삼스러운 일도 아니다(Eberstadt and Ellings, 2001 참조). 한반도는

---

12 [옮긴이] 2000년 남북 정상회담과 2002년 켈리의 방북으로 촉발된 제2차 북미 핵 위기를 의미한다.

13 [옮긴이] 쥘 캄봉(1845~1935): 프랑스의 외교관·행정관.

14 Pastor(1999: 7)에서 재인용.

15 [옮긴이] 1993년 북한의 NPT 탈퇴로 인한 북미 간 핵 위기를 제1차 핵 위기라 하고, 2002년 10월 켈리의 방북으로 초래된 북미 간 핵 위기를 제2차 핵 위기라고 한다.

통일이 되든 분단이 되든 중국, 러시아, 일본과 육상 및 해상 경계선을 공유할 수밖에 없는 동북아시아 지정학의 독특한 위치에 자리하고 있다. 4대 강국이 빼곡하게 둘러싸고 있는 관계로, 동북아시아 지정학에서 한반도의 독특한 위치는 축복이자 저주인 일종의 로르샤흐 테스트(Rorschach test)라고 할 수 있다.

중국의 전략 지정학적 관점에서 볼 때 한반도는 일본의 대륙 팽창을 저지하는 하나의 완충지대이다. 러시아의 관점에서 한반도는 부동항을 찾기 위한 남진 정책의 길목에 놓여 있다. 따라서 한반도는 러시아의 극동 외교에서 전략적 이해관계가 핵심적으로 맞물려 있는 지역이라고 할 수 있다. 일본에게 한반도는 대륙 팽창을 위한 필수적 통로로서 — 또는 메이지 시절 야마가타 아리토모(山縣有朋)가 "일본의 심장을 겨눈 비수"라고 언급했듯(Green, 2001: 113), 대륙으로부터의 보복 위협으로서 — 또한 일본의 산업화와 군국화를 위한 주요 식량 공급처로서 역할을 했다. 미국에게 한반도는 일본이 항복함에 따라 얻게 된 변방일 뿐이었지만, 나중에는 공산주의 팽창의 도미노 현상을 저지해줄 최전선 국가(domino state)로 탈바꿈되었다.

19세기 후반 제국주의 경쟁시대가 도래하자 한반도는 길을 잃고 갈팡질팡 어찌할 바를 몰랐다. 스스로를 더 큰 범위의 국제사회 일원으로 보지 않고 동아시아의 지역 질서(regional order) 내에 안주했기 때문에, 한반도는 서양이 문을 두드릴 때까지 중국과 조공관계를 유지하며 중국의 의견을 추종했다. 한반도는 유교적 은자의 나라를 고수하고자 했고, 서양 '오랑캐'로부터 격리되기를 원했다. 수많은 침략과 간헐적 점령이 있었지만, 한반도 문화는 2000년 동안 단일 민족으로서 뚜렷한 정체성을 유지하고 있었다. 일본은 조약을 통해 청나라에게 근대 민족국가로 전환할 것을 강요했고, 조선마저 그렇게 압박할 참이었다. 그러나 독립된 민족국가로서 조선의 생명은 짧았다. 일본이 1894~1895년 청일전쟁을 통해 청나라의 영향력을 제거하고 조선에 대한 통제권을 행사했기 때문이다. 1904~1905년 러일전쟁 때도 똑같은 일이 벌어졌다. 결국 1910년, 한반도는 전면적으로 식민지화되기 시작했다.

한반도는 식민지 시대가 시작되기 전 근대 민족국가로서 착상될 기회를 갖지 못한 탓에, 식민 통치 기간에 응집력 있는 국가 정체성을 형성하는 데에 실패했다. 1919년 삼일운동은 국가 정체성을 자각한 초기의 상징적 사건이었지만, 이에 대한 가혹한 탄압으로 인해 조선 민족주의자들은 해외 망명 운동 및 국내 지하 운동으로 전환해야만 했다. 상해의 한국 임시정부는 격렬한 파벌 투쟁으로 급속하게 휩쓸렸고, 조선공산주의 운동 또한 당파 갈등으로 쇠퇴했다. 1925년 4월에 창당된 조선공산당(KCP)은 수많은 패배와 파란곡절을 거듭하면서 1931년에 막을 내리고 말았다(D-S. Suh, 1967: 117~141).

1945년 해방에 임박할 즈음 조선의 민족주의 운동은 산산이 분열되었고, 좌절했으며, 해외 민족주의자들의 귀환을 예고하는 권위 있는 지도자도 없었다. 망명지에서의 독립운동은 오랜 전쟁으로 인한 피로감 때문에 고통받았고, 한 사람의 민족주의 지도자로는 신생 해방 국가를 통합시키기 불가능할 정도로 파벌 싸움이 극심했다(S. S. Kim, 1976; C. S. Lee, 1963). 모두가 공유하는 반일 감정이라는 정체성을 제외하면, 망명지에서 돌아온 민족주의자들은 각자 외국에서 배운 사상의 정통성을 주장하며 날카롭게 대립할 뿐이었다. 이들은 미국화된 그룹, 러시아화된 그룹, 중국화된 그룹, 공산주의화된 그룹, 기독교화된 그룹 등으로 다양했다. 이렇게 정체성이 갈라지고 분열된 상황에서, 북한의 김일성은 — 남한의 이승만은 김일성보다는 덜했지만 — 자신이 해외에서 벌인 민족혁명 운동을 과장하고 조작함으로써 그의 정통성을 신격화했다(J. A. Kim, 1975: 287, 338). 식민지 이전과 식민지 동안에 단일한 민족 운동을 형성하지 못했던 것처럼, 해방 이후에도 단일 민족 운동을 촉진하지 못했다. 미소 양국이 지배하는 지역으로 한반도가 분단되면서 이러한 현상은 더욱 심화되었다.

한반도의 분단은 1945년 8월 15일 미국의 해리 트루먼(Harry Truman) 대통령이 제안한 특별 분할계획 — 이에 대해 소련도 그다음 날 동의했다 — 의 일부로 강요된 것이다. 이는 8월 15일(남한의 가장 큰 국경일인 광복절) 일본의 조건 없는 항복에 따른 무장해제를 분담하기 위한 것이었다. 이처럼 한반도 분단 고착화는 제2차 세계대전 직후 초강대국 간 충돌의 직접적 결과물이었다. 냉전의 첫 번째 유혈사태는 1950년 6월 한국전쟁 발발과 함께 시작되었다. 이 3년간의 한국전쟁은 수백만 명의 사상자를 낳았으며, 국가적·지역적·세계적 시스템을 재편성하는 충격을 남겼다. 즉, 한국전쟁이 냉전의 제로섬게임 원칙을 제도화하는 결정적 촉매 역할을 한 것이다(Jervis, 1980). 그 결과 동아시아와 그 외 지역에서 동서 갈등의 패턴은 고착화되었다. 오늘날 3만 7000명의 주한미군이 한국에 주둔하면서(2008년에 약 2만 5000명으로 축소될 예정이다),[16] 냉전과 관련한 남한의 역할을 상기시키고 있으며, 동시에 세계적 분쟁의 극단적인 흔적을 보여주고 있다. 여기서 우리가 짚고 넘어가야 할 교훈은 한 국가의 외교관계는 절대 국내적 요소로만 이루어지는 게 아니라, 지역적·세계적 정세의 산물이라는 점이다. 이는 조선과 같은 자칭 은둔 왕국의 경우에도 마찬가지다.

사실, 한반도는 동북아시아 지역의 중심부로서 장구한 역사를 갖고 있다. 수세기 동안 동북아시아는 몽골과 만주족의 침입 몇 번을 제외하고는 중국, 한반도, 일본으로 구성되어왔다. 따라서 지역 질서(regional order)가 여러 형태로 재편성되는 동안 — 중국의 중화질서부터 근대 일본의 제국주의, 냉전 시대, 탈냉전 이후의 미국 패권주의 시대까지 — 한국은 역사적으로 이 사건들에 깊게 관련된 것은 아니었다 하더라도 항상 그 중심에 있었다. 일본 제국주의와 전후 경제적 성장, 러시아의 일본에 대한 라이벌 의식과 세계 사회주의 운동의 총사령부화, 20세기 후반 중국의 욱일승천, 그리고 세계 패권국가로서 미국의 역할 등이 모두 한반도에 부여된 정체성(identities)이며, 이러한 과정이 지역 및 세계 질서를 규정했다.

16 [옮긴이] 주한미군의 병력 규모는 2003년 3만 7500명에서 2004년 3만 2500명으로, 2007년 2만 8500명으로 단계적으로 감축되었다. 그러나 2008년 4월 이명박 대통령과 오바마 대통령의 한미 정상회담에서 주한미군을 더는 감축하지 않고 2만 8500명 수준으로 유지하기로 합의했다. 이에 대해서는 다음 기사를 참고할 것. “2008년 주한미군 2만8500명 수준 유지 합의”, ≪국방일보≫, 온라인판, 2013년 11월 10일 자.

그러나 동북아시아를 단지 지리적 대상으로만 보아서는 안 된다. 비록 지리적 근접성이 중요하긴 하나, 그 하나로 동아시아 특히 동북아시아를 규정하는 것은 문제의 소지가 크다. 왜냐하면 그 어떤 정치精緻한 지리적 접근 방법도, 동북아시아에 대한 미국의 국제정치적·지정학적 역할을 은폐할 소지가 있기 때문이다.[17] 만약 동북아시아를 지리적 측면은 물론 기능적 측면까지 고려해 정의한다면 — 이 책의 시각이기도 하다 — 동북아시아는 중국, 두 개의 한국, 일본을 핵심 국가로 포괄하고 그 위에 극동 러시아와 역외의 유일 초강대국인 미국까지 포함하게 된다. 동북아시아는 미국의 안보 및 경제적 이해관계에 극히 중요한 지역이고, 미국의 역할은 이 지역의 전략 지정학과 지경학적(geo-economic) 상황에 여전히 결정적이다(아마도 가장 결정적 요소일 것이다). 미국은 동북아의 지정학 및 지경학과 깊은 이해관계로 얽혀 있기 때문에, 아시아·태평양 지역에 배치된 10만 명의 군대 중 80% 이상을 이 지역에 주둔시키고 있고, 특히 일본과 남한에 집중 배치하고 있다.[18]

따라서 세계에서 군사력과 경제력이 가장 집중된 지역이 바로 동북아시아이다. 즉, 세계 3대 핵무기 보유국(미국, 러시아, 중국), 핵무기 준準보유국(북한), 핵무기 보유 문턱에 있는 국가(일본, 남한, 대만), 구매력 평가 기준(PPP) 세계 3대 경제 대국(미국, 중국, 일본),[19] 아시아 3대 경제 대국(일본, 중국, 남한)이 있

---

17 '동아시아'와 '동북아시아'를 하나로 같이 사용하는 것은 일반적으로 아시아, 그리고 특별하게는 동아시아가 압도적으로 중국 중심적이라는 사실과 관련이 있다. 따라서 동아시아의 개념은 전통적으로 유교적 유산을 가진 국가만을 지칭했다. Ravenhill (2002: 174) 참고.

18 최근 미국의 『4개년 국방전략검토보고서 QDR(Quadrennial Defense Review)』에 따르면, 동북아시아와 동아시아 연안 지역을 다른 세력에 의한 적대적 지배를 저지하는 핵심 지역(critical area)으로 규정하고 있다. United States Department of Defense (2001) 참고.

19 세계은행의 PPP에 따른 추정으로(이 수치에 문제가 없는 것은 아니다), 1994년 중국의 GDP는 3조 달러에 약간 미치지 못하는 수준이었는데, 이로써 미국에 이어 세계 두

다. 냉전이 펄펄 끓는 열전(hot war)으로 변한 곳이며, 동시에 중립국 없이 모든 나라가 그 어떤 지역보다 냉전 정치(Cold War politics)에 연루된 곳이 바로 이 동북아시아 지역이다. 냉전과 초강대국 간 체제 경쟁이 종식되었음에도 불구하고, 시대착오적이게도 동북아시아에서는 두 개의 한국, 일본, 중국, 미국이 쌍무적 안보 공동체로 연결된 냉전적 동맹 체제가 유별나게 지속되고 있다.

다음과 같은 이유로 인해 동북아시아에서 지역 정치(regional politics)와 글로벌 정치(global politics)는 대체로 그 맥을 같이한다. 심지어 양자 간 차이가 전혀 없다고 해도 과언이 아니다. 첫째, 동북아시아는 유엔 안전보장이사회(이하 안보리) 상임 이사국 5개국 중 3개국의 '전략적 본거지'이며, 또한 이들은 원조 핵무기 보유국 5개국 중 3개 국가로서 차별적인 NPT 체제[20]에 따라 이중으로 보호받고 있다. 둘째, 일본, 중국, 한국은 (2000년 기준) 세계 GDP의 약 25%를 차지하고 있다(Ellings and Friedberg, 2002: 396 참조). 2005년 중반 동북아시아에는 세계 4대 외환 보유국이 존재하는데 일본(8250억 달러), 중국(7110억 달러), 대만(2536억 달러), 한국(2057억 달러)이 그들이다.[21] 게다가 일본은 유엔과

번째 경제 대국이 되었다. 2003년에도, 세계 두 번째 경제 대국으로서 중국의 순위는 동일하게 유지되었지만, 중국의 구매력 기준 국민총소득은 6.435조 달러로 두 배 증가했다. *The Economist*, January 27, 1996, 102; World bank(1996: 188); World bank(2004: 256) 참고.

20 [옮긴이] NPT(Nuclear Non-Prolification Treaty)조약은 주권을 침해하는 불평등조약이라는 게 각국의 가장 큰 불만이다. 왜냐하면 NPT조약은 기존 핵보유국인 미국, 러시아, 프랑스, 영국, 중국 등 5개국의 핵보유만을 영구적으로 인정하고, 미보유국은 영구히 핵을 가져서는 안 된다는 것을 핵심 내용으로 하기 때문이다. 게다가 기존 핵보유국의 핵군축 의무 등은 전혀 규정하지 않은 채 '핵무기 보유국만 규정'했다는 비판도 있다. 이를 정치학자들은 'NPT의 이중구조'라고 한다.

21 다음을 참고할 것. Edmund L. Andrews, "Shouted Down: A Political Furor Built on Many Grudges," *The New York Times*, August 3, 2005, p.C1.

그 관련 기관에 대한 세계 2위의 재정 기여국이다. 마지막으로, 중국의 경제력과 군사력이 날로 가파르게 상승하고 있는데 — 중국은 탈냉전 이후 세계에서 가장 빠른 경제성장을 지속하고 있다 — 이는 전문가들 사이에 숱한 논쟁을 낳고 있다. 특히 중국이 동북아시아에서 얼마나 실질적인 영향력을 행사할 수 있을지, 그리고 그것이 미국의 이익 또는 재편되는 동북아시아 질서에 무엇을 의미하는지가 논란의 대상이다(Buzan and Foot, 2004; Johnston, 2004; Goldstein, 2005; Deng and Wang, 2005; Shambaugh, 2004/05; 2005; Sutter, 2005 참조).

초강대국 간 갈등이 사라지자 국지적·지역적 차원의 역동성이 그 어느 때보다 두드러지는 상황이고, 남북한은 지역 안보 환경과 정책을 형성하는 데에 과거보다 더 큰 재량을 누리고 있다. 그러나 경제 분야만큼은 그렇지 않다. 남북한(특히 북한보다는 남한)을 포함한 모든 아시아 국가는 경제 발전과 복지의 포용적 공유에 기초하여, 또한 세계화(globalization)와 지역주의화(regionalization) 과정에서 발생하는 취약성에 공감하면서, 동아시아 경제 지역주의에 참여하고 있는 상황이다. 동아시아 국가들은 위로부터 세계화(국제화) 압력과 아래로부터 지역화(현지화, localization) 압력이라는 이중 도전에 직면해 있는데, 지역적 협력의 확대는 이를 해결할 수 있는 몇 안 되는 수단 중 하나이다. 이처럼 지역 단위로 움직이는 것이야말로 세계화에 대응하여 '아시아적인' 목소리를 낼 수 있고 정치적으로도 승산 있는 방식이기 때문이다.

그러나 동북아시아에는 다양한 영토 및 해양 분쟁이 존재한다. 중러 국경 분쟁, 북중 국경 분쟁, 중국·타지키스탄 국경 분쟁, 중일 해양 분쟁(댜오위다오 분쟁), 러일 해양 분쟁, 한일 해양 분쟁(독도 분쟁), 남북 서해 분쟁(NLL분쟁), 중국과 여섯 개 동아시아 국가 간 난사군도南沙群島 분쟁 등이다(J. Wang, 2003: 385 참조). 1994년 유엔 해양법협약(UNCLOS)이 발효되면서 배타적 경제수역(EEZ)이 확대되었는데, 이는 이 지역에서 새로운 유형의 해양 분쟁이라는 명백하고 현존하는 위험을 야기했다.

게다가 1990년대 후반, 잠재되었던 북한의 안보 위험은 금방이라도 폭발할 것처럼 심각한 상황이었다.[22] 서울과 근접한 거리(로켓으로 3분 이내), 그리고 과도하게 비대칭적인 군사능력을 감안했을 때, 북한에 급변사태나 붕괴가 발생했다면 동북아시아는 물론 그 외의 지역에서도 강대국 정치(great-power politics)에 엄청난 파장이 일었을 것이다. 북한을 '깡패 국가(rogue-state)'로 낙인찍는 미국의 악마화 전략(demonIzation strategy)은 다양한 형태의 안보 및 불안 조성 행위에 착수하도록 북한을 부추겼고, 이러한 북한의 행동에 대처하는 것이 동북아시아의 안보 문제와 그 해결을 위한 필수적 요소가 되었다.

그러나 또한 동북아시아에서 간과되는 부분도 있다. 한반도에서는 주기적으로 긴장이 고조되었지만, 탈냉전 이후 단 한 차례의 내전이나 국가 간 전쟁이 발생하지 않았다는 점이다. 최근 이에 대한 일각의 견해는, 동북아시아의 상대적 평화는 중국이 부상하여 책임 있는 지역 강대국(regional power)으로서 중국 외교 정책뿐만 아니라 동북아시아를 포함한 아시아의 지정학적·지경학적 지형을 변모시켰다는 점에서 근거를 찾고 있다. 부상하는 동아시아 지역주의 시스템 내에서, 중국은 중심 강대국(hub power)으로서 일련의 협력적인 상호주의적·소다자주의적(mini multilateral) 바퀴살(spokes)이 확산되도록 관리하는 역할을 한다는 것이다(S. S. Kim, 2004d). ① 세계화 압력으로 인한 무력 사용 비용의 급격한 증가, ② 중국의 이웃 국가들과 영토 분쟁의 성공적 해결, ③ 이념 갈등의 종식, ④ 중국이 동아시아 지역 및 그 외 지역에서 평화와 안정을 위한 대국(great power)으로서의 지위 달성 등, 이상의 열거한 요소들이 서로 상호작용하며 향후 동아시아 지역의 평화와 안정을 예고하는 긍정적인 전조로 인식되고 있다.

또 다른 차원에서 일반화한다면, 연속성과 불연속성이 불안하게 병존하는

---

22 [옮긴이] 1998년 8월 18일 북한의 금창리 핵시설 의혹(후에 미국의 거짓 정보에 의한 사실 무근으로 드러났음), 8월 31일 대포동 1호 발사 등으로 한반도 정세는 악화 일로에 있던 상황이었다.

결과 명료성·단순성을 띤 엄격한 양극체제 대신, 아직 불분명한 형태의 매우 복잡하고 불확실한 동북아시아 지역 질서가 부상하는 중이라고 할 수 있다. 세력 전이(power transition)와 세계화라는 구조적 충격으로 인해, 동북아시아 지역에서의 강대국 정치는 더욱 불확실하고 복잡해지는 것으로 보인다. 동북아시아에서 확산되는 경제적 상호작용과 상호 의존이라는 구심력은, 역사적·민족적 정체성과 관련한 적대감 및 갈등 관리에 대한 입장의 차이라는 원심력과 맞물려 서로 삐걱거리고 있다. 초강대국 간 충돌이 사라진 상황에서 남북한과 4대 강국의 외교 정책은 모순된 압박에 처해 있다. 특히 위로부터의 세계화(국제화)와 아래로부터의 지역화(현지화) 압박은 쌍둥이 같은 한 쌍의 압박이다. 모든 국가들이 탈냉전 이후 국제 질서 재편에 적응하는 과정에서 고통스러운 국가 정체성 장애를 겪고 있고, 자신들의 국가 정체성을 전체로서의 지역(region)과 어떻게 결부시킬 것인가와 관련하여 유동적인 상황이다.

이들 정체성 조정을 둘러싼 불확실성 때문에 동북아시아 지역의 안보 상황은 세계의 다른 어떤 지역보다도 매우 복잡하다. 또한 세계적으로 단극 질서가 현존하지만, 하위 체제 측면에서 동북아시아는 의심할 여지없이 다극적(multipolar)이다. 따라서 동북아시아는 2, 3, 4, 2+4, 3+3 등 많은 조합과 순열로, 지역적·세계적 차원의 무대에서 파워 게임을 할 수 있는 유일한 지역이다. 그러나 어떤 의미에서는 확고한 미국의 패권과 집합 구조적 힘(aggregate structural power)을 감안할 때, 동북아시아도 다른 지역과 마찬가지로 단극체제의 지배하에 있다고 할 수 있다.[23] 한편 1960년대에는 핵보유국으로, 1970년대에는 정치적 세력으로, 1990년대에는 경제 강국으로 부상한 중국과, 1980년대에 초경제대국으로 홍성興盛한 일본을 고려한다면, 동북아시아는 그 어떤 지역보다 다극적이라고 할 수도 있는 것이다. 사태를 더욱 복잡하게 만드는 것은 바로 한반도가 분단되었다는 점이다. 그 결과 4대 강국은 남북관계를 염두하지

23 탈냉전 이후 단극체제에 대해서는 Krauthammer(1991), Wohlforth(1999) 참고.

않고는 한반도에 내재하는 위협과 기회를 다룰 수 없게 되었다. 외견상 남북 간 양자관계로 보일지라도, 이는 실제 강대국 정치(great-power politics)와 연계된 한 부분에 불과하다.

동북아시아의 미래를 전망할 때 일각에서는 한반도가 미중관계의 구심점(pivot point)이 될 수 있음을 시사한다. 반면 다른 일각에서는 베이징-서울-평양 간 세 묶음의 불균형적 상호 이해관계 및 이와 관련한 전략적 삼각관계의 복잡성과 위험성에 주목하고 있다. 또 다른 일각에서는 동아시아에서 새로운 4각 동맹(quadrilateral alignment), 즉 한반도를 중간에 묶어두고 해양 세력인 미일 블록과 균형을 유지할 중러 대륙 블록의 전략적 파트너십이 출현할 것이라고 상상한다(Brzezinski, 1997; Bedeski, 1995; Garver, 1998). 이들 중 어떤 시나리오가 동북아시아의 경로를 가장 정확하게 반영하는지는 별론別論으로 하더라도, 부인할 수 없는 일관된 사실은 바로 한반도가 각 시나리오의 중심에 있다는 점이다. 만약 위에 제시된 경로 중 하나를 선택한다면, 참가국들은 이 선택을 통해 이웃 나라들과의 관계를 정의하게 될 것이다.

냉전이 종식된 이후, 대한민국과 조선민주주의 인민공화국의 외교 정책 담당자들은 명확한 동서 냉전에 따른 충돌이 더 이상 발생하지 않는 새로운 세계에 대해 심사숙고해야 했다. 그러나 동북아시아의 경우 지역 기구의 결핍과 역사적·민족적 정체성과 관련한 증오의 고통스러운 기억 때문에, 동북아시아에서 지역주의(regionalism)는 거의 존재하지 않았다.[24] 따라서 냉전 질서에서 떨어져 나온 국가 입장에서는 어떤 종류의 확고한 국제사회(international society)에 안착한다는 것이 쉬운 일이 아니다.[25] 동시에, 강대국이 한반도에 온 관심을 집중해왔기 때문에 – 여전히 지금도 그렇게 하고 있고 – 두 개의 한국

24 동북아시아 지역주의에 대한 가장 광범위한 연구로는 Rozman(2004) 참고.

25 규칙과 규범에 따라 국가 체제가 작동하는 국제사회(international society)에 대한 사상으로는 Bull(1977) 참고.

은 그러한 지정학적 중요성이 아니었다면 갖지 못했을 권력을 누릴 수 있었다. 즉, 이러한 지정학적 중요성 덕분에 100년 이상 한반도는 의제 설정자, 방해자 또는 단순한 도관導管 국가가 될 다양한 기회를 가질 수 있었다. 근대 이전에는 중국 문화가 한반도를 통해 일본으로 파급되었지만, 반대로 오늘날에는 일본 문화가 한반도를 거쳐 중국으로 퍼진다. 1980년대 일본, 1990년대 중국의 놀라운 경제성장과 더불어 한국은 동북아시아에서 가상의 자유무역지대, 첨단 제조업 벨트지대, 또는 (러시아가 참여하는) 에너지 회랑지대의 제3의 축에 위치하고 있다.

남한은 근래 다소 의외의 영역에서 새로운 지도자 역할을 하고 있는데, 그 하나는 본질적으로 국가 정체성, 즉 문화를 다루는 것이다. 동북아시아가 하나의 지역으로 정의될 수 있었던 것은 국제 미디어 재벌의 성장을 통해 가능했다. 이 덕분에, 다른 정보 원천이 고갈되고 정치적으로 양립할 수 없는 대만과 중국이라는 굶주린 시장으로 한국 TV와 영화 수출이 가능했다. 한국의 패션 스타일 또한 상하이와 타이베이 거리에서 흔히 볼 수 있는 일상이 되었다. 그러나 문화 생산국으로서 한국의 향후 위상은, 중국과 대만 문화 산업의 성장 여부에 달려 있다고 할 수 있다. 한류의 명성은 쇠퇴할 것으로 예상되지만, 한국 문화의 콘텐츠는 이미 대중성을 확보한 문화권의 일상생활에 단단히 뿌리내릴 것이다. 더욱 큰 차원에서 보면, 우리는 문화적 인식과 외래 문화 도입의 확대가 지역 문화 협력과 이해에 미치는 영향력을 과소평가해서는 안 된다(J. S. Park, 2006).

그러나 공유된 정체성 요소와 함께 경제적·문화적 지역주의의 급증은 때로는 민족 독자성 사이의 충돌로 인해 그 빛이 무색해진다. 이러한 역설은 한반도의 지리적 중심성(centrality)이 남북 간 경쟁적인 외교 정책을 조성하고 부추긴다는 사실로 어느 정도는 설명된다고 할 수 있다. 이는 남북한 각자의 국가 정체성 및 국가 정통성 투쟁과 연결되어 있으며, 또한 4대 강국의 현미경 아래에서 착상된 것이기도 하다. 그런데 전통적으로 한반도의 안보적 곤경을 의미하는 '고래 사이에 낀 가련한 새우'라는 일반적 평가는, 1980년대 후반 이후 한반도 및 지역의 유례없는 상황 전개를 설명하는 데 더 이상 신뢰할 만한 지침이 아니다. (신현실주의와 신자유주의를 포함한) 국제관계에 관한 그 어떤 주요 이론도 이론만으로 모든 것을 설명하려 한다면 큰 도움은 되지 않을 것이다. 오히려 이와 반대로 한반도는 국제관계 이론을 적용하는 데 언제고 우발 사태가 있을 수 있음을, 그리고 국가와 국민의 관계는 변할 수 있다는 것을 인정하는 통합 이론이 필요함을 보여준다.

학자와 정책 결정자들은 한반도에 다가올 국제적 운명이 어떤 모습일지 예측하려 하지만, 이러한 작업은 상당히 독특하고 복잡한 지역적 특성으로 인해 어려움을 겪고 있다. 즉, 고도의 군사능력, 변할 줄 모르는 적대감, 한반도 문제에 대한 4대 강국의 깊지만 차별화된 얽힘, 최근 핵 통제 불능 국가로 떠오른 북한, 미국의 일방적 승리주의(unilateral triumphalism) 또는 신제국주의, 강화되는 경제적 통합 및 지역주의, 동북아시아 국제정치의 불확실성 및 예측 불가능성 등이 모두 이곳의 지역적 특성인 것이다. 안보 딜레마를 완화하거나 실현 가능한 안보 공동체를 설립하기 위해 지역 협력이 불가능한 것은 아니다. 그러나 지역의 주요 국가들이 지금과 같은 역사적 구원舊怨의 그림자 속에서 경쟁적인 정치적 정체성을 해결하지 않은 채 협력한다면, 위와 같은 목적을 달성하기란 더욱 힘들 것이다. 다음 섹션에서는 국제정치의 어떤 이론이 동북아시아의 가능한 미래를 평가하는 데 유용할지 가늠해볼 것이다. 전통적인 거대 시스템 수준의 이론, 국내 수준에서 국가 정체성 문제를 직접적으로 구체화하는 이론부터, 개별 국가의 국제정치 행태에 관한 설명까지 간략하게 살펴볼 것이다.

한반도의 4대 강국과 관계에 대한 이론적 전망

많은 지역 전문가들과 정책 권위자들은 국제관계(IR: international relations) 이론화 작업을 엉뚱하고, 부적절하고, 비현실적인 활동으로 여기는 것 같다. 특히 국제정치 이론은 1980년대 후반부터 1990년 초반 사이에 발생한 세계정세의 중대 변화를 예상하기는커녕 설명조차 못할 정도로 무력했다.[26] 이는 한국의 외교 정책 분야에도 적용되는 말이다. 왜냐하면 국제관계 이론은 강대국 간 분쟁을 해결하거나 또는 협력을 위해서만 프로그램화된 것처럼 보이기 때문이다.[27] 문제를 더욱 복잡하게 만드는 것은, 적어도 미국의 경우 이론 구축과 정책 입안 사이에는 간극이 존재한다는 데에 의견이 일치한다는 점이다(Tanter and Ullman, 1972; George, 1993 참조). 미국의 정책 집단 내에서는 국제정치 이론화 작업을 오직 극소수 이론의 선택 그 자체를 위한 무의미한 경쟁으로 인식하고 있다. 그것도 정책 전문가·지역 전문가와 거의 소통하지 못한

---

26 현실주의적 설명에 대한 비판, 그리고 소련 붕괴 및 냉전 종식의 예측 실패에 대한 통렬한 비판은 Deudey and Ikenberry(1991), Gaddis(1992/93), Kegley(1994), Kratochwil (1993), Lebow(1994), Lynn-jones and Miller(1993) 참조.

27 약소국에 대한 대부분의 연구는, 약소국의 정책 및 행위를 형성하고 영향을 미치는 외부체계 변수에 집중되고 있다. 이들은 동맹 내에서 약소국의 권력을 분석하고, 약소국의 강대 동맹국과 양극체제의 강약에 의한 영향력 내에서 약소국의 권력을 분석한다. 따라서 이들은 동맹국의 행위를 형성하는 국내 정치의 역동성에 대해서는 거의 관심을 갖지 않는다. 이들 연구의 결론은 다음과 같다. ① 약소국의 경우 강대국보다 구조적 제약에 더욱 민감하고 취약하다. 따라서 약소국의 행위를 형성하는 데에 외부 체제 요인이 최우선이다. ② 약소국은 여전히 오직 양극체제하에서만 세계 정치에서 역할을 할 수 있다. 즉, 초강대국 간 경쟁과 긴장이 격화될수록 약소국의 레버리지는 더욱 커진다. 이는 '약자 권력(power of weak)'의 역설이다. ③ 약소국은 공격적 강대국에 맞서 균형을 꾀하기보다는 강대국에 편승한다. Morrison and Suhrke(1979), Rothstein (1968), Vital(1967), Handel(1981), Paul(1994), Schou and Brundland(1971), Walt (1987), Elman(1995) 참고.

채 말이다. 그러나 이론과 실제의 차이는 완벽하게 제거될 수 없을지라도, 메꿀 수는 있다. 이는 알렉산더 조지(Alexander George)가 주장하듯, 정책 연계 이론(policy-relevant theory)을 발전시킴으로써 가능하다(George, 1993). 정책 입안자와 정책 전문가들은 부지불식간 필연적으로 어떤 이론과 관련된 가정과 관점을 의사 결정 과정에 이용할 수밖에 없다. 이미 스프라우트 부부(Harold and Margaret Sprout)가 날카롭게 지적한 바 있듯 국제정치에 관한 '관점 없는 책'은 거의 존재하지 않으며, "이는 국제정치 이론에 관한 관점을 뚜렷이 밝히느냐 아니면 함축적이고 모호한 관점으로 슬쩍 언질만 주느냐의 문제가 아니다. …… 즉, 선택된 특정 관점을 평가할 때 우리가 꺼내놓아야 할 적절한 질문은, 어느 관점이 옳은가 그른가가 아니라 어떤 관점이 다른 관점보다 당면 문제를 이해하는 데 기여할 수 있는가"이다(Sprout and Sprout, 1971: 13). 결국 어떠한 이론적 접근 방법이든 그 존재 이유는 진리 추구에 있는 것이지 이론적 간결성(parsimony)에 있는 것이 아니다. 따라서 이론은 증거와 일치할 수 있는지 여부를 기준으로 수용 또는 기각되어야 한다(Vasquez, 1992: 841). 우선 세 개의 지배적인 국제정치의 이론적 패러다임 — 신현실주의, 신자유주의, 구성주의 — 에 대해 비판적 평가를 한 후에, 그 대안으로 통합 상호작용 이론을 소개하겠다.

현실주의 관점

근대 국제정치 이론은 제2차 세계대전 후 냉전과 함께 탄생했다. 현실주의적 관점은 국가를 그 어떤 이타적·이념적 동기를 넘어 실질적 힘을 추구할 수 있는 유일 행위자로 묘사하며 냉전 시대에 지배적인 견해로 군림했다. 현실주의가 다른 관점들에게 서서히 기반을 내어주는 상황에서, 케네스 월츠(Kenneth Waltz)의 역작 『국제정치론(Theory of international Politics)』이 발간되었고, 신현실주의[28] 시대가 개시되었다(Waltz, 1979). 월츠의 이 구조적 이론은 한스 모겐소(Hans Morgenthau) 등 전통적 현실주의자들이 오래전부터 시도했지만 달성하지 못했던 이론적 엄격성과 간결성(theoretical rigor and parsimony)을 고전적 현실주의에 부여한 것으로 평가된다.[29] 월츠의 연역적 이론은 국제정치를 구조(structure)와 구성단위(units)로 이루어진 체제로 개념화했다.[30] 이러한 국제 체제의 구조는 외교 정책을 제약하고 폐기하는 힘으로, 그리고 체제 전체의 일관성을 창출하는 힘으로 작용한다. 따라서 개별 국가 행위는 국가의 총체적 힘의 국제적인 배분에 따라 지나칠 정도로 제약된다. 세력균형 이론(balance of power theory)은 국제정치에서 가장 핵심적인 정치 이론으로 간주되고, 양극체제를 세계 정치의 체제 정의 및 안정을 위한 핵심 요소로 본다.

신현실주의는 그 이론적 간결성(parsimony)으로 인해 국가의 내부 속성, 즉 한 국가의 정치 체제, 정책 결정자의 인성적 요인, 정부 구조, 지배적 이념, 정권의 성격 등을 통해 국제 문제를 설명하는 것을 허용하지 않는다. 왜냐하면 비슷한 처지에 있는 국가들의 행위는 비슷하게 결정되기 마련이고 따라서 새로울 게 없기 때문이다. "체제의 구성단위는 오직 체제 역학의 한계 내에서만 자유가 있을 뿐이어서, 그들의 행위와 그 행위의 결과는 예측 가능"하다(Waltz, 1979: 72). 월츠는 체제 이론가로서 첫째 이미지(인간 본성)를 셋째 이미지(무정부상태)로 대체하는 한편, 둘째 이미지(국가 속성과 국내 역학관계)는 사상捨象함으로써, 고전적 현실주의를 품격 있게 단순화하고 통합했다.[31] 구조적 현실주

---

28 [옮긴이] 신현실주의는 '구조적 현실주의'라고도 한다.

29 [옮긴이] 전통적 현실주의(traditional realism)와 고전적 현실주의(classical realism)는 같은 말이다.

30 [옮긴이] 월츠를 필두로 하는 신현실주의의 핵심 주장은, 개별 국가들의 국가적 속성(예컨대 민주주의 국가인가, 자유무역을 추구하는가 등)과 관계없이 국제 체제의 구조(structure)가 양극체제인가, 단극체제인가, 다극체제인가 등에 따라 그 체제에 속하는 국가의 행동 양식이 결정된다는 것이다.

31 [옮긴이] 월츠의 책 『인간, 국가, 그리고 전쟁(man, the state, and war)』에서는 인간 수준, 국가 수준, 국제 수준의 세 가지 분석 수준에서 국제정치 현상을 분석하면서 각

의는 고전적 현실주의의 단위 수준(unit-level) 설명 대신 거시 구조적 설명을 제시하는데, 이에 따르면 구성단위는 차별성 없이 획일적이고 그 독자성은 상실된다. 그러나 거시 구조적 변수의 영향력은 역학적·확률적 측면보다는 결정론적으로 개념화된다. 간결성과 연역적 메타 이론을 추구하다 보니 국제 체제의 역학관계를 시계처럼 정확한 기계적 일반 법칙으로 재개념화한 것으로 보인다(Almond and Genco, 1977). 월츠가 『국제정치론』에서 보여준 이론적 간결성은 그의 초기 저작인 『인간, 국가, 그리고 전쟁』에서의 다층적 사고방식을 통해 얻을 수 있었다(Waltz, 1959).

따라서 신현실주의는 왜 전쟁이 발생하는지에 대한 근거(예컨대, 무정부상태)를 제시하기는 하지만 언제, 어떤 전쟁이 발생하는지를 결정하는 직접적인 원인, 즉 중간변수적·부차적 수준의 특성을 좀 더 직접적으로 다루는 근거는 제시하지 않는다. 이에 대해 월츠와 그의 추종자들은 구조적 현실주의는 외교정책에 관한 이론이 아니라 세계 정치에 관한 체제 이론일 뿐이며, 또한 그렇기 때문에 구조적 현실주의는 체제를 구성하는 단위의 특성에 관심을 가져서는 안 된다고 대응할 것이다(Wohlforth, 1994/95 참조). 그러나 이러한 특징은 이론적으로나 운용상으로나 흠결이 있다. 즉, 구성단위의 속성은 구조(structure)에서 배제될지언정 엄연히 체제의 일부이다. 배리 부잔(Barry Buzan)이 간명하게 지적했듯, "체제(system) = 구성단위 + 상호작용 + 구조"이다(Buzan, 1991: 153). 게다가 월츠 자신의 구조적 세력균형 이론은 '행위와 결과에 대한 많은 기대'로 이어진다는 것을 자신의 저서인 『국제정치론』 곳곳에서 암시한다. 예컨대 그는 자력구제(selfhelp) 체제 내에서 스스로를 돕지 않는 국가들은 번영

각 '이미지'로 비유하고 있다. 국제정치 현상을 분석하는 첫째 이미지는 인간 본성(human nature)이고, 둘째 이미지는 국가 속성 또는 성격(regime attributes)이며, 셋째 이미지는 무정부상태(anarchy)라고 한다. 월츠는 전쟁 같은 국제정치 현상의 원인이 무엇보다 셋째 이미지, 즉 국제정치 구조에서 비롯된 것으로 보고 있다.

에 실패할 것이라거나, "세력 균형이 최종 목적이든 아니든 국가들은 균형 행위(balancing behaviors)를 위해 노력할 것이다"라고 했는데(Waltz, 1979: 118, 128), 이것이 외교 정책 이론이 아니라면 대체 무엇이란 말인가? 하지만 그렇다 하더라도 신현실주의 이론은 한 국가의 실제 대외 정책에 거의 관심을 두지 않는 이론이라 할 수 있다.

월츠는 또한 무정부상태를 과대평가하고 국제 체제 내 위계질서를 과소평가한다. 왜냐하면 그는 무정부상태와 질서를 택일 조건으로 취급하는데, 그러나 사실 그것들은 연속선상에 있는 양극단의 종착지 중 하나라고 이해하는 것이 맞다(Vasquez, 1992: 854). 월츠에 따르면 한 국가는 안정된 시대에서조차 국제 체제가 정해놓은 맥락 안에서만 행동한다는 것이다. 그러나 국제 정세에 대한 독자적 정의(이것이 국제 구조의 현실에 부합하지 않을 수도 있다), 국가이익에 대한 인식[이는 힘의 양태(configuration of power) 속에서 변화하는 것보다 더 빠르게 변화하는 것으로 보인다], 협상의 기술과 자원 등 수많은 요인을 감안했을 때, 실제 개별 국가들이 어떻게 처신할지는 알 수 없는 것이다. 요컨대, 국가는 국내와 국제 압력을 조정할 뿐만 아니라, 둘이나 셋 이상의 모순된 국제 압력을 조정하는 하나의 중심축이지 당구공(billiard ball)이 아니다(Putnam, 1988; J. Snyder, 1991: 317 참조).[32]

구조적 세력균형론의 가장 큰 문제점은 세계 정치에서 힘의 개념과 관련되어 있다. 힘에 대한 전통적 관념은 그 국가의 집합 구조적 힘(예를 들면 아직 금액으로 환산되지 않은 한 국가의 자원과 재산으로부터 추론된 잠재적 힘)에 과도하게 주목한다. 반면에 역동성, 상호작용, 그리고 특정한 이슈 영역 또는 국가 간 관

---

32 [옮긴이] 현실주의는 또 다른 이름으로 '당구공 모델(billiard ball model)'이라고 한다. 이는 국가란 외부 세력이 침투할 수 없는 딱딱한 껍질을 가진 단위체이며, 권력과 안보를 위해 끊임없이 갈등하고 충돌한다는 의미에서 붙여진 이름이다. 자세한 내용은 다음을 참고할 것. 박재영, 『국제정치의 패러다임(제3판)』(법문사, 2013), 26~27쪽.

계가 포함된 상호 의존적 힘에는 거의 관심이 없다. 따라서 힘이란 "분쟁에서 승리하고 장애를 극복할 수 있는 능력" 또는 "결과를 좌우할 수 있는 힘"을 말한다(Deutsch, 1988: 20, Keohane and Nye, 1977: 11). 월츠의 구조적 현실주의는 집합 구조적 힘과 사용 가능한 특정 이슈로서의 힘을 구별하는 데 실패했다. 조지가 언급했듯, "이 구별은 왜 강대국이 다른 강국을 상대할 때보다 오히려 약소국과의 군사 충돌 및 무역 분쟁을 해결하는 데 지지부진한지를 이해하기 위해 대단히 중요하다"(George, 1993: 111). "강한 국가는 그들이 원하는 것을 얻으며, 약한 국가는 그것을 인정할 수밖에 없는 것이다"라는 투키디데스의 오래된 현실주의적 격언이, 강자와 약자 간 비대칭적 국제 협상에서 항상 유효한 것은 아니다(Thucydides, 1978: 402; Habeeb, 1988 참조). 북한의 경우를 보라. 어떻게 그렇게 작고 약한 국가가 1993~1994년 핵 협상 중 세계 유일 초강대국으로부터 자신들이 원하는 거의 모든 것을 얻어낼 수 있었겠는가. 북한은 미국의 막대한 총체적 능력(aggregate capability)에 맞서 그들의 전술적 협상력을 총집결할 수 있었기 때문이다(킴, 1997 참조). 비대칭적 갈등에 관한 문헌에 따르면, 약한 국가가 강한 적국에 저항하며 전쟁에 참여하는 사례가 그렇지 않은 경우보다 더 많음을 보여주고 있으며, 강대국은 종종 베트남 전쟁 등의 비대칭적 전쟁에서 패배했다(Mack, 1975; Paul, 1994; Christensen, 2001 참조). 지난 200년간 모든 비대칭적 전쟁을 다룬 COW(Correlates of War) 데이터 뱅크에 따르면, 이러한 전쟁에서 거의 30%는 약소국이 승리했다. 또한 시간이 흐르면서 약소국의 승리 빈도는 더욱 증가했다(Arreguin-Toft, 2001: 96). 또한 약소국가들은 오늘날 북한이 반복적으로 사용하는 전략인, 전쟁 직전까지 몰고 가는 '벼랑 끝 전략'을 구사하기 시작했다(Lebow, 1981).

수정된 현실주의의 일종인 스티븐 월트(Stephen Walt)의 위협균형론(balance of threat theory)은 강대국과 약소국 간 동맹 행위에 초점을 맞추기 때문에 남북한의 안보 행위를 설명하는 데 오히려 더 적합하다(Walt, 1987). 위협균형론은 현실주의의 핵심 가정을 수용하면서도, 국가는 단지 힘(power)에 근거하기보다는 주로 위협(threat)에 맞서기 위해 균형을 추구할 것이라고 예측하여 전통적 세력균형론을 수정한다. 이때 위협은 가장 중요한 요소인 국력뿐만 아니라 지리적 근접성, 공격 능력, 침략 의도 등의 함수로 정의된다(Walt, 1987: 264~265). 월트의 위협균형론에 따르면 위협 인식은 대개, 간파한 다른 국가의 의도가 침략적인지 아닌지에 따라 좌우된다. 이처럼 타국의 위협과 의도에 대한 어떤 국가의 인식을 정의하는 과정에서 역사적 경험이 중요한 역할을 할 수 있다. 전통적 세력균형 이론은 오직 국가의 능력에 초점을 맞추는 데 반해, 위협균형론은 동질감 및 위협(친구냐 적이냐) 형성 과정을 더 많이 고려한다.

그러나 위협균형론은 상당히 막연한 것 같다. 왜냐하면 그 어떤 연역적인(*a priori*) 종합 가중 공식을 제시하지 않고 독립변수나 다름없는 네 가지 변수를 열거하고 있기 때문이다. 또한 편승 행위보다는 균형 행위가 일반적이라고 하면서, 편승 행위는 특히 약소국이며 고립국인 경우에 한정된다고 한다. 달리 말하면, 이 이론은 약소국이며 고립국인 북한의 경우 북한에 대한 최대 위협국가에 맞서 균형을 추구하기보다는 편승할 것으로 예측하는 것이다.

현실주의자들의 주장이 탈냉전 이후 국내 정치의 격변에 직면하게 되자, 많은 학자들의 관심은 강대국 간 전쟁 및 초강대국 간 경쟁이라는 틀에 박힌 주제에서 국제적 갈등의 국내적·사회적 근원으로 옮겨가고 있다. 현재 국내 사회적 수준(domestic societal-level)에 대한 설명 변수가 국제 갈등 연구의 핵심이 되고 있는 상황은 그간 연구에서 국내 사회적 변수를 소홀히 해왔던 것, 구조적 현실주의로 설명할 수 없는 경험적 예외가 늘어났다는 것, 그리고 많은 약소국과 취약 국가에 영향을 미친 '블랙홀 증후군'이 점차 부각되고 있다는 점을 뒤늦게나마 인정하고 이에 대응하려는 것이라 볼 수 있다(Levy, 2001; Holsti, 1996). 외교 정책에 관한 신고전적(신전통주의적) 현실주의론[33]을 지지

33 [옮긴이] 기디언 로제(Gideon Rose)가 처음 사용한 용어로 신현실주의와 고전적 현실주의를 종합한 이론이다.

하는 새로운 유형의 개혁파들은 전통적으로 그래왔듯 여전히 힘을 중요 변수로 상정하면서도, 개별 정치 지도자의 역할에 상당한 재량을 허용한다(Rose, 1998; Zakaria, 1998; Christensen, 1996; Wohlforth, 1993; Schweller, 1998 참조).

이는 한반도를 둘러싼 동북아시아 지정학에서 세력균형 또는 위협균형 현실주의가 적실성的實性이나 중요성을 잃었다는 의미는 아니다. 중국과 일본이 각자의 영향력 확대를 위해 균형을 추구하고, 미국과 러시아의 끊임없는 관심과 간헐적 방해가 함께하고 있는 가운데 동북아시아의 지정학적 전장戰場은 19세기 유럽의 다극시대와 유사하다. 또한 중국은 미국 패권에 가장 근접한 경쟁자로 인정받고 있고, 이제 중국의 홈그라운드에서 이 대결이 점차 막상막하의 수준으로 되어가고 있다. 특히 북미 제2차 핵 교착 상태에서 중국의 주도적 갈등 관리 역할은 미중 간 연성 균형(soft balance)[34]의 대표 사례로 보아야 한다.

한반도 주변의 동북아시아 정치가 다극체제의 모습과 비슷하다는 의견은 1990년대 중반 이후 모스크바의 특별한 공명共鳴을 얻었다. 이는 러시아 외교부 장관 예브게니 프리마코프(Yevgeni Primakov)가 정열적으로 고안한 외교 정책 구상으로, 러시아 외교의 최우선 지침으로 알려졌다. 2001년 8월 4일 블라디미르 푸틴(Vladimir Putin)-김정일 2차 정상회담 말미에 발표된 8개 항의 '북러 모스크바 선언'[35]은 세계 다극 질서 출현에 관해 많은 것을 시사한다.[36] 프

---

34 [옮긴이] 군사적 수단을 통한 전통적인 균형이 아닌 비군사적 수단을 통한 균형을 의미한다.

35 [옮긴이] 2001년 8월 4일 모스크바에서 북한 김정일 국방위원장과 러시아 푸틴 대통령이 발표한 공동선언으로 조러 모스크바 선언이라고도 한다. 북한과 러시아 양국은 소련 연방 해체 이후 10여 년간의 단절된 정치적 공백기를 극복하고 불리한 대외 환경을 타개하기 위해 2000년 2월 '조러친선선린및협조에관한조약'을 체결한 데 이어, 2001년 7월 26일~8월 18일에는 김정일 국방위원장이 러시아를 답방하여 '조러 모스크바 선언'을 발표했다.

36 모스크바 선언의 영문 텍스트는 다음을 참고할 것. ≪조선중앙통신≫, 2001년 8월 5일 자.

리마코프는 동북아시아에는 두 가지 형태의 다극 시스템이 경쟁 중이라고 주장했다. 첫 번째는 고전적 다극 시스템으로 러시아가 미국, 중국과 균형을 시도하는 것이고, 두 번째는 다자간 협력과 상호 의존성에 기초한 최신 다극 시스템인데, 러시아는 이 시스템 내에서 협상에 의한 해결에 참여할 수 있어야만 하며, 이처럼 다른 세력과 협력을 통해 러시아의 외교 정책적 목표를 달성해야 한다는 것이다(Sokov, 2002: 135).

현실주의의 세 가지 변형 이론 중 리더십 변화의 역할을 강조하는 신고전적 현실주의론이 남북한과 4대 강국의 외교 행위 변화, 특히 탈냉전 이후의 한국과 미국의 외교 행위 변화를 설명하는 데 가장 적합해 보인다. 그러나 현실주의에 대응하여 성장하는 몇몇 이론적 패러다임에서 더 나은 이론적 타당성을 발견할 수 있을 것이다.

자유주의 관점

1980년대 내내 국제관계 이론의 지도적 패러다임을 두고 신현실주의론에 가장 팽팽하게 맞선 경쟁자는 신자유주의적 제도주의론(neoliberal institutionalism)이었다. 고전적 현실주의와 비교해볼 때 고전적 자유주의는 국내 정치가 중요하다고 주장하며, 여러 종류의 통치 형태는 다양한 방법으로 상호작용할 것이라고 주장했다. 또한 고전적 자유주의는 통상通商이 국가 간 상호 의존성을 창출함으로써 전쟁 위험을 감소시킬 것이라고 주장했다.[37] 1970년대에 로버트 코헤인(Robert Keohane)과 조지프 나이(Joseph Nye)는 상호의존론을 부활시켰다(Keohane and Nye, 1977). 그다음 1980년대에는 신자유주의적 제도주의론이 발전했는데, 이들은 신현실주의의 주요 가정을 수용하면서도 다른 결론을 이끌어냈다. 신자유주의론(neoliberalism)에 따르면, 국가는 절대적 이득

37 통상 자유주의(trade liberalism)에 대한 고전적 설명으로는 Angell(1913) 참조.

(absolute gains)에 관심이 있으며 먼 미래에 대한 영향력을 감안하면 복지 증진을 위해 상호 협력이 가능하다고 주장함으로써, 국가가 상대적 이득(relative gains)에 더 관심을 갖기 때문에 서로 협력할 수 없다는 신현실주의론의 주장을 논박했다(Axelrod, 1984; Keohane, 1984; Oye, 1985; Baldwin, 1993 참조). 1990년대 초반, 몇몇 합리적 선택 모델(rational choice models)은 신현실주의와 신자유주의 사이의 논쟁이 일반화된 모델의 특별한 사례에 불과하다는 점을 실증했다. 즉, 상대적 이득은 어떤 상황에서는 중요하지만 또 다른 상황에서는 중요하지 않다는 것이다(Powell, 1991, 1994; Niou and Ordeshook, 1994). 따라서 신자유주의론은 신현실주의에 대한 대안이라기보다는, 신현실주의 패러다임 내의 변형으로 보는 것이 더 명확할 것 같다.

신자유주의 전통 내의 또 다른 학자들은 다양한 통치 형태와 국내 정치 행위자들이 지도자들에게 부과하는 제약 등 국내 정치에 뚜렷한 관심을 보인다.[38] 이 이론에 따르면 일반적으로 한 국가의 외교 정책 행위, 특별하게는 전쟁 경향(war-prone) 행위의 경우, 국제 체제(international system)의 구조보다는 그 국가의 고유한 중앙정부 형태와 사회 시스템 형태에 달려 있다고 주장한다. 또한 민주평화론(democratic peace theory)은 경험적 자료를 통해, 그리고 여전히 전쟁이 일상적인데 왜 민주 국가 사이에는 싸움이 드문지에 대한 다양한 의견을 바탕으로 국제관계론 내에서 많은 영향력을 확보하고 있다.[39] 이처

38 브루스 부에노 데 메스키타와 데이비드 랄만(Bueno de Mesquita, Bruce and Lalman, David, 1992)은 현실 정치(realpolitik)와 국내정치의 제약이라는 두 가지 정식 모델을 제시하는데, 경험적인 테스트를 통해 후자가 전자보다 더 정확하고 효과적인 모델이라는 것을 증명하고 있다. 또한 다음을 참고할 것. Rosecrance and Stein(1993), Kapstein(1995), J. Snyder(1991).

39 민주평화론에 대한 문헌으로는 Doyle(1983a, 1983b), Russett(1993), Russett and Oneal(2001) 참고. 국내 정치 문제가 전혀 새로운 주장인 것은 아니다. 선명하게 다른 전제에서 출발했지만, 임마누엘 칸트(Immanuel Kant), 토머스 우드로 윌슨(Thomas Woodrow Wilson), 블라디미르 레닌(Vladimir Lenin) 모두 전쟁의 원인과 평화를 위

럼 국내 정치와 이념을 새롭게 강조하는 것은 지역 전문가들에게는 놀랄 것도 없는 일이 되었다. 중국 외교 정책 문헌을 피상적으로만 검토해봐도, 중국 외교 정책 전문가들의 압도적 다수는 적합한 설명 모델을 모색하기 위해 다양한 국내 요인에 초점을 두고 있음을 알 수 있다(S. S. Kim, 1998c: 3~31 참조).

그러나 이념을 핵심 결정 인자로 하는 'Second Image(국내 통치 형태)' 이론은, 소련 외교 정책 연구 분야에서는 비판받고 있음을 주목할 필요가 있다. 이 이론은 1917년 러시아 혁명부터 1991년 제국의 붕괴까지 소련 외교 정책이 깨지지 않고 지속될 것임을 암시하는데, 이는 경험적으로 사실이 아니기 때문이다(Wallander, 1996). 더욱이 최근 로버트 리트웍(Robert Litwak)은 통치 형태보다는 수뇌부의 통치 의도(regime intention)가 핵보유국으로 갈지를 결정하는 강력한 지표라고 주장하고 있다(Litwak, 2003: 11). 한편, 부시 독트린[40]이 민주평화론에 대해 심각한 타격을 가했음에는 의심의 여지가 없다. 어떤 구조적 현실주의자 또는 칸트류 자유주의자가 2000년 즈음에, 1~2년 내에 부시가 이라크를 상대로 예방 전쟁을 시작할 것이고, 남북한을 포함한 세계 도처에서 역사상 가장 싫어하는 미국 대통령으로 떠오를 것이라고 예상할 수 있었겠는가.

구성주의 관점

탈냉전 이후의 시기는 새로운 국내 변수를 포함하는 것을 넘어서서 국제관계의 이론화를 완전히 색다른 방향으로 끌고 가는 강력한 계기가 되었는데, 바로 구성주의(constructivism)의 출현이다. 구성주의학파는 신현실주의론의 문화 배제적이고 몰역사적인 기반과 그것이 보편적이라는 주장에 의문을 제기

한 조건을 국가의 정치적·사회적 체제의 성격 속에서 찾았다.

40 [옮긴이] 2001년 9.11 테러 이후 선제공격 전략을 주요 내용으로 내세운 미국 조지 W. 부시(George W. Bush) 대통령의 대외 정책을 의미한다.

한다. 구성주의는 국제정치를 '사회적으로 고안된 것(socially constructed)'이라고 전제한다. 그리고 세계 정치의 근본 구조는 순전히 물질적이라기보다는 사회적이며, 이러한 관념적 구조는 국가 행위뿐만 아니라 국가 정체성과 이익으로 형성되는 것임을 시사한다(Wendt, 1995: 71~72; Wendt, 1987, 1992, 1994, 1999; Ruggie, 1998; Jepperson, Wendt and Katzenstein, 1996 참조). 실제로 국가는 단지 물질적 이유(material reasons)나 그로 인한 결과 때문이 아니라 자신의 행동이 갖는 의미(meaning)에 관심을 갖는다. 그리고 막스 베버(Max Weber)가 말했듯, "우리는 세계에 대하여 사려 깊은 태도를 취할 능력과 의지를 부여받은 문화적 존재"이며, 이는 중요성을 더해가고 있다.[41] 따라서 외교정책은 정책의 의미(meaning)와 이해관계가 혼재된 것이다.

근본주의자들과 달리 사회적 구성주의자들은, 국가 정체성은 중요한 국제관계 집단(international reference group)과 반복적 상호작용을 통해 형성되고 변화된다고 주장한다. 국가 정체성은 이익(interests), 선호(preferences), 세계관(worldviews), 그리고 일관된 대외 정책 행위의 형성을 위한 일종의 인지적 틀을 제공한다. 국제 체제 내에서 국가라는 행위자는 그가 다른 국가에 부여한 정체성에 기반을 두고 다른 국가를 이해하며, 이에 따라 대응한다. 따라서 구조적 현실주의가 말하는 국제적 힘의 구조 또는 신자유제도주의가 말하는 국제 레짐보다는 관련국의 정체성 분포(distribution of identities)가 국제 협력의 가능성 여부를 가장 잘 설명하고 예측한다고 주장한다. 따라서 구성주의자의 이론에서 과거에 대한 집단 기억(collective memory)은 매우 중요하다(Cruz, 2000: 276 참조).[42]

41 Ruggie(1998: 856)에서 재인용.

42 집단 기억은 본질적으로 행위자로 하여금 자신을 상호 주관적으로(intersubjectively) 정의하도록 만든다. 과거 투쟁의 공유 및 역사적 사건 공유는 모두 '실제 존재했던' 집단의 과거에 대한 공통된 차별적 경험이며 사실적 회상이다.

구성주의론은 국가 정체성과 이익 강화에 초점을 맞춘 몇몇 논쟁적인 접근법을 낳았지만(체제적 혹은 구조적 구성주의, 규범적 구성주의, 국내 사회적 구성주의 등), 국제정치에 관한 가장 광범위한 구성주의적 이론을 발표한 알렉산더 웬트(Alexander Wendt)의 관점에서 이론을 설명하는 것이 가장 유용할 것으로 보인다. 사실 웬트에게 구성주의는 월츠의 신현실주의(구조적 현실주의)와 같은 의미이다. 웬트는 자신의 책 『국제정치의 사회적 이론(Social Theory of International Politics)』에서 구조적 관념론(structural idealist theory)을 제시했는데, 그는 이 이론을 한편으로는 신현실주의와 신자유주의 사이에, 다른 한편으로는 신현실주의와 탈근대 비판 이론 사이에 둠으로써 상호 보완 가능성을 열었다. 웬트는 신현실주의나 신자유주의와 반대로, 문화는 본질을 담고 있기 때문에 세계 정치에 관한 어떤 분석도 문화에서 시작되어야 하며, 그다음에 비로소 힘과 이익에 관한 분석으로 이동해야 한다고 보았다(Wendt, 1999: 193). 이론적 연구를 시작할 때, 국제 체제 안에서 비물질적인 관념이 어떻게 분포되어 있는지를 살펴본 다음 물질적 힘(material forces)에 관한 연구를 도입하는 게 그 반대의 방법보다 합리적이라는 것이 그의 주장이다(Wendt, 1999: 371). 그럼에도 웬트는 그가 말한 "관념적 요소만을 전적으로 고수하는 것"은 거부했는데, 이는 "관념적 요소를 더 많이 수용할수록 선명한(thick) 구성주의자"라는 명제와 관련이 있다(Wendt, 1999: 371).[43]

웬트의 국제정치 문화 이론에 따르면, 국가이익·능력뿐만 아니라 국제 체제 내 행동 경향을 형성하는 데 도움을 주는 근본적 결정 인자는, 국가가 서로를 적으로 인식하는 홉스적 시각, 경쟁자로 인식하는 로크적 시각, 친구로 인식하는 칸트적 시각 중 어떤 시각을 취하느냐에 달려 있다고 한다. 이는 1992년에 그가 발표한 유명한 글, '무정부상태는 국가가 하기 나름이다'를 상기시킨다(Wendt, 1992 참조).[44] 체제 수준(systemic level)에서의 국가 간 상호작용은

43 [옮긴이] 웬트는 온건한(thin) 구성주의자이다.

국가 정체성과 국익을 변화시킨다. 그리고 국가의 현실 정치적 자력구제 행위는 무정부적 국제 구조의 함수가 아니라, 국가가 어떻게 친구와 적을 식별하는지, 그리고 부분적으로는 자신 스스로를 어떻게 인식할지의 함수이다. 요컨대, 국가의 현실 정치 행위는 다른 국가들과 사회적 상호작용으로부터 사회적으로 학습되는 것이다(Wendt, 1992, 1994).

웬트가 주장한 구조적 관념론의 기본 사상은 – 그는 그의 접근법을 '국제정치의 문화 이론' 또는 '사회적 현상(social construction)인 국제 체제 이론'으로 규정한다 – 다음과 같이 요약할 수 있다.

> 정체성과 그에 상응하는 이익은 중요한 타자가 행위자를 어떻게 취급하는가에 따라 학습되고 강화된다. 이것이 바로 '반사 평가(reflected appraisals) 원칙' 또는 '들여다보기(mirroring) 원칙'이다. 왜냐하면 이 원칙은 타자가 자신을 어떤 이미지로 '들여다보는지', 그리고 그 타자가 행위자를 어떻게 보고 '평가'할 것인지를 생각하며 자기 자신을 들여다볼 것이라 가정하기 때문이다. 만약 타자가 자신을 적으로 간주한다면, 이 반사 평가 원칙에 따라 타자에 대응하는, 즉 자신이 적이라는 신념을 자신의 역할 정체성에 내면화할 가능성이 크다(Wendt, 1999: 327).[45]

공유된 지식(shared knowledge)은 이러한 관념적 요소의 전부라고 해도 과언이 아니다. 그리고 "이처럼 사회적 구조가 관념에 의존한다는 것은 구성주

44 1992년 웬트의 논문 "International Organization"의 주요 제목.

45 이것은 1928년 미국 사회학회 회장 W. I 토머스(W. I. Thomas)의 유명한 진술, "당신이 상황을 현실로 규정하면, 그게 곧 현실이 된다"는 말을 재인용한 것으로 내게 충격을 주었다. 약 20년 후 로버트 K. 머튼(Robert K. Merton)은 토머스의 진술이 오늘날 '사회과학의 기본 법칙'이 되었다고 선언했다(Thomas, 1928: 572; Merton, 1949: 179 참조).

의가 구조에 대해 관념주의적 시각을 갖고 있다"는 의미이다(Wendt, 1995). 공유된 이해, 기대, 지식은 그것이 협력적이든 갈등적이든 행위자와 그들 관계의 본질을 구성하며 사회구조를 분명하게 해준다. 따라서 이들은 안보딜레마(security dilemma)를 상호 주관적 이해(intersubjective understandings)[46]로 구성된 사회구조로 이해한다. 즉, 국가는 서로 불신하는 존재이기 때문에 대개 이기적이거나 자력구제 측면에서 이익을 규정한다는 것이다. 반대로 이들은 안보 공동체(security community)를 신뢰와 협력에 기반을 둔 공유된 지식이라는 사회적 구조로 본다(Wendt, 1995).[47]

따라서 구성주의는 사회적 환경이 정체성 및 이익과 함께 행위자를 구성한다는 점을 실증하려 노력하면서도, 물질적 요소에도 어느 정도 의미를 부여한다. 동시에 구성주의는 "행위자 간 상호작용이 시간이 흐르면서 어떻게 공유된 지식 구조를 생산 및 재생산하는지"를 강조한다(Wendt, 1995: 76). 예를 들어 어떤 국가가 군비 증강과 같은 적대 행위에 관여한다면 그 국가는 다른 국가들을 위협할 수 있고, 이는 다른 국가들에 무장을 강요하는 셈이다. 반면 어떤 국가가 냉전 끝자락의 소련처럼 재보장 정책(policies of reassurance)을 행한다면, 그것은 적대 구조를 협력 구조로 움직이게 할 수 있는 것이다. 따라서 구조(structure)와 행위자(agency)는 상호작용하며 영향을 미치는 쌍방향 도로인 것이다. 왜냐하면 과거의 행동들이 오늘날 우리가 살고 있는 이 구조를 창출해낸 것이고, 그만큼 관행과 과정은 중요하기 때문이다. 웬트가 주목했듯, "역사는 중요하다"(Wendt, 1995: 77). 이 책을 관통하여 주장하듯 역사적 정체성 또한 중요하다.

---

46 [옮긴이] 상호 주관성(intersubjectivity)이란 구성주의의 중요 전제로 타국과의 관계 구조 속에서 자신이 이해관계와 선호를 구성해간다는 과정주의적 사고를 뜻한다.

47 웬트의 해석은 '무정부적 사회'를 정의하는 원칙에 대한 헤들리 불(Hedley Bull)의 사상이 크게 반영되어 있다(Bull, 1977).

특정 국가들의 행위를 설명하기 위해 구성주의자들은 역사적 경험의 산물인 관념과 규범의 힘을 중요시한다. 예컨대 어떤 국가가 식민지, 민족 해방, 혁명을 통한 정치적 변화 등을 경험했다면 이러한 경험들은 그 국가의 정체성, 이익, 행위에 지속적인 영향을 끼칠 수 있다. 전략적 문화(strategic cultures)는 국가라는 영역 내에서 발전하는 것이다. 가령 국가가 힘을 사용할지 안 할지, 어떤 특정한 방식으로 사용할지는 구체적인 맥락에서 역사적으로 뿌리박힌 전략적 선호에 근거하여 선택하는 것이지, 전략적 환경의 객관적 변화에 따라 기계처럼 결정되는 게 아니다(Johnston, 1995). 이렇게 구성주의는 행위자를 단순한 기계적 균형자가 아닌 이성적 단위 또는 이익을 위해 행동하는 국가로 본다. 왜냐하면 국가는 자신이 어떻게 행동해야 하는지 본능적으로 알고 있기 때문이다.

웬트가 체제 수준에서 국제정치의 '구조적 관념주의'에 대한 이해의 지평을 확대했다는 점은 의심할 여지가 없다. 그러나 웬트의 구성주의는 '너무나 많은, 너무나 적은(too much, too little)' 문제로 애를 먹는다. 한편으로는 체제적 추상성의 최상층에 있는 존재론, 인식론, 탈근대 비판 이론에 대해 너무나 많은 담론이 넘쳐난다. 로버트 길핀(Robert Gilpin)을 포함한 많은 사람들이 사회과학을 악평하며 비난한 것처럼, 지나치게 난해하고 무미건조한 탈근대 산문들이 넘쳐난다. 반면 특정 국가에 대한 경험적 연구는 너무나 부족하다.[48] 이에 대해 월츠와 다를 바 없이 웬트 또한 자신의 주요 관심사와 목적은 "외교 정책이 아니라 국제정치이다"라면서 방어했다(Wendt, 1999: 371). 더욱 놀라운 것은, 웬트는 자신의 저서 『국제정치의 사회적 이론』은 개별 국가의 행태를 설명하기보다는 국제 체제 – 국제관계에 근접한 '체제 이론' – 를 설명하는 것이며 국가 정체성과 이익을 설명하는 것은 자신의 주요 목적이 아니라고 주장한

48 국가 정체성과 외교 정책 사이의 상호작용에 대한 특정 국가의 사례 연구는 Dittmer and Kim(1993), Prizel(1998), Hopf(2002) 참고.

것이다. 웬트 역시 월츠와 마찬가지로 "내가 흥미를 느끼는 것은 국제정치이지 외교 정책이 아니다"라고 주장하는 것이다(Wendt, 1999: 11).

통합 상호작용적 설명을 향해

앞서 살핀 이론적/분석적 관점은 다양한 수준의 설명 능력을 갖고 있다. 그러나 탈냉전 후 급변하는 세계 질서 속에서 물질적·제도적·역사적/관념적 요소를 모두 고려하지 않은 채 한반도와 4대 강국 간 복잡하고 진화하는 관계를 충분하게 설명할 수는 없다. 다시 말해 현실주의, 자유주의, 구성주의 모두 한반도 상황과 관련한 수많은 쟁역(issue areas)에서 다양한 차원의 상호작용에 대한 통찰력을 제공한다. 그러나 국지적·지역적·지구적 차원에서 역동적 상호작용을 철저하게 포착하기 위해서는 개별 이론보다는 좀 더 통합적이고 상호작용적인 설명이 필요하다.

일반적으로 탈냉전 이후 국제 갈등 분석은 일원론적 단일 수준의 설명에서 다면적이고 다차원적인 접근 방법으로 변화된 상태이다(S. S. Kim and A. Kim, 2004 참조). 주권에 얽매인 베스트팔렌 체제가 점차 쇠퇴하면서, 위와 외부로부터의 세계화(국제화) 압력 및 아래와 내부로부터의 지역화(현지화) 압력이라는 쌍둥이 압력과 결합했다. 이는 국제정치에서 특정 국가 연구에 대해 우리가 취하고 있는 다차원적 접근방법, 즉 통합 이론의 중요성을 더욱 부각시키고 있다. 통합 상호작용적 접근은 아직 충분히 연구되었다고는 할 수 없지만, 학계와 정부 간 서로 다른 풍토의 차이 그리고 국제관계에 대한 이론과 실제의 차이를 직접적으로 다룬다(George, 1993). 특히 피터 카첸슈타인(Peter Katzenstein)과 무티아 알라가파(Muthiah Alagappa)가 주장하듯, '분석적 절충주의(analytical eclecticism)'가 이론적 간결성에 반하고 아직 충분하게 연구되었다고 보기는 어렵지만 세력, 이해관계, 아시아 국제관계에 내재된 규범 사이의 복잡한 연계와 상호작용을 포착하고 설명하기 위해서는 훨씬 유망한 방법이다(Katzenstein and Okawara, 2001/02; Alagappa, 1998: 61~62).

예를 들면 전쟁에 관한 일반 이론을 목적으로 한 연구에서 로버트 저비스(Robert Jervis)는 다른 이론으로부터 추출한 통찰력을 조합하는 방법을 신뢰한다. 그는 국제 체제 내의 최고 선진국 – 미국, 서구 유럽, 일본 – 의 경우 칼 도이치(Karl Deutsch)가 명명한 '다원적 안보공동체(pluralistic security community)'를 형성하고 있다고 언급한다(Deutsch, 1967). 구성주의자들은 이를 변화된 관념과 정체성 측면에서 설명한다. 반면 자유주의자들은 민주주의와의 경제적 이해관계를 지목한다. 또한 현실주의자들은 핵무기와 미국 패권의 역할을 강조한다. 이에 대해 저비스는 과도한 전쟁 비용, 평화로부터 얻는 이득, 안보 공동체 내의 일반적인 가치 등을 결합하는 것이다. 따라서 저비스의 설명은 다른 이론들의 가장 설득력 있는 기본 원리를 통합하고 있다(Jervis, 2002). 이와 유사하게, 국제관계 이론과 지역 연구(특히 중국 외교) 분야의 저명한 조정자인 앨러스테어 존스턴(Alastair Johnston)은 중국의 협력적 현상 유지 행위가 증가하는 것에 대해, 자유주의적 제도주의와 사회적 구성주의를 결합하여 상호작용적 설명을 할 것을 제안하고 있다(Johnston and Evans, 1999; Johnston, 2003 참조). 마찬가지로 아미타브 아차리아(Amitav Acharya)는 "마치 미래로 직접 가본 듯한" 비관적 현실주의자들의 예견이 왜 실현되지 못했는지를 설명하기 위해 – 구성주의, 전통적 자유주의, 자유주의적 제도주의의 통찰력을 각각 결합하여 – 다음과 같이 주장하고 있다. "아시아는 점증하는 공유된 지역 규범(shared regional norms)과 확대되는 경제적 상호 의존성 그리고 확대되는 제도적 연계를 통해 그들의 안보 불안을 관리할 수 있다"(Acharya, 2003/04: 150).

이 연구들은 모든 변수가 동일한 비중을 갖고 있다고 주장하지 않으며, 지침을 제공하는 주요 분석 틀 없이 통찰력만을 찾아 이리저리 옮겨 다니지도 않는다. 오히려 그들은 다차원적 분석을 하고, 따라서 물질적 요소와 관념적 요소를 모두 검토하며, 수많은 이론으로부터 나온 일관성 있는 통찰력이 유의미할 수 있다는 걸 부인하지 않는다. 알라가파는 "분석적 절충주의는 어떤 이슈의 틀을 잡고 설명할 때 다양한 종류의 통찰력을 공유할 수 있다는 점에서 중요하다. 분석적 절충주의는 일반적 이론이나 전통이 아니라, 다른 이론에서 추출한 통찰력을 기반으로 설명에 이르기 위한 하나의 방법론(approach)이다" 라고 설명한다(Alagappa, 2003: xiii).

국가 정체성의 재정립과 적용

한층 통합된 종합적 이론일수록 — 마치 현실 세계를 향한 가상의 창처럼 — 4대 강국을 향한 남북한의 외교 정책 행위를 더 잘 묘사하고, 설명하고, 예상하는 데 도움을 줄 것이다. 즉, 이 연구의 궁극적 관심은 두 한국의 대외 정책 행위(foreign policy behavior)이다. 존스턴이 지적하듯, "광범위한 연구 프로그램의 일환으로 이미지, 인식, 세계관, 독트린, 규범, 기타 관념적 변수를 개인·집단·기구·국가·체제의 행위와 관련시키지 않는 한, 앞의 관념적 변수들을 분석하는 것은 무의미한 일"이다(Johnston, 1995: 171). 따라서 이 책이 제시하는 통합적 국가 정체성 이론은 아직 충분히 분석되지는 않았지만, 수십 년에 걸친 한반도와 4대 강국의 격동적 관계 속에서 일어난 행태 변화와 연속성을 통합적·상호작용적으로 설명하기 위한 유용한 방법이라고 생각한다.

한반도 외교 정책 연구에 관한 문헌은 일반화할 수 있는 통찰력이 결여된 채 지나치게 특수하고 배타적인 개념적 틀로 인해 대부분 망쳐진 상태이다. 여전히 대부분의 국제관계에 관한 이론적 접근 방법은 앞서 언급했듯 양자택일 — 국내 수준의 요인이든, 외교 정책의 틀을 잡는 결정인자로서의 국제 체제이든 — 을 요구하고 있다. 또한 북한과 남한 사례에 들어맞게 하기 위해서는(특히 북한에게) 다각도의 수정이 필요하다. 제임스 로즈노(James Rosenau)가 주장하듯, 그 어떤 단일국가의 발달 외교 정책 이론(single-country developmental foreign policy theory)이라도 "특수한 지식과 보편적 지식을 통합해야 한다. 즉, 한 국가가 가진 특수성의 가장 핵심적 측면뿐만 아니라 다른 국가들과 함께 공유하는 역학관계도 통합"해야 한다(Rosenau, 1987: 64, 1994).[49] 존 아이켄베리(John Ikenberry)와 마이클 마스탄두노(Michael Mastanduno)의 말을 빌리면, "사회과학 설명에서 부가가치는 대개 일반적인 이론적 통찰과, 어떤 국가나 지역의 특수한 정치적·문화적 환경에 대한 깊은 지식의 상호작용으로부터 발생"한다(Ikenberry and Mastanduno, 2003b: 422). 왜 통합적 국가 정체성이라는 틀이 여타 국제관계 이론보다 한반도와 4대 강국과의 외교관계를 추적하고 설명하는 데 더 적합한지에 대해서는 다음과 같은 몇 가지 이유가 있다.

두 개의 한국에는 국가 정체성을 형성하는 데 중요한 타자들의 어색한 조합이 존재한다(Bleiker, 2004, 2005; S. S. Kim, 1991, 1998b; D. C. Kim and C. I. Moon, 1997; C. S. Chun, 2001; Rozman, 2002c 참조). 첫째, 두 개의 한국은 — 2000년 이상 기록된 역사를 가진 지역인 — 1945년 해방과 동시에 두 개의 국가로 분단되었고, 그 결과 두 개의 분리된 체제, 두 개의 불완전한 민족국가, 두 개의 뚜렷하게 구별되는 정체성을 낳았다. 이와 같은 부분 국가(partial states)이자 분단국가는 늘 제로섬게임을 불사할 태세였고, 난폭한 정치는 빈번하게 국가 정체성을 동원하여 유일 안보와 정통성의 극대화를 추구했다. 분단된 한반도에서 경쟁적인 정통성 및 정통성 깎아내리기(legitimation and delegitimation) 정치는 두 개의 한국이 두 개의 대립하는 초강대국의 후원하에 분단국가 건설, 정체성 형성, 정통성 추구 방법 등을 수용함으로써 1945년 8월에 시작되었다. 이것이 분단된 한반도의 국내정치와 국제정치에 지속적인 영향력을 가하는 정통성·정체성 위기의 시작이었다. 위기의 근원은 남북 모두에게 있었다. 즉, ① 내부 리더십과 권력 승계 문제(정통성에 대한 도전), ② 남북 상호 간 실질적 또는 간파된 위협(국가 정체성에 대한 도전), ③ 외부 동맹국으로부터의 연루와 방기(entrapment or abandonment)[50]라는 한 쌍의 안보 딜레마 등이다. 정치에서는

---

49 단일 국가의 발달 외교 정책 이론에 대해 유사한 입장으로는 Snyder(1984/85) 참고.

이 세 가지가 별개로 전개되지만, 이들은 상호 의존적이고 상호 관통할 수 있는 영역이며 — 국내·국제·남북 상호 간 — 통합 이론과 다층 이론에서는 그것이 요구되기도 한다(S. S. Kim, 1991a; Dittmer and Kim, 1993a; Kim and Dittmer, 1993 참조). 이는 남북한 각각 모두, 단일 민족 정체성(one-nation identity)을 건설 또는 재건설하기 위해 상대방을 또 다른 나(alter ego)로 수용하는 것 외에는 선택의 여지가 없다는 의미이다. 한반도에서 영구 평화를 확립하기 위해서는 정체성의 화해 또는 적어도 서로 다른 정체성과 평화적 공존이 필수적이다. 왜냐하면 남북 간 정체성의 차이는 하나의 민족국가로 통합되기에는 너무나 뿌리 깊기 때문이다(Bleiker, 2005: xliii).

둘째, 앞서 언급했듯 4대 강국은 지난 수십 년간 한반도의 국가 정체성을 형성하고 파괴하는 데 앞장선 단연 눈에 띄는 중요한 타자이다. 심지어 오늘날 탈냉전 이후의 세계에서조차, 세계 정치 속에서 남북한이 각자 선호하는 국가 정체성을 성공적으로 구현하기 위해서는 미국, 중국, 일본, 러시아가 부과하는 제약과 기회(constraints and opportunities)에서 완전히 벗어날 수 없다. 분석자들을 복잡하게 만드는 것은, 한반도 문제와 관련한 4대 강국의 변화된 역할이 남북이 공히 겪고 있는 고통스러운 국가 정체성 곤경과 깊은 관련이 있다는 점이다. 또한 더 이상 동서 분열에 따른 갈등이 발생하지 않는 세계에 적응하기 위한 모든 국가의 노력과도 깊은 관련이 있다. 남북한 모두(남한보다는 북한이 더하지만), 급변하는 세계 속에서 특별한 위치를 장악하려는 4대 강국의 균형화(balancing)라는 벅찬 도전에 직면하고 있다. 하나 또는 그 이상의 4대 강국의 지원이 없다면 한반도는 국가 정체성을 확인하고 구현하기에 너무 작

50 [옮긴이] 글렌 스나이더(Glenn H. Snyder)가 지적한 개념으로, 어떤 국가가 안보를 동맹국에 의존할 경우 이런 국가는 결정적인 순간에 동맹으로부터 버림받을지 모른다는(abandonment) 두려움과, 동맹국에 대한 지원이 필요할 때 원치 않는 국제 분쟁에 말려들지 모른다는(entrapement) 두려움에 봉착하는 것을 말한다.

은 무대라는 것을 대한민국과 조선민주주의 인민공화국은 알게 될 것이다 (Rozman, 2002c).

셋째, 세계화 및 동아시아 지역주의는 한반도의 국가 정체성을 다양화하고 안정화하는 힘을 촉발시켰다. 역설적이지만 오늘날 세계화는 국가 정체성을 유지하기 위한 더욱 강력한 결의와 함께 정체성 형성과 관련하여 다양한 영향을 미치고 있다. 이러한 국가 정체성은 새로운 글로벌 공간이 만들어낸 지역 정체성 및 글로벌 정체성에 맞서는 방어기제 역할을 하고 있다. 따라서 탈냉전 이후 세계화 시대에 남북한은 지역적·세계적 정체성과 더불어 전통적 국가 정체성을 통합하면서도, 오래된 냉전의 찌꺼기를 제거해야 하는 새로운 도전에 직면해 있다. 이러한 도전에 직면하여 남한은 북한보다 훨씬 더 유리한 처지에 있고, 세계화 및 동아시아 지역주의의 영향을 관리하기 위한 준비가 훨씬 더 잘 되어 있다(S. S. Kim, 2000d 참조).

국가 정체성이라는 개념은 개념적·기능적 모호성에도 불구하고 통합적으로 재정립되는 경우 세계 정치에서 한반도의 위상을 연구하기 위한 커다란 지침을 제공할 수 있다. 특히 4대 강국과의 관계 변화가 그렇다. 적어도 국가 정체성은 서울과 평양의 외교 수단과 관련하여 이해하기 어려운 우여곡절을 설명하는 데 중요한 요소이다. 따라서 전략적 국가이익, 세력균형, 핵무기, 재래식 군사력이라는 물질적 측면에서 한반도의 대외관계를 탐구하기보다는, 갈등과 협력 사례들이 어떻게 상충하면서도 균형 잡힌 정체성이라는 측면에서 재정립되는지 의문을 갖는 것이 중요하다. 다만 이것은 힘의 비중(force ratios)과 무역 수준이 중요하지 않다는 의미가 아니라, 오히려 남북한 대외관계의 윤곽은 다양한 논리의 상호작용과 그 융합에 따라 정의된다는 뜻이다. 게다가 국가 정체성은 다양한 쟁역(issue areas)에서 서로 다른 정도의 중요성을 가지는데, 어떤 하나의 이론만을 활용하는 것은 논란이 있는 전략적 환경에만 의존한다는 것을 의미한다. 모든 관련된 연속선상에서 서로 다른 이론적 요소를 결합하는 것이 바로 통합 상호작용적 설명의 핵심 포인트이다. 하나의 교량 개념으로서 국가 정체성은 여러 문화가 혼재된 상대적인 틀이라고 할 수 있다. 이 틀을 통해 한반도 중심의 경험적 풍부함을 전체 세계와 상호작용하는 민족국가의 행태적 역동성(behavioral dynamics)과 연결함으로써 국제관계 이론의 엄격성과 결합할 수 있다.

물론 국가 정체성 분석은 다른 구성주의적 연구 과정과 마찬가지로 한계가 있다. 정체성을 어떻게 정의하고 기능하게 할 것인지에 대해서도 천차만별이다.[51] 설령 정체성에 관한 단일 정의가 있다 해도, 국제관계에서 정체성 정치(identity politics)의 다양한 현출을 설명하기에는 충분하지 않을 것이다. 중요한 것은, 이 정체성에 관해 보편적이고 단일한 정의가 없기 때문에 집단 정체성(collective identity)이 어떻게 개인과 집단의 행위 및 관행에 영향을 주는지에 대한 지식을 축적하는 데 한계가 있다는 것이다. 많은 학자들은 특정한 정체성이 존재하든 안 하든, 어쨌든 정체성은 오직 극한 상황에서만 변화한다고 암묵적으로 가정한다(Johnston et al., 2001). 그러나 이러한 일도양단식 취급 대신, 정체성이 — 인지부조화로 인해 어떤 정체성이 억지로 결합되는 한이 있더라도 — 겹치거나 상황에 따라 유연柔軟할 수 있다는 점을 인식하는 것이 중요하다.

에릭 에릭슨(Erik Erikson)은 생애 주기 과정에서 일어나는 개별 인간의 정체성 성장을 연구하기 위해 정체성 개념을 도입했다. 이 성장 과정에서 정체성 왜곡이 있을 수도 있고, 정체성 위기가 일어나는 상황도 있을 것이다(Erikson, 1946, 1956, 1959, 1965, 1968, 1974). 정체성이 없다면 아노미(anomie)만 있을 뿐이다. 배링턴 무어(Barrington Moore)는 그룹 정체성(group identity)의 중요성을 포착하면서 다음과 같이 주장했다. "한 집단의 구성원이 되면 거대한 세계 속

51 이에 대한 상세한 논의는 Johnston et al.(2001) 참고. 이와 관련해 주목할 점은, 정체성은 힘이나 안보와 같은 다른 국제관계 개념처럼 애매한(elusive) 개념이라는 것이다. 알라가파가 지적한 대로 "안보(security)는 현재 30개 이상의 형용사와 함께 사용되고 있다"(Alagappa, 1998: 11 참조).

에서 한 개인이 자신의 위치에 의미를 부여하기 위해 고군분투해야 하는 수고를 덜어주는데, 특히 현실의 삶이 팍팍할 경우에는 더욱 절실하다”(Moore, 1978: 488).

이러한 그룹 정체성이라는 개념 덕분에 국가 정체성의 개념이 나오게 되었다. 이는 1950년대 후반에서 1960년대 사이에 정치학 분야의 행태주의 혁명(behavioral revolution) 와중에 소개되었으나 그 이후 별다른 결실을 내지 못했다(Binder, 1971).[52] 국가 정체성에 관한 학문적 발전이 더딘 이유는 아마도 외견상 개념 이해가 쉽지 않다는 점과 국가 정체성 변수의 조작·운용이 어렵다는 이유에서 기인한 듯하다. 비록 에릭슨은 국가 정체성이야말로 민족에게 적용될 수 있는 것이라고 주장했지만 말이다. 에릭슨은 “민족에 관한 나의 개념은 고정된 민족적 특징보다는 국민의 정체성 의식이 강화되거나 위태로워지는 그 환경에 더 초점을 맞추고 있다”고 했다(Erikson, 1968: 198).

이 연구를 위해 국가 정체성의 개념은 에밀 뒤르켕(Emile Durkheim)의 견해를 활용하고자 한다. 뒤르켕은 사회 그 자체는 개별 구성 요소의 총합과는 구별되는 고유한 실체이며, 그에 따른 조직화가 필요하다고 보았다.[53] 따라서 국가 정체성은 전체 국가 체제의 집단적 행위 속에서, 그리고 다른 하위 국가 체제·국가 체제·국제 체제 등과 상호작용을 통해 명확해진다. 국가 정체성은 민족국가로 알려진 연대連帶 정치 집단이라는 상징과 공유된 속성(shared attributes)의 총체로부터 흘러나오는 것이다. 국민들이 스스로를 어떤 특정 민족의 구성원으로 동일시할 때, 그리고 자신을 통치하는 국가와 동일시할 때 획득되는 민족과 국가 간 관계가 국가 정체성을 형성한다. 국가 정체성은 (핵심 가치

52 이 절의 통합적 국가 정체성 이론에 대한 논의는 나의 동료인 로웰 디트머(Lowell Dittmer)와 공동 집필한 학술논문을 토대로 약간 변형한 것이다. Dittmer and Kim (1993a, 1993b) 참고.

53 여기에서 사용한 예는 시드니 버바(Sidney Verba, 1971)의 주장과는 다르다. 버바는 국가의 의사 결정 범위 내에 포함되도록 선택된 개인의 그룹에 대한 조건을 제한한다.

와 상징으로 대표되는) 민족국가 그 자체일 뿐만 아니라 (국내외 외교 정책 속에서 그의 역할 행위를 통한) 민족국가의 행위 그 자체이다.

국제 체제 내에서 국가는 독립적 표상이자 국가 정체성의 행위자가 되기 마련이고, 또한 국가는 자신이 수행하는 역할에 따라 스스로를 정의하기 마련이다. 즉, 국제무대에서 긍정적 준거 집단(reference group)과는 제휴하고, 부정적 준거 집단과는 반대 위치에 서는 자기 범주화(self-categorization)를 통해서 말이다. 모든 국가 정체성은 격변하는 국제 환경 속에서 경쟁하며 교섭하는 과정을 겪는데, 국가 정체성이 진화하고 변화한다는 것은 이러한 끊임없는 교섭 과정으로 이해하는 것이 중요하다. 따라서 국가 정체성의 구현에는 지속적 협상 과정이 수반되는데, 이 과정은 물리적·심리적 생존, 안전, 복지 등을 강화하기 위한 국제적 생애 주기를 거친다. 이 과정 속에서 자아(self)는, 애매모호하고 문제 많은 상황에서는 특히, 타자가 부여하지 않는 정체성을 확보하기 위해 애쓰는 한편, 타자는 자아가 전유專有하지 않은 정체성을 부여하려고 노력한다.

성숙한 국가 정체성이란 시간이 지나도 한결같은 사상과 신조가 잘 체계화된 것을 말한다. 이 사상과 신조는 집단 정체성을 공유하고 공통의 핵심 가치와 실질적 목표를 수용하고 있는 국민들에게는 필수적인 것임에 틀림없다. 국가 정체성은 구성원을 상호 고양시키고 보완하는 국가적 역할에 뿌리를 두고 있는데, 일단 확고하게 정립되기만 하면 여러 긴급 상황에서도 상당히 안정적이고 예측 가능한 행위를 할 수 있는 기반이 된다. 또한 국가 정체성의 행위자로서 국가는 국내외에서 민족 정수精髓의 완전성을 보호하기 위해 행동할 것이다. 그러나 만약 문제의 민족국가가 국가 정체성을 확립하고 그 정체성에 근거한 역할을 구상하는 데 어려움이 있다면, 민족국가의 행위는 예측 불가능하게 될 것이다. 국가 정체성의 위기란, 국가 정체성이 국가를 통합시키고 이에 정통성을 부여하는 힘을 상실하여 정치적·사회적 체제가 더 이상 유효하게 단일한 이미지를 설계할 수 없는 상황을 뜻한다. 위기의 시대에는 국가 정체성을 건설하라는 요구가 있을수록, 국가가 언제 무력을 사용할 것인지에 대한 신현실주의자들의 예측이 불가능한 방향으로 국가의 기제가 작동한다. 따라서 국가 정체성의 안정 역시 '대내외적(intermestic)' 환경과 밀접하게 조율되었을 때 가능한 것이다(Prizel, 1998: 2). 즉, 국가 정체성은 독립변수와 종속변수 역할을 하면서 동시에 국내외 환경을 반영하고 영향을 받는다.

정체성과 정통성의 긴밀한 연관성이 여기에서 중요하다. 정통성에 관한 핵심 이론가인 위르겐 하버마스(Jürgen Habermas)는 정통성 위기는 곧 '정체성의 위기'라는 점에 주목한다(Habermas, 1973: 46). 하버마스에 따르면, 그러한 위기는 그 사회구조가 문제 해결을 위한 가능성을 체제 유지에 필요한 것보다 덜 수용할 때 사회 체제 내에서 풀리지 않는 주요 문제로부터 발생한다. 이 같은 체제 수행능력(system performance)의 실패에 따른 불이익이 바로 정치적 정통성에 대한 철회이다. 이러한 위기로 인한 위협이 지난 수십 년간 남북한에서 각각의 체제에 관한 사고방식을 지배해왔다. 대한민국의 경우 국제정치와 경제관계에서 그들이 이룬 뛰어난 업적을 고려하면 오늘날 절박한 위기의식은 덜하다. 그러나 북한의 경우 정통성에 대한 위기의식은 냉전 종식 이후 사회주의 동맹국들과 이탈하면서 더 커졌을지도 모른다.

그러나 정통성과 국가 정체성은 동의어가 아니다. 분명히 정통성에 대한 위기는 정체성 위기를 내포할 수도 있지만, 대부분의 경우 정체성의 위기가 정통성 위기를 수반하는 건 아니다. 다만 분단된 한반도 사례에서는 국가 정체성의 추구와 정치적 정통성의 추구가 상당 부분 중복되며 상호 보완적이다. 경쟁적인 정통성 정치 – 남북 간 격렬한 위상 경쟁 – 가 변화하는 국내외 환경 속에서 펼쳐지고 있다. 그 결과, 남북 사이의 정통성 경쟁과 정체성 동원은 여러 정치 영역에서 다양화될 수도 있을 것이다. 게다가 정통성은 한편으로는 정부의 효율적인 수행 능력 수준과 외교 정책, 다른 한편으로는 국민의 일반적 지지, 순응, 협력 사이의 이동 균형에 따라 흥할 수도 있고 쇠퇴할 수도 있다. 정치적 안정성은 정부가 처분할 수 있는 정통성 잉여(legitimacy surplus)의 양과 밀접하게 조율되어 있다. 그래도 국가 정체성과 정통성은 한 영역에서 차단된다면 다른 영역에서 보완을 추구할 것이다.

민족주의(nationalism)는 탁월한 집단 정체성이다. 민족주의 없이는 어떤 정치적 리더십도 존재할 수 없다는 사실은 근대의 정치적 정통성에 관한 하나의 원칙이 되었다. 어니스트 겔너(Ernest Gellner)는 "민족주의는 정치적 정통성에 관한 이론이고, 이 이론의 필요조건은 민족적 범주가 정치적 범주에 우선해서는 안 된다는 것이다"라고 주장했다(Gellner, 1983: 1). 에른스트 하스(Ernst Haas)는 좀 더 조심스럽게, 국가 정체성은 정통성을 위한 필요조건일 뿐 충분조건은 아니라고 생각한다. 즉, "대중 정치라는 조건에서 정당한 권위는 성공적 민족주의와 단단히 묶여 있다. 국가 정체성이 의구심을 받는 상황이라면, 정통성을 떠받치는 하나의 버팀목이 떨어져 나가는 것이다"라고 주장한다(Haas, 1986). 종족 민족주의 시대(ethnonationalism)에 국가 정체성을 비방하는 자는 그의 통치 권한을 위태롭게 하는 것이다. 민족주의는 우리 시대에 정당성을 부여하는 가장 강력한 힘 중 하나이다. 근대 민족주의 운동의 역사는 이를 보여주는 훌륭한 증거다. 새삼스러울 것도 없지만, 북한의 김일성 — 남한의 이승만은 김일성보다 정도가 덜했다 — 은 해외에서 자신의 민족 혁명을 과장하고 심지어 위조까지 하여 민족적 정치 신화와 자신의 정통성을 연결했다(J. A. Kim, 1975: 287, 338). 성공적인 민족주의 — 효과적인 국가 정체성 동원 — 는 정통성 결함에 대처하는 데 필수품이다. 이러한 관점에서 보면 국가 안보는 국가 정체성과 밀접한 함수관계에 있는데, 정부는 자신의 존재 이유(*raison d'être*)를 발전시키고 강화하는 수단으로 다른 국가를 친구 또는 적으로 규정하기 때문이다.

앞서 언급했듯, 국가 정체성은 ① 정치 문화, 역할 이론, 현실 정치에 관한 연구, ② 국익 및 국가 목적에 관한 현실 정치와 이상 정치의 서로 다른 관점, ③ 그리고 장구한 역사적 흐름 속에 특정한 사례의 연속성을 통합시키는 핵심적 연결고리라고 할 수 있다. 국가 정체성은 행동 예측의 측정과 국내 및 국제

정치의 예측 가능성을 보장하기 위한 필수 전제 조건이다. 여기서 중요한 것은 국가 정체성의 구현은 상황에 따라 다르다는 사실이다. 국가 안보 측면에서는 안보 강화에 대한 위협과 기회가 모두 정체성 동원을 위한 촉매 역할을 한다. 국가 정체성의 강도와 독점이 클수록 부정적 준거 집단에 대한 적대감이 더 커지고, 부정적 외부 집단을 향한 정책은 더욱 경쟁적이고 갈등적이게 된다. 많은 사람이 언급했듯이 국가 정체성의 정의와 외교 정책의 수립·이행 사이에는 상호 보완 관계 – '강한 변증법적 관계' – 가 존재한다(Prizel, 1998: 2). 비록 외부적 위협(external threats)이 국가 정체성에 커다란 우려를 야기하는 경향이 있지만, 국제적 기회(international opportunity) – 예컨대 미국의 '명백한 운명(Manifest Destiny)'에 따른 서부 변경의 개방 또는 추축국 붕괴에 따른 소련의 국제 리더십 강화 – 또한 국가 정체성에 큰 영향력을 미칠 수 있다.

국가 정체성의 구현은 다른 쟁역(issue areas)보다는 군사 안보 영역에서 더욱 두드러진다(Katzenstein, 1996; Hopf, 1998, 2002; Desch, 1998; Kowert, 1999). 부잔은 "국가 정체성은 그것이 국가와 일치하든 안 하든 안보적 난제의 핵심 요소이다"라고 언급했다(Buzan, 1991: 72). 국가 안보와 국가 정체성은 두 가지 측면에서 상호 보완적이고 상호 의존적이라고 할 수 있다. 첫째, 안정적이고 응집된 국가 정체성은 외부 위협에 대응하여 효과적인 정체성 동원을 가능하게 할 뿐만 아니라 내부 결속과 민족국가의 통합에 기여한다. 둘째, 다른 국가들에게 부여된 정체성은 위부의 적과 위협에 대한 인식과 대응을 더욱 용이하게 한다(Kowert, 1999).

역사적으로 전쟁은 내부 통합(self-inclusion)과 자아 인식에 대한 위기를 불러일으키며 국가 정체성을 형성하는 데 중요한 역할을 수행해왔다. 집단 폭력에 의지하는 것은 가장 절대적인 형태로 우리와 적을 선명하게 구별시켜준다. 역사학자 마이클 하워드(Michael Howard)가 언급했듯 "어떤 국가도 진정한 의미의 전쟁 없이 탄생할 수는 없다. 그리고 그 어떤 자의식적自意識的 공동체도 무력 충돌이나 위협 없이 세계 무대에서 새롭고 독립적인 행위자로 자리매김할 수 없다"(Howard, 1979: 102).

안보 분야에서 국가 정체성을 활용하고 관심을 갖는 것과 대조적으로, 정치경제적 영역에서 국가 정체성 변수는 거의 역할을 못하고 있다는 점은 주목할 만하다. 한중 무역은 지난 20년 사이에 놀라울 만큼 증가했고, 남북 사이의 경제적 상호작용은 북미 간 핵 교착상태에도 불구하고 괄목할 만한 복원력을 보여주고 있다. 남한의 북한에 대한 외국인 직접투자(FDI)는 정통성 경쟁과 관련한 정체성 측면보다는 정체성의 실질적 요소 – 동일한 언어와 전통을 가진 – 가 더 강하게 작용했다는 의미에서, 대만-중국의 관계와 유사하다고 볼 수 있다. 그러나 평양 정권은 대한민국으로부터 오는 제품과 원조의 국적 표시를 삭제하는 것으로 알려졌다. 이처럼 국가 정체성과의 관련성 및 그 적용에 있어서 차이를 감안하여, 통합 상호작용적 설명은 국가 정체성의 상황 의존적 성격을 고려하고 중요한 상황과 그렇지 않은 상황을 구별하려 노력한다. 통합 상호작용적 접근법에서 국내 정치와 국제 행위 간 관계는 약간 상이하게 묘사된다. 통합 이론은 국가 정체성 형성에서 일반적으로 국내의 사회적 요인을 외부의 체제 요인보다 더 중요하게 상정하지만, 국가 정체성 구현의 성과를 결정하는 데에는 일반적으로 외부 체제 요인이 우선된다. 초강대 원조국에서 제3세계 피원조국으로 전락한 소련의 사례가 극적으로 실증하듯, 성공적인 국가 정체성 구현은 시간의 흐름에 따른 국가 역량 변화 및 위상 변화에 따라 유동적일 수 있다. 게다가 세계화는 국제관계 속에서 국가 정체성이 작동하는 방법을 변화시켰다. 종래에는 정체성(identity), 민족(nation), 국가(state) 사이의 직접적 연계에 대해 의심할 여지가 없었지만, 오늘날 이들의 관계는 희미해졌다. 세계화 시대에 주권은 절대적인 것과는 거리가 멀어 보이고, 초국가적 제도(supranational institutions)는 점점 더 두드러지고 있다. 이는 효과적인 영토 지배와 국가 정체성 동원을 위한 국가의 능력이 현저하게 감퇴하고 있음을 상징한다. 국가 지도자들은 더 이상 외부의 간섭과 경쟁을 최소화한 채 국가 정체성을 개조하여 패권적 권력을 누릴 수 없게 되었다. 이 점에서 한반도는 흥미로운 사례가 아닐 수 없다. 왜냐하면 두 개의 한국은 50년 이상의 분단과 세계화 시대의 도래에도 불구하고 총체적(holistic)인 '한국인' 정체성을 유지하기 때문이다.

세계화는 정치 공간을 더욱 탈중심화·다차원화하면서 국제적인 것과 국지적인 것의 경계, '국내적 사안'과 '대외적 사안'의 경계를 불분명하게 하고 있다(Held, 1995; Rosenau, 1996; McGrew, 1997). 이는 특히 냉전과 동서 갈등의 종언에 따라 자신과 타인과의 관계를 혼란스럽게 만들고 있다. 1990년대에 들어서자 안보의 원천 및 영향뿐만 아니라 행위자 및 위협의 범위 모두가 이전보다 훨씬 복잡하고 다양해졌다. 국가 정체성은 내부를 통일시키고(동질성) 그와 동시에 외부와 선을 긋는(이질성) 이중 안보의 기능을 갖고 있는데, 오늘날 세계화로 인해 급속하게 변화하는 세계에서 외부의 긍정적 또는 부정적 준거 집단 — 친구와 적 — 을 식별하는 일이 대단히 복잡해졌다. 세계화는 또한 '유능한 국가'의 급격한 흥망성쇠와 국가 순위의 급속한 변화를 반영하고 영향을 미친다. 이러한 현상은 점증하는 전자 매체가 세계화되면서, 그리고 점차 희미해져 상상으로만 남아 있는 전통과 역사에 대한 집단 기억상실이 증가되면서 더욱 확대될 것으로 전망된다.

역사적으로 국가 정체성의 정립은 지리적 위치와 밀접한 관련이 있다. 즉, 우리가 누구인가의 문제는 우리가 '어디에' 위치하고 있는가에 따라 규정되었다(Scholte, 1996: 43). 그러나 오늘날 세계화 시대에는 특정 시대·장소·전통과 분리된 다양한 요인이 정체성 형성에 영향을 미친다(Held, 1995: 124). '탈국제관계(post-international relations)'로 인해 국경 없는 상호작용이 심화되면서, 민족국가뿐만 아니라 지역화 및 초국가적 세계화 과정에 의해 민족 정체성도 재구성되고 있다(Krause and Renwick, 1996; Scholte, 1996).

따라서 세계화는 나와 타자의 관계를 한층 더 복잡하고 다차원적으로 만들었다. 집단 정체성은 다양한 정체성을 야기하는 민영화와 재국유화를 동시에 경험하고 있다. 국가 정체성은 글로벌 이슈에 대해 말도 안 되는 주장을 하는 현실주의자들의 주장처럼 견고하지는 못하겠지만, 그렇다고 몇몇 극단적 세계화론자들의 주장처럼 사라지지도 않을 것이다. 국가 정체성은, 특히 다민족국가에게는, 사람들이 포용할 수 있는 수많은 집단 정체성 중 하나일 뿐이다. 왜냐하면 다민족국가의 심리적·문화적 인식과 역사 속에서 민족국가는 유일하거나 가장 중요한 실체는 아니기 때문이다. 사실 다양한 그룹 구성원과의 복합적·사회적 상호작용은 다양한 정체성을 낳고 있고, 따라서 지금 우리가 직면하고 있는 것은 새로운 '정체성 검색(identity surfing)'이다. 다양한 충성 집단 – 민족, 성별, 종교, 문화, 언어, 지역, 심지어 브랜드 충성까지 – 에 따라 넘쳐나는 집단 정체성의 바다에서 개인은 하나의 정체성 그룹에서 다른 그룹으로 얼마든지 옮겨갈 수 있다(Barber, 1995; Kowert, 1999). 오늘날 세계화의 상황에서 집단 정체성은 뿌리내렸다기보다는 '불가피한 과정'이라고 할 수 있다(Scholte, 1996: 69).

그러나 이는 정체성이 무한히 변할 수 있다는 뜻은 아니다. 정체성 변화는 반복적인 사회적 상호작용의 결과로 발생하기 때문이다. 세계화 시대에 범위, 강도, 속도, 빈도, 양태, 인간관계와 거래의 영향력은 이제까지 분리된 경제, 정치, 그리고 전 세계에 걸친 사회 문화적 실체 사이의 경계를 침범하면서 지역적·세계적으로 급격하게 확대하고 있다. 그 결과 지구촌 곳곳에서 집단 정체성이 형성되고, 해체되고, 재건되면서 정체성이 변화하는 속도는 점점 가속화되고 있다.

따라서 아직도 국가 정체성이 견고하게 유지되면서 안보체제의 중심 역할을 수행하고 있다는 점은 역설적이라고 할 수 있다. 종족 민족주의적 정체성 동원 전쟁 – 내부적 국가 건설 전쟁 – 은 탈냉전 이후 지역 갈등의 보편적 현상으로 등장했고, 탈냉전 이후 많은 유엔 평화유지활동의 이유가 되었다(Wallensteen and Axell, 1993; Wallensteen and Sollenberg, 2001 참조). 비록 세계화가 다양한 대안적 집단 정체성을 위한 새로운 공간을 창조했을지 몰라도, 다른 한편으로는 국가 정체성에 대한 위기의식을 더 크게 자극한 것도 사실이다.

따라서 어떤 면에서 세계화가 정체성을 무력 충돌의 근원으로 만들어버린 셈이다(V. Cha, 2000b: 220 참조). 이러한 위협은 새로운 글로벌 정치가 낳은 대안적 집단 정체성에 맞서기 위한 방어기제로서 국가 정체성을 유지하려는 더 강한 결의를 촉발하기도 했다. 확실히 국가 공간이 점차 사라짐에 따라 어떤 사람들은 더욱더 국가 정체성이라는 가상의 확실성과 안락함에 광적으로 애착을 갖게 되었다. 이러한 현상이 국가 수준에서 나타난 대표적 사례로 북한을 들 수 있다.

좋건 나쁘건, 민족국가는 여전히 영토를 토대로 한 보편적 집단 정체성 구축을 그 핵심으로 한다(Scholte, 1996: 64~65). 또한 국가는 여전히 국민의 충성심을 장악하고 있고, 물적 자원(GDP의 1/3~1/2)을 통제하고 있으며, 정책과 사법부 내의 규칙을 정하고 있다. 세계화는 국가를 기능상 쓸모없거나 부적절한 것으로 만들려는 것이 아니라, 더욱 상호 의존적으로 상호작용하는 세계에서 유능하고 효율적인 국가가 되기 위해 취해야 할 것이 무엇인지를 재정립하게 한다. 이 점에서 세계화는 양날의 검이다. 즉, 세계화를 최소로 또는 최대로 받아들이는 국가(minimalist and maximalist states)를 모두 위협할 뿐만 아니라, 유능하고 적응력 있는 국가에는 기회를 제공한다(World Bank, 1997, 1999; S. S. Kim, 2000a 참조).

요컨대 다음의 가정과 정체성 이론의 주장들은 이 책의 대부분을 포괄하는 내용인 남북한이 세계에서 차지하는 위상을 다루는 데에 유용하게 활용될 수 있을 것이다.[54]

- 개인 단위의 핵가족부터 글로벌 시스템까지의 모든 정체성은 긍정적 또는 부정

54 다음의 저작에 근거하여 수정했다. Bloom(1990), Connolly(1991), Erikson(1963), Hoover(1975), Norton(1988), Weigert, Teitge and Teitge(1986), Dittmer and Kim(1993a, 1993b), Wendt(1994).

적 준거 집단과의 관계로 구성된다. 국가 정체성은 관계이지 소유가 아니다.

- 국가 정체성의 정립은 자신과 타인의 상호 갈등적인 그러나 상호 의존적인 범주의 수립과 함께 시작한다. 따라서 정체성은 차별성을 인정하면서 시작하지만 그것은 관습, 신조, 중요한 타자에 대한 행동 양식 등의 내면화 없이는 확인될 수도 없고 정당화될 수도 없다.
- 국가 정체성에 대한 포함-배제 기준이 대중적인 국가 이미지의 감정적·상징적 요소와 잘 어울릴수록 국가 정체성은 더욱 견고해지고 국가의 외교 정책 행위는 더욱 예측 가능하다. 동일한 또는 공유된 일체감을 가진 사람들은 정체성 강화를 위한 단일대오 형성에 그들의 자원을 결집하는 경향이 있다. 마찬가지로 국가 정체성의 강도와 독점성이 강할수록 부정적 외부집단에 대한 적대감도 커진다. 그리고 이는 외부 그룹을 겨냥해서 더욱 경쟁적이고 갈등적인 정책을 낳는다.
- 국가 정체성의 구현은 상황에 따라 다른데, 안보에 위협이 되기도 하고 정체성 동원의 촉매제로 안보 강화의 기회가 되기도 한다.
- 국가 정체성은 국제관계에서 다양한 국가 역할을 상정하고 설계하면서 스스로 작동한다. 또한 국가 정체성은 국가적 역할 제시와 수행이라는 형식으로 구체화된다. 그리고 이는 민족국가가 중요한 타자와 상호작용하는 과정에서 평가된다. 자아는 타자가 부여해주지 않는 정체성을 확보하기 위해 노력하는 한편, 타자가 부여하는 정체성에 매몰되는 것을 경계한다.
- 오늘날 현대 사회에서 개인이 다양한 정체성과 사회적 역할을 갖고 있듯이, 국가도 국제사회에서 다양한 정체성과 국제적 역할을 갖고 있다.

이 책의 구조

이 책은 급변하는 세계 속에서 한반도의 위치에 대해 탐구하고자 한다. 주로 탈냉전 이후(1989~2005년)의 외교 정책 및 4대 강국(중국, 러시아, 일본, 미국)과의 관계와 관련한 다양한 상호작용에 초점을 맞추고 있다. 이 책의 기본 전제는 한반도의 평화와 안정은 남북 간 상호 행위의 함수이며, 또한 4대 강국과의 관계에 달려 있다고 보는 것이다. 따라서 통합적 국가 정체성 이론이 한반도와 4대 강국의 격동적 관계 속에서 행위 변화와 연속성을 추적하는 데 유용한 분석적 틀을 제공할 것이라는 점이다.

서론에서는 한국 외교의 역사와 외교 정책 및 국제관계 연구에 대한 여러 이론적 접근 방법을 간략하게 검토했다. 그리고 이들 이론에 대한 하나의 대안으로, 남북 각각의 국내적 행위, 남북 상호 간 행위, 특히 한반도와 4대 강국 간 관계에 대한 국제적 수준에서 행위의 일관성과 상응성(commensurability)을 이해하는 데 아직 충분히 활용되지 않고 있는 방법인 국가 정체성 통합 개념을 설명했다. 또한 이 장에서는 한반도 상황의 특수성을 살피기 위해서 국제관계 이론을 활용하는 것이 중요하다는 것을 시사하면서, 이론적 약점을 정확하게 지적하기 위해 한반도의 맥락을 동시에 활용했다. 이는 한반도 전문가와 국제관계학을 전공하는 학생들을 위한 타당성 있고 의미 있는 일일 것이다.

그러나 이 책은 하나 또는 그 이상의 가설을 제기하고 시험하는 국제관계에 대한 진부한 접근 방법은 피하고자 한다. 우리의 기본 목표 및 방법론은, 외견상 끝없는 어떤 가정을 재확인하거나 반박함으로써 지역 전문가들은 말할 것도 없고 정책 전문가들과도 거의 소통하지 않으며 채택되지도 않는, 선택된 소수의, 소수에 의한, 소수를 위한 이론적 '미의 경연'에 참여하려는 것이 아니다. 오히려 한반도와 4대 강국의 관계를 역사적으로 비교·분석하고, 이에 근거하여 세계 정치에서 두 개의 한국의 역할과 정체성 변화에 대한 결론을 도출하는 것이 목적이다. 잭 스나이더(Jack Snyder)는 소련 외교 정책 연구의 발전을 위한 세 개의 필요조건 — 풍부함, 엄격성, 타당성 — 을 제시한 바 있는데(Snyder, 1984/85), 이는 세계 공동체 속에서 한반도의 위상에 대한 연구를 진행하는 경우에도 다르지 않을 것이다. 다만 나는 다음과 같은 우선순위에 따라 중요성을 부여하고자 한다. 즉, 경험적 풍부함, 정책 타당성, 분석적 절충주의 형태의 이론적 엄격성이 그것이다. 다시 말하면 논리 연역적 접근법(logical-deductive approach)보다는 경험적 귀납 접근법(empirical-inductive approach)을 취하려 한다.[55]

통합적 국가 정체성 개념은 제2장 이하에서 계속되는 논의를 위한 경험 귀납적 사고에 지침을 제공할 것인데, 그것은 한반도와 4대 강국 간 관계 속에서 변화하는 국가 정체성과 그 역할에 대한 것이다. 또한 국가 정체성 및 한반도와 4대 강국의 관계에 초점을 맞추는 것은 아래와 같은 이론적 문제와 현실 문제를 다루는 데 도움을 줄 것이다.

- 한국 외교 정책은 시간이 흐름에 따라 일관성이 얼마나 유지되었는가, 혹은 변화해왔는가?
- 남북의 외교 행위는 서로와 비교하여 얼마나 독자적 또는 공통적인가?
- 두 한국의 외교 정책 행위의 근원 또는 핵심 결정인자는 무엇인가? 그들은 역사적 유산, 세계적·지역적 차원의 세력 균형 변화, 그리고 4대 강국과 경제적·사회적·문화적 관계 양식 변화에 어떻게 영향을 받는가?
- 두 개의 한국 — 그리고 4대 강국 — 은 탈냉전 이후 고통스러운 국가 정체성 난제에 얼마나 잘 대처하고 있는가?
- 외교관계 속에서 두 한국의 갈등과 협력 수준은 어떤 추세를 띠고 있는가? 4대 강국은 어떤 특정한 방법으로 한반도 갈등을 예방하고, 통제하고, 억제하고, 보호하는, 탈냉전 이후의 과제를 충족시킬 수 있을까?
- 남북한이 하나가 될 수 있을까? 한반도 통일 과정에서 4대 강국의 역할은 무엇일까?

55 논리 연역적 접근법과 경험 귀납적 접근법의 비교 우위에 대해서는 Alagappa(1998: 14~15) 참고.

제2장에서는 한반도와 중국의 관계를 다룬다. 중국은 한반도가 가장 오래된 국제관계를 맺고 있는 지역이지만, 탈냉전 이후 — 다른 4대 강국의 관계와 다를 바 없는 — 경천동지驚天動地할 변화를 보여주고 있다. 중국과 남북한 사이에는 서로에게 적대적인 국가 정체성을 규정하기 위한 노력이 끊임없이 있었다. 즉, 19세기 후반 더욱 유교적인 국가가 되고자 했던 한반도의 노력부터, 오늘날 중국과 남한의 눈에 띄는 우호적 상호작용에도 불구하고 하급 사회주의 동맹국인 북한과 냉전적 동맹을 유지하는 역설적 흐름이 그것이다. 최근 책임 있는 지역 강국(regional power)으로서 중국의 정체성이 발현됨에 따라, 남한은 동북아시아 경제통합에 착수하고 유지하는 데 중국과 협력할 기회가 생겼다.

제3장에서는 러시아와 한반도의 관계를 다룬다. 러시아는 가장 일관되게 한반도에 대한 책략을 꾸며온 강대국가라고 할 수 있다. 대한제국의 황실과 제2차 세계대전 이후의 평양 정권은 러시아와 소련이 한국에서 다양하게 취득한 이익을 조율하거나 폐지하기 위해 노력해야 했다. 그런데 오늘날 두 개의 한국에서 펼쳐지는 강대국의 균형화 전략에서 러시아를 찾아보기란 쉽지 않다. 그러나 2000년 3월 푸틴의 임기가 시작되면서 모스크바는 더욱 강력한 중앙정부를 가지게 되었다. 이에 따라 푸틴은 러시아의 영향력 확대를 위해 베이징, 평양, 서울을 묶는 과감한 외교 정책을 실행하고, 떠오르는 동북아시아의 지경학적 통합의 일환으로 러시아 극동 경제 발전을 위한 에너지 자원 개발이라는 새로운 계획을 추진하고 있다. 이처럼 한반도를 통해 거둬들일 수 있는 경제적 이득이 모스크바로 하여금 남북한 양국에서 적극적 행위자가 되도록 추동하고 있다. 소련 붕괴 이후 러시아는 여전히 강대국의 허세를 유지하고 싶어 한다. 이는 러시아가 미국의 패권적 대북정책에 의해 압박받는 북한과 결속할 가능성이 크다는 것을 암시한다.

제4장에서는 한반도와 일본의 관계를 검토하는데 이들 관계는 요동치고 있다. 근대 중국과 한반도의 민족주의는 거의 일본에 대항하면서 형성되었다는 데에 이견異見이 없다. 또한 상당한 수준의 역사적·민족적 적대감, 그리고 한

반도와 일본 간, 중일 간 상호 불신이 여전히 존재하고 있다는 데에도 이견이 없다. 사실 동북아시아(동남아시아도 아마 유사할 것이지만)에서 독특한 점은 한반도, 중국, 러시아가 일본에 대한 심각한 불신을 다양한 수준으로 공유하고 있다는 사실이다(D. C. Kim and C. I. Moon, 1997). 일본은 한반도를 강압적으로 근대 세계로 밀어 넣었고, 그 결과 한반도는 식민지화되었다. 나아가 일본은 조선인들을 2류 일본 국민으로 개조하려 했다. 두 개의 한국과 일본 사이의 긴장은 제2차 세계대전이 종료되면서부터 부글부글 끓기 시작했다. 비록 미국의 공산주의 봉쇄를 위한 핵심 역할 때문에 남한과 일본은 내키지 않는 연합(uneasy alignment)으로 결속되어 있지만, 북한과 일본의 관계는 안보 이슈와 국가 정체성 및 정통성과 관련된 다양한 위협 및 스캔들 때문에 오랫동안 정상화될 수 없었다.

제5장에서 언급하는 것과 같이 미국은 제2차 세계대전 후 세계 도처에서 했던 것처럼 한반도에서도 중요한 역할을 수행했다. 한반도의 60년 구분선이 된 경계를 우연히 결정한 것부터, 1950년 군사적 통일이라는 김일성의 '과대 망상(magnificent obsession)' 실현을 저지한 것까지, 그리고 북한의 핵 프로그램 발전을 무산시키기까지, 미국은 세계 공동체 안에서 한반도가 처한 상황을 고려하여 한반도의 위상을 결정하는 데에 깊은 관련을 맺어왔다. 그러나 미국의 역할에 변화가 없었던 것은 아니다. 탈냉전 이후 한반도, 특히 대한민국은 미국이라는 패권적 동맹국의 그늘에서 벗어나 자기 스스로를 정의할 수 있는 새로운 기회를 갖게 되었다.

이 책은 마지막으로 남북관계와 함께 한반도와 4대 강국의 관계, 한반도의 통일 가능성과 그 한계를 검토하는 장으로 결론짓는다. 1970년대부터 1990년대 초반까지 각양각색의 간헐적 행동이 있은 후, 1990년대 후반부터 21세기 초반까지 한반도와 4대 강국 사이뿐만 아니라 남북 사이에서도 예상치 못한 상호작용들이 나타났다. 이러한 상호작용은 탈냉전 이후에나 가능해진 국가 정체성의 변화를 보여준다. 거의 전무한 상황이었던 남북 간 경제관계는 현재 상당한 규모로 성장했다. 북한 관광과 이산가족 상봉은 한국전쟁 이후 남북한인 사이의 사실상 최초의 대규모 실질적 접촉이었다. 이들 징후는 놀랄 만하고 뜻밖이지만, 그렇다고 이것들이 통일이 임박했음을 알리는 결정적 징표는 아니다. 남북이 재통일에 이르기까지는 아직 갈 길이 멀다. 이 과정에서 4대 강국이 지배하는 외부 세계(external world)는, 세계 공동체 속에서 두 개의 한국이 차지하고 있는 위상을 감안했을 때, 무관심하지도 않을 것이며 손 놓고 있지도 않을 것이다.

제2장

중국과 두 개의 한국

과거 경험은 잊히지 않는 한 미래를 위한 지침이다.

_ 중국 속담

중국 요인

탈냉전 이후 한반도 외교관계에서 중화인민공화국의 중요성에 대해서는 그 누구도 이론異論이 없다. 역사, 문화, 지리, 인구, 군사력, 정치 현황에 따른 중요성뿐만 아니라 최근 실질적 시장 지배력 확대로 인해 중국이 국제정치의 주요 행위자(major actor)로 인정받을 것이라는 점은 확실시되고 있다. 한반도 문제에 대해 중국이 잠재적으로 갖고 있는 비장의 카드를 생각해보자. ① 인구 비중(세계에서 인구가 가장 많은 국가이며 한반도 인구의 19배), ② 대륙 규모(세계에서 두 번째로 큰 국가로, 이는 한반도의 44배 크기이며 한반도 북부에 1360km에 걸쳐 경계를 공유하고 있다), ③ 세계 최대 규모(그러나 2004년까지 225만 명으로 줄었다)의 현대화된 군사력과 세계 세 번째 핵무기 비축량, ④ 유엔 안보리 상임이사국으로서의 거부권, ⑤ 세계 2위의 경제 규모(PPP기준으로 2002년 GNI 5.6조 달러에서 2003년 6.4조 달러로 증가),[1 2] 세계에서 가장 빠르게 성장하는 경제

1 World Bank 2003 Statistics. http://www.worldbank.org/data/databytopic/GDP_PPP.pdf

(2003년 1인당 GDP 1000달러 수준을 지남),[3] 일본을 제치고 미국, 독일에 이은 세계 세 번째 무역 대국(2004년 무역 규모는 1.15조 달러로 2003년에 비해 36% 증가), 세계 최대 FDI 유입국(2004년 606억 달러),[4] 세계 두 번째 외환 보유국(2004년 말 기준 6096억 달러)이라는 새로운 경제적 지위, ⑥ 강한 역사적 뿌리를 가진 전통적 유교 문화의 영향력.

당연히 중국의 분석가들은 한반도를 동북아시아 안보의 '핵심 난제'이자 필수 불가결한 전략적 방패로 간주한다(D. Song, 1998: 35). 남중국해와 대만해협에서의 충돌 조짐은 한반도에 존재하는 군사적 긴장의 잠재적 위험과 정치적 불안정에 비하면 무색한 수준이다(W. Hu, 1995; X. Zhang, 1998). 중국이 북한과 마주하고 있는 850마일(1360km)에 이르는 허술한 국경은 1930년대 제국주의 일본이 중국을 침략한 경로를 떠올리게 한다. 또한 이는 1950년 후반 한국전쟁 당시 맥아더 군대가 38선을 가로질러 중국 국경에 근접했던 미국의 개입을 상기시킨다.

왜냐하면 한반도는 세계 다섯 개 주요 글로벌 강국 중 4개국 – 미국, 러시아, 중국, 일본 – 이 불편하게 마주치는 위험한 발화 지대이기 때문이고, 중국의 한

---

2 [옮긴이] 영국의 경제 일간지 ≪파이낸셜타임스(Financial Times)≫는 중국이 PPP로 2014년 미국을 제칠 것이라고 세계은행의 국제비교프로그램(ICP) 보고서를 인용해 보도한 바 있다. 다음을 참고할 것. "중국 경제 올해 美 제치고 세계 1위로", ≪조선일보≫, 온라인판, 2014년 5월 1일 자.

3 World Bank 2003 GNI, Per Capita Statistics. http://www.worldbank.org/data/databytopic/GNIPC.pdf.

4 2003년, FDI 최대 유입국으로서 중국은 최초로 미국을 추월했다. 미국으로 FDI 유입은 2001년 1670억 달러, 2002년 720억 달러, 2003년 400억 달러로 감소했지만, 중국으로 FDI 유입은 2002년 550억 달러에서, 2003년 530억 달러로 소폭 감소하는 데 그쳤다. 다음을 참고할 것. Laurent Frost, "China Overtakes U.S. as Investment Target," The Associated Press, June 28, 2004, For 2004 figure, *People's Daily Online*, January 25, 2005.

반도 정책은 그들의 지역 정책 및 세계 정책(regional and global policy)과 밀접하게 얽혀 있기 때문이다. 오늘날 이들 네 개 주요 강대국 중, 중국만이 명실상부하게 다각적인 두 개의 한국 정책을 가진 유일한 국가이다. 정치, 경제, 문화, 인식의 측면에서 중국과 대한민국의 관계는 1990년대 초반부터 비약적으로 발전했다. 1996년 대한민국 정보통신부가 시행한 주요 여론조사 중 하나를 인용하면, 남한 국민의 47.1%가 "2006년 한국의 가장 가까운 파트너가 될 것으로 예상되는 국가"로 중국을 선택했다. 미국을 선택한 사람은 놀랍게도 24.8%에 불과했다(J. H. Chung, 2001: 784).

그러나 냉전 기간 내내 지역 강국(regional power)으로서 중국의 정체성은 매우 모호(ambivalent)했다(S. S. Kim, 1992). 중국 대외관계의 대부분이 아시아태평양 지역을 중심으로 돌아갔지만, 베이징은 아시아 국제관계 속에서 자신의 입장을 좀처럼 드러내지 않았다. 이는 냉전 시절 아시아 이웃 국가 대부분 — 인도, 인도네시아, 베트남을 포함하는 — 과 험난했던 과거사 때문임이 분명하다. 중국은 아직 정체성이 계속 진화 중인 상황이지만, 그럼에도 탈냉전 이후 중요한 지역적·세계적 경제 대국이 되었다고 단언할 수 있다. 1991년 초 세계은행은 마오쩌둥(毛澤東) 이후의 중국이 최단 기간에(1977~1987년) 1인당 생산량을 두 배로 늘리는 전대미문의 세계 기록을 달성했다고 발표했다(World Bank, 1991: 12). 1990년부터 2001년까지 중국의 GDP 증가율은 세계 평균의 네 배에 달했다. 즉, 중국은 그의 가장 가까운 동료 경쟁자이자 도시국가인 싱가포르와 함께 세계 최고 수준의 경제성장률을 기록했다. 중국의 무역은 1950년대 고작 수백만 달러 수준에서 1978년 200억 달러, 2004년 1.15조 달러까지 치솟았다. 그리고 GDP에서 무역이 차지하는 비중(세계경제와 통합 및 무역의존도로 널리 사용되는 기준)도 1970년대 5.2%에서 2000년 44%까지, 10년마다 배 이상 늘어났다(2000년 북한의 무역의존도는 11%, 일본 18%, 인도 19%, 미국 21%이다). 2004년 중국의 해외 무역의존도는 가파르게 상승했는데, 역대 최고인 70%에 도달한 것이다(≪인민일보(人民日報)≫, 온라인판, 2005.1.10). 포스트 마오쩌둥 시대인 1978~2004년 사이 중국의 해외무역 규모는 58배라는 엄청난 증가를 기록했다. 그 결과 2004년 말 중국 경제는 일본(20%)과 미국(19.4%)보다 3.5배 더 세계 자본주의 경제에 통합되어 있는 상태이다. 2004년, 1.15조 달러의 무역을 기록한 중국은 이미 세계 3대 무역 국가로 떠올랐으며, 한국(794억 달러), 일본(2100억 달러), 대만(600억 달러), 그리고 많은 동남아시아 국가의 가장 큰 무역 상대국이 되었다. 향후 10년 내에 중국은 세계 두 번째 무역국인 독일을 넉넉하게 능가할 것으로 보인다.[5 6] 2004년에 이르자, 중국의 경제적 위상은 선진 경제국가 모임인 G7 회담에 가입을 권하는 초청장과 영구 회원이 될 수 있을 것이라는 기대와 함께 인정받게 되었다.[7]

그러나 중국 경제에는 일정한 한계와 약점이 존재한다. 2004년 중국의 1.1조 달러 이상의 해외무역 중 6000억 달러 이상이 가공무역을 수반한 것이다. 즉, 수출의 약 60%와 수입의 약 50%가 해외에서 부품과 재료를 들여와 완제품을 수출하는 제품 무역과 관련되어 있다. 한편 중국이 집요하게 외국 자본을 유치한다고 해서 그것이 늘 지속가능한 발전을 보장하는 것은 아니다. 중국 현지 공무원들은 현지인의 투자보다는 FDI를 추진했다. 그 결과 외국 기업에 제공한 보조금 때문에 세수稅收에 중대한 손실이 발생했다. 또한 고도성장은 토지, 공기 오염, 조세 구조 변화, 부실 채권 은행과 같은 외부 효과(externalities)

5 2002년 니콜라스 라디(Nicholas Lardy)는 10년 이내에(즉, 2012년 이내에) "중국의 무역 규모는 일본과 독일을 능가하여 중국은 세계 2위의 무역 국가가 될 것"이라고 예측했는데, 일본에 관한 한 8년이나 예측이 빗나갔다. 중국은 늦어도 2006년까지 독일을 능가하여 세계에서 두 번째 교역국으로 자리 매김할 것으로 보인다(Lardy, 2002: 176 참고).

6 [옮긴이] 중국은 2013년 미국을 제치고 세계 1위의 무역 대국으로 부상했다. 다음을 참고할 것. "중국 정부 세계 1위 무역 대국 등극 공식 확인", ≪연합뉴스≫, 온라인판, 2014년 3월 1일 자.

7 다음을 참고할 것. Elizabeth Becker, "Guess Who's Invited to Dinner," *New York Times*, September 23, 2004, pp.C1, C9.

를 초래했다. 인상적인 양적 도약을 했지만 2004년 중국 전체 수출 중 첨단 기술 제품 수출은 겨우 28%에 머무른다. 이 점은 미국 44%, 일본 39%와 비교할 때 중국 해외무역이 구조적으로 취약하다는 것을 분명하게 보여준다. 게다가 WTO가 출범한 1995년부터 2004년 6월까지 전체 반덤핑 조사의 1/7 이상이 중국에 대한 소송이었다. 중국은 1995~2004년까지 10년 연속으로 세계에서 가장 많은 반덤핑 사건에 피소被訴되었다(≪인민일보≫, 온라인판, 2005.1.10).

중국 정부는 1989년부터 잇따라 평시 군사비를 대폭 증가하겠다고 발표했다. 중국의 군비 지출 증가율은 특히 1990년대 후반과 21세기 초에 두드러졌다(2001년 19.4%, 2002년 17.6%).[8] 런던의 국제전략연구소(IISS)는 2001년 중국의 실질 군비 지출에 대해 공식 국방 예산 174억 달러의 2.6배인 460억 달러로 추정하고, 스톡홀름국제평화문제연구소(SIPRI)는 공식 국방 예산의 1.6배인 270억 달러로 추정한다(IISS, 2001; SIPRI, 2002). 2002년 중국『국방백서』에 따르면 최근 몇 년간 증가된 국방비는 주로 인건비 증가, 군 사회보장 제도, 유지 보수 비용, 반테러 행위에 대한 국제 공조, 최첨단 장비 때문에 발생한 것이다.

미국과 일본은 중국의 군비 지출 증가에 대해 우려하지만 이를 위험 신호로 보는 것은 정당하지 않다. 스톡홀름국제평화문제연구소 평가에 의하면 중국의 방위비 부담은 상대적으로 가벼운 편이며, GDP 대비 군비 지출 비율은 다른 모든 주요 강대국과 (일본을 제외한) 이웃 국가에 비해 낮다. 이러한 방위비 부담 수준은 중국 경제가 미국 전력에 맞서 균형을 꾀하기 위해 군사화되는 수준에 이른 것으로 보긴 어렵다. 군비 지출은 외부 위협과 기회에 대한 단순 함수일 뿐만 아니라 기술 혁신 주기, 조직적 이해관계, 관료적 경쟁 등을 고려하여 결정되기 때문이다. 중국의 경우, 경제에 무리가 갈 정도로 방위비 부담을 가한 소련의 전략적 실수를 되풀이하지 않도록 지도자들을 제약하는 많은 장치가 존재한다.

8 이 공식 수치는 2002년 중국『국방백서』에서 재인용함.

중국의 굴기에 대한 열띤 논쟁과 관련해 두 가지 역설이 존재한다. 오늘날 중국이 세계 공동체에 더욱 통합되고 이전 그 어느 때보다도 큰 협력적(현상 유지) 행위를 보여주지만 봉쇄(containment), 관여(engagement), 봉쇄적 개입(congagement) 등 각종 경쟁적 연구 방법의 핵심 전제는, 중국은 현 상황이 성에 차지 않는 수정주의(현상 타파) 세력이며 국제 규범이 지배하는 세계 공동체 밖에서 움직이는 세력이기 때문에, 향후 지역 질서 및 세계 질서와 관련한 어려운 문제를 제기하고 있다는 점이다(Johnston, 2004 참조). 비록 인민해방군(PLA)이 아홉 개의 전쟁과 무장 분쟁에 참여했지만 ― 이념적 이유로 싸웠고, 주권 보호와 영토 보전을 위해 싸웠다 ― 대부분은 1950년대와 1960년대에 발생한 것이고 1990년대에는 중국이 연루된 전쟁은 발생하지 않았다. 이는 전쟁의 이념적 기반이 종말을 고하고, 러시아, 몽골, 중앙아시아, 미얀마, 파키스탄, 베트남과 영토 분쟁을 평화적으로 해결한 결과라고 볼 수 있다(Y. Ji, 2001b: 119~120; Johnston, 1998 참조).

탈냉전 이후 두 개의 한국 정책만큼 중국의 현상 유지 행위를 분명히 보여주는 것은 없다. 이 정책은 오늘날 세계 정치 속에서 수정주의적 체제 전환 도전자부터 현상 유지적 체제 유지 행위자까지, 중국의 국가 정체성에 대한 미묘하지만 중대한 변화(subtle but significant transformation)를 시사하고 있다. 최근 중국의 정체성이 '책임 있는' 지역 강국(regional power)으로 재정립되면서, 한국은 북한 핵 프로그램 이슈의 평화적 해결을 위한 다자간 쌍방 협의(bimultilateral)뿐만 아니라 동아시아 경제통합 촉진을 위해 중국과 협력할 새로운 기회를 가졌다. 이 모든 것을 감안할 때 중국이 한국 엘리트들과 대중의 인식 속에 미국보다 훨씬 더 긍정적인 이미지를 누리고 있음은 틀림없는 사실이다. 중국은 (한국의 대미對美 의존적 정체성을 완전히 없앨 수는 없지만) 한미동맹에 대한 의존을 감소시키는 독립 변수와 수단이 되었고, 서울의 외교적 선택을 다양화하는 독립 변수와 수단이 되었으며, 남북 화해 정책의 외부 지지를 확보하는 독립변수와 수단이 되었고, 남한의 경제적 발전을 제고하는 독립변수와 수단이 되었다(특히 현재 베이징은 이미 남한의 최고 무역 상대국 및 FDI의 최고 목적지가 되었다).

지난 세월 중국과 한반도 사이에는 19세기 후반 더욱 유교적인 조공 국가(Confucian tributary state)가 되고자 하는 한반도의 노력부터, 오늘날 남한과 우호적인 상호작용에도 불구하고 하급 사회주의 동맹국[9]과 냉전적 협정을 유지하는 자기모순까지, 서로에 대해 국가 정체성을 재조정하고 재규정하기 위한 노력이 끊임없이 있었다. 1980년대 중반 이후 한중관계가 만발한 것은 데이비드 미트라니(David Mitrany)의 '실무 평화 체제(working peace system)'[10] 또는 중국의 외교적 공리(求同存异, 이견은 미뤄두고 의견이 같은 부분부터 추구한다)에 맞추어진 것처럼 보인다. 이는 사실상 베이징과 서울이 서로 정치적 정체성의 차이를 인정하면서 동시에 경제적 정체성에서 공통 기반을 찾았음을 의미한다(즉, 마오쩌둥 이후 베이징의 개혁 개방 정체성과 신흥 산업국가라는 서울의 정체성이 그것이다). 중국이 하나의 한국 정책에서 두 개의 한국 정책으로 전환한 이념적 명분(ideational justification)은 평화공존 5원칙에 근거한 것이다. 이는 이념적 차이와 상관없이 모든 국가와 관계 정상화를 요구하는 서울의 북방 정책(Nordpolitik policy)과 겹치는 것이었다. 이러한 변화는 남한이 냉전 시대의 정체성에서 냉전 이후의 정체성으로 상대적으로 원활하게 전환했음을 의미하는 것이다.

한중관계 정상화 협상은 단기간에 성공했는데, 이는 정체성의 차이에도 불구하고 다양한 정체성이 평화적으로 공존할 수 있다는 교과서적 사례로 손꼽힌다. 이 교섭에서 주목할 점은 1992년 중반 한중관계 정상화 협상에서 최후의 주요 난제였던, 과거 한국전쟁에서 중국의 '침략'을 인정하라는 서울의 요구였다. 한국 협상단은 이것이 비현실적인 요구이지만 역사적 기록과 국내의

9 [옮긴이] 북한을 의미한다.

10 기능주의에 대한 대표 작품으로 Mitrany(1966) 참고.

분위기를 고려했을 때 성공해야만 하는 요구로 인식하고 있었다. 중국 측 협상자는 한중 간 논의해야 할 "과거사 이슈"는 없으며, 사과는커녕 침략 사실의 시인 자체도 불가능하다고 대응했다. 한중 간 최종 관계 정상화 조약은 — 6개 항의 코뮤니케 형태로 발표된 — 마치 어떤 종류의 과거사도 존재하지 않았던 것처럼 과거에 대해 침묵했다. 요컨대 한중관계 정상화는 공통의 정치적 정체성 때문에 가능했던 게 아니라, 정치적·이념적 정체성의 차이에도 불구하고 가능했던 것이다. 반면 북중관계는 겉보기에는 사회주의 정체성을 공유하고 있었지만 긴장과 스트레스에 시달려야 했다.

과거의 무게

여기서는 '과거로부터 전승되고 직접적으로 맞닥뜨린 환경'에서 한 발 물러나 재평가하는 것이 필수적이다. 한반도와 중국 역사의 광대한 스케일과 한반도와 중국 관계의 장구한 역사를 감안하면, 우리는 어떤 시기나 어떤 전통을 '과거의 무게'라고 가리키는 것인지, 만약 그것이 존재한다면 그것이 어떻게 서울, 평양, 베이징의 외교 정책적 사고와 행동에 영향을 미쳤는지 의문을 가져야 한다. 리처드 노이슈타트(Richard Neustadt)와 어니스트 메이(Ernest May)는 정책 입안자들이 어떤 새로운 환경에서 발생하는 갈등에 대처하기 위해 본능적 혹은 편의적으로 특정 역사와 비유하거나 특정 전쟁 경험에 의존하는데, 이는 국제 갈등을 고조시킬 위험이 있다고 지적했다(Neustadt and May, 1986; Vasquez, 1987; Khong, 1992). 따라서 우리는 중국의 방대하면서도 여러 가지로 해석될 수 있는 과거로부터 미래 행위를 위한 특정 교훈이나 지침을 추론하고 연역하는 것을 경계해야 한다. 그러므로 역사결정론이나 문화결정론을 추종하기보다는 과거로부터 전승되어온 몇몇 중요한 역사적 경험의 '폭넓은 윤곽'을 잡아가는 것이 중요하다.

19세기 후반부터 제2차 세계대전이 끝날 때까지 반세기 동안 중단되었지만 중국과 한반도의 관계는 한국 역사만큼이나 오래되었다. 한국의 국가 관할권(state's jurisdiction)은 676년 그의 국가 — 신라가 수립한 한국의 첫 번째 민족국가(B.C.57~A.D.935년) — 와 함께 높은 수준의 연속성을 유지했다. 그리고 그 국가는 세계에서 가장 조화로운 민족국가 중 하나로 남아 있다. 한반도는 역사를 관통하여 중화질서라는 거대한 보호막 — 팍스 시니카(Pax Sinica) — 에 자리 잡았기 때문에 전통적으로 은둔 왕국으로 알려졌으며, 이들에게는 외교관계라 부를 만한 것이 없었다. 한반도와 중국의 관계 — 이른바 조공 체제로 구조화되고 상징화된 종속관계(subordinate relationship) — 가 한반도가 외부 세계와 맺은 관계의 전부였다. 5세기 초에 시작된 조공관계는 고려 왕조(918~1392년) 동안 정례화되었고, 조선(1392~1910년)을 거치며 전면 제도화되었다(H. J. Chun, 1968: 90, 99; C. J. Lee, 1996: 1).

한반도와 중국의 조공관계는 한반도에 재정 적자를 초래했다. 중국 제국이 주는 선물의 가치를 총합해도 한반도 조공품의 1/10에 지나지 않았다(H. J. Chun, 1968: 105). 중국의 도움으로 일본 도요토미 히데요시(豊臣秀吉)의 침략(1592~1598년)을 격퇴하자, 금은 등 조공품에 대한 베이징의 요구는 더욱 늘어났다. 따라서 한반도는 다른 어떤 나라보다 오랫동안 중국과 조공관계를 유지하며 모범적인 조공 국가 역할을 했다. 이 조공관계는 사대주의(문자 그대로 '큰 것을 섬긴다'는 뜻인데 강대국 국수주의의 유교 관념적 표현이다)라는 유교적 관념으로 표현되는데, 이는 전통적인 한국 '외교관계'의 제도화된 표현이라고 할 수 있다. 조공 체제는 정치적 정통성 확립과 유지에 필수 불가결한 것이었다. 조공 체제가 이토록 장기간 유지된 것은 "중화 문화권을 벗어난다는 것이 한국 엘리트들에게 야만 문화에서 살아가는 것과 다름없었기 때문"(Eckert, 1991: 226~227)이라고 설명할 수 있다. 1880년대 초가 되어서야 비로소 소수의 한국인들이 조국을 중국과 동등한 독립국으로 생각하기 시작했다(K. H. Kim, 1980: 341). 사대주의의 이념적 지고성至高性을 감안하면 전통적으로 한반도 내에서

는 국가 정체성이나 민족주의가 생겨날 수 없었다.[11]

조선은 19세기 후반 제국주의의 전성기 시절에 개국했는데, 이로 인해 은자의 나라는 즉각적으로 열강 간 경쟁의 소용돌이에 휩쓸렸다. 조선 개국과 동시에 전통적 중국 중심의 세계 질서는 붕괴되었고, 일본 제국주의는 발흥했으며, 중국을 향한 조선의 반감과 불신이 표면화되기 시작했다. 그리고 이러한 요인들이 결합한 결과 한중 조공관계 시대는 막을 내리게 되었다. 즉, 전통적인 한중 조공관계는 선린 우호라는 특징을 보였었는데 이것이 상호 불신, 의심, 심지어 적대감으로 변질되었고, 결국 1894~1895년 청일 전쟁의 강화조약인 시모노세키조약에 따라 한중 종속관계는 종말을 고하고 말았다(C. J. Lee, 1996: 3).

일제 식민 통치 기간 내내 한국이 경쟁적인 정통성 정치를 했던 첨예한 지역이 바로 중국이다. 한편으로는 상하이에 있는 한국 임시정부 및 조선 광복군을 지원하는 중국의 민족주의 정부(국민당), 그리고 다른 한편으로는 북중 의용군 및 동북항일연군(김일성이 사단장을 역임했던)을 지원하는 연안의 중국 공산당(CCP)과 함께, 한국의 분열 그리고 경쟁적 정통성 및 정통성 깎아내리기를 통한 동족상잔 정치의 씨앗은 이미 제2차 중일전쟁(1937~1945년) 동안 뿌려진 것이다(C. J. Lee, 1996: 3; C. S. Lee, 1963: 129~179; D. S. Suh, 1988: 11~29; S. S. Kim, 1976). 한국전쟁(1950~1953년)은 사회주의 강대국으로서 중국의 정체성을 수립하고 구현하는 데, 그리고 중국 공산당의 기본 방향을 공식화하고 적용하는 데 심오하고 영속적인 영향을 끼쳤다. 제1장에서 설명한 바와 같이, 전쟁은 그 자체만으로도 새로운 국가 정체성을 구축하는 데에 엄청난 기폭제 역할을 한다.

---

11 [옮긴이] 중국과 한국의 조공체제에 대해서는 이견이 있다. 커밍스는 이 조공체제가 평등한 관계는 아니었을지언정, 진정한 독립 체제(real independence)였다고 주장한다. 이와 반대로 19세기 말 한국이 직면한 서양 체제는 허구적 평등과 실질적 예속 체제였다고 주장한다. 다음을 참고할 것. Bruce Cumings, *Korea's Place In The Sun: A Modern History*(New York: Norton, 2005), p.95.

중국 외교 50년을 음미해보면 베이징은 여전히 한국전쟁을 새로운 인민공화국을 질식시키기 위해 제국주의자들이 개시한 침략 전쟁으로 여기고 있다. 중국은 자신들이 한반도에서 이룬 업적을 "약자가 강자를 무찌른 세계적 기적"으로 만구칭송하고 있고, 심지어 "중국이 한국전쟁의 정전협정에 서명한 것은 중화인민공화국 등장 이전 늘 중국의 국익이 희생되고서야 끝나던 중국 외교의 역사를 다시 쓴 것이다"라며 찬양하고 있다(≪인민일보≫, 1999.9.3, 1면). 지구상 가장 강한 나라를 상대로 한반도에서 타협을 밀어붙임으로써, 그리고 협상 테이블에서 중국 대표를 동등하게 수용하게 함으로써 중국은 '아시아의 잠자는 돼지'라는 기존 정체성을 성공적으로 극복했다.

중소우호동맹상호원조조약(1950년 2월 14일)은 중국의 한국전쟁 개입을 위한 하나의 자극제가 되었다. 중국과 러시아는 공유된 가치(shared values)와 공유된 공포(shared fears)에 기초하여 모스크바-베이징 축을 강화했다. 미국의 한국전쟁 참전은 마오쩌둥으로 하여금 중국 혁명을 둘러싼 해묵은 의문들에 대해 명확한 대답을 내놓을 수 있게 해주었고, 또한 중국으로 하여금 "진정한 적을 공격하기 위해 진정한 친구와 단결하도록" 조장했다(Z. Mao, 1965: 13). 확실히 한국전쟁은 중국의 민족적 자아(national self)와 '중요한 타자'를 확인하는 계기가 되었는데, 그것은 반사회주의 초강대국에 맞서는 혁명적 사회주의 국가로서 중국의 새로운 국가 정체성이 완결되었음을 의미하는 것이었다.

전쟁 개시 발상은 김일성으로부터 직접 나왔다. 그는 이미 1949년 3월 초부터, 미국이 개입할 시간을 허용하지 않고 3일 이내에 남한을 해방시킬 것이라고 장담하며 소련이 후원하는 침략을 위해 로비하기 시작했다. 이오시프 스탈린(Iosif Vissarionovich Stalin)은 몇 가지 이유로 김일성의 계획을 거부했다. 즉, 북한 군대는 오직 반격의 수단으로만 38선을 통과할 수 있다는 점, 중국 내전이 아직 해결되지 않았다는 점, 북한군은 아직 약하고 준비가 안 되어 있다는 점을 이유로 지금은 전쟁이 필요한 시점이 아니라고 한 것이다(Barzhanov, 1995; Weathersby, 1995, 1999). 1950년 5월이 되어서야 소련의 독재자는 마오쩌둥에게 "지금이야말로 변화된 국제 정세에 따라 북한의 제안에 동의하는 것이 가능해진 시점"이라고 설명했다(Weathersby, 1999: 93). 중국 공산당의 승리와 1949년 10월 중화인민공화국의 수립, 소련의 원자폭탄 실험 성공, 1949년 6월 남한에서의 미국 군대 철수 등이 마오쩌둥의 동의를 조건으로 스탈린의 최종 승인을 결심하는 데 일조했다.

한국전쟁으로 인해 중소동맹은 단기적으로 즉각 강화되었지만 장기적으로는 약화되었다. 중소동맹 내에서 양국 사이의 힘이 점점 대등해지면서 중소동맹의 종국적 분열은 피할 수 없는 것이었다. 베이징의 요구와 기대는 점차 커지는 반면 베이징을 만족시키기에 모스크바는 무능력하고 무성의했으며, 이처럼 기대와 현실 사이의 간극이 확대되면서 중소동맹의 근간은 뿌리째 흔들렸다. 한국전쟁은 냉전의 게임 법칙을 구체화하고 동아시아를 넘어서 동서 갈등 패턴을 고착화시키는 결정적 촉매 역할을 했다. 냉전을 규정짓는 특징, 즉 과도한 군사 예산, NATO의 무장화, 경쟁적 동맹 체제(alliance system)의 세계화, 세계 문제에서 동서 대결이라는 위험한 패턴 등을 초래한 것이 바로 다름 아닌 한국전쟁이었다(Jervis, 1980 참조). 게다가 시기, 과정, 결과를 보면 "한국전쟁은 여러모로 제3차 대전의 대체물 역할"을 했다(Stueck, 1995: 3).

북한이 남침을 계획하면서 소련에 극단적으로 의존했음에도 불구하고, 또는 의존했기 때문에, 동아시아에서 세력 균형을 좌우하는 영향력은 모스크바에서 베이징으로 이동했다. 이는 1950년 10월 중국이 한국전쟁에 상당한 규모로 개입한 결과이다. 심화되는 중소 갈등으로 인해 김일성은 원활한 중소동맹하에서 고려할 수 있는 것보다 더 많은 영향력과 기회를 누릴 수 있었다. 교묘한 계략으로 김일성을 권좌에 앉혔던 소련군은 권위를 회복하지 못했고, 반면 중국 의용군은 붕괴 직전에 있는 신생 사회주의 정권을 구하기 위해 개입하여 1958년까지 머물렀다. 이는 북한에 대한 중국의 영향력이 시작되는 것을 의미하며, 북한에 대한 소련 지배의 종언을 의미했다.

신생 중화인민공화국은 거의 혼자 힘으로 김일성 정권을 사멸 위기로부터 구조했지만 과도한 물적·인적·정치적 비용을 치러야 했다. 마오쩌둥의 아들을 포함한 74만 명 이상의 사상자를 낳았을 뿐만 아니라,[12] 대만을 '해방'시킬 기회를 놓쳤고, 20년 이상 유엔에서 제외되었으며, 20년 이상 근대화 추진 기회를 잃었다. 그러나 한편, 한반도에서 이룬 중국의 성과는 세계 정치에서 중국의 위상과 영향력을 강화하는 기폭제가 되었다. 또한 1953년 11월 김일성은 대규모 대표단을 이끌고 베이징으로 가 중국과 장기적 군사·경제·문화 협력 협정을 체결했고, 이에 따라 북중관계는 더욱 강화되었다. 베이징은 향후 3년 간 재건 사업을 위해 2억 달러를 지원하기로 한 데 반해, 모스크바는 겨우 5000만 달러 약속에 그쳤다(Stueck, 1995: 362). 게다가 중국 군대는 전쟁 이후 5년이나 북한에 더 머무르면서 재건 계획을 도왔다. 기나긴 냉전 기간에 중국 지도자들은 전쟁으로 인한 북한과의 우정은 영구불변임을 되풀이하여 강조했다. 저우언라이(周恩來) 총리와 주더(朱德) 인민해방군 사령관은 양국 간 친밀감을 '순망치한'이라는 은유를 사용하여 표현했다. 이는 중국이 적대적 외부 세력에 대비하는 완충 국가로서 한반도의 전략적 가치를 얼마나 중요하게 생각하는지를 알려주는 표현이다(Lampton and Ewing, 2004: 45; Spurr, 1988: 62~63). 한국전쟁 기간의 군사 혁명적 '혈맹'은 1961년 조약으로 공식화되었고, 이후 중국은 '하나의 한국(친평양)' 정책(one-Korea policy)을 30년 이상 유지했다.

냉전의 대부분 동안 중국에게는 평양과 이 같은 특별한 관계에서 벗어날 이념적 또는 전략적 이유가 존재하지 않았다. 그러나 1978년 역사적 제3중 전회에서 중국 최고 지도자 지위에 오른 덩샤오핑(鄧小平)이 1982년 '독립 대외 정책 노선(an independent foreign policy line)'을 개시한 이후, 베이징의 하나의 한국(친평양) 정책은 강대국 간 역학관계로부터 완전히 이탈하지 않는 범위에서

12 중국의 공식 추산에 따르면 전쟁 사상자는 36만 명 이상(13만 명의 부상자를 포함), 비전투 사상자는 38만 명 이상이다(A. Zhang, 1994: 137 참고).

탈이념화되기 시작했다. 중국과 두 개의 한국 사이의 상호작용은 몇 가지 매우 역설적 결과와 함께 더욱 복잡화·다양화·다차원화되었다. 중국의 외교 정책적 사고와 행위 속에서 한반도에 대한 입장 — 분단 한반도의 경쟁적 정통성 정치에 대한 중국의 입장 — 을 정확하게 평가하는 것이 오늘날처럼 복잡한 적이 없었다. 그럼에도 중국은 두 개의 한국과 가장 진전되고 조리 있는 삼각관계를 완성했다. 즉, 중국은 지역 내에서 성공적인 두 개의 한국 정책을 가진 유일한 국가이다.

중국의 삼각관계 만들기

중화인민공화국과 대한민국은 냉전이라는 역경 속에서 40년 이상을 지내고 냉전의 끝자락에서 비공식적 관계를 10여 년 이상 보낸 후, 드디어 1992년 8월 24일 한중 공동 코뮤니케에 서명했다. 이는 양국의 이해관계와 희망에 따라 서로를 인정하고 전면적 외교관계 수립에 동의하는 것이었다. 중국은 단숨에 공식적으로는 대한민국, 약칭으로는 한국으로 알려진 동아시아 국가와 공식 관계를 수립했고, 남조선(남한)은 베이징의 외교 어휘 목록에서 삭제되었다.[13] 이 같은 중국의 하나의 한국 정책에서 두 개의 한국 정책으로의 전환은 탈냉

13 공동 코뮤니케에 관한 중국의 공식 문서는 Liu and Yang(1994: 2611~2612)을 참조. 서울과 평양에서 'Korea'를 다른 단어로 사용하는 것은 분단 한국 정치 — 경쟁적인 정통성 추구 및 정통성 깎아내리기 정치 — 의 상징이라고 할 수 있다. 북한에서는 이를 조선이라고 하지만(중국어로는 Chaoxian) 남한에서는 한국이라고 한다(중국어로 Hanguo). 남한과 북한으로 칭하는 것이 규범적으로 중립적으로 보이지만, 분단 한반도의 일상 정치에서 조선과 한국이라는 명칭은 결코 중립적이지 않다. 한편 이는 또한 모순과 공존하는 중국의 능력을 떠올리게 하는 것이다. 왜냐하면 공동 코뮤니케에 관한 중국 문서에는 여전히 한반도를 조선 반도라고 언급하는 것을 고수하고 있기 때문이다(Liu and Yang, 1994: 2612 참조).

전 이후 중국 외교 정책 중 가장 중대한 변화 중 하나로 손꼽힌다.[14]

이는 중국 외교 정책의 '위기'라기보다는 — 위기는 전격성, 이해관계의 중대성, 촉박한 대응 시간, 의사 결정 과정에서 경우의 수 및 참가자의 제한으로 특징된다 — 오히려 덩샤오핑 시대(1978~1992년) 동안 중국의 한반도 정책이 간헐적이지만 진화했다고 볼 수 있다. 사실상(*de facto*) 두 개의 한국이지만 법률상(*de jure*) 하나의 한국이라는 이유로 친평양 하나의 한국 정책(one-Korea policy)을 고수하다가, 1992년 8월 사실상/법률상 두 개의 한국 정책(two-Korea policy)으로 전환한 것인데 이는 여러 단계로 나누어 완성된 것이다. 이 1992년 결정은 마오쩌둥 이후의 외교 정책에 대한 균형 및 조정 과정의 결정체였으며, 또한 변화하는 국내적·지역적·세계적 환경 속에서 중국의 다양한 정체성에 대한 균형 및 조정 과정의 결정체였다고 할 수 있다.

중국은 일관되게 한반도를 자국 안보 환경의 중대 요소로 간주하고 있다. 더욱이 드러내놓고 말하지는 않지만, 중국은 남한을 자국의 국가 주도 개발전략의 적합 모델일 뿐만 아니라 현대화 추진을 지원하는 잠재적 거점으로 바라보고 있다. 또한 남한은 중국을 점점 더 강해지는 미국의 경제적 압력과 동아시아에서 일본의 경제 패권에 대응하기 위한 잠재적 파트너로 여기고 있다. 마지막으로 중국은 분단되든 통일이 되든 한반도는 사회주의 국가이자 다민족국가인 중국의 정통성에 도전하지 않을 것이라고 믿고 있다. 베이징은 그 어떤 공식 발표없이, 진정한 '최소극대화(maxi-mini)' 접근 방법, 즉 중국의 권리와 이익은 극대화하되 중국의 책임과 비용은 최소화한다는 원칙을 점차적으로 적용해나갔다(S. S. Kim, 2001). 사실 중국이 대한민국과 전면적 외교관계를 인정·수립했다는 것은, 중국의 외교 정책이 이데올로기적 국가이익에서 실

---

14 1998년 11월 중국을 국빈 방문한 김대중 대통령은 첸지천(錢其琛) 전 외교부장에게 "10여 년 임기 중 가장 힘들었던 도전을 밝혀달라"고 질문했는데, 첸지천은 한중 외교관계 수립을 꼽았다고 한다(*The Korea Times*, 1998.11.13. 참조).

질적 국가이익으로 전환되었음을 강하게 나타내는 징표이다.

세계적 차원의 중국-소련-미국 간 냉전의 삼각 시대가 종식됨에 따라 중국의 전략적 환경 또한 변했다. 냉전의 대부분 동안 중국의 지역 정책(regional policy)은 자신들의 세계 초강대국 정책에 비하면 의붓자식과도 같았다. 중국의 외교 정책은 지역 전체에 즉각적 반향을 일으킬 것이 분명함에도 불구하고, 그 전환점은 늘 미국 그리고/또는 소련과 얽혀 있었다. 그러나 톈안먼 사태 이후, 특히 1991년 소련 붕괴 이후 중국 외교 정책은 더욱 아시아 중심적이 되었다. 이러한 인식의 변화로 인해 중국의 북한 및 남한에 대한 정책도 변하게 된 것이다.

확대되는 서울의 북방 정책

중국의 근거리 해외 안보 환경에 대한 첫 번째 변화는 남한 노태우 대통령의 북방 정책에서 비롯되었다. 전임 대통령이었던 박정희와 전두환도 차별적 북방 정책 형성을 위해 노력했으나, 외부의 전략적 사정과 조응하지 못하여 큰 성과를 내지 못했다. 예를 들면 1973년 6월 23일 발표된 '평화통일외교 정책에 관한 특별 성명'은 모든 국가와 이념적 차이를 뛰어넘어 관계 정상화를 요구하고, 무엇보다도 남북 양국의 유엔 동시 가입을 요구하는 것이었다. 그러나 이 정책은 의미 있는 성과로 이어지지 못했다.

광주민주화운동 이후 남한의 1988년 올림픽 서울 유치는 전두환의 취약한 정통성과 정치적 지지를 확실하게 끌어올렸다. 이에 따라 1982년 1월 전두환 대통령은 정통성에 대한 국내외적 기반을 강화하는 중요한 외교적 공세에 착수할 수 있었다. '경제 외교'와 결부된 유연 외교 정책은 서울의 외교관계를 세계화하고, 종속적인 제3세계 의존 정권(client regime)이라는 서울의 국제적 정체성을 바로잡기 위해 고안된 것이다. 남한 지도자들은 중국 측 우려를 수용하여 1980년대 초부터 의도적으로 대만을 국빈 방문지에서 제외했다. 1983년 중화인민공화국과 대한민국은 중국 민간 항공기 납치사건을 성공적으로 해결했고, 1985년에는 중국 해군이 벌인 해상 반란 문제도 성공적으로 해결했다. 이어 양국은 1986년 아시안 게임 기간에 협력을 지속했고, 이와 더불어 한중 간 민간 항공이 정상화되었으며 상호 교류는 폭증하기 시작했다. 그러나 이러한 일련의 비공식적 접촉에도 불구하고 중국의 공식 승인(official recognition)을 이끌어내지는 못했다.

노태우 정부는 출범과 함께 북방 정책을 공식적으로 적극 추진했다. 서독의 동방 정책(Ostpolitik)에서 영감을 얻은 이 정책은 남북관계의 개선뿐만 아니라 평등, 존중, 상호 번영의 원칙에 따라 남한과 사회주의 국가들의 관계 개선도 요구했다. 북방 정책은 1988년 하계 서울 올림픽을 단 2개월 앞둔 시점인 '7.7 선언'을 통해 선포된 것인데, 이는 대한민국과 중국이 기능적 협력관계를 구축한 또 하나의 사건이었다.

7.7 선언의 첫 번째 다섯 가지 항목은 실용적 협력을 통해(예컨대 교환 방문 추진, 이산가족 지원, 남북 무역 개방 등) 한반도에 실용적인 '실무적 평화 체제'(Mitrany, 1966 참조)를 구축하는 것과 관련이 있다. 여섯 번째와 마지막 항목에서는 중국에 대한 포용 정책(engagement)의 윤곽을 설명하고 있다. 즉, "우리는 한반도 영구 평화에 도움이 되는 분위기 조성을 위해, 북한이 우리 우방국과 관계 개선에 나서는 것을 기꺼이 협력할 의사가 있다. …… 우리도 소련, 중국, 기타 사회주의 국가들과 지속적인 관계 개선을 추진할 것이다"(T. W. Roh, 1992: 306). 북방 정책은 남북 경쟁에서 서울의 자신감을 어느 정도 반영한 것이고, 이는 "우리를 이길 수 없다면 우리와 함께하라"는 메시지를 평양과 베이징에 전달한 것과 다름없었다.

1988년 서울 올림픽은 이와 관련한 분수령이었는데 이로 인해 서울, 모스크바, 베이징 사이에 블록을 넘나드는 실용적 협력이 촉진되었다. 아시아의 네 마리 용(신흥공업국가, NICs) 중 하나인 남한은 중국의 국가 주도 발전 전략(state-led development strategy)에 적합한 모델로 간주되었다. 심지어 베이징은 서울의 발전 슬로건과 계획까지도 채택했다. 덩샤오핑은 2000년까지 중국의 1인당 GNP가 1000달러에 이를 것이라고 발표했는데, 이는1980년까지 남한이 달성하고자 하는 1인당 GNP 목표치로 박정희가 평소에 빈번하게 인용했던 수치이다(Cumings, 1984: 246~247).[15]

1988년 베이징의 서울 올림픽 참여에 대한 호혜적 표현, 그리고 포용 정책의 신뢰를 확보하기 위한 수단으로 남한 정부는 1989년 톈안먼 사태에 대해 중국 정부를 공식 비난하거나 중국 정부에 제재를 부과하자는 미국, 일본, 유럽, 그리고 몇몇 국제기구의 지도를 따르지 않았다. 오히려 노태우 정부는 톈안먼 학살로 인해 깊은 상처를 받은 중국으로 관광을 촉진하기 위해 많은 노력을 했다. 또한 노태우 정부는 1500만 달러의 광고 수익과 기타 실질적 기부금을 제공함으로써 1990년 베이징 아시안 게임을 지원했다.

서울의 북방 정책 겸 포용 정책의 수단으로는 경제적 교류와 협력(예를 들면 무역과 투자), 스포츠, 국제 간정부 기구(international intergovernmental organization) 및 비정부기구 회의를 통한 무수한 비공식적 접촉 등이 포함되었다. 간접적 한중무역은 제로베이스(1978년 약 4만 달러)에서 서서히 그리고 은밀하게 시작되었다. 1984년에는 약 4.34억 달러에 달하여 당시 북중무역 수준(4.98억 달러)에 도달했다. 1988년 올림픽이 끝난 후인 1989년에는 31억 달러까지 치솟았고(이는 당시 전체 사회주의 국가에 대한 서울의 무역 총량의 약 80%에 해당하는 액수였다), 1991년에는 44억 달러를 기록하여 같은 해 북중무역의 일곱 배 이상을 기록했다(표 2-1). 베이징은 1990년 10월, 대한무역투자진흥공사(KOTRA)와 중국 상공회의소 사이에 무역사무소를 설립하고 교환하는 데 동의했는데, 이는 빠르게 성장하는 한중무역의 불가피한 결과였다. 이러한 움직임은 간접 무역에서 직접 개방 무역으로의 중대 전환을 의미했을 뿐 아니라, 하나의 한반도 정책(one-Korea policy)에서 비록 법률상은 아니지만 사실상 두 개의 한반도 정

15 중국의 1인당 GNP는 2003년 마침내 1000달러를 넘어섰다.

〈표 2-1〉 **중국-남북한의 무역 규모(1979~2004년)**

(단위: 100만 달러)

연도	대북한 수출	대북한 수입	북중 무역 규모(수지)	북중 무역 증가율	대남한 수출	대남한 수입	한중 무역 규모(수지)	한중 무역 증가율
1979년	-	-	-	-	15	4	19	*
1980년	374	303	677(+71)	-	73	115	188(-42)	+889%
1981년	300	231	531(+69)	-22%	75	205	280(-130)	+49%
1982년	281	304	585(-23)	+10%	91	48	139(+43)	-50%
1983년	273	254	527(+19)	-10%	69	51	120(+18)	-14%
1984년	226	272	498(-46)	-6%	205	229	434(-24)	+262%
1985년	231	257	488(-26)	-2%	478	683	1,161(-205)	+168%
1986년	233	277	510(-44)	+5%	621	699	1,320(-78)	+14%
1987년	277	236	513(+41)	+1%	866	813	1,679(+53)	+27%
1988년	345	234	579(+111)	+13%	1,387	1,700	3,087(-313)	+84%
1989년	377	185	562(+192)	-3%	1,705	1,438	3,143(+267)	+2%
1990년	358	125	483(+233)	-14%	2,268	1,553	3,821(+715)	+22%
1991년	525	86	611(+439)	+26%	3,441	1,000	4,441(+2,441)	+16%
1992년	541	155	696(+386)	+14%	3,725	2,650	6,375(+1,075)	+44%
1993년	602	297	899(+305)	+29%	3,928	5,150	9,078(-1,222)	+42%
1994년	424	199	623(+225)	-31%	5,462	6,200	11,662(-788)	+28%
1995년	486	64	550(+422)	-12%	7,401	9,140	16,541(-1,739)	+42%
1996년	497	68	565(+429)	+3%	8,539	11,377	19,916(-2,838)	+20%
1997년	531	121	652(+410)	+15%	10,117	13,572	23,689(-3,455)	+19%
1998년	355	57	412(+298)	-37%	6,484	11,944	18,428(-5,460)	-22%
1999년	329	42	371(+287)	-10%	8,867	13,685	22,552(-4,818)	+22%
2000년	451	37	488(+414)	+32%	12,799	18,455	31,254(-5,656)	+39%
2001년	571	167	738(+404)	+51%	13,303	18,190	31,493(-4,887)	+1%
2002년	467	271	738(+196)	+0%	17,400	23,754	41,154(-6,354)	+31%
2003년	628	396	1,024(+232)	+39%	21,900	35,100	57,000(-13,200)	+39%
2004년	799	585	1,384(+214)	+35%	29,585	49,763	79,348(-20,178)	+39%

자료: 중화인민공화국 대외무역 경제합작부; 외교부(1996: 348; 1997: 396, 400); 외교통상부(1998: 481, 486; 2000: 496; 2001: 483; 2002: 497).

책으로 선회하는 중대 변화를 보여주는 것이었다.

서울은 가능한 범위 내에서 그의 포용 정책을 다자간 포럼과 기구, 특히 APEC, ASEAN, 그 외에 많은 유엔 산하 전문기관에까지 확대했다. 그렇게 함으로써 대한민국은 중국과 비공식 접촉 및 의견 교환을 지속할 수 있었다. 남한은 1991년 8월, 당시 APEC 12개 회원국 중에서 세 개의 중국 지원자 – 중국, 홍콩, 대만 – 의 회원 가입을 위한 막후 협상에서 중요한 역할을 수행했다. 처음 서울을 방문한 중국 외교부장 첸지천은 베이징의 정치 노선과 밀접하게 조화시켜 섬세한 외교적 수술을 수행한 서울의 역할에 깊은 사의謝意를 표명했다.

하나의 한반도 정책에 대한 평양의 고뇌

중화인민공화국과 대한민국의 관계는 1980년대 동안 비록 비공식적 수준이지만 적지 않은 수준에서 발전하고 있었다. 그러나 같은 기간 북중관계는 공유된 가치 및 이해관계 그리고 확대되는 정책 분열 등이 변덕스럽게 혼재된 상태였다. 냉전 시기에 평양은 자신의 전략 지정학적 중요성과 중국 및 소련과의 지리적 인접성을 한껏 활용하여 연루/방기(abandonment/entrapment)라는 쌍둥이 안보 딜레마에 수월하게 대처할 수 있었다. 1950년대 후반 중소 갈등이 부각되고 나아가 1960년대에 중소 양국 사이의 갈등이 공개 분출되자, 김일성은 중국 및 소련과의 관계를 유연하면서도 자신의 잇속을 챙기는 방식으로 솜씨 있게 처리함으로써 실리에 따라 움직였다. 그는 특정 이슈에 대해 자신이 필요할 때에만 어느 편을 들었고, 항상 경제적·기술적·군사적 원조 분야에서 최대 이익을 뽑아내려고 시도했으며, 절대 어느 한 국가에 맞서 다른 국가와 운명을 같이하려 하지 않았다.

북중 사이에는 한국전쟁의 커다란 영향력으로 인해 생긴 '전쟁으로 인한 우정(militant friendship)'이 적어도 1980년대 후반까지는 정책 공표 수준에서 지속되었음을 확인할 수 있다. 베이징은 소련에 비해 경제적·군사적 원조 분야에서 비교 열위에 있는 것을 상쇄하기 위해 북한에 대한 정치적·상징적 지지를 강화함으로써, 최소극대화 전략을 적용했다. 명백한 우려가 있었음에도 불구하고 베이징은 김일성의 부자 승계 준비를 곧바로 지지했고, 이는 사회주의 세계 내 최초의 왕위 승계로 1980년 10월에 공표되었다. 1980년대 초반 북중 간 비밀 방문 소동은 북한의 왕위 승계라는 기성사실(*fait accompli*)에 대한 베이징의 암묵적 지지를 보여주는 정황증거였다.[16]

그러나 두 국가는 점점 별개의 궤도를 밟아나갔다. 마오쩌둥 이후 중국 외교 정책의 중심 과제는 자본주의 세계에 대한 개혁과 개방을 통해 어떻게 세계를 소생하는 중국의 근대화 흐름에 적합하게 만드는가였다. 그러나 적어도 겉보기에 평양의 최우선 관심사는 절대적 정통성(absolute legitimation)과 북한의 조건에 맞는 한반도 재통일을 끝없이 추구하면서, 남한을 봉쇄하고, 고립시키고, 동요시키는 것이었다. 1983년 아웅 산(Aung San) 묘역 폭발 사건(17명의 전두환 정부 사절단이 현장에서 사망했다), 1987년 대한항공 여객기 공중 폭발 사건(탑승객 115명의 생명을 앗아갔다)은 그 악순환의 극적인 장면이었다. 평양은 방해 전략을 통해 정치적 영향력을 유지하는 동시에 베이징과 모스크바로부터 경제적·군사적 혜택을 갈취하기 위하여 자신들의 허약함, 불신, 예측 불가능성 그리고 '약자의 횡포(tyranny of the weak)'를 대놓고 보여줌으로써 자신의 동맹국들로 하여금 의리를 지킬 수밖에 없도록 만들었다.

한편 1980년대 후반부터 1990년대 초반 사이에 모스크바와 서울의 관계는 급속하게 진전되었다. 이는 모스크바와 평양과의 관계가 빠르게 이완되고, 초

---

16 ① 덩샤오핑과 후야오방(胡耀邦)의 북한 비밀 방문은 1982년 4월이었으며, 방문하는 동안 그들은 김정일을 만났다. ② 중국의 국방부장 겅바오(耿飈)는 1982년 6월에 방북했다. ③ 김정일의 중국 비밀 방문은 1983년 6월이었으며, 이것은 1980년(후계자로 공식 취임한 해로 알려진)부터 2000년 사이의 유일한 해외여행이었다. ④ 후야오방의 신의주 방문은 1985년 5월이었으며 이 기간에 김일성, 김정일과 회담을 했다(B. C. Koh, 1985: 272~273).

강대국 간 갈등이 갑작스럽게 해소되면서 1990년 한소관계 정상화로 그 절정에 이르렀는데, 이는 중국의 탈냉전 이후 외교 정책에 역설적 결과를 낳았다. 즉, 이 같은 중대 변화는 한편으로는 중국의 글로벌 위상과 영향력의 갑작스러운 축소를 의미했고, 그 결과 글로벌 야망을 가진 지역 강국으로서의 위상과 충돌되는 이른바 '정체성 위기'를 의미하는 것이었다. 그러나 다른 한편으로 베이징은 보상 외교(compensatory diplomacy)를 위한 새로운 기회를 감지했고, 그 결과 국가 정체성을 새롭게 재정립할 수 있었다. 냉전적 양극체제의 종식은 북한에 대한 중국과 소련의 오랜 이념적·지정학적 경쟁에 따른 평양의 고통을 덜어주었지만, 동시에 모스크바와 베이징에 대한 평양의 레버리지도 소멸시켰다. 소련이 단호하게 서울 쪽으로 기울자, 그것이 역설적으로 중국에는 기회가 되었다. 즉, 중화인민공화국이 하나의 한국 정책이라는 덫으로부터 탈출할 기회, 그게 아니라도 최소한 하나의 한국 정책에서 두 개의 한국 정책으로 전환하기 위한 편리한 구실을 얻게 된 것이다. 두 명의 중화인민공화국 학자가 적절하게 언급했듯, "서울에 대한 접근은 모스크바가 주도하게 하고, 중국은 너무 뒤처지지 않도록 한다. 이것은 중국의 오랜 관행이다"(Jia and Zhuang, 1992: 1140).

한중 정상화 협상

한중관계 정상화 과정 중 발생한 수많은 중대 사건은 대개 양국의 외부로부터 발생했다. 그중 소련과 유엔에서의 사건이 특히 밀접한 관련이 있다. 미하일 고르바초프(Mikhail Gorbachev)가 주도한 소련 외교 정책의 변화는 몇 가지 측면에서 중국의 전략적 상황을 재편하는 핵심 요인이었다. 고르바초프는 냉전적 양극체제를 끝냈고, 중소관계를 재정상화했고, 한소관계를 정상화했다. 이처럼 고르바초프는 그 누구도 예상치 못한 일련의 일방 행위(unilateral actions)를 통해 중국과 미국의 거의 모든 안보 우려를 다룸으로써, 오랜 세월

〈표 2-2〉 **한중관계 정상화 회담 연표(1991년 10월~1992년 8월)**

날짜	장소	베이징과 서울의 입장/행동
1991년 10월 2일	뉴욕	첸지천-이상옥 사이의 첫 번째 회담: 연례 유엔총회에서 중국 외교부장 첸지천과 한국 외교부 장관 이상옥이 첫 번째 회담을 가짐. 이상옥은 양자관계에 대한 이슈를 제기, 첸지천은 오직 실용적 협력 증진에 대해 관심을 보임.
1991년 11월 14일	서울	첸-이 2차 회담: 서울에서 거행된 APEC 각료 회담에서 이상옥은 관계 정상화 회담 시작에 대한 이슈를 제기했으나, 첸지천은 상황이 적합하지 않다고 말함.
1992년 4월 13일	베이징	베이징에서 열린 ESCAP(아시아태평양 경제사회위원회) 회의에서 첸지천은 이상옥이 제안한 관계 정상화 회담 처리에 착수.
1992년 5월 14~16일	베이징	PT-I: 첫 번째 라운드 예비회담. 중화인민공화국이 내세운 유일 전제조건은 하나의 중국 원칙, 대한민국은 하나의 한국 원칙으로 대응, 교착 상태에 빠짐.
1992년 6월 2~4일	베이징	PT-II: 대한민국은 네 개의 요구 조건 제시. ① 대만과 최고위급 비공식적 관계를 유지할 것, ② 중국의 한국전쟁 개입에 대한 사과, ③ 북한 핵 이슈에 대한 중국의 도움 약속, ④ 남북에 대한 중국의 '등거리 정책' 약속. 중국의 대응은 ① 사과는 불가, ② 북한 핵무기 문제 해결에 관한 도움 약속.
1992년 6월 20~21일	서울	PT-III: 공동 코뮤니케에 명기된 사항에 대한 양 당사자 간 합의. 중국, 노태우 대통령의 국빈 방문에 동의.
1992년 7월 29일	베이징	공식적 최종 회의: 양자는 서명, 노태우 대통령 국빈 방문과 양상쿤(楊尙昆) 주석과의 정상회담에 합의.
1992년 8월 24일	베이징	공동 코뮤니케는 첸지천과 이상옥이 서명. 공식 외교관계의 수립 발표.

중국의 외교 정책을 좌우해온 중국-소련-미국이라는 삼각 체제의 전략적 존재 이유(strategic *raison d'être*)를 형체도 알아볼 수 없을 정도로 바꾸어버렸다.

베이징이 자신의 유일 정통성 — 중국의 일국양제(一國兩制) 방안 — 을 추구하면서 예민하게 생각한 점은 평양의 유일 정통성 추구와 분리하는 문제였다. 이 문제는 서울과의 관계 정상화 협상 이전에 해결되어야 했으며 이는 유엔을 통해 궁극적으로 해결될 수 있었다. 1990년과 1991년, 베이징은 기회를 놓치지 않고 그들의 '전통적 우호관계'와 '혁명에 대한 충성심'이 수 대에 걸쳐 지속될 것이라며 평양을 여러 번이나 안심시켰다. 반면 서울의 반복되는 외교적 재촉에 대해서는 "아직 상황이 무르익지 않았다"는 익숙한 핑계로 대응하여, 상황은 진전되지 않았다. 그러나 이러한 배경하에서 유엔 가입을 위한 서울의 총력전이 그 해법을 제공하게 된다.

분리하되 평등(separate-but-equal)이라는 유엔 회원 가입 원칙에 대한 평양의 오랜 반대를 뒤집을 수 있는 중요한 결정 요인 중 하나 – 아마도 가장 중요한 요인일 것이다 – 는 중국 요인(China factor)뿐이었다. 1991년 9월 두 개의 한국이 유엔에 동시에 가입한 이후 한중 접촉은 한층 가속화되고 외교 장관급 수준으로 격상되었는데, 이는 유엔 또는 기타 다자간 포럼에서 공동 관심사 협상을 위한 편리한 장소를 제공했기 때문에 가능했다. 남북한의 유엔 동시 가입 직후, 중국 외교부장 첸지천과 남한 외교부 장관 이상옥은 뉴욕에서 처음으로 양자관계에 대해 논의했다(표 2-2). 이 회담은 예비적 성격을 갖고 있었는데, 중국은 관계 정상화 협상을 거부하다 마침내 상황이 무르익은 1992년 4월에 이르러서야 회담을 시작했다.[17]

남북이 모두 유엔회원국이 되었다는 사실로 인해 베이징은 하나의 한반도 정책이라는 평양의 고뇌와 두개의 중국이라는 대만의 '유연한 (달러) 외교'를 모두 극복할 수 있었음이 분명하다. 그러나 베이징은 두 개의 한국 정책으로 전환하면서 북한의 마지못한 양해를 얻기 위해 북중 군사 협력 강화라는 비용을 치러야 했다. 한편 남북관계의 진전 역시 한중관계 정상화 회담 개시를 촉진하는 요인이었다. 1991년 9월부터 1992년 4월까지 7개월 동안 벌어진 남북 총리급 회담은 놀랄 만한 대단원으로 막을 내렸다. '남북 사이의 화해와 불가침 및 교류·협력에 관한 합의서(1991년 12월 13일)'와 '한반도 비핵화 공동선언(1992년 1월 20일)' 채택이 그것이다.

베이징이 이러한 결정을 하게 된 또 다른 묵시적 전제는 소련 붕괴 이후 동아시아에서 새로운 질서 형성에 관한 중국의 지도력 문제였는데, 이는 남한 측 교섭 담당자가 반복적으로 강조한 것이었다. 중국은 냉전의 전략적 3각 체제 속에서 글로벌 정치에 대한 자신의 영향력을 실제보다 과장할 수 있었지만, 냉

17 1998년 5월 서울에서 대한민국 전 외교부 장관 이상옥이 저자와의 인터뷰에서 밝힘.

전이 종식되자 더 이상 이러한 방식은 유효하지 않았고 따라서 베이징은 아시아 국가들과 관계 개선에 나설 수밖에 없었다. 이러한 배경하에서 베이징은 인도네시아, 싱가포르, 인도, 베트남, 우즈베키스탄, 투르크메니스탄, 키르기스스탄, 카자흐스탄을 포함한 모든 아시아 국가들과 공식 외교관계를 정상화했다. 오직 남한만이 확장되는 외교 서클에서 제외되었지만, 이제 서울을 승인하는 것은 — 대만을 더욱 고립시키려는 부분적 목적을 가진 — 중국의 아시아 중심 외교 정책에서 거스를 수 없는 대세가 되었다.

중국의 국내정치 세력은 남한과 공식 외교관계 수립에 반대하는 보수적 지도자들과 관계 정상화에 찬성하는 고위 정책 고문단이 엇비슷하게 나뉘어져 있는 상태였다. 한중 외교 정상화 반대 논거는 다음과 같았다. ① 중국이 두 개의 한국 정책으로 선회하는 것은 두 개의 중국 정책 옹호자에게 강력한 빌미를 제공할 것이다. ② 한중관계 정상화는 중국의 하위 사회주의 동맹국에 대한 배신으로 인식될 것이고, 그 결과 평양의 피포위 의식을 두드러지게 하여 급변까지는 아닐지라도 북한 체제의 붕괴를 야기할 것이다. ③ 현재 베이징이 유지하고 있는 '법률상(*de jure*) 하나의 한반도 정책, 사실상(*de facto*) 두 개의 한반도 정책'을 지속하는 것이 두 마리 토끼를 다 잡는 격이므로 중국에 훨씬 유리하다. 그러나 첸지천 외교부장을 포함한 고위 외교 정책 고문들이 제기한 한중관계 정상화 찬성 논거는 다음과 같다. ① 남한에 대한 모스크바의 영향력이 증대되고 있음을 감안하고 한반도에 대한 중국의 영향력 상실을 원하지 않는다면, 베이징은 더 이상 한중관계 정상화를 지체할 여유가 없다. ② 남한의 인내에는 한계가 있기 때문에 한중관계 정상화 회담은 노태우 대통령 임기인 1992년 12월까지 완료되어야 한다. ③ 베이징은 북일관계 정상화 및 북미관계 정상화를 기다릴 여유가 없다. 왜냐하면 이것이 승인될 전망은 그다지 밝지 않기 때문이다. ④ 평양은 사회주의 동맹의 배신이라고 베이징을 비난할 수 없다. 왜냐하면 베이징은 여러 방면에서 여전히 북한에 대한 지지를 유지하고 있기 때문이다. 한편 중국 공산당의 외사영도소조(外事領導小組)에 제출한 첸지천의 비밀 보고서에는 중국의 최소극대화 전략이 명백하게 드러나 있다. 보도에 따르면 첸지천은 서울과의 전면적 관계 정상화는 "돌 하나로 네 마리 새를 잡는" 효과를 가져올 것이라고 주장했다고 한다. 즉, ① 대만의 외교적 고립 가속, ② 베이징-서울 간 경제협력 강화, ③ 평양의 끊임없는 원조 요구 약화, ④ 불공정한 무역 관행에 관한 미국의 거세지는 '슈퍼 301조' 압력을 완화시키고 베이징의 교섭력을 강화한다는 것이다(*Kyodo*, in English in FBIS-China, 1992.9.15, p.12 참조).

아니나 다를까, 덩샤오핑은 이 문제를 해결하기 위해 개입해야만 했다. 중국의 개혁 개방을 재점화하려 했던 덩샤오핑은 한국과의 '새로운 관계'가 가져다줄 유용성을 잘 알고 있었다(P. Chang, 1993: 170). 그리고 그는 대한민국 정부와 경제계가 중국의 개혁을 촉진할 자본과 기술을 기꺼이 제공할 것으로 믿었다. 또한 한국과의 새로운 관계는 중국 시장을 겨냥한 한국-일본, 한국-대만 간 경쟁을 확실하게 자극했다. 그 결과 베이징은 이들 세 국가로부터 더욱 유리한 교역 및 투자 조건을 확보할 수 있었다.

도쿄, 워싱턴, 모스크바와 복잡하고 지지부진한 관계 정상화 및 재정상화 협상과 비교할 때 한중관계 정상화 교섭은 큰 장애물 없이 진행되었다. 앞의 〈표 2-2〉에서 보는 바와 같이 겨우 이틀간의 세 차례 회의 끝에 — 세 차례의 예비회담 — 세부 합의 도출에 성공했다. 경과를 간략하게 보면, 1992년 4월 13일 첸치천과 이상옥은 다음과 같은 게임의 기본 원칙에 합의했다. ① 관계 정상화 협상은 외교적 채널로 국한되어야 한다. ② 회담 기간 내내 완벽한 보안이 유지되어야 한다. ③ 만약 언론에 유출되는 경우 양자는 즉각 부인한다. 이 원칙은 주로 북한의 입장을 존중하고 평양의 부정적 실력 행사를 예방하기 위한 것이었다.

첸지천은 김일성에게 한중관계 정상화는 평양-도쿄, 평양-워싱턴 간의 관계 정상화 협상을 촉진하는 데 도움을 줄 것이며, 한반도 정세 안정에 기여하고 북한 체제 존속에 기여할 것이라고 안심시켰다. 첸지천은 가까스로 한중관계 정상화에 대한 김일성의 마뜩잖은 양해를 얻어냈다.[18] 김일성의 양해를 얻게 되면서 한중관계 정상화 협상은 빠른 마무리를 위한 동력을 얻게 되었다.

협상 과정에서 하나의 중요한 난제는 한국전쟁 당시 중국의 침략을 인정해야 한다는 서울의 요구였다. 남한 협상 담당자는 이는 비현실적 요구이지만 역사적 기록을 위해, 그리고 한국 내 정치적 이유로 한 번은 짚고 넘어가야 할 사안으로 인식했다. 그러나 중국 협상 담당자는 한중 사이에 논의해야 할 '과거사 이슈'는 없으며, 사과는 물론이고 그러한 인정조차 불가능하다고 대응했다.[19] 한편 공동 코뮤니케에 명기하지는 않았지만, 베이징은 북한 핵 문제에 대하여 서울을 지지할 것으로 약속했다고 한다.[20] 이에 대한 대가로 서울은 대만과 외교를 즉각 단절하고, 서울에 있는 17억 달러 대만 대사관 건물을 중화인민공화국에게 넘겼다. 이는 아마도 1990년 소련에 대한 서울의 30억 달러 원조와 기능적으로 동등하다고 볼 수 있을 것이다.

요컨대 한중관계 정상화는 중국의 평화공존 5원칙과 서울의 북방 정책이 개시되면서 정치적 정체성의 차이에 대한 상호 동의 및 승인(mutual acceptance and recognition)이 있었기 때문에 가능했다. 그리고 서울의 북방 정책은 남북관계 개선뿐만 아니라 평등, 존중, 상호 번영의 원칙에 따라 정치적·이념적 정체성의 차이를 초월하여 사회주의 국가와도 관계 개선을 요구했다. 아이러니하게, 그러나 당연하게, 중국과 북한은 탈냉전 이후 사회주의적 정체성을 조정하는 데 훨씬 더 큰 어려움을 겪어야 했다.

---

18 C. J. Lee(1996: 125) 및 1998년 5~6월 저자의 서울과 베이징에서의 현장 인터뷰 참고. 모든 인터뷰는 철저히 보안이 유지된 상태에서 이루어졌다.

19 1998년 6월 4일, 당시 대한민국 외교부 장관이었던 이상옥과 저자의 인터뷰.

20 한중 공동 코뮤니케가 발표된 직후 베이징의 고위 외교 소식통은 북한이 핵무기 개발 포기를 중국과 약속했다고 공개했다(≪중앙일보≫, 1992.8.26).

베이징-서울-평양 삼각 체제에 대한 새로운 도전

만약 베이징이 두 개의 한국 정책으로 선회한 결정이 서울의 북방 정책의 대승을 의미하고, 평양의 정체성 정치에 대한 중대한 타격을 의미하는 것이었다면, 중국은 양자, 지역, 글로벌 영역에서 복잡한 문제에 직면했을 것이다. 중국이 두 개의 한국 정책으로 선회한 것은 어느 날 갑자기 일어난 일이 아니다. 그것은 시간의 흐름에 따라 다양해지는 이슈에 대해 결정을 내리고 실행해야 하는 그 과정의 시작을 의미할 뿐이었다. 그럼에도 주된 도전 과제는 여전히 똑같다. 어떻게 평양과 '특별한 관계'를 유지하는 동시에 서울과 '관계 정상화'를 촉진할 것인가, 즉 그들이 선호하는 한반도 현상 유지와 안정을 어떻게 실행에 옮길 것인가가 주요 문제였다(D. Song, 1998: 37). 한중관계 정상화 이후(1992년 중반~2005년) 베이징-서울-평양의 새로운 삼각 체제에 대한 다면적이고 변이된 속성을 포착하기 위해서는 분리되었지만 상호 밀접한 관계에 있는 세 가지 쟁역(issue areas)에서 한중관계를 면밀하게 살필 필요가 있다. 그것은 바로 군사/전략적, 경제/실용적, 국가 정체성의 영역이다.

군사 및 안보 이슈

베이징은 종종 다양한 측면에서 상호 길항 관계에 있는 목표들을 추구한다. 한반도와 관련해 이러한 목표에는 한반도의 안정과 평화를 유지하면서, 교류 협력을 증진하면서, 북한 정권의 생존을 원조하면서, 그 어떤 외부 세력이 한반도를 점령하는 것을 예방하면서, 북한 난민과 남한 기독교 선교사들이 길림성으로 흘러들어오는 것을 저지하면서, 조선족 사이에서 종족 민족주의가 발흥하는 것을 막으면서, 동아시아에서 그 어떤 반중국 연합이 형성되는 것을 예방하는 것 등이 포함된다. 이러한 목표에 이르는 데, 그리고 대한민국 및 조선민주주의 인민공화국과 새로운 삼각관계를 연착륙시키는 데 중국의 최대 난제는 바로 평양의 안보 행위, 즉 평양의 핵 프로그램부터 미사일 프로그램에 이르는 벼랑 끝 전술(brinkmanship)이었다. 북미 간 1990~1992년의 짧았던 행복[21]은 1993~1994년 제1차 북미 핵 위기, 1998~1999년 대포동 미사일 위기, 부시(George W. Bush) 행정부의 대북 강경책 개시, 평양의 핵 프로그램과 관련한 또 다른 북미 핵 위기[22] 등으로 급격하게 빛이 바랬다.

북미 핵 충돌에 대한 대처

1993~1994년 핵무기를 둘러싼 북한의 벼랑 끝 전술 — 서구에서는 탈냉전 이후 첫 번째 핵 확산 위기로 알려진 — 은 중국과 남한의 대외관계에 대한 즉각적인 안보 도전이었다. 서울은 다소 방관자적 입장으로 밀렸지만, 중국은 이 핵 문제 때문에 두 개의 한국 정책을 밀어붙이는 데에 일련의 새로운 위험과 기회에 직면했다. 역설적이지만, 유엔 안보리의 그 어떤 대북 제재 결의안에도 동의할 수 없다는 중국의 위협 덕분에 평양은 자신들이 그렇게 원했던 미국과 직접 양자 협상(또는 대결)을 할 수 있었다. 1994년 6월 핵 위기가 절정을 치달았을 때 미국 전 대통령 지미 카터(Jimmy Carter)의 왕복 외교(shuttle diplomacy) 덕에 북미회담이 시작되었고, 그 결과 제네바에서 진행된 북미 고위급 회담은 1994년 10월 21일 북미 제네바 합의(U.S.-DPRK Agreed Framework)라는 획기적 이정표를 낳았다. 중국은 마치 난국을 타개한 공을 차지하려는 듯 "대결보다 대

---

21 [옮긴이] 1989년 12월 2일 몰타선언으로 인한 동서 냉전 종식, 조지 H. W. 부시(George H. W. Bush)의 '전 세계 배치 전술핵무기 철수 및 폐기 선언'(1991년 9월 28일)과 이에 따른 남한에 배치된 핵무기 철거, '남북기본합의서' 채택(1991년 12월 13일), 북한 '나진-선봉 자유경제무역지대 설치' 발표(1991년 12월 28일), '한반도 비핵화 공동선언' 채택(1991년 12월 31일), 김용순-아놀드 캔터(Arnold L. Kantor) 북미 고위급 회담 개최(1992년 1월 22일), 1992년 1월 30일. 북한 핵안전조치협정(IAEA Safeguards) 서명 등 동서 냉전 종식으로 한반도에 데탕트가 형성되었던 시기를 의미한다.

22 [옮긴이] 2002년 10월 미국 국무부 동아시아태평양 차관보 제임스 켈리의 방북 때문에 촉발된 제2차 핵 위기를 뜻한다.

화가 낫다"면서 카터의 '생산적 중재'를 극구 칭찬했다(≪인민일보≫, 1994.6.22, 6면).

이에 대해 조선노동당 기관지인 ≪로동신문≫은 제네바 합의가 베이징의 막후 외교와 관련이 있다는 일각의 의견을 논박하기로 작정한 듯 신속하게 "조선민주주의 인민공화국이 주도한 외교적 쾌거"라고 규정했다. 나아가 "우리는 독립적 입장에 기초하여 다른 사람의 동정이나 충고에 의지하지 않고 미국과 자주적으로 회담을 했다. 그리고 그 누구의 간섭도 없이 북미 제네바 합의를 채택했다. 이는 우리의 독립 외교 정책의 소중한 열매이며, 이로써 마침내 미국으로 하여금 우리의 요구를 수용하도록 했다"라고 발표했다(≪로동신문≫, 1994.12.1).

베이징은 북미 제1차 핵 위기 당시 평양의 벼랑 끝 전술 국면을 타개하는 데 중요한 역할을 수행할 의사도 능력도 없었다. 톈안먼 사태 이후의 1990년대 초 중국은 국내(1989년 톈안먼 대학살)와 국외(국경을 초월한 공산주의 붕괴) 양쪽에서 정통성 위기에 시달리고 있었다. 특히 베이징은 미국이 사회주의 정권에 가하는 국제 제재의 위협은 주권에 대한 속박이라며 격렬하게 반발했다.[23] 안보리의 어느 대표가 언급했듯이, "중국 대표단은 북한 문제를 복잡한 쟁점을 보여주는 케이스로 활용했다. 즉, 북한에조차 당신이 원하는 것을 하도록 강제하지 못하는데, 도대체 어떻게 중국에 무엇인가를 하도록 강제할 수 있다는 말인가(S. S. Kim, 1999: 56)?"

베이징의 현실 정치적 최소극대화 전략 관점에서 보면, 1994년 북미 제네바 합의는 북한이 자신들의 경제적 상황을 개선하고, 김정일 정권의 정통성을 확고히 하며, 정치적 안정성에 대한 전망을 강화하기 위한 기회로 볼 수 있다. 제네바 합의는 두 개의 한국 사이의 세력 불균형을 완화하는 방향으로 나아갔다

23 미국의 '제재 외교(sanctions diplomacy)'에 대한 통렬한 공격은 다음을 참고할 것. ≪인민일보≫, 1994년 7월 15일 자, 6면.

(Garrett and Glaser, 1995). 그럼에도 중국은 제네바 합의의 이행을 위한 다국적 컨소시엄 기구인 한반도 에너지 개발 기구(KEDO: Korean Peninsula Energy Development Organization)에 참여하지 않았다. 중국은 미니맥스(minimax)[24] 정책을 고수하면서 "우리는 KEDO보다는 KEDO 밖에서 더욱 큰 도움이 될 수 있다"고 되풀이할 뿐이었다.[25] 평양은 중국의 도움을 등에 업은 채, 자국에 대한 제재는 선전포고로 간주할 것이고 그로 인한 전쟁은 관련 당사국 모두를 패배자로 만들 것이라며 전 세계를 향해 시위했다.

그러나 북미 제2차 핵 대결의 한창이던 2003년 초 이 모든 게 변해버렸다. 1994년과 2002년 두 차례의 북미 간 핵 위기 당시[26] 중국은 대조적 태도를 보여주었는데, 이러한 중국의 태도 변화를 어떻게 설명할 수 있을까? 즉, 1994년 제1차 핵 위기 당시 수동적이고, 리스크만 회피하려 하고, "우리가 낄 자리는 아니지"하며 방관자적 입장을 취하던 베이징과 2002년 제2차 핵 위기로 인해 2003~2005년 예방 외교에 전념했던 베이징의 차이를 어떻게 설명할 수 있을까? 이러한 변화에는 다양한 계기가 있었다. 지역적 요인, 미국의 전략적·군사적 정책, 북한의 반응, 중국 자체의 지정학적·경제적 레버리지의 강화, 중국 외교 정책적 사고 내에서 꾸준히 확대된 다자주의, 클린턴 행정부의 완화된 일방주의, 부시 행정부의 걷잡을 수 없는 일방주의 등이 그것이다. 요컨대 2003년에 베이징이 돌변하여 예방 외교에 박차를 가한 이유는 근접 요인과 근본 요인 — 더욱 큰 위험, 더욱 큰 이해관계, 더욱 큰 레버리지 — 이 독특하게 결합한 결과라고 할 수 있다.[27]

제2차 북 핵 위기는 2002년 10월, 고농축 우라늄(HEU) 프로그램을 갖고 있

24 [옮긴이] 미니맥스 전략이란 추정되는 최대 손실을 최소화하는 기법을 말한다.

25 1998년 4월 22일, KEDO 뉴욕 사무차장 최영진과 저자의 인터뷰.

26 [옮긴이] 1994년 1차 핵 위기, 2002년 2차 핵 위기를 뜻한다.

27 이러한 입장에 대한 상세한 분석으로는 S. S. Kim(2004b)을 참고할 것.

다는 북한의 고백으로 시작되었다는 것이 일반적 견해이지만, 실제 북미 간 급박한 핵 교착 상태의 재료들은 언론의 대소동[28]이 있기 6개월에서 1년 전에 이미 태동하고 있었다. 안보 우려의 확산으로 인해 베이징은 평소답지 않게 선제적인 갈등 관리 외교(conflict management diplomacy)에 착수하게 된 셈이다. 가장 크게 우려되는 점은 북한 핵 이슈를 군사적 수단으로 해결하려는 미국의 무모함이었다. 게다가 북한 정권을 위협하는 특정한 안보 상황이 발생한다면 북한은 승리할 확률이 희박하더라도 미국의 선제공격에 대비해 미리 선수를 쳐서 공격을 감행할 것이 자명하기 때문에, 중국은 이 점 역시 우려하고 있었다. 예컨대 2003년 1월 10일 북한의 NPT 탈퇴 직후 부시 행정부는 항공모함 칼 빈슨(Carl Vinson)을 태평양에 급파했는데, 이는 베이징을 놀라게 하는 군사행동이었다. 그다음 같은 해 3월, 펜타곤은 북한에 대해 분명한 '메시지를 보내는' 목적으로 열두 대의 B-1, B-52 전투기를 괌으로 보냈다.[29]

그러나 북한과 관련한 중국의 안보 희망 사항은 최소한 다섯 가지의 '반대'를 포함하며 – 핵 불용, 난민 불용, 붕괴 불용, 불안 불용, 전쟁 불용 – 이들은 모두 밀접한 관련이 있는 것이지만, 이 중에서도 최우선 관심 사항은 바로 '전쟁 불용'이다. 한반도의 평화와 안정, 이것은 중국 내부의 평화와 안정을 위한 핵심 요인이고, 중국의 전략적 관심 사항 중 최우선 순위에 있는 것이다. 요컨대 북미 양국이 모두 상호 도발에 연루되면서 상호 공격적 행동 가능성 – 우발적이든 의도적이든 중국의 전략적 세력 범위 내에서 또 다시 전쟁을 유발할 수 있는 – 이 커지고 있는 상황이었고, 이러한 공포가 베이징으로 하여금 실천적 갈등 관리

---

28 [옮긴이] 2002년 10월 미국 동아시아태평양 차관보 켈리는 방북 결과를 설명하는 기자회견에서 "북한이 HEU 프로그램을 갖고 있다고 고백했다"고 주장했다. 이 기사는 언론에 대서특필되었고, 이로 인해 북미 제2차 북 핵 위기가 발생했는데, 이를 지칭하는 것으로 보인다.

29 다음을 참고할 것. Barbara Starr, "U.S. Orders 24 Long-Range Bombers to Guam," *CNN*, March 5, 2003.

외교에 심혈을 기울이게 하는 일종의 승수 역할을 한 것이다.

중국이 선제적 갈등 관리 외교를 취한 직접적인 원인은 미국 외교 정책의 변화였지만, 지역 불안정에 대한 중국의 우려라는 내재적 원인도 적지 않은 동기가 되었다. 지역 불안정은 중국이 과거 10년 동안 달성한 정치 경제적 이득에 대한 명백하고 지속적인 위협이기 때문이다. 중국은 이러한 목표들을 개선하면서 1990년대를 보낸 후, 이제는 자국이 달성한 이득(gains)을 수호하기를 원하고 있다.

더욱이 워싱턴이 주장하는 해법은 중국의 희생으로 미국의 지정학적 이득을 얻기 위해 군사적 상황을 변화시키는 것이다. 따라서 베이징에는 한반도 위기와 갈등을 군사적으로 해결하려는 그 어떤 시도도 차단해야 하는 강력한 동기가 있는 셈이다. 중국의 정책 변화는 갑작스럽게 보일 수도 있지만, 이는 세계 정치 속에서 중국의 변화하는 역할과 책임 있는 강대국이라는 그들이 선택한 정체성의 맥락에서 이해되어야 한다. 이러한 중국의 역동성은 한반도에 당면한 위기뿐만 아니라 훨씬 더 광범위한 영역에까지 영향력을 미친다.

선제적 갈등 관리 외교에서 베이징이 떠맡은 역할은 중국의 전략적 세력 범위 내에서 고도로 민감하고 휘발성이 강한 지역 분쟁을 중재하는 것인데, 새로운 지도자 후진타오(胡錦濤)가 동북아시아에서 다자간 중국 외교를 지휘하는 것은 이에 대한 자신감과 영향력이 반영된 것이라 할 수 있다. 따라서 중국의 선제적 중재(갈등 관리 외교)는 호전적인 부시 독트린에 내재하는 위험 수준, 미국의 정책에 대한 남북한의 반응, 중국의 강화된 지정학적·경제적 요인, 그리고 변화하는 전략적 우선순위 및 새로운 리더십에 대한 예측 등, 동북아시아의 지역적 맥락(regional context) 속에서 형성된 것이다.

중국은 그들의 갈등 관리 역할을 '적극적 중재'로 규정했지만, 사실상 다양한 상호 보완적 역할을 떠맡았다. 즉, 중국은 단속적斷續的인 6자회담 과정에서 발기인, 주최국, 조력자, 촉구자, 합의 제안자, 매개자, 중개자, 해결사의 역할을 수행했다. 중국은 외교적·경제적인 갈등 관리 자원을 포함하여 6자회담을 진전시키는 데에 또는 적어도 6자회담의 붕괴를 저지하는 데에 엄청난 투자를 했다. 중국의 중재-갈등 관리 외교는 북한을 베이징의 협상 테이블로 끌어오기 위한 왕복/방문 외교(shuttle/visitation diplomacy) — 그리고 원조 외교 — 와 함께 시작되었다. 2003년 초부터 2005년 후반까지 중국의 고위 당국자들은 분기별로 왕복/방문 외교를 강화했다. 게다가 이러한 방문은 김정일 위원장과 회담을 요구하기에 충분한 고위급 수준에서 진행되었고, 또한 베이징은 김정일 위원장과 직접 담판하는 것이 6자회담 진전을 위해 가장 빠른 길이라는 점을 워싱턴에 알렸다.

그러나 상황은 외교적 교착상태로 빠져들었고, 제2기 부시 행정부가 평양을 "폭정의 전초기지"로 낙인찍는 상황이 발생하자,[30] 평양은 2005년 2월 10일 성명 발표와 동시에 벼랑 끝 외교를 통해 몸값을 올렸다. 이 성명에서 북한은 "조선민주주의 인민공화국에 대한 부시 행정부의 노골적인 고립 압살 정책에 맞서기 위한 자위 수단으로 핵무기를 제조했다. 이에 따라 6자회담의 참여는 무기한 중단할 수밖에 없다"고 발표했다.[31]

이런 불길한 배경하에서 베이징은 중재 외교를 강화했다. 한편으로는 평양 성명 발표(2005년 2월 10일) 직후 당 고위 관리인 왕자루이(王家瑞) 대외연락부장을 2월 중순 평양으로 보냈고, 북한 총리 박봉주와 외무성 부상 강석주를 3월과 4월의 추가 협상을 위해 초청하면서 북한과 왕복 외교를 유지했다. 또 다른 한편에서 베이징은 평양에 경제적 제재를 부과하자는 미국의 압력을 거부했고, 서울도 베이징의 중재 외교를 지원하고 나섰다. 중국이 북한을 6자회담 제4라운드로 복귀시키기 위해 노력하고, 베이징과 서울이 각자의 입장을 점차

30 [옮긴이] 2005년 1월 20일 부시 제2기 행정부가 출범했는데, 부시행정부의 국무 장관 지명자 콘돌리자 라이스(Condoleezza Rice)가 북한은 "폭정의 전초기지"라고 하여 북한이 강력 반발하는 일이 발생했다.

31 이에 대한 자세한 내용은 다음을 참고할 것. "Spokesman for DPRK Foreign Ministry on Contact between Heads of DPRK and US Delegations," KCNA, July 10, 2005.

적으로 수렴한 결과, 2005년 5월과 6월 뉴욕에서 진행된 실무 차원의 북미 대화를 이끌어낼 수 있었다. 이들은 뉴욕 채널을 가동하는 데에 결정적인 역할을 했는데 이로써 '설전舌戰'을 끝내자는 북미 간 상호 합의에 도달할 수 있었고 북한의 6자회담 복귀를 위한 틀이 마련되었다(Snyder, Cossa and Glosserman, 2005: 7~8).

중국은 6자회담 제4라운드 – 지금까지의 협상 중 가장 중요하고 집중적인 라운드 – 에서 이례적인 노력을 한 것으로 알려졌다. 중국 외교부 내 각 실국에서 200여 명의 전문가를 지원받아 숙련된 실무진을 가동했다. 이 외교관들이 밤낮없이 공동성명 초안 작성에 매달렸고, 6자 간 막후 협상을 통해 드러난 이견을 정리하고 통합했다. 이 막후 협상에는 전례 없는 북미 직접회담이 여섯 차례나 있었다.[32]

평양이 13개월 만에 6자회담에 복귀하기로 결정을 한 것은, 중국과 한국 간 중재 외교의 시너지 효과 덕분이라고 할 수 있다. 이 중재 외교의 목표는 북미가 서로 만들어낸 덫에서 체면을 구기지 않고 빠져나갈 수 있는 통로를 제공해주는 데에 있었다. 이는 김정일에 대한 부시 행정부의 "폭군"이라는 묘사와 라이스의 "폭정의 전초기지"라는 딱지 붙이기 직후에 나온 것이어서 특히 의미 있는 일이었다. 베이징, 서울, 모스크바는 이런 종류의 표현을 사용하지 말 것을 부시 행정부에 촉구하면서, 동시에 북한의 핵 폐기에 대한 구체적인 경제적·안보적 보상을 제시할 것을 촉구했다. 실제 조선민주주의 인민공화국 외무성이 공식 성명을 통해 분명히 밝혔듯, 미국이 평양을 비방하는 말투를 묵시적으로 철회했다는 사실은 평양에게는 중요한 문제였다. 즉, "토요일 베이징에서 있었던 대표단 책임자 간 접촉에서 미국 측은 북한을 주권국가로 승인할

---

32 자세한 내용은 다음을 참고할 것. Edward Cody, "China Tries to Advance N. Korea Nuclear Talks," *Washington Post*, July 31, 2005, A23; "China Show Off Newfound Partnership at Six-Party Talks," *The Korea Herald*, August 5, 2005.

것이며, 북한을 침략하지도 않을 것이고, 6자회담 틀 내에서 양자회담을 개최할 것임을 분명히 했다. 우리 측은 이를 북한을 '폭정의 전초기지'로 칭한 미국 측 발언에 대한 철회로 해석하고 6자회담에 복귀하기로 결심했다".[33]

북한은 협상 태도로서 '말 대 말'·'행동 대 행동' 접근 방식을 일관되게 주장했는데, 중국이 제3라운드 의장 성명에서 이 접근 방식을 그룹 컨센서스로 암시한 것은 평양을 위한 일종의 탈출구를 제공한 것이다. 중국은 2005년 9월 19일 6자회담 제4라운드 참여국이 발표한 공동성명의 그룹 컨센서스를 만들어내는 데 결정적인 역할을 했다. 이는 2년이 넘는 동안의 단속斷續적 다자간 대화를 통해 얻은 첫 번째 성공적 결실이었다. 또한, 제2차 핵 위기 해결을 위해 미국과 북한 모두 거부했던 협상을 통한 접근법이 유효했음을 보여주는 것이었다.

북미 제2차 핵 위기 과정에서 중국의 갈등 관리 외교의 일환으로 행해진 중재의 유효성에 대한 평가를 위해서는, 중국 자신의 성격 규정에 대한 이해가 필요하다. 중국 외교부 부부장 왕이(王毅)[34]는 자신들의 역할을 "능동적 중재(active mediation)"로 표현했다.[35] 갈등 관리로서의 중재는 본질적으로 3각 외교 절차일 수밖에 없다. 왜냐하면 분쟁 당사자들은 상대방뿐만 아니라 중재자를 포함하여 자신들의 입장을 모색하려 하고, 또한 중재자도 분쟁의 일방 당사자가 혼자 결정할 수 없는 협상에 의한 해결로 그들을 안내하거나, 당사자 간 직접 담판하도록 설득하는 방안을 모색하기 때문이다(Crocker, Hampsen and Aall, 2004: 23). 이런 관점에서 보면, 일방적인 미국과 또 다르게 일방적인 북한 사이에서는 그 어떤 3자의 중재도 필연적으로 무모한 도전일 수밖에 없다. 어

33 "조선민주주의 인민공화국 및 미국 대표단의 대표 간 접촉에 대한 조선민주주의 인민공화국 외무성 대변인 발표", ≪조선중앙통신≫, 2005년 7월 10일 자 참조.

34 [옮긴이] 현 중국 외교부장이다.

35 다음을 참고할 것. "Wang Yi Explains PRC Stand on DPRK Nuclear Issue in Interview with Reporters," Xinhua, June 22, 2004 in FBIS-CHI-2004-0622.

쩌면 중국에게는 두 배로 그럴 것이다. 사실 베이징이 주도하는 중재 외교의 가장 큰 난제는 붕괴 가능성까지 있는 동맹을 '방기'하는 것과, 중국이 조성한 것도 아닌 동맹국의 갈등에 휘말리는 이른바 '연루' 사이의 진퇴양난을 어떻게 처리하는가이다.

연관된 문제들이 여럿이었지만 미국은 제2차 핵 위기 내내 중국이 부시 행정부의 '맞춤형 봉쇄(tailored containment)'에 가담할 것이며, '완전하고, 검증가능하고, 되돌릴 수 없는, 핵 폐기(CVID: Complete, Verifiable, Irreversible Dismantlement)' 방법을 통한 핵 폐기를 북한 정권에 압박할 것이라는 비현실적 기대를 했다. 그러나 평양에 대한 베이징의 레버리지는 미국 외교 정책 입안자나 전문가들이 생각하는 것만큼 크지 않다. 그럼에도 중국 외교관들은 여러 종류의 원조를 통해 북한을 어르고 달래며 평양의 행동에 영향을 미치기 위해 총력을 기울였다. 첫째, 중국은 북미 양자회담을 고집하는 북한을 설득하여 6자회담으로 끌어냈다. 이는 오랫동안 지연되었지만 상당한 기대를 모았던 6자회담 제4라운드에서 '6자회담 틀 내에서 양자회담 허용'이라는 구동존이求同存異 원칙에 따라 가능하게 되었다. 중국 외교관들은 2005년 5월과 6월 북미 간 양자 접촉을 촉진하는 데에 막후 갈등을 관리하고 중재하는 핵심 역할을 수행한 것으로 알려졌다. 이로 인해 처음 3개의 라운드가 3~4일에 그친 것과 비교하여, 6자회담 제4라운드는 두 세션에 걸쳐 20일간 지속될 수 있었다(2005년 7월 26일~8월 7일, 2005년 9월 13일~9월 19일). 6자회담 절차를 지지하고 유지하기 위해서는 어떻게든 김정일을 구슬리고 가능한 양보를 얻어내야 했는데, 이를 위해 북한과의 관계 강화가 필수 전제 조건이었다.

이처럼 북한에 대한 중국의 영향력이 다소 제한되어 있는 것은 사실이지만, 베이징은 여전히 평양의 변화를 끌어내는 데에 워싱턴보다는 훨씬 더 큰 능력이 있다. 한편 워싱턴에 대한 중국의 영향력을 제약하는 요인 하나는 바로 미국과의 경제관계이다. 중화인민공화국은 무역 면에서 미국에 극도로 의존하고 있는 처지이다. 베이징대학교 국제학부 학장인 왕지시(王缉思)에 따르면,

"미국은 현재 세계적 권위를 행사할 능력과 야망을 가진 유일한 국가인데, 이는 중국에 최강의 전략적 압력을 가할 수 있는 유일한 국가는 바로 미국뿐이라는 것을 의미한다". 그는 또한 중국이 미국에 미치는 정치적·경제적·사회적·외교적 영향력은, 미국이 중국에 미치는 영향력보다 훨씬 작다고 덧붙인다(J. Wang, 2005: 39, 47).

중국의 대미 영향력을 제약하는 또 다른 핵심 요인은 바로 미국의 경직적인 CVID 태도이다. 비록 6차 회담 제4라운드에서는 전술적인 이유로 약간 수정되기는 했지만, CVID에 관한 미국의 완강한 주장은 절대 안보의 추구라는 근본주의적 성격을 보여준다. 이는 중간 지대는 인정하지 않고 선과 악에 대하여 일도양단식 판단을 내리는 마니교의 이분법적 세계관(Manichean world-view)의 산물이다. 평양의 역사적 불안이라는 맥락에서 봤을 때, 미국의 CVID는 악의 제국 교살 전략(레짐 체인지)과 다를 바 없다.

무엇보다도 베이징은 6자회담에서 '구동존이' 합의를 이끌어낸 주된 동력이자 린치핀(linchpin)이었다. 공동성명 형태의 이 합의는 일종의 그룹 컨센서스이자 미래를 위한 지침이었다(Snyder, 2005). 중국 외교관들은 제4라운드 협상의 제2차와 마지막 단계에서, 미국과 북한의 입장에 존재하는 공통점을 찾아 — 또는 차이점을 제거하고 — 공동성명이 가능하도록 다섯 개의 초안을 잇따라 제시했는데, 이 과정에서 지나칠 정도로 기계적인 공평을 추구한 것으로 알려졌다. 2005년 9월 17일, 중국의 다섯 번째이자 마지막 초안은 미국을 제외한 다섯 개 당사국 모두가 수용했고, 이에 따라 중국의 갈등 관리 외교는 임계점에 이르게 되었다. 역설적이게도, 마오쩌둥의 유명한 언급을 빌리자면 중국의 영향력은 미국의 자초위난自招危難에 비례하여 커지게 된 것이다. 왕지시가 적절하게 언급했듯, "미국의 이미지가 지금처럼 금이 가 있는 한, 중국은 다자간 환경에서 더욱 큰 영향력을 발휘할 것이다"(J. Wang, 2005: 43).

이제 중국의 갈등 관리 중재 외교는 부시 행정부에 공개적으로 도전할 수 있는 단계에 이르렀다. 첫째, 베이징은 이라크 전쟁과 관련한 세계적 반미주의(또는 반부시주의) 물결을 적절하게 이용하고 있다. 나아가 미 정보 당국이 후세인 정권의 대량살상무기 보유를 과장했다는 여론이 팽배한데,[36] 베이징은 이를 또한 활용하고 있다. 둘째, 부상하는 동북아시아 유지동맹(coalition of the willing)[37]은 부시 행정부의 접근방식으로부터 벗어나려는 중이고, 대신 중국의 '작은 교류를 통해 평화를 만들어나가는 점진적 평화(peace by pieces)' 방식 또는 상호 '말 대 말' 및 '행동 대 행동' 접근 방식을 향하여 움직이는 중이라고 중국은 점점 확신하고 있다. 마지막으로, 베이징의 미국에 대한 공개 도전은 최소한 부분적으로라도 미국의 CVID 원칙을 허물어뜨리지 않는다면 6자회담은 붕괴되고 말 것이라는 베이징의 우려가 반영된 것이다.

북중 동맹의 상호작용

좋든 나쁘든 북한은 중화인민공화국이 냉전적 안보조약 — 명목뿐이건 실질상이건 — 을 유지하고 있는 유일한 국가이다. 그러나 제2차 핵 위기 당시 중국의 기계적 공평 행위의 관점에서 보면, 혹자는 조중 우호협력 및 상호원조조약(1961년)의 의미에 대해 의문이 들 수도 있을 것이다.[38] 북중관계를 묘사할 때 가장 자주 인용되는 표현은 '순망치한'이지만, 최근 북한에 대한 중국의 태도는 이와 대조적이다. 남한은 점점 더 매력적인 경제협력자가 되어가는 반면, 북한은 점점 더 예측 불가능한 이웃이 되어가고 있다. 중국은 소련처럼 경솔

36 [옮긴이] 2004년 7월 9일, 미국 의회는 이라크가 대량살상무기를 보유했다는 정보는 잘못된 것이었다고 공식 발표했다. 이에 대해서는 다음 기사를 참고할 것. "美상원 진실 미리 알았다면 이라크전 승인 안했을 것", ≪프레시안≫, 2004년 7월 12일 자.

37 [옮긴이] '뜻이 맞는 국가들의 연합'이라는 뜻으로 유지동맹(有志同盟) 또는 의지연대라고도 한다. 1990년대 초반부터 미국 랜드연구소의 보고서 등에 등장했다.

38 북핵 위기 초기 단계에서 중국사회과학원(China Academy of Social Sciences)의 저명한 어떤 학자는, 전쟁으로 끌려들어가는 것을 회피하기 위해 중화인민공화국와 조선민주주의 인민공화국 사이의 안보동맹의 무효화를 요구하면서 1961년 조약의 개정을 적극 요청했다(J. Shen, 2003 참조).

하게 동맹국을 방기(abandonment)하는 실수만은 피해야 한다고 의식하면서도 북한과 다소 거리를 두고 있다. 본질적으로 중화인민공화국은 1961년 조약에 대해 냉전의 유물이라는 신념과, 중국과 북한 사이의 특수한 사회주의적 관계의 상징물이라는 생각 그 어느 사이에 처해 있다(J. Shen, 2003: 58).

조선인민군과 중국 인민해방군 사이의 관계는 한국전쟁 이후, 특히 1994년 김일성 사망 이후부터 빈도·수준·내용의 측면에서 급격하게 쇠퇴하고 있다. 정기적 군사 방문은 지속되고 있지만 긴밀한 협력은 상징성과 의전으로만 남아 있는 것으로 보인다. 최근 인민해방군 방문의 대부분은 '친선 대표단(good-will delegations)'이었다(Scobell, 2004a: 8). 마찬가지로 김일성 이후 북중 정치 지도자 간 상호 방문의 빈도와 수준도 뚜렷하게 하락했는데, 이는 북중 간 긴장관계를 반영하고 있다. 2000년대 중반까지 10년이 넘는 동안 장쩌민(江澤民)과 김정일 그 누구도, 비행기로 1시간밖에 안 되는 거리인 베이징과 평양 사이의 정상회담이 정치적으로 중요하다거나 편리하다는 사실을 깨닫지 못했다(T. H. Kim, 1999: 306~308). 반면 같은 기간 남한과 중국 지도자들 사이에는 수차례 정상회담이 있었다. 심지어 중국 정치 체제의 가장 핵심적 기관인 중국 공산당 정치국 상무위원 일곱 명 모두가 서울을 방문한 적도 있다. 1997년 이후부터 중국은 새로운 안보 개념을 추진했다. 이는 다자간 대화를 기반으로, 그리고 다른 나라에 대한 군사 위협의 사용, 강요, 내정 간섭 등의 포기 서약을 기반으로 국제 안보의 기초를 형성하고자 하는 것이다. 이러한 신안보개념에 따르면, 다자 또는 양자 동맹은 국제 안보를 강화하기보다는 그 토대를 허무는 냉전의 유물(relics of the Cold War)이라고 비판한다(J. Shen, 2003: 57). 중국은 책임 있는 강대국으로 자신의 국가 정체성을 재정립함으로써 국제적 영향력 확대를 추구하고 있다. 즉, 중국은 정치적·외교적·경제적·군사적 관계 개선을 통해 이웃 국가들과 국경 분쟁을 조정함으로써, 그리고 지역적·글로벌 다자 기구에서 중국의 역할과 기여를 확대함으로써 영향력 제고를 추구하는 것이다. 또한 중국은 북한과의 동맹을 통해 북한의 예측 불가능한 행위를 감시하고, 적절한 수준의 영향력을 유지하는 역할을 수행하고 있는 것이다.

이러한 변화와 함께 북중 동맹은 역설적 안보 작용(ironic security function)을 수행하고 있다. 즉, 중국은 북한이 안정을 해치는 무모한 행위에 착수하지 않도록 억제함으로써 최고의 안보 상황을 제공하고 있는 것이다. 북한이 붕괴되는 경우 중국 내부에 영향을 미칠 북한 난민 상황을 고려했을 때, 중국이 북한의 붕괴만은 막고 싶어 한다는 것은 틀림없다. 비록 오늘날 북중관계가 예전만 못하다 해도, 베이징이나 평양 누구도 공식적으로 조약을 수정하자는 주장을 하지 않는다. 1961년 조소조약과 달리 조중조약은 사전합의 없이 개정되거나 폐기될 수 없다(조약 7조).[39]

그러나 베이징은 비공식적이지만, 북한이 남한을 공격하는 경우 평양을 지지하지 않겠다고 공공연하게 밝혔다. 1995년, 장쩌민 주석의 남한 국빈 방문 당시 중국 외교부 대변인은 동맹(alliance)이 중국 군대의 북한 방어 공약을 의미하는 것은 아니라고 언급했다. 또한 다음 사항들이 공식화되었다. 만약 북한이 '이유 없는 도발(an unprovoked attack)'을 감행한다면 베이징의 지원은 없을 것이라는 점, 조중조약을 근거로 중국 군대의 파견을 요구할 수 있는 것은 아니라는 점, 중국의 당연한 자동 개입은 없을 것이라는 점 등이다. 베이징은 외견상으로는 무난하게 타산적 모호성(calculated ambiguity)이라는 전략적 자세를 취하고 있다. 즉, 조약을 어떻게 해석할지는 중국 지도자들의 선택에 따라 좌우되는 것임을, 그리고 조약을 엄중한 공약(hard-and-fast commitment)으로 당연하게 고려하지는 않을 것임을 만방에 밝히면서 말이다(McVadon, 1999: 280). 그러나 한편, 중국은 조약과 거리를 두면서도 북한을 안심시키기 위한 외교 정책적 조치에 착수했다. 2000년 10월 중국 총리 주룽지(朱镕基)는 한중관계를 '협력적 동반자 관계'에서 '전면적 협력 동반자 관계'[40]로 격상시키기 위

39 이 조약의 중국어본과 한글본은 Liu and Yang(1994: 1279~1280), J. S. Lee(2001: 318~320)를 참고할 것.

해 서울을 방문했는데, 이와 같은 시간에 중국 국방부장 츠하오텐(遲浩田)은 한국전쟁 — 베이징식 표현으로 항미원조 전쟁 — 참전 50주년을 기념하기 위해 평양에 있었다. 그리고 북중 군사 유대 관계를 재확인했다. 2001년 9월 중국 장쩌민 주석은 3일간 평양을 공식 방문했는데, 중국 수반으로서는 10년도 더 지나서 한 첫 방문이었다. 이는 부분적으로 김정일의 두 차례 연속 방문(2000년 5월 베이징 방문, 2001년 1월 상하이 방문)에 대한 답례 차원이기도 했다.

한중 안보의 상호작용

1999년 베이징에서 개최된 한중 간 최초의 국방 장관 회담에서 서울과의 제휴에 대한 논의가 있었다. 서울은 한중 공동 군사훈련, 해상에서 공동 탐색 및 구조 훈련, 기항지 교환, 상호 군비 통제 확립, 대량살상무기 확산을 방지하기 위한 군축 회담, 중국 국방부장 츠하오텐의 답방 등을 포함한 광범위한 한중 안보 협력을 요구했다. 중국은 당연히 최소극대화 전략으로 대응했다. 즉, ① 중국은 츠하오텐이 한국에 답방하기를 원하는 서울의 요청에 응하는 한편, ② 서울이 미국과 군사 유대를 강화하는 것에 대해, 그리고 미국 패권의 위험성에 대해 경고했다. 또한 ③ 중국은 베이징의 도움이나 대응을 필요로 하는 다른 이슈에 대해서는 요리조리 피해나갔다. 베이징은 여전히 서울과 공동 훈련을 꺼리고 있으며 심지어 탐색 및 구조 작전이나 인도주의적 작전과 같은 기본 영역은 물론 기항지 교환도 주저하고 있다.

한중관계에 대한 개념 정의의 필요성은 여전히 남아 있다. 1998년 김대중 대통령의 중국 국빈 방문 전날 중국과 대한민국의 협상 담당자들은, 장쩌민-

40 [옮긴이] 한중관계는 1992년 수교 이후, 1998년에 협력적 동반자 관계를 수립했고, 2003년에 전면적 협력 동반자 관계를 수립했으며, 2008년 5월에는 전략적 협력 동반자 관계를 수립했다. 근래 이를 격상시킨 '전면적 전략 협력 동반자 관계' 수립이 필요하다는 논의가 나오고 있는 상황이다.

김대중 정상회담의 결론으로 양국 정상이 서명하기로 한 '동반자 관계(partnership)' 합의를 어떻게 정의할 것인가, 그리고 무엇을 포함할 것인가를 두고 막판 줄다리기를 하고 있었다. '동반자 관계'라는 특징을 잘 살릴 수 있는 형용사가 무엇인가를 두고(예컨대 전략적, 포괄적, 선린 우호적), 곤혹스러울 정도로 치열한 막후 협상이 있었다. 양국 간에 거친 논쟁이 이어진 후 남한 측은 새로운 관계를 '(아무 수식어가 없는) 동반자 관계'로 묘사하기를 원한 반면, 중국 측에서는 동반자 관계 앞에 '협력적'이라는 수식어를 넣기를 고집했다. 당시 청와대 공보수석 박지원은 "그 협상은 아이를 낳는 고통이었다"고 했고 협상 담당자들은 마침내 '협력적 동반자 관계'로 칭하기로 합의했다(*The Korea Herald*, Internet version, 1998.11.13).[41]

서울에서 개최된 안보 논의에서는 떠오르는 중국을 위협적 존재로 표현하는 것을 삼갔다. 대한민국의 『국방백서』는 일반적으로 중국의 군사 현대화에 대해 4~5쪽 분량으로 간략하게 개요만 서술하면서, 안보 우려의 흔적은 드러내지 않았다. 이와 뚜렷하게 대조적으로, 일본의 『국방백서』는 중국의 다양한 무기 프로그램과 군사 정책에 대해 에둘러 말하지 않고 분명한 용어로 36쪽이나 할애했다(*East Asian Strategic Review*, 2000: 67~69, 77~79, 83~88, 104~107, 139~141, 191~193 참조). 1999년 서울은 미국의 전역 미사일 방어(TMD: Theater Missile Defence) 프로그램에 참여하지 않기로 결정했다. 이는 베이징을 존중한다는 의미의 결정이었지만 워싱턴의 분노를 초래했다. 미국은 북한의 위협에 대비하여 TMD를 검토했지만, 제2차 핵 위기 당시 6자회담 제2라운드에서 증명되었듯, 서울의 북한 핵과 미사일 프로그램에 대한 입장은 워싱턴보다는 베이징과 점점 더 유사해졌다. 실제 여론조사에 따르면 남한 국민들은 미국의 일방주의를 남한의 핵심적 이익에 대한 '결정적 위협(critical threat)'이라고 응

41 더 낙관적인 평가에 대해서는 다음을 참조할 것. "Sino-ROK Partnership Toward New Century Introduced," *Beijing Review*, 41: 48(November 11~15, 1998), p.6.

답하고 있으며, 군사 대국화하는 일본이나 세계 강대국으로 부상하는 중국보다 미국의 일방주의를 더 우려하는 것으로 나타났다(Chicago Council on Foreign Relations, 2004: 11).

부시 행정부의 대북 정책에 대한 남한 국민의 지지는 크게 시들해진 것이 분명하다. 이는 부분적으로는 떠오르는 중국과 건설적이고 생산적인 관계를 유지하려는 서울의 이해관계 때문이기도 하고, 또 부분적으로는 남한의 정권 교체로(즉, 1998년 김대중 정부, 2003년 노무현 정부) 북한에 대한 접근 방법이 전환되었기 때문이기도 하다. 한미 사이의 '특별 동맹관계'는 북한 위협의 본질에 대한 합의 결여, 그리고 적절한 갈등 관리 방법이 무엇인가에 대한 합의 결여로 인해 크게 위협받고 있다.

2005년 3월 노무현 대통령은, 서울은 중국과 북한에 반대하는 미국 및 일본 편을 들지 않을 수도 있다고 경고했다(≪조선일보≫, 2005.3.22). 노무현 대통령은 최근 한 지방 인터넷 신문과의 인터뷰에서, 서울은 한미일 3각 안보 협력을 추구해야 한다는 전통적 견해를 비판하며, 동북아시아와 한반도의 지속적 평화를 위해 남한은 중국을 봉쇄할 게 아니라 중국을 포함하는 다자안보체제가 필요하다고 주장했다.[42] 노무현 정부의 북한 핵 문제에 관한 입장은 미국보다는 중국과 훨씬 더 가깝다. 베이징이 일종의 쌍둥이 안보 딜레마에 대처 중인 것처럼(동맹에 대한 방기도, 동맹에 의한 연루도 원치 않는), 서울도 또 다른 일종의 쌍둥이 안보 딜레마를 겪는 중이다. 워싱턴이 평양과 독자 협상을 추구함에 따라 동맹으로부터 안보 이익이 방기될 수도 있다는 두려움은 더 이상 없지만, 서울의 현재 주된 안보 딜레마는 동맹으로의 원치 않는 연루에 집중되어 있다. 즉, 부시 행정부의 악의 제국 교살 전략은 한국이 만든 갈등이 아님에도 불구하고, 한국을 군사적 갈등에 휘말리게 하고 있다.

---

42 다음을 참고할 것. Ryu Jin, "Roh Seeks N-E Asian Security Regime," *The Korea Times*, October 21, 2005.

2005년 11월 중순 서울 정상회담에서 노무현 대통령과 후진타오 주석은 한중 협력이 "새로운 단계"로 진입했다고 밝혔다. 그리고 양국 정상은 양국 외교부 장관 사이에 핫라인을 구축하고, 양국 외교 차관 사이에 정기적 논의 채널을 수립하고, 군사 협력을 확대하며, 2012년까지 양국 교역액을 2000억 달러까지 두 배로 확대하는 데에 합의했다. 최근 중국과 더욱 가까운 안보 및 경제 유대를 구축하려는 서울의 움직임에 대해 미국 관리들과 일부 남한 관리들은 긴장하고 있는 것으로 알려졌다.[43]

경제적 그리고 실용적 이슈

중국에게 남한 경제란 마오쩌둥 이후 개혁 개방이라는 국가이익의 관점에서 최대한 잘 활용해야 하는 기회를 의미했다. 반면 북한의 경제적 곤궁은 지정학적 유대의 손상이나 체제 붕괴의 유발 없이 경감시켜야만 하는 일종의 부담이었다. 1990년 한소관계 정상화로 말미암아 중국이 부득이하게 북한의 가장 큰 무역 파트너이자 경제 후원자가 된 것은 불안한 행운(a dubious blessing)이었다. 탈냉전 직후 지정학적·지경학적 전환 과정에서 베이징-서울-평양 간 매우 불균형적인 3각 경제관계가 나타났다.

한중 경제관계

1992년 한중관계 정상화 이후 중국과 대한민국은 경제 분야에서 잃어버린 시간을 부지런히 메우고 있다. 북방 정책의 일환으로 서울은 단기적 이익의 희생을 감수하고도 베이징의 경제적 이해와 선호를 수용할 의사와 능력이 있었다. 실제 남한은 1987~1992년까지 중국에게 연속적인 무역 적자를 허용했

43 다음을 참고할 것. "韓·中 군사교류 확대한다 양국정상 공동성명… 외교장관 핫라인 개설하기로", ≪조선일보≫, 2005년 11월 16일 자.

〈그림 2-1〉 **한중 교역 현황(1990~2004년)**

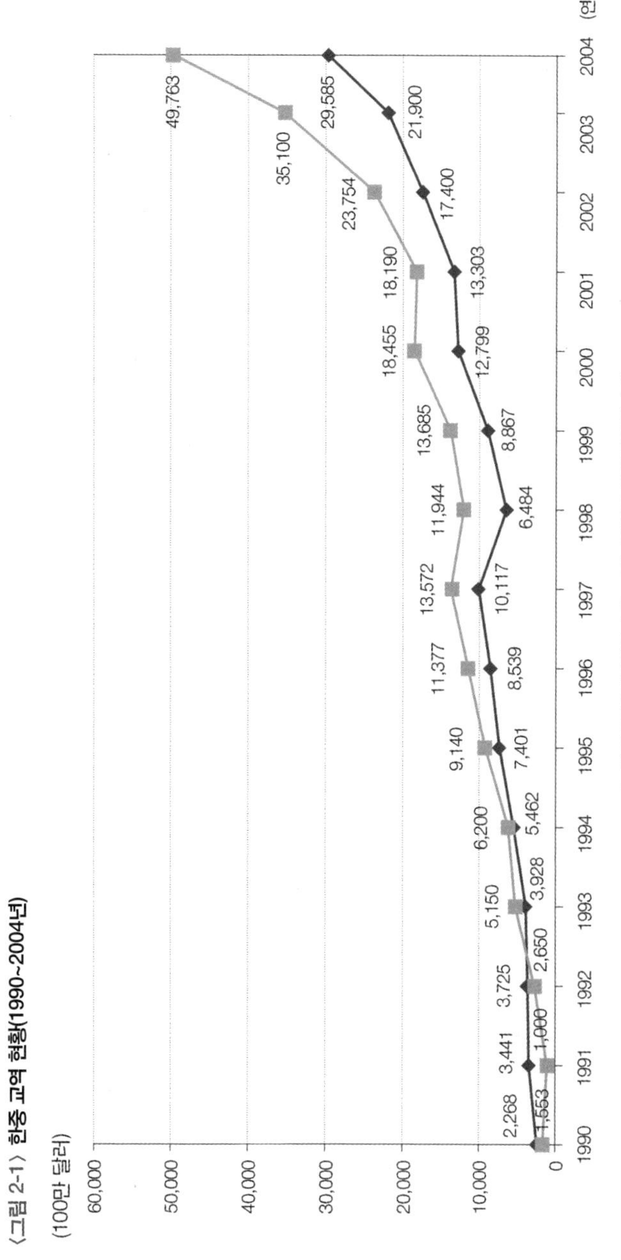

자료: 외교부(1996: 348; 1997: 396, 400); 외교통상부(1998: 481, 486; 2000: 496; 2001: 483; 2002: 497).

다. 그러나 〈그림 2-1〉에서 볼 수 있듯, 무역은 새 천 년 초반의 두 해를 제외하고는 1990년대 이후 매년 두 자리 수 % 증가를 기록했다. 2003년 중국은 남한의 최대 수출 시장으로 떠올랐고 대한민국의 최대 무역 파트너가 되기 위해 미국과 경쟁을 시작했다. 2003년에는 351억 달러에 이르는 48%의 수출 증가가 있었는데, 이는 2003년 남한 GDP 성장의 무려 98%를 차지했다. 수출 시장으로서 중국이 없었다면 남한의 경제성장은 사실상 저조했을 것이다(Snyder, 2004). 2004년 500억 달러에 이르는 42%의 수출 증가, 그리고 총해외무역의 39% 증가(794억 달러)와 함께 중국은 남한의 최대 무역 파트너로 떠올랐다. 2003년 7월 후진타오 주석과 노무현 대통령의 첫 번째 정상회담에서 양국 간 연간 무역 규모를 5년 내에(즉, 2008년까지) 1000억 달러로 확대하기 위해 노력하기로 약속했지만, 현재의 성장률 추세라면 이 목표는 2005년 말이면 달성할 수 있을 것이다.[44]

이처럼 강화된 상호 의존적 관계는 무역을 넘어 투자 분야로 확대되었다. 2000년이 되자 중국은 남한 국민들에게 가장 인기 있는 해외직접투자처로서 공식적으로 미국을 제쳤다. 〈표 2-3〉과 〈그림 2-2〉에서 볼 수 있듯, 2000~2004년 사이에 투자가 18배 증가하는 놀라운 변화를 보였다. 2004년 말까지, 남한의 중국 투자는 2003년 45억 달러에서 무려 283%가 증가한 172억 달러를 기록했다. 만약 중국이 외자 통제를 강화하거나 외국인 투자를 국유화하는 조치를 취한다면, 이러한 투자 수준은 위험하다고 생각할 만큼 높은 수준이다. 남한의 입장에서는 다행스럽게도, 중국 경제 정책의 경로에서 이러한 일이 발생할 개연성은 낮아 보인다.

그러나 남한은 2003년, 중국과 강화된 상호 의존성 때문에 첫 번째 경제 쇼

44 [옮긴이] 한중 교역액은 2005년 1000억 달러를 돌파했고, 2014년 2354억 달러를 기록해 한중 수교 당시인 1992년 64억 달러보다 37배 가까이 늘었다. 다음 기사를 참고할 것. "한-중 무역 규모, 북-중 무역 규모의 37배", ≪연합뉴스≫, 2015년 9월 1일 자.

〈표 2-3〉 **한중 FDI 변화(1989~2004년)** (단위: 100만 달러)

연도	남한→중국 FDI 유입액	변화율	중국→남한 FDI 유입액	변화율
1989년	6			
1990년	16	+167%		
1991년	42	+163%		
1992년	141	+236%		
1993년	622	+341%		
1994년	821	+32%	6	
1995년	1237	+51%	11	+83%
1996년	1,679	+36%	7	-36%
1997년	907	-46%	7	0%
1998년	896	-1%	8	+14%
1999년	482	-46%	27	+238%
2000년	931	+93%	76	+181%
2001년	983	+6%	70	-8%
2002년	1,980	+101%	249	+256%
2003년	4,489	+127%	50	-80%
2004년	17,200	+283%	1,165	+2,230%

자료: Keum(1996: 581); 외교부(1997: 405, 408); 외교통상부(1998: 491, 493; 2000: 503, 505; 2001: 489, 491; 2002: 498, 499); http://www.mofa.go.kr/trade/data/whitepaper/year/20110906/1_24879.jsp?menu=m_30_210_40&tabmenu=t_1

크를 경험했다. 4월 말 과열된 중국 경제를 진정시키기 위해 긴축을 시도할 것이라는 베이징의 발표가 있자 코스피(KOSPI) 지수는 거의 9% 가까이 급락했고, 해외 투자자들은 6억 달러가 넘는 주식을 팔아치웠다(Snyder, 2004). 이처럼 남한 경제가 성장을 위해 내수 대신 중국으로의 수출에 의존하는 것은 잠재적으로는 손실을 의미한다. 중국 경제가 둔화될 경우 대한민국 경제는 고통을 겪을 것이기 때문이다.

서울의 북방 정책에 대한 초기의 정치 논리는 완전하게 대체된 것은 아닐지라도, 세계시장에서 국가 경쟁력 제고라는 새로운 논리에 압도된 상태이다. 남한 경제의 경쟁력은 1991년 이후 서서히 하락했다. 1990년대 중반이 되자 남한의 많은 기업이 대對 중국 수출에 의존하는 상황에 이르렀는데 이는 산업

〈그림 2-2〉 **한중 FDI 규모(1989~2004년)**

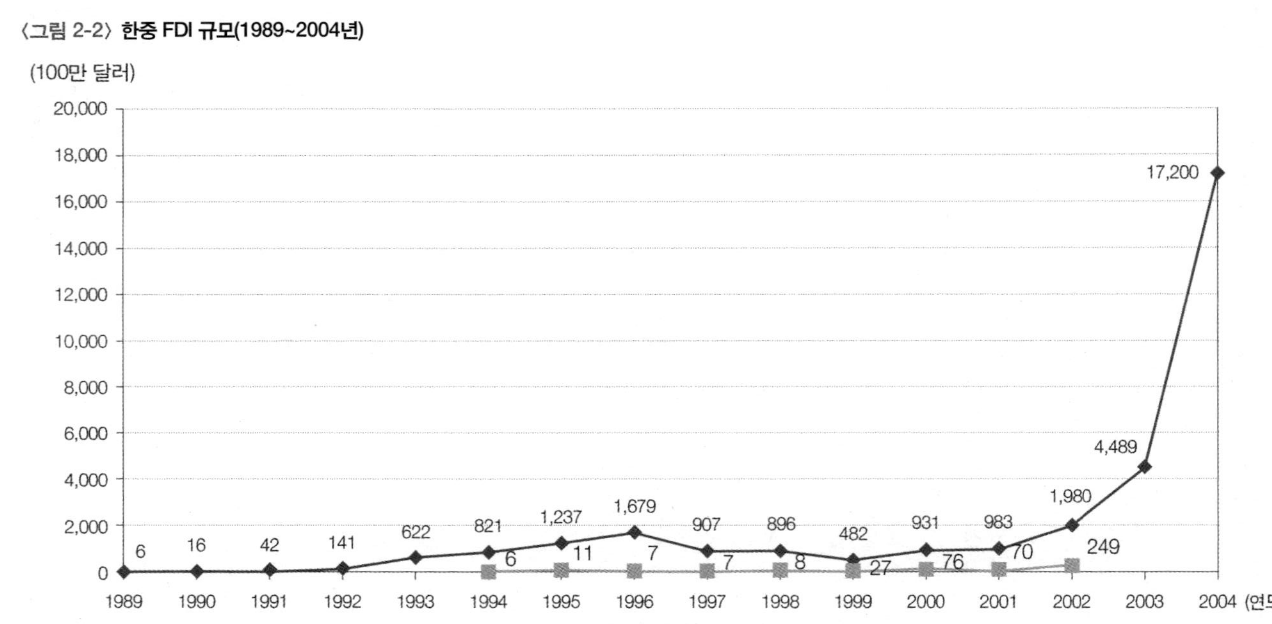

자료: Keum(1996: 581); 외교부(1997: 405, 408); 외교통상부(1998: 491, 493; 2000: 503, 505; 2001: 489, 491; 2002: 498, 499).

에 단비 같은 자극제였다. 왜냐하면 남한 회사들은 선진국의 수요 감소로 인한 이익 둔화에 직면하고 있던 상태였고, 또한 국내에서의 치솟는 임금으로 인해 국제 경쟁력이 급속하게 악화되는 상황이었기 때문이다. 서울의 대중국 수출은 수출 주도형 발전(export-driven development)의 기폭제 역할을 했다. 남한은 1990년대 초반 불황을 극복하는 데 중국에 빚을 진 셈이다(≪동아일보≫, 1994.8.24, 5면).

이처럼 한중 간 무역과 투자에서 긴밀한 관계가 형성되자, 양국의 관계는 더욱 상호의존적이면서도 동시에 치열한 경쟁적 양상을 띠게 되었다. 알버트 허쉬만(Albert O. Hirschman)이 그의 고전적 역작인 *National Power and the Structure of Foreign Trade*에서 주장하듯 무역은 '영향력 효과(influence effect)'를 갖고 있다. 즉, 어떤 국가 A가 다른 국가 B에게 무역 의존적이 되는 경우, B국은 A국의 정책 설계에 점점 더 큰 영향력을 갖는다는 것이다. 따라서 무역으로 인한 이익이 증가할수록 이러한 취약성도 함께 증가한다. 그리고 국가는 재량껏 이용할 수 있는 대안 시장을 갖고 있는 경우에만 이러한 취약성에서 벗어날 수 있다(Hirschman, 1980: Ch.1). 남한에 대한 미국의 지정학적 투자로 인해 중국의 대한對韓 정책이 크게 변하기는 어려울 것으로 보이지만, 그럼에도 무역 및 정책 영향력과 관계에 대한 허쉬만의 훈계를 가벼이 여겨서는 안 될 것이다.

오늘날 남한의 기업들은 1인당 평균 소득이 5000달러 이상이며 인구 1억 명이 넘는 중국의 중산층 도시를 겨냥하고 있다. 현재 남한 업체들이 가장 관심을 기울이고 있는 분야는 통신과 전자 부문인 것 같다. 중국의 휴대폰 시장은 일본과 한국의 첨단기술 회사들 간 경쟁의 장이며, 반도체와 컴퓨터에 대한 중국 측 수요 또한 1990년대 중반 이후부터 크게 증가한 상태이다. 한국 회사들은 철강과 석유 화학뿐만 아니라 최고급 제품 소비자에 대한 수출을 극대화하기 위해 열심히 노력하면서 '중국 열기(China fever)'를 경험하고 있다. 이러한 무역이 국제경제적 관점에서 마찰이 없는 것은 아니다. 중국 회사는 23개의 반덤핑 소송을 제기했는데 그중 18개는 한국을 상대로 한 것이었다(snyder, 2003c: 113~117). 2000년 4월, 중국 대외무역경제합작부(MOFTEC)는 한국과 일본으로부터의 스테인리스 수입에 대해 최초로 임시 반덤핑 조치를 취하기 위한 절차를 시작했다. 그 이후부터 대외무역경제합작부는 중국 국가경제무역위원회(SETC)와 협력해 한국산 폴리에스테르 칩, 합성섬유제품, 화학제품에 대해 반덤핑 조치를 승인했다.[45] 한편, 한국 회사들은 중국 시장에 열광하면서도 중국 내에서 일어나는 저작권 침해와 지적재산권 침해에 대해 크게 우려하고 있는 상황이다.

이러한 경쟁적 관점에서 알 수 있듯이, 중국은 남한의 수출 주도형 성장을 위한 원천이면서 동시에 서울의 제3국 특히 미국과 일본의 수출 시장점유율을 조금씩 갉아먹는, 그리고 귀중한 천연자원 이용을 위한 경쟁을 하면서 남한을 빠르게 따라잡는 경쟁자이다. 1990년대 전망에 의하면 한국 제품은 중국 제품보다 국제시장에서 여전히 더 큰 경쟁력을 유지할 수 있을 것으로 예측했다.[46] 그러나 21세기 초반에 드러난 증거는 중국 제조업체들이 한국산 제품과 기술 격차를 좁히면서 한국의 시장점유율을 침식하고 있음을 보여준다. 중국의 기술력이 향상되면서 중국 회사들은 빈번한 파업, 성가신 규제, 그리고 정치적·사회적 불안정이 예상되는 한국 제조업 부문에 대한 흔쾌한 투자는 주저하게 될 것이다(*The Korea Herald*, 2003.11.6). 그러나 사실 중국 투자자들은 한국의 기술력과 전문 지식을 확보하기 위해 한국의 전략산업 부문에 대해서는 이미 투자를 시작했다. 주요 재벌들을 상대로 한 조사에 따르면 응답자의 43%가 주

45 2002년 중국 자료표는 다음 자료를 참고할 것. "China Imposes Anti-dumping Duties on Imported ROK-made Products," Xinhua News Agency, February 10, 2003. 화학제품에 대한 관세는 후에 제거되었다. 다음을 참고할 것. "Chemical Anti-Dumping Charge Dropped," *People's Daily Online*, November 29, 2003.

46 한국은행의 추정과 전망에 대해서는 다음을 참조할 것. *The Korea Herald*, Internet version, March 14, 2000.

요 산업 영역에서 대한민국과 중국의 기술 격차는 약 4~5년으로 줄어들었다고 대답했다. 27%는 1~3년, 10%는 양국 간 기술적 수준에서는 아무 차이가 존재하지 않는다고 대답했다(Snyder, 2004). 한국과학기술평가원(KISTEP)이 작성한 보고서에 따르면, 99개 핵심 분야에서 미국의 기술 수준을 100으로 상정했을 때, 한국은 65.1, 중국은 52.5였다. 이는 한국의 경우 미국에 비해 5.8년 뒤처져 있고, 중국에는 고작 2.1년 앞서 있음을 의미한다(≪조선일보≫, 2004.9.29). 2003년 한국의 섬유제품 수출은 중국과 경쟁으로 인해 최근 13년간 가장 낮은 수준으로 떨어졌다(Snyder, 2004). 2005년 초 국제 다자간 섬유 협정 쿼터 시스템(international Multi-Fiber Agreement quota system)이 종료되면 엄청난 수의 의류 업체가 중국으로 이전할 것이고, 이에 따라 한국의 의류 수출은 훨씬 더 심각하게 감소될 것으로 보인다. 동시에 중국 제조업은 세계시장에서 천연자원 비용을 끌어올릴 것이며 이는 한국 제조업의 절대 비용과 상대 비용을 끌어올릴 것이다. 중국의 새로운 개방이 한때 한국 제조업에는 혜택이었지만, 이제는 한국 제조업의 지속적 생존에 대한 위협이 되어가고 있다.

그러나 남한 회사들은 중국 자동차 조립 시장에서 기반을 유지하기 위해 노력했다. 2002년 말, 중국이 막 한국을 능가하면서 세계 여섯 번째 자동차 생산국이 될 즈음, 한국의 자동차 제조업체들은 시장점유율을 확보하기 위한 수단으로 중국 투자를 서둘렀다(Snyder, 2003a 참조). 이러한 투자 덕분에 2004년 현대차와 기아자동차는 그런대로 생산 실적을 올릴 수 있었다(Snyder, 2004). 최근 조사에 따르면 한국 중소기업의 40%가 생산 기지의 해외 이전을 검토 중이고, 이들 중 80%는 중국 이전을 계획하고 있다(≪연합뉴스≫, 2004.7.7).[47] 하지만 마찰도 있다. 수많은 남한의 소기업이 중국 시장에 뛰어들면서 관리상의 문제로 부정적 이미지를 심어주었기 때문이다. 그들은 언어 문제를 해결하기

47 2004년 KFI가 시행한 조사에 따르면, 43.7%의 기업이 향후 5년 내에 한국에서의 투자를 줄이고 중국에 대한 투자를 늘릴 것이라고 답변했다.

위해 지나치게 조선족에게 의존하고 싼 노동력을 이용하기 위해 농촌을 겨냥하는 등, 현지 기업 문화에 대한 기본적 이해가 부족했다. 또한 부동산 가치와 인건비에 대한 지식도 부족했다. 다만 이 같은 갈등 요소들은 근래 많이 완화되었다.

한중 사회문화적 상호작용

중국의 경제성장과 남한과의 밀접한 관계는 양국 사이 관광 분야를 보면 명백해진다(표 2-4). 남한 정부가 1998년 4월 제주도를 방문하는 중국 관광객들에게 비자 면제 서비스를 시작하자 중국 방문객은 전년도에 비해 50%가 증가했다. 1999년 말 무렵에 중국은 일본, 미국에 이어 세 번째로 한국을 많이 방문하는 국가가 되었고, 2000년에는 사상 최초로 중국인 방문객(44만 2794명)이 미국인 방문객을 넘어섰다. 한국인 역시 중국을 여행지로 선택하고 있다. 남한의 모든 해외 여행객 중 1/4 이상이 중국을 목적지로 선택하고 있으며, 2002년에는 172만 명이 중국을 방문했다. 선호하는 목적지로 일본을 선택한 한국인은 30%로 중국을 약간 넘었을 뿐이다. 2003년에는 중국 방문객이 156만 명으로 소폭 감소했는데, 이는 사스(SARS, 중증급성호흡기증후군)의 공포 때문이었다. 이는 몇 개월간 여행 산업을 황폐화시켰지만(2003년 9% 하락), 〈그림 2-3〉에서 볼 수 있듯, 2004년이 되자 다시 50%까지 급상승했다. 21세기 초반 중국과 한국은 1990년대 초반에 비해 10배나 많은 관광객을 교환하고 있다. 이러한 관광은 상호 수익의 원천이자 양국 간 투자 증가를 재확인할 수 있는 부문이다.

종합적으로 볼 때, 이 지역에서 중국이 부각되면서 남한을 동북아시아의 금융 허브로 만들겠다는 노무현 대통령의 야망은 곧 물거품이 되고 말았다. 노무현 대통령은 2003년 취임 연설에서 다음과 같이 선언한 바 있다. "이제 우리의 미래는 한반도에 갇혀 있을 수 없습니다. 우리 앞에는 동북아시아 시대가 도래하고 있습니다. 근대 이후 세계의 변방에 머물던 동북아시아가 이제

〈표 2-4〉 **한중 방문객 교환(1992~2004년)** (단위: 명)

연도	대한민국 국민의 중국 방문	변화율	중국인의 대한민국 방문	변화율	총계	변화율
1992년	43,000	-	45,000	-	88,000	-
1993년	110,585	+157%	99,957	+122%	210,542	+139%
1994년	233,675	+111%	140,985	+41%	374,660	+78%
1995년	404,421	+73%	178,359	+27%	582,780	+56%
1996년	532,332	+32%	199,604	+12%	731,936	+26%
1997년	584,487	+10%	214,244	+7%	798,731	+9%
1998년	484,009	-17%	210,662	2%	694,671	-13%
1999년	820,120	+69%	316,639	+50%	1,136,759	+64%
2000년	1,033,250	+26%	442,794	+40%	1,476,044	+30%
2001년	1,297,746	+26%	482,227	+9%	1,779,973	+21%
2002년	1,722,128	+33%	539,466	+12%	2,261,594	+27%
2003년	1,560,581	-9%	513,236	-5%	2,073,817	-8%
2004년	2,340,000	+50%	410,000	-20%	2,750,000	+33%

자료: 한국관광공사.

세계경제의 새로운 활력으로 떠올랐습니다.” 그는 나아가 “우리의 역사는 도전과 극복의 연속이었습니다. 열강의 틈에 놓인 한반도에서 숱한 고난을 이겨내고 …… 반세기 만에 세계 열두 번째의 경제 강국을 건설했습니다”라고 언급했다. 한편 분열의 과거를 언급하면서, 노무현 대통령은 남한을 동북아시아에서 확대되고 있는 지역주의의 미래로 이해할 것을, 이러한 미래를 포용할 것을, 그리고 이 미래를 규정하고 주도하는 데 선도적 역할을 수행할 것을 분명하게 요구했다.[48]

그러나 동북아시아를 하나의 경제권으로 규정하는 데 리더십을 발휘하고 나선 것은 한국이 아니라 다름 아닌 중국이었다. 동아시아를 지역적 입장에서 사고할 때, 지역 내부에서든 외부에서든 중국을 향하게 된다. 이는 세계에서

48 “노무현 대통령 취임사: 평화와 번영과 도약의 시대로”. http://www.korea.net/government/president/news/xcontent.asp?color=BP&cate=01&serial_no=20030225003

〈그림 2-3〉 **한중 방문객 교류 현황(1993~2004년)**

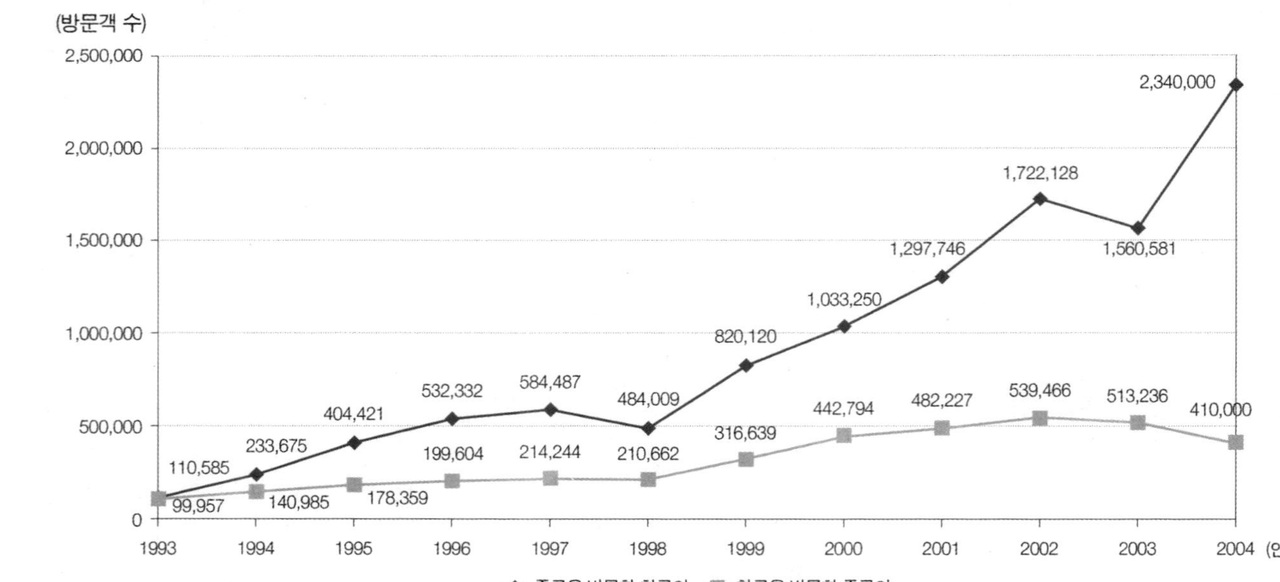

자료: 한국관광공사.

가장 빠른 경제성장 국가인 중국의 경제적 지위를 감안하면 놀라울 일도 아니다. 최근 중국은 일본을 앞질러 미국, 독일에 이은 세계 3위의 무역국이 되었다. 요컨대 동북아시아에는 중대한 변화가 있었는데, 아무런 외교관계도 존재하지 않고 오직 최소한의 경제적 관계만을 유지하던 남한과 중국이 이제는 지역 내에서 가장 중요한 협력자이자 국제 수준의 핵심 경쟁자가 된 것이다.

북중 경제관계

한반도 북쪽에 대한 중국의 경제적 역할도 냉전 종식 이후 그리고 국제 체제 재설정 이후 중대 변화를 겪고 있다. 중국이 북한에 지속적으로 관여하는 것은 국제관계 속에서 경제적 유대 관계의 역할이 다양함을 보여주는 것이다. 그러나 한중 경제관계와 북중 경제관계의 격차 증가는 동북아시아에서 중국 경제의 진정한 궤도가 무엇인지를 보여주고 있다. 즉, 한중 무역과 투자는 글로벌 경제 질서의 명백한 구성 요소이지만, 북중 경제관계는 세계화 시대에 거의 찾아 볼 수 없는 냉전 이데올로기의 유물임이 명백하다.

북중 무역은 격변하는 지정학적 움직임과 밀접하게 연결되어 있고 그에 따라 결정된다는 지적대로, 중국과 관련된 북한의 해외무역 비율은 지난 수십 년간 크게 요동쳤다. ① 1950년대 25~60%(절대치로는 1억 달러 내외), ② 1960~1967년에는 약 30%, 문화혁명 직후 약 10% 내외까지 하락, ③ 1973년 약 20%(3~6억 달러 수준), ④ 1980년대 10~20% 범위로 하락, 그러나 전체 총액은 30~40억 달러로 증가. 1990년대 탈냉전 이후 첫 10년간, 즉 1990년 10.1%에서 출발하여 1991년 약 30%까지 놀랍도록 증가했으나 1998년까지 이 범위 내에서 머물렀다. 이때 그들의 전체 총액은 1993년 8.99억 달러에서 1999년 3.71억 달러로 하락했다. 21세기 초반 북중 무역을 보면, 전체 무역 비중은 몇 차례 연속 증가를 기록했다(표 2-1).

일반적으로 말해서, 북한은 자급자족 능력이 전혀 없는데도 점점 더 세계로부터 고립되고 있다. 북한의 GDP에서 무역이 차지하는 비중 — 어떤 국가와 세계경제가 통합된 정도에 대해 널리 사용되는 기준 — 을 보면 2000년 11%에 머물러 있다. 이는 중국의 44%, 일본의 18%, 미국의 21%, 남한의 73%와 비교된다. 이 같은 비율은 실제 1990년 약 20% 수준에서 하락한 것이다. 반면 중국의 무역/GDP 비중은 1980년 13%에서 2000년 44%로 3배 이상 증가했다. 그리고 2004년에는 70%를 기록했다.[49] 비교주의적 관점에서, 2000년 북한의 중국과의 무역량(4.88억 달러)은 북한 전체 무역의 20%를 차지하지만, 중국의 세계무역에서 북한과의 무역이 차지하는 비중은 고작 0.1%에 불과하다. 그리고 이는 남한의 세계무역 0.15%에 불과하고 한중 무역 규모의 1.6%에 불과하다.

북중 경제관계에서 두 번째로 주목할 만한 점은 북한이 만성적으로 상당한 적자를 본다는 점이다. 적자액은 1990년부터 2004년까지 누적 금액으로 50억 달러에 이른다. 왜냐하면 북한에는 이렇다 할 고부가가치 수출 상품이 존재하지 않을 뿐만 아니라 수출할 만한 주요 상품들은 경쟁력을 잃어가고 있기 때문인데, 그렇다고 가까운 장래에 평양이 이러한 상황을 개선할 능력이 있어 보이지는 않는다. 중국은 여전히 북한의 최대 무역 파트너이지만, 베이징과의 무역으로 인해 평양은 매년 커다란 적자를 보고 있다. 다만 중국의 북한에 대한 현물지원이나 원조를 감안하면, 북중 무역에서 중국이 수행하는 역할은 훨씬 더 크다고 할 수 있다.

경제 분야의 막후 외교적 노력 중 중국이 사용한 몇 가지 방법이 있다. 우선 베이징은 개혁과 개방을 통해 무너져가는 경제를 소생시키도록 평양에 압력을 가하고 있다. 또한 베이징은 1993년 모스크바의 전례를 따라 북한에 무역 결제 시 경화(hard currency)의 현금 지불을 요구했는데, 이는 평양을 설득

---

49 2000년 중국, 일본, 한국, 미국의 수치는 세계은행(World Bank, 2001: 236~239) 기준. 북한에 대한 수치는 2001년 12월에 한국 통계청 발행 보고서를 기반으로, *Korea now* (2001.12.29), p.8에서 요약. 다음을 같이 참고할 것. EIU, *Country Profile 2001: South Korea and North Korea*(http://www.eiu.com/home.aspx); ≪인민일보≫, 온라인판, 2005년 1월 25일 자(2004년 데이터).

해 해외무역을 효율적으로 정비하기 위한 것이었다. 그러나 평양은 그러한 요구를 충족시킬 능력이나 의사가 전혀 없었다. 그 결과 중국은 '우호 비용(friendship prices)'이라는 명목으로 북한에 제공한 원유와 식량 대금을 포기할 수밖에 없었고, 그 과정에서 인도적 지원의 주요 제공자가 된 것이다. 일반적으로 중국의 대북 원조는 중국 전체 해외 원조의 1/4~1/3에 이를 것으로 추정된다.

사실 북중 경제관계는 마오쩌둥 시절 외교부장이었던 황화(黃華)가 1970년대 초반 세계 자본주의 경제체제에 대해 설명하면서 "기수와 말처럼 상호 의존적인 관계"라고 표현한 것과 닮아보인다(S. S. Kim, 1979: 265). 베이징과 평양 중 누가 기수인지를 파악하는 것이 쉽지 않다는 점을 제외하고는 말이다. 탐 하트(Tom Hart)는 북중관계를 "상호 삐걱거리는, 내키지 않는 구걸관계"라고 함축적으로 묘사하며, 이러한 '협력'은 "주로 중국의 원조와 보조금의 형태에, 전통적 선린이라는 고전적 주장과 당 대 당 연대가 더해진" 것이라고 한다(Hart, 2001: 255~256).

역설적인 것은, 평양이 정치적·경제적 생존을 위해 베이징에 더욱 의존하게 되면서 상호 불신과 분노 또한 발생했다는 점이다. 평양은 교활한 접근 자세를 취하며 비공식적으로 점점 더 많은 원조를 요구했다. 심지어 북한 외교관들은 그들이 줄곧 중국에게 원조를 요구해왔다는 사실이나 원조를 받았다는 사실조차 습관적으로 부인하고 있다.[50] 한 중국학자에 따르면 북중 간 모든 고위급 회담에서 북한은 경제원조를 요구하면서 의제를 지배한다고 한다(Y. Ji, 2001a: 391). 베이징의 '인도주의적 지원' 속에는 그들의 멀티태스킹 전략이

50 북한의 고위 대사(이형철, 이근)를 포함한 12명의 미국 정부 분석관과 저자를 포함한 민간학자가 참여한 1998년 5월 뉴욕 비공개 회의에서, 이형철 대사는 그 어떤 중국 원조의 존재에 대해서도 단호하게 부인하며 다음과 같이 말했다. "만약 우리가 중국의 도움을 원한다면, 우리는 당장 내일이라도 중국으로부터 100만 톤의 쌀을 얻을 수 있다. 그러나 그것은 의존성이라는 수용 불가능한 엄청난 대가를 치러야 한다."

명백하게 드러나는데, 이는 중국으로 북한 난민이 유입되는 것을 줄이고 혹시 모를 북한의 붕괴 가능성을 늦추고 평양과 서울에 대한 중국의 영향력을 제고하기 위해 설계된 것이다.

이처럼 평양의 생존을 위한 중국의 지원에도 불구하고, 특히 2002년 11월, 미국이 매달 평양에 지원해주던 중유 공급을 중단한 이후부터 중국은 실망스럽게도 그들이 원하는 만큼 북한으로부터 사의를 받지도 못하고 있다. 또한 중국은 워싱턴이 생각하는 것만큼 평양에 대한 영향력도 없는 상황인데, 정확하게 말하면 이는 중국의 원조가 중국 자신의 이익을 위한 것이라는 것을 평양도 잘 알고 있기 때문이다(Snyder, 2000/2001: 530). 중국의 한 고위 지도자는 북한에 대한 그 어떤 경제제재도 반대한다는 맥락에서 미국의 한 객원 연구원에게 다음과 같이 말했다. "우리는 북한에 식량을 보낼 수 있고, 반대로 북한은 우리에게 난민을 보낼 수 있다. 어느 쪽이든 우리는 그들을 먹여 살려야 한다. 그들이 중국으로 몰려오는 것보다 북한에서 그들을 먹이는 것이 차라리 낫다"(Lampton and Ewing, 2004: 70에서 재인용). 따라서 베이징은 원조를 억제함으로써 북한 붕괴를 자극하거나 유도하는 것에 대해 극도로 신중할 수밖에 없다. 북한에 대한 원조 억제는 많은 사회적·경제적·정치적 불안이라는 결과를 초래할 것이기 때문이다.

북한이 워싱턴의 '깡패 국가(rogue state) 낙인찍기 전략'에 직면하면서 중국 의존성은 더욱 커졌다. 최근 중국의 대북 원조는 연간 100만 톤 내의 쌀과 밀, 중유 50만 톤에 이를 것으로 추정된다. 이는 북한 연료 수입의 70~90%, 전체 식량 수입의 1/3에 해당하는 양이다. 2002년 미국의 중유 공급이 중단되면서, 중국의 원유 원조와 수출은 현재 북한 에너지 수입의 거의 100%에 육박할 지도 모른다(Shambaugh, 2003: 46). 2003년 8월 하순 후진타오 주석은 평양을 6자 회담으로 유도하기 위해 김정일에게 예년보다 더 많은 경제 지원을 약속했다. 중국 정부는 북한의 산더미 같은 빚과 북한의 채무불이행에 따른 중국 기업의 파산에도 불구하고, 북중 국경 지역에서 북중 회사 사이의 비공식적 경제 거래

〈표 2-5〉 **중국의 북한과 반기별 무역(2001~2003년)** (단위: 1000달러)

	2001년 1~6월	2001년 7~12월	2002년 1~6월	2002년 7~12월	2003년 1~6월	2003년 7~12월
수입	24,655	142,142 (+477%)	103,904 (-27%)	166,959 (+61%)	107,764 (-35%)	287,782 (+167%)
수출	284,124	286,536 (+1%)	221,131 (-23%)	246,178 (+11%)	270,064 (+10%)	357,931 (+33%)
규모	308,779	428,678 (+39%)	325,035 (-24%)	413,137 (+27%)	377,828 (-9%)	645,713 (+71%)

자료: KOTRA 및 중국세관통계.

를 허용함으로써 간접적 지원을 확대했다.

2003년과 2004년 북중 무역을 보면, 2003년 10억 달러(2002년보다 39% 증가), 2004년 14억 달러(2003년보다 35% 증가)로 전례 없이 늘어났다. 이는 제2차 북미 핵 위기의 효과를 역설적으로 실증하는 것이다. 워싱턴과 도쿄의 제재 강화 때문에 평양의 경제 고립은 더욱 가속화되었지만, 그러나 한편 북한이 베이징과 서울의 무역 및 원조에 의존하는 정도도 심화되었다. 〈표 2-5〉가 보여주듯, 북중 무역은 베이징의 설득/강압 외교의 영향으로 인해 큰 폭으로 변동하고 있음을 보여주고 있다. 2003년 상반기는 북중 경제관계에서 베이징의 강압적 측면을 보여준다. 반면 하반기는 설득적 측면을 보여주는데, 평양으로부터의 수입은 반기 기준으로 무려 167%가 증가했다. 북한이 무역과 원조에서 중국에 의존하는 추세는 북일 무역의 쇠락과 일본의 대북 제재 재부과로 인해 더욱 심화되었다. 베이징은 2004년 2월로 다가오는 6자회담 제2라운드에서 평양이 더 융통성 있는 입장을 보일 수 있도록 유인책을 고안해냈다. 이에 따라 중국은 북한에 중유를 제공하고 평양 근처에 유리 공장을 설립해주겠다는 약속을 포함해 약 5000만 달러의 원조를 제공한 것으로 알려졌다.

주체사상에 따른 자립 경제를 고집하며 무너져가는 평양 경제를 살려내기 위해 중국은 개혁을 시작한 이래 끊임없이 평양을 압박하고 있다. 그러나 평양은 마오쩌둥 이후의 중국 사회주의에 대해 엇갈리고 모순된 성명을 발표하고 있다. 1978년부터 1991년 사이의 여섯 차례 비공식 정상회담에서 덩샤오핑은 김일성에게 개혁과 개방을 통해 북한 경제를 발전시킬 것을 반복적으로 촉구했지만, 김일성은 나진-선봉 자유경제무역지대를 언급하고 "우리는 이미 개방했다"라며 신경질적으로 반박했을 뿐이었다.[51] 그러나 1993년 9월 김일성은 중국 방문단에게 "중국적 특징을 가진 사회주의 건설을 지속하면서도 눈부신 개혁 개방의 성과를 얻었다"라며 중국에 대해 경탄했고, "중국의 경험은 우리 조선인들을 고무하는 요소가 될 것"이라고 발언한 것으로 알려졌다(*North Korean News*, 1993.9.27, No.702, p.5).

이러한 개혁에 대한 압박이 거세지는 상황에서 예기치 못한 반전이 발생했다. 신의주 특별행정구(SAR: Special Autonomous Region), 즉 시장기반 원칙에 따라 운용하게 되어 있는 특별 경제지대가 북한이 계획한 궤도에서 이탈하는 데 중국이 깊게 관여한 것이다. 평양에 따르면 신의주는 금융, 무역, 상업, 산업, 기술, 오락, 관광의 복합 단지가 될 것이라고 했다. 그러나 중국은 그것을 도박, 돈세탁 그리고 다른 불법 사업의 본거지로 간주했다. 중국은 자신의 국경 지대에 이런 것이 생기는 것을 원치 않았다. 따라서 신의주 특별행정구의 초대 행정 장관이자 네덜란드계 화교 거물인 양빈(楊斌)을 체포했다. 베이징은 신의주를 중국과 평양 사이의 마찰 요소로 보았고, 중국은 실제 1998년 북한 정권에게 특별행정구를 남한 국경 지역에 설치할 것을 촉구했다. 그러나 평양은 신의주 개방을 밀어붙였고, 이에 따라 베이징은 향후 그것이 바람직한 형태가 될 수 있도록 하기 위한 새로운 대응 조치에 착수할 것으로 예상된다(M. Liu, 2003: 370~372). 평양의 핵 문제가 연일 대서특필되고 있지만 그런 와중에도 중국의 다양한 경제적 역할은 한반도에 가장 지속적인 영향을 미칠 것이다. 중국과 북한의 경제관계는 북한 정권이 붕괴되지 않도록 설계된 중국의

51 다음을 참고할 것. EIU, *Country Report: South Korea and North Korea* (1st Quarter, 1999), p.40.

원조라고 정의할 수 있는데, 이에 따라 중국은 전략적 완충지대를 유지하며 난민들의 중국 유입을 제한할 것이다. 그러나 남한과의 경제관계는 세계적 맥락에서 점점 더 중요하고 통합적이 되어가고 있다. 이러한 인접성으로 인해 빈번한 경쟁과 긴장이 따르는데, 이것이 한반도를 대하는 중국의 입장인 듯하다. 서울과 베이징 정권이 이러한 에너지를 건설적 프로젝트와 지역 경제 질서 규정에 쏟아부을 수 있느냐에 따라, 남한에 대한 중국의 장기적인 영향력이 결정될 것이다.

정체성 정치의 관리

평양-베이징-서울 관계에서 중첩되는 부분은 사람의 이동이다. 여기에는 2004년 북한 난민(중국인의 눈에는 '불법 입국') 수십만 명의 중국 유입, 약 50만 명에 이르는 중국 중산층의 남한 여행, 약 13만 5000명에 이르는 한국계 중국인(조선족) 불법 노동자의 남한 유입, 그리고 230만 명이 넘는 중국 방문 남한 여행객 등이 포함된다. 이러한 배경하에서 북한 '난민' 문제와 고대 고구려 왕국의 기원에 대한 분쟁이 발생했고, 이로 인해 중국은 남한에 의해 흡수통일로 이어질 수 있는 북한 붕괴 가능성에 강한 우려를 나타냈다.

서울과 평양에게 공히 한민족의 탄생 설화가 있는 곳 — 백두산(중국명으로는 창바이샨)과 천지 — 은 길림성과 북한의 경계에 위치하고 있다. 놀랄 것도 없이 한민족의 발상지는 경쟁적 민족 정체성 정립과 정통성 정치를 위한 주요 논쟁거리가 된 상황이다. 또한 이곳은 북한의 난민/탈북자, 보안 요원 및 스파이, 대한민국의 기독교 선교사, 불교 인도주의 활동가, 기업인, 여행객, 언론인들을 끌어들이는 장소가 되었다. 두 개의 한반도 정책을 결정하고 이행하는 데에 이 동북 지역은 유난히 중심-주변부 격차(center-periphery disparity)가 두드러진다.

1990년대 후반 북한의 수십만 '식량 난민'들은 식량을 찾아 중국을 드나들기 위해 취약한 북중 경계 지역을 일종의 회전문으로 활용한 것으로 알려졌다. 중국으로 들어간 북한 난민의 추정치는 7000~8000명 수준이라는 중국 정부 입장부터, 1~3만 명에 이른다는 남한 정부 입장, 5만 명이라는 미국 난민위원회 입장, 가장 일반적인 학술적 추산으로는 10만 명이라는 입장, 30만 명에 이른다는 남한 언론의 주장까지 천차만별이다(J. H. Shim, 1999: 11; Natsios, 2001; Lankov, 2004b). 1995년 이후 약 5년간 기근과 관련된 사망자 수는 총 150만 명에서 200만 명으로 추산된다. 기간을 좀 더 길게 잡고 다양한 사망원인을 포함하는 경우, 유엔난민기구(UNHCR) 보고서는 기근과 관련한 사망은 200~350만 명이라고 언급한 반면, 미국 난민 위원회와 존스홉킨스 공중보건대학은 좀 더 적은 수치를 제시하고 있다(Seymour, 2005, 2006). 아마도 난민 인구통계학에서 가장 놀라운 특징은 여성 비중이 매우 높다는 점이다(전체 난민 인구의 약 3/4 또는 75.5%. Good Friends, 1999; Lankov, 2004b: 860).

독립적이지만 밀접한 관련이 있는 몇몇 '압박 요인(push factors)'과 '견인 요인(pull factors)'의 상호작용으로 인해 1996~2000년 사이 중국 동북 지역으로 북한 주민의 불법 이주는 폭발적으로 증가했다. 즉, ① 1996~1999년 대기근을 수반한 북한 경제 위기의 심화, ② 정부 통제 완화와 국경 경비 초병을 포함한 북한 관리들 사이 부정부패의 폭발적 증가, ③ 많은 사업 및 고용 기회가 존재하는 중국 동북 지역의 취약한 북중 국경, 이로 인해 생겨난 200만 명의 (세계에서 가장 큰 또는 현재 두 번째로 큰 이주한인 집단인) 한국계 중국인(조선족), ④ 1992년 한중관계 정상화 이후 중국 동북 지역에서 급증하는 남한 관광객, 기업인, 인도주의 NGO, 선교사의 존재, ⑤ 마오쩌둥 이후 1억 명에 이르는 유동인구에 대한 중국의 통제 완화 등이 그것이다(Lankov, 2004b).

중국 동북 지역 내 북한 난민에 대한 지위와 부당한 대우는 베이징과 남한의 인권 단체 및 인도주의 NGO 사이에 논란거리가 된 상태이다. 베이징은 동북 지역에 급증하는 북한 난민 인구와 직면하자 '방관 정책(policy of benign neglect)'을 버리고 수색 및 체포 활동을 강화했다. 아울러 난민을 보호하는 자들에게는 3000~5만 위안(중국에서는 큰돈이다)의 무거운 벌금을 부과하고 난민들을 북한으로 강제 송환했다. 이에 대해 1999년 4월 남한의 NGO와 한국기독교총연합회와 관련된 종교 단체는 범국가적 청원을 시작했다. 이들은 중국 내의 북한 난민들에게 공식 난민 지위를 부여할 것을 요구했다. 서울에 있는 베이징의 척후병 — 주한 중국 대사 우다웨이(武大偉) — 은 인권 상황에 대한 남한과 국제 사회의 우려는 '신 내정간섭주의'이고 중국과 북한의 주권을 침해하는 행위라며 신경전을 벌였다. 이 같은 그의 성명으로 인해 1999년 9월 8일 서울에 있는 중국 대사관 앞에서 반중국 시위가 발생하는 일이 벌어졌다.

이러한 심상치 않은 배경하에서 1999년 발생한 NK-7의 비극 — 13살부터 30살까지 일곱 명의 굶주린 북한 가족 일행 — 은 한국인들의 이목을 사로잡았고, 황금시간대 언론 보도를 독점했다. 이 비극적 방랑은 NK-7이 목숨을 걸고 두만강을 건너 중국으로 들어가면서 시작되었는데, 그 후 러시아로 갔으나 국경 수비대에 체포되고 말았다. 언론의 광분과 서울에서 개최된 세계적 NGO회의 덕분에 유엔난민기구 사무국이 개입했고, 이들을 선의의 난민(bona fide refugees)으로 인정했다. 동시에, 이 불행한 NK-7은 러시아 TV 제작진에게 만약 본국으로 송환된다면 자신들은 죽게 될 것이며 감옥에 가는 한이 있더라도 러시아에 머물겠다고 말했다. NK-7 사례는 보안망을 뚫고 즉시 유명한 사건이 되었다. 서울은 난민 편에 서서 황급히 외교적 대안을 모색했지만 소용없었다. 모스크바는 NK-7을 난민으로 수용하는 것보다는 불법 이민자로 규정하여 중국으로 보내면서 NK-7 논란에서 벗어나기로 결정했다. 그리고 결국 베이징은 이들을 즉시 북한으로 송환했다.

베이징은 이것을 국가 주권의 '금지선(red line)'을 넘어선 것으로 보고, 그들을 불법 이민자로 간주하여 1960년에 체결된 북중 범죄인 인도조약에 따라 본국으로 송환할 수밖에 없었다. 결론은 명백해 보였다. 탈북자에게 난민 지위를 부여하는 것은 난민 집단 탈출에 기름을 끼얹는 격이다. 한편 유엔 고등 판무관 오가타 사다코(緖方貞子)는 1951년 난민의 지위에 관한 협약(중국과 러시아 모두 서명한) 위반에 항의하며 앞으로는 북한 난민의 추가 추방을 삼갈 것을 촉구하는 서한을 중국 정부에 보냈다.[52] 도쿄와 워싱턴의 반응은 '완전한 침묵(total silence)'이었다. 예상대로 평양은 두 가지 접근 방식을 취했다. 베이징에게는 상호범죄인도조약에 따라 '불법 이민자'에 대한 엄중 단속 및 송환을 압박하면서, 한편 서울을 향하여는 북한 주민의 추가 이탈을 억제할 수 있도록 경제원조를 요구했다.

2002년, 난민 이슈는 무대의 중심을 장악했다. 북한 난민들이 피난처를 얻기 위한 희망으로 중국 내 외국 대사관에 진입하기 시작한 것이다. 3월에 처음으로 25명의 난민들이 베이징에 있는 스페인 대사관으로 진입하기 위해 중국 경비병을 따돌리고 돌진해 들어갔다. 며칠간의 협상 끝에 중국은 대한민국이 이들을 제3국(필리핀)을 경유하여 서울로 데려가도록 허용했다. 이 난민들은 많은 국제적 관심을 끌었는데, 서울은 2008년 하계 올림픽의 베이징 유치 시도로 인해 국제 여론에 민감했던 베이징을 활용했다. 6월에 중국이 망명자를 내쫓기 위해 중국 주재 대한민국 대사관으로 진입하여 남한의 여론을 자극하는 일이 발생했지만 여름이 지나면서 중국은 정책을 수정했다. 같은 해 9월, 독일 대사관에서 피난처를 찾던 15명의 집단과 베이징 주재 한국 대사관으로 들어갔던 21명의 집단에게, 각각 싱가포르와 필리핀을 경유하여 대한민국으로 가도록 허용한 것이다.[53] 보안과 감시를 더욱 강화한 덕에 중국은 서방 대사관을 통해 대한민국으로 탈출을 시도하는 북한 난민의 수를 줄일 수 있었다. 그럼에도 2002년 60여 명의 북한 주민들이 중국을 통해 남한으로 갔다.

중국은 투트랙 전략을 추구하는 상황이다. 남한의 외교 구역으로 진입한 난

---

52 난민지위협약 1조에 따르면 '난민'은 인종, 종교, 특정 사회집단의 구성원 신분 또는 정치적 의견을 이유로 박해받을 우려가 있다는 충분한 공포로 인해 국적국 밖에 있는 자 또는 상주국가로 돌아갈 수 없거나 돌아가는 것을 원하지 않는 자를 말한다.

53 다음을 참고할 것. "Deal Reached on Korean Refugees," *BBC News*, December 5, 2002.

민들은 조용히 넘겨주되, 동시에 국경을 엄격히 통제하고 국경에서 붙잡힌 난민에 대한 송환 정책을 강화하여 대중의 관심에서 벗어나도록 하는 것이다. 중국은 국경 지역 또는 북한 난민으로 의심되는 자들에 대한 유엔난민기구의 접근을 계속 거부하고 있다. 또한 르풀망(refoulement) — 박해의 위험에도 불구하고 난민들을 북한으로 송환하는 — 을 실행함으로써[54] 자신들이 서명한 유엔 난민 지위에 관한 협약을 계속 위반하고 있다(이 정책에 대한 저항으로 100명 이상의 구금 북한인들이 단식투쟁 중이라는 소문도 있다). 중국은 이러한 송환은 북한과 맺은 상호 조약에 근거한 것이라고 주장하지만, 어떤 조약을 언급하는 것인지 분명하지 않다. 2004년 6월 중국 인민해방군은 대표단을 평양으로 보내, 중화인민공화국-조선민주주의 인민공화국 사이의 국경 보호 및 협력 협정을 체결했다. 이는 국경의 관할 책임을 중국 인민무장경찰에서 인민해방군(PLA)으로 전환한 것이다. 이 협약은 아마도 부분적으로는, 평양 쪽 국경에 대한 통제 강화를 평양에 압박하기 위한 것으로 보인다.

중국 중앙의 지도력이 확실해질수록 그리고 국내 불안정에 대한 우려가 낮을수록 외부로부터 파생되는 문제들을 덜 위협적인 것으로 보게 될 것이고, 그 결과 이러한 문제를 처리하는 데 보다 유연한 자세를 취할 수 있을 것이다. 최근 상대적으로 안정적인 지도력을 확보하게 된 중국 공산당은 망명을 요청하는 조선인 문제를 처리하는 데 상당한 유연성과 실용주의적 균형을 보여주고 있다. 중국은 최소한 주목을 받는 사건의 경우 조용한 외교와 체면을 세워주는 해결책(예를 들면 북한 난민을 한국으로 직접 보내는 것을 허용하기보다는 제3국으로 보내는 것)을 통해 인도주의적 처우에 대한 국제적 압력을 꽤 수용했다. 또한 평양에 대한 노골적인 모욕은 회피하면서 동시에 이러한 사태가 주권국

54 [옮긴이] 농 르풀망(non-refoulement) 원칙이란 박해받을 위험이 있는 국가로 난민을 송환해서는 안 된다는 국제법상의 원칙을 말한다. 농 르풀망은 '다시 밟지 않는다', '짓밟지 않는다'는 뜻의 프랑스어이다.

가, 특히 억압적 공산주의 정권의 인권침해에 관해 외부 개입이 정당한가에 대한 논쟁이 촉발되는 위험을 최소화하고 있다.[55]

몇 가지 면에서 1997년 황장엽 사건에서 보여준 베이징의 처신은 한반도 내부 정치에 대한 중국의 균형 잡기(balancing act)의 전형적인 예라고 할 수 있다. 황장엽은 지금까지 남한으로 망명할 의사를 밝힌 북한 인사 중 최고위 지도자급 인사인데, 베이징-서울-평양은 황장엽 사건에 대해 유례없는 3각 줄다리기를 벌였다. 베이징은 이처럼 널리 공개된 정치적 망명 사건에 대해, 옹졸한 남한과 도전적인 북한 사이에서 처음으로 중재 역할을 할 수밖에 없었다. 놀라운 사실은, 베이징은 이 곤경에서 그럭저럭 벗어났다는 것이다. 첫째, 이미지 비용과 편익을 저울질한 후 — 국제법상 원칙에 따라 황장엽 자신이 선택하는 국가로 가는 것이 허용되어야만 한다는 서울의 법적 주장을 지지하며, 중국은 안보리 상임 이사국으로서의 지위와 명성에 따라, 그리고 책임 있는 강대국으로서(a responsible great power)의 지위와 명성에 따라 — 황장엽을 놓아주기로 결정했다. 베이징은 황장엽이 중국에서 적당 기간 체류하는 것을 허용한 뒤 황장엽을 제3국(필리핀)으로 추방함으로써, 즉 정치적 망명을 허용한 게 아니라 중국 국내법에 따라 처리했음을 보여주면서 평양의 분노를 겨우 달랠 수 있었다. 둘째, 동시에 중국은 베이징에서 발생한 이 같은 남북문제에 대해 미국과 일본이 그 어떤 역할을 맡는 것도 차단했다. 심지어 황장엽 사건을 '정치적으로 이용'하지 않겠다는 서울의 약속까지 받아냈다.

널리 알려지진 않았지만 특히 중요한 것은 서울의 변화하는 정체성과 탈북 주민에 대한 접근 방법이다. 탈북자가 드물었던 1980년대의 냉전 논리에 따르면 탈북 난민은 서울에서 열렬한 환영을 받아야 했다. 그러나 1998년 김대중 행정부가 들어서면서, 난민 문제에 대한 서울의 접근은 일련의 실용주의적 고려하에서 추진되었다(예를 들면 서울의 베이징과 외교적 대립 불원不願, 북한 난민을

55 더 자세한 정보와 분석은 Seymour(2006) 참고.

위한 과도한 복지 책임 부담 회피, 북한을 경착륙으로 이끌 수 있는 북한 흔들기를 자제 결정 등. Lankov, 2004b: 865, 873).

난민 이슈에서도 보았듯이, 김대중 대통령의 햇볕 정책도 평양으로부터 점점 더 실용적 형태의 접근을 이끌어내는 결실을 맺고 있는 것 같다. 가끔 서방 언론에서 체포된 난민/탈북자의 처형에 관한 몇몇 주장과 기사를 보도하지만, 국경 근처에서 체포되거나 중국으로부터 인도된 탈북자들의 대부분은 고작 단기간, 즉 보통 1주에서 2주 구금될 뿐이다. 구금에서 풀려난 약 40%에 이르는 놀라운 수의 사람들이 기를 쓰고 다시 중국으로 돌아오는데, 이는 북한이 실용적이고 상호주의적 접근을 취하고 있다는 긍정적인 증거라 할 수 있다(Lankov, 2004b: 870~871).

난민/탈북자 이슈의 또 다른 측면은 남한에서 불법 이민 인구가 급증한다는 점이다. 1992년 관계 정상화 이후 중국인의 남한 방문은 폭발적으로 증가했는데 이들 중 상당수가 체류 기간을 넘겨 머무르는 경우가 많았다. 길림성에서 온 조선족(한국계 중국인)들은 불법적 영리 활동과 공장 취업을 위해 자신들의 2개 국어 구사 능력과 남한의 노동력 부족을 활용했다(C. J. Lee, 1996: 166). 남한에 있는 20만 명의 불법 외국인 노동자 중 절반 이상이 한국계 중국인(조선족)이다. 많은 불법 체류 조선족들이 한국인 고용주들에게 사기를 당하고, 한국 출입국 당국을 피해 최소한의 생존 목적으로 한국 교회의 대피소를 찾고 있는 상황이다.

또한 1990년대 동남아시아와 중국에서 온 약 37만 명의 이주 노동자가 존재한다. 이주 노동자에 대한 도쿄의 정책과는 뚜렷하게 대조적으로, 서울은 외국인 이주 노동자 중 조선족이 가장 큰 단일 집단을 구성하고 있음에도 조선족 이주 노동자에 대한 어떤 민족 우대 정책도 회피했다. 중국에서 온 이들 조선족에 대해 특혜 조치를 부여하는 것은 장래에 오게 될지도 모를 또 다른 한국인 후손을 고려할 때, 위험한 선례를 확립하는 것이기 때문이다(K. H. Moon, 2000). 남한에는 종족 민족주의의 형제애적 이상과 조선족 근로자에 대한 부당한 처우라는 냉혹한 현실 사이에 존재하는 본질적 갈등을 식별할 의지나 능력이 있는 사람들이 거의 없어 보인다(K. H. Moon, 2000: 148~150).

민족주의와 세계화 사이의 긴장감은 분명히 진화하고 있다. 대한민국의 법무부 장관은 1998년, 약 600만 명에 이르는 해외 동포의 법적 지위를 국내 한국인들의 지위와 실질적으로 동등하게 부여하는 특별법 제정 계획을 발표했다. 법무부 장관에 따르면 이러한 입법 계획의 주요 목적은, 해외 동포들에게 한국 공동체의 구성원으로서 강한 소속감을 갖게 하고 모국의 경제 발전에 공헌할 더욱 많은 기회를 제공하기 위함이라고 했다. 그러나 이러한 교묘한 민족주의적 입법 기술은 김대중 대통령이 공언한 글로벌리즘 정신과 직접적으로 모순될 뿐만 아니라, 해외 한국인들이 거주하는 현지국과 법적·외교적 분쟁을 야기할 것이다. 이들 해외 한국인들의 대부분(약 60% 또는 310만 명)은 지금 거주하는 곳에서 태어난 또는 그곳에 귀화한 선의의 시민들(bona fide citizens)이다. 우즈베키스탄, 카자흐스탄뿐만 아니라 중국도 즉시 외교 경로를 통해 이 법률에 대한 강한 불만과 함께 향후 분쟁 가능성을 알려왔다.

이러한 배경 아래에서 외교부 장관과 통상산업부 장관은 중국 및 몇몇 해외 국가와 심각한 법적·외교적 분쟁을 초래할 수 있음을 우려하여 앞의 상정 법안에 대해 반대 의사를 표명했다. 정부는 베이징의 우려를 수용하는 쪽으로 법안을 과감하게 수정했다. 이렇게 수정된 법안은 1999년 국회를 통과했는데 이는 오직 1948년 대한민국 수립 이후에 해외로 이주한 한국인에게만 혜택을 확대하는 것이었다.[56] 그러나 김대중 대통령은 내각에 중국과 구소련에 거주하는 한국인을 포함하도록 '보완 조치'의 수립을 지시했고, 따라서 정부는 이들에게도 다른 해외 한국인과 사실상 동등한 법적 지위를 부여했다. 그러나

---

56 [옮긴이] 뒤집어 말하면, 1948년 대한민국 정부수립 '이전'에 해외로 이주한 자 및 그 직계비속은 해당 법률에서 규정하는 혜택을 받지 못하게 된 것이다. 헌법재판소는 이를 평등원칙에 위배된다면서 헌법불합치 결정을 내렸다(2001년 11월 29일, 99헌마494).

이 법에 대해 헌법재판소는 평등 원칙에 위배된다는 이유로 헌법불합치 결정을 선고했고(2001년 11월 29일), 헌법재판소는 2003년 12월 31일까지 개선 입법을 명하여 지난 5년간의 논란에 종지부를 찍었다. 이에 따라 2004년 2월 9일 국회는 재외 동포의 출입국과 법적 지위에 관한 법률을 통과시켰는데, 이 법에서는 대한민국 정부 수립 이전에 중국과 러시아로 이주한 1세대 한인들에게도 재외동포의 자격을 허용했다.[57] 적어도 지금까지 중국과 러시아 모두 이 문제에 대해 아무런 압박도 하지 않는 상황이다.

그러나 2002년 이후 중국은 특정한 역사적·문화적 이슈와 관련한 도전장을 내밀었다. 북한이 2001년 유네스코(UNESCO)에 고구려 시대(B.C. 37~A.D.667)의 벽화를 세계문화유산 목록에 추가할 것을 요청했는데, 이에 대응하여 중국은 2002년 2월 5개년 동북아시아 역사 프로젝트를 수립한 것이다. 이 프로젝트는 2004년, 고구려는 한국의 왕조가 아니라 중국어를 사용하고 중국 문화에 흡수된 중국의 부용국附庸國이었다고 주장하는 보고서를 발표했는데, 이는 수백 년에 걸친 전통적 상식에 이의를 제기하는 것이었다. 또한 중국은 자신의 영토에 있는 고구려 시대의 성과 왕족의 무덤에 대해 유네스코의 공식 지정을 요구했다(전성기 시절의 고구려는 한반도의 중앙에서 중국 동북아시아까지 뻗어나갔다. 이는 오늘날 만주 지역의 2/3에 이르는 지역이다). 베이징은 정부 공식 홈페이지의 한국 역사에서 고구려 관련 부분을 삭제하기도 했다. 이로 인해 남한 정부로부터 항의를 받자 중국 정부는 아예 1948년 이전의 모든 한국사를 통째로 삭제하고 말았다.

중국이 고구려를 그들의 지방정권으로 주장하는 주요 동기는 한반도가 재통일되는 경우 또는 북한 붕괴 시에 만주 지역을 둘러싼 영토 분쟁이 일어날

57 [옮긴이] '재외동포의 출입국과 법적 지위에 관한 법률' 개정을 통해, 대한민국정부 수립 '이전'에 국외로 이주한 동포들도 대한민국 정부 수립 '이후'에 국외로 이주한 동포들과 동등하게 동법이 부여하는 재외동포의 혜택을 누리게 되었다.

가능성 때문인 것 같다. 오늘날 만주 지역에는 200만 명이 넘는 조선족이 거주하고 있으므로, 베이징은 이 지역이 현대 한국에 속한다는 그 어떤 주장도 미연에 방지하고 싶어 한다. 한국에게 그 어떤 중국 영토라도 양도한다면 그것은 55개의 다른 소수민족을 부추길 것이며, 이는 하나의 중국 정책에 커다란 타격이 될 것이다. 그러나 이 같은 중국의 역사 다시 쓰기는 남한의 민간 사회를 자극했고, 이에 대해 서울은 조치를 취할 수밖에 없었다. 고구려가 한국 역사의 일부임을 부정하는 중국 같은 외부 세력의 그 어떤 시도도 한국의 민족성을 부정하는 것으로 간주될 수 있고, 인간 공동체(human collectivity)로서 한국인의 실존을 위협하는 침략 행위로 여겨질 수 있다. 북한은 이에 대해 직접적 비판을 제기하지는 않았지만, 중국의 시도는 고구려 역사를 중국 역사로 편입하는 것으로, 이는 심각한 역사 왜곡이라고 ≪조총련신문≫이 묘사한 바 있다(K. S. Nam, 2004: 9~11).

2004년 8월, 중국과 남한은 9시간 30분의 협상 끝에 5개 항의 '구두 양해(verbal understanding)'에 도달했다. 양측은 역사를 둘러싼 분쟁이 정치 문제로 비화되는 것을 방지하기 위해 공동 노력하기로 합의한 것이다. 그 후 9월, 중국 교육부 직속의 교과서 출판사는 고구려 왕국이 고대 중국의 지방 정권이었다는 발언은 "관리상의 실수"였다고 인정했다. 따라서 적어도 당분간 중국은 한국의 역사에 대한 이 부분의 주장을 삼갈 것으로 보인다.

결론

1980년대, 베이징의 개혁 개방 정책과 서울의 북방 정책이 결합하면서 한중관계에 변화가 초래되었다. 1992년 관계 정상화 교섭의 성공적인 완성과 함께 한중관계는 두 조組(한미 동맹, 북중 동맹)의 경쟁적 냉전 동맹 체제에서, 더욱 복잡하고 다면적인 삼각관계로 탈바꿈했다. 1990년대를 관통하여 중국은 책임 있는 지역 강대국으로서의 역할 수행을 결심하고 외교 정책을 재설정했다. 경제성장 및 지역 경제통합과 더불어 자신의 영향력을 동심원 내에서 외부 세계로 발산하고, 특히 한반도에 영향을 미치면서 중국은 동아시아의 중심이 되었다. 역설적인 것은, 한중관계 정상화와 중국의 새로운 지위는 이 지역에 여전히 남아 있는 냉전의 동맹 체제 – 북중 동맹, 한미 동맹, 미일 동맹 – 를 분해하지도 못하고, 한반도 안보 상황을 개선하지도 못했다는 점이다.

베이징은 한국 문제에 대한 주요 관심사가 한반도의 "대내외적(국내와 가까운 해외) 안정 유지"라고 공개했다. 중국은 북한 체제 붕괴에 따른 혼란에 대처하는 것보다 한반도에서 두 개의 한국이 평화적으로 공존하는 것이 이 지역의 공동 이익이라고 보고 있다. 이러한 중국의 진화는 1994년 제1차 핵 위기 시절 그들의 무관심했던 태도와, 2002년 북미 제2차 핵 위기 동안 보여준 적극적 갈등 관리 외교의 차이점을 보면 명백하다. 중국은 지역 지정학 내에서 할 수 있는 긍정적 역할을 발견했을 뿐만 아니라, 중국의 세 가지 주요 전략적 목표에 언제 닥칠지 모를 위험을 예방하기 위해 역할을 수행할 필요성을 깨달았다. 여기서 말하는 중국의 세 가지 주요 전략적 목표는 ① 대내 안정과 정통성의 유지, ② 중국의 주권과 영토적 통합에 대한 위협이 없는 평화적이고 안전한 외부 환경(특히 가까운 해외) 증진, ③ 아시아태평양 지역과 이를 넘어서 책임 있는 강대국으로서 중국의 지위 및 영향력 구축을 말한다. 실제 '순망치한'의 동맹국인 북한과 세계적 패권국가 미국의 충돌 가능성은, 현재 4세대 공산당 지도부가 안정적이고, 질서 있고, 건강한 사회를 건설하는 데에 최대의 '대내외적(intermestic)' 도전이자 위협이다(Y. Wang, 1999).

중국 외교 행위의 진화는 남한의 대외 정책에 미묘하지만 중대한 변화를 낳았다. 대한민국은 수십 년간 동맹국에 의한 방기의 두려움, 즉 주한미군의 철수하면 서울이 북한 도발의 위협에 노출될 것이라는 두려움 속에 살았다. 그러나 중국 외교 정책의 입장 변화가 중국을 대한민국을 위한 독립변수로 만들었고, 그 결과 서울이 좀 더 독립적 외교 정책을 추구하는 것이 가능해졌다. 남한이 과거 동맹국에 의한 방기(버려짐)의 두려움 속에서 살았다면, 오늘날에는 동맹국으로의 연루(휘말림)로 그 두려움이 전환된 상태이다. 부시 행정부의 미국이 북한에 대해 자극적인 협상 불가 정책을 추진하기 때문이다. 서울과 베이징의 외교 정책이 안정 지향적 관심(stability-centered concerns)으로 수렴되면서, 대한민국의 정책과 미국의 정책 사이에 이견이 발생하게 되었고, 동시에 제2차 북미 핵 위기의 갈등 관리와 관련해 워싱턴과 평양에 대한 베이징의 영향력이 배가倍加되었다.

대한민국과 중화인민공화국은 그들이 생각했던 것보다 더 많은 공통점이 있음을 깨달았고 평양은 다소 방관자적 입장이 되었다. 1980년대와 1990년대 북한은 유별나게 사회주의 첫 왕조 계승과 절대적인 하나의 한국(one-korea)이라는 국제적 정통성 추구에 지나치게 몰두했다. 그리고 북한은 중국의 신호에 따라 과거의 행동 패턴을 바꾸고 좀 더 외부 지향적인 방향으로 나아갈 수 있었던 절호의 기회를 외면하고, 마오쩌둥 이후 중국 지도부가 추진하고 있던 개혁 경로를 비판하면서 중국과 낡은 상호 동맹 조약을 지속했다.

물론 중국도 이 문제에 관련되지 않은 것은 아니다. 중국은 아직도 두 개의 한국 사이에서 어려운 균형 잡기(balancing-act)를 유지하고 있다. 즉, 북한에는 상당한 원조와 함께 경의를 표하며, 남한과는 경제적·외교적·정치적 연계를 강화하는 식이다. 중국은 이 같은 두 개의 한국 정책의 탄력으로 제2차 핵 위기 당시 지도력을 발휘할 수 있었던 것이다. 중국은 6자회담의 나머지 5개국과 정상적인 외교관계를 갖고 있는 단 두 개의 국가(러시아와 함께) 중 하나이기 때문이다. 새로운, 실용적인, 책임 있는 강대국 외교를 실증하기 위해 노력하는 중국에게, 제2차 핵 위기는 활용해야 할 기회를 의미했다.

그러나 동시에 한반도의 핵 문제는 중국에게 커다란 위협을 의미하기도 한다. 남한과 일본 기업들이 그들의 생산 기지를 중국으로 이전하고 중국 경제가 동아시아와 점점 더 통합하는 상황에서, 중국은 북한이 초래하는 정치적 불안정이 국경까지 확산되어 사회적 불안정으로 이어지지 않도록 필사적으로 예방할 필요가 있다. 노무현 대통령이 취임 연설에서 남한의 역할로 주장했던 것과 다르게 중국이 동아시아 중심 국가로 우뚝 섰는데, 이는 자신의 바퀴살이 손상되지 않도록 반드시 보호해야 함을 의미하는 것이기도 하다. 책임 있는 강대국으로서 중국의 역할은 국가 정체성 이슈뿐만 아니라, 세계에서 가장 빠르게 성장하는 경제와 세 번째 무역 대국이라는 실질적 이슈에서도 존재한다.

따라서 한반도는 중국의 핵심 이해관계가 걸린 지역이며, 국제정치가 예상치 못한 방향으로 요동칠 수 있음을 실증하는 지역이기도 하다. 중국은 남한과는 관계를 정상화하면서도 북한과는 여전히 시대착오적 방위조약을 유지함으로써, 지역 지도자로서의 임무와 책임 있는 강대국으로서의 승인을 추구하는 데에 기회와 우려를 동시에 낳고 있다. 이에 따라 남한과의 경제적 연계 증가와 북한에 대한 원조 제공이 동시에 존재하는 상태이다. 한편 중국이라는 외교적 존재는 남한으로 하여금 미국과의 동맹에 따른 몇몇 제약으로부터 숨통을 트게 해주었지만, 반면 북중 유대 관계는 중국에게 일정 정도의 제약을 초래했다. 한반도와 아직 그 질서가 구체화되지 않은 추상적인 지역(notional region)인 동북아시아는 서울-베이징-평양 간 삼각관계의 양상과 긴밀하게 연관되어 전개될 것임이 분명하다.

이 관계가 안정적인 삼각관계로 발전된 것은 근접 원인, 근본 원인뿐만 아니라 대내외적 요인들의 상호작용에 따른 성과물이다. 그러나 정말 중요한 것은 결국 베이징의 정치 지도력이었다. 중국 최고 지도자 덩샤오핑 – 그보다는 덜했지만 서울의 노태우 대통령도 – 이 1978년과 1992년 사이에, 점차 늘어나는 의사 결정 과정에서 시종일관 결정적인 역할을 수행했다는 점은 정치 지도력이 얼마나 중요한 것인지를 보여준다. 서울의 북방 정책은 베이징으로부터 승인을 얻는 것이 최종 목표였고, 경제적이라기보다는 정치적이었다. 반면 베이징은 경제적 편익, 하나의 한국 정책을 고집하는 평양의 불안 완화, 한국 문제에 대한 중국의 영향력 강화, 그리고 동아시아를 중국의 힘과 영향력을 발휘할 수 있는 중심지로 바라봄으로써 외교 정책의 선택지를 확대하고 다양화하는 등 여러 가지 목표를 도모했다.

한중 수교를 국가 정체성 이론의 관점에서 설명하면 다음과 같이 주장할 수 있다. 덩샤오핑 시대(1978~1992년) 동안 베이징과 서울은 모두 외교 정책과 세계 정치의 새로운 추세 사이에서 더 나은 정합성을 수립하기 위해 자신들의 국가 정체성 및 역할 개념에 대해 주목할 만한 조정을 이루어냈다. 이와 대조적으로 평양은 적어도 2002년 중반까지 득의양양하게 사회주의 은둔 왕국의 보호막 속에 안락하게 자리 잡고 있는 상태다. 실제 마오쩌둥 이후의 중국은 변화하는 국내적·지역적·글로벌 환경에 맞춰 자신들의 대외 정책을 재조정하기 위해 다양한 국가 정체성과 역할을 끌어내고 있다고 평가할 수 있다. 중화인민공화국 탄생 50주년에, 베이징은 50개의 공식 인가된 정치 슬로건을 띄웠다. 이는 중국이 50개의 국가 정체성이나 역할을 갖고 있다는 것을 의미하는 게 아니라 중국은 정립해야 할 하나 이상의 정체성이 있으며, 다양한 정체성 중 우선순위를 매기는 데 대한 어려움이 점점 더 커지고 있음을 시사하는 것이다.

관계 정상화 이후 중국과 남한은 모순되는 역사적·이념적·전략 지정학적·지경학적 요인이 작동하는 불확실하고 복잡한 전략적 환경 속에서 '두 개의 한국 정책'을 수행해야만 했다. 중국의 두 개의 한국 정책과 남한의 하나의 중국 정책은 각자의 원칙과 이익을 반영하기 위한 일종의 필연적인 균형 잡기(balancing act)이다. 아울러 온갖 복잡성과 변동을 함축하고 있는 양자 간·지역 간·글로벌 수준의 체스게임에 양국은 지속적이고 동시다발적으로 참여하고 있다.

북한을 사이에 둔 중소 경쟁이 사라지자, 세 개 조組의 비대칭적 상호 이익과 인식을 수반하는 — 베이징-서울, 베이징-평양, 서울-평양 — 더욱 복잡한 지경학적·전략 지정학적 삼각관계가 출현했다. 이 삼각관계에서 베이징은 북한과 전통적인 지정학적 관계를 유지하고자 했다. 그러면서도 남한과는 새로운 지경학적 관계를 증진시켰다. 최소한 2000년 남북 정상회담이 있기 전까지 가장 혼란스럽고 논란이 많았던 영역인 삼각관계의 세 번째 측면, 즉 서울과 평양의 관계에 대하여, 중국은 타산적 모호성(calculated ambiguity) 전략과 북미 제1차 핵 위기(1993~1994년) 당시 등거리 정책을 취함으로써 자신들에게 피해가 발생하지 않도록 크게 노력했다. 그러나 중국-남한-북한 삼각관계 변화에 대한 상징으로 베이징은 제2차 북미 핵 위기 당시 결정적으로 관여하게 되었는데, 베이징은 미국과 북한을 협상 테이블로 끌어오기 위해 분주히 움직였다. 그리고 6자회담 제4라운드에서 공동성명에 대한 합의부터 '행동 대 행동', '공약 대 공약'의 조율된 이행 과정까지, 6자회담을 진전시키기 위한 로드맵으로서 공동성명의 일반 원칙(2005년 9월 19일)을 정교하게 만들어내는 데 성공했다.

이러한 베이징-평양-서울의 삼각관계는 향후 몇 가지 중요한 도전에 직면하게 될 것이다. 첫째, 두 개의 한국 정책 이행에 대한 도전이다. 중국과 두 개의 한국이 많은 경로로 더 깊고 복잡하게, 이전보다 더 많은 무대에서 서로 교류하게 된 사실은 당사자 모두에게 몇 가지 심각한 관리상의 문제를 불러일으켰다. 다양한 행위자와의 이해관계가 베이징-서울-평양 삼각관계의 또 다른 측면을 구성하고 있는 것이다. 평양이 경제 위기에 봉착한 가운데 베이징과 서울은 외부 세계와 더욱 통합되면서, 새로운 국내·국제 집단들이 다양한 이익 조합과 함께 앞다투어 삼각관계의 재편 또는 파괴에 '참여'하려 할 것이다.

좋든 싫든 중국의 두 개의 한국 정책은 양자 간 틀로 제한되기는 힘들다. 중국과 한국이 해외무역과 투자, 해양 및 어업 분쟁, 북한의 핵과 미사일 프로그램, 인권 문제, 그리고 한반도 통일과 관련하여 상호 병행할 수 있는 정책을 실행하는 데에는 국내 주요 집단의 규범과 관행, 동북아시아 지역과 글로벌 레짐, 나아가 미국, 일본, 러시아에 의해 그 역량이 제약을 받을 수밖에 없다. 세간의 주목을 받는 고위급 탈북자들과 식량을 찾아 탈출한 일반 난민/탈북자들이 최근 베이징-서울-평양의 삼각관계에 얼마나 타격을 주었는지 그 심각성을 생각해보라. 물론 베이징, 서울, 평양은 그들의 외교 정책적 사고와 전략을 새로운 동북아시아 지역 질서의 총체적 정의와 이에 대한 대응으로부터 분리할 수 없다.

향후 두 번째 도전은 중국과 두 개의 한국이 탈냉전 이후 혼란에 빠진 다른 나라들과 마찬가지로 외부와 위로부터는 세계화(국제화)라는 압력, 내부와 아래로부터는 지역화(현지화) 압력이라는 냉혹한 쌍둥이 압력과 마주하고 있다는 것이다. 톈안먼 사태 이후 민족주의적 행위를 위한 주요 동력은 외부 세력에 의한 군사 위협으로부터 나오는 감정이 아닌, 중국의 국가 정체성을 정립하기 위한 지도부의 결단에서 나온다고 할 수 있다. 이러한 결단은 아시아태평양 지역의 떠오르는 강대국으로서 점증하는 국내 사회·환경·안보상의 동요를 만회하기 위한 것이라고 할 수 있다.

마지막 세 번째는, 탈냉전 이후 세계의 모든 국가들은 고통스러운 국가 정체성 장애에 대처해야만 하는데 이는 특히 중국과 같은 다민족국가, 그리고 두 개의 한국이나 중국과 같은 분단국가들에 더욱 절실하다. 두 개의 한국과 원만한 관계를 유지하고 있는 유일 강대국으로서 지도적 지위에도 불구하고, 베이징은 중국과 한국이 여전히 냉전적 분단 정치의 마지막 두 지역이라는 근본적 현실을 관리하는 것조차 버거운 상황이다. 두 개 한국 사이의 깊은 골을 감안하면, 한반도 재통일에 관한 어떤 시나리오도 중국 자신의 통일 추진에 골치아픈 영향을 미칠 것이다. 중국은 한반도와 중국이 서로 다른 케이스라고 강조하지만, 두 개의 한국 정책은 역설적으로 두 개의 중국 역시 서로 각자의 길을 가고 있는 중이라는 사실을 강조할 뿐이다.

제3장
러시아와 두 개의 한국

우리나라의 산업화를 위해 가장 먼저 해야 할 일은
소련으로부터 배우는 것이다. …… 우리는 국가를 건설하기 위해
소련을 배우는 데에 범국가적 박차를 가해야 한다. …… '러시아인의 길을 따르라'
_ ≪인민일보≫(1953.2.14)

보다시피 누구도 1991년 이후 러시아 연방을 진정한 민족국가라고
말할 수 없을 것이다. 러시아는 여러 공화국들이 떨어져 나간 뒤 초라하게 남겨진,
피 흘리며 쓰러진 거인에 더 가깝다.
_ 제프리 호스킹(Hosking, 1997: 484~485)

그리고 우리의 모든 결정과 행동은 러시아가 가까운 장래에
강하고, 경제적으로 발전되고, 영향력 있는 국가 중 하나가 될 수 있도록 하는
것이어야만 한다. …… 나는 러시아가 부유하고 발전된 강한 공동체, 그리고 세계의
존경을 받는 국가로 부활하는 것을 우리의 근본 목표로 삼아야 한다고 믿는다.
_ 블라디미르 푸틴(Putin, 2003: 1, 8)

러시아 요인

한국 문제와 관련한 러시아의 새로운 정체성과 역할에서 가장 놀라운 점은

상황에 따른 특별한 변화가 없다는 점이 아니다(이 장에서 서술하겠지만 많은 우여곡절이 있었다). 모스크바는 냉전 시대부터 탈냉전 이후 시대까지 오히려 워싱턴, 베이징, 도쿄보다 더한 변화가 있었음에도 불구하고, 이러한 변화는 늘 용두사미로 끝나는 경우가 많았다. 소련은 동아시아와 그 외 지역의 경쟁적 냉전 동맹 체제 내에서 중요한 역할을 수행했지만(1945년 8월 한반도 분단에 관한 미국의 제안 수용, 1948년 조선민주주의 인민공화국 수립 후원과 소비에트화, 1950년 김일성의 한국전쟁 개시에 대한 지원, 1961년 조소안보조약 체결 등), 소련의 갑작스러운 쇠퇴와 종말은 탈냉전 시대를 불러왔고 이는 여러 면에서 역설적인 결과를 초래했다.

러시아가 강대국 지위에서 허약한 국가로 급전직하했다는 사실, 그리고 널리 인정되는 '국가' 정체성이 결여되었다는 사실은 일반적으로는 러시아 외교 정책의 혼란을 보여주는 것이고 특별하게는 탈냉전 이후 한반도 정책의 혼란을 반증하는 것이다. 1990년대 러시아의 지속적 쇠퇴는 중국의 발전과 동시에 발생했고, 1990년대 북한의 궤적은 사회주의 초강대국이었던 소련의 쇠퇴를 재현하는 것이었다. 그러나 아직까지 북한은 소련의 최종 몰락에 대한 언급을 삼가고 있다. 반면 남한은 글로벌 경제와 자유민주주의로 통합 행진을 지속하고 있다. 이처럼 러시아, 중국, 조선민주주의 인민공화국, 그리고 대한민국 모두를 감안하면 지난 20세기 마지막 25년 동안 가장 극심한 국력 변화는 동북아시아에서 발생했음이 명백하다.

1990년대는 러시아에 유난히 고난이 연속되는 시기였다. 국력은 거의 모든 차원에서 크게 쇠퇴했다. 1970년대 초반까지 공산주의 경제는 그들의 적인 자본주의와 그럭저럭 보조를 맞추었지만, 소련 경제는 가혹한 세계화 압력에 직면하며 심각한 곤란을 겪어야 했다. 특히 소련의 국영기업(state-run enterprises)과 중공업은 급속하게 발전하는 IT 분야 및 유연한 생산 체제와 경쟁하기에는 역부족이었다. 1980년 소련은 세계 GNP의 7%를 생산했지만 2001년 러시아는 고작 1.5%를 생산하는 데 그쳤다. 세계경제가 호황이었던 1990~2001년 사

〈표 3-1〉 비교 관점에서의 소련/러시아의 세계 GNP 점유율과 공산품 점유율의 변화(1980~1997년)

	1980년	1990년	1995년	1997년
세계 GNP 점유율(%)				
소련/러시아	7.0	5.6	1.9	1.7
미국	22.3	22.5	20.8	20.6
중국	3.3	6.6	10.7	10.7
일본	8.0	9.0	7.7	7.7
세계 공산품 점유율(%)				
소련/러시아	9.0	7.0	2.0	1.8
미국	18.7	17.4	16.9	16.6
중국	3.0	8.0	14.1	15.3
일본	7.3	8.7	7.1	6.9

자료: Paviatenko(1999: 20~21)에서 변용.

이에 러시아의 평균 성장률은 -3.7%를 기록, 심지어 북한의 평균 성장률보다 더 악화되었다(World Bank, 2003a: 238~239 참조). 반면 이 시기 중국 경제는 상승세였다. 1980년 세계 GNP의 3.3%를 생산하던 중국은 1997년에는 그 세 배가 늘어난 10.7%를 생산했다. 더욱 커다란 변화는 제조업 분야에서 발생했다. 〈표 3-1〉에서 볼 수 있듯, 1980~1997년 동안 소련/러시아의 공산품 점유율은 1980년 9.0%에서 1997년 1.8%로 하락했다(중국의 점유율은 1980년 3.0%에서 1997년 15.3%로 증가했다). 요컨대 동북아시아에서 떠오르는 중국과 남한, 쇠퇴하는 소련 해체 후의 러시아와 북한이 지난 반세기 동안 경제력에서 커다란 변화를 보였다.[1]

1990년대 말 러시아 연방정부는 GDP의 9%에도 못 미치는 조세를 징수했

1 이러한 주요 세력 전이에 대한 우려로 1990년대 초반 많은 현실주의자는 끔찍한 미래를 예견하게 되었다. 즉, 동아시아는 고전적인 강대국 경쟁을 부활시킬 준비가 되어 있고, 양극체제였을 때보다 더 불안정한 갈등이 촉발될 가능성이 크다는 것이다. 정도의 차이가 있지만 이러한 입장을 가진 현실주의자의 분석으로는 Betts(1993/94); Friedberg(1993/94, 2000); Buzan and Sigal(1994) 참고.

다. 이 비율은 그 어떤 정부라도 최저 수준을 유지하기조차 힘든 작은 규모였다.[2] 러시아 군대는 오랫동안 현역 군인 수에서 최고 지위를 유지했지만(전성기에는 약 430~500만 명) 1995년에 200만 명 아래로 감소했고, 1950년에는 세계 군사력의 25%를 차지하고 있었으나 1995년엔 겨우 6%로 추락했다(Pastor, 1999: 21). 2005년에는 더욱 감소하여 96만 1000명 수준의 병력을 유지하고 있다. 오늘날 러시아는 내부 역량이 쇠퇴했을 뿐만 아니라 레닌 시절의 러시아처럼 군사 동맹조차 없는 상황이 되었다(Legvold, 1999: 173).

이러한 수치의 변화로 인해 혹자는 러시아의 힘이나 영향력을 일축할지도 모르겠지만, 러시아는 여전히 세계 강대국 내의 경쟁자에 포함된다. 러시아는 세계에서 가장 광대한 영토를 보유하고 있고, 인구 역시 여섯 번째로 많다. 비록 감소하긴 했지만 군사력도 총인원의 측면에서 아직도 세계 다섯 번째를 유지하고 있다. 그리고 미국에 이어 두 번째로 군사비 지출이 많다. 러시아는 유엔 안보리 상임이사국 중 하나이며, 보유한 핵무기를 감안했을 때 러시아는 미국을 지구상에서 제거할 수 있는 유일한 국가이기도 하다. 또한 1999년 이후의 원유 가격 상승으로 러시아 경제는 줄곧 성장하고 있다. 즉, 러시아의 GDP는 2003년 8.2%, 2004년 7.2%까지 증가했는데, 이는 4년간 지속적인 유가 상승 덕분이었다. 그러나 이러한 강점들이 국가를 안정시키기는커녕 오히려 정체성에 대한 위기감을 고조시키고 있다. 어떻게 이런 엄청난 힘을 가진 국가가 일각에서 제3의 세계화라고 칭하는 과정을 겪는 중일까?

로버트 레그볼드(Robert Legvold)는 소련의 붕괴는 "국가의 해체라기보다는 마지막 제국으로부터의 탈식민지화"라고 주장한다(Legvold, 1999: 158). 저비스도 이와 유사하게, 소련의 붕괴는 중대한 군사적 패배 ― 현실주의적 세력전이론(power transition theory)이 제시한 것과 같은 ― 에 가깝지만, 나라를 장악하고,

2 선진국 중 조세부담률이 가장 낮은 국가 중 하나인 미국의 경우도 연간 20%에 이른다(Legvold, 1999: 171 참조).

권력 공백을 메우고, 새로운 규칙을 제공할 승리 세력이 부재한 상황이라고 주장한다(Jervis, 1991/92: 41). 러시아 내에 만연하는 이런 불확실성은 동북아시아 지역에 걸쳐 확산되고 있다. 냉전 쇠퇴의 누적효과, 소련의 붕괴, 그리고 소련의 종말은 익숙한 관행의 종식을 의미한다. 또한 이는 동북아시아 내에서 더욱 복잡하고 변화무쌍하게 확산하는 세력이 지역에 새로운 영향력을 행사할 것이라는 것을 의미한다. 한국 문제에 대한 4대 강국의 역할은, 더 이상 동서축東西軸에 따른 갈등이 발생하지 않는 세계에 적응하는 과정에서 모든 국가가 직면하고 있는 국가 정체성 장애와 깊은 관련이 있다. 러시아에게는 이것이 위기이자 기회를 의미한다. 러시아가 유라시아에 걸쳐 동서의 중간에 위치해 있다는 것은 위기일 수 있고, 동북아시아에서 러시아의 위상을 규정하기 위해 새로운 요구와 능력을 가질 수 있다는 측면에서는 기회일 수 있다.

광활한 영토 때문에 러시아는 자신을 동북아시아의 일원으로 규정할 수밖에 없었다. 비록 정치적·군사적·경제적·이념적 차이가 있더라도, 국경을 공유하고 있다는 사실은 일반적으로 원만한 관계에 대한 공동의 이해관계가 있음을 뜻한다. 이는 특히 러시아에 들어맞는 얘기인데, 러시아는 유럽을 가장 신경 쓰는 한편, 극동 쪽은 현 상황이 유지되기를 바라고 있기 때문이다. 사실 1993~1994년 한반도 핵 위기 해결 국면에서 러시아는 자신들의 이해관계를 명확히 하는 데 실패했고, 이는 한반도에서 러시아의 위신 하락을 초래했다(Toloraya, 2003a: 26).

국가가 발전하기 위해 아무리 모두가 합의한 방향으로 나아간다 하더라도, 그 선택한 발전 방법이 근본적인 의문에 봉착하면 언제든 자아 인식(self-definition)의 위기가 발생할 수 있다. 이러한 위기는 세 개의 다른 국면에서 분출될 가능성이 있다. 즉, 선택된 발전 '방법'이 현저하게 실패했을 때, 그것이 기대 이상으로 성공했을 때, 그것이 설득력 있는 대안에 의해 도전받을 때이다(Dittmer and Kim, 1993a: 29~30). 소련은 자신들의 실패와 미국의 성공이라는 두 가지 상황에 직면했다. 우리가 누구인지는 우리의 목표가 무엇이냐에 따라 규정되기 때문에, 만약 우리가 막다른 길목에 다다르고 있다면, 그때는 근본적 재고가 필요하다고 할 수 있다. 이것이 레오니트 브레즈네프(Leonid Brezhnev) 사망 이후 소련이 처한 상황이었고, 고르바초프와 보리스 옐친(Boris Yeltsin) 시대에 이르러서는 재고가 필수적인 상황이 되고 말았다.

오늘날 러시아가 동북아시아와 관련하여 이러한 사고를 시작한다는 것은, 지난 3세기 동안 러시아 지도자가 누려왔던 환경과 지금의 상황이 뚜렷하게 달라졌음을 보여주는 것이다. 첫째, 바로 이웃 국가들 – 중국, 일본, 두 개의 한국 – 과 대조적으로 러시아는 탈냉전 초기에 급격한 사회경제적·정치적·군사적 쇠퇴를 겪었다. 오히려 일본에 패배했을 때인 1905년의 러시아가 당시 낙후되고 무능력한 중국이나 곧 식민지화될 운명의 한국보다 훨씬 더 강했다. 둘째, 동아시아에서 러시아의 군사력은 1990년대가 시작되면서 크게 약화되었다. 예컨대 소련 해군에서 가장 큰 태평양 함대는 이미 노후화 중이었고 유지 자금조차 없는 상태였다. 셋째, 러시아가 북한의 보호자 역할을 지속하길 원했다 하더라도 그 역할을 수행하기 위한 능력이 크게 약화된 상황이었다. 러시아는 에너지와 중공업 장비가 필요한 북한에게 이를 제공하기 위한 자금이 부족했다. 이러한 요소 하나만으로도 평양에 대한 모스크바의 영향력 약화를 설명할 수 있는데, 그런데도 크렘린은 1990년대 초반 강력한 친서구화(pro-Westernism) 정책으로 이를 더욱 악화시켰다.

외부 환경 때문에 러시아의 정체성과 국익이 강요당한 건 러시아 역사에서 아마 이때가 처음일 것이다(Prizel, 1998: 6). 이 과정에서 러시아 사회의 다양한 집단은 양립할 수 없는 세 개의 세계관 중 하나를 백가쟁명식으로 주장했다(Tolz, 1998). 첫 번째 견해는 보수적 민족주의자들, 전투적 공산주의자들 그리고 이른바 유라시아주의자(Eurasianists)들이 주장하는 견해로, 러시아 연합이 가능한 한 과거 소비에트 공화국을 포함한 연방을 회복하기 위해 노력해야 한다고 주장한다. 두 번째 견해는 혁명 전 시기에 널리 유행했던 주장으로, 대러시아인, 백러시아인(벨라루스인), 소러시아인(우크라이나인) 연방으로서 러시아를 주장한다. 이는 알렉산드르 솔제니친(Aleksandr Solzhenitsyn)의 슬라브 단일주의(Slavic unity) 사상과 유사하다. 솔제니친은 북카자흐스탄처럼 러시아 인구가 거주하고 있는 지역들을 아울러야 한다는 야망을 가진 소련의 반체제 작가이다. 이 견해의 지지자들은 나폴레옹 전쟁 직후 시절로 되돌아가 러시아 음악, 회화 그리고 가장 두드러지게는 러시아 문학이 꽃을 피운 러시아 정체성의 전성기를 그리워한다(Prizel, 1998: 168 참조). 세 번째 견해는 해외에 흩어져 있는 러시아어 사용 집단을 연방(federation)에 통합하고, 몇몇 비러시아어 사용 지역 ― 투바 또는 타타르스탄 같은 ― 은 러시아로부터 분리시켜 자치를 허용하자고 주장한다.

이러한 견해를 떠나서, 유럽에서 일이 잘 풀리지 않으면 동양으로 팽창을 추진하는 것이 러시아의 전형적인 행동 양식이라는 점에 주목할 필요가 있다. 예컨대 1878년 러시아-터키 전쟁 이후 러시아는 중앙아시아와 극동으로 새롭게 방향을 틀었다. 소련은 1980년대 후반, 먼저 동부 유럽에서 영향력을 잃고 그다음 소련 자신이 붕괴에 직면하자 위와 같은 패턴을 되풀이했다(Hauner, 1992 참조). 러시아는 이러한 현실에 좌절했고 유럽 내에서의 역할 또한 모호해지면서 서구에 대한 열등감을 강력한 군사력으로 보상받으려는 듯한 심리를 보였다. 비록 많은 러시아 민족주의자들은 러시아의 팽창이 유럽 강대국으로서 위상을 확인할 수 있는 방법이라고 생각했지만 말이다(Prizel, 1998: 172~173).

정체성이 하나의 영역에서 차단되었을 때는 또 다른 어떤 것으로 보상을 추구하기 마련이다. 소련 붕괴 이후 많은 러시아인은 소련의 갑작스러운 해체에 굴욕감을 느끼면서 서방을 비난하고 있다. 그들은 러시아가 이룬 뛰어난 문명 사회적 역할을 강조하며 위상을 되찾고 싶어 한다. 자신들의 문명 사회적 정체성에 대한 문제는 거의 모든 정치 논쟁의 주요 이슈가 된 상태이다. 모든 정치인들과 명사들뿐만 아니라, 오늘날 러시아 땅 위에 사는 사람이라면 누구든 이 이슈에 대해 자신의 입장을 분명히 밝힐 것을 강요당한다. "우리는 누구인가?"와 "우리는 어디로 가고 있는가?"에 대한 다양한 대답은 사회적 불평등과 정치적 성향 못지않게 러시아 사회를 심각하게 분열시키고 있다(Podberezsky, 1999: 34).

러시아 예외주의 역시 두 가지 불가피한 지리적 사실에 기인한다. 소련 붕괴 이후 러시아 역시 탈냉전 이후의 세계에서 가장 큰 영토를 갖고 있으며, 유일한 유라시아 대륙 세력이다. 즉, 아무리 세계화 시대라고 할지라도 강대국으로서 정체성을 결집하고 투사하는 데 영토의 크기는 여전히 중요하게 작용한다. 이것은 또한 모스크바가 러시아의 정체성을 강대국이 아닌 다른 그 무엇으로 정의해야 할지 모를 뿐만 아니라, 원하지도 않는다는 것을 의미한다. 지금 이 순간 아무리 약하더라도 러시아는 대내외적으로 스스로를 강대국으로 인식하고 있고, "강대국이 약소국과 동일한 원칙과 제약하에서" 행동하는 경우는 거의 없다(Suny, 1999/2000: 149). 그럼에도 탈냉전 이후 러시아 외교 정책이 동요하는 이유는 명확하고 광범위하게 받아들여지는 국가 정체성이 결여되어 있기 때문이다.

러시아의 국가 정체성 위기를 다루는 러시아 학자의 연구는 매우 드문데, 그 중 하나인 푸틴 행정부 국가안보보좌관 세르게이 코르투노프(Sergei Kortunov)는 다음과 같이 주장한다. "국가의 미래를 좌우할 정치적 결정은 당장은 그것이 절대적으로 옳아 보이고 실현 가능한 유일한 것일지라도, 단순한 실용주의에 근거해서는 안 된다. 사실상 제로(zero) 경제성장과 실질적인 국가 정체성의 부존재 사이에는 직접적 인과관계가 있음을 알아야 한다"(Kortunov, 2003: 97). 코르투노프는 러시아가 지난날 제국주의 세력이었던 그의 정체성을 수용하든지, 아니면 아예 반국가적이었던 과거 소련 연방처럼 국가 정체성 따위는 잊든지 둘 중 하나를 선택해야 한다고 믿는다. 그는 러시아 제국[3]에 대해 거의

3 [옮긴이] 1721년에 수립되어 1917년 3월에 발생한 러시아 혁명으로 망한 제정 러시아를 가리킨다.

맹목적인 신뢰를 보이면서, 러시아 제국이 주도하던 '문명 사회적 해방의 임무'를 소련이 앗아갔기 때문에 공산주의 팽창을 두려워하는 세상 속에 허수아비로 남겨져버린 것이라 주장한다(Kortunov, 2003: 100~102). 그러나 러시아에 대한 앞의 세 가지 견해 모두 러시아 내에서 문명사회적 합의나 사상적 합의가 존재하지 않음을 암시한다(Podberezsky, 1999: 50~51 참조).

2000년 3월 푸틴의 대통령 지명 선거(appointment-cum-election) 이후에 비로소 러시아에 통합과 목표가 보이기 시작한 것 같다. 푸틴의 집권 이후 그의 임기 첫 3년 동안, 러시아의 GDP는 20%, 자본 투자는 30% 이상 증가했다. 그리고 같은 기간에 수출은 25%가 늘었다. 특히 러시아는 세계시장에 연료와 에너지 주요 수출국으로 떠올랐고, 이는 에너지 부족에 시달리는 동북아시아 지역에 특별한 영향력을 행사하는 중요한 수단이었다. 반세기 만에 러시아는 곡물 수입을 중단했고 2002년에는 수출국이 되었다. 휴대폰 이용은 매년 두 배씩 증가했고 약 1000만 명의 러시아인이 인터넷을 이용하는 것으로 추정된다(Putin, 2003: 6).

그러나 경제 분야의 대부분에서 경쟁력이 떨어지기 때문에 러시아의 경제적 기초는 여전히 허약하다고 할 수 있다. 15년간 민주주의를 경험했지만 정치 체제는 이렇다 할 발전을 이루지 못한 데다 국가기구는 비효율적이다. 과거 소비에트 공화국으로부터 700만 명의 러시아인이 돌아왔음에도 불구하고 인구는 줄어들고 있는데, 이는 출생률 감소와 사망률 증가가 동시에 진행되기 때문이고 특히 남성에게 이 현상이 현저하다. 또한 테러리즘과 관련된 체첸 반란 그리고 다른 분리주의 운동은 국내 안보에 위협이 되고 있다. 따라서 한반도 문제에 대한 러시아의 역할을 고려할 때 두 가지를 필수적으로 봐야 한다. 첫째, 러시아 외교 정책은 ─ 다른 국가의 외교 정책보다 더 ─ 유동적으로 이해해야 한다. 둘째, 러시아가 한반도에 영향력을 행사할 기회를 찾지 않는다는 의미는 아니지만 4대 강국(미국, 일본, 중국, 러시아) 중 러시아는 한반도 문제에 실질적으로 영향력이 가장 적다.

소련 붕괴 이후 러시아 내의 다양한 그룹에서 발견할 수 있는 공통적 요소는 외교 정책을 러시아의 국가 정체성에 관한 그들의 비전을 진전시키기 위한 도구로 활용하려 한다는 점이다. 따라서 러시아의 미래 리더십 이슈를 해결하기 위한 이러한 변증법적 과정이 궁극적으로 러시아의 세계관을 형성할 것이다(Prizel, 1998: 11). 한국과 관련해서 이는 1999~2000년 초 사이에 확립한 두 개의 한국 정책을 의미하는데, 이 정책은 러시아가 남한과 북한에 안정적으로 '평등 개입(equal involvement)'하는 것을 뜻한다(이는 머뭇거리는 '등거리 정책'과 비교된다). 모스크바는 서울을 러시아 경제의 부활과 동북아시아로의 경제통합을 지지할 수 있는 잠재적 중심 세력으로 여긴다. 반면 평양은 러시아의 외교적·지정학적 부활의 열쇠로 주시하고 있다. 러시아는 1998년에 햇볕 정책이 시작되고, 나아가 2002년 후반 북미 제2차 핵 위기가 발생하자 비로소 자신들의 '중심 역할(pivotal role)'이 무엇인지 감지한 것 같다(Bazhanov, 2005).

그러나 이러한 해석에 논란이 없는 것은 아니다. 니콜라이 소코프(Nikolai Sokov)는 러시아의 외교안보 정책에 관한 기본 문서를 꼼꼼히 분석한 결과, 러시아는 한반도에 대한 장기 정책을 갖고 있지 않다고 주장한다. 그는 러시아의 정책은 오직 한반도 상황의 외부적 측면 – 비확산 문제나 또는 다양한 통일 시나리오의 국제적 결과 – 과 관련해 존재한다고 믿는다. 그리고 러시아 내에는 두 개의 한국과 교류하는 정치적으로 적절한 이해관계 집단이 존재하지 않는다고 지적한다. 러시아의 입장에서 동북아시아의 주요 행위자(main actors)는 미국, 중국, 일본 등 강대국이다. 또한 러시아는 한국과 관련해 능동적이라기보다는 수동적이며, 일련의 목표가 명백하게 결여되어 있다. 따라서 러시아는 한반도에 관한 어떤 협상이든 유리한 입장이 되길 원하며 대체적으로 현상 유지(status quo)를 지지한다. 즉, 러시아는 한반도로부터 군사적 위협이 발생하리라고 생각하지 않고 있다(Sokov, 2002).

사실 냉전 기간 소련의 한반도 정책은 '파생물(derivative)'로 표현하는 것이 정확하다고 할 수 있다(S. H. Joo, 2003). 즉, 소련은 남북한과의 상호작용을 여타 다른 주요 강대국과의 관계 속에서 바라보았고, 이 같은 성격의 상호작용은 러시아 외교 정책 내에서 관례처럼 자리 잡았다. 그러나 이러한 과거가 오늘날의 러시아-한반도 상호작용에도 적용될 거라 가정해서는 안 된다. 사실 위축된 국력과 대외 정책을 통해 국가 정체성을 규정하려는 러시아의 욕망 때문에, 러시아는 탈냉전 이후의 한반도에 대해 새로운 접근 방식을 취할지도 모른다. 오늘날 러시아의 한반도 개입을 제한하는 요소는 러시아의 무관심 때문이라기보다는 남북한이 4대 강국 중 다른 멤버들과 상호작용을 선호하기 때문이다. 러시아가 강대국으로서 바람직한 국가 정체성을 안정적으로 지속할지는 다음 두 가지 요소에 달려 있다. 첫째, 러시아의 중요한 타자가 러시아를 지지할 것인가의 유무, 둘째, 특별하게는 한반도 정책 그리고 일반적으로는 모스크바의 대외 정책을 뒷받침하는 물적·관념적 자원(material and ideational resources)의 유무에 달려 있다.

과거의 무게

세 개의 다른 러시아(제정 러시아, 소비에트 러시아, 소련 붕괴 이후의 러시아)가 세 개의 다른 한국(조선, 식민지 한국, 분단된 한국)과 상호작용하고 영향을 주고받은 한-러 역사는 사인곡선(sinusoidal wave)처럼 주기적인 성쇠를 거듭하며 형성되었다. 제정 러시아는 19세기 중반부터 조선에 눈독을 들이기 시작했는데 19세기 마지막 10년에는 그 야심이 절정에 이르렀다. 그 후 러시아 제국의 군사적 패배로 인해 일본이 한반도에서 주도권을 확보하게 되었다. 그리고 러시아는 20세기 중반 소련이 한반도 북쪽으로 진입할 때까지[4] 식민지 한국을 멀리한 채로 있었다. 소련의 한반도 진입은 세 번째 한국, 즉 분단된 한국을 만

4 [옮긴이] 1945년 소련군의 북한 주둔을 의미한다.

드는 데 일조했고, 오늘날 소련 붕괴 이후 러시아는 여전히 분단된 한국과 마주하고 있다. 더 이전의 역사는 한국의 일본 식민지화 과정을 설명하는 데 도움이 되는데, 일본 식민지의 역사는 한반도에서의 지속적인 분열과 갈등에 적지 않은 책임이 있다.

동아시아에서 서양 제국주의 기간에 많은 국가들은 한반도에 대한 러시아의 의도를 불신의 눈으로 바라보았다. 1856년 초반 프랑스 제독은 러시아가 한반도를 침략하기 전에 프랑스가 한반도를 장악해야 한다고 파리에 충고했다. 러시아는 한반도의 부동항不凍港 — 러시아의 전통적인 관심 — 에 관심이 있었다. 러시아 황제 니콜라이 2세는 언젠가 그의 외교부 장관에게 다음과 같이 지시했다. "러시아는 부동항이 절대적으로 필요하다. 이 항구는 한반도 본토 동남쪽에 위치하고 있어야 하며, 회랑지대回廊帶狀地帶로 우리 영토와 반드시 연결되어야 한다"(S. S. Cho, 1967: 49). 러시아는 1860년 베이징조약에 따라 연해주를 획득함으로써 최초로 한국과 국경을 마주하게 되었다. 이에 따라 일본은 일본 영토와 한반도에 대한 러시아의 침입을 우려하기 시작했다. 일본의 이러한 우려는 러시아가 쓰시마 원정을 단행하자 더욱 고조되었다. 쓰시마는 전통적으로 한일관계를 중재하던 섬이었다. 1864년이 되자 한국은 프랑스에, 프랑스가 원하는 대로 가톨릭에 대한 속박을 완화할 터이니 러시아의 한반도 침입을 막아줄 것을 요청하기에 이르렀다. 그러나 프랑스는 한국을 도울 의사가 없었다(K. H. Kim, 1980: 41, 79~80, 89~91, 45~46).

1876년 한국이 일본과 강화도조약에 서명한 후, 일본은 한반도에 대한 러시아의 야욕에 대응하기 위해 자신들이 군사력을 제공하겠다고 나섰다. 한국은 이 제안을 거부하다가 중국이 일본과 더욱 가까운 유대 관계를 맺을 것을 한국에 촉구하자,[5] 그제서야 일본의 제안을 수용했다(K. H. Kim, 1980: 300). 따라서 1870년대 후반 한국과 일본이 밀접하게 접근하게 된 것은 한국에 대한 러

5 [옮긴이] 청나라의 『조선책략』을 의미하는 것으로 보인다.

시아의 관심으로 인해 추동된 것이다. 1880년대 일본이 적극적으로 관여한 진보적 쿠데타 시도(a progressive coup attempt)[6]로 반일감정이 고조되자, 한국 조정朝廷은 기울어가는 중국과 침략적인 일본으로부터 벗어나 러시아를 잠재적인 보호자로 염두에 두기 시작했다(C. I. Kim and H. K. Kim, 1967: 61~63). 그러나 러시아는 니콜라이 2세가 한반도에서 부동항을 획득하는 것이 러시아의 전통적 관심 사항이라고 표명한 바 있지만, 그들은 내심 만주에 눈독을 들이고 있었으며, 따라서 한반도에서 발생하는 위협이 만주로 흘러드는 것을 막아 자신들의 잇속을 챙기는 데에만 혈안이 되어 있었다(S. H. Chang, 1974: 303; S. H. Joo, 2003).

일본이 시모노세키조약을 통해 청일전쟁(1894~1895년) 승리를 막대한 영토적 이득과 새로운 지역 특권을 거두어들이는 데 활용하자, 러시아는 독일, 프랑스와 함께 3국 간섭을 주도했다. 이에 따라 일본은 요동 반도를 중국에 반환해야 했고 잠시나마 한국의 독립을 존중해야 했다. 또한 러시아는 극동에 새롭게 관심을 가지며 팽창의 시대를 개시했다. 1896년 일본의 음모로 인해 아관파천이 발생했고, 이에 따라 러시아는 짧은 기간 한국에서 주도권을 쥘 수 있었다. 그러나 1898년에 이르자 러시아는 한국의 신망을 잃었고, 1904년 인천 앞 바다에서 첫 해군 전투와 함께 러일전쟁이 발발했다. 그 결과, 러시아는 일본에 향후 40년간 한반도에서의 주도권을 양보한 채 물러나야 했다(C. I. Kim and H. K. Kim, 1967: 83, 85, 88~91, 94~96, 102). 러시아 극동 지역에는 한국인과 중국인 이주민들에 의해 '황화(yellow peril)'라는 풍설이 있었는데, 스탈린은 집권 후 일본 간첩에 대한 과대망상에 사로잡혀 18만여 명에 이르는 한국인을 중앙아시아로 강제 추방했다. 강제 이주, 강제 노역 및 강제 수용 때문에 1930년대에 2만여 명의 한국인이 소련에서 사망했다(V. Li, 2000b: 349~446; Wishnick, 2001a). 1993년 러시아 의회는 이러한 탄압의 불법성을 인정했

6 [옮긴이] 1884년 김옥균 등이 주도한 갑신정변을 의미한다.

고, 나아가 과거 러시아 국가 발전에 기여한 한국인의 권리를 확인함과 동시에 정치적 자유의 행사에 있어서 평등한 기회를 보장하기로 확인했다(Wishnick, 2004).

북한이 스탈린주의를 능가한다는 점, 북한이 스탈린주의 국가로 가장 빈번하게 언급된다는 점, 탈냉전 이후에도 여전히 소련 독재자 스탈린에 대한 지지를 표명하는 유일 국가라는 미심쩍은 영예를 획득했다는 점은,[7] 한반도 북쪽에 대한 소비에트의 광범위한 영향력을 직접적으로 보여주는 것이다. 그러나 한반도 분할이 경쟁적인 정통성 정치 싸움의 토대를 위해 이미 계획되어 있었다는 견해와 반대로, 분할 계획(zonal plan) ― 일본군 항복 준비를 위해 38선에 선을 긋는 것 ― 에 대한 초기 결정은 얄타회담에서 비밀협상(악명 높은 가쓰라-태프트 밀약과 같은)으로 이루어진 게 아니라[8] 전적으로 미국의 결정이었다.

이는 1945년 8월 10~11일, 국무성-전쟁성-해군성의 주요 인사들이 모인 3성 조정위원회에서 단 하루 동안의 회의로 결정되었다. 두 젊은 장교[찰스 본스틸(Charles H. Bonesteel) 대령과 딘 러스크(Dean Rusk) 중령][9]는 단 30분 만에 한반도 분할 지점을 결정했다. 그렇게 그들은 38도선을 선택했는데 이는 수도 서울이 미국 점령 지역 내에 포함되기 때문이었다. 그다음 날 이 계획은 소련에 전달되었고, 스탈린은 트루먼에게 다음과 같은 답장을 보냈다. "일반 명령 1호

---

7 예를 들면, 1996년이 되어서야 북한에서는 소련 '수정주의자'들을 비난했는데, 그 이유는 스탈린에 대한 충성을 우상 숭배로 낙인찍었기 때문이다. "신생 소련을 강대국으로 만든 스탈린을 격하하는 반역자들이 저지른 반혁명적 책동으로, 스탈린의 명성과 위신을 모두 지워버리는 상상을 초월한 비열한 행위였다"(≪로동신문≫, 1996.11.3). 북한에서의 스탈린주의의 위치에 대한 좀 더 상세한 분석은 Armstrong(2001) 참고.

8 1905년 일본 가쓰라 다로(桂太郎) 총리와 미국 윌리엄 태프트(William H. Taft) 국무장관 사이의 비밀 협정으로, 미국은 일본의 한국 종주권을 공식 승인하고 그 대가로 일본은 필리핀에 대해 그 어떤 반대 주장도 하지 않는다는 것이다.

9 [옮긴이] 본스틸은 후에 주한미군 사령관으로 부임하며, 러스크는 존슨 행정부에서 국무 장관을 역임한다.

메시지 잘 받았습니다. 원칙적으로 나는 이 명령의 내용에 아무런 이의가 없습니다"(S. S. Cho, 1967: 55).

1945년 8월 중순에는 소련 군대가 한반도의 남쪽 끝까지 행진하는 데에 아무런 장애물이 없었다. 그들은 미국 군대가 도착하기 한 달 전 이미 한국으로 진입했고, 따라서 마음만 먹었다면 한반도 전체는 그들 것이었다. 지정학적 요인들을 종합적으로 고려해보면, 왜 스탈린이 미국의 분할 계획을 이의 없이 수용했는지를 설명할 수 있을 것이다. 첫째, 스탈린은 이 분할 계획을 과거 동아시아에서 러시아의 세력권(sphere-of-influence)을 재현하는 것으로 해석했을 것이다. 왜냐하면 러시아와 일본은 20세기 초반, 38선이나 39선에 따른 한국 분할 가능성에 대해 비밀협상을 가진 바 있기 때문이다(S. S. Cho, 1967: 49).[10] 둘째, 이 당시 스탈린의 주요 지정학적 관심은 한국보다는 만주나 일본 북쪽에 있었다. 셋째, 스탈린은 아마도 연합국 간 지속적인 협력을 희망했거나 최소한 1945년 중순 한반도 전체를 점령함으로써 미국과 틀어지는 것만은 원치 않았던 것 같다. 왜냐하면 전후 안정을 위한 소련 이해관계의 핵심 초점은 일본이었기 때문이다. 진짜 이유가 무엇이건 간에, 한반도 전체를 차지할 군사력을 갖고 있었음에도 스탈린은 한반도 공동 분할을 단번에 허용했다.

한국의 임시 분할이 고착화된 것은 전쟁 직후 초강대국 간 갈등의 직접적 산물이라고 할 수 있다. 1945년 러시아가 다시 한반도에 진입했을 때, 과거 러시아 제국을 겪었던 한국의 경험은 한국인의 의사 결정에 이렇다 할 영향을 끼치지 못했다. 소비에트 점령 당국은 북한이 자신들의 존재 또는 계획에 대해 저항하지 않는 것을 최대한 활용하여 상대적으로 짧은 시간 내에 북한의 소비에트화를 완료했다(D. S. Suh, 1988: 59~73). 소련이 점령하는 동안(1945~

10 [옮긴이] 1896년 일본 정치인 야마가타 아리토모는 러시아 외무대신 로바노프와 비밀회담을 하고, 38선을 기준으로 조선을 분할하여 일본과 러시아가 각각 남북을 나누어 가지자고 제안한 바 있다.

1948년) 일상 정치는 소비에트 방식의 정당, 군대 그리고 정부의 하부 조직을 구축하는 데 대부분 바쳐졌다. 이는 조선노동당(1946년 8월 28~30일), 조선인민군(1948년 2월 8일), 그리고 조선민주주의 인민공화국(1948년 9월 9일) 수립에 필요한 것이었다.

한 가지 명백해 보이는 것은 소련의 지원이 없었다면 김일성은 비공식 정치(informal politics) 내에서 1인자로 떠오를 수 없었다는 점이다. 최초 북한 헌법(1948년)은 점령 기간 비공식 정치의 결과를 공식화한 것인데, 이는 소련 스탈린 헌법을 모방한 것이다. 서대숙에 따르면, "소비에트 점령 당국에 의한 모든 행정 지침과 결정은 김일성을 통해 집행되었으며, 이를 통해 그는 한국인과 점령 당국 사이의 핵심 연결고리가 될 수 있었다"(D. S. Suh, 1988: 72). 소비에트 점령 당국이 왜 김일성을 선택했는지는 단순하게 답할 수 있는 성질의 문제가 아니다. 다만 과거 당파 분쟁에 얽힌 적이 없다는 점이 소비에트가 그를 선택한 요인 중 하나였던 것 같다. 김일성은 일본의 구금으로부터 탈출한 공산주의자 중 한 사람으로, 자신이 뿌리 깊은 당파 투쟁에 얽히는 것을 의식적으로 회피해왔었다(Scalapino and Lee, 1972: 326).[11] 해방 이후 북한에서는 주요한 몇몇 정치 집단이 권력을 잡기 위해 경쟁 중이었다. 즉, ① 국내 비공산주의 민족주의자, ② 가장 다수를 차지했던 국내 공산주의자 그룹(이들은 주로 서울에서 활동했고 자신들의 정치적 미래가 서울에서 결정될 것이라고 믿었다. 그러나 이는 중요한 전략적 실수였다), ③ 중국에서 돌아온 연안파 혁명가 그룹, ④ 소련군과 함께 고국으로 돌아온 소련계 고려인 그룹,[12] ⑤ 만주에서 김일성과 함께한 김일성의 유격전 부대원으로 구성된 당파 그룹(갑산파로 알려짐)이 그들이다. 국내 공산주의자들과 연안파는 단일한 정치 지도자를 지지하기 위한 결속에 실패한 반면, 갑산파와 소련군의 정규 멤버로 귀국한 소련계 고려인들은 김일성을

11 유사한 주장으로는 McCormack(1993: 22~23); 와다 하루키(1992) 참고.

12 [옮긴이] 연해주 지역에 망명해 살던 조선인 후손들을 의미한다.

지지하기로 의견을 통일했다. 게다가 김일성이 군대와 보안대를 통제한다는 것은 이미 그가 실질적으로 권력을 장악했음을 의미했다(D. S. Suh, 1988: 73).

김일성은 1941년 3월 일본군의 추적을 피해 소비에트 극동 지역으로 퇴각했고, 소련에서 4년 반 동안(1941~1945년) 훈련을 받았다. 황장엽에 따르면 그는 약간의 러시아어를 구사하며 실천력 있는 사람으로 인식되었다고 한다(≪조선일보≫, 온라인판, 1998.6.15). 김일성은 소련 점령 기간 중의 분열되고 불명확한 정치 상황으로부터 출현한 인물이지만, 한편으로는 그러한 상황을 한껏 활용하여 끈질긴 생명력, 지략, 끈기를 보여주었다. 또한 그는 강력한 유격전사에서 마키아벨리/스탈린의 타이밍 감각과 국내외 정치세력 간 상관관계의 변화에 대한 감수성을 가진 뛰어난 정치인(a superb politician)으로 거듭나면서 철저한 기회주의자임을 증명했다. 그는 비공식 정치 의제를 장악하는 데 능란한 솜씨를 발휘했고, 25년에 걸쳐 점진적이고 조직적으로 모든 정치적 경쟁 집단을 제거했다. 이를 북한에서는 첫 번째 권력 강화 시기(consolidation cycle)로 여긴다.[13]

탈냉전 이후 1992~1994년 동안 과거 소련의 중요한 기록물이 공개됨에 따라 이제는 다음과 같은 사실이 명백해졌다. 즉, 1950년 6월 25일 한국전쟁 발발은 많은 전통주의자들의 주장처럼 크렘린이 통제하고 계획한 공산주의 팽창의 1차 기습공격도 아니었고, 수정주의자들이 주장하듯 소련의 주변부 개입에 따른 내전도 아니었고, 남한의 전쟁 유도에 따라 김일성이 전쟁으로 내몰린 것도 아니었다.[14] 전쟁 개시 발상은 김일성으로부터 직접 나왔다. 그는 이미

13 좀 더 자세한 분석은 S. S. Kim(2000c) 참고.

14 한국전쟁과 관련한 새로운 소련 기록물은 1992~1993년에 접근이 가능해졌다. 그 후 1994년 7월 러시아 대통령 옐친은 대한민국 대통령 김영삼에게 한 번도 공개된 적 없는 크렘린 저장소의 대통령 기록 관련 문서를 전달했는데 여기에는 소련에 극도로 민감한 내용이 담겨 있었다. 1995년 워싱턴 DC에 있는 윌슨 센터의 국제냉전사프로젝트(CWIHP)는 동기록 보관소로부터 방대한 양의 문서를 입수했다. 이 새로운 기록물에

1949년 3월 초부터, 미국이 개입할 틈을 허용하지 않고 3일 이내에 남한을 해방시킬 것이라고 장담하며 소련이 후원하는 침략을 위해 로비하기 시작했다. 스탈린은 처음에는 이 계획을 거부했다. 북한 군대는 오직 반격의 수단으로만 38선을 통과할 수 있다는 점,[15] 중국 내전이 아직 해결되지 않았다는 점, 북한군은 아직 약하고 준비가 안 되어 있다는 점이 스탈린이 전쟁 승인을 거부한 이유였다(Bajanov, 1995; Weathersby, 1995, 1999). 1949년, 김일성의 반복되는 간청이 있었지만 스탈린의 전략적 사고 중심에는 미국과의 군사 대결을 피하겠다는 결심만이 있었다. 1950년 5월이 되어서야 스탈린은 마오쩌둥에게 '변화된 국제 정세의 관점'에서 북한의 제안에 동의하는 것이 가능해진 시점이라고 설명했다(Weathersby, 1999: 93).

스탈린이 말한 1949년 3월부터 1950년 5월까지의 국제 정세 변화는 ① 중국 공산주의 혁명의 승리와 1949년 10월 중화인민공화국(PRC)의 수립, ② 1949년 소련의 원자폭탄 실험 성공, ③ 1949년 6월 남한에서 미국 군대의 철수, ④ 약화된 것으로 파악된 미국의 의지[예컨대 1950년 1월 미국 국무 장관 딘 애치슨(Dean Acheson)의 아시아태평양 지역에서 미국 방어선으로부터 한반도 배제 발표] 등이다. 이처럼 스탈린은 지정학적 이해관계와 동아시아에서 미국의 전략적 태도에 대한 장단기 평가에 근거하여 전쟁을 최종 승인했다. 그러나 필수 조건은 마오쩌둥의 동의였다. 스탈린은 만약 김일성이 승리한다면 다양한 전략 지정학적 편익(geostrategic benefits)을 가져올 것이라 판단했다. 즉, 소련의 안보 지대(security zone) 확대, 일본에 대비한 발판 마련, 미국의 의지 시험, 베이징과 워싱턴 사이 적대감 강화, 미국의 군사력을 유럽에서 아시아로 분산시키

대한 자세한 연구는 Bajanov(1995), Weathersby(1995, 1996, 1999) 참고. 전통주의적 입장에서의 검토로는 H. J. Kim(1990, 1994)을, 가장 영향력 있는 수정주의자의 견해로는 Cumings(1981, 1990)를 참고할 것.

15 [옮긴이] 38선에 관한 미소협정이 유효한 상태에서 북한이 먼저 남침을 감행할 경우 미국의 개입을 초래할 수 있음을 뜻한다.

는 것 등이다(Goncharov, Lewis and Xue, 1993: 152, 214).

한국전쟁은 소련의 외교 정책과 조소朝蘇 관계에 몇 가지 예상치 못한 역설적인 결과를 초래했다. 첫째, 1950년 2월 14일 공식 체결된 중소동맹은 단기적으로 즉시 강화되었지만 장기적으로는 약화되었다. 동맹 간 힘이 대등해지면서 중소 분열은 피할 수 없는 결과였다는 점에서 역설적이다. 베이징의 요구와 기대는 점차 커지는 반면 베이징을 만족시키기에 모스크바는 무능력하고 무성의했으며, 기대와 현실 사이의 간극이 확대되면서 공유된 가치와 공포에 근거한 중소동맹의 근간은 흔들렸다. 둘째, 한국전쟁은 2차 세계대전 후 최대의 국제적 사건으로 냉전의 게임 법칙을 구체화하는 결정적 촉매 효과를 초래했다. 과도한 군사 예산, NATO의 무장화, 경쟁적 동맹 체제(alliance system)의 세계화, 세계 문제에서의 동서 대결이라는 위험한 패턴 등을 초래한 것이 바로 다름 아닌 한국전쟁이었다(Jervis, 1980 참조). 게다가 시기, 과정, 결과를 보면 "한국전쟁은 여러모로 제3차 대전의 대체물 역할"을 했다(Stueck, 1995: 3).

셋째, 한국전쟁으로 인해 한반도에 대한 영향력이 모스크바에서 베이징으로 이동했다. 이는 1950년 10월 25일 중국의 한국전쟁에 대한 상당한 개입 때문이었다. 심화되는 중소 갈등으로 인해, 원활한 중소동맹하에서 현실적으로 고려할 수 있었던 것보다 더 많은 영향력과 기회가 김일성에게 생겼다. 교묘한 계략으로 김일성을 권좌에 앉혔던 소련군은 권위를 회복하지 못했고, 반면 중국 의용군은 붕괴 직전에 있는 신생 사회주의 정권을 구하기 위해 개입하여 1958년까지 머물렀다. 이는 북한에 대해 중국의 영향력이 시작되는 것을 의미하며, 북한에 대한 소련 지배의 종언을 의미했다. 넷째, 전쟁으로 재통일을 이루겠다는 김일성의 무모한 시도는 수백만 명의 사상자를 낳고, 동족상잔의 결과를 초래했을 뿐만 아니라, 한국의 운명을 분할된 정치 형태 ─ 서로 다른 궤도에서 움직이는, 분리된, 불평등한, 그리고 불완전한 두 개의 체제 ─ 로 확정지었다.

중소분열은 1950년대 후반부터 나타나기 시작했는데, 김일성은 두 거대 사회주의 국가로부터 스스로 독립을 획득하면서 이를 성공적으로 활용했다. 모스크바와 베이징은 경쟁적으로 북한에 후한 경제적·군사적 원조를 하면서 서로의 영향력을 상쇄시키려고 애썼다. 평양은 잠시 동안 소련에 반대하며 마오쩌둥에게 가담한 적이 있으나, 그다음 1960년대 후반 마오쩌둥의 파괴적인 프롤레타리아 문화 대혁명 기간에는 모스크바로 기울었다. 그 이후에도 북한은 두 후원자[16]에게 영리하게 적응했다. 이 두 후원자는 1970년대와 1980년대 대부분의 기간에 서로 적대적이었다. 모스크바의 목표는 평양이 지나치게 중국 쪽으로 기우는 것을 막는 것이었는데, 이는 한국 재통일을 위한 새로운 전쟁이 발생하는 것을 우려했기 때문이다(Rubinstein, 1997: 157). 평양에 있는 소련 외교 대표부는 적대적 환경 속에서 심각한 고립에 익숙해졌다. 소련의 지도자들은 한반도에 대한 중국의 우세한 영향력과 비교하면, 자신들은 영구적·생래적으로 불리한 입장에서 고생했다고 생각하는 것 같다. 그럼에도 소련의 입장에서 볼 때 북한은 미국에 대항하는 데에 유용한 협력자이자 주한미군에 맞서는 절연체임이 명백했기 때문에, 소련은 평양이 요구하는 기술과 생산품을 지속적으로 공급했다. 다만 모스크바는 북한을 유용한 동맹으로 보기보다는 기능적 완충장치(functional buffer)로 간주했다(Sokov, 2002).

모스크바는 정기적으로 한반도에 전쟁 조짐이 있다는 보고를 받았다. 1960년대 초반 평양의 전략적 사고 속에 베이징의 지위가 우세해지자 니키타 흐루쇼프(Nikita Khrushchev)는 김일성을 냉대하면서, 베이징과 평양에 만연한 급진적 열기는 극동을 전쟁으로 불 지를 것이라고 우려했다. 브레즈네프 역시 제2차 한반도 전쟁을 우려하며, 최근 눈에 띄는 중국과 새로운 관계로부터 평양을 끌어내는 게 중요하다고 판단했다. 소련과 미국의 대결이라는 전체적인 구도 속에서, 북한을 극동의 전초기지라는 전략적 동맹으로 인식함에 따라 모스크바는 군사적·물질적 원조를 증가시켰고, 김일성이 하는 모든 일을 칭찬하는 데 노력을 아끼지 않았다(Bazhanov, 2005).

16 [옮긴이] 중국과 소련을 지칭한다.

1980년대 중반 소련이 해체의 길로 들어서면서 쇠퇴하자 김일성은 1960년대 말 이후 최초로 모스크바를 방문하여 관계 복원을 시도했다. 이러한 움직임은 미중관계의 개선과 동시에 미소관계의 개선에 자극을 받은 것이었다. 콘스탄틴 체르넨코(Konstantin Chernenko)는 김일성의 확고부동한 반미주의에 상당한 원조로 보답했다. 이에 따라 북한의 부채는 만기가 연장되었고, 북한 공군과 영공 방어를 강화하기 위한 첨단 군사 장비가 제공되었으며, 소련 기술자들은 기존 원자력 발전과 관련한 새로운 기술 이전에 도움을 주었다. 체르넨코의 뒤를 이은 고르바초프가 북한에 대한 공약을 지속하자, 평양은 베트남을 오가는 소련의 군사 비행을 허용했고, 원산항 접근뿐만 아니라 동해상에서 공동 해상 훈련을 포함한 광범위한 해상 협력에 동의했다(Rubinstein, 1997: 158).

그러나 몇 년이 지난 후 고르바초프는 서울 올림픽에 참가하기로 결정했고, 그다음 한소관계 정상화에 착수했다. 한소 양국 간 영사관계가 수립되었고, 양국 수도에 영구적 무역 사무소가 설립되었으며, 블라디보스토크와 부산 사이에 직접적 해상 연결이 개시되었다. 또한, 소련 언론은 남한의 경제적 성취와 전망에 대해 긍정적으로 평가하기 시작했고, 교역은 확대되기 시작했다. 그리고 민자당 공동 대표 김영삼이 모스크바를 방문하기에 이르렀다. 모스크바를 평양으로부터 신속히 이탈시키기 위해 그리고 빠른 승인(recognition)에 대한 대가의 일환으로, 한국의 노태우 대통령은 모스크바를 공식 방문한 지 한 달 만에 소련에 30억 달러의 원조를 시작했다.

삼각관계 만들기

제2차 세계대전 후 대부분의 기간에 한소관계는 암울했다. 1948년부터 1988년까지 40년간 실질적 접촉이 없었고 서로를 악마화(demonization)하는 냉전 정치만 있었을 뿐이다. 비록 1970년대 — 냉전이 더 이상 그렇게 치열하지 않게 되었고, 제3세계 정치가 절정에 달했던 때 — 남북한은 공히 작은 제3세계 국가들(대부분 아프리카 국가들)과 공식 외교관계를 수립할 수 있었지만, 소련에게 남한 승인은 사회주의 블록의 대표국가라는 역할과 양립할 수 없는 것이었다. 이 기간 평양은 더 많은 외교적 승인(diplomatic recognition)을 얻어냈고, 그 결과 박정희의 안보 불안과 피포위의식(siege mentality)은 더욱 강화되었다. 이러한 인식은 미중관계 회복, 미국의 베트남전 패배, 주한미군 철수 위협으로 인해 더욱 심화되었다. 1976년 중반, 서울은 96개 국가로부터 외교적 승인을 받았고 평양은 93개국의 승인을 받았다(표 6-3).

소련에게 북한이 특별히 긴밀한 동맹이 아니었음을 감안하면, 소련이 서울을 승인함으로써 이익을 누릴 수도 있었을 것이다. 그러나 소련은 동북아시아에 주둔하고 있는 미군을 억제하고 중소 분쟁에서 어느 정도 중립을 유지하는 북한이 필요했다. 따라서 모스크바는 한반도 교차 승인(cross recognition)을 반대하는 평양의 입장을 지지했다. 이로 인해 대한민국과는 우편이나 전신조차 피할 정도로 멀어졌고, 소련의 공식 언론은 남한을 '테러 독재의 꼭두각시', '가난과 테러의 땅'으로 언급했다. 이에 대해 서울은 한반도 분단과 북한에 스탈린 정권을 수립한 책임자이자, 전 세계적 '적색 공포(red menace)'의 근원으로 소련을 묘사하고 '악의 제국(evil empire)'으로 낙인찍음으로써 대응했다(Lankov, 2004a).

1980년대 후반에 이르자 이러한 상황은 서울과 모스크바에서 모두 급속하게 변했다. 모스크바는 더 이상 남한의 상승하는 경제력을 무시할 수 없었고, 동시에 민주주의가 점점 더 발전되고 경제가 번영하는 남한에서 공산주의에 대한 공포는 자취를 감추는 상황이었다. 네 가지 중대 사건이 결합되면서, 1988~1990년 동안 더디게만 진행되었던 한소관계 정상화 절차가 진전되는 데에 필요 충분한 시너지 효과가 발생했다. 고르바초프의 등장과 소련의 페레스트로이카(1985년), 남한 노태우 대통령의 북방 정책 개시(1988년 7월), 제24회 서울 하계 올림픽 개막(1988년 9월), 중소관계 재정상화(1989년 5월)가 바로 그것이다.

고르바초프는 '신사고(new thinking)'라는 개념을 유행시켰다. 그의 신사고는 마르크스주의자의 계급투쟁과 서양 현실주의자의 국가 간 권력 투쟁이라는 사고를 초월하여 혁명적 안보 개념을 포용하자는 것이었다.[17] 1988년 유엔총회 전체 회의에서 소련 외무 장관 에두아르트 셰바르드나제(Eduard Shevardnadze)가 제안한 내용은, 세계 공동체에 일정한 주권을 이양하는 것이야말로 가장 확실하고 비용이 덜 드는 국가 안보 및 세계 안보 강화 방법이라는 것이었다. 고르바초프는 1987년 9월 한 언론의 특별 기사를 통해 포괄 안보체제(comprehensive security system)에 관한 소련의 제안을 상세하게 설명했다. 그는 "포괄 안보체제의 개념은 지구촌에 새로운 조직이 가능함을 알리는 최초의 프로젝트이다. 다시 말해 이것은 모두의 안보가 곧 개인의 안보로 이어지는 미래를 위한 길이다"라고 단언했다(Gorbachev, 1987: 16). 모스크바는 아프가니스탄에서 군대를 철수했고, 아시아에 배치된 중거리 미사일 제거에도 합의했으며, 군대도 일방적으로 감축했다. 중소관계는 회복되었으며 — 1989년 5월 관계 재정상화로 이어졌다 — 동아시아 지역은 더 이상 중소 갈등에 빨려 들어가는 급박한 위험에 직면하지 않게 되었다.

고르바초프의 도전 정신은 한반도에서 훨씬 커다란 영향력을 발휘했다. 초기에는 그렇게 보이지 않았다. 1986년 7월 블라디보스토크 연설 — 소련의 아시아 정책에 관한 그의 첫 번째 주요 성명 — 에서 고르바초프는 북한에 대해 그리고 북한의 한반도 비핵 지대 제안에 대해 소련의 지지 의사를 반복했기 때문이다. 1987~1988에 이르러 소련 당국자들은 한반도 문제가 동아시아에서 초강

17 좀 더 자세한 분석은 Wishnick(2001b: ch.6) 참고. 고르바초프 시대의 신사고는 대부분 소련을 끊임없이 괴롭히던 경제적 어려움에서 기원했다는 것을 기억해야 한다. 소련은 전반적으로 재정 긴축을 하지 않고서는 국내 경제가 무너져 내릴 상황이었다. H. Joo(2000b, 2003) 참고. 더 일반적인 분석은 Brooks and Wohlforth(2000/01) 참고.

대국 간 협력 증진의 주요 걸림돌이며, 아시아 안보체제 수립의 주요 걸림돌이고, 모스크바의 국제 경제협력 참여를 가로막는 주요 걸림돌이라는 점을 정확히 인식하게 되었다(Bazhanov, 2005). 이에 따라 1988년 초 고르바초프는 한반도에 지대한 영향을 끼칠 수 있는 일련의 조치를 취했다. 즉, 1988년 3월 소련은 남한 여행 금지 조치에 의도적으로 허점을 만들어 사할린 출신 한인들이 제3국을 경유하여 고향을 방문할 수 있도록 사실상 허용한 것이다. 모스크바는 이전에 평양의 88년 올림픽 공동개최안을 지지했지만, 1988년 8월 6000명의 소련 선수단과 여행객이 88년 하계 올림픽 참여를 위해 서울을 방문했다. 소련 선수단은 볼쇼이 발레단과 모스크바 필하모닉까지 대동했다(Wishnick, 2004).

1988년 서울 올림픽은 서울과 베이징 사이에서뿐만 아니라, 서울과 모스크바 사이에서도 세력권을 교차하는(cross-bloc) 실용적 협력이 가속화될지 여부를 가늠하는 분수령이었다. 고르바초프는 북한의 집요한 요청을 물리치고 소련의 올림픽 참가를 허락했다. 소련 방송 매체에 드러난 남한의 이미지는 피폐한 제3세계 독재국가라는 공식 설명과는 사뭇 달랐다. 소련 언론들은 점차 검열에서 해제되어 자본주의 남한의 경제적 성취와 번영을 찬양하기 시작했고, 소련 국민은 점점 자신들의 체제에 대해 실망한 나머지 다른 곳에서 긍정적인 모델을 찾는 중이라고 보도하기에 이르렀다. 9월 올림픽 기간, 고르바초프는 시베리아를 순회하면서 남한과 관계를 발전시킬 의지가 있음을 명백하게 밝히는 연설을 했다. 올림픽이 끝난 후, 신중하게 움직일 것을 선호하는 정치국(Politburo)의 입장을 고려하여, 고르바초프는 서울과 비공식적 무역을 확대하고 영사관계부터 수립하기로 결심했다(Lankov, 2004a). 동시에 헝가리는 공산국가 중에서 처음으로 서울과 정식 외교관계를 수립했다.

이러한 개방의 흐름에 발맞추어 새로 선출된 남한의 노태우 대통령은 1988년 7월, 북방 정책을 발표했다. 이 정책은 남한이 소련, 중국 및 기타 사회주의 국가들과 정치적·경제적·문화적 유대를 확대하는 동시에 일본과 미국에 북한과의 관계 개선을 촉구함으로써, 궁극적으로 남북관계 개선을 겨냥하는 정책 사업이었다. 그리고 다음에는 고르바초프가 새로운 아시아태평양 전략을 공식화했다. 이 중 가장 흥미롭고 혁신적인 의견은 바로 소련의 서울 승인(recognition)이었다. 이는 고르바초프의 아시아 정책에 관한 '신사고'의 핵심 요소가 되었다(Ellison, 2001: 165). 남한에 대한 소련의 태도는 수동적인 것에서 적극적인 것으로 바뀌었다. 즉, 미국과 불필요한 대결을 회피하겠다는 수동적 희망에서, 소련 경제와 북태평양 삼각 경제를 통합하는 것을 포함한, 소련의 극동 개발에 남한의 지지를 얻기 위한 적극적 구애로 선회한 것이다. 1989년 소련과 남한은 무역 대표부를 교환했다.

고르바초프와 노태우는 1990년 6월 샌프란시스코에서 역사적인 첫 회동을 했다. 이 자리에서 고르바초프는 외교관계 수립을 약속했고, 노태우는 침체되어 있는 소련 경제를 위해 원조를 약속했다. 그리고 9월 초, 소련의 외무 장관 세바르드나제는 김일성에게 서울과의 관계 정상화 계획을 알리기 위해 평양을 방문했다. 그러나 그는 북한 외무상 김영남과 겨우 회담을 하는 데 그쳤다. 그는 후일, 이 회담이 자신의 외교관 생활 중 가장 힘든 일이었다고 술회한 바 있다. 1990년 9월 30일 소련은 남한과 공식 외교관계를 수립하여 두 개의 한국 정책을 취한 첫 번째 강대국이 되었다. 그리고 1990년 12월 노태우 대통령은 고르바초프를 만나기 위해 소련을 방문했다. 이때 평양은 한소관계 정상화를 '역겹고 구역질나며 꼴사나운' 것이라고 언급했다(Bazhanov and Bazhanov, 1994: 792).

1990년에 크렘린이 서울과의 관계 정상화 계획을 발표하자, 북한은 한소관계 정상화는 조소 동맹의 종말을 암시하는 것이며 또한 "그동안 동맹에 의존해온 몇몇 무기를 스스로 준비하는 조치를 취할 수밖에 없다"라고 외교 각서로 의견을 전달했다(Mack, 1993: 342; 또한 Sokov, 2002 참조). 북한은 남쿠릴열도 분쟁에서 일본의 주장을 지지하겠다고까지 하면서 소련을 위협했다. 그리고 북한은 한소관계를 '달러 매수 외교'라고 언급하기 시작했다(Lankov, 2004a;

≪로동신문≫, 1990.10.5, 2면). 모스크바는 북한에 다음과 같이 충고하면서 대응했다. "아무리 어려워도 소련은 이웃 국가를 도와주려고 노력했다. 그러나 이 문제는 한반도에서 진행 중인 적대 관계 및 군비 경쟁이 끝나기 전에는, 그리고 북한이 준고립 상태에서 벗어나 주요 선진국과 경제적 접촉을 하기 전에는 해결되기 어려운 문제이다"(Bazhanov, 2005).

남한이 소련과 관계 개선을 추진한 동기는 경제적인 이유보다는 정치적인 이유에 있었다. 서울은 모스크바가 평양에 영향력을 행사하여 남북대화를 압박해주길 희망했다. 실제 한소관계 정상화는 북한이 남한과 총리급 대화를 시작하는 데 영향을 끼치기도 했다. 이 회담에서 두 개의 중요한 합의를 이끌어 냈는데, 남북기본합의서로 더 많이 알려진 '남북 사이의 화해와 불가침 및 교류·협력에 관한 합의서'와 '한반도 비핵화 공동선언'이 그것이다. 반대로 모스크바의 동기는 주로 경제적인 것이었다. 남한은 경제협력을 위해 기꺼이 30억 달러의 차관을 제공했다. 고르바초프는 자신의 남한 방문과 관련해 소련 최고회의에 제출한 보고서에서 다음과 같이 단언했다.

> 우리는 남한의 경험에 특별한 관심을 가져야 한다. 남한은 짧은 시간 내에 낙후 상태를 극복하고 산업 발전 단계에 도달했다. 우리가 알고 있는 남한은 얼마 전까지만 해도 독재국가였다. 만약 소련과 남한이 미래 지향적 경제발전을 위해 각자의 잠재력을 결합할 수만 있다면, 우리는 경제협력을 위한 창의적이고 효율적인 모델을 수립할 수 있을 것이라고 확신한다(I. J. Kim, 1994: 89에서 재인용).[18]

외교적 돌풍과 변화는 한소관계 정상화로 끝나지 않았다. 1991년 4월 고르바초프는 제주도를 방문하여, 남북한의 유엔 가입과 한반도 긴장 완화를 목표로 한 남북대화를 지지한다고 발표했다. 이 같은 한소관계 정상화는 1992년

18 Pravda, November 22, 1991.

한중관계 정상화로 직접 이어졌다. 고르바초프 시대 소련의 '신사고'는 21세기를 향한 글로벌 공동체 속에 한국을 재배치함으로써, 동북아시아 내의 중대한 전략적 삼각관계 – 대한민국-소련-북한 삼각관계, 대한민국-중국-북한 삼각관계, 중국-소련-미국 삼각관계 – 를 전면적으로 재조정하게 만들었다.

소련이 해체된 후 러시아 대통령 옐친은 남한을 방문해 러시아 연합과 대한민국이 공동 발전할 수 있는 23가지의 경제 프로젝트를 제시했는데, 여기에는 천연가스 탐사, 과학 기술 분야의 협력, 관광, 도로나 항만 같은 기반 시설 건설 등이 포함되었다. 옐친은 또한 곤경에 처한 러시아 경제를 위해 더 적극적인 한국의 투자를 요청했다. 1992년 한소 조약에서 노태우와 옐친은 다음과 같은 신념을 확인했다. "양국 간 우호 협력관계의 발전은 상호이익뿐만 아니라 아시아태평양 지역 및 전 세계에 걸친 평화, 안전 그리고 번영에 기여할 것입니다."

모스크바-서울-평양 삼각관계에 대한 새로운 도전

소련 붕괴 이후 러시아는 그 탄생과 함께 '서양과의 제한 없는 파트너십과 통합을 추구하는 완전히 새로운 정책'의 시작을 발표했다(Bazhanov, 2005에서 재인용).[19] 옐친 대통령과 안드레이 코지레프(Andrei Kozyrev) 외교부 장관은 미국, 서구 유럽 국가, 그리고 이들의 동맹국인 일본, 남한을 향해 적극적인 구애에 나섰다. 홀로 남겨진 공산주의 국가들 – 북한, 쿠바, 베트남 – 은 새로운 러시아 지도자들의 맹렬한 반공산주의 노선에 충격을 받았는데, 특히 러시아 지도자들이 쿠바와 북한의 인권 실태를 비난하며 서구 국가들에 가담했을 때 받은 충격은 더욱 컸다. 그러나 1990년대 초반 크렘린에게는 북한 체제의 순

19 *Moscow News*, January 2, 1992.

수 스탈린주의가 오히려 끔찍하게 보이는 상황이었다(Bazhanov, 2005).

비록 외교 정책 입안자들은 이를 부인하려 노력했지만, 러시아 연합 초기의 외교 방침은 고르바초프 시대의 그것과 상당한 연속성을 띠고 있다. 한반도와 관련해서 북한과는 거리 두기(distancing)를 지속했고, 남한에는 계속해서 관여(engagement)하기로 했다. 다만 러시아에 반공의 색채가 가미되었다는 것이 새로울 뿐이었다. 그러나 1990년대 중반 러시아의 개혁은 유례없는 커다란 어려움에 직면했고, 대중이 자유주의적 민주주의자들에게 실망함에 따라 옐친은 외교 정책을 보수적인 방향으로 선회할 수밖에 없었다. 1993~1994년 북미 제1차 핵 위기로 인해, 러시아는 평양에 대해 영향력을 유지하고 있어야만 오히려 동북아시아에서 더 큰 역할을 수행할 수 있음을 깨닫게 되었다. 이러한 태도를 장려한 건 당시 남한의 야당 지도자였던 김대중이었는데, 그는 강대국과 북한과의 전반적인 관계 개선을 지지했다.

푸틴이 러시아 정부를 장악하면서 모스크바는 두 개의 한국에 대한 더욱 강화된 등거리 방침을 수용했다. 그는 러시아의 국가 정체성 목표를 추구하는 데 아시아태평양 지역은 서양 못지않게 중요하다고 인식하고 있다. 오늘날 크렘린은 한반도에 대한 네 가지 목표를 갖고 있다. ① 한국에서 또 다른 전쟁이 발발하지 않도록 하기 위해 긴장을 완화시키는 것, ② 아시아태평양 지역에서 핵무기 경쟁을 촉발할 수 있는 대량살상무기(WMD) 확산을 막는 것, ③ 한국을 러시아 경제의 편익, 특히 러시아 극동지역의 현대화를 위해 활용하는 것, ④ 동북아시아 전체에서 러시아의 영향력을 회복하고 모스크바의 지위를 강화하는 것이다(Bazhanov, 2005).

정치 외교적 이슈

모스크바와 서울의 관계 정상화

1992년 3월 러시아 외교부 장관 코지레프는 중국, 일본, 남한을 방문하면서 러시아가 한반도의 남쪽을 바라보는 의도를 명확히 했다. 즉, 여행 일정에서 북한을 제외한 것은 대한민국과 포괄적인 외교적·경제적 유대 관계를 맺고자 하는 모스크바의 관심을 의도적으로 표현한 것이었다. 크렘린은 남한과 협력적 관계로 발전하길 원했을 뿐만 아니라, 옐친도 대한민국과의 협력을 중국과의 확대되는 개방 전략의 필수 구성 요소로 이해했다(Wishnick, 2004). 게다가 1990년대 러시아, 일본, 대한민국 사이의 삼각관계에서 흥미로운 부분은, 크렘린이 일본에 대한 압박을 위해 '남한 카드' 활용을 준비했다는 점이다. 한편 남한은 러시아와 관계를 의식적으로 일본과 미국의 영향력에 대한 균형추(counterbalance)로 바라보았다.

이렇게 상황에 따라 각자 추구하는 목표가 상충하고 변동했기 때문에, 1990년대 한소관계는 전혀 순조롭지 않았다. 북한과 조소 방위조약을 연장하지 않겠다는 옐친 정부의 결정이 있었지만, 1990년대 초반 남한 정부에게는 조약의 존재 자체가 쟁점이었다. 왜냐하면 서울은 모스크바에 동맹조약 내의 군사 조항을 포기할 것을 요구했기 때문이다. 하지만 1993년 러시아 외교부 장관은 이에 대해 내정간섭에 해당한다며 강력하게 반발했다. 러시아 연합 초기에는 남한 역시 1983년 사할린 상공에서 격추 당한 대한한공(KAL) 여객기 사건에 대해 정의(justice)를 관철할 수 있을 것이라는 희망을 가졌다. 그러나 러시아의 특별 국가위원회가 그 사건에 대해 책임을 질 수 없다고 결정하자 남한은 대단히 실망했다. 그러나 러시아는 1970년 박정희 정부가 국유화한 서울의 대사관 재산 보상 문제에 대해서는 관심을 보였다.

그래도 1992년 옐친이 서울을 방문하는 동안, 러시아와 남한의 지도자들은 대한민국과 러시아 연방 간의 기본 관계에 관한 조약에 서명했다. 이 조약에는 양국 간 관계는 자유, 민주주의, 인권, 그리고 시장경제의 이상에 대한 공유된 약속에 기반을 둔다고 규정했다. 이 조약이 북한의 이익을 침해할 의도는 아니라는 주장도 있었지만, 옐친은 조약을 체결함으로써 러시아 대북 정책이 일정 측면 변경될 수밖에 없다는 것을 알고 있었다. 여기에는 공격 무기와 원전 설비의 공급 중단, 1961년 조소동맹 조약의 공동 방위 조항 종료 등이 포함되어 있었다. 옐친은 남북관계 개선의 맥락에서 이러한 변화를 조약에 담았다(Wishnick, 2004). 러시아와 남한의 새로운 접근은 1994년 김영삼 대통령이 러시아를 방문하는 동안 강화되었는데, 이 자리에서 김영삼은 러시아의 지속적 개혁과 미래의 APEC 회원가입에 대한 지지를 표명했다.

1990년대 후반 한러관계는 눈에 띄게 냉각되었다. 고위급 외교관계의 교류가 거의 사라진 것이다. 그 후 2004년 9월 노무현-푸틴 정상회담이 열렸다. 그러나 노무현 대통령은 모스크바를 방문하기 이전 이미 워싱턴(2003년 5월), 도쿄(2003년 6월), 베이징(2003년 7월)을 방문했고, 이는 남한 외교 정책의 상대적 순위를 나타내는 것이었다. 안보와 경제 쟁점이 의제에 있었으나 노무현 대통령의 주요 초점은 러시아 내의 에너지 자원 확보에 있었다. 미래 한러관계에서 러시아의 주요 역할은 에너지 공급원인 듯했다.

모스크바와 평양의 관계 재정상화

냉전 중인 1961년 체결한 '조소 우호 협력 및 상호 원조 조약'은 모스크바와 평양 사이의 정치적 관계를 규정한 조약이다. 소련이 해체되면서 재협상 가능성이 높았음에도 불구하고 러시아는 소련 시절 체결한 조약과 공약을 존중한다는 데 동의했다. 옐친은 평양으로 특사를 파견해 러시아의 정책을 설명하고 북한의 의사를 타진했다. 그러나 북한은 1961년 조소 조약을 '시대에 뒤떨어진 것'으로 여겼다. 평양은 조약의 종료에 반대하지 않았음은 물론이거니와, 북한을 보호하고 있는 러시아 핵우산의 재보장 약속도 일축하며, 국가 안보에 대한 평양의 개념 수정을 시사했다(Rubinstein, 1997: 164).

그러나 북한은 자신의 태연자약한 태도가 불러올 결과를 완전히 깨닫지는 못했던 것 같다. 1996년으로 기한이 만료되는 조약을 갱신하지 않겠다는 1992년 결정은 러시아의 군사원조가 종료된다는 의미였다. 따라서 평양이 대외관계에서 지위가 격하되는 건 시간 문제였다. 북한은 한때는 멘토였던 국가로부터 '실질적으로 배신당했고 손해를 입었다'고 주장했고, 몇몇 관리들은 1990년대 중반 부진했던 북한 경제 상황은 '소련(러시아)의 갑작스러운 원조 중단과 군사 보호 철회'에서 비롯된 것임을 암시했다. 고립된 북한은 "우리의 부족한 모든 자원을 군사 계획에 쏟아붓는 것 이외에는 별다른 선택지가 없다. 특히 미국과 그의 꼭두각시인 남한이 이 기회를 북한에 대한 압력을 강화하기 위해 이용하고 있기 때문이다"라고 주장했다. 북한은 냉전 시기에 소련이 건설해놓은 북한의 산업시설을 러시아가 보수해주고 현대화해주기를 기대하면서, 최소한 부분적으로라도 북한의 '손해'를 보상해주기를 원했다.

일반적으로 탈냉전 이후 러시아와 북한의 안보 관계는 3단계를 거쳐 진화된 상태이다(S. H. Yang, W. S. Kim and Y. H. Kim, 2004). 첫 번째 단계는 1990년대 전반기로 이 단계에서 러시아는 서구와의 관계 개선에 초점을 둔 '근시안적' 또는 '낭만적' 외교 정책을 펼쳤는데(Vorontsov, 2002: 48), 이로 인해 북한과는 소원해지고 남한과는 점점 더 가까워졌다. 이에 따라 1993~1994년 북미 제1차 핵 위기 당시 러시아는 미국의 정책을 추종했지만, 그럼에도 러시아는 제네바 합의 과정에서 배제되고 말았다. 물론 다른 여러 요인들이 결합한 것이지만 러시아의 친대한민국 노선이 노골적으로 무시당하자, 러시아는 두 번째 단계의 모스크바-평양 관계를 열기 시작했다. 이 단계에서 러시아는 한반도와 관련하여 균형자(balancer)와 유사한 역할을 지향했다.

러시아에 대한 괄시는 1996년 미국과 남한이 한반도 이슈에 관하여 중국은 포함하면서 러시아는 제외한 4자 평화회담(미국, 중국, 남한, 북한)을 제안하면서 더욱 심해졌다. 러시아 당국자들은 중국과 제휴하거나 남한과 관계 정상화를 통해 얻을 수 있는 편익이 거의 없다고 생각했는데, 북한 역시도 러시아를 회담 당사국으로 끌어들이는 것에 큰 관심을 보이지 않았다. 사실 평양은 러시아의 불만에 눈 하나 깜짝하지 않으면서, 러시아는 6자회담을 두둔할 게 아니라 남한에서의 주한미군 철수 요구 및 미국의 NMD(국가 미사일 방어, National Missile Defence) 계획을 중단시키는 데에 집중해야 한다고 주장했다.[20] 따라서 러시아는 서울에 압력을 가할 수밖에 없었다. 러시아와 남한의 국익은 일치한다는 점을 강조하면서, 러시아는 한국의 재통일을 진심으로 희망하는 사실상 유일한 강대국이라는 점을 지적하면서 말이다.[21] 그러나 이러한 압력도 무력했다.

4자회담에서 러시아가 배제되자 모스크바 정책팀은 혹독한 비판을 받았고, 러시아 정부 관리와 학자들 사이에서 러시아의 한국 정책에 대한 논쟁이 촉발되었다. 러시아 의회(Duma)는 옐친과 끊임없이 싸우면서 청문회를 열었고, 자국 정부의 대한對韓 정책을 규탄했다(Wishnick, 2002). 러시아가 4자회담으로부터 배제되었다는 사실은, '미국 주도의 세계 질서 내에서 지역 강국으로서의 러시아'라는 소박한 개념조차 유효할 수 없음을 암시하는 것이기 때문이다(Sokov, 2002).

이와 같은 러시아의 내부적 격변으로 인해 평양은 1990년대 초반 반공산주의적 태도를 취했던 러시아의 과거를 눈감아주고, 예전 친구가 제 정신이 돌아올 수도 있을 거라는 희망을 유지했다. 평양은 놀랄만한 자제력을 보여주면서 모스크바의 반공산주의적 경향에 대한 비난이나 반박을 삼갔다. 평양은 러시아 국내 정치 내부에 존재하는 소수이지만 강경한 북한 지지자 그룹에게 도움을 받았다. 러시아 공산주의자들은 주체사상, 사회주의 건설에서 조선민주주의 인민공화국의 성취, 그리고 평양의 독립 외교 정책 추구를 빈번하게 찬양했다. 민족주의자인 블라디미르 지리노프스키(Vladimir Zhirinovsky)는 한층 더 열렬하게 평양을 찬양했고, 1990년대 중반 평양을 방문했을 당시 평양으로부터 후한 대접을 받았다. 북한의 인내는 기대했던 성과를 올렸다. 1995년 의회 선거에서 공산당이 다수 의석을 차지하자 이에 놀란 옐친 정부가 조선민주주의 인민공화국과 실무관계(working relationship) 회복에 동의했기 때문이다. 결

---

20 다음을 참고할 것. The DPRK Report, NAPSNET, No.22, p.1.

21 다음을 참고할 것. The DPRK Report, NAPSNET, No.2, p.6.

국 옐친도 평양과의 관계 확대가 동아시아 내 모든 국가에 이롭다는 주장을 수용한 것이다(Wishnick, 2002).

특히 러시아 정부는 북한과의 관계를 회복하는 것이, 그동안 북한을 향한 도관導管을 차단함으로써 동아시아에서 영향력을 잃은 러시아에 이익이 될 것이라는 점을 인정하기 시작했다. 옐친의 일방적인 친대한민국 정책으로 인해 한반도에서 러시아의 전략적 영향력이 희생되는 홍역을 치렀기 때문에, 평양에 대한 러시아의 영향력을 복원할 수만 있다면 이는 모두에게 환영받을 일이었다(S. H. Joo, 2003; Bazhanov, 1996). 북한과 러시아는 1961년 조약을 대체할 새로운 조약 제정을 시작했고, 또한 크렘린은 한반도에 대한 (결코 실현된 적 없는) 국제 회담을 제안했다. 1996년 러시아 의회 의장의 주도로 북한을 방문하고 온 러시아 의회 의원단은 정부에 압력을 가하기 시작했다. 이러한 압력이 있었지만 러시아와 북한의 관계 재정상화 조약이 완성되는 데는 1996년부터 2000년까지 4년이라는 시간이 걸렸다. 이 조약은 즉각적 군사 개입 의무 조항을 포함하지 않았다. 또한 이 조약은 국제법에 부합하는 지극히 평범한(absolutely normal) 국가 간 협정이라고 할 수 있고, 또한 제3국을 겨냥하지도 않았다.

러시아와 북한의 관계가 훼손되면서 러시아가 동아시아에 대한 영향력을 상실했다는 견해가 러시아 정치권 전반에 만연했다. 이와 동시에 개혁 과정에서 커다란 어려움을 겪은 러시아 엘리트 사이에서 보수적 정서가 부활했다. 조선민주주의 인민공화국과의 관계 회복을 위한 초기 시도는 1998년에 총리가 되는 당시 외교부 장관 프리마코프가 지지한 병행 정책(two-track policy)의 범위 내에서 고안되었다. 그 핵심은 평양과 새로운 관계를 추구하는 데 대한민국과 관계는 고려하지 않는다는 것이다. 그러나 북한과 남한을 분리하여 독립 별개의 관계를 유지하려는 시도는 이렇다 할 성공을 거두지는 못했다. 러시아의 경우 자신만의 접근법을 조합하여 남북한을 포괄할 때가 가장 좋았다. 따라서 러시아는 이러한 균등 관여 정책(equal engagement policy)을 강력하게 선호하기 시작했고, 그 결과 한반도에 대해서는 '양다리 걸치기'가 최고의 정책이 되었다(Toloraya, 2002: 151 참조). 모순되고 분열된 정책으로부터 러시아 고유의 한반도 정책으로 거듭나게 된 것은 부분적으로는 남한 내부의 변화에 기인한 것이다. 1997년 12월 대통령에 당선된 김대중은 그의 전임자들과 다른 관점에서 러시아를 판단했다. 그는 북한까지 아우르는 지역 구조(regional structures) 내에 러시아를 통합시킬 기회를 찾고 있었다(Wishnick, 2002). 1999년 5월 김대중 대통령은 옐친을 방문하여 햇볕 정책에 대한 지지를 얻어냈다. 동시에 한러 간 1998년 스파이 사건을 마무리했다(Bazhanov, 2005). 그러나 양국 사이의 주된 의제는 경제적 논의였다. 1999년 말 옐친이 돌연 사임하자 새로운 러시아 대통령으로 푸틴이 등장했고 그는 2001년 초 대한민국을 방문했다. 이 회담에서 푸틴은 미국의 미사일 방어 체제(MD) 및 미국이 1972년 조인한 ABM조약(탄도요격미사일제한조약)에서 탈퇴하려는 시도 같은 이슈를 꺼내, 남한과 새롭게 출범한 미국 부시 행정부 사이에 거리를 만들기 위해 노력했다. 물론 평양은 러시아가 남한에서 따뜻하게 환영받은 것과 군사 문제에서 한러협력 계획을 발표한 것에 대해 불쾌하게 생각했다.

그러나 전반적으로 봤을 때 북러관계 개선은 1990년대 후반 가속화되었다. 1999년 봄 나토(NATO)가 코소보의 운명을 걸고 유고슬라비아에 폭격을 가하자, 모스크바와 평양은 동시에 미국의 개입을 비난했다. 이에 따라 워싱턴과 모스크바의 관계가 냉각되자 평양은 흡족해했다. 평양은 또한 체첸 분쟁에 관하여, 러시아는 국가 질서와 통합을 회복하기 위해 분리주의자 및 테러주의자들과 싸울 권리가 있다고 표명함으로써 러시아 당국과의 교감을 보여주었다. 북한 대표는 전형적인 북한 방식으로 미국과 기타 '제국주의 세력'에 대해 "석유가 풍부한 지역에서 러시아를 몰아내려고 말썽을 일으키는 세력"이라고 비난했다(The DPRK Report, NAPSNET, No.22, pp.2~3).

푸틴 집권 기간 러시아는 대북 정책을 단칼에 변경했다. 탈냉전 이후 한러관계에서 세 번째 단계에 착수한 것이다. 푸틴은 1999년 옐친 은퇴 후 집권한

지 한 달도 안 되어, 1997년부터 북러 양국 간 진행되어오던 새로운 조약을 굳히기 위해 외교부 장관을 평양으로 급파했다. 그리고 이 조약은 2000년 2월에 서명되었다. 이 '북러 우호선린 협력조약'은 양국 관계에 새로운 법적 토대를 제공하고 있다. 이 조약에는 자동 군사 개입 조항을 포함하지 않았으며, 북한의 통일 방식에 대한 지지도 포함하지 않았다. 다만 이 조약에는 "상호접촉(mutual contact)"이라는 문구가 포함되어 있는데, 이로 인해 위기 상황과 관련해 구구한 해석을 피할 수 없게 되었다. 왜냐하면 조약에는 '접촉'의 의미에 대해 명확하게 하지 않았고, '접촉' 후 무슨 조치가 있을지(또는 없을지)에 대해서도 명확하게 하지 않았기 때문이다. 이 조항은 본질적으로 러시아의 대북 영향력을 제고하기 위한 시도이다. 이는 위기 시에 러시아의 안보를 위험에 빠뜨릴 수도 있는 자동 조정(automatic arrangement) 없이도 평양에 개입할 권리를 확립하기 위한 시도로 볼 수 있다(S. H. Joo, 2003). 한편, 남북문제의 해결에 관한 부분에서는 국제법을 준수하면서 유엔헌장을 참조하도록 하고 있다. 이처럼 유엔헌장과 국제법상 일반 규범 준수를 강조한 조약에 서명한 것은 북한에게는 사상 최초의 일이었다(Toloraya, 2002: 153). 러시아 여론은 모스크바와 북한, 남한 사이의 균형 관계를 회복한 이 조약을 지지했다(Wishnick, 2004).

2000년 5월 푸틴은 러시아 국가원수로서는 사상 최초로 북한을 방문하기로 결심했다. 그는 김정일이 개인적으로 초대한 첫 번째 외국인 지도자였고, 이 정상회담은 김정일 집권 후 평양에서 열린 첫 번째 국제 정상회담이었다. 김정일 위원장이 국제 문서에 서명을 한 것도 이때가 처음이었다(Toloraya, 2002: 154). 이 정상회담은 북한이 2000년 3월 러시아 대선에서 공산당 후보인 겐나디 주가노프(Gennady Zyuganov)를 지지한다는 의사를 표명했음에도 불구하고 성사되었다. 러시아는 당연히 평양 방문을 받아들였다. 모스크바는 북한을 제외한 아시아태평양 지역의 모든 국가들과 그럭저럭 관계 개선을 마친 상황이었기 때문이다. 개혁과 개방을 향한 평양의 움직임은 러시아의 결정에 도움을 주었을 것으로 추측된다. 푸틴은 가장 호의적인 방식으로 김정일을 묘사했다.

"박식하고 …… 그의 세계정세에 대한 평가는 객관적이며 그는 완전히 현대적인 사람이다"(S. H. Joo, 2003에서 재인용). 두 사람은 "개인적 공감대, 상호 존중, 그리고 이해를 발전시켰다. 몇몇은 그들이 '진정한 친구'가 되었다고도 한다"(Mansourov, 2004: 275).

러시아와 조선민주주의 인민공화국의 관계는 완전하게 재정상화되었다. 정상회담 동안 푸틴과 김정일은 경제, 과학, 문화, 기술 교류를 촉진하는 데 적극적으로 합의했다. 러시아는 남북한과 러시아 사이의 새로운 경제협력을 제시하며, 조선민주주의 인민공화국과 대한민국 사이의 주요 중재자가 되려는 열망을 공표했다. 푸틴의 조선민주주의 인민공화국 방문은 동북아시아 정치에서 미국과 기타 다른 참가자에게, 러시아는 한반도에 개입할 것이며 다른 국가들과 경제적으로 경쟁할 것이라는 신호를 보내는 것이었다. 사실 푸틴은 평양의 메시지를 서방 세계(the West)와 서울에 수없이 전달했고, 거기에는 김정일에 대한 긍정적 평가를 기꺼이 덧붙였다. 러시아는 국제 정세에 대한 북한의 입장을 대신 표명해주었다. 또한 북한과 남한, 일본 사이를 또는 북한과 미국 사이를 중재했고, 핵 교착 상황에서 타협안을 제시했다. 푸틴은 첫 번째 해외 방문지로 북한을 택했고, 이 방문에서 자국 국민들을 위해 러시아 극동 지역 경제 발전에 대한 약속도 덧붙였다(Bazhanov, 2005).

김정일은 2001년 8월, 수천 명의 러시아 철도 여행객을 불편하게 만든 6000마일의 별난 기차 여행을 통해 러시아를 답방했다(이 여행을 준비하는 데는 꼬박 1년 이상이 걸렸다). 2000년 5월 중국 방문, 6월 남북 정상회담, 10월 미국 국무장관 매들린 올브라이트(Madeleine Albright)의 평양 방문이 증명하듯, 이것은 김정일의 사교계 데뷔 행사 중 일부였다. 모스크바에서 김정일과 푸틴은 ABM 조약의 유지와 세계 안보 증진에 관한 서로의 입장을 확인했다. 크렘린은 심지어 "조선민주주의 인민공화국은 남한에서 주한미군을 철수하는 문제가 한반도 및 동북아시아의 평화와 안보를 위해 긴급한 중대 현안이라는 입장을 설명했다"는 내용을 성명에 포함하는 데에도 동의했다. 그러나 푸틴은 선언문에 소련이 설립한 기업의 구조조정에 관해서는 불확실한 표현을 삽입했다(Wishnick, 2002). 수십 년간의 사회주의적 국제주의에 근거한 형제와 같은 우정에도 불구하고, 이후 북한과 소비에트 지도자들은 푸틴 대통령과 김정일 위원장이 공유한 높은 수준의 개인적 신뢰와 믿음을 누리지 못했다(Mansourov, 2004: 278).

이러한 상호 방문 이후 김정일은 평양 주재 러시아 대표부와 긴밀한 접촉을 유지하며, 러시아와의 경제협력 프로그램 이행을 검토하기 위해 러시아 극동을 방문하기도 했다(S. H. Joo, 2003). 2002년 8월 푸틴과 김정일은 블라디보스토크에서 세 번째 정상회담을 개최했다.[22] 이 회담에서 푸틴은 미국이 북한에 대해 이른바 '이라크 시나리오'를 시행하려는 그 어떤 시도도 지지하지 않을 것이며, 조선민주주의 인민공화국에 반대하는 그 어떤 국제적 제휴에도 가담하지 않을 것임을 확약한 것으로 전해졌다. 또한 러시아는 이른바 '악의 축'이라는 낙인에서 벗어날 수 있도록 조선민주주의 인민공화국을 도울 것이며, 나아가 미국이 계획한 국제적 고립으로부터 벗어나도록 도울 것이라고 했다(Mansourov, 2004: 278). 이것이 바로 '푸틴 방안(Putin formula)'으로 알려진 것이다. 한편 이라크 사태와 관련해 푸틴은 다음과 같이 언급했다. "최근 러시아는 이와 같은 위기 – 이라크는 근래 많은 위기가 존재하는 상황이다 – 에 직접 휘말리는 사치를 한 번도 허용한 적이 없다." 또한 푸틴은 "그 어떠한 형태로든 러시아가 이라크 위기에 끌려들어가는 것을 막기 위해"(Zhebin, 2005: 150에서 재인용) 그의 권한 내의 모든 행위를 다할 것을 약속했다.

러시아에 대한 북한의 새로운 정책은 '새로운 병에 담긴 오래된 와인'이라고

22 이와 관련해 푸틴의 집권 첫 4년 동안 그 어떤 강대국도 러시아의 남북 정상외교에 필적하지 못했다는 점에 주목할 필요가 있다. 푸틴은 북한(김정일)과는 세 차례(2000년 7월 평양, 2001년 8월 모스크바, 2002년 8월 블라디보스토크), 그리고 남한과는 두 차례(2001년 2월 김대중 대통령과 서울에서, 2004년 9월 노무현 대통령과 모스크바에서) 정상회담을 했다.

표현하는 것이 가장 적절할 것이다. 이는 북러 간 공유된 지정학적 이해관계(shared geopolitical interests)에 근거한 것인데, 특히 미국의 강경책과 한반도에 주둔한 주한미군과 관련되어 있다. 이것은 김정일 위원장과 푸틴 대통령의 개인적 궁합과 긴밀한 유대 관계로 강화되고 있으며, 중앙 및 지방 수준에서 북한과 러시아의 관료 제도를 연결하는 네트워크가 맞물리면서 더욱 굳어지고 있다(Mansourov, 2004: 282~284). 많은 사람들은 비록 러시아가 아직까지 북한에 경제적 원조를 확대할 준비는 안 되었지만, 모스크바가 한반도에 대한 영향력 경쟁에서 최소한 외교에서만큼은 좀 더 적극적이 될 것으로 보고 있다. 러시아 분석가들은 더 많은 러시아인이 북한에 진출하는 것이 평양과 한반도의 평화 프로세스에 유용할 것으로 믿고 있다. 왜냐하면 러시아와의 접촉 강화는 조선민주주의 인민공화국으로 하여금 더욱 자신감을 갖도록 할 것이며, 그 결과 북한이 더욱 유연한 태도로 다른 국가들과 함께 할 수 있도록 촉진할 것이기 때문이다(The DPRK Report, NAPSNET, No.24, p.6).

군사 및 안보 쟁점

안보 우려는 러시아가 당면한 최고 이슈이다. 1993년 군사독트린을 거의 그대로 반복한 러시아의 1997년 '국가 안보 개념'에는 러시아 주변에 대규모 군사력이 집중되는 것에 대한 깊은 우려가 분명하게 드러나 있다. 이에 해당하는 것은 바로 대한민국 주둔 미군과 인근 해상의 중국군, 또는 러시아 극동에 파급 효과를 미칠 조선민주주의 인민공화국 내의 붕괴나 폭발과 관련된 것일 게다. 그러나 러시아 국방 장관의 1996년 성명은 한반도를 러시아 국경을 끼는 하나의 안전지대로만 이해하며, 한반도에는 조금도 비중을 두지 않는 것처럼 보였다(Sokov, 2002: 133). 조선민주주의 인민공화국과 관계가 재정상화되었다는 점을 감안하면 러시아는 핵 위기, 정체된 한반도 평화회담과 재통일 문제에 관해 주도까지는 아니더라도 지원 역할은 할 수 있을 것이라 보고 있다. 이를 통해 러시아는 세계 공동체 내에서 위상을 높이고 강대국의 역할을 자처할 수 있을 것이기 때문이다.

모스크바의 행위 동기는 안보·위상 지향적(security and status oriented)이라 할 수 있다. 소련 붕괴 직후 '현실을 직시하지 못하던 시절(starry-eyed beginnings)'을 보낸 후, 러시아는 북한 정권이 가까운 장래에 붕괴되지는 않으리라는 것과 그러한 붕괴는(발생하지는 않겠지만) 실질적으로 더 큰 안보 위험을 초래할 것이라는 점을 깨달았다. 러시아는 안전보장, 영향력 회복, 명성 회복 모두를 원한다. 그리고 이러한 목적이 가능한 곳이라면 어디든지 방문하고 있다. 러시아는 새로운 협력자들과 가까워지기를 희망하고 있고, 또한 탈냉전 직후 무모하게 내쳤던 과거 동맹국(북한)과 관계 회복을 원하고 있다. 모스크바가 김일성 정권을 만들어냈고 이를 육성하기 위해 상당한 시간과 돈을 들였기 때문에, 러시아에게 북한은 관계를 회복해야만 하는 원초적 동반자라고 할 수 있다. 이러한 주장의 인식적·정서적 근거는 지도자는 나타났다가 사라지지만 국민들의 기억과 우호 감정은 지속된다는 것이다. 러시아는 또한 조선민주주의 인민공화국에 대한 영향력을 재점화함으로써 대한민국에 대한 영향력을 회복할 수 있을 것이라고 믿고 있다.

이런 정서는 1990년대 초반 러시아의 대북 정책과 대조된다. 1993년 3월 평양은 NPT — 고르바초프가 1985년 12월 북한을 설득해 서명하게 했던 — 를 탈퇴할 것이며 나아가 핵폐기물 처리 시설에 대한 국제원자력기구(IAEA)의 사찰을 허용하지 않겠다고 발표했다. 그러자 러시아는 북한에 세 개의 660메가와트 경수로(LWRs)를 제공하겠다는 1991년 협정을 중단했고, 그 결과 러시아는 상당한 재정적 손실을 입었다. 옐친이 40억 달러 상당의 원자로 건설을 중단하기로 결정했을 때 이 공사는 거의 완성 단계였는데, 북한이 러시아 회사들에게 공사 대금 지급을 거부했기 때문이다(Wishnick, 2002; S. H. Joo, 2000a). 또한 옐친은 평양의 NPT 탈퇴에 대해 공개적으로 경고했는데, 이에 대해 북한은 러시아가 동해에 핵 쓰레기를 버리고 있다고 공개 비난하면서 맞불을 놓았다(Wishnick, 2002). 옐친은 만약 북한이 핵무장 능력을 확보하기 위한 시도를 고집한다면, 북한에 대한 국제 제재를 지지하겠다고 위협함으로써 1994년 김일성을 더욱 격분하게 만들었다.

이처럼 러시아는 핵확산에 대한 미국의 무관용 정책(zero tolerance policy)을 전폭적으로 지지했지만, 그럼에도 1993~1994년 핵 위기에 대한 해결책인 제네바 합의에서 배제되고 말았다. 북한의 에너지 분야에 먼저 참여한 건 러시아인데도, 정작 1995년에 설립된 한반도 에너지 개발 기구(KEDO)는 북한에 (러시아형 경수로 대신) 한국형 경수로를 건설하기로 결정한 것이다. 모스크바는 NPT 참여로 인해 러시아는 오히려 불이익을 받고 있는 반면, 제네바 합의의 당사국들은 그들의 상업적 이익 — 이는 NPT 위반이다 — 에 따라 행동하고 있다고 주장하며, 한국형 원자로에서 나오는 핵폐기물을 정제하는 보조 역할은 할 수 없다고 거부했다(Wishnick, 2004).

다수의 러시아 전문가들은 1994년 평양이 제네바 합의에 서명했음에도 불구하고 군사용 핵 프로그램을 완전히 중단하지는 않을 것이라고 믿고 있다. 그들은 북한이 단지 연구 개발의 속도만 늦추었을 뿐, 자신들의 노력을 더욱 철저하게 감출 것이라고 생각한다. 동시에 러시아 원자력 에너지부 당국자들은 미국이 제시하는 위성 영상 증거에도 불구하고, 북한은 파키스탄이나 인도와 달리 핵실험을 하지 않았기 때문에 북한이 원자폭탄을 확보했는지에 대해 확신하지 못하고 있는 상황이다(그러나 러시아의 전문가들은 북한이 화학 무기, 생물 무기 등 미국이 별로 강조하지 않는 무기의 개발은 지속하고 있다고 본다).[23] 사실 남아시아 국가들의 핵실험은 북한이 지속적으로 핵무기를 추구하는 원동력이 되었을지 모른다. 러시아 외교부의 한 관리는 인도와 파키스탄의 핵실험으로부터 평양은 두 가지 교훈을 얻었다는 북한 고위 외교관의 1998년 발언을 인

23 [옮긴이] 그러나 북한은 2006년 10월 9일 함경북도 길주군 풍계리 지하에서 플루토늄 방식의 1차 핵실험을 시작으로 지금까지 모두 네 차례의 핵실험을 강행했다. 이 책은 북한이 핵실험을 강행하기 이전에 출간되었음을 감안하라.

용했다. ① 거대한 인도조차 핵을 추가하는 것이 자신들의 국가 안보를 위해 필요하다고 믿는데, 작은 나라인 북한은 더더욱 이러한 필요성에 주목하지 않을 수 없고, ② 남아시아 국가의 핵실험에 대한 국제사회의 대응은 '위반자'를 응징하기는커녕 오히려 위반자가 핵 보유국이라는 이미지를 통해 추가적 열매를 거둘 수 있음을 보여주었다는 것이다(The DPRK Report, NAPSNET, No.12, May 1998, pp.1~2).

2000년 7월 정상회담에서 푸틴이 김정일에게 양보한 것 중 하나가, 북한의 미사일 계획은 전적으로 평화적인 것이며 따라서 그 누구에도 위협적이지 않다고 언급한 공동선언이었다(Bazhanov, 2005). 이와 대조적으로 이전 옐친 행정부에서는 1998년 대포동 미사일 시험 발사에 대해 북한에 불쾌함을 표시했었다. 당시 옐친 정부는 미사일의 궤도가 러시아의 배타적 경제수역을 통과했다고 언급하면서 북한의 공식 해명을 요구했다. 이에 대해 북한 대표는 4대 강국의 미사일 프로그램을 힐난하며 "우주 탐사와 조국 보위를 포함한 그 어떤 목적의 미사일 시험과 생산도 명백한 주권 국가의 권리"라고 자신들의 행위를 단호하게 옹호했다(The DPRK Report, NAPSNET, No.19, August 1999, p.1). 푸틴 행정부의 북한 미사일 프로그램 용인은, 평양이 스스로 2002년까지 연장한 미사일 발사 유예뿐만 아니라 러시아의 핵 없는 한반도 정책과도 양립하지 않는다. 푸틴은 황금시간대의 머리기사를 장식하며, 우주 공간의 평화적 연구를 위해 선진국이 인공위성을 대신 발사해준다면 대포동 미사일 계획 – 미국 NMD의 핵심 근거 – 을 없애기로 북한 지도자가 약속했다고 공개했다. 푸틴은 또한 김정일의 '인공위성 대 미사일' 제안을 일본에서 열린 G-8회담의 의제로 올리려고 애썼다. 김정일은 나중에 이와 같은 제안을 '농담'이었다며 철회했다. 김정일은 "이 농담 때문에 미국이 골치깨나 아팠을 것이다. 미국이 우리에게 돈 주기도 싫고, 우리 과학자들의 인공위성 연구는 막아야 하겠고, 큰 골칫거리였을 것이다"라고 언급했다.[24] 러시아 외교부의 게오르기 톨로라야(Georgi Toloraya) 아시아 제1 부국장은 김정일 발언에 대한 해석 논란을 촉발했다. 톨로라야에 따르면, 김정일은 2000년 8월 남한 언론사 사장단 방북 당시 남한 언론인들에게 "만약 미국이 우리를 위해 인공위성을 대신 발사해준다면 우리는 미사일을 개발하지 않을 것"이라고 푸틴에게 말한 사실을 털어놓았다고 주장한다. 그리고나서 김정일은 미국과 일본은 어차피 자신의 제안을 절대 진지하게 받아들이지 않을 것이라며, 상황이 역설적임을 언급했다. 톨로라야에 따르면 김정일이 사용한 '역설(irony)'이라는 단어를 후일 적대적 언론이 '농담(joke)'으로 오역했다고 한다(Toloraya, 2003: 40; Meyer, 2006).

북한 미사일 문제에 대한 푸틴 행정부의 낙관이 러시아 군부 내에서까지 공감을 얻은 것은 아니다. 러시아의 참모본부는 핵과 미사일 능력을 향한 북한의 노력을 면밀하게 주시하는 중이다. 또한 이러한 계획을 "지역 및 세계 안정뿐만 아니라 러시아 국가 안보에 직접적 영향을 미치는 것"이라고 설명하고 있다. 러시아 군사 당국자들은 북한의 핵미사일 야망은 – 북한뿐만 아니라 인도, 파키스탄, 이스라엘도 – 더욱 강력한 국제적 합의와 비핵지대 창출, 그리고 포괄적 핵실험 금지조약(CTBT)의 전면적 이행을 통해 억제되어야 한다고 생각하고 있다(The DPRK Report, NAPSNET, No.21, December 1999, p.1). 2001년 4월 러시아가 합의한 군사 협력은 소련 시절 북한에 제공된 무기를 개선시켜주는 것에 한하지만, 이를 군부가 어떻게 생각하는지는 명확하지 않다(Wishnick, 2002).

한편 러시아는 서울이 미국의 국가미사일방어(NMD)와 전역미사일방어(TMD)에 반대하며 모스크바에 가담하기를 기대했다. 2001년 2월 정상회담 직후 발표된 김대중과 푸틴 사이의 공동성명은 분명하게 규정된 것은 아니지만 이러한 러시아의 기대가 성취되었음을 명백하게 보여준다. 김대중 대통령은 "ABM조약은 전략적 안정을 위한 초석이며 핵 군축과 비확산을 위한 국제적

---

24 인터뷰 영어 전문은 다음을 참고할 것. Foreign Broadcast Information Service(FBIS), *Daily Report/East Asia*(DR/EA), August 13, 2000.

노력의 중요한 토대이다"(S. H. Joo, 2003에서 재인용)라고 발언했다. 그러나 이러한 발언은 부시 행정부의 입장과는 어울리지 않는 것이었고 한미 동맹에 균열을 야기하는 것이었다. 이에 따라 서울과 워싱턴 사이에 이견을 조정하기 위한 몇 차례 어색한 접촉이 있었고, 그 후 워싱턴에서 처참한 한미 정상회담이 끝난 후에 김대중 대통령은 전통적인 방식으로(즉 김영삼의 방식으로), 외교부 장관과 통일부 장관을 포함한 핵심 관리자를 교체하는 내각 개편을 통해 이 위기를 넘겼다.[25] 2001년 8월 모스크바를 방문한 김정일 또한 (나중에 미국은 탈퇴하게 되는) ABM 조약에 대한 지지를 확인했다.

물론 북한이 새로운 러시아 기술을 통한 군비 증강에 관심이 있는 것은 사실이지만, 정작 러시아와 무기 도입 협상을 벌인 건 대한민국이었다. 2002년 12월 대한민국은 차관 상환의 일환으로 5.34억 달러어치의 러시아제 무기 도입에 합의했다. 이 합의에서 대한민국은 2006년까지 여섯 가지 종류의 러시아제 무기를 구입할 것이며, 구매 대금의 절반은 모스크바가 서울에 진 빚으로 충당하고 나머지 절반은 현금으로 지급할 것을 명기했다(S. H. Joo, 2003). 후에 노무현 대통령은 소련이 대한민국에 진 빚의 30%를 탕감해주는 데 합의했

25 [옮긴이] ABM조약(요격미사일의 제한에 관한 미소 간 조약)은 한 마디로 MD 구축을 제약하는 조약이라고 할 수 있다. 따라서 MD 추진을 꾀하던 부시 행정부에게 ABM조약은 눈엣가시 같은 조약이었다. 2000년까지 클린턴 행정부의 공식 입장은 ABM조약 유지였으나, 2001년 1월 부시 행정부가 새롭게 들어선 이후 미국은 MD 구축을 위해 ABM조약 폐기를 추진했다. 미국의 이러한 변화를 제대로 인식하지 못한 대한민국 외교부는 2001년 2월 28일 김대중-푸틴 한러 정상회담 공동 발표문에 'ABM조약의 보존 강화'를 포함시켰고, 이 때문에 백악관이 대한민국 정부에 거세게 항의하는 일이 벌어졌다(이로 인해 외교부 장관이 교체되었다). 또한 직후 개최된 한미 정상회담(2001년 3월 8일)에서 부시 대통령은 회견 도중 김대중 대통령을 '디스 맨(This man)'으로 호칭하는 무례한 모습을 보였다. 한국 외교부의 무능이 낳은 외교 굴욕이었다. 결국 부시 대통령은 MD 구축에 대한 제약에서 벗어나기 위해 2001년 12월 31일 ABM조약을 일방적으로 파기했다.

다(약 6.6억 달러). 한편 북한은 매년 1000만 달러어치의 소련제 무기의 예비 부품을 구입하고 있으며, 또한 무기의 질과 수명 개선을 위해 인도와도 협력하고 있다(The DPRK Report, NAPSNET, No.4, p.6). 러시아는 더 현대적인 무기 체제를 구입하고자 하는 북한의 요구를 반복적으로 거절했다. 왜냐하면 조선민주주의 인민공화국은 대금 지급으로 경화(hard currency)보다는 공허한 신용을 선호하기 때문이다(Wishnick, 2004). 한편 북한으로는 새로운 무기가 유입되지 않는 데 반해, 남한에는 러시아제 무기가 판매되는 것이 평양의 입장에서는 매우 큰 불만이었다. 옐친 행정부는 남한과의 협력을 방해할 수 있다는 이유로 북한에 대한 무기 판매를 거부하여 의회(Duma)의 저항에 직면했으나, 푸틴의 투 트랙 전략은 비판을 덜 받았다.

러시아는 미국에 의해 반복되는 평양의 안보 공포를 인정하면서, 나아가 부시 행정부의 대북 강경책을 비판하고 평화적 수단을 통한 분쟁 해결을 미국에 촉구하고 있다. 제2차 북미 핵 위기와 관련해 러시아 외교부 차관은 평양에 대한 압박은 상황을 더욱 악화시킬 뿐이라고 강조하며 이 문제의 근본 원인을 이해하는 것이 필요하다고 주장했다. 러시아 의회 의장은 미국이 북한에 원자로를 건설해주기로 한 약속을 이행하지 않았고 또한 북한을 '악의 축'에 포함했던 점을 지적하며, 북한의 핵 프로그램 재개는 미국의 책임이라고 비난했다(Zhebin, 2005). 이 문제에 관해 러시아 외교 정책 당국자 사이에 몇몇 이견이 있지만, 오늘날 모스크바는 '레짐 체인지(regime change)'가 아닌 북한 체제의 '변환(transformation)'을 지지한다. 1990년대 초반 많은 친서방 러시아인은 평양의 끔찍한 스탈린주의 정권이 조기 붕괴하기를 기대했고 심지어는 희망하기까지 했다. 그러나 최근 많은 러시아 분석가들의 주장에 따르면, 북한 정권의 붕괴는 필연적이지도 않고 애초 상정한 것처럼 바람직하지도 않다고 보는 것이 일반적이다(Meyer, 2006; Bazhanov, 2000b: 219~220).

동시에 러시아는 미국의 북한 공격에 따른 예상 가능한 파급효과 – 난민과 방사성 낙진 – 에 대해 도상 작전을 수행했다. 러시아인들은 미국의 이라크 공격을 보면서 미국이 북한에 대한 위협을 실제 실행할 수도 있다는 점에 경악했다(Bazhanov, 2005). 만약 러시아가 워싱턴과 함께 평양에 반대하는 연합 전선에 가담하거나 북한을 적대하는 어떤 연합에 참여한다면, 다음과 같은 소리를 들을 것이다. "이는 세계적 강대국(world power)이라는 러시아 이미지에 그 어떤 도움도 되지 않을 것이다. 심지어 자신의 이익을 옹호할 능력이 있는 지역 강대국(regional power)으로서의 이미지에도 전혀 좋을 게 없다. 반대로 이른바 '가까운 외국(near abroad)'[26]을 포함하여 모스크바의 국제적 지위에 대해 최악의 역효과를 초래할 것이다"(Zhebin, 2005: 147). 이와 같이 러시아의 한국 정책에는 정치적 위상(정체성)과 안보가 불가분적으로 연계되어 있다. 따라서 러시아는 핵 협상에서 자신의 입장을 관철하기 위해 중국과 긴밀하게 협력해야만 했다. 푸틴이 장쩌민 그리고 후진타오와 회담한 이후, 이들은 핵무기 없는 한반도와 북미관계 정상화를 요구하는 선언을 했다.

일반적으로 러시아는 한반도의 평화와 안전에 대해 다국적 협력을 추구한다. 또한 한반도 문제는 가능한 한 한국인들 스스로 해결해야 한다는 생각을 지지한다. 러시아는 북미 양자 협상 또는 미국, 중국, 남한, 북한이 참여하는 4자회담도 반대하지 않는다. 비록 후자의 경우 밀려나는 느낌이 들겠지만 말이다. 그러나 러시아는 미국 단독으로는 '한반도의 매듭(Korean knot)'을 풀 수 없으며, 동북아시아의 영구 평화와 안전을 창출하기 위해서는 다자간 접근에 의존해야 한다고 역설하고 있다. 러시아 정책 입안자들은 평양이 진정으로 개혁에 관심을 갖고 있지만 이들은 고립되어 있으며 피해의식에 사로잡혀 있다고 생각한다. 그들은 북러 간 신뢰의 회복이 평양이 자신감을 회복하고 남한에 건설적인 방법으로 관여하는 데 도움이 될 것이라고 주장한다(S. H. Joo, 2003).

러시아는 6자회담의 진지한 지지자였다. 알렉산더 제빈(Alexander Zhebin)에 따르면 러시아는 평양의 주장 덕분에 6자회담에 참여할 수 있었다고 한다.

---

26 [옮긴이] 러시아에서 본 옛 소련연방공화국(소련 해체 후 독립한 14개 공화국)을 뜻함.

일부 관측통들은 러시아가 2003년 3월 베이징의 3자회담에 초대받지 못한 것을 외교적 '실패'로 간주한다. 따라서 2003년 8월 27~29일, 북한이 6자회담에 러시아의 참여를 요구하기로 결정하자 러시아에서는 안도감과 함께 '긍정적 조치'라며 이를 환영했다(Zhebin, 2005: 143). 그러나 왕왕 "러시아의 이해관계를 고려하지 않고 핵 위기를 해결하는 것은 불가능하다"라고 러시아 외교부 차관이 선언했듯(Wishnick, 2004에서 재인용), 자신들의 사정을 지나치게 강조했다. 러시아는 주로 동북아시아 에너지 네트워크 개발 계획에 북한의 참여를 권유하는 방식으로 평양에 대한 영향력을 강화함으로써 자신들의 존재감을 드러내고자 했다. 그러나 북한 정권은 이것이 속이 빤히 들여다보이는 계획이라는 것을 이미 알고 있다. 러시아는 현재 한반도와 관련한 다자간 회담에 포함된 상태인데, 러시아가 6자회담에 포함된 것은 소련 해체 이후 처음 있는 일이다.

중단과 재개가 반복되는 지지부진한 핵 협상 덕분에, 역설적이게도 러시아는 남북한 모두와 협력하고자 하는 자신들의 목표에 몰두할 수 있었다. 2003년 1월 남한 당국자는 NPT 탈퇴 결정을 철회하도록 북한을 설득해달라고 모스크바에 요청했다. 푸틴은 핵 위기를 어떻게 풀 것인가에 대한 메시지를 김정일에게 전달하기 위해 외교부 차관을 평양으로 보냈다. 이때 제안된 패키지는 한반도 비핵화, 북한의 안전 보장, 북한에 대한 인도적 지원과 경제원조 재개를 포함하는 것이었다(S. H. Joo, 2003). 그러나 이러한 러시아의 제안은 결코 순조롭게 진행되지 못했고, 더구나 미국과 대한민국은 평양 정권에 영향력을 행사할 수 있다는 측면에서 중국을 실질적 핵심 행위자로 바라보았다. 이러한 이유 때문에 핵 이슈에 관한 3자회담, 6자회담 모두 베이징에서 개최되었다. 1994년 제네바 합의와 KEDO에서 배제된 기억 때문에 러시아는 핵 위기를 완화시키기 위한 노력의 일환으로 북한에 원자력 발전소를 지어줄 것을 제안했고, 또한 러시아 전력 회사는 블라디보스토크와 청진을 잇는 송전선의 건설을 제안했다(Wishnick, 2004).

2003년 8월 6자회담이 진행되자마자 모스크바는 베이징의 접근 방식과 매우 유사한 일괄 해결책(package solution)을 제안했다. 러시아의 일괄 해결책은 두 가지 원칙에 기초하고 있는데, 단계적 절차(stage-by-stage process)를 통해 문제를 해결하자는 원칙과, 관련 당사국 간 조율된 조치(coordinated measures)에 대해서는 서로 동시 이행하자는 원칙이 그것이다(Zhebin, 2005: 144). 러시아 당국자들은 협상을 통해 위기를 평화적으로 해결하자고 주장하며, 군사적 해결의 위험성에 대해 경고하고 나섰다. 또한 평양에 대한 제재나 압력은 역효과를 낳을 뿐이라며 거부했다. 그들은 유엔 안보리에 북한 핵 문제를 회부하는 것에도 반대했다. 이처럼 러시아 전문가들은, 압박은 북한을 궁지로 몰아넣고 그들의 안보 불안을 증폭시킴으로써 역효과를 낳을 개연성이 크다고 경고했다. 또한 러시아 당국자들은 북한에 대한 압박 정책보다는 보장 정책(policy of reassurance)을 채택함으로써 발생하는 이익이 더 크다는 점을 끈질기게 주장했다. 러시아는 북한에 대한 국제적 안전보장과 에너지 제공을 자청했다(Meyer, 2006).

한반도 비핵화를 위한 러시아의 목표는 확고하지만, 역설적이게도 러시아 극동은 불완전고용 상태에 있는 과학자들이 군사기지에서 핵 기술과 핵 물질을 빼올 수 있는 진원지이기도 하다. 많은 러시아 핵잠수함 기지가 북한 인근에 위치하고 있고, 이는 잠입의 기회를 제공하고 있다. 특히 북한 요원들은 북한에서는 찾기 어려운 각종 장비의 부품이나 소프트웨어의 구입을 꾀할 수도 있다. 몇몇 요원들은 러시아의 방사성 물질과 핵잠수함의 퇴역에 관한 계획을 입수하려다 발각된 상태이다(Wishnick, 2004).

러시아는 6자회담이 아시아태평양 다자간 회담으로 발전되기를 원한다. 이러한 제안은 소련이 처음으로 아시아 집단 안보체제의 창설을 요청했던 브레즈네프 시대까지 거슬러 올라간다. 고르바초프는 집단 안보 구상을 아시아에 재도입했다(S. H. Joo, 2003). 옐친 정부 초기에는 갈등 방지 및 안보 문제 연구를 위해 아시아태평양 센터의 창설을 제안하기도 했다. 그러나 1989년 APEC

의 탄생, 1993년 ASEAN 지역 포럼의 탄생은 동아시아 지역 기구는 이미 존재하고 있으며 러시아가 추진하기 이전부터 이미 위의 회의들을 제안하고 추진해왔다는 것을 의미한다. 2003년 4월 핵협상이 시작되자 러시아는 이러한 핵협상을 단지 북한 핵 프로그램 문제뿐만 아닌 다양한 한반도 이슈를 논의하기 위한 포럼으로 활용하자고 제안했다.

푸틴 정부하에서 러시아의 전략적 중요성이 커지고 있음을 감지한 평양은 일련의 문제를 해결하는 데에 러시아가 다음의 사항을 제공하거나 창출하리라 기대하고 있다. 즉, ① 미국의 군사 위협으로부터 사실상 보호, ② 핵과 미사일 문제에 대한 미국과의 협상에서 러시아의 지원, ③ 북한에 대한 러시아의 영향력이 증대되는 것을 상쇄하기 위해 북한의 요구를 수용하려는 미국의 태도, ④ 러시아의 군사 원조 갱신, ⑤ 산업 설비 현대화에 러시아의 참여, ⑥ 러시아 석유 및 가스의 안정적·지속적 전달, ⑦ 평양이 베이징으로부터 추가적으로 정치적 이권을 뽑아내는 데 도움을 줄지도 모를 중국 내의 경쟁 심리, ⑧ 구 소련 국가들의 협력에 대한 관심 등.

러시아의 2003~2005년 6자회담 참여는 조심스럽게 결정되었다. 물론 6자회담의 순조로운 출발과 유지를 위해 총대를 멘 건 중국이지만, 러시아 역시 중대한 조연 역할을 했다. 러시아 외교관은 중국을 6자회담을 추진하는 "기관차"로 표현한 반면 러시아 역할은 "은은한 외교(whisper diplomacy)"를 수행하는 것이라고 표현했다(Y. Bin, 2004). 러시아와 중국은 2004년 초 정상회담 기간에 전략적 조정 작업을 수행한 바 있는데, 양국 모두 북한은 비핵국가를 유지해야 한다는 희망을 언급했다(Y. Bin, 2004 참조). 2003년 러시아는 북한 핵 문제를 유엔 안보리로 회부할지 여부에 대한 IAEA 투표에 기권했는데, 이는 6자회담 지속에 대한 지지를 효과적으로 표현한 것이었다. 회담의 제3라운드 내내 러시아는 조선민주주의 인민공화국이 핵 프로그램을 중단하는 대가로 북한에 에너지를 공급하자는 중국, 남한 측 주장에 가담했다. 또한 회담이 진행되는 내내 러시아는 북한에 적당한 식량 원조를 지속했고 북한 대표들과 회의를 지속했다.

경제 및 실용적 이슈

고르바초프 통치 기간의 마지막 해에 소련은 긴축 필요성을 인정했다. 그리고 세계 속에서 러시아의 독자적 정체성을 재정립하고자 노력했던 옐친 집권 기간에 이념은 점차 부적절한 것이 되었고, 지정학은 부차적인 것이 되었으며, 경제가 러시아와 두 한국과의 관계를 추동하는 견인차가 되었다. 물론 위 세 가지가 무관하다는 주장을 하려는 것은 아니다. 예컨대, 시베리아 해안의 개발은 러시아의 주요 목적이지만, 모스크바는 한반도의 평화 없이 그러한 개발에 착수하는 것을 두려워한다. 따라서 주변 지역의 안정과 국제 협력은 러시아 자체 발전을 위해 필수적인 것으로 간주된다(The DPRK Report, NAPSNET, No.6, p.5). 고르바초프는 일찍이 남한이 산업 발전과 세계경제와의 결합이라는 측면에서 모방할 만한 모델이라는 점을 인정한 바 있다(I. J. Kim, 1994).

1990년 소련은 조선민주주의 인민공화국과 22억 달러 규모, 대한민국과 8.9억 달러 규모의 무역 거래를 했다. 1년 후 조선민주주의 인민공화국과의 교역액은 3.65억 달러로 84% 곤두박질 쳤고, 반면 대한민국과의 교역액은 12억 달러로 증가했다. 〈그림 3-1〉에서 볼 수 있듯 이는 소련 붕괴 이후 대한민국과 러시아의 교역을 규정하는 추세의 시작을 의미한다. 1995년부터 2002년까지 러시아와 북한의 무역은 연간 1억 달러 이하의 상품 교역에 그쳤다. 그러나 대한민국과의 무역은 1997~1998년 아시아 금융위기(AFC) 시절 약간의 차질을 빚었던 때를 제외하고 꾸준히 증가해 2004년 60억 달러에 이르렀고, 이때 러시아는 13억 달러의 흑자를 기록했다. 러시아는 대한민국의 18번째 교역국에 불과하지만 북한에게는 네 번째 교역국에 해당한다.

러시아가 동북아시아에서 경제적 목표를 달성하기 위해서는 북미 핵 교착 상태를 평화적으로 해결하면서 강대국으로서의 역할을 수행하는 것 외에는

〈그림 3-1〉 **북러 교역 현황(1989~2004년)**

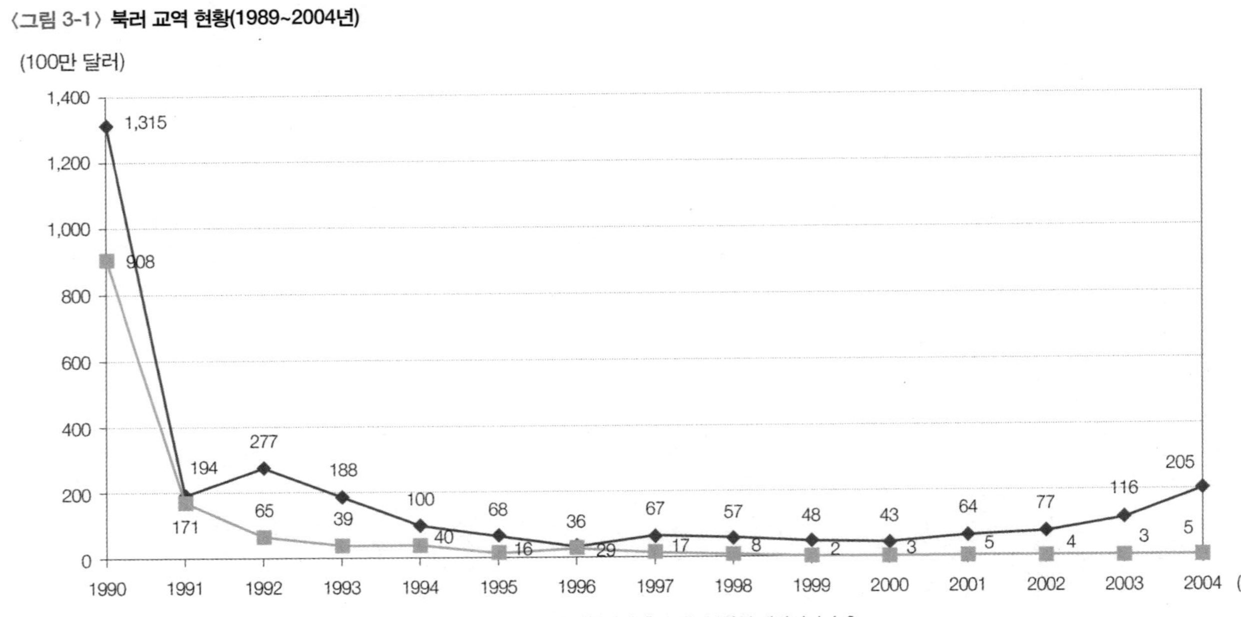

자료: 외교부(1997: 396, 401); 외교통상부(1998: 481, 486; 2000: 497; 2001: 484; 2002: 497); KOTRA.

선택의 여지가 없다고들 한다. 문제는 평양에 대한 모스크바의 영향력이 제한적이라는 점이다. 왜냐하면 러시아는 북한 정권의 생존을 돕는 데 필요한 대규모 경제원조를 제공하지 않기 때문이다. 러시아와 북한의 연간 교역량은 2004년 고작 2.1억 달러(2003년 1.19억 달러에서 오른 것이다)에 불과하며, 이는 남한 또는 중국과 북한의 연간 교역량에도 한참 못 미치는 수치이다. 그러나 만약 핵 위기가 해소된다면 러시아는 북한에 전기 그리고/또는 천연가스 공급자로서 좀 더 중요한 국가가 될 수도 있다. 다만 이러한 계획이 실현될지 여부는 남한 및 다른 외부로부터 재정 지원을 끌어낼 수 있느냐 여부에 달려 있다 (Meyer, 2006).

한러 경제관계

무역 수치가 보여주듯, 러시아 연합 초기 무기력한 옛 초강대국에게 남한은 아시아-태평양 내의 유망 지역이었다. 러시아의 천연자원과 군사 및 우주 기술에 관심을 가진 남한 회사들이 러시아 시장의 시선을 끌기 위해 노력했다. 몇몇은 주요 투자 기회를 타진했고 모스크바는 한국인의 투자를 간청했다. 그리고 소련 붕괴 후 서울이 동결한 30억 달러의 차관 재개를 압박했다. 옐친이 신용공여 재개를 끌어내는 데 성공하면서 마치 한러 경제관계가 크게 가속화할 것처럼 보였지만(Bazhanov and Bazhanov, 1994: 789~790), 몇 년이 안 되어 모스크바는 만기가 도래한 차관의 상환을 연기하기로 결정했다. 서울의 언론은 이를 "우리의 이해와 인내를 넘어서는 오만방자한 행위"라고 언급했다 (Bazhanov, 2005에서 재인용). 서울은 차관의 절반에 대해 동결을 유지했고, 야당은 외교와 경제 정책의 실수를 이유로 정부를 공격했다. 그러자 러시아는 경제 분야에서 일관성 없이 동요하는 서울의 태도와 일부 한국 기업인들의 부정행위 의혹으로 좌절감을 느낀다고 주장하며 나섰다. 1994년, 소련의 미지급 채무에 대한 부분 상환의 방법으로 러시아는 서울에 무기를 이전하겠다는 데에 합의하면서 타협에 도달했지만, 초기의 경제협력에 대한 기대와 희망은 사라지고 말았다. 그리고 수년 내에 양자 간 무역 규모가 100억 달러에 이를 것이라는 1990년대 초반의 전망도 실현되지 못했다. 러시아와 남한은 구조적·기술적으로 서로를 보완한다. 러시아는 사실상 소비재 부문이 부족한데 — 향후 수십 년 동안 부족할 것이다 — 특히 극동 지역에서 더욱 그렇다. 중국 제품이 러시아에서 평판이 나쁘다는 점과 일본 제품은 너무 비싸다는 점을 고려하면, 남한은 쉽게 소비재의 주요 공급자가 될 수 있다. 따라서 남한의 전자 제품, 자동차, 의류, 섬유 제품 및 기타 상품은 러시아 시장에서 점유율을 확대하는 데 유리한 입장에 있다. 최신 공산품을 찾는 러시아 인구 1.45억 명에 필적할 만한 신흥 시장은 없다(The DPRK Report, NAPSNET, No.6, p.8).

2004년 노무현-푸틴 정상회담에서 러시아는 러시아 극동 지역의 정치적·경제적 발전을 위한 네 가지 계획의 개요를 설명했다. 즉, ① 시베리아 횡단철도(TSR)와 한반도 종단철도(TKR) 연결에 의한 철의 실크로드 건설과 개발, ② 가스관 개발, ③ 러시아 전력망과 다른 지역 전력망의 연결, ④ 원유, 가스, 전기 수송 기반시설을 개발한 후 러시아의 정보기술망을 지역 내 다른 국가와 연결하는 것이다. 이 네 가지 계획 모두 이른바 동북아시아 에너지 연합 시장(Northeast Asian United Energy Market) 구상에 근거해 러시아의 국익과 지역 경제 발전을 부양하기 위해 설계된 것이다. 그러나 이 계획은 지역 갈등을 자극할 위험이 있다. 특히 중국과 일본 사이의 갈등을 자극할 수 있는데, 두 국가 모두 에너지 수입이 절실하기 때문이다.[27] 정상회담 후 노무현 대통령은 러시아 방문에서 러시아의 유전, 가스, 기타 천연자원 부문에 남한이 참여하는 구체적 합의를 만들어 내는 데 실패했음을 인정할 수밖에 없었다.[28]

정상회담 후 양국은 일부 우주 기술 프로그램에 협력하기로 합의했다. 이

27 다음을 참고할 것. "Summit to Promote Energy Cooperation," *The Korea Times*, September 17, 2004.

28 다음을 참고할 것. "〈노대통령 기자간담회 문답〉", ≪연합뉴스≫, 2004년 9월 22일 자.

합의에 따라 남한이 위성 발사용 로켓을 개발하는 것이 가능해질 것이고 또한 2007년 말까지 러시아 우주선에 남한 우주인이 탑승하게 될 것이다. 러시아는 남한의 반도체 및 전자 부분에서 시너지 효과를 기대하고 있다.[29]

비록 러시아와 남한 간 무역이 꽤 상당한 규모이고 커다란 잠재력을 갖고 있지만 그 유형이 제한적이다. 남한에서는 무역의 95%를 20개 대기업이 지배하고 있다(Sokov, 2002). 반면 러시아에서는 많은 한러 무역이 '보따리 무역'을 통해 이루어진다. 즉, 삼류 러시아 상인들이 매년 약 4~5억 달러어치의 소비재를 대한민국에서 집단 구매한 뒤에 이를 러시아에서 되파는 식이다(The DPRK Report, NAPSNET, No.6, p.10). 남한은 석유 화학 제품, 수송 기계, 원단과 섬유, 가정용 전기 제품, 무선 장치, 전자 기기, 구두 관련 제품을 러시아에 수출하고, 주로 강철, 철 — 고철을 포함한 — 니켈, 알루미늄, 석탄, 원유 등 원자재를 수입한다. 러시아의 천연가스 매장량은 세계 최고이며 석탄 매장량도 세계에서 두 번째로 많다. 아울러 세계에서 두 번째로 큰 석유매장량을 보유하고 있는 것으로 알려져 있다. 남한에서 일반인들에게는 러시아 경제의 존재감이 희미한 편이지만, 러시아에서 남한 경제의 존재감은 매우 뚜렷하다. 대한민국산 소비재는 모스크바와 상트페테르부르크의 도심에 있는 거대 광고판을 포함한 대규모 광고의 초점이 되고 있다. 남한산 자동차는 이제 거의 모든 러시아 도시의 도로에서 익숙하게 볼 수 있다. 러시아의 외제차 중 22%가 현대차와 대우차이다. 현대는 세계적 브랜드인 도요타나 제너럴 모터스를 능가하는 러시아 최고의 수입 자동차 메이커이다. 1999년에 러시아 시장에 진입한 삼성전자는 2003년에 1.5조 달러 이상의 판매 실적을 올렸으며 컬러 TV, 전자레인지, DVD 플레이어 부문에서 최고 브랜드에 올랐다.[30]

---

29 "러시아, 한국 우주로켓기지 건설 지원할 수도", ≪연합뉴스≫, 2004년 9월 22일 자.

30 다음을 참고할 것. "Energy Cooperation Tops Roh-Putin Summit," *The Korea Times*, September 17, 2004.

〈표 3-2〉 **러시아-남북한의 무역 규모(1989~2004년)**

(단위: 100만 달러)

연도	대북한 수출	대북한 수입	북러 무역 규모(수지)	북러 무역 증가율	대남한 수출	대남한 수입	한러 무역 규모(수지)	한러 무역 증가율
1979년					4	7	11(-3)	-
1984년					42	3	45(+39)	-
1985년					42	16	58(+26)	+29%
1986년					68	50	118(+18)	+103%
1987년					133	67	200(+66)	+69%
1988년					178	112	290(+66)	+45%
1989년					392	207	599(+185)	+107%
1990년	1,315	908	2,223(+407)		370	520	890(-150)	+49%
1991년	194	171	365(+23)	-84%	580	640	1,220(-60)	+37%
1992년	277	65	342(+213)	-6%	490	370	860(+120)	-30%
1993년	188	39	227(+149)	-34%	970	600	1,570(+370)	+83%
1994년	100	40	140(+60)	-38%	1,230	960	2,190(+270)	+39%
1995년	68	16	84(+52)	-40%	1,900	1,410	3,310(+490)	+51%
1996년	36	29	65(+7)	-23%	1,810	1,968	3,778(-158)	+14%
1997년	67	17	84(+50)	+29%	1,535	1,768	3,303(-233)	-13%
1998년	57	8	65(+49)	-23%	999	1,114	2,133(-115)	-36%
1999년	48	2	50(+46)	-23%	1,590	637	2,227(+953)	+5%
2000년	43	3	46(+40)	-8%	2,058	788	2,846(+1,270)	+28%
2001년	64	5	69(+59)	+50%	1,929	938	2,867(+991)	+1%
2002년	77	4	81(+73)	+17%	2,200	1,100	3,300(+1,100)	+15%
2003년	116	3	119(+113)	+47%	2,500	1,700	4,200(+800)	+27%
2004년	205	5	210(+200)	+76%	3,671	2,330	6,010(+1,332)	+43%

자료: 외교부(1997: 396, 401); 외교통상부(1998: 481, 486; 2000: 497; 2001: 484; 2002: 497); 대한민국 외교부; KOTRA.

〈그림 3-2〉 **한러 교역 현황(1989~2004년)**

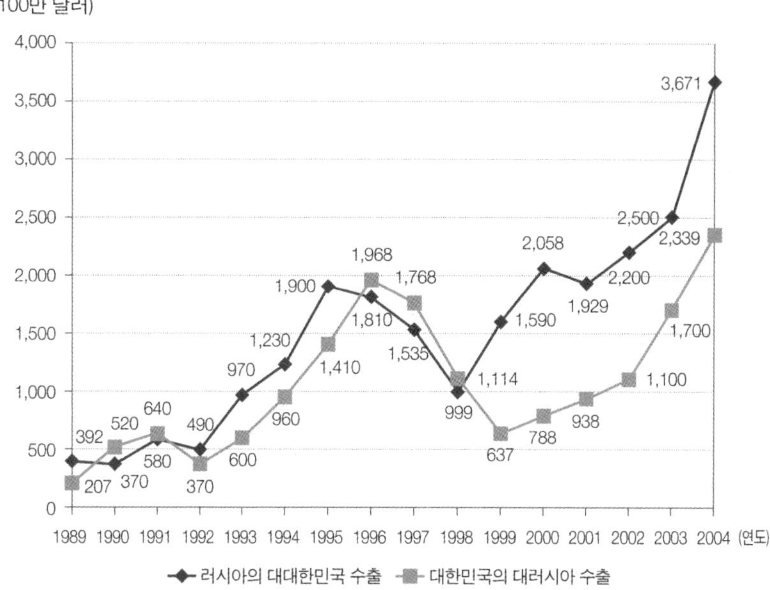

자료: 외교부(1997: 396, 401); 외교통상부(1998: 481, 486; 2000: 497; 2001: 484; 2002: 497); KOTRA.

남한은 고부가가치 제품을 러시아에 수출하지만 1999년 이후의 무역수지는 러시아에 크게 유리하다. 이는 〈표 3-2〉와 〈그림 3-2〉가 보여주듯 주로 에너지 가격의 상승 때문이다. 그러나 최종 무역량은 상당히 적은 편이다. 총무역량은 러시아 해외무역의 2%를 약간 상회하고, 남한 해외무역의 1%에도 미치지 못한다. 러시아의 관심에도 불구하고 남한은 미국을 향한 전통적 지향을 유지하고 있고, 지역적으로는 러시아에 대한 관심보다 중국에 대한 관심이 훨씬 더 큰 상황이다.

대한민국은 또한 법적 보호가 결여된 러시아에 투자하기를 주저 – 특히 1990년대 초중반 이후 그렇다 – 하는 상태이다. 대신 남한 투자자들은 중국 투자를 선호한다. 〈표 3-3〉과 〈그림 3-3〉에서 볼 수 있듯 남한에서 러시아로의 해

〈표 3-3〉 **러시아-대한민국의 FDI 변화** (단위: 100만 달러)

연도	남한→러시아 FDI 유입액	변화율	러시아→남한 FDI 유입액	변화율
1990년			0.3	-
1991년			0.7	+250%
1992년			1.5	+114%
1993년	5	-	0.9	-40%
1994년	36	+620%	1.4	+56%
1995년	53	+44%	1.0	-29%
1996년	72	+38%	1.7	+70%
1997년	34	-53%	0.6	-65%
1998년	35	+3%	1.8	+200%
1999년	3	-91%	0.7	-61%
2000년	10	+233%	0.7	0%
2001년	21	+110%	-	-
2002년	47	+124%	-	-
2003년	10	-79%	-	-
2004년	90	+800%	-	-

자료: 외교통상부(1997: 406, 409; 1998: 492, 494; 2000: 504; 2001: 490; 2002: 498); 산업자원부; 수출입은행.

외직접투자는 1995년과 1996년에만 7200만 달러를 상회했을 뿐이고, 1998년 러시아 금융 붕괴에 따라 1999년에는 고작 300만 달러로 곤두박질쳤다. 그런데 2004년이 되자 러시아로의 해외직접투자는 800%나 — 2003년 1000만 달러에서 2004년 9000만 달러로 — 깜짝 증가했다. 아마도 원유와 가스 가격이 치솟아 관련 투자 기회가 증가한 결과로 보인다. 러시아는 세계에 알려진 가스 매장층의 30%를 보유하고 있고, 풍부한 가스전의 대부분은 한반도에서 멀지 않은 동시베리아에 위치하고 있다. 푸틴이 러시아 극동과 시베리아 영토를 상품화하기로 결정했던 것과 마찬가지로, 남한 투자자들도 러시아의 가스 개발을 위한 계획에 착수했다. 서울은 중국 및 러시아와 함께 시베리아의 이르쿠츠크(Irkutsk)-코빅타(Kovykta) 지역 내 가스전 프로젝트에 참여하고자 했다. 또한 사할린의 석유와 가스전 개발, 동시베리아 내 러시아의 통합 가스 개발 프로젝트 참여, 동시베리아 광물 자원의 공동 연구 개발을 원했다.[31] 2004년 남한은

〈그림 3-3〉 **한러 FDI 규모(1989~2004년)**

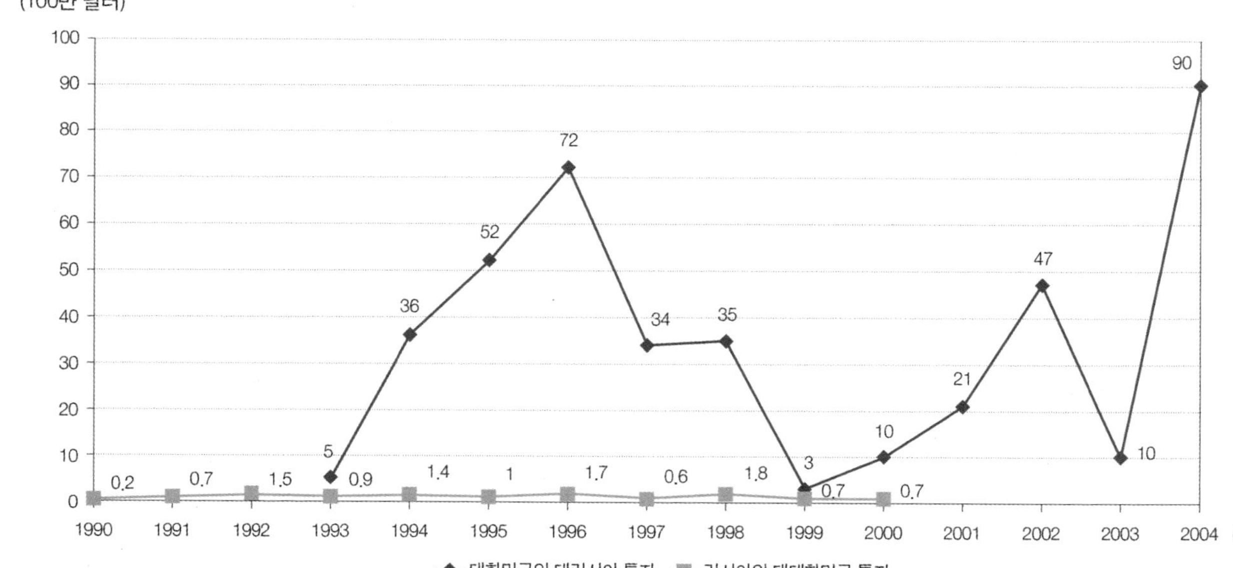

자료: 외교부(1997: 406, 409); 외교통상부(1998: 492, 494; 2000: 504; 2001: 490; 2002: 498).

러시아에 약 9000만 달러를 투자했지만, 이것은 2004년 남한의 해외직접투자 57억 달러의 0.6%에 불과했다. 2004년 후반 러시아 경제인 연합회(Russian Union of Industrialists and Entrepreneurs) 회장은 이에 대해 불만을 나타내며 남한 기업인들에게 러시아 경제에 대한 투자를 늘려줄 것을 요청했다.[32] 반대 방향의 투자 흐름은 완전히 무시해도 좋을 정도였다. 러시아에서 남한으로 들어온 투자는 거의 미미했다. 양국 간 금융관계는 그렇게 긴밀하지도 않고 발전하지도 않은 상황이다.

러시아에서 특히 환영받을 수 있는 남한 투자 산업은 수없이 많다. 소매점, 레스토랑, 호텔, 비즈니스 센터, 주택, 가전제품 및 자동차 공장, 통신, 운송, 해상 제품 등이 그렇다. 러시아는 또한 남북한과 중국으로의 수출을 위한 극동 농업 개발에 관심을 갖고 있다. 크렘린은 가까운 장래에 남한 투자자들의 투자가 극적으로 증가하기를 희망하고 있다. 러시아 정부 고위 관계자는 1990년대 후반 "거대 남한 기업들은 이미 우리나라에서 확실하게 자리매김했다. 모스크바와 서울 사이에는 이미 수많은 협정이 있다. 협력을 위한 적절한 토대는 이미 구축되었다"라고 언급한 바 있다(The DPRK Report, NAPSNET, No.9, p.6). 그러나 러시아 시장의 안정성과 전망에 대한 남한의 신뢰는 여전히 부족하다.

예를 들어 1998년 아시아 금융위기 이후 루블이 붕괴되자 남한의 대러시아 수출의 기둥이었던 식품과 기성복 구매가 거의 사라지고 말았다. 그리고 남한에서 블라디보스토크와 하바롭스크로의 소비재 수입을 전문 취급했던 수백 명에 이르는 극동의 소규모 상인이 일자리를 잃었다. 한 해 사이에 이 지역의

31 다음을 참고할 것. "Roh to Focus on Energy Provision in Talks with Putin," Yonhap, September 17, 2004.

32 다음을 참고할 것. "Business Union Leader Calls on South Korea to Increase Investments," ITAR-TASS, September 22, 2004.

〈표 3-4〉 **한러 방문객 교환(1993~2004년)** (단위: 명)

연도	대한민국 국민의 러시아 방문	변화율	러시아 국민의 대한민국 방문	변화율	총계	변화율
1993년	20,370	-	116,821	-	137,191	-
1994년	27,713	+36%	153,777	+32%	181,490	+32%
1995년	29,372	+6%	155,098	+1%	184,470	+2%
1996년	30,429	+4%	157,401	+1%	187,830	+2%
1997년	30,328	0%	136,841	-13%	167,169	-11%
1998년	18,306	-40%	135,401	-1%	153,707	-8%
1999년	26,837	+47%	127,892	-6%	154,729	+1%
2000년	44,989	+68%	155,392	+22%	200,381	+30%
2001년	54,762	+22%	134,727	-13%	189,489	-5%
2002년	38,846	-29%	165,341	+23%	204,187	+8%
2003년	42,983	+11%	168,051	+2%	211,034	+3%
2004년	52,942	+23%	156,876	-7%	209,818	-1%

자료 : 한국관광공사.

수입 패턴은, 완제품 수입에서 생산을 위한 설비 수입으로 완전히 바뀌었다. 특히 러시아는 의류 생산을 위해 원단 수입을 시작했다(Kovrigin, 2003: 103).

남한은 러시아 자본을 수입하지는 않지만 상당수의 러시아 노동자를 수입하고 있는 상황이다. 그 결과 1990년대 후반부터 남한은 많은 러시아 불법 노동자의 근거지가 되었다. 러시아 노동자라고 하면 흔히 러시아 콜걸을 떠올리지만, 이들 외에 러시아와 구소련 국가에서 들어온 육체노동자 또한 수없이 많다. 남한 기업은 현재 러시아 과학자 및 기술자를 대거 채용하고 있다. 이들의 존재가 널리 알려지지는 않았지만, 1000명 이상의 러시아 출신 전문가들이 현재 남한에서 일하고 있다.

또한 많은 대한민국 국민들이 러시아로 향하고 있다. 〈표 3-4〉와 〈그림 3-4〉에서와 같이, 러시아를 방문하는 대한민국인의 수가 지난 10년간 두 배 이상 늘었다. 2003년에는 4만 3000명이 러시아에 다녀왔는데, 이 중 2만 명 이상은 여행객이었고, 1만 1000명 이상은 비즈니스 목적으로, 3000명 이상은 공부나

〈그림 3-4〉 **한러 방문객 교류 현황(1993~2004년)**

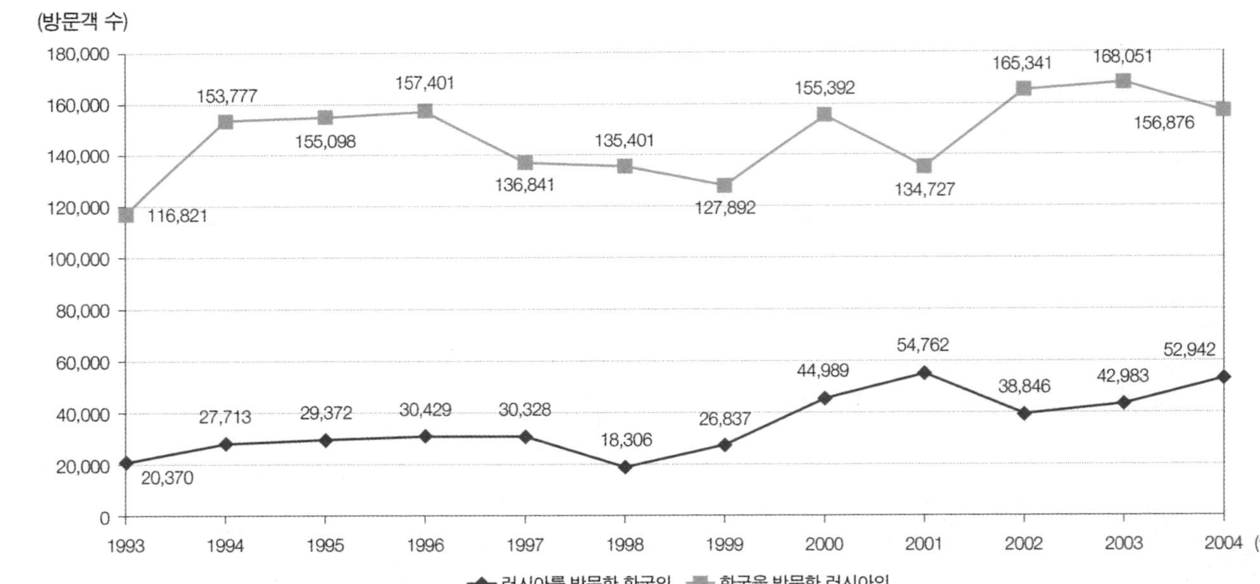

자료: 한국관광공사.

연구 목적으로 러시아를 다녀왔다. 오늘날 한국 유학생들은 러시아 대학 내의 해외 유학생 중 가장 눈에 띄는 집단을 형성하고 있다.

결국 미래 한러 경제관계와 관련한 모든 관심은 에너지 부문에 집중되어 있다. 남한은 석유의 70% 이상을 중동에서 수입하기 때문에, 에너지 공급원을 다양화하고 향후 수요 증가에 대비하는 수단으로서 에너지 협력이 절실하다. 2004년 국제 유가 상승 그리고 중국의 석유 수입 수요 급증으로 인해 남한은 천연가스 등의 대체 에너지 소비 확대를 통해 석유 의존도를 줄이고, 에너지 수입처를 다변화해야 할 필요성을 깨달았다. 또한 러시아 시장의 또 다른 용도는 식품과 섬유 같은 분야에서 싼 중국 제품의 유입 증가에 대처하기 위해 한러 전략을 발전시키는 것이다.[33]

북러 경제관계

역설적이게도 1990년대 중반 러시아는 대한민국으로부터 대출 및 부채를 탕감받기 위해 애쓰면서, 같은 기간 평양으로부터는 부채 상환을 기대했다. 옐친이 1961년 조약을 갱신하지도 않고 무기와 기술 이전 중단 의사를 발표하자, 북한도 40억 루블의 차관에 대해 상환 거부를 발표했다. 러시아는 전통적으로 북한에 대한 장비, 석유 제품, 목재, 석탄, 생선, 수산물 등 다양한 품목의 주요 공급처였지만, 북한의 추정 채무 40억 루블 중 약 70%는 무기 대금의 미지급이다(Rubinstein, 1997: 173).

푸틴 대통령의 평양 방문을 계기로 북한은 러시아와의 경제 접촉에 더욱 적극적이 되었는데, 이것은 푸틴이 정상회담에서 희망했던 것이다. 북한 당국은 1950년대와 1960년대에 구소련이 건설한 수많은 시설의 재건 과정에서 러시아에 도움을 요청해왔다. 문제는 북한에는 이 노무 제공 대가를 지불할 자금

33 다음을 참고할 것. "Energy Cooperation Tops Roh-Putin Summit," *The Korea Times*, September 17, 2004.

이 없다는 것이다. 따라서 이에 대해 북한은 물물교환과 저금리 신용을 주장하고 있다. 그러나 러시아 정부는 본인들도 지속적인 경제·재정상 장애에 직면해 있기 때문에 이러한 조건에 동의할 수 없는 상황이다. 1990년대 중반 러시아 내에 (물물) 교환경제가 발달하고 있다는 보도가 있었지만, 시장경제로 전환한 러시아에서는 기업이 원치도 않는 상품을 수용하도록 정부 당국이 강제할 수 없기 때문에, 북한이 주장하는 물물교환 방식은 가능하지 않을 것으로 보인다(Woodruff, 1999 참조). 조선민주주의 인민공화국은 러시아의 상품이나 서비스에 대한 대가로 러시아에 이전할 수 있는 상품 목록을 제시하고 있지만, 러시아 당국자는 러시아 기업이 목록에 있는 대부분의 상품에 대해 관심이 없다고 한다. 곤경에서 벗어날 수 있는 방법 중 하나는, 남한의 은행과 기업이 러시아의 기술을 지원받는 대가로 북한에 신용을 제공하는 것이다. 2001년 8월 4일 북러 간 모스크바 선언에서 가장 두드러지는 부분은 5조에서 구체화된 "일련의 쌍무계획 실현을 위하여 러시아 측은 조선 측의 양해에 근거하여, 외부 재원을 끌어오는 방법을 활용하려는 자기의 의향을 확인한다"는 내용이다.[34] 즉, 모스크바와 평양은 서울, 워싱턴, 그리고 도쿄에서 비용을 부담해주기를 기대하는 것이다.

대한민국 내에서 관심 있는 투자자를 찾기 위한 노력은 현재도 진행 중이다. 한편 평양은 러시아 극동 내에 있는 벌목 지역을 북한에 할당해줄 것을 러시아 당국에 요청하고 있다. 러시아는 특히 중국으로부터의 수요 증가와 북한의 낮은 임금을 감안하면, 목재 산업에 대한 북한의 도움이 절실하다. 심지어 푸틴은 북한이 러시아 극동 지역 목재 캠프에 무료 노동력을 제공함으로써 채무 5000만 달러를 상계하는 것을 허용했다는 러시아 언론의 추측도 있었다.

러시아 극동에는 약 1만 2000명의 북한 노동자들이 존재하는데, 이들은 정치적 망명을 시도할 뿐만 아니라 밀수와 마약 밀매 같은 불법행위에 연루되며

34 모스크바 선언 영문본은 다음을 참고할 것. ≪조선중앙통신≫, 2001년 8월 4일 자.

말썽을 일으키고 있다(The DPRK Report, NAPSNET, No.26, pp.2~3; Wishnick, 2002: 2004 참고). 또한 러시아 언론은 북한인들이 위조와 밀렵에도 연루되어 있다고 보도했다. 아울러 러시아 극동 지역에는 북한 출신 이주 노동자뿐만 아니라, 스탈린 정권 시절 강제 이주되었다가 1990년대에 돌아온 고려인들까지 존재한다. 이제 러시아 원주민들은 적대감을 갖고 돌아온 고려인들과 마주하게 된 것이다.

그럼에도 러시아는 점점 더 일거리가 사라지는 북한의 유휴 노동력을 흡수할 수 있는 유일한 국가이다. 지역 수준에서 북한과 러시아 극동 사이의 협력은 확대되고 있다. 소련 시대 이후 북한 노동자들이 러시아 극동의 목재 사업에 참여하고 있으며, 최근에는 건설, 농업, 임업 분야에서도 적극적이다. 북한 노동자들은 특히 러시아의 생산 가능 인구가 유출되는 지역에서 노동력 부족을 해소하는 데 도움이 되고 있다. 2001년 4월 모스크바와 북한은 노동력 대 부채 교환 거래(swap deal)를 통해 골치 아픈 부채 문제를 해결하기로 합의했다. 이에 따라 북한은 향후 30년간, 시베리아에 산재해 있는 러시아의 노동 수용소에서 무보수로 노무를 제공함으로써 소련 시절의 채무 55억 달러를 변제하기로 했다. 2000년 한 해 모스크바에 대한 평양 채무의 약 90%를 이런 방식으로 메우기로 했는데, 이는 무려 5040만 달러에 이르는 액수이다(*AFP*, 2001.8.4). 그러나 이 속도로 모스크바에 대한 평양의 전체 빚을 청산하려면 109년이 걸릴 것이다.[35]

전체적으로 북한과 러시아의 경제관계는 그렇게 유망해 보이지 않으며, 진지한 투자와 무역관계로 발전하기 위해서는 남한의 참여가 필요한 것으로 보

35 [옮긴이] 그러나 푸틴 러시아 대통령은 2012년 9월 북한과 100억 달러(약 10조 3000억 원) 규모의 채무 탕감 협정을 체결했고, 2014년 5월 5일 비준안에 최종 서명했다. 이는 북한이 러시아에 지고 있는 채무의 90%에 이르는 액수이다. 다음을 참고할 것. "러시아, 北 10조원 채무탕감 비준안 최종 서명", ≪조선비즈≫, 2014년 5월 6일 자.

인다. 러시아는 북한이 여전히 '공짜로 무엇인가를 얻을 수 있었던 과거 소련-북한 모델에 따라' 경제관계를 구축하기를 원한다고 불만을 털어놓는다. 한 가지 희망적인 점은 최근 문화 협력이 재개되었다는 점이다. 러시아의 공연 예술가들이 다시 평양으로 여행하고, 북한 학생들은 러시아 학교에서 다시 모습을 보이기 시작했다(Toloraya, 2003: 28).

러시아-조선민주주의 인민공화국-대한민국의 경제관계

대한민국과 조선민주주의 인민공화국 모두와 양자 간 경제협력 결과에 실망한 러시아는, 남북한을 모두 포함한 다자간 프로젝트를 검토하기 시작했다. 이것은 러시아가 평양에 대한 영향력을 상실하면서 전체적으로 지역에 대한 영향력까지 잃었다는 판단과 어느 정도 관련이 있었다. 모스크바는 러시아의 기술력, 북한의 노동력, 그리고 남한의 자본을 결합한 3각 경제협력을 간절히 원하고 있다. 러시아는 과거 소련의 지원으로 건설되었지만 보수와 개선이 필요한 북한 공장을 현대화하기 위해 남한 투자자의 자본을 이용하고 싶어 한다. 그러나 남한은 그 같은 투자에 돈을 쏟아붓는 데 관심이 없다. 왜냐하면 이러한 시설에서 생산한 상품은 국제시장에서 경쟁력이 없기 때문이다. 남한 기업들은 한반도가 재통일되었을 때 북한의 산업 시설을 철저하게 점검해야 한다고 보고 있다(S. H. Joo, 2003).

김정일과 정상회담에서 푸틴 대통령은 정력적으로 3각 경제 프로젝트를 역설했다. 특히 9288km에 이르는 시베리아 횡단 철도(TSR)와 연결하여 '철의 실크로드'를 깔기 위해 남북 간 철도의 현대화를 강조했다. 이는 30억 달러 프로젝트인데 만약 이 프로젝트가 완성되면 유럽에서 출발한 화물이 모스크바, 카자흐스탄, 시베리아, 북한을 경유하여 부산, 광양까지 더욱 빠르게 도착할 것이다. 사실 일부 남북 철도의 재연결은 2000년 6월 남북 정상회담의 가장 중요한 합의 사항 중 하나였고 그동안 상당한 작업이 진행되었다. 서울은 남북 철도 연결을 복원하고 그것을 전체적으로 지역 시스템으로 묶는 구상을 했다.

김대중 대통령은 이 프로젝트를 "사실상 한국 통일"이라고까지 했다. 게다가 철도 연결이 완성되면 북한과의 협력 가능성에 대한 남한 내의 기존 의견에 변화가 생길 것이다. 왜냐하면 거래 비용이 낮아지기 때문이다. 바다보다는 철도를 통해 남한 상품을 유럽으로 보내는 것이 운송비도 절감될 것이고 수송 시간 또한 40일에서 15일로 단축될 것이다. 러시아 당국자는 이 철도가 연결된다면 물동량이 약 10배 이상 늘어날 것으로 추산하고 있다. 이에 따르면 현재 시베리아 횡단 철도를 따라 연간 약 4만 5000개 컨테이너가 운반되고 있는데 이것이 연간 50~60만 컨테이너까지 늘어날 것이다(Wishnick, 2004).

철의 실크로드 프로젝트에서 모스크바의 역할은 매우 중요하며, 러시아는 지금까지 흔쾌히 그 역할을 받아들이고 있다. 이 계획은 푸틴이 대통령 선거에서 당선되자마자 즉시 속력을 내기 시작했고, 그는 철도에 관한 논의를 위해 북한 및 남한 양측 지도자와 다섯 차례 정상회담을 했다. 2001년 8월 김정일과의 모스크바 정상회담에서 푸틴은 끊어진 남북 철도의 재건을 위해 철도의 북한 부분에 대한 재정 지원을 약속하는 협정에 서명했다. 2004년 말까지 대한민국은 남한 쪽 철도 연결 작업을 마쳤지만, 북한은 비무장 지대(DMZ)의 자기 지역에서조차 작업을 마치지 못했다.[36] 그럼에도 양국은 2004년 10월에 철도 연결 행사를 했다. 사실 북한은 레일이 약한 데다가, 2004년 4월 용천 폭발 사건(161명이 사망하고 1000명 이상이 부상) 같은 사고 가능성이 상존하고 있다. 현재 북한의 철도는 시간 엄수, 속도, 안전성, 유효성을 보증하는 것은 아니어서 국제 노선으로 사용하기에는 적합하지 않다(B. M. Ahn, 2004).

러시아는 남한과 북한이 위 프로젝트에 협력할 수 있도록 촉진하는 도관 역할을 했다. 북한 철도를 위한 러시아의 지원은 새로운 것이 아니다. 1980년대까지 소련은 기관차 공장 설립뿐만 아니라 북한 철도에 약 1.45억 달러를 지원

---

36 다음을 참고할 것. "〈노대통령 러시아 방문〉- ① 철의 실크로드", ≪연합뉴스≫, 2004년 9월 17일 자.

했다. 한 남한 관리에 따르면 이것은 러시아가 세계경제와 더욱 통합함으로써 소련 시절의 영광을 재현하려고 한 것이기 때문에, 정치적인 이유보다 경제적 이유와 더 많은 관련이 있다고 한다.[37]

북한을 통해(그리고 북한의 이익을 위해) 러시아와 남한을 잇는 천연가스관 프로젝트는, 두 번의 시도가 있었지만 안타깝게도 실현되지 못했다. 1990년대 초반 야쿠티아(Yakutia)에서부터 6600km의 파이프라인을 구축하는 합의에 도달했지만, 이후 서울은 이 프로젝트가 수익성이 없다며 이르쿠츠크(Irkutsk) 지역에서부터 4000km의 가스 파이프라인을 건설하는 쪽으로 관심을 바꿨다. 이르쿠츠크의 가스전은 북한과 남한의 모든 에너지 필요량의 절반을 현재의 1/4 이하 가격으로 보장하면서(Bazhanov, 2005), 30년 동안 러시아, 남북한, 그리고 중국에 2000만 톤까지 가스 공급이 가능한 것으로 추정된다. 그러나 2003년 이 계획에 대한 타당성 조사 결과 비싼 건설비와 북한이라는 불안정한 요소가 걸림돌이 되었고, 이를 피하기 위해 중국을 거쳐 동해, 남한으로 이어지는 파이프라인이 제안되었다. 남한 당국은 파이프라인이 북한을 통하여 오는 경우 가스 공급을 통제하는 권리를 방해받을 수 있으며, 그렇게 되면 비용은 상승할 것이고 그 해결 과정 또한 더욱 복잡하게 될 수 있음을 명시적으로 언급하고 있다. 그러나 한편, 서울은 러시아와의 에너지 프로젝트가 북한의 핵 개발이라는 긴장을 해결하는 데 도움이 될 것으로 기대하고 있다. 2003년 2월 노무현 대통령 취임 직후 국가 안보보좌관은 ≪파이낸셜타임스(The Financial Times)≫와의 인터뷰에서, 핵 분쟁의 평화적 해결 일환으로 러시아 가스가 북한에 제공될 수 있음을 시사하기도 했다.[38]

---

37 다음을 참고할 것. "Roh, Putin 'Refrained' from 'Directly' Mentioning DPRK's Nuclear Issue," *The Korea Times*, September 22, 2004.

38 다음을 참고할 것. "〈노대통령 러시아 방문〉- ② 에너지 협력", ≪연합뉴스≫, 2004년 9월 17일 자.

러시아는 자신의 경제적 이익을 위해 에너지를 통한 접근을 지속적으로 추구하고 있다. 2003년 5월 채택된 러시아 에너지 전략에는 유럽에서 동북아시아로 에너지 수출의 방향 선회가 포함되어 있다. 이는 러시아로부터 가스 수입을 의존하는 상황을 개선하려는 유럽의 욕망과 러시아의 가스 수출시장을 다변화하려는 푸틴의 욕망이 반영된 것이다(Wishnick, 2004). 기존에 고려된 파이프라인에 더한 세 번째 프로젝트는 동시베리아에서 중국으로의 원유 수송뿐만 아니라 나아가 한반도와 일본으로의 원유 수송을 포함하는 프로젝트일 것이다. 또한 시베리아와 몽골에는 남한이 투자하면 개발할 수 있는 석탄 매장층이 있다. 다만 남한이 자국 기업의 일자리 창출과 안정적 에너지 공급을 보장받기 원한다면, 약 300~400억 달러의 투자액을 제공해야 할 것이다(The DPRK Report, NAPSNET, No.6, p.8). 대한민국은 또한 시베리아에서 금속광석, 목재, 비료, 면화, 금을 개발하기 위한 프로젝트의 전략적 파트너로 간주되고 있다.

1991년 남북한, 중국, 몽골, 러시아가 참여하고 유엔개발계획(UNDP)에서 수립한 두만강 지역 개발 계획(TRADP)은 또 다른 실망을 낳았다. 이 계획의 목표는 러시아의 천연자원, 중국과 북한의 노동력, 일본과 남한의 재정 및 기술을 활용하여 '새로운 홍콩' — 세계무역, 운송, 통신 관문 — 을 개발하는 것이었다. 모스크바의 기술 관료들은 정열적으로 이 프로젝트를 로비했지만, 북한 지역과 경계에 위치한 러시아 지방인 프리모르스키 변구邊區(Primorskii Krai)[39]의 의원들은 러시아 영토에 많이 거주하는 중국인의 존재를 이유로, 그리고 베이징이 러시아 영토의 병합을 추구할 가능성이 있다는 이유로 이 프로젝트에 반대했다. 모스크바는 자신들의 열정을 누그러뜨릴 수밖에 없었다. 왜냐하면 러시아 국내의 우려, 북한과 관계 정상화 이후에나 참여하겠다는 일본의 거절, 그리고 한반도에서 일어난 두 번의 핵 위기로 인해 이러한 프로젝트는 이 지

39 [옮긴이] 연해주를 포함하는 지역을 의미한다.

역에서 의미 있는 성공을 거두기 어려웠기 때문이다.

1996년 러시아와 북한은 나진-선봉 자유경제무역지대에 대해 러시아의 투자를 상정한 투자 계약을 체결했다. 1990년대에 걸쳐 여러 유럽 국가와 북한 사이에 투자 의향서가 서명되었지만, 실제 투자는 거의 없었다. 러시아의 투자는 러시아 내의 남한 산업 단지인 나홋카 경제특구(Nakhodka Free Economic Zone) 활동과 조율하여 움직이기로 했는데, 이 나홋카 경제특구는 1999년 김대중 대통령이 결국 10억 달러까지 투자하기로 동의하고 나서야 모스크바와 서울 사이 수년간 지지부진했던 논의가 확정될 수 있었다.[40] 그러나 나홋카 지역 개발에 대한 러시아의 방해로 인해 나진-선봉에서의 협력 또한 제한될 수밖에 없었다. 1997년 북한은 러시아의 콘체른 인두스트리야(Kontsern Industriya Company)에 나진-선봉 전체를 50년간 임대하려는 전례 없는 움직임에 착수했다. 그러나 어떤 외국 기업도 재임대를 하려 하지 않자, 러시아 회사는 계약 성사 직전 파기를 선언했다. 그 후 러시아의 투자는 거의 없었다. 그러나 러시아는 2002년 2월 나진 항구 및 통신 기반시설의 현대화를 지원하는 데에는 동의했는데 이는 남한, 일본, 중국, 캐나다, 호주로 러시아 화물 수송을 용이하게 하기 위한 수단이었기 때문이다(Wishnick, 2004).

러시아 극동을 동북아시아 지역 경제에 통합하는 것은 가치 있는 작업이다. 왜냐하면 러시아 극동 지역의 경제적 쇠퇴는 남북한 모두의 안보 불안으로 이어지기 쉽기 때문이다. 러시아는 이 지역의 경제 불안이 두 개의 한국과 하던 상호작용을 축소하도록 하는 것은 아닌지 우려하고 있다. 따라서 러시아는 아세안(ASEAN) 내에서 점점 더 적극적인 상황이다. 예컨대 1997년 러시아 총리 프리마코프는 아세안의 안보 레짐(안전보장 체제)인 아세안 지역 포럼(ARF)의

40 [옮긴이] 1996년 하반기부터 추진된 나홋카 공단 조성 계획은 1997년 7월 양국 정부의 가서명까지 이뤄진 상태에서 양국이 경제위기를 맞음에 따라 진척을 보지 못한 채 지지부진한 상황이었다.

의제로 한반도를 포함하는 것을 추진했다. 그리고 이 기구에서 안보 문제를 논의하기 위해 외교부 차관 정례회의 메커니즘을 확립하자 그 첫 회의를 모스크바에서 개최했다. 모스크바는 아세안을 중국, 인도, 일본과 동등한 지역의 떠오르는 중심으로 생각하고 있다. 러시아는 또한 국제 레짐(international regime)에 대한 북한의 참여를 지원해왔다. 평양이 APEC에 '게스트'로 참여해야 한다는 김대중 대통령의 구상을 모스크바는 지지하고 나섰다(S. H. Joo, 2003).

결론

역사적으로 러시아는 가장 일관되게 한반도에서 강대국의 계략을 꾸민 나라였다. 대한제국의 황실이나 제2차 세계대전 후의 북한 정권 모두, 한국에서 다양한 성공을 거둔 러시아와 소련의 이익을 조작하거나 제거하기 위해 노력했다. 오늘날 러시아의 관심은 한반도에서 그리고 한반도를 통해 러시아의 경제적 이득을 획득하면서, 모스크바를 DMZ 양쪽 모두에 대한 능동적 행위자가 되도록 만드는 것이다. 더 이상 초강대국을 인정하지 않는 지구촌화된 세계에서, 러시아는 위대한 유라시아 대국으로서의 정체성을 재연하기 위해 애쓰는 중이다. 그리고 한반도 정세를 보면 한반도는 러시아의 이 같은 노력이 열매를 맺을 무대가 될 수도 있어 보인다. 이런 종류의 위상 추구(status drive)가 잠재적으로 위험한 이유는, 소련 붕괴 이후에도 강대국의 위세를 과시하려는 러시아의 욕망 때문에 세계 패권을 추구하는 미국에 쫓기고 있는 북한과 결속할 가능성이 있기 때문이다.

그러나 로버트 레그볼드(Robert Legvold)가 지적한 대로 러시아의 미래를 예측하는 것은 거의 불가능하다. 러시아는 다른 강대국, 특히 미국과 모호하면서도 변화하는 관계를 유지하는 상황이고, 새로운 이웃과의 관계 역시 불확실하다. 이러한 요인으로 인해 갈수록 외부 질서와 원만하게 결합하는 겸손한 러시아부터, 소외되고 점점 호전적으로 변하는 러시아에 이르기까지 그 가능성의 스펙트럼은 무궁무진하다. 이것은 러시아가 어떻게 동북아시아에서 자신의 입장과 역할을 정의하는가 하는 문제와 적지 않게 관련되어 있다. 최악의 가능성은 러시아가 붕괴되는 것, 그래서 국제 체제에 격동의 소용돌이가 되는 것일 게다. 1918년 이후, 러시아 정치와 러시아 국가 정체성이 이렇게 유동적인 적은 없었다. 소비에트 제국의 붕괴가 너무 철저했기 때문에 러시아는 역사상 처음으로 러시아의 독립성을 재검토하고 재구축해야만 했다(Legvold, 1999: 187).

이 작업을 수행하며 러시아는 변화된 국제 시스템에 직면했다. 세계 주요 강대국 간의 관계는 적극적이고 전략적인 대결을 중심으로 전개되지 않고, 대신 세계 질서라는 이름으로 협력과 다자간 과제를 수반하고 있다(그러나 2003년 미국의 이라크에 대한 전쟁과 같은 사건은 모든 사업이 협력적이고 다자적인 것은 아님을 증명하고 있다). 현재 국제 체제하에서 이견異見 없는 지도자는 바로 미국이다. 러시아와 북한 모두 서로의 관계보다 미국과의 관계에 더 관심이 크다는 것은 의심할 여지가 없다. 비록 북한이 남북관계에서 러시아의 참여를 환영했지만 두 번째 핵 위기 당시 평양의 행동이 보여주듯, 미국과의 대화는 북한의 안전보장을 위한 핵심 구성 요소라고 할 수 있다.

한국에 대한 크렘린의 관심은 — 이는 러시아가 자신의 정체성을 강대국으로서 규정하는 것이다 — 이미 한반도 긴장 완화에 크게 기여했다. 왜냐하면 러시아의 벼랑 끝 외교 때문에 북한이 남북한 동시 유엔 가입에 동의했고, 중국은 남한과 국교 정상화의 길을 걸었으며, 그리고 북한이 1991년 12월 남북기본합의서와 비핵화 공동선언에 합의했기 때문이다. 러시아는 또 북한이 '침략' 국가라는 미국의 의견에 분명하게 반대했다. 사실 대부분의 러시아인들은 워싱턴이 갖고 있는 미사일 수를 감안할 때, 북한의 미사일 때문에 미국이 위협을 받는다는 주장에 동의하지 않는다. 북한에 대한 러시아의 일반적인 믿음은 북한이 압도적으로 강한 상대와 맞서는, 따라서 정말 자신의 생존 자체를 두려워해야만 하는 군사 약소국이라는 것이다. 따라서 북한의 노력은 사실상 방어적인 것으로 평가된다. 구유고슬라비아에 대한 NATO 주도의 전쟁을 계기로 러시아 사람들은 미국이 북한에 행동을 개시하는 것은 시간문제일 뿐이라고 예측하고 있다(The DPRK Report, NAPSNET, No.20, October 1999, p.1). 말할 필요도 없이, 미국의 평양에 대한 강경책이 모스크바와 평양의 유대 관계를 더욱 긴밀하게 촉진하고 있다.

러시아의 친평양 로비스트는 북한 정권의 '공적功績'을 지속적으로 찬양하고 있다. 러시아의 친북 대표집단은 북한을 이념적 동지로 바라보는 러시아 공산당 장교들, 그리고 미국과 일본에 맞서기 위한 유용한 지정학적 파트너로 보는 민족주의자들을 포함한다. 북한 경제는 마비 상태이지만 그러나 한편 러시아 경제와 연결되어 있다. 북한은 소련 붕괴 이후 자연스럽게 러시아와 상호작용을 하는 쪽으로 방향을 잡았다. 사실 북한은 엄청난 양의 러시아 기술, 장비 및 예비 부품이 필요하고, 이에 대한 대가로 다양한 원자재를 공급해줄 준비가 되어 있다.

대북 영향력과 관련한 러시아의 역량은 러시아의 국가 정체성을 조정하기 위한 투쟁과 적지 않게 관련되어 있다. 1990년대 초반 러시아는 서구 사회의 존경을 받는 민주적 회원이 되고자 했다. 그 당시 미국과 유럽은 탈공산주의 러시아의 정치적·이념적 주요 동맹이었고, 경제원조의 주요 원천이었고, 러시아 개발을 위한 모델로 간주되었다. 이것이 러시아와 조선민주주의 인민공화국을 뿔뿔이 갈라놓았다. 그러나 러시아는 곧 서구식 개혁와 NATO 팽창의 위협은 양립이 곤란하다는 것을 인식하게 되었고, 서방에 환멸을 느끼게 되었고, 외교 정책에서 안보 문제를 강조하기 시작했다. 그 결과 외교 정책은 점점 더 보수적이고 민족주의적으로 변모했다. 이러한 환경에서 북한은 크렘린과 더욱 우호적 연대에 이르게 되었다. 러시아의 시각에서 한반도의 위상은 점점 더 중요해지고 있고, 북한에 대한 러시아의 개입 – 아직 영향력을 행사하지는 못하고 있더라도 – 도 재개되기 시작했다.

러시아는 남북한과의 관계에서 균형을 달성하려고 했지만, 등거리 정책은 달성하지 못했다. 서울과 개선된 관계로부터 모스크바가 더 많은 이득을 얻는다는 단순한 사실 때문에, 남한-러시아의 경제관계는 북한-러시아 관계보다 훨씬 신속하게 발전했다. 크렘린은 공평함을 통해 삼각협력의 믿음을 조성하기 원했지만, 러시아는 북한의 참여를 장려할 경제적 자원이 부족하다. 반대로 러시아 정부는 북한의 40억 달러에 해당하는 소련 시절 채무에 대해서는 상환받기를 원하면서, 서울에 대한 소련 시절의 채무는 탕감받기를 기대하고 있다. 가끔은 이렇게 경제적 이해관계는 정체성 추구(identity pursuits)를 무색하게 만든다. 푸틴은 철도와 가스관 프로젝트 약속과 함께 국제무대에 혜성처럼 등장했지만, 러시아의 경제적 취약성과 남한과의 제한된 경제관계로 인해 모스크바의 참여는 한계를 보이고 있다. 진전은 지역적 수준에서 발생할 개연성이 더 크다. 예를 들면 북한 프로젝트에 일본, 남한, 중국이 러시아와 협력하는 형태가 가능할 것이다.

러시아는 정직한 브로커 역할을 함으로써 — 동북아시아의 다자 안보 메커니즘 창설을 제안하면서 — 그리고 3국 간 경제 프로젝트를 촉진함으로써, 한반도의 평화 프로세스에 기여하고자 한다. 러시아는 중립적 자세, 일관성, 성실성이라는 명성을 얻고 있다(S. H. Joo, 2003). 그러나 북한에 대한 러시아의 영향력은 아직 미미하다. 실질적 레버리지가 없는 데다 그것은 대규모 경제적·군사적 원조를 통해서만 얻을 수 있을 것이기 때문이다.

제4장

일본과 두 개의 한국

일본 요인

한일관계의 특성을 설명하는 데 자주 사용되어온 관용구로 '가깝고도 먼 사이'라는 말이 있다.[1] 확실히, 일본은 멀리 떨어져 있는 나라일수록 정치적으로 더 궁합이 잘 맞는 것 같다. 일본과 한반도(특히 남한의 경우)는 지리적으로, 이데올로기적으로, 발달상으로 매우 긴밀한데도 아직도 수많은 측면에서 동떨어져 있다. 4대 강국 중 하나인 일본은 동북아시아의 정체성 정치에서 다른 나라들과는 비교가 안 된다. 왜냐하면 도쿄는 한반도와 중국이 상처받은 국가 정체성을 떠올리게 하는 명백하고 현존하는 매개체이기 때문이고, 또한 도쿄는 서울, 평양, 베이징의 국내 정치에 방향타 역할을 하기 때문이다. 4대 강국 중 일본은 근대 한반도의 국가 정체성과 민족주의 형성에 가장 중요한 부정적 타자(negative other)이다.

일본은 몇 안 되는 민족국가 중 하나로서 — 국가 관할권과 자신의 민족(동종의 사람들)이 완전히 일치한다 — 다른 국가를 괴롭힌 왜곡된 국가 정체성 문제에서

1 일본에서는 한국을 "chikakute toi kuni(가깝고도 먼 나라)"로 묘사하는데, 한국도 일본을 똑같이 "kapkpkodo mon nara(가깝고도 먼 나라)"라고 언급한다(B. C. Koh, 1998: 33 참조).

벗어나야 했지만 그러지 못했다. 오히려 일본은 아직도 한층 더 통합적인 국가 정체성 개념을 사용하여, 본질적으로 국가가 무엇인지 — 일본에서 고쿠타이(국가의 본질)라고 부르는 것 — 뿐만 아니라, 국제관계 속에서 무엇을 하는지에 따라 국가를 스스로 정의하고 차별화하려 한다.

일본의 외교 정책에서 몇 가지 상징적인 변칙 행위(behavioral anomalies)는 현실주의와 자유주의 이론으로는 충분히 설명될 수 없다. 사실 월터 리프먼(Walter Lippman)은 국가의 외교 정책적 약속이 그 국가가 사용 가능한 힘의 자원을 초과하는 갭이 생길 때 발생할 위험성을 훌륭하게 설명한 바 있다. 그러나 일본은 '역逆 리프먼 갭'으로 인한 고통으로 20세기 후반의 대부분을 보냈다. 즉, 일본의 사용 가능한 힘(power)은 자신의 국제적 약속과 그 잠재적인 영향력을 지속적으로 웃돌고 있다. 대부분의 기존 척도에 의하면, 일본은 분명 세계 강대국 중 하나이다. 일본 경제는 GDP를 기준으로 세계 제2위의 규모이며,[2] 일본의 국방예산은 428억 달러로 세계 5위이다. 또한 일본의 기술력을 능가하는 나라는 미국뿐이다. 일본 군대는 최신 첨단무기 체제를 갖추고 있고 단기간에 가공할 핵무기를 개발할 수 있다는 점에도 의문이 없는, 세계에서 가장 크고 준비가 잘된 군대이다(Harrison, 1996). 또한 일본은 절대치 기준으로[3] 세계 두 번째 대외 원조 공여 국가이고 유엔 예산의 두 번째 공헌 국가이다.[4] 그러나 현대 일본은 세계 무대는 물론 동아시아에서도 글로벌 강대국으로 인정받지 못하고 있다.

일본의 경제력과 정치적 영향력 사이의 갭은 지리, 역사, 국가 정체성에 대

2 [옮긴이] 중국은 2010년 GDP에서 일본을 추월했다.

3 GNI 대비 원조 비율을 측정하면, 27개 부국(富國) 중 미국, 이탈리아, 일본은 각각 27위, 26위, 25위이다(UNDP, 2005: 278 참조).

4 2003년 일본의 공적개발원조(ODA)는 88억 달러, 2004년 유엔 통상예산 평가 기여금은 2.8억 달러(19%)로 이는 미국(3.63억 달러로 총유엔 예산의 24%)에 이어 유엔 재정에 기여하는 두 번째 큰 금액이다.

한 무거운 부담 때문이라고 설명될 수 있을 것이고, 여기에는 일본이 책임져야 할 역사적이고 국제적인 역할이 포함될 것이다. 캄봉이 주장했듯 "한 국가의 지리적 위치는 그 나라의 외교 정책을 좌우하는 가장 기본적인 요소이다. 즉, 국가가 외교 정책을 가져야만 하는 가장 중요한 이유 그 자체이다"(Cambon, 1935; Pastor, 1999: 27에서 재인용). 일본은 세계 59위의 비교적 작은 영토를 가진 자원이 부족한 이 섬나라지만, 인구는 세계 9위이다(1.27억 명). 일본은 거의 전적으로 석유와 천연가스를 수입에 의존하고 있고 식량 공급의 절반 이상도 수입에 의존한다. 일본 해외무역의 대부분은, 상반되는 주권의 주장이 난무하고 그 안정성이 의심되는 남중국해, 동남아시아, 인도양, 그리고 중동을 관통하는 수천 마일에 걸친 운송노선을 따라 이루어지고 있다(Berger, 2004: 138~139).

1945년 이전 일본은 강력한 군대 구축과 한반도 식민지화를 통해 아시아에 광대한 제국을 건설함으로써 강국의 입장에서 외부 세계와 교섭했는데, 이는 자원 부족에 맞서기 위한 방편이었다. 그러나 이 전략은 궁극적으로 나머지 여러 국가들과 충돌을 야기했고 제2차 세계대전에서 치명적인 패배를 초래하며 마침내 비극으로 끝나고 말았다. 이 제국주의 기간은 오늘날 현대 일본에도 영향을 미치며 원만한 출구를 찾기 어려운 역사적 부담을 낳았다. 1890년에서 1945년 사이의 일본 제국주의 팽창은 많은 아시아 국가, 특히 35년간 일본의 식민지 지배하에 있었던 한반도, 그리고 1930년대 초반 만주에서 시작하여 1937년 중국 본토로 확대된 일본의 침략 이후 2000만 명이 사망한 것으로 추정되는 중국에 쓰라린 기억을 남겼다. 이러한 역사 때문에 일본은 생래적으로 군국주의적이고 침략적인 국가이며 기회만 있다면 언제든 팽창주의의 길로 되돌아갈 수 있다는 광범위한 인식이 생겨났다. 일본의 저명한 우익 정치인이나 오피니언 리더들의 회개하지 않는 태도는 이러한 우려를 더하고 있다. 그리고 일본이 취하는 군사력 팽창 또는 더욱 확대된 안보적 역할에 대해 동북아시아 지역 전역은 의심과 공포로 반응하고 있다. 2005년 초 역사 교과서와 영토 분쟁이라는 또 다른 일전一戰 때문에, 동북아시아 국가들은 일본의 유엔 안보리 상임이사국 진출 재시도에 반대하며 ― 중국과 두 개의 한국을 포함한 ― 연합 전선을 형성했는데, 이처럼 도쿄는 (모든 동북아시아 국가를 통합시키는) 불가능해보이는 외교적 임무를 달성하기도 했다(≪조선일보≫, 2005.4.1).[5]

이러한 역사는 일본의 국가 정체성에 관한 논쟁을 낳고 있다. 일본은 근대사와 관련하여 "역사적 기억상실(historical amnesia)"을 앓고 있다고 빈번하게 비난받는다(Hicks, 1997; Buruma, 1994; Chang, 1997 참조). 그러나 이것은 역사적 기억상실이라기보다는 선택적 기억일 뿐이다(Gong, 1996 참조). 일본은 자신들의 과거에 대해 독일이 제2차 세계대전 후 했던 것과 같은 방식의 분명하고 단호한 청산을 하지 않았다. "내가 대체 무슨 잘못을 했다는 거지?"와 같은 역사수정주의 겸 현실도피주의로 인해, 일본은 아시아에 존재하지만 아시아에 존재하지 않는 것으로 자주 묘사된다. 실제 일본은, 서양은 문명을 의미하고 아시아는 야만을 의미한다면서 19세기 중반 서양 국제 질서에 가담한 이후, 아시아에서 자신의 위치에 대해 만족할 만한 정의가 없는 상태이다(Tamamoto, 1991 참조). 일본의 경우 역사와 국가 정체성은 다음과 같은 방법으로 상호작용한다. 즉, 일본은 일관되게 자신들의 골치 아픈 동아시아 정체성 문제를 선결하지 않은 채 국가 정체성을 탐색하고 글로벌 정체성을 확립하려 한다.

그러나 만약 이에 실패한다면 민족주의 분쟁의 소용돌이를 촉발시킬 가능성이 있다. 예컨대 일본의 역사 교과서 개정 위원회[6] ― 2004년 논란의 교과서를 집필한 ― 는 "일본의 역사교육이 매우 심각한 상태에 있음을 깊게 우려하지 않을 수 없다"고 주장하는 민족주의 학자들로 구성되어 있다. 일본 역사 교과서

5 북한은 1991년 9월 유엔 가입 첫날부터 일본의 유엔 안보리 상임이사국 진출을 일관되게 반대하고 있다. 다음을 참고할 것. Joseph Kahn, "If 22 Million Chinese Prevail at U.N., Japan Won't," *New York Times*, April 1, 2005; "China Vows to Vote Against Contentious UNSC Expansion Plan," *People's Daily Online*, June 22, 2005.

6 [옮긴이] 일명 '새역모(새 역사 교과서를 만드는 모임)'로 불리고 있다.

개정 위원회 노부카츠 후지오카(藤岡信勝) 부회장은, 일본은 현재 "근거 없는, 전시와도 같은, 적의 선전을 사용하여 아이들을 교육시키고 있다. …… 사실 일본의 전쟁 범죄가 다른 나라가 저지른 전쟁 범죄보다 더 나빴다는 것을 입증하는 증거는 없다"라고 주장하고 있다. 일본의 교과서 문제에 대응한 중국과 남한의 요구는 반일 레토릭으로 치부되어 결과적으로 일본 정치 엘리트들의 국내 정치에 이용되고 있으며, 이는 일본 국민을 재무장시키고 민족주의 외교 정책으로 이끌면서 일본의 민족주의를 점화하고 있다.[7]

일본은 냉전 이후 강대국의 정체성을 추구하는 5단계를 경험했다. 첫 단계인 1950년대부터 많은 일본인들은 일본이 세계 세 번째 초강대국이 될 것이라고 믿었다. 두 번째 단계인 1980년대 후반, 소련이 붕괴하고 일본의 거품 경제가 절정에 이르자 초강대국의 지위가 멀지 않은 것처럼 보였다. 일본은 자신의 경제적 힘을 이용해 국제 금융 질서를 재편하고, 동아시아 자본주의 모델의 감동적인 대표 주자로 우뚝 서면서, 머지않아 G-7정상회담과 유엔에서 과감하게 자신들의 견해를 피력할 수 있을 거라고 기대했다(그럼에도 미국, 러시아, 중국이 적극적 역할을 수행한 것과 비교하면, 이 기간에 일본은 한반도에 대해 오직 수동적 역할에 그쳤다). 일본의 오름세는 1990년대 초까지도 지속되는 듯했다. 텐안먼 광장 시위와 강경 진압으로 인해 중국이 고립되면서 지역 리더십에 대한 일본의 열망은 더욱 커졌다. 그러나 1990년대 중반 몇몇 강대국 및 이웃 국가들과 관계가 틀어지면서, 일본은 탈냉전 이후 국제관계의 세 번째 단계를 시작했다. 경제 거품은 터졌고 일본의 정치적 리더십은 명확한 국가 비전을 제시하지 못했다. 또한 도쿄는 세계화를 선도하기보다는 세계화의 피해자로 자신을 바라보았다(Grimes, 2000). 일본의 희망인 초강대국으로서의 지위 또는 지역 내 강대국으로서의 지위 모두 실현 가능성이 낮아보였다. 그러자 네 번째

7 다음을 참고할 것. Norimitsu Onish, "In Japan's New Texts, Lessons in Rising Nationalism," *New York Times*, April 17, 2005, p.3.

단계인 1990년대 후반, 일본은 미국과 중국 사이에서 강대국 균형 잡기 게임에 뛰어들었다. 즉, 지역에서의 주도적 역할을 확보하기 위해 1997~1998년 아시아 금융위기를 계기로 아시아 통화 기금(AMF) 설립을 추진하는 등, 국제정치와 국제경제 양측 면에서 균형 잡기를 시도한 것이다. 그러나 세계 정치와 경제 사이의 상호작용을 직접 통제하고 싶어 하는 미국은 일본의 이러한 모든 움직임에 퇴짜를 놓았다. 마지막 단계로 21세기 초반 일본의 우익 세력은 군사력 강화와 재무장에 의한 영향력을 확보하기 위해 새로운 전략을 추구하기 시작했다. 일본 의회는 전후 비공식 사용으로 격하시켰던 일장기와 기미가요를 공식 국기와 국가로 승인했는데, 이는 강대국으로서의 국가 정체성을 모색하는 새로운 결단을 의미하는 것이다.[8]

이러한 다양한 궤도 때문에 일본의 냉전 이후 대외 정책을 어떻게 규정할 것인가에 대한 학문적 합의는 존재하지 않는다. 처음에 일본은 세계 역사의 흐름을 적극 형성하기보다는 소극적인 반응 국가(a reactive state)로 간주되었다(Calder, 1988). 그 후 일본은 보수파가 제창한 힘에 의한 민족주의 외교 정책으로 정의된 '미온적 현실주의자(reluctant realist)'가 되어가는 중이라는 의견이 1990년대 후반에 제기되었다(Green, 2001). 이와 반대로 일본은 군사력 사용을 삼가며 외교와 협력을 선호한다는 이유로 '신중한 자유주의(cautious liberal)'로 설명되기도 한다(Berger, 2004). 예컨대 1945년 이후 일본 지도자들은 비군사적 수단 — 외교, 무역, 대외 원조 — 을 통해 외부 시장에 대한 통로를 확보했고, 가능한 모든 국가와 외교·무역관계를 유지하려고 했다는 것이다(Berger, 2004: 138~139).

한일관계의 역사를 설명하는 데에는 유사위기(quasicrisis)라는 말이 가장 적절해 보인다. 문정인에 따르면, 어떤 외부적 사건이 핵심 국가 가치에 큰 타격

8 냉전 이후 일본 대외 정책의 다섯 단계에 대해서는(On the five stages of Japanese post-Cold War foreign policy) Rozman(2002a: 75) 참고.

을 입힐 것이라 여겨지는 경우, 혹은 즉각적인 시정 조치 없는 기존 정책의 틀로는 이해관계를 타결하기 힘든 경우에 유사위기가 확산된다고 한다. 이는 핵심 국익이 실제 박탈당하는 진짜 위기(real crisis)와는 대조적이다. 국제적 유사위기는 경제적 복지, 정치적 존엄성(political integrity), 국가 위신이나 정체성과 같은 대부분의 비군사적·비안보적 가치를 포함한다. 이 경우 의사 결정 시간은 제한되어 있고, 주요 의사 결정자는 해결책에 도달하기 위한 역할을 해야만 한다. 그렇지 않으면 유사위기는 안보 및 군사 차원의 파급 효과를 통해 중대위기 상황으로 확대될 수 있다(C. I. Moon, 1991).

이러한 유사위기를 둘러싼 협상을 분석하기 위해 우리는 비대칭 협상 이론을 고려할 수 있다(Habeeb, 1988 참조). 이 이론에서는 강대국의 총합 구조적 힘(aggregate structural power)이 특정 쟁점과 관련한 힘으로 항상 전환하는 것은 아니라고 주장한다. 비대칭적 협상 능력의 관점에서 볼 때, 남북한과 같은 작은 국가가 몇몇 이슈에서 강한 적대국가(예컨대, 일본)를 상대하면서 허를 찌르고 우위를 보이는 이례적 현상에 대한 설명이 가능해진다.

서구 유럽이나 북미와는 대조적으로, 동북아시아 내의 정체성 정치라는 원심력은 확대되는 지역 내 경제적 상호 의존성이라는 구심력과 충돌하고 있다. 따라서 일본 안보 정책의 근거가 되는 자유주의 이념은 실용적 현실주의에 의해 완화되어왔다. 즉, 일본은 여전히 전략적으로 자유주의로 남아 있지만 현실 정치(*realpolitik*)의 전술을 기꺼이 고려하고자 한다. 예컨대 최근 일련의 현실주의적 사고는 일본의 군사력 확대와 무력 사용 지지를 기꺼이 받아들이고 있다. 그러나 일본의 외교관계 측면에서 이러한 현실주의적 상황은 다른 동아시아 국가, 특히 한반도의 눈에는 호의적으로 보이지 않는다.

일본 외교 정책의 현실주의적 변형을 지원해온 국가는 미국이다. 냉전 종식 이후 특히 부시 행정부하에서의 미국은 자신의 세계 패권을 위한 거대 전략(grand strategy)의 필수적 부분으로 일본의 재무장을 장려하고, 심지어 이를 촉진시키기 위해 모든 역량을 총동원하고 있다. 예컨대, 2004년 8월 도쿄에서 콜린 파월(Colin Powell) 미국 국무 장관은 일본이 여전히 유엔 안보리의 상임이사국이 되기를 원한다면 먼저 자신들의 평화 헌법부터 제거해야 할 것이라고 노골적으로 밝혔다. 이미 1990년대 초반부터 일본 정부는 점진적 재무장을 위한 비밀 계획(stealth program)에 착수했다. 일본은 1992년 이후 21개의 안보 관련 주요 법률을 제정했는데, 이 중 2004년에만 아홉 개였다. 2005년 2월 19일 일본과 미국은 새로운 군사 협정을 체결했는데, 이 협정은 미국이 일본과 '공동 전략 목표'로 대만 해협에 대한 안전보장을 처음으로 확인한 것이었다.[9]

미국의 압력으로 인해 일본과 다른 동아시아 이웃 국가는 서먹서먹하게 되었고, 일본 지도자들은 나머지 동아시아 국가 — 특히 집단적 식민지 기억을 가진 한반도 — 들이 신제국주의적 또는 모욕적이라고 생각할 수 있는 일본 내 상징 정치(domestic symbolic politics)에 지속적으로 몰두했다. 즉, 1995년 태평양전쟁 종전 50주년에서 일본 국회는 물타기 사과 결의안을 발표했는데, 이는 아시아의 식민지화와 일본이 일으킨 전쟁을 근본적으로 합리화하는 수많은 지방의회 결의안과 궤를 같이하는 것이었다. 고이즈미 준이치로(小泉純一郎) 총리는 2001년 4월 총리가 된 이래 매년, 표면상으로는 나라를 위해 죽은 전사자를 기리는 야스쿠니 신사를 방문하고 있다. 이곳의 전몰자는 1000명 이상의 제2차 세계대전 전범을 포함하고 있지만, 관심은 주로 일본 최고 군사 지도자인 14명의 A급 전범 — 일본의 전시 내각 총리대신이었던 도조 히데키를 포함하여 — 에 집중되어 있다. 이들은 종전 후 연합국이 주도하는 도쿄 재판소에서 유죄 선고를 받은 자들이다. 이러한 민족주의적 입장은 일반적으로 일본 국민의 지지를 얻고 있다. 1990년대 후반 일본의 서점가에는 전례 없이 일본은 어떻게 자신의 국익을 옹호해야 하는가에 관한 확신에 찬 글이 소개되었다(Rozman, 2002a: 85). 60% 이상의 일본 국민이 평화 조항을 삭제하는 헌법 개정을 지지하고 있

9 냉전 후, 그리고 부시 행정부가 정권을 잡은 동안 미국이 일본에 가한 압력에 대해서는 Johnson(2005) 참고.

다. 특히 50세 미만 젊은 의원들의 무려 90%가 위와 같은 헌법 개정에 찬성했다(Green, 2000). 그러나 흥미로운 사실은 전직 총리 중 다섯 명이나 — 미야자와 기이치(宮澤喜一), 무라야마 도미이치(村山富市), 하시모토 류타로(橋本龍太郎), 모리 요시로(森喜朗), 가이후 도시키(海部俊樹) — 야스쿠니 신사 방문에 대해 반대 의사를 공개 표명했고, 동북아시아 이웃 국가들과 도쿄의 유대 관계가 더 이상 손상되는 일이 없도록 고이즈미 준이치로에게 야스쿠니 방문 자제를 요청했다는 점이다(D. C. Kang and J. Y. Lee, 2005). 마찬가지로 아키히토(明仁) 일왕은 우익의 되풀이되는 야스쿠니 신사 방문 요청을 거부하고 있다.

2000년, 일본에서 중학교 역사 교과서를 수정하기 위해 국가 위원회가 설립되자, 일본 내부에서 거의 공감을 얻지 못했음에도 중국과 남북한의 관계자들은 충격을 받았다. 한반도 식민 지배와 중국 침략을 합리화하는 극단적 견해들이 갑자기 일본 주류 사회의 지지를 받는 상황이 되었기 때문이다. 게다가 일본의 주류 언론들은 제2차 세계대전 동안 미국에 대항하여 일본은 '홀로코스트'의 고통을 겪었으며, 미국이 일본에 투하한 두 개의 원자 폭탄은 지금까지의 전쟁범죄 중 최악의 전쟁범죄라고 주장하는 기사를 싣기도 했다. 같은 기사에서는, "미국이 여전히 오키나와를 점령하고 있는데 어떻게 일본이 독립 국가라고 할 수 있는가" 하는 문제를 제기했다(Rozman, 2002a: 87 참조).

동아시아에서의 국가 정체성 문제는 결국 과거와 미래 사이의 투쟁이다. 한국인들은 남북 모두 일본을 제국주의 세력으로 이해하고, 자신들의 국가 건설과 국가 정체성을 형성하고 규정하는 과정의 출발점으로서 일본 지배에서 탈출을 선언한 것이다(Rozman, 2002a: 90; Hahm and Kim, 2001; S. S. Kim, 1976). 이처럼 일본이 아시아 지역에서 잊고 싶은 과거와 직면하자 이를 외면하고 세계 무대에서 국가 정체성을 형성하려 시도하는데, 이는 새삼스러울 일도 아니다. 일본의 공유된 글로벌 정체성 역시 냉전 시대에 서방과의 한결같은 제휴에서 비롯된 것이다. 이와 대조적으로 만약 다른 동아시아 국가들과 함께 일본의 공통적인 유교 전통 — 서양 문화에 대한 대안 — 이 강조된다면, 일본의 지역적 정체성(regional identity)이 표면화될 수 있을 것이다. 다만 민족주의자의 호소가 국내에서 너무 큰 정치적 무게를 갖고 있기 때문에, 이러한 하나의 국가 정체성이 세계적·지역적·국가적 요소와 안정된 배합을 찾는 과정은 점진적일 수밖에 없을 것이다(Rozman, 2002a).

경제 영역에서는 국가 정체성 갈등이 비교적 덜하다. 일본의 고민은 자신들의 제국주의 과거에 대해 동북아시아 이웃 국가들이 수용할 수 있는 타협안을 내놓기 어렵다는 점이다. 그럼에도 중국, 남한과의 경제적·사회적 상호작용은 증가하고 있다. 일본의 대중국 수출은 2001~2004년 사이에 70% 증가했다. 이는 실제 일본의 경기 회복을 위한 주요 원동력이 되었다. 2003년, 일본은 미국을 제치고 중국 대학생들이 가장 열망하는 해외 유학지로 자리매김했다. 한편 1990년대 후반 일본은 대對러시아 유라시아 외교 정책에 성공을 거둘 것처럼 보였다. 일본은 초강대국의 지위를 잃어버린 러시아를 진정시키기 위해 G-8 및 APEC의 정식 회원 가입을 지원함과 동시에 러시아와 몇 차례의 정상회담을 했다. 그러나 두 나라는 남쪽 쿠릴열도(북방 영토)에 대한 오래된 영토 분쟁을 해결하지 못했다. 따라서 양국 관계는 또 다시 긴장 속의 평화 상태로 냉각되었다.

한반도와의 관계에서는 일련의 중복되는 대조점이 있다. 대중 대 개인, 말 대 행동, 약속 대 실천이 그것이다. 동해를 가로지르는 상호작용의 장기적 영향력을 결정하는 데에 인식은 매우 중요하다. 일부는 "미묘한 차이가 있는 현실주의"로 한일관계를 설명할 수 있다고 주장하는 반면(V.D. Cha, 1999a), 한일관계는 알렌 휘팅(Allen Whiting)의 중일관계에 대한 설명을 그대로 재현하는 것에 더 가까워 보인다는 견해도 있다. 휘팅에 따르면 중일관계는 "공식적인 우정 뒤에 숨겨진 …… 양국 수도 사이에서 주고받는 고위층의 험악한 말싸움으로 기반이 흔들리는" 관계이다(Whiting, 1989: 20). 한국은 중국과 마찬가지로 일본을 최소한 몇 가지 모방할 가치가 있는 경제 모델로 찬양하고, 기술 이전을 획득하기 위한 강한 열망을 갖고 있지만, 그러나 이러한 것들은 한일관계

속에서 되풀이하여 표면화되는 역사적 불신에 비하면 부차적인 것들이다. 휘팅은, 중국에게 "전쟁을 떠올리게(war recall)" 하는 것이 한국에게는 "식민지/제국주의를 떠올리게(colonial/imperial recall)" 한다고 언급했는데, 실제로 이것은 한국에게는 매우 의미심장한 표현이다(Whiting, 1989). 즉, 일본 지도자들의 정치적 성명, 역사 교과서 발행, 야스쿠니 신사 방문, 일본 우익 그룹의 활동과 같은 행사가 있을 때마다 한국의 정치 지도자들과 시민사회나 언론은 거의 자동 반사적으로 반발하며 항의했다. 이러한 반응은 오늘날 일본과 상호작용을 논의할 때 과거 역사적 사건들을 수면 위로 떠오르게 만든다. 따라서 아무리 한일관계가 경제·안보 협력, 정치적·문화적 연계의 측면에서 그 어느 때보다도 가까워졌다고 할지라도 양국 간에는 어업 분쟁, 영토 분쟁, 역사 해석 등 역사적 민감성으로 가득 찬 험악한 논쟁이 여전히 오고 가는 것이다.

남한의 최대 국경일인 삼일절과 광복절만 되면 식민지/제국주의의 아픈 상처가 되살아나곤 한다. 또한 한일관계에는 앞서 언급한 것들과 같은 새로운 형태의 예측 불가능한 분쟁거리가 존재한다. 그동안 일본 정치인이나 학자들은 자주 경솔한 발언을 했고 이것이 한국을 자극했다. 일본의 한반도 정세에 대한 간섭과 민족 정체성에 대한 직접적 위협은 보통의 한국인들에게 과거 식민지/제국주의 기억을 떠올리게 하는 분명한 계기가 되었다.

서울과 도쿄는 1965년에 조인한 한일기본조약[10] 제40주년을 기념하기 위해 2005년을 '한일 우호의 해'라고 부르기로 합의했다. 따라서 2005년은 양국 관계에 좋은 해가 될 것으로 기대되었다. 양국은 또한 FTA를 촉진하기 위한 협상을 시작했다. 그러나 더 나은 관계에 대한 희망은 돌연 좌절되었다. 바로 역

10 일본 식민지 시대가 종료된 후부터, 그리고 제2차 세계대전이 종료된 후부터 한일관계 정상화까지는 20년이 걸렸다. 양국 관계 정상화는 미국의 공동 동맹국이라는 점을 감안하면 매우 중요한 문제였다. 그러나 12차례의 국교 정상화 교섭에도 일본과 북한은 아직 관계 정상화 합의에 도달하지 못했다.

사/영토 갈등과 새로운 역사 교과서를 만드는 모임으로 알려진 우익 국수주의 학자들의 후원으로 출간된 고등학교 역사 교과서 논쟁이 고조되었기 때문이다. 더욱 심각한 것은 2월 22일을 '다케시마의 날'로 규정한 지방의회 조례안이 2005년 3월 16일 시네마 현 의회를 통과하면서 촉발된 독도 분쟁 – 일본에서는 다케시마 – 이었다. 독도는 역사적·법적으로 일본 영토라는 다카노 도시유키(高野紀元) 주한 일본 대사의 공식 성명과 함께 역사 교과서 문제와 다케시마의 날 선포가 한데 얽히면서, 서울과 도쿄의 관계는 위태로운 임계점까지 몰렸다. 3월 17일 노무현 정부는 과거 식민지 세력이 자행한 전시 잔학 행위에 대한 일본의 사과와 보상을 요구하는 새로운 독트린을 발표했다. 국가안전보장회의(NSC)에서 발표된 이 독트린은 일본의 움직임에 대해 "한국 해방의 역사를 부정하는, 한반도에 대한 제2의 침탈"이라고 주장했다(≪조선일보≫, 2005.3.17). 3월 31일에 서울은 유엔을 상대로 일본과 '외교 전쟁'을 벌였다. 서울은 유엔 안보리 상임 이사국 진출을 위한 일본의 시도를 차단하기 위해 로비 활동을 시작한 것이다.

한일관계의 형성에 가장 중요한 변수는 바로 일본 제국주의 과거가 상대적으로 돌출되는 것이다. 이는 연립정치(coalition politics)를 유발하고 대외 정책에서 행동으로 나타나기 때문이다. 이러한 국가 정체성 문제의 근저에는 한일관계에 대한 다음의 다섯 가지 장기적 특성이 있다. ① 남북한 모두에 근대 한국의 민족주의와 국가 정체성에 가혹한 시련이었던 일제 식민지 유산,[11] ② 일본에 거주하는 65만 명 이상의 '재일' 조선인의 존재 – 이 중 2/3는 대한민국 국적자이고, 1/3은 조선민주주의 인민공화국에 충성하는 이들이다, ③ 제국주의 과거 및 전쟁 잔학 행위 청산에 대한 일본의 무능력과 무의지, ④ 곪아터진 역사적·영토적 증오와 의심, ⑤ 특히 일본인과 한국인 사이의 변치 않는 민족

11 예컨대 김일성과 이승만은 반일 감정의 공유를 제외하고는 정치적 배경, 이념, 세계관의 측면에서 그 어느 것도 공통되는 게 없었다.

적 증오[12] 등이다. 이와 관련한 핵심 근접 변수(proximate variable)는 역동적인 국제적 자극과 국내 정치 사이의 상호작용인데, 남북일 정치 지도자들은 이를 만들어내고 부당하게 활용하고 있다. 저비스가 시사하는 대로, "정치가들은 어떤 소동이 벌어지면 그것을 정책 변화를 위한 기회로 생각한다. 고위 관리들은 국가 지도자에게 어떤 변화를 제안할 것인지 결정하게 될 것이고, 결정자의 성향이 최종 선택을 가름할 것이며, 그 결정의 이행은 대개 관료 체제의 이해관계와 통상적인 전례에 부합하는 방식이 될 것이다"(Jervis, 1976: 16~17). 따라서 한일이 열정을 쏟는 당면 문제를 살피기 이전에 근본적으로 대립하는 수많은 국가 정체성 충돌을 규정하는 역사를 먼저 검토하는 것이 중요하다.

과거의 무게

두 개의 한국과 일본의 관계는 현대 국제관계에서 가장 무거운 역사적 부담을 안고 있다. 19세기 후반 일본은 전통적인 중국 중심적 동아시아 질서로부터 한국을 끌어내, 주권적 민족국가(sovereign nation-states)에 기초한 서양 체제에 편입시키는 데 성공했다. 이것은 동아시아에서 전통적인 중국 패권을 향해 드러낸 광범위한 도전 중 일부였다. 이는 서양 제국주의가 중국 패권에 도전하는 상황과 동시에 발생했다.[13] 20세기 초 일본은 한국을 식민지화했고, 한국 독립은 제2차 세계대전의 결과였을 뿐이다. 앞에서 서술한 바와 같이 식민지 시절의 기억은 오늘날 한일관계에도 강한 반향을 일으키고 있다.

12 민족적 증오가 미래 동아시아 군사 충돌의 가장 중요한 원인이 될 것이라는 주장으로는 Berger(2000: 405~406) 참고.

13 전통적 동아시아 세계 질서에 대한 한 쌍의 도전은 다음 책의 주제이다. Key-Hiuk Kim, *The Last Phase of the East Asian World Order*(Berkeley: University of California Press, 1980).

동아시아에 근대화가 도래하기 이전, 1590년대 도요토미 히데요시의 한반도 침략은 한국인이 일본에 대한 이미지를 형성하는 데 결정적인 역할을 했다. 일본인은 거의 모든 한국 영토를 점령한 약탈자로 간주되었고, 한국은 중국의 도움을 받아 가까스로 일본을 쫓아낼 수 있었다. 그 후 한국은 향후 250년간 한일관계의 유일한 기초 역할을 하게 된 무역협정을 체결한 후,[14] 일본과는 서먹서먹한 관계를 유지했다(K. H. Kim, 1980: 15~16). 도쿠가와 시대의 중국은 한국의 이웃 나라와의 관계에 거의 관여하지 않았다. 한국은 중국과의 사대주의 관계('강대국을 섬기는 것')와는 대조적으로, 일본과의 외교관계는 교린 관계('선린 관계')로 정의했다. 한국의 왕과 일본의 쇼군은 각자 서로를 대등하게 대우했고, 양국 사이에 있는 쓰시마 섬을 매개로 양국의 관계를 해결했다.[15]

이러한 한일관계가 메이지 유신과 서양에 대한 일본의 개국에 직면하여 급변하기 시작했다. 일본은 한국과 쓰시마 섬을 중개자로 활용하는 과거와 동일한 형태의 관계를 유지했지만, 일본의 여론은 한국에 더욱 관심을 갖기 시작했고, 급기야 일부 지식인들은 한국이 일본의 조공국 역할을 해야 한다고 주장하며 팽창주의자가 되었다. 1860년대 한국에 체류하던 중국인 관계자들도 한반도에 대한 일본의 야심을 주목하기 시작했다(K. H. Kim, 1980: 71~72). 일본은 러시아와 영국이 대마도와 중국 해안의 많은 섬들에 깊은 관심을 갖는 것을 보고, 일본이 한반도에서 지배적 역할을 하기 위해서는 한반도에 대한 지분을 주장하는 서양 세력부터 물리쳐야 한다는 걸 깨달았다. 따라서, 예를 들면, 일본은 미국과 한국 사이에서 사라진 상선 제너럴셔먼호 사건의 진상 조사를 중재했다. 일본의 팽창주의는 부분적으로는 자신들의 안보를 위한 염원에서 비롯된 것이다. 일본 지식인들은 한국을 취함으로써 워싱턴의 침략에 맞서 자신

---

14 [옮긴이] 1609년 기유약조를 뜻한다.

15 쓰시마 섬에 대해서는 K. H. Kim(1980: 17~20) 참고.

들의 조국을 안전하게 만들 수 있을 것이라고 생각했다(K. H. Kim, 1980: 102~109). 일본의 한 고위 당국자는 "프랑스가 한국을 가만두지 않을 것이다. 러시아는 한국의 움직임을 주시하고 있다. 미국은 자신만의 계획을 갖고 있다"(K. H. Kim, 1980: 129에서 재인용)라고 언급하기도 했다.

1871년 일본과 중국은 서양 국제법에 따라 최초로 조약을 체결했다.[16] 또한 문호가 개방되면서 일본은 우선 쓰시마 섬을 통해 양국 관계를 처리하던 전통을 종료하는 것으로 한국과의 관계 수정을 시작했다. 중국에 대한 명백한 도전이자 한국에 대한 경고인 1874년 일본의 대만 원정에 이어, 1876년 2월 일본은 한국에 강화도조약이라는 대담한 조치를 취하기 시작했다(K. H. Kim, 1980: 193~194, 200~203). 강화도조약에서 한국은 '독립국'임을 선포했는데, 이는 한국과 일본 사이의 전통적 관계를 종료시키는 것이었고 서양식 관계에 동의하는 것이었다(K. H. Kim, 1980: 253). 이 조약을 계기로 한일 양국 간 상호작용은 현저하게 증가했다.

그러나 이러한 상호작용은 일반적으로 긍정적인 것과는 전혀 거리가 멀었다. 일본은 반일 성격의 반란[17]으로 인한 손해배상을 한국에게 요구했는데, 2년 후에는 입장이 바뀌어 한국 급진주의자들의 쿠데타 시도[18]에 연루되었다. 중국은 군사력으로 이 친일 쿠데타를 진압했고, 일본은 사태의 마지막에 이르러 다시 한국에 배상을 요구했다(C. I. Kim and H. K. Kim, 1967: 34~38, 46~54). 1894년 동학농민운동은 청일 전쟁을 위한 촉매제 역할을 했다. 일본은 중국과 전쟁 중에 서울의 왕궁을 점령했고, 한국 정부를 개조했고, 한국인의 거의 모든 일상과 관련한 상세한 개혁 조치[19]를 단행했다(C. I. Kim and H. K. Kim,

16 [옮긴이] 청일수호조규를 말한다.

17 [옮긴이] 1882년 7월 23일, 임오군란을 뜻한다.

18 [옮긴이] 1884년 12월 4일, 갑신정변을 뜻한다.

19 [옮긴이] 1894년 7월, 갑오경장을 뜻한다.

1967: 80~81).

러시아, 프랑스, 독일이 시모노세키 조약에서 중국과 화해 조건을 변경하기 위해 개입하자,[20] 일본의 야망에는 차질이 생겼다. 그리고 이어서 1896년 러시아가 한국 왕에게 피난처를 제공하자,[21] 한국 왕은 일본의 영향에서 벗어나 통치할 수 있었다.[22] 그러나 1904~1905년 러일전쟁에서 일본이 깜짝 승리하면서 한반도에서 일본은 무적 상태가 되었다(C. I. Kim and H. K. Kim, 1967: 88~91, 102). 일본은 외교 음모와 군사 작전을 결합하여 한국을 주권 국가 관계라는 국제적 영역으로 끌어들였을 뿐만 아니라, 한국을 점점 더 일본의 직접적 영향력 아래로 끌어들였다.

일본 내각은 "한국의 정치적·군사적 사항의 보호에 관한 실질적 능력을 손에 넣을 것이며 한국에서 일본의 경제적 권리와 이해관계 발전을 증진할 것"이라고 선언했다(C. I. Kim and H. K. Kim, 1967: 122~123에서 재인용). 일본은 "한반도는 일본의 심장을 겨누는 비수"라고 주장했다. 미국과 영국의 지지를 확보한 일본은 한국에 대해 보호령의 지위를 추진했다. 1905년 11월 조약[23]에서는 '한국의 대외관계의 통제 및 감독'을 규정했고, 외교 업무 처리와 (조선의 왕에서 대한제국의 황제가 된) 한국 황제와의 개인적 접견을 위해 서울에 통감을 배치했다(C. I. Kim and H. K. Kim, 1967: 125, 131). 이 조약은 적법하지 않다는 한국의 주장에도 불구하고 일본은 모든 정부 부처에 고문을 임명하기 시작했다. 이로부터 2년이 채 안 되어 러시아와 일본은 한국에 대한 일본의 공식 병합을 허용하기로 합의했다(C. I. Kim and H. K. Kim, 1967: 141~143). 이 병합은 1910년 8월 22일 대한제국 황제 순종과 일본 정부가 조약에 서명함으로써 성

20 [옮긴이] 1895년 4월, 이른바 '삼국 간섭'을 의미한다.

21 [옮긴이] 1896년 2월 11일, 아관파천을 의미한다.

22 [옮긴이] 반면 러시아의 강한 영향을 받을 수밖에 없었다.

23 [옮긴이] 제2차 한일협약(을사늑약)을 의미한다

립되었다. 일본은 무단 통치에 반대하는 한국인들을 잔인하게 진압했고, 한국인의 이익보다는 일본 본토의 경제적·전략적 요구에 따라 한국 경제와 사회 발전의 경로를 결정했다.[24] 한국에 대한 정치적·경제적 착취는 한국인이나 다른 아시아인의 사회적 수준에 대한 일본 대중의 우월감으로 인해 더욱 심해졌다.

식민지 초기 시절부터 시작된 문제는 오늘날에도 여전히 남아 있다. 동해에 있는 작은 바위섬인 독도는 1953년부터 한국의 행정적 관할에 있으며, 현재 한국 경찰 경비대가 점유하고 있다. 그러나 일본은 1905년 어장이 풍부한 이 섬에 대해 무주지 선점의 법리法理에 근거해 소유권을 선포했는데, 일본의 관심은 이 선언을 활용하는 것이다. 이 섬이 있는 바다 이름도 쟁점이다. 일본에서는 일본해(Sea of Japan)로 알려져 있고, 이것은 일반적으로 서양 지도에 알려진 것이다. 그러나 사실은 식민지화 이전의 서양 지도에서는 이것을 한국해(Sea of Corea) 또는 한국의 동해(East Sea of Korea)로 불렀고 중국의 역사 지도 역시 마찬가지다. 실제 'K'로 시작하는 한국의 철자는, 로마자 알파벳 순서에서 한국(Korea)이 일본(Japan)을 따르도록 한 식민지 시절 일본의 발명품이라는 의혹도 있다.

실질적으로 근대 한국의 국가 정체성 — 그리고 민족주의 — 은 한국에 대한 일본의 식민지 지배라는 가혹한 시련 속에서 형성된 것이다. 많은 사람들은 1919년 3월 1일 식민지 지배와 억압에 항거한 봉기가 근대 한국 민족의 창건 순간이라고 생각하고 있다. 중국의 국가 역사에서 1919년 5월 1일 중국의 봉기가 그러하듯, 삼일운동은 한국의 국가 신화에서 이와 비슷한 위치를 차지하고 있다. 한국전쟁 이후 대한민국이 형성되었을 때 가장 존경받는 인물의 대부분은 반식민주의 운동 지도자들이었다. 새로운 국가의 각종 표상에도 반일

24 일제가 준 혜택의 정도에 대해서는 격렬한 논쟁이 있다. 좀 더 균형 잡힌 개관에 대해서는 Myers and Peattie(1984) 참고.

상징물들이 적극적으로 활용되었다. 예컨대, 안중근 — 이토 히로부미(伊藤博文)를 저격한 한국인 — 을 찬미하는 국가 기념물이 건립되었고 그의 이미지는 한국 화폐에 널리 사용되었다. 이것은 한국에서 애국심과 반제국주의, 반일 정서 사이에 강력한 결속을 만들어냈다. 그것은 또한 일본과 그 이웃 국가들이 서로를 이해하는 방법 사이에 깊고 영구적인 심연을 만들었다.

식민지 시절 일본의 통제는 광범위하고도 강압적이었다. 제국주의 일본은 한국의 민족 정체성에 관한 것이라면 그 어떤 요소도 완전히 말살하려 했다. 초등학교 1학년부터 공공장소에서 일본어 사용은 의무적이었고, 창씨개명과 신도神道 숭배를 강요당해야 했다. 식민지 경찰은 사회의 모든 분야에 광범위하게 침투했고, 이에 대한 저항 시도를 야만적으로 억눌렀다.

일본이 만주에서 군사적으로 팽창하던 1931년, 한국은 일본에 광물, 값싼 노동력, 수력 발전을 제공하는 귀중한 근거지였다. 일본인은 자신들의 제국주의 계획에 한국의 역할을 다음과 같은 슬로건과 함께 언급했다. "전쟁 물자 거점으로서의 조선", 그리고 "침투 거점으로서의 조선"(J. E. Woo, 1991: 30). 식민지 정부는 정치적 안정성을 확보하면서도 철도, 항만, 도로, 통신 등 기반 시설에 대규모 투자를 했다. 이 두 가지 요소는 식민지 한국에 투자하는 일본 재벌을 위해 필요한 유인책이었다. 1930년대 중반 일본 재벌들은 한국 최대의 자본 투자자였고, 산업 팽창의 선봉에 섰다(J. E. Woo, 1991: 31~33).

태평양전쟁이 격화되면서 한국인 수십만 명이 일본 군수 공장으로 징발당했고, 이보다 더 많은 사람들이 강제 노역에 동원되어야 했다. 이에 따라 농촌 인구의 거의 20%에 해당하는 인원이 인간 이하의 노동 조건을 가진 한반도 북부, 만주, 사할린, 일본 등으로 느닷없이 끌려갔고, 그곳은 대부분 단순 노동이 필요한 광산이나 공장이었다. 1945년 8월 일본의 항복 당시, 재일 조선인의 수는 200만 명 이상이었다. 일본에 거주하는 한국인 이주 노동자들은 대개 천한 일이나 고된 육체노동으로 내쫓겼다. 그 결과 그들은 일반적으로 일본 사회의 최하위 계층을 차지했다(Bridges, 1993: 8; Weiner, 1994; V. Cha, 1999a: 19 참조).

일본인 민병대가 수천 명의 재일 조선인을 추적·살해한 1923년 관동 대지진을 계기로 재일 조선인은 차별과 박해의 대상이 되었다.

게다가 한국인 여성들은 제2차 세계대전에서 일본군의 성 노예로 강제 동원되었다. 오늘날 많은 생존자들이 일본에 속아 성 노예 생활을 강요당했다고 증언하고 있다. 한국, 중국, 필리핀을 포함한 아시아 전체에서 생존한 여성들은 여전히 배상을 요구하며 투쟁하고 있지만 도쿄는 절대 사과하지 않고 있으며 배상도 거부하고 있다. 이 문제는 2차 세계대전 중 일본에 점령당한 한국과 다른 아시아 국가에서 여전히 국민적 공분公憤을 일으키고 있다. 위안부는 약 10~30만 명으로 추정된다. 아시아 국가 중에서 일본만이 산업화에 성공했고 서양 세력과 대등하게 경쟁하는 방법을 알았기 때문에, 일본은 한국인, 중국인, 기타 아시아인들을 미신적이며 뒤떨어졌다고 생각했다. 이러한 우월의식은 교육과 노동 시장에서 재일 한인에 대한 일상적 차별로 이어졌다. 모든 한국인은 사회적 차별의 대상이었으며 사회의 가장 낮은 계층으로의 추방 대상이었다. 오늘날 '자이니치(글자 그대로 재일)'는 일본에 살고 있는 한국인을 나타내는 완곡어법이다. 대부분의 재일 한국인은 제2세대 또는 제3세대의 한국인들인데, 이들은 지금도 스스로를 북한 또는 남한 동포로 생각하며 일본의 정책과 사회로부터 많은 차별에 시달리고 있다. 가장 최근까지도 일본은 귀화 정책의 일환으로 재일동포들에게 일본 이름을 쓸 것을 요구했지만, 여전히 많은 사람들이 일본 시민권 취득에 부적격 판정을 받고 있다.

얼룩진 제국주의 과거에도 불구하고, 또는 아마 얼룩진 제국주의 과거 때문에, 전쟁 이후의 일본 교육은 히로시마와 나가사키에 두 개의 원자폭탄을 얻어맞은, 그리고 서양 세력의 침략으로부터 고통당한 패전국임을 강조했다. 동아시아 국가에 대한 침략자이자 가해자로서의 역할은 언급하지 않았다. 일본의 보수적 엘리트들이 전쟁 책임 문제와 관련한 집요한 추적을 회피하려는 데에는 그럴 만한 이유가 있다. 그것은 전후 일본 수뇌부(일왕 자신을 포함하여)가 제국주의 일본 팽창, 미국과의 전쟁, (독일보다 훨씬 더했던) 전쟁 잔학 행위에 직접적으로 연루되었기 때문이다. 한편 일본의 좌익 야당도 일본 국민들을 무고한 전쟁 피해자로 묘사하는 데에 자신들만의 전략적·정치적 이유가 있다. 일본 보수파들은 미국의 점령이 일본의 민족적 자긍심에 치명적인 타격을 가했고, 따라서 일본이 또 다시 위대한 민족국가가 되기 위해서는 과거에 대한 국민적 자긍심 회복이 필수적이라고 주장했다. 보수파는 또한 역사 문제를 국가 안보와 연계하는 경향이 있다. 왜냐하면 강력한 국가 정체성이야말로 성공적인 국가 안보 정책을 위해 필수 불가결한 심리적 구성 요소라고 생각하기 때문이다. 따라서 자민당 정부는 일본 교과서에서 전후 일본에 대해 지나치게 비판적인 관점을 제거했다. 또한 일본 제국주의의 중국 침략 및 일본 제국주의 군대가 저지른 만행에 대한 언급을 회피하기 위해 노력했다.

수정주의 역사를 지지하는 이러한 국내 정치적인 이유를 차치한다면, 1940년대와 1950년대 일본의 전략 지정학적 환경은, 전쟁과 식민지주의 책임을 인정할지에 대한 이슈에 직면할 일이 거의 없었다. 특히 세 가지 요인 때문에 아시아의 냉전은 유럽의 냉전과는 그 구조가 달랐기 때문이다. 즉, ① 상대적으로 느슨한 미국 주도의 연합, ② 지역 내 민주주의의 결핍, ③ 아시아 공산주의 국가들 사이의 깊은 분열이 그것이다. 따라서 미국은 서유럽과 같은 단일한 다자간 틀 대신에 많은 아시아 국가들과는 양자 간 안보 시스템을 만들어내야만 했다. 이러한 이른바 부챗살 협정(hub-and-spokes arrangement)으로 인해 미국은 지역 정치의 중심에 자리 잡게 되었다. 남한, 일본, 필리핀을 포함한 지역 동맹국 모두에게는, 사실상 미국과의 양자 외교가 더 큰 국제 체제와 접촉하는 최고의 핵심 수단이었다. 부챗살 협정에 따른 하나의 결과는, 아시아에서 미국 동맹국들 간 정치적 대화의 필요성이 서유럽보다 훨씬 약화되었다는 점이다. 미국이 정의(justice)와 국제적 화해보다는 공산주의 방어라는 목표에 더 큰 비중을 두면서, 일본을 포함한 아시아 국가들은 역사적 불법행위라는 지역 이슈를 논의해야 할 구조적 이유가 없었다. 이와 대조적으로 독일은 1940년대와 1950년대에 이미 자신의 서방 이웃들(주로 프랑스)과 화해를 추구할 수밖에 없었다(Berger, 2003 참조).

1950년 한국전쟁 발발로 인해 일본은 군사적으로 관여하지는 않았지만 최대의 경제적·정치적 혜택을 입었다. 전쟁 발발 당시만 해도 일본은 여전히 미국 점령하에 있었고, 경제적으로 취약했다. 그러나 전쟁이 끝날 무렵 일본은 국가 주권을 회복했고, 일본 경제는 새로운 가능성으로 고취되었다. 일본은 미군을 위한 병참 기지 역할을 수행했고 또한 군수물자 제조의 핵심 중심지가 되었다. 미국은 1950~1954년까지 전쟁과 군수물자 공급에 30억 달러에 가까운 돈을 일본에서 지출했다(J. E. Woo, 1991: 33~34). 이처럼 일본은 유혈 사태에 연루되지 않고 물질적 손실도 없이 한국전쟁으로 인해 경제적 혜택을 누릴 수 있었다. 전후 한국을 보호하겠다는 미국의 공약은 일본에 대한 미국의 공약에도 힘을 실어주었다. 미국은 일본에 대한 보호를 제공하되, 도쿄는 공동방위의 부담에서 벗어나도록 일본은 교묘하게 상호 안보조약을 협상했다. 이렇게 함으로써 국가 방위에 소진되었을 인적·물적 자원을 경제 부흥에 투입할 수 있었다.

남한의 이승만은 한국전쟁의 결과로 일본에 이익이 생기는 것을 강력하게 반대했다. 이승만은 특히, 남한에 주어지는 원조는 일본 상품 구입에 지출되어야 한다는 미국의 제안에 격분했다. 이승만은 한국이 일본 경제 회복의 부록물이 되는 것을 원치 않았다. 이승만은 원조가 남한의 산업과 경제 육성에 사용되어야 한다고 주장했다. 미국은 남한 정부를 달래기 위해 한국의 일본제품 조달 추정치를 하향 조정해야 했다(J. E. Woo, 1991: 34~36).

한국전쟁 후 동북아시아에 출현한 전략 지정학적 상황도 일본 정치에 대한 엄격한 검증을 비켜가게 하는 데 도움을 주었다. 그리고 이것은 제국주의 일본 팽창, 미일 태평양 전쟁, 그리고 전쟁 잔학 행위에 직접 관여한 일본인들이 일본 국내 정치에 신속하게 복귀하는 결과로 이어졌다. 이를 상징하는 것이 바로 기시 노부스케의 재등장이다. 그는 만주철도 주식회사의 책임자였으며, 도조 히데키 정부의 군수 장관이었고, 1941년에 미국과 전쟁을 선언한 서명자였다. 비록 전후 A급 전범으로 짧은 기간 구금되었지만, 그는 1950년대에 현역 정치에 복귀하여 1957년에는 총리가 되었다. 이는 독일의 맥락에서는 상상할 수도 없는 일대 사건이었다(Berger, 2005a 참조). 1955년 이후 자민당의 산하에 모인 일본의 보수 지도부는 제국 확장의 이면에 있는 방어적 동기만을 강조하고 일본의 전시 잔학 행위 문제는 무시하면서, 태평양전쟁의 기원에 대해서는 사실상 무죄라는 변명을 옹호했다. 이들 보수파들은 일본이 퇴장하면서 남한을 점령한 미국이, 일본인의 자아의식에 치명타를 입히기 위해 역사 이슈를 활용했다고 철석같이 믿고 있다. 따라서 일본이 다시 강대국이 되고자 한다면 자국의 과거에 대한 국민적 자긍심 회복이 필수적이라는 것이다.

1950년대 일본은 서양과 제휴한 아시아 이웃 국가들과 잇따른 양자 협상을 통해 화해를 모색했다. 1952년 대만을 시작으로, 1954년 버마, 1956년 필리핀, 1958년 인도네시아, 1959년 남베트남, 1965년 남한, 1967년 말레이시아 순이었다. 일본의 협상 담당자는 모호한 표현의 합의를 도출해냈다. 그것은 배상(reparations)을 공식 인정하지 않고도 배상으로 해석될 수 있는, 경제개발 원조를 제공하는 내용의 합의였다. 심지어 1960년대 후반부터 1970년대 초반 중소 분열로 인해 중국 지도자들은, 일본의 경제원조와 투자를 대가로 과거 전쟁 기간의 고통에 대한 일본의 사과와 배상 문제를 덮도록 장려하기도 했다. 이 국가들은 경제개발에 필요한 재원이 절실했고, 일본에 대한 레버리지 또한 제한적이었으며, 따라서 공산주의 봉쇄를 위한 미국 주도 동맹의 핵심 국가로 일본을 인정할 수밖에 없었다. 이러한 요인들이 피해국가가 저항하기보다는 제한된 배상(limited reparations)만으로 타협하도록 부추긴 것이다. 남한 대중은 이러한 타협에 대해 맹렬하게 항의했고, 이 때문에 일본은 좀 더 강한 유감(remorse)의 표현과 더 큰 금액의 원조를 해야 했다. 그러나 결국 권위주의 박정희 정부는 가혹하게 항의자들을 진압했다.

도쿄는 1965년 서울과 관계 정상화에 합의했지만, 1950년대와 1960년대의 격렬한 남북 대결로 인해 그 당시 남북관계에서 일본의 독자적 역할을 인정할 여지는 전혀 없었다. 이 당시 남북관계는 실질적으로 다른 수단에 의한 전쟁이었으며, 서로가 서로에게 가하는 안보 위협과 남북의 강대국 후원자(미국, 중국, 러시아)들 간 복잡하지만 안정적인 세력균형으로 인해 엄격하게 제한된 상황이었다. 이런 상황에서 일본이 끼어들었다면, 남북한과 이들의 강대국 후원자 사이에서 벌어진 한 치의 양보도 없는 제로섬적 계산은 틀어지고 말았을 것이다(C. S. Kang, 2004).

1980년대 냉전의 마지막 10년간은 한일관계의 역사 이슈를 상기시킨 전환점이었다. 고르바초프의 외교 혁명과 함께 얽혀 있던 냉전체제의 구조가 풀리기 시작하자, 국가 정체성의 정립 및 규정 문제가 더욱 불거져 나왔다. 1985년 나카소네 야스히로(中曾根康弘)는 일본 총리로서는 전후 최초로 야스쿠니 신사를 공식 방문했다. 정부 고위 관리의 주기적 신사 방문은 일본과 동북아시아 이웃 나라(중국, 남한) 사이의 역사적 증오 정치(politics of historical enmity)에 시동을 걸면서 강력한 인화물질 역할을 했다. 동아시아 국가들은 동서 대립에 따른 냉전의 제약에서 벗어나 자신의 힘으로 번영하면서, 더 이상 과거 자신들이 일본의 지원을 받았을 때처럼 의존적이지 않았다. 따라서 안보를 제외한 외교 정책상의 이슈 – 무역, 환경, 국방, 인권 – 가 중요성을 획득하게 되었고, 이는 역사적 논의의 중요성을 더욱 부각시켰다. 동시에 남한에서 정치가 다양화되고 독재 정권이 붕괴되자, 억압의 공포 없이 이와 같은 감정을 표현할 수 있는 정치적 공간이 열리게 되었다. 냉전의 종식은 동아시아에서 현존하는 양극체제의 계층구조 및 관계 패턴을 해체함으로써 새로운 세계 질서 수립을 가능하게 했다. 그러나 이는 제한된 정도에서만 그렇게 되었을 뿐이고, 더 중요한 것은 현재 한반도와 일본의 관계에서 상수常數가 된, 오래된 상처의 폭로와 함께 세계 질서가 수립되었다는 점이다. 요컨대, 지금 일본과 두 개의 한국 모두 냉전으로부터 탈냉전체제로 국가 정체성의 변화라는 위협적 도전에 직면하고 있다.

도쿄-서울-평양 삼각관계에 대한 새로운 도전

정치와 외교 이슈

전후 일본과 두 개의 한국 사이의 정치적 관계에는 뒤틀린 역사가 존재한다. 도쿄와 서울은 국교 정상화를 달성하기까지 14년이 걸린 반면 도쿄와 평양은 아직도 협상을 지속하고 있다. 40년의 '정상화' 관계가 존재함에도 불구하고, 오늘날 국가 정체성 문제는 대한민국-일본 관계의 '정상성(normalcy)'에 의문을 제기하고 있다. 동북아시아 냉전이라는 결정적 영향력에도 불구하고, 역사의 무게 및 국가 정체성 정립의 무게는, 도쿄의 서울 및 평양과 정치적·외교적 관계를 검토하는 데에 특별한 중요성을 띠고 있다. 경합하는 국가 정체성의 충돌은 현재와 미래의 한반도-일본 관계가 어떤 방향으로 진행될지 검토하기 위한 유용하고 분석적인 틀을 제공한다.

북일관계 정상화를 향한 긴 여정

일본은 자신의 주권을 회복한 이후부터 냉전이 종식될 때까지 북한과 관계 정상화를 위한 노력을 거의 하지 않았다. 평양과 공식 외교관계 수립을 통해 얻을 수 있는 정치적·경제적 이득이 거의 없었고, 정치적 관계가 결핍되었다고 해서 이미 존재하는 경제관계에 영향을 주는 것 같지도 않았기 때문이다. 일본은 동아시아에서 미일 동맹 구조에 굳건하게 얽혀 있었기 때문에, 공산주의 국가인 조선민주주의 인민공화국과 관계 정상화를 추구함으로써 이 균형이 무너지는 것을 원하지 않았다. 따라서 일본이 북한에 대한 불승인(non-recognition) 정책에서 벗어나기 위한 유인은 매우 적었다. 또한 친북 단체임을 자임하면서 1955년 재일본조선인총연합회(조총련)가 설립되었는데, 이 단체가 때로는 로비도 하고 간혹 항의 활동도 하면서, 일본에서 북한의 이익을 대변하는 사실상의 대사관(*de facto* embassy) 역할을 하고 있었다.

일본이 1965년 남한과 관계 정상화 조약에 서명했을 때에도 평양은 북일 관계 정상화 추진에 별 관심이 없었다. 왜냐하면 평양은 두 개의 한국에 대한 교차승인을 반대하는 상황이었고 외교관계를 맺는다는 것은 국제적 정통성의 구성 요소 중 하나라고 간주하는 고집 때문이었다. 또한 무역관계에서 일본에 수억 달러의 빚이 있던 평양으로서는, 이 빚의 상환을 요구당할지도 모르는 일본과의 협상 테이블에 앉을 동기가 부족했다(북한이 1972년부터 1975년 사이 최초 채무불이행으로 발생한 금액은 5.3억 달러로 추정). 또한 1980년대 북한은 테러리스트를 통해 남한을 몇 차례 기습공격 했는데, 이 때문에 일본은 관계 정상화 가능성의 문을 굳게 닫게 되었다.

1980년대 후반 고르바초프 혁명에 합류한 소련의 외교 정책, 서울의 북방 정책, 그리고 베이징-모스크바 관계 재정상화는 일반적으로는 동북아시아에서, 특별하게는 한반도에서 냉전 정치의 심층 구조를 약화시키기 시작했다. 1988년 새로 선출된 남한의 노태우 대통령은 북방 정책을 발표했다. 이는 소련, 중국 및 다른 사회주의 국가들과 남한의 정치적·경제적·문화적 관계를 확대함으로써 남북관계의 개선을 목표로 하는 중대 조치였다. 동시에 이 정책은 도쿄와 워싱턴에 북한과의 관계 개선을 촉구했다. 고르바초프가 새로운 아시아태평양 전략을 수립할 때, 가장 흥미롭고 혁신적인 아이디어는 1990년 소련이 한 서울 승인(recognition)이었다. 이것은 2년 후 한중관계 정상화의 길을 개척했다. 미국도 남한이 북한에 대해 좀 더 독립적인 외교 정책에 착수할 수 있도록 공간을 열어주면서, 1988년에 대북 강경 정책을 완화했다. 한편, 소련은 북한에 대한 재정적·정치적 지원을 축소하고 있는 상황이었다. 1980년대 후반부터 1990년대 초반 일본은 세계 최대 경제 대국으로서 미국을 능가할 것처럼 보였기 때문에, 외국 자본과 기술 이전 형태의 지원이 절실하게 필요했던 북한에게는 일본이 매우 적합한 대상으로 보였다. 일본 역시 새로운 동북아시아 질서 내에서 지도적 역할을 할 수 있다는 것을 분명히 하고 싶었다.

실제 도쿄와 평양은 1990년 6월 샌프란시스코에서 열린 한소 정상회담에 대해 유사한 반응을 보였다. 조선민주주의 인민공화국은 하나의 조선 정책(one-Korea policy)에서 사회주의 초강대국이 이탈하자 충격을 받았고, 따라서 자신들도 미국, 일본과 전격적인 관계 정상화를 통해 외교적 좌절을 만회하고자 했다. 일본도 서울이 성공적인 북방 정책으로 소련 및 중국에까지 접근하는 능력에 충격을 받아, 지역 리더십의 이름으로 행동할 수밖에 없음을 느꼈다.

남북한 사이의 외교 부침을 감안할 때, 점차 강해지는 남한에 유리한 조건이든, 대량살상무기를 갖고 달려드는 북한에 유리한 조건이든, 한반도의 갑작스러운 통일 가능성은 더욱 커 보였다. 따라서 일본은 더 이상 남북관계에 대해 방관자로 머물기 어렵다는 것을 깨달았다. 남북관계는 이제 일본에 직접적 영향을 미칠 가능성이 있을 뿐만 아니라, 아시아태평양 지역 전체에서 새롭고 불확실한 국제관계를 형성하는 진원지가 될 수 있기 때문이다. 일본은 자국이 직접 연루될지도 모르는 또 하나의 파괴적 남북 전쟁 가능성 또는 급격한 한반도 통일이 가져올 불확실한 파급 효과에 대해 생각해야만 했다(C. S. Kang, 2004: 99~101 참조).

따라서 1990년 9월 28일 가네마루 신(金丸信)이 이끄는 일본 집권 자민당 대표단의 지도자들은, 다나베 마코토(田邊誠)가 이끄는 일본 사회당(JSP)의 대표단, 그리고 북한의 조선노동당과 함께 관계 정상화 교섭을 개최하기로 합의하는 공동선언에 서명했다. 가장 중요한 선도자는 일본/자민당 정치의 '막후 실력자'로 유명한 가네마루 신이었다. 그는 김일성과 한담閑談을 나누며 비공식 단독 회담을 통해 논란이 있는 8개 항의 공동선언에 서명했는데, 여기에서 일본은 식민지 지배 동안에 입힌 손해뿐만 아니라 제2차 세계대전 이후 "45년간 조선인이 입은 손실"에 대해서도 보상(compensate)해야 한다고 명시했다. 그리고는 일본 외무성은 그 후 몇 년을 시간을 벌기 위해 지연 작전을 수행했다. 이 공동선언은 1991년 1월과 1992년 11월 사이, 여덟 차례의 속사포 같은 관계 정상화 라운드로 이어졌다. 첫 두 라운드는 각각 도쿄와 평양에서, 나머지 6회는 베이징에서 개최되었다. 〈표 4-1〉에서 자세히 열거하듯 협상은 역사,

〈표 4-1〉 **북일관계 정상화 협상 연보(1991~2004년)**

날짜	주요 발언
1991년 1월 29일 (평양)	북한 외무성 부상 전인철과 나카히라 노보루(中平立) 대사 사이의 첫 라운드 협상: 전인철과 나카히라 노보루는 회담의 역사적 중요성을 지적한다. 북한은 ① 명시적 공식 사과, ② 다음에 대한 보상(compensation): 과거 적대 행위와 재산 청구권에 대한 배상(reparation), ③ 1910년 조선과 일본 사이의 병합 조약과 모든 기타 조약은 "불법적으로 부과된 것이고 따라서 무효이다"라는 선언의 필요성에 대해 언급한다. 일본은, 북일 협상이 한일관계에 악영향을 끼쳐서는 안 된다고 언급한다. 일본은 보상과 배상이라는 어떤 발상도 수용할 수 없다고 못 박았고, 대신 '국제 이슈'를 제기했다(예컨대, NPT 준수와 남북관계). 또한 일본은 700억 엔이 넘는 북한 부채, 재일 친북 한인, 북한 국적의 일본인 아내들 문제를 꺼낸다.
1991년 3월 11~12일 (도쿄)	제2라운드 협상은 북한이 첫 번째 라운드에서 펼친 주장에 대한 일본의 대응을 듣는 것이 주요 목적임을 언급하면서 시작한다. 일본은 첫 라운드에서의 북한 주장을 반박한다. 그리고 북한의 관할권은 한반도 이북에만 미친다는 관할권 제한 문제(북한이 거부한다) 및 1970년 JAL기를 납치하여 북한으로 간 일곱 명의 일본 적군파 요원의 반환을 포함한 새로운 이슈를 추가한다. 북한은 일본 주장을 차례로 일축하고, 진전은 교착상태에 빠진다. 북한은 기자회견에서 "상호 존중과 우정의 일반적 분위기"였고, 진전된 움직임을 위한 세 번째 라운드를 기대한다고 언급한다.
1991년 5월 20~22일 (베이징)	제3라운드 협상은 북한이 다른 문제를 해결하기 전 최우선 의제는 국교 정상화임을 강조하면서 시작한다. 일본은 북한이 제시한 세 개의 전제 조건에 허를 찔린다. 즉, 북한은 ① 핵사찰 수용, ② 남북대화 재개 ③ 유엔 남북 동시 가입에 동의한다. 이에 대해 일본은 다음과 같은 새롭고 민감한 이슈를 제기한다. 즉, 1987년 KAL 여객기를 폭파한 김현희의 가정교사였다는 의혹이 있는, 북한이 납치한 일본인 여성 이은혜 문제이다. 우선 국교 정상화부터 다루자는 북한의 압박을 일본이 거절하자, 북한 대표단은 북한을 가장 자극한 '새로운' 이슈(이은혜 문제를 의미한다. - 옮긴이)는 대한민국이 조작한 허구임을 주장하며 화를 낸다. 세 번째 라운드는 차기 회담 날짜의 합의 없이 종료된다.
1991년 8월 31일~9월 ??일 (베이징)	제4라운드 협상은 이은혜 이슈로, 회담이 하루 반이나 연기되는 홍역을 겪는다. 그리고 실무 수준의 회담을 진행함으로써 '해결'된다. 조건 중 두 개에 대해 일본은 합의에 근접한다. 즉, 유엔 가입 문제와 핵 안전조치 협정에 대한 차이점 해결이 그것이다. 일본은 남북 총리 회담의 일방적 연기에 대해 유감을 표명한다. 북한은 일본의 발언은 내정 간섭이라고 비난하며, 일본은 보상(compensation) 문제에 대한 책임을 결코 모면할 수 없을 것이라고 말한다. 북한은 북한의 주권이 미치는 관할권을 명시해야 한다는 일본의 제안을 진지하게 검토하는 것에 동의한다. 일본인 아내 문제의 완전한 해결은 관계 정상화 여부에 달린 것이지만, 개별적 케이스를 고려하여 점차 진전시켜나가기로 한다.
1991년 11월 18~??일 (베이징)	제5라운드 회담은 남한과 북한이 9월 동시에 유엔 회원국으로 가입함에 따라, 유엔 가입 문제로 시작한다. 남북 총리 회담도 재개했다. 일본은 더 늦지 않게, IAEA의 핵 안전조치 협정에 서명할 것을 북한에 촉구한다. 북한은 이 문제에 대해 대한민국에 너무 편파적이라고 일본을 비난한다. "국제적 관행(예컨대 독일. 그러나 일본은 이를 거부한다)"을 언급하며 보상(compensation) 주장을 지속한다. 관할권 문제도 논의되었지만 해결되지 않았다. 그러나 북한은 32명의 일본인 아내들에 대한 일부 정보를 꺼낸다. 일본은 더 많은 정보를 요구한다. 양쪽 모두 이은혜 문제에 대하여는 기존 입장을 고수하고 있다.
1992년 1월 30일~2월 ??일 (베이징)	제6라운드 협상은 새로운 환경에서 열린다. 일부 상황 전개가 북한을 '자만하게 하고' '공격적으로' 만들었다. 북한과 남한은 1991년 12월 두 가지 중요한 합의에 서명했다. 1992년 1월, 북한은 미국과 외교 접촉선을 격상했고, 회담 첫날 북한은 전면적 IAEA의

	핵안전조치협정을 체결했다. 북한은 모든 전제조건이 충족되었으니, 일본은 빨리 국교 정상화를 향해 움직여야 한다고 언급한다. 일본은 여전히 의문이 있다. 북한은 일본에 '위안부', 1910년 병합 조약 및 기타 조약의 불법성, 보상(compensation) 문제와 관련하여 공격을 계속한다. 그리고 관계 정상화만 되면 일본인 아내에 대한 정보를 투명하게 공개하고 이 문제를 완전하게 해결할 것이라고 말한다. 북한은 향후 북일 조약에 '반점령(antidomination) 조항'을 포함하자고 제안한다. 일본은 유엔헌장에 따라 불필요하다고 응답한다. 이은혜 문제에 대한 '실무' 협의는 계속된다.
1992년 5월 13~15일 (베이징)	제7라운드 협상은 북한 대표단 대표의 변경을 포함한 — 전인철이 사망함에 따라 이삼노가 대표한다 — 몇 가지 주목할 만한 사실과 함께 시작한다. 북한은 인권, 양심 그리고 이성과 연계하여 보상(compensation) 문제를 압박하는 것을 계속한다. 또한 일본이 계속하여 이은혜 문제를 제기한다면, '심각한 결과'를 초래할 것이라고 은근히 위협한다. 일본은 IAEA의 핵안전조치협정과 한반도 비핵화 공동선언에 대한 실질적 이행 없이, 북한과 외교관계를 수립하는 것은 곤란함을 강조한다.
1992년 11월 5일 (베이징)	제8라운드 협상은 이은혜 문제에 대한 북한의 비타협적 태도 때문에 반나절 만에 끝난다. 일본은 북한이 핵무기에 대한 모든 의혹을 해소하고, 인도주의적 차원에서 일본인 아내의 일본 방문을 허용해야 한다고 강조한다. 북한은 핵심 문제로 보상(compensation) 문제를 포함한 '과거사 해결'이 필요함을 강조한다. 그리고 일본에게 핵 이슈 같은 협상에 대한 '인위적 장애물'을 제기하는 것을 중단할 것을 촉구한다. 북한 대표단은 이은혜 문제 때문에 다음 회담 날짜에 대한 아무런 합의도 없이 회담을 중단한다.
2000년 4월 4~8일 (평양)	제9라운드 협상은 1999년 북미 베를린 합의를 모멘텀으로 하여 8년 만에 재개된다. 두 가지 문제는 이어지는 세 개의 라운드를 지배한다. ① 식민지 시대의 과거 청산, ② 1970년대와 1980년대 사이 북한 보안 요원에 의한 10명의 일본인 납치 의혹.
2000년 8월 21~25일 (도쿄)	제10라운드 협상에서 최초로 일본의 진전된 제안을 볼 수 있었다. 일본은 보상(compensation) 대신에 3억 달러의 '경제협력'과 2억 달러의 차관을 북한에 제안했다. 북한은 더 이상 '배상(reparations)'을 고집하지 않고, '보상(compensation)'에 만족함으로써 일종의 양보를 한다.
2000년 10월 30~31일 (베이징)	제11라운드 협상은 10월 6일 일본이 유엔세계식량계획(WFP)을 통해 북한에 쌀 50만 톤을 기부하는 결정을 발표한 맥락에서 열린다. 그러나 회담은 고작 이틀간 계속된다. 일본 협상 담당자는 북한의 미사일 위협 완화와 납치 문제 해결에 대한 대가로, 보조금 60%와 차관 40%의 패키지로 90억 달러의 '경제원조'를 제안한다. 북한은 이를 수용할 수 없었고 협상은 붕괴되었다.
2002년 9월 17일 (평양)	첫 번째 고이즈미 준이치로-김정일 정상회담은, 양측 모두 양자 간 이슈에 대해 한발 물러나면서, 관계 정상화를 향한 두 개의 큰 장애물을 극복하면서 열린다. 김정일은 일본인 납치에 대한 책임을 인정하고(claims responsibility), 납치한 일본인에 대한 정보를 제공하고, 납치 문제를 사과한다. 그리고 다시는 이러한 일이 재발하지 않을 것임을 보장한다. 역사적인 정상회담 후 발표된 공동선언에서, 일본은 북한에 대해 "깊이 후회하고(deep regret) 진심으로 사과(heartfelt apology)"한다고 표현한다. 그리고 북한은 일본인 납치는 절대 재발하지 않을 것을 다짐한다. '보상(compensation)'은 보조금, 저리 융자 및 경제협력을 통하도록 합의한다. 김정일은 미사일 시험 유예를 연장할 것을 약속한다.
2002년 10월 29~30일 (쿠알라룸푸르)	제12라운드 협상에서는 양자 간 넓은 간극이 존재하는 것이 드러나고, 양측은 다음에 대해 그 어떤 중대 진전에도 실패한다. 두 가지 중대 이슈는 납치 문제와 북한 핵 프로그램 문제이다. 일본은 납치된 일본인의 자녀를 평양으로 돌려보내는 데 평양이 동의하지 않는 한, 그리고 핵 프로그램 중단과 중거리 노동 미사일 해체에 평양이 동의하지 않는 한 관계 정상화는 있을 수 없다고 말한다. 관계 정상화 협상을 위한 다음 라운드에 합의하지 못한 채 협상은 끝난다.

2004년 5월 22일 (평양)	제2차 고이즈미 준이치로-김정일 정상회담은, 김정일이 일본인 납치 피해자 다섯 명의 가족 상봉을 위한 일본 방문을 허용함에 따라 열린다. 일본은 나머지 실종자 10명에 대한 좀 더 자세한 정보를 요구하고, 김정일은 새로운 조사를 약속한다. 고이즈미 준이치로는 북한 핵무기 및 미사일 문제 해결의 필요성을 강조한다. 김정일은 궁극적 목표는 한반도 비핵화에 있다는 것을 인정하지만, 미국의 위협과 압박에 대응하여 핵 억지력(nuclear deterrent)을 유지하는 북한의 입장을 재차 표명한다. 미사일 시험 발사 유예에 대해 재확인한다. 고이즈미 준이치로는 북한이 평양 선언의 준수를 조건으로 25만 톤의 식량 및 1000만 달러의 의료 지원, 경제제재 해제를 약속한다.

배상금(reparations), 납치 문제, 핵무기에 관한 입장 차이로 침체 상태를 벗어나지 못했다. 북한은 한반도 식민지화에 대한 공개 회개를 표시할 것과 식민지 시대에 입은 손해에 대한 배상금을 지불할 것을 요구했다. 일본은 북한 요구의 대부분을 거부하고, JAL기를 납치한 일본 적군파 요원의 반환, 북한인과 결혼한 일본 여성들의 고국 방문, 북한의 핵·미사일 프로그램의 중단 등 자신들의 요구를 주장했다.

불가사의하기만 한 이은혜 사건이 회담의 초점이 되었고 결국 회담의 궁극적 장애가 되었다. 회담의 제3라운드에서 일본 대표단은 이은혜에 대한 정보를 요청했다. 그녀는 한국계 일본 거주자로서 1987년 KAL기에 폭탄을 설치하여 안다만 해상(Andaman Sea) 상공에서 비행기를 파괴한 북한 요원 김현희를 훈련시키기 위해 북한이 납치한 것으로 알려졌다. 북한 대표단은 문제의 여성에 대한 정보를 부정하고, 이은혜는 남한이 날조한 발명품이라고 주장했다. 협상의 제4라운드에서는 계속되는 이은혜 문제 제기에 대해 북한 측이 모욕을 당했다는 이유로 협상을 거부해 협상이 하루 반나절이나 지연되는 중단 사태가 벌어졌다. 양측은 이 문제에 대해 실무 협의에 합의했으나, 제8라운드에서 이은혜 문제가 또 다시 불거지자 평양 대표단은 미련 없이 회담을 중단했다.

1990년대 초반 여덟 차례의 속사포 같이 진행된 라운드를 거친 후, 북한과 일본 모두 추가 협상을 갖는 것을 회피했다. 북한은 1994년 북미 제네바 합의에 서명하면서 일본에 추가 협상 의사를 타진했으나 미온적 반응만 돌아왔다.

자민당 지도자 와타나베 미치오(渡辺美智雄)는 협상을 재개하는 데 실패했고, 1995~1996년 일본 『방위백서』에는 동아시아 안보에 관한 '주요 불안 요인'으로 여전히 북한을 열거했다. 1990년대 후반 미국, 중국, 대한민국, 조선민주주의 인민공화국이 4자 평화회담을 위해 모였다. 이 회담은 한국전쟁을 끝낸 1953년 정전협정을 대체하는 첫 단계로 일련의 신뢰 구축 조치를 시작하려고 했다. 일본은 이 회담에서 제외된 것에 불만이 있었지만, 그럼에도 이 협상을 지지했다. 그런데 이 4자회담이 수렁에 빠지자 자민당 지도자 모리 요시로는 일본에 외교적 호기好機임을 직감하고 남한, 북한, 일본, 중국, 러시아, 미국으로 구성된 6자 안보 포럼을 제안했다.[25] 6자회담 제안은 남한과 러시아의 외교적 지지를 얻어냈지만 탄력을 받지 못하고 곧 시들해졌다.[26]

1998년 8월 31일 북한은 일본 상공을 넘어 대포동 1호 미사일을 발사했다. 이 사건은 일본에 당장에는 전략적 기습이자 위기였지만, 일본 내에서 점점 되살아나는 민족주의를 정당화하고자 하는 측면에서 보면 오히려 전화위복이라고도 할 수 있었다. 이 미사일 발사는 국제사회에 대한 완전한 기습이었다. 도쿄는 한 목소리로 충격이라는 반응을 보였다. 서울은 아무런 반응을 보이지 않았다. 워싱턴은 뒤늦게 엇갈린 응답을 했다. 9월 초 일본 정부는 KEDO 참여 중단 및 북한에 대한 식량과 여타 인도주의적 지원마저 동결하는 결정을 발표했다.[27] 이러한 북한과 일본의 일방적인 행동들은 햇볕 정책을 유지하려고 했던 서울과 지역 안정을 위해 포용 정책(engagement policy)을 보호하려 했던 워싱턴을 놀라게 했다. 결론적으로 미국과 대한민국은 도쿄를 상대로

25 더 상세한 것은 Kang and Kaseda(2000) 참고.

26 대한민국 김대중 대통령은 임기 동안 6자회담 제안에 대한 지지를 여러 번 표명했다.

27 또한 일본 정부는 평양과 나고야를 오가는 아홉 대의 북한 고려항공 전세기에 대한 허가를 취소했고, 추가 전세기를 허용하지 않기로 결정했다. 그다음 일본은 자신의 영토 위로 또 다시 미사일을 시험 발사한다면, 평양에 대해 일방적인 추가 제재를 부과하겠다고 위협했다.

KEDO 참여 중단 철회를 설득할 수 있었다. 이 사건으로 인해 1999년 4월, 한미일 3개국은 미래 정책 조정을 위해 대북 정책조정감독그룹(TCOG)을 설립했다.

북한의 제2차 미사일 시험 발사를 예상하고 이에 대비하기 위해 미국은 북한과 1999년 9월 베를린 협정을 맺고 합의에 도달했다. 평양은 대포동-2 미사일 발사를 중단하되 이 대가로 미국은 북한에 대한 경제제재를 해제하며, 동시에 양자는 국교 정상화 협상에 속도를 낸다는 원칙에 합의했다. 일본 정부는 서울과 워싱턴의 재촉 때문에, 그리고 미국에 너무 뒤처지지 않기 위해서, 11월에 북한 전세기에 대한 금지령을 해제하고 12월에는 전직 총리가 이끄는 여러 정당의 대표단을 평양으로 보냈다. 그리고 북일 양국 관계를 복원하기 위해 협상을 재개하기로 합의하고 북한에 대한 나머지 제재를 해제했다.

이러한 합의에 따라 세 번의 새로운 협상 라운드가 각각 도쿄, 평양, 베이징에서 2000년 4~10월 사이에 개최되었다. 협상의 제9라운드에서는 일본의 식민지 시대 역사와 1970~1980년대 일본 국민에 대한 북한의 납치 문제 등이 의제에 포함되었다. 일본은 북한이 일본 열도 전역 해안 마을과 유럽에서 11명의 일본인을 납치한 것으로 의심했다. 2000년 8월 협상의 제10라운드에서 북한은 '배상(reparations)' 요구를 중단하고 그 대신 '보상(compensation)'을 논의하는 데 동의한 것으로 전해졌다. 그러나 일본은 '보상(compensation)'이 아닌 2억 달러의 차관과 3억 달러의 '경제협력'을 제시했다. 또한 일본의 수석대표는 협상을 통해 안출된 그 어떤 관계 정상화 조약도 의회의 승인이 필요함을 지적하며, 납치 문제 해결의 중요성을 강조했다. 국민의 지지가 있어야 의회의 승인도 가능할 것인데 국민의 지지 여부는 납치 문제 해결에 달려 있다는 것이다. 협상의 제11라운드에서는 일본은 쌀 50만 톤을 제공했고,[28] 나아가 북

28 이 쌀은 일본 정부가 비축해놓은 일본산 쌀이었을 것이다. 이는 그 당시 태국산이나 중국산보다 12배 더 비싼 것이었고 이의 총 가치는 1200억 엔(10억 달러 이상)에 이르렀다.

한이 미사일 위협을 완화하고 납치 문제를 해결한다면 그 대가로 대규모 경제 원조를 할 수 있음을 제안했다(V. Cha, 2001a). 그러나 북한 대표는 이 제안을 거절했고, 관계 정상화 협상의 다음 라운드 날짜조차 논의하지 못한 채 협상은 단 이틀 만에 붕괴되고 말았다.

이 국교 정상화 협상이 결렬된 이유는 북한의 보상 요구와 일본인 납치에 대한 책임 요구라는 두 가지 주요 쟁점 해결에 실패했기 때문이었다. 북한은 납치 문제에 대해 그 어떤 것도 알지 못한다는 입장을 고수했고, 동시에 배상(reparations) 대신 경제적 원조를 제공하겠다는 일본의 제안을 거부했다. 국교 정상화 협상에서 이 문제에 대해 양측 모두 단호한 입장을 취했던 점을 감안하면, 이러한 난제의 해결을 위해서는 평양과 도쿄 사이에 고도의 정치적 타협이 필요하다는 점이 명확해졌다. 또한 이는 점진적 접근(piece-meal approach)보다는 일괄 타협(package deal) 방식으로 달성될 수 있을 것이다.

2001년 4월 고이즈미 준이치로가 일본 총리에 취임했다. 2001년 12월 북한 공작선이 일본에서 침몰하는 일이 있었지만, 2002년 고이즈미 준이치로 총리의 지도력하에 북일관계에 중요한 진전이 있었다. 일본과 북한 적십자 대표단은 4월 베이징에서 만나 '실종' 일본인에 대해 북한이 '본격적 조사'에 착수할 것을 합의했다. 그리고 8월 중순, 납치된 일본인에 대한 세부 사항이 처음으로 윤곽을 드러내기 시작했다. 또한 평양은 '배상(reparations)'을 고집하는 대신 일본의 경제원조(economic aid)를 수용할 의사가 있음을 표명했다. 2002년 8월 30일 이러한 배경하에서 고이즈미 준이치로는 9월 17일로 예정된 김정일과의 정상회담을 위해 북한을 방문할 것이라고 전격 발표했다. 고이즈미 준이치로의 결정은 관계 정상화에 대한 총리의 결단을 분명하게 반영한 것으로, 이 역사적인 방문은 관계 정상화를 위한 돌파구가 될 수 있을 것이라는 기대를 불러 일으켰다. 반면 이와 대조적으로 미국은 고이즈미 준이치로의 전격 방북 소식을 듣자마자 일본에 관계 정상화 협상으로 너무 빨리 선회하지 말도록 과도하게 압력(inordinate pressure)을 행사한 것으로 알려졌다(Harrison, 2005a).

평양에서 열린 사상 최초의 북일 정상회담에서 양측 모두 양자 간 이슈에 대해 한발 물러났다. 김정일 국방위원장은 일본인 납치에 대해 북한의 책임을 인정하고 사과했다. 이는 모든 사람의 예상을 뛰어넘은 가장 높은 수준의 특별한 고백이었다. 북한은 일본이 요구하지도 않은 새로운 납북자 정보를 제공하면서 13명의 납북자 중 여덟 명은 이미 사망했고, 다섯 명이 아직 살아 있다고 밝혔다. 고이즈미 준이치로는 납치 사건에 대한 지속적인 조사, 생존자의 송환 그리고 향후 재발 방지 조치를 북한에 요구했다. 김정일은 이미 책임자를 처벌했다고 밝히면서, 북한이 향후 이러한 행위에 개입하는 일은 절대 없을 것이라고 약속했다.

일본은 보조금, 저금리 장기 차관, 국제기구를 통한 인도적 지원의 형태로 '경제원조'를 약속하고, 북한은 국제법 준수 및 비정상적인 양자관계 아래에서 발생한 유감스러운 사건이 다시 발생하지 않도록 적절한 조치를 취할 것을 약속하는 공동선언으로 북일 협상은 마무리되었다. 또한 양국은 한반도의 핵 문제와 관련, "관련된 모든 국제 협정"을 이행하기로 합의했다.

정상회담을 계기로 ≪마이니치 신문(每日新聞)≫이 실시한 여론조사에 따르면, 일본 국민 54%가 북일 국교 정상화 협상 재개라는 고이즈미 준이치로의 외교적 결단에 대한 지지 의사를 밝혔지만, 응답자의 3/4은 평양과 외교관계 수립을 서둘러서는 안 된다고 응답했다. 고이즈미의 평양 방문이 전적으로 긍정적인 반응만을 이끌어낸 것은 아니었다. 왜냐하면 북한으로 납치된 13명의 납북자 중 여덟 명이 이미 사망한 것이 밝혀지면서 많은 일본인이 충격을 받았기 때문이다. 국교 정상화 협상 재개에 대한 고이즈미 준이치로의 '성급한' 결정에 분개한 납치 피해자 친척들은 성난 반응을 보였다. 여덟 명의 납치 피해자들의 죽음을 둘러싼 정황에 대해 충분한 정보를 확보하지도 않고, 다섯 명의 생존 납북자들의 귀환에 필요한 사전 준비도 없이 서둘러 정상화 교섭을 재개했다는 것이다. 조사 대상의 74%는 김정일의 사과에 불만족스러워 했고, 오직 7%만이 정상회담이 북한 정권의 성격과 의도의 진정한 변화를 반영하고 있다고 믿었다(H. N. Kim, 2005).

여론의 분노를 달래기 위해 일본은 납치 피해자의 근황에 대해 더 많은 정보를 수집할 필요가 있었고, 이를 위해 공식 대표단을 파견했다. 북한은 여덟 명 모두 '질병 및 재해'로 인해 사망했고, 비열한 행위에 의한 희생이 아니었다고 일본 대표단에게 전했다. 그러나 북한의 주장 속에는 일본의 가족을 더욱 자극하는 모순이 있었다. 10월 고이즈미 정부는 다섯 명의 생존 납북자의 2주간 일본 귀국 방문을 주선했다. 일본 정부는 이들의 방문 기간이 끝나기 전에 자유롭게 자신의 미래를 결정할 수 있도록 다섯 명 납북자의 체류 기간을 무기한 연장하기로 결정했다고 발표했다.

김정일-고이즈미 준이치로 정상회담에 이어 북일 국교 정상화 협상의 제12라운드가 2002년 10월 29~30일 말레이시아 쿠알라룸푸르에서 개최되었다. 그러나 이 회담에서 몇 가지 핵심 쟁점에 대해 일본과 북한 사이에 큰 간극이 존재한다는 것이 드러나고 말았다. 북한 대표단은 납치 문제의 경우 평양 정상회담에서 김정일이 이에 대해 사과하고 재발 방지를 약속함으로써 해결되었다고 주장하면서, 납치 문제 해결을 위한 일본의 요구를 거부했다. 또한 북한은 고인이 된 여덟 명의 납치 피해자의 죽음을 둘러싼 세부 사항을 조사하는데 일본과 이미 협력 중이라고 주장했다. 북한은 또한 다섯 명의 납북자에 대해 2주간의 일본 방문을 마친 후 평양으로 복귀시키겠다는 약속을 일본이 파기한 것에 대해 비난하며, 사태의 해결을 위해 일본의 약속 이행을 요구했다. 이에 대해 일본 대표단은 평양의 납치는 "범죄 행위"라고 강력하게 비난했다. 일본은 또한 북한이 NPT하에서의 의무를 준수하고 노동 미사일로 일본을 표적으로 삼지 않겠다는 평양 선언의 원칙을 유지할 것을 주장했다. 경제협력을 최우선 쟁점으로 논의하자는 북한의 요구에 맞서, 일본은 경제원조는 도쿄-평양의 국교 정상화의 결과로 나오는 것일 뿐이라고 응수했다. 결국 회담은 다음 라운드에 대한 합의 없이 중단되었다.

납치 논쟁이나 제12라운드 협상의 대부분은 북핵 문제의 재발과 동시에 일어났다. 따라서 북일관계는 쿠알라룸푸르 회의 이후에 교착되었고 이들 관계의 진전을 위한 외부 개입도 거의 없었다. 그 결과 2003년에는 북일 정상화 협상 움직임이 없었다. 사실 일본은 국내 정치의 압박 때문에 납치 문제에 대해 점점 더 안달했고, 그러면서 점점 납치 문제의 수렁에 빠지게 되었다. 북한 핵 프로그램에 대한 일본의 우려에도 불구하고 1970년대 간첩 훈련을 위해 북한 요원에게 납치된 약 24명의 일본인 문제가 다른 모든 문제를 집어삼키고, 오늘날 일본의 대북 정책을 지배하도록 위협하고 있는 상황이다(D. C. Kang, 2005b: 107).

2004년 초 일본은 대북 경제제재를 위한 예비 조치를 취했던 것으로 밝혀졌다. 이 때문에 평양은 납치 문제에 좀 더 유연해질 수 있음을 내비쳤다. 실제로 북한은 일본으로 돌아간 납북자의 가족(여덟 명)을 데려가기 위한 일본 대표단의 입국을 허용했다. 자신의 임기가 끝나기 전 북한과 관계 정상화를 희망하던 고이즈미 준이치로 총리는 평양 방문이 선택지에서 제외되는 일은 없을 것임을 시사했다.

2004년 5월 22일 고이즈미 준이치로는 제2차 고이즈미 준이치로-김정일 정상회담을 위해 평양을 방문했다. 제1차 정상회담이 있은 지 채 2년이 안 된 때였다. 김정일은 다섯 명의 일본인 납치 피해자 가족들이 가족 상봉을 위해 일본으로 가는 데에 동의했다. 그리고 다른 납치 피해자들의 실태에 대해 새로운 조사를 약속했다. 고이즈미 준이치로는 평양의 핵무기와 미사일 개발을 포함한 안보 현안에 대해서는 포괄적 해결(comprehensive solution)의 중요성을 강조했다. 김정일은 미국의 위협에 대응하기 위해 핵 억지력을 유지할 수밖에 없다는 입장을 되풀이하는 한편, 한반도 비핵화를 달성하는 것 또한 자신들의 목표라고 덧붙였다. 또한 김정일은 북한이 미사일 시험 발사 유예를 유지하겠다고 밝혀 고이즈미 준이치로를 안심시켰다. 이러한 외교적 승리를 위해 일본은 충분한 대가를 치러야만 했다. 고이즈미 준이치로는 국제기구를 통해 25만 톤의 식량과 1000만 달러어치의 의료 지원을 약속했다. 그는 또한 북한이 제1

차 정상회담에 따른 공동선언의 조건을 준수하는 한, 일본은 경제제재를 행사하지 않을 것을 맹세했다. 그 대가로 북한은 일본으로 송환된 납북자들의 자녀 다섯 명을 일본 총리와 함께 일본에 갈 수 있도록 허용했다.

대부분의 일본인들은 고이즈미 준이치로가 귀환한 생존 납북자 다섯 명의 가족을 데려온 것에 대해서는 높이 평가했지만, 두 번째 정상회담에서 너무 많은 대가를 지불했다고 여긴다. ≪요미우리신문(讀賣新聞)≫이 실시한 여론조사에 따르면, 응답자의 63%는 고이즈미 준이치로의 두 번째 평양 방문을 지지한다고 말했지만 70%는 결과에 만족하지 않는다고 말했다. 구체적으로는 응답자의 56%가 북한에 식량과 의료 지원을 공급하기로 한 고이즈미 준이치로의 약속에 찬성하지 않았다. 여론도 고이즈미 준이치로가 이렇게 작은 이득을 위해 경제제재라는 협상 수단을 양보하지 말았어야 했다고 주장했다(H. N. Kim, 2005).

일본 국회는 독자적으로 북한을 압박하여 양보를 얻어내기 위한 시도를 했는데, 2004년 6월 특정 외국 선박의 일본 내 기항을 금지하는 법률을 제정한 것이다. 이 법률은 자금의 불법 거래, 마약, 화폐 위조 그리고 전략 무기 제조에 사용되는 장비와 소모품에 관여된 것으로 의심되는 북한 선박의 진입을 금지하도록 설계되었다. 2004년 8월 실무회담에서 북한 대표단은 그 어떤 새로운 방법으로도 납북자 문제를 다루는 것을 거부했고, 핵 문제 역시 아직 협상할 의지도 없었다. 납치 문제든 평양의 핵무기 프로그램이든, 문제 해결의 돌파구가 없다면 고이즈미 정권은 평양과 국교 정상화 협상을 재개하지 않기로 결정했다.

일본이 북한과의 관계 정상화를 위해 여태껏 바친 노력을 생각하면 이 같은 결정은 놀랍다. 그렇다면 이 모든 과정이 대체 무엇을 얻기 위해서였다는 말인가? 우선, 북한과의 비정상적인 관계는 일본 제국주의 과거를 뚜렷하게 떠올리게 하는 유물 같은 것이다. 그리고 최근 일본에서 민족주의 물결이 급증하고 있지만, 한편 일본 대중 사이에는 제2차 세계대전의 과오를 철저하게 청산하고자 하는 열망이 여전히 존재한다. 경제적 측면에서 말하면, 일본은 다른 주요 세력 — 중국과 러시아 — 이 북한 및 남한 쌍방과 외교관계를 수립하고 있는 한반도에서, 자신들은 이들과 효과적으로 경쟁할 수 없을지도 모른다고 걱정하고 있다. 또한 자민당의 영향력 있는 일부 지도자와 외무성 관료들 사이에는, 북한 붕괴는 일본에 막대한 경제적·정치적·인도적 문제를 초래할 것이라는 우려가 있다. 이 마지막 우려는 북한 핵 문제를 해결하기 위해 북일관계 정상화가 그 하나의 방책이 될 수도 있다는 가능성을 시사하고 있다.

한일 국교 정상화 과정

1949년 1월 주일본 대한민국대표부가 도쿄에 자리 잡았다. 이때는 한국전쟁 발발 1년 반 전이었고, 미국 점령군이 여전히 일본을 지배하고 있었다. 국교 정상화 과정은 1951년 10월 일본이 주권을 회복하기 약 6개월 전에 공식적으로 시작되어 1965년까지 지속된다. 일본과 남한은 오늘날 40년 동안 정상화 관계를 유지하고 있지만, 정상화 과정은 자연스럽지도 매끄럽지도 않았다. 이는 냉전적 안보 의무와, 도쿄와 서울의 국내 정치적 요구가 접근하면서 비로소 완성될 수 있었다. 북일 국교 정상화 협상을 괴롭힌 역사 해석과 민족 정체성 같은 문제들이, 과거에도 똑같이 한일 국교 정상화 협상을 이리저리 틀어지게 한 원인이었다. 국교 정상화가 완성되었음에도 불구하고 이 같은 문제는 오늘날까지도 여전히 지속되고 있다.

1950년대 일본은 남한의 감정을 달래기 위해 자신의 고집을 양보할 의향이 전혀 없었다. 예컨대 1953년 국교 정상화 협상의 제3라운드 도중, 구보타 간이치로(久保田 貫一郎) 일본 수석대표는 신랄한 언쟁을 벌였는데, 그는 다음과 같이 단호하게 선언했다. ① 미국이 한국에서 일본인을 본국으로 송환한 것, 일본인 재산을 한국인에게 처분한 것, 그리고 일본과 평화조약 체결 전 독립 한국(대한민국)을 수립한 것은 국제법 위반이다, ② 36년간 일본의 한국 점령은 조선인에게 실제로 유익했다, ③ 일본은 실제 재조림再造林, 관개, 항만, 철도 건설과 같은 기반시설 계획을 실시하여 한국 경제에 기여했다. 그는 또한 만약 일본이 한국을 지배하지 않았다면 중국이나 러시아가 지배했을 것이라고 언급하며, 한국인이 중국이나 러시아의 점령하에 있었다면 일본 지배하에서 당한 고통보다 훨씬 더 큰 고통을 받았을 것이라고 덧붙였다. 그의 발언은 남한 대표단을 격분시켰고 협상은 4년 반 동안 중단되었다(Cumings, 1997: 319; C. S. Lee, 1985: 24~25).

1950년대의 협상 지연은 이승만 정부의 국가 정체성 조작에도 일부 원인이 있었다. 국교 정상화 교섭의 제3라운드 이후 이승만 정부는 구보타 간이치로의 발언과 그 이후의 사과를 공개하고 상호 불신과 적대적 분위기를 부추겼다(Macdonald, 1992: 129). 미국은 일본에 대한 이승만의 접근방법을 다음과 같이 평가했다. "완전히 고집불통이다. …… 그는 언제나 실패할 것이 뻔한 협상 태도를 고수하는 것 같다"(Cumings, 1997: 318).

1950년대 후반, 조총련은 평양과 협력하여 일본을 떠나 북한으로 가기를 원하는 회원들의 본국 송환을 위해 일본 정부를 압박하기 시작했다. 1959년 일본은 5만 1325명의 재일 조선인을 북한으로 송환하기로 결정했고, 1961년 2만 2801명이 추가로 송환되었다(Lee and DeVos, 1981: 106~107). 본국 송환 절차가 완료되었을 때 총 8만 8611명의 재일 조선인이 북한으로 갔다. 이것은 하나의 한국이라는 절대적 정통성을 추구하는 남한에게 심각한 타격이었고, 북한에게는 커다란 승리의 선전물이었다. 대한민국 공식 외교사에서는 일본의 1959년 결정이 정통성 전쟁에서 서울의 패배를 상징하는 "가장 난감하고 막다른 상황이었다"라고 회고한다(외교부, 1979: 28). 1960년대 초에 일본과 남한의 협상은 재가동되었다. 이 같은 국면 전환은 무엇보다도 박정희의 집권으로 인해 조성된 것이라고 할 수 있다. 박정희는 일본 육군 사관학교를 졸업하고 메이지 일본의 전략 원칙인 '강한 군대, 번영하는 경제'를 신봉했던 친일파(Japonophile)였다. 박정희는 정통성에 대한 새로운 기반 — 성과에 기초한 정통성 — 을 수립할 필요가 있으며 또한 한국 경제를 도약하게 하려면 일본 자본과 기술의 대규모 주입이 필요하다고 생각했다. 박정희 정권 내에는 1930년대 자발적으로 일본에서 공부한 많은 한국인이 있었고, 그들은 또다시 일본으로부터 배울 준비가 되어 있었다(Cumings, 1997: 319).

국제적으로 보면, 1960년대 중반 미국 역시 두 동맹국[29] 사이의 관계 정상화를 처리하는 데 새로운 이해관계를 갖고 있었다. 더욱이 베트남 전쟁의 발발과 중국 부활의 위협으로 인해, 도쿄-서울 간 관계 정상화 필요성은 더욱 절박했다. 한국전쟁이 일본의 경제 도약에 대박(bonanza)이었던 것처럼, 베트남 전쟁도 남한 경제에 대박이었지만 말이다. 주일 미국 대사관 보고서에 따르면, 1964년 존 F. 케네디(John F. Kennedy) 대통령이 일본과 남한의 지도자들에게 보낸 친서와 같은 미국 측의 '수년간의 촉구'가 있고 나서야 관계 개선의 돌파구가 열린 것으로 알려졌다(Macdonald, 1992: 134; Woo, 1991: 86). 정상화 협상의 최종 18개월 동안 미국은 서울과 도쿄가 신속한 합의에 이를 수 있도록 추가 권고와 인센티브를 제공했는데, 이는 지역 내에서 고조되는 냉전의 긴장에 대응하여 한일 축(Japan-Korea axis)을 견고하게 하기 위한 것이었다(V. Cha, 1999a: 28~34). 서울은 또한 한일 관계 정상화를 요구하는 미국의 압력과 연계하여, 1966~1969년 베트남 전쟁 참여에 대한 대가로 워싱턴으로부터 대량 원조 — 약 10억 달러 — 를 짜낼 수 있었다. 이 금액은 1966~1969년 남한 총 외화수입의 19%에 해당하는 금액이었다(Macdonald, 1992: 110; J. E. Woo, 1991: 93~96).

마지막으로 남한과 일본의 경제적 이해관계의 근본적 유사성과 상보성(complementarity)이 관계 정상화를 촉진한 중대 요인이었다. 한국은 일본으로부터의 기술 이전과 인력 수입을 통해 많은 것을 얻을 수 있었고, 중국과 소련이 일본에 문을 꽁꽁 닫아건 상황이었기 때문에 일본은 인접 시장이 존재하지 않았다. 박정희는 수출 주도 개발 전략을 추진하기 위해서 일본이 제공하는

29 [옮긴이] 남한과 일본을 말한다.

건 이용할 필요가 있다고 생각했다.

1965년 4월 남한과 일본의 대표는 정상화 협상의 모든 미해결 쟁점에 관한 합의에 서명했다. 1965년 6월 22일 다음 다섯 가지를 다룬 협정과 함께 일본과 대한민국 간 기본 관계에 관한 조약은 체결되었다. ① 어업, ② 재산 청구권 및 경제협력, ③ 재일 한국인의 법적 지위, ④ 문화재 권리 및 문화 교류, ⑤ 분쟁의 평화적 해결. 박정희 내각이 사직하고 계엄령이 선포된 그 여름 몇 달 동안 국민적 저항이 있었지만, 대한민국 국회는 8월 14일 이 조약을 비준했다.

한일기본조약 2조는 "1910년 8월 22일 및 그 이전에 대한제국과 일본제국 간에 체결된 모든 조약 및 협정이 이미 무효임을 확인한다"고 규정하고 있다. 이 조항은 논란이 되고 있는 조약들이 '원시적'으로 무효라는 서울의 주장과, 일본의 제2차 세계대전 패배와 샌프란시스코 강화조약 체결로 인해 비로소 무효가 되었을 뿐이라는 일본 주장 사이의 타협이었다.[30] 조약 체결 후 일본 국회는, 이전 조약은 법적으로 유효하고 상호 합의에 따라 서명되었지만 1948년 대한민국의 수립과 함께 사실상 종료되었다고 주장했다. 조약의 모호한 표현 때문에, 독도/다케시마 섬과 같은 논쟁이 오늘날까지 남아 있다.

남한 정부의 인식으로 제3조는 유엔 총회의 결의 195호(Ⅲ)에 규정되어 있듯, "대한민국 정부는 한국에서 유일한 합법 정부이다"를 확인하는 것이다. 그러나 이 조문 역시 다양한 해석이 가능하다. 이는 한반도 전체의 유일 합법 정부 – 비록 이 주장이 김대중 대통령의 햇볕 정책 덕분에 사실상 사라졌지만 – 라는 서울의 주장을 지지할 수도 있지만, 그러나 한편으로는 유엔총회 결의안 195호(Ⅲ)가 대한민국의 관할권을 1948년 유엔 선거 감시단이 활동한 한반도 남쪽으로 제한하고 있다는 도쿄의 해석을 지지할 수도 있다.

30 [옮긴이] 쉽게 말해, 한일 강제병합조약은 합법이지만 해방을 기점으로 비로소 무효가 되었다는 일본의 입장과, 조약 자체가 불법이며 원천 무효임을 주장하는 대한민국의 입장을 조정한 것으로 지금까지도 양국 사이에 해석이 다르다.

'대한민국과 일본국 간의 재산 및 청구권에 관한 문제의 해결과 경제협력에 관한 협정'에 따르면, 일본은 3억 달러의 무상원조, 2억 달러의 재정차관, 그리고 민간 상업차관으로 적어도 3억 달러 이상을 남한 정부에 제공하기로 했고 이것으로 양국 간 해결되지 않은 청구권 문제를 타결했다.[31] 일본 정부는 이러한 지급이 과거 불법행위에 대한 배상 또는 보상으로 이해되어서는 안 된다고 고집하며, 대한민국 협상자의 공식 발표를 단호하게 반박했다. 다소 상충하는 몇몇 조항들과 관련하여, 일본 정부는 대한민국의 보상 요구는 협정 조건에 따라 이미 해결되었으므로 일본은 이에 대한 아무런 법적 의무가 없다고 고집했다. 남한 정부는 이와 대조적으로, 조약에서 보상을 받을 권리를 포기했지만 조약은 대한민국의 개별 국민들에게는 적용되지 않는다고 주장했다.[32]

협정의 해석 차이로 인해 역사 문제는 한일 양국 간 갈등의 만성적 근원으로 남게 되었다. 냉전 시절부터 지금까지 일본의 정책 결정자들은 보상과 식민지 범죄의 문제는 1965년 조약에 따라 해결되었다고 주장했다. 동시에 그들은 한국 국민에게 가한 고통을 무시하거나 경시하는, 즉 근대 일본의 추악한 부분을 삭제한 역사 해석을 신봉했다.

---

31 이 8억 달러의 패키지는 한 번에 제공되었는데, 이 당시 남한의 수출 총액은 2억 달러에 불과했다.

32 [옮긴이] 우리 대법원은 2012년 5월 "1965년 체결된 한-일 청구권협정에 상관없이 식민지배에 따른 불법행위로 피해를 당한 개인의 청구권은 살아 있다"는 취지로 판시한 바 있다(대법원 2012.5.24. 선고 2009다22549 판결). 또한 한국 정부는 2005년 8월 26일, '한일회담 문서공개 후속대책 관련 민관공동위원회'를 개최하고, "청구권협정은 일본의 식민지배 배상을 청구하기 위한 협상이 아니라 샌프란시스코 조약 제4조에 근거하여 한일 양국 간의 재정적·민사적 채권·채무관계를 해결하기 위한 것이었으며, 일본군 위안부 문제 등 일본 정부와 군대 등 일본 국가권력이 관여한 반인도적 불법행위에 대해서는 청구권협정으로 해결된 것으로 볼 수 없고 일본 정부의 법적 책임이 남아 있으며, 사할린동포 문제와 원폭피해자 문제도 청구권협정 대상에 포함되지 않았다"는 취지의 공식의견을 표명했다.

양국 간 관계 정상화는 경제 분야에서 즉각적 효과를 나타냈다. 관계 정상화 3년 만에 남한은 미국의 뒤를 이어 일본의 두 번째 수출 시장으로 부상했다. 또한 일본은 — 미국과 함께 — 공공 및 민간 대출 모두에서 대한민국의 가장 중요한 원천 중 하나가 되었다. 1973년 일본은 누적 기준으로 대한對韓 외국인 직접투자(FDI)의 60%를 차지하여 미국을 앞질렀다. 그러나 이러한 지속적인 경제관계는 일련의 해결되지 않은 역사적 영토 분쟁 및 도쿄와 서울의 국내 정치 역학에서 나오는 정치적 긴장으로 인해 여러 번 중단된 상태이다.

한일관계의 중대 분기점은 1990년대 후반이었다. 1998년 10월 일본에서 개최된 정상회담에서 김대중 대통령은 오부치 게이조(小渕恵三) 총리와 공동성명을 발표했는데, 일본 정부가 식민지 지배 기간 한국인들에게 가한 아픔과 고통에 대해 명확하고 솔직하게 사죄(apology)한다는 내용이었다. 더 중요한 것은, 대한민국은 이와 같은 일본의 사죄를 기꺼이 수용하고 나아가 개선된 양국관계를 위한 기초로 활용하겠다는 (그 이전 어떤 대한민국 지도자보다 더 강력한) 김대중 대통령의 제안이었다.[33] 사죄 요청을 누그러뜨리는 대가로 남한은 일본으로부터 30억 달러의 원조를 받았고, 남한의 용의주도함과 일본의 돈을 교환하는 이러한 패턴은 지속되었다. 그 후 양측은 양국 국민들 사이의 화해를 촉진하기 위해 고안된 여러 조치에 착수했다. 1999년 요란한 선전과 함께 남한은 일본 문화 상품의 수입 금지를 해제했다. 그러자 이번엔 일본이 제2차 세계대전의 원폭 투하 한국인 피해자와 일본 제국군대의 한국인 참전자에 대한 지원과 보상을 제공했다. 이전에 이들 두 집단은 국적 때문에 원조를 받는 것이 금지되고 있었다. 또한 재일 한국인에게 지방선거 투표권을 부여하는 것을 포함하여, 한층 강화된 시민권을 부여하는 방안과 관련한 새로운 논의가 시작되었다. 또한 양국은 양국 군대 사이의 합동 기획과 훈련을 강화했다.

---

33 성명 전문과 초기 언론 반응은 ≪아사히신문(朝日新聞)≫과 ≪요미우리신문≫, 1998년 10월 8일 자 참고.

그러나 2001년의 봄과 여름의 상황 전개는, 유리한 조건에서 이뤄진 화해 시도조차도 지속적인 리더십이 뒷받침되지 않는다면 손상될 수 있다는 것을 보여주었다. 일본의 보수적 학자들은 니시오 간지(西尾幹二)의 지휘하에 일본 근대사의 명백한 수정주의적 관점을 제공하는 교과서 초안을 제작했다. 이는 일본 제국주의 팽창 및 제2차 세계대전 중 일본 군대가 저지른 만행 등 부정적인 측면을 경시하거나 외면하는 교과서였다. 그런데 일본 문부과학성은 비교적 경미한 수정만을 요구한 후, 남한과 중국의 가혹한 비판을 유발하면서까지 이 교과서의 사용을 승인했다. 곧이어 고이즈미 준이치로 총리는 당내 보수파들에게 이웃 국가들과 더욱 적대하는 한이 있더라도 약속을 반드시 지키겠다면서 야스쿠니 신사 방문에 착수했다. 일본과 대한민국 사이의 군사 회담은 중지되었고, 일본 문화 상품에 대한 금지령은 재개되었다. 대한민국은 '협의'를 이유로 주일 한국 대사를 서울로 일시 소환했다(*The Korea Herald*, 2001.8.15. 참조). 마치 이 정도 분쟁만으로는 양에 차지 않는다는 듯이, 도쿄는 2001년 6월 19일 북일본 쿠릴열도 근해의 경우 일본의 배타적 경제수역에 해당하므로 대한민국 어선의 조업을 금지한다고 발표했고, 이로 인해 남한과 일본 사이에 어업 분쟁이 돌발했다. 그러나 서울은 대한민국의 어선도 2000년 12월 모스크바와 체결한 어업 협정에 따라 쿠릴열도 주변 어업이 가능하다고 주장했다. 도쿄는 이에 항의하여 남한 정부가 쿠릴 해역으로 어선을 보내지 않겠다고 약속할 때까지, 산니쿠(三陸) 연안 해역에서의 남한의 어업 행위를 금지시켰다. 일본 정부의 강경한 자세는 쿠릴열도에 대한 러시아와의 끊임없는 영토 분쟁과 연계되어 있음이 분명했지만, 이러한 국가 정체성의 구현은 대한민국 어민의 희생을 초래하는 것이었다.

한일관계와 중일관계를 수습하기 위한 노력은 9.11 테러를 계기로 가속화되었다. 미국의 가까운 동맹국인 한일 양국 모두, 테러 위협에 어떻게 지역적으로 대응할 것인가에 대해 긴밀하게 협력하도록 미국으로부터 압력을 받았다. 가장 신경 쓰이는 부분은 지역적 긴장을 완화시키는 일이었는데, 일본이 미국의 아프간 전쟁을 지원하기 위해 전례 없이 인도양으로 군함을 파견했기 때문이다. 또한 미일 양국은 북한이라는 골치 아픈 문제에 대해 정책 조율의 필요성을 강하게 인식하고 있었다. 미국은 북한을 새로운 '악의 축'의 하나로 규정한 후 이라크와 테러와의 전쟁을 벌였는데, 북한은 이라크에 이은 미국의 제2차전 상대로 치닫는 것처럼 보였다. 고이즈미 준이치로는 정상적인 관계를 소생시키기 위해 남한과 중국을 방문했다. 남한에서 고이즈미 준이치로 총리는 일본의 과거 악행(misdeeds)에 대한 이전의 사과를 재차 표명했고, 서울의 한 역사박물관에서 유명한 한국의 자유 투사에게 경의를 표했다.[34] 양측은 공동 역사 연구, 테러 방지 및 어업권 등을 포함한 광범위한 문제에 대해 협력을 재개하기로 합의했다(≪아사히신문≫, 2001.10.22, 3면 참조).

비교적 정상적인 관계 속에서 몇 년을 보낸 후, 남한의 노무현 대통령은 일본이 과거사 해결을 위해 노력할 것을 도쿄에 촉구했다. 2005년 3월 1일 삼일절 기념식 연설에서 노무현 대통령은 실질적 화해를 위해 필요한 경우 보상금(compensation) 지급을 포함한 진정성 있는 사과를 표할 것을, 그리고 과거사를 청산할 것을 촉구했다. 이어 3월 17일 노무현 정권은 일본을 상대하기 위해 일본의 전시 잔학 행위에 대한 사과와 보상을 요구하는 새로운 독트린을 발표했다. 이는 최근 급부상한 독도/다케시마 주권 분쟁에 대해 노무현 대통령의 공격성이 명확하게 드러난 대응이었다. 대한민국의 일부 국민은 시마네 현 의회가 한국의 삼일절 기념일과 동시에 다케시마의 날 제정 법안을 상정한 것은 한국을 의도적으로 모욕하는 행위라고 보았다. 또한 이 시마네 현 법안은 역사 교과서라는 새로운 논쟁이 확산되는 것과 동시에 발생했는데, 이 논쟁에는 독도의 역사와 직접 관련된 부분이 있었다. 대한민국의 국가안전보장회의에

34 [옮긴이] 2002년 1월 29일 고이즈미 준이치로 총리는 서대문 독립공원(옛 서대문 형무소) 내 역사박물관을 방문하여 유관순 열사의 투옥 및 고문 장면 등을 밀랍인형으로 재현한 일제의 잔학 행위를 둘러보았다.

서는 일본의 움직임에 대해 "한국 해방의 역사를 부정하는 한반도에 대한 제2의 침탈"이라고 반발했다(≪조선일보≫, 2005.3.17).

일본의 주장에 따르면 독도는 1904~1905년 러일전쟁 시기에 무인도였는데, 이를 일본이 다케시마라는 이름을 부여함으로써 무주지를 선점했다는 것이다. 그러나 1946년 1월 미국 점령군 사령관 맥아더의 포고령에는 남한이 독도를 포함한 영토를 소유하는 독립국가가 된 것을 암시하며 독도를 일본 주권 영역에서 제외했다. 그렇게 몇 년간 섬을 방치한 후, 1953년 이후 남한 경찰이 독도에 대한 사실상(*de facto*) 점령 및 지배를 하고 있는데도, 일본은 국가 정체성 투쟁을 위한 목적으로 독도를 논쟁의 화약고로 변질시켰다.[35] 즉, 독도에 대한 논쟁은 최근에서야 일종의 국제적 유사위기(international quasicrisis)로 확대된 것이다.

노무현 정부는 이 양자 간 분쟁을 국제화하는 몇 가지 조치를 취했다. 노무현 정부는 유엔 안보리의 상임 이사국이 되려는 일본의 시도를 저지할 것이라고 선언했다.[36] 그리고 국가안전보장회의는 동해와 그 주변에서 만일의 사태에 대응하기 위해 해상 훈련을 발표했다. 또한 국방부는 2004년 『국방백서』의 개정판을 출간하여, 대한민국 군대가 독도를 포함한 해상 안보 영역에 해상 순찰, 항공 순찰 그리고 잠수함 순찰을 강화했다는 것을 언급했다. 애초 『국방백서』 원본에는 독도를 언급하지 않았었다. 이러한 조치들로 충분하지 않았던지 2005년 8월 28일 남한 정부는 한일 국교 정상화 협상에 대한 156개의 기록

35 이것이 일본이 직면하고 있는 유일한 영토/역사 논쟁이 아니라는 점이 주목할 만하다. 도쿄는 남쪽으로는 댜오위다오(일본에서는 센카쿠 제도로 알려진)에서 동중국해 연안 가스전 개발을 두고 중국과 영유권 분쟁 중이다. 또한 북쪽으로는 러시아의 북방(러시아에서는 남쿠릴열도로 알려진)과 영토 분쟁 중이다

36 사실 중국도 일본이 상임이사국 진출을 저지하는 막중한 책임을 부담할 준비를 하고 있는 것 같다. 다음을 참고할 것. Colum Lynch, "China Fights Enlarging Security Council," *Washington Post*, April 5, 2005, p.A15.

물 총 3만 5000쪽을 공개했다. 그리고 일본은 가혹한 식민지 지배와 전쟁 범죄에 대해 "도덕적(morally)" 책임이 있다는 이전의 주장을 뒤집어, 일본은 현재에도 과거 전쟁 범죄에 대한 "법적(legally)" 책임이 있다고 새롭게 주장했다.

제5장에서 본격적으로 논의할 반미(반부시)의 경우와 비교했을 때 남한의 정체성 정치와 일본과 관련한 남한의 대응에서 상당히 독특한 점은, 그것은 남한 국내의 정치적·지역적·이념적 분열을 모두 초월한다는 것이다. 그리고 자신들의 식민 지배와 제국주의 과거를 깨끗하게 인정할 의지도 능력도 없는 — 말로만 그런 것이 아니라 실제로도 — 일본의 태도가 남한에서 국가 정체성 정치의 총동원을 위한 끊임없는 자극제 역할을 한다는 점이다.

군사 및 안보 이슈

1993~1994년 그리고 2002~2005년, 한반도에는 미국과 조선민주주의 인민공화국이 연루된 핵 교착 상태가 있었다. 10년 주기의 기시감既視感에 주목하여 일본의 반응을 비교해보면 한반도 안보 이슈에 대한 사고의 궤도를 간파할 수 있다. 1994년 일본의 『외교청서』는 핵 문제를 북미 사이에서 타결되어야 할 것으로 이해하고 있는 반면, 2004년 『외교청서』에서는 북한 핵 프로그램의 존재를 국제 및 동아시아 평화와 안보를 위협하는 '직접적 위협'으로 설명하고 있다. 그리고 이라크 및 대량살상무기 확산 의혹과 함께 일본의 최우선 안보 관심사로 평가하고 있다. 냉전의 끝자락에서 일본 외교는 러시아, 미국, 그리고 새로운 국제 질서 내에서 일본의 역할 규정에 집중했었다. 반면 오늘날 일본은 자신들의 생각대로 그리고 특정한 방향의 지역적 최종 목표와 관련하여 한반도를 고려할 준비가 되어 있는 것 같다.

북일 간 안보 상호작용

냉전 시대 평양과 도쿄 사이에는 안보적 상호작용이 거의 존재하지 않았다.

일본은 미일 동맹이라는 보호막 속에 단단히 자리 잡았고, 따라서 미국은 무거운 부담을 감수해야 했다. 반면 일본은 구조적 사실주의(신현실주의)보다는 오히려 '상업적 현실주의(mercantile realism)'와 더 적합하다고 할 수 있는 무임승차 정책을 추진했다.[37] 조선민주주의 인민공화국의 미사일과 핵 계획 개발이 아직 알려지지 않았기 때문에, 일본은 북한과의 교류에 거의 관심이 없었다. 평양도 소련 및 중국과의 이데올로기적 동맹 안에서 안정을 유지할 수 있었기 때문에, 일본과 국교 정상화를 해야 할 강력한 전략적·이념적 이유가 없었다. 도쿄는 정치에서 경제를 분리하는 정책을 추구했고, 북한은 장기간의 중소대립 과정에서 모스크바 또는 베이징 중 어느 한쪽과 노골적으로 운명을 같이하지 않은 채 도움 요청을 극대화하는 방법으로 등거리 '최소극대화' 전략을 추구했다.

그러나 탈냉전 초기에 북한의 탄도 미사일과 핵 프로그램이 표면화되기 시작하면서, 일본은 남한보다 더 많이 놀란 것 같다. 서울의 김영삼 정권은 북한의 탄도 미사일과 핵 능력의 진전을 우려했지만, 보통의 남한 국민들은 지나치게 우려하거나 위협을 느끼는 것으로 보이지 않았다. 그러나 일본은 제2차 세계대전 항복 전날 히로시마와 나가사키에 떨어진 쌍둥이 타격으로 고통을 겪었기 때문에, 냉전 시대에도 느낀 적이 없던 핵 불안을 겪고 있었다(C. S. Kang, 2004).

일본의 공포는 1994년 4월 핵 위기 때 명백해졌다. 이때 북한은 영변의 원자로에서 폐연료봉을 인출하면서, 플루토늄 기반 핵무기 계획의 증거를 제공할 수 있는 연료봉 분리를 거부했다.[38] 카터 전 미국 대통령이 1994년 6월 평양을 방문해서 위기의 뇌관을 제거하고 나서야 일본 지도자들은 안도의 한숨

---

37 일본 외교 정책의 상업적 현실주의 해석에 대해서는 Heginbotham and Samuels (1998) 참고. 상업적 현실주의에 대한 좀 더 상세한 설명은 Gilpin(1981) 참고.

38 1994년 핵 위기에 대한 광범위한 논의는 Sigal(1998), Kihl and Hayes(1997) 참고.

을 쥐었다. 카터는 김일성과의 정상회담에서 1994년 10월 제네바 합의 체결을 위한 길을 열었다.[39] 일본은 제네바 합의 이후에 발행한 1995년 『외교청서』에서 북핵 문제와 다소 거리를 두는 입장을 보였다. 일본은 미국 및 대한민국과의 외교 협력, 그리고 북한에 에너지를 공급하기 위해 새로 설립된 국제 컨소시엄[40]에서 협력하는 것만을 자신의 주요 역할로 이해했다.

그다음 해 일본이 내놓은 분석 자료에서는 두 가지 관점에서 대북 정책을 고안해야 한다고 주장하며 1992년 중단된 정상화 협상 재개 가능성을 언급했다. 두 가지 관점이란 ① 제2차 세계대전 이후 이어진 양국의 비정상적 관계를 시정할 것, ② 한반도의 평화와 안정에 기여할 것이다. 1995년 5월 북한의 첫 식량 원조 요청에 따라 일본은 비상식량과 인도적 지원을 제공했다. 그러나 '인도적 지원'과 과거의 행위에 대한 배상이나 보상으로 해석될지도 모를 '경제적 지원'은 명확하게 분리해야 함을 밝히면서, 경제적 지원은 성공적인 관계 정상화 이후에나 이어질 것이라고 『외교청서』에서 밝혔다.

1997년과 1998년 『외교청서』는 일반적인 일본의 정책을 더욱 자세하게 상술하고 있을 뿐만 아니라, 북일관계 정상화를 위한 추가 협상도 언급하고 있다. 그러나 1997년 아시아 금융위기로 인해 북한은 일본의 관심에서 멀어졌다. 그 후 1998년 8월 북한이 일본 상공으로 미사일을 발사하고 일본 국민을 납치한 것으로 의심되는 사례가 불거지자, 국교 정상화 교섭이나 인도적 지원에 대한 논의는 완전히 중단되었다. 북한의 미사일 발사는 1957년에 미국인들에게 충격을 준 스푸트니크 쇼크(Sputnik shock)에 맞먹는 심리적 충격을 일본인들에게 안겨주었다.[41]

---

39 제네바 합의에 관한 구체적 내용은 제5장을 참고하라.

40 [옮긴이] KEDO를 의미한다.

41 다음을 참고할 것. Yoichi Funabashi, "The Question of What Constitutes Deterrence," *Asahi Shimbun*, February 15, 1999.

실제 일본은 대포동 1호 발사에 대해 즉각적으로 대응했다. 1998년 9월 1일 관방 장관 노나카 히로무(野中廣務)는 "이러한 행동은 일본의 안보에 직접적으로 영향을 준다. …… 매우 심각한 상황이다. …… 일본은 대북 정책을 재고해야만 할 것이다. …… 그리고 단호한 태도로 엄중한 대응자세를 취해야 한다"는 성명을 발표했다[일본 외무성, "북한의 미사일 발사에 따른 일본의 즉각적인 대응에 관한 관방 장관의 발표"(도쿄: 1998년 9월 1일)]. 이어 다음과 같은 구체적 조치를 취했다. ① 미국 및 대한민국과 협의, ② 유엔 총회에 문제 제기, ③ 북한과 국교 정상화와 관련한 모든 협상 중단, ④ 북한에 식량과 기타 인도적 지원 확대 중단, ⑤ KEDO에 대한 일본의 지원 중단.[42] 그러나 비록 추가 조치가 이어졌음에도 불구하고(예컨대, 일본과 북한 사이의 전세 항공기 허가 취소, 안보리 의장에게 서한 발송), 일본은 경수로 사업비용 분담에 대한 KEDO 이사회의 결의에 서명함으로써, 10월 말까지 북한에 대한 제재를 부분적으로 해제했다. 노나카 히로무는 일본의 KEDO와의 협력 재개 결정 이유를 다음 세 가지로 들었다. ① 일본은 KEDO와 제네바 합의 외에 현실적인 대안이 없었다. ② 미사일 시험 발사에 대한 일본의 대응은 구체적인 효과를 나타내고 있는 중이다. ③ KEDO와 도쿄의 협력 재개를 위한 워싱턴과 서울의 호소가 있었다.[43]

대포동 쇼크는 또한 일본 정부를 자극하여 장기 계획을 실행에 옮기게 했다. 일본은 한반도 및 기타 동북아시아 지역에 대한 감시능력 — 미국과 독립적으로 — 을 제고하기 위해, 자신들의 첩보위성(spy satellite) 시스템을 배치하기로 결정했다.[44] 1999년 3월 방위청 장관 노로타 호세이(野呂田芳成)는 국회 국

42 일본은 경수로 프로젝트에 대한 비용 분담 협정에 서명을 보류했다. 전체 추정 비용 46억 달러 중 일본의 비중은 10억 달러(약 22%)였다. 반면 남한은 경수로 건설의 총 비용의 70%를 기여하기로 했다.

43 일본 외무성, "일본 외무성 외무보도관 기자회견"(도쿄: 1998년 10월 23일), pp.2~3.

44 위성 시스템은 '다양한 목적'을 가진 것이라는 명목하에 의회에 제출되었고, 공식 국방 예산에는 포함되지 않았다. 위성을 확보하겠다는 결정에 따라 일본 정부는 비군사적

방위원회에서, 일본에 미사일 공격이 임박했다고 판단되면 일본은 선제 군사 공격(preemptive military strikes)을 할 권리가 있다고 밝혔다(C. S. Kang, 2004: 107).[45] 따라서 일본은 항공 자위대(ASDF)가 장거리 공격 임무를 수행할 수 있도록 공중 급유기를 취득하기로 결정했다. 도쿄는 이것을 중요하게 생각했다. 왜냐하면 일본은 북한의 공격을 저지하거나 맞받아칠, 미국이 보유하고 있고 남한도 부분적으로 보유하고 있는 공격적 군사능력이 취약하기 때문이다. 연루(entrapment)의 우려에도 불구하고, 개정된 미일 방위협력지침에 대한 일본 국내의 정치적 지지는 강화되었다. 이 새로운 지침은 일본이 위기 시 미군에게 비군사적 물질을 지원하고 민간 항구와 공항을 개방할 수 있도록 했다. 또한 이 지침은 일본 자위대(SDFs)에게 새로운 임무 부여를 허용하는 것이었다. 가령 유사시 미국 군함에 대한 보급, 위기 상황에서 민간인과 미군 관계자 소개疏開, 공해에서 기뢰 제거 또는 유엔 제재의 집행 등이 그것이다. 일본은 또한 전역미사일 방어(TMD) 체제를 개발하기 위한 공동 계획에 미국과 협력하기로 합의했다. 마지막으로 일본 정부는 일본 영해로 진입하는 괴선박을 추적하고, 필요하다면 무력을 사용할 수 있는 권한을 일본 해군과 해상 보안청에 부여했다.

2001년 12월에 내려진 이러한 지시는 일본의 해상 보안청 및 해상 자위대와 괴선박 — 나중에 북한 괴선박으로 확인된 — 사이에 무력 충돌을 야기했다. 이 사건으로 괴선박은 침몰되고, 15명의 모든 선원은 사망에 이르렀다. 놀랍게도 이 사태 — 1945년 이후 일본 군대의 의도적이고 공개적인 무력 사용 — 는 일반 국민들의 지지를 얻었는데, 이는 10년 전이었다면 상상도 못했던 일이다.

2000년 6월 역사적인 남북 정상회담은 동아시아의 환경을 근본적으로 변화

활동에 한해 우주 기술 사용을 제한하는 1969년 국회 결의를 무효로 하는 것이 필요했다(C. S. Kang, 2004: 107). 2003년 3월 두 개의 위성이 발사되었다.

45 일본이 1994년 북한의 군사 지역에 선제공격을 고려했다는 것이 최근 밝혀졌다.

시켰고 4월, 8월, 10월 관계 정상화 협상의 실현과 함께 북일관계는 개선되었다. 극적인 정상 외교 덕에 북한이 조금 더 합리적이고 책임감 있게 변할 것이라고 평가하면서 일본은 어느 정도 안도하게 되었다. 이에 따라 WFP를 통한 식량 지원이 재개되었고, 북한에 살고 있는 일본인의 공식 방문 및 '실종' 일본인에 대한 조사 등의 문제가 제기되었다.

이후 2002년 10월 북한의 HEU 프로그램 폭로라는 새로운 핵 문제의 발생을 계기로, 일본은 미국과 미사일 방어 체제(MD) 계획을 위한 자금 조달 및 연구 지원을 확대하기로 적극 합의했다. 유럽이나 캐나다와는 달리 일본은 탄도 미사일 방어 시스템 배치로 인한 영향에 크게 우려하는 기색이 없었다(C. S. Kang, 2004: 108). 그러나 동시에 고이즈미 정권은 일본이 평화적인 외교 접근을 통해 북한의 핵 프로그램을 폐기하기 위해 애쓸 것임을 분명히 했다. 북한에 대한 과도한 압력은 김정일 정권의 예측 불가능한 행동을 초래하기 때문이다. 또한 일본은 한반도에서 전쟁이 재발되지 않기를 바라는데, 이는 미국과 체결한 안보 협력 때문에 일본이 직간접적으로 전쟁에 휩쓸릴 공산이 크기 때문이다. 2002년 12월 워싱턴에서 열린 미일 안보협의위원회(SCC)에서 미일은 북한에 "지체 없이 확인 가능한 방식으로" 핵무기 개발 계획을 포기할 것을 촉구했다. 또한 그들은 평양의 탄도 미사일 계획에 "심각한 우려"를 표명하고 미사일과 관련한 모든 활동을 중단하길 촉구했다. 또한 북한에 생물무기금지협약(BWC)과 화학무기금지조약(CWC)을 완전히 준수하라고 촉구했다. 일본은 북한의 핵 문제에 대한 다자간 포럼을 개최하려는 미국의 계획에 대해 지지 의향을 밝혔다.

북한의 공식 매체는 일본이 미국의 대북對北 적대정책을 맹목적으로 추종한다며 비난했다. ≪로동신문≫은 "조선반도의 핵문제는 북미 간에 해결되어야 할 문제이지, 일본이 주제넘게 나설 일이 아니다"라고 선언했고, "일본은 한반도 핵 문제 해결에 관한 당사자가 아니며, 개입할 구실도 자격도 없다"라며 일본에 면박을 주었다.[46] 또한 국가 정체성 이슈를 언급하며, "다양한 구실과 변명으로 과거사 청산을 깔아뭉개고, 의도적으로 북한과의 관계 정상화에 태만을 부린다"고 일본을 비판했다.

2003년 봄 북한은 영변의 흑연 감속 원자로를 재가동하고, 2월 말 노무현 대통령 취임 전날 대함 미사일을 시험 발사함으로써 한반도에서의 긴장을 더욱 고조시켰다. 북한은 또한 미국의 정찰기를 요격하려 했고, 3월 초순 또 다른 대함 미사일을 발사했다. 이러한 사태에 대응하여 고이즈미 준이치로는 전면적이지는 않을지라도, 평양 선언은 부분적으로 "파기되었다"고 입장을 표명했다. 의회 상임위원회 증언에서 후쿠다 야스오(福田康夫) 관방 장관은 장거리 미사일 시험 발사 또는 무기급 플루토늄 추출을 위한 사용 후 핵연료 재처리는 '레드 라인'을 넘는 것이고 평양 선언을 무효화하는 것이라며 북한에 경고했다. 2003년 5월 텍사스 크로포드 목장에서 열린 미일 정상회담에서, 부시와 고이즈미 준이치로는 북한의 핵무기 계획을 묵과하지 않겠다는 결의를 선언했다. 또한 고이즈미 준이치로는 일본 내 북한 또는 친평양 한인과 관련된 위법행위에 대해 "더욱 강력하게 진압할 것"이라고 밝혔다. 정상회담에 이어 일본은 미국 주도의 대량살상무기 확산방지구상(PSI)에 참여하기로 합의했는데, 이는 북한 같은 국가로부터 또는 북한 같은 국가를 향해 대량살상 무기를 선적하는 것을 금지하는 구상으로 모두 11개국이 참여하고 있다.[47] 2003년 『외교청서』에서 일본 최대의 외교 현안으로 테러와의 전쟁과 대량살상무기에 앞서 북한을 열거하고 있다는 사실이 보여주듯, 주안점은 테러리즘이 아닌 북한

---

46 다음을 참고할 것. "Japan Intervention in Nuclear Issue 'Ineffective'-North Korean Radio," BBC-AAIW, January 27, 2003.

47 [옮긴이] PSI를 고안한 사람은 부시 행정부에서 국무부 차관보와 유엔 대사를 지낸 네오콘 존 볼튼(John R. Bolton)으로 알려졌다. PSI는 2003년 11개국이 참가하는 것으로 출발하여, 2012년 9월 101개국이 참여하고 있다. 우리나라는 남북관계 악화를 우려하여 참여를 보류해오다, 북한의 2차 핵실험 직후인 2009년 5월 PSI 회원국이 되었고, 2010년부터 훈련에 참여하고 있다.

이었다.

2003년 여름 일본 국회는 일본에 대한 무력 공격에 대처하기 위해 일본 정부에 새로운 힘을 실어주는 세 개의 '전쟁 유사법제'[48]를 통과시켰다. 이러한 유사법제는 40여 년 전 일본 보수파 사이에서 최초로 논의되었지만, 일본 헌법 제9조 위반 가능성 때문에 보류되었던 것들이다. 그러나 고이즈미 준이치로는 북한과 국제 테러리즘의 위협 덕분에 민주당을 포함한 주요 야당의 지지를 얻어 이 특별 법안을 제정할 수 있었다. 이 법은 효과적인 동원과 작전을 방해하는 수많은 규제를 유보시킴으로써 자위대의 신속한 배치를 가능하게 했다.

이러한 조치는 일반적으로 일본 국민의 지지를 얻었는데, 이는 북한의 행동이 군에 대한 일본인들의 태도 변화를 이끌어낼 정도였음을 보여주는 것이다. 2003년 12월 ≪마이니치신문≫이 실시한 여론조사에 따르면, 응답자의 50% 이상은 북한을 일본 안보에 대한 위협으로 간주하는 반면, 24%만이 중국을 위협으로 보았다. 북한 핵 문제에 대해서는 응답자의 5%만이 2004년에는 진전이 있을 것이라고 대답했다. 북한에 대한 식량 지원과 관련하여, 64%가 일본은 북한에 대한 원조를 중단해야 한다고 주장한 반면, 26%는 이러한 지원을 지지했다(H. N. Kim, 2005).

2004년 일본 『외교청서』에 따르면, 북한과 관련한 공식 '기본 방침'은 두 가지 중요 쟁점을 중심으로 다루고 있다. 바로 납치 문제와 안보 문제(예컨대, 핵과 미사일 문제)이다. 『외교청서』는 2002년 9월 북일 정상회담에서 북한과 일본의 지도자가 서명한 평양 선언이 이러한 문제를 해결하기 위한 기본적인 출발점이라고 언급하고 있다. 일본은 이 두 가지 문제를 종합적으로 해결한 이후에, "이를 통해 동북아시아의 평화와 안정에 기여하는 방법으로 북한과 관계 정상화에 나설 것"이라고 했다(Japan Ministry of Foreign Affairs, 2004: 25). 이

48 [옮긴이] 무력공격 사태 대처법안, 자위대법 개정안, 안전보장회의 설치법 개정안을 말한다.

러한 일본의 접근 방식은 미국과 유사하다. 도쿄는 미해결 문제 해결을 위한 첫 번째 조치로 국교 정상화 수립을 꾀하기보다는, 국교 정상화에 앞서 모든 미해결 문제의 해결을 원하는 것이다.

핵 문제와 관련해 일본은 ① 북한 핵 문제 해결을 위해 CVID 방식을 요구했고, ② 북한의 안보 우려와 에너지 지원에 대한 문제는 북한이 먼저 CVID에 동의한 후에나 6자회담 틀 내에서 진전될 수 있다는 데에 동의했다. 그리고 ③ 북일 평양 선언 및 평화적인 방법에 의한 관계 정상화에 기초하여 미해결 문제를 처리하겠다는 일본의 기본 입장에는 변화가 없다고 주장했다(Japan Ministry of Foreign Affairs, 2004: 27). 일본은 또한 효과적인 미사일 방어 체제(MD) 시스템과 같은 방어적·군사적 조치를 지속적으로 추구하고 있다. 2004년부터 일본은 적의 미사일이 일본을 타격하기 전에 그 미사일을 격추하기 위해 패트리어트 미사일(Patriot Advanced Capability missiles)을 구입, 배치하기 시작했다. 또한 적의 미사일이 대기권에 진입하기 이전에 요격하기 위해 SM(Standard Missile) 시스템을 구입하여 배치하기 시작했다. 일본은 당초 이러한 고급 요격 미사일을 조달하기 위해 10억 달러를 지출하겠다고 약속했는데, 이에 더하여 2007년까지 총 70억 달러의 비용을 들여 기능면에서 다층적 MD 시스템을 구축할 계획이다. 일본의 일부 강경파 지도자들은 북한의 공격 임박에 대비하여 북한의 미사일 기지를 선제 타격할 수 있는 순항 미사일(예컨대, 토마호크)을 구입할 것을 부르짖고 있다.

이러한 일본의 무장 — 그리고 실제 전면적인 미일 동맹 — 에 대해서는 다른 해석이 가능하다. 이 분석에 의하면 일본이 비록 북한을 빙자하고 있지만 재무장의 실제 목표는 중국이라는 것이다.[49] 만약 이 분석이 사실이라면 일본 정치 엘리트들 사이에서 철저히 비밀로 유지될 것이다. 왜냐하면 일본 국민의 대다수는 재무장이 북한의 위협과 군사 행동에 대비한 것이라고 믿고 있기 때문이다.

49 이러한 입장에 따른 분석은 Johnson(2005) 참고.

북한은 납치 문제와 같은 국가 정체성 문제로 인해 일본에서 쉽게 악마화(demonize)되고 있다. 핵 문제를 둘러싼 6자회담 동안 일본은 북한 대표와 납치 문제를 논의할 기회를 잡았다. 6자회담의 두 번째 라운드 동안 북일 양국 간 협의가 있었던 것이다. 일본 측은 납치 문제 해결의 중요성을 강조하고 납북자 가족의 조건 없는 송환과, 운명이 알려지지 않은 일본인 10명의 행방에 대해 충분한 설명을 강력하게 요구했다. 그러나 북한 측은 일본으로 일시 방문을 허용한 이전 납북자들은 원래 약속대로 북한으로 복귀해야 하며, 일본과 북한 간 문제는 궁극적으로 "북일 평양 선언에 따라 차례로 해결되어야 한다"고 대응했다(Japan Ministry of Foreign Affairs, 2004: 31). 일본은 북한의 요구를 거절했다. 그 결과 다섯 명의 납북자와 그 가족은 일본으로 영구 귀국했고, 사망한 납북자 여덟 명에 대한 더 많은 정보를 적극적으로 탐색하고 있다. 이것은 도쿄가 국내 정치의 포로가 되고 있다는 점을 확증하는 것이다.

납치 문제의 해결과 함께 북한의 군사적 위협을 감소시키는 것이 일본의 최우선 관심사항임에는 의문의 여지가 없다. 그러나 일본의 안보 전문가는 또한, 북한의 정치적 안정이 현저하게 약화된다든지 평양이 군사적으로 오판을 하게 된다면, 이는 강대국의 개입을 초래할 것이고 이에 따라 일본의 한반도에 대한 이익에 영향을 미칠 수 있다는 점을 우려하고 있다(Akaha, 2002). 따라서 일본은 미국, 특히 유별나게 예방전쟁(preventive war)을 기반으로 국가 안보 전략의 윤곽을 짜고 있는 부시 행정부를 억제하는 데에도 이해관계가 있다. 예를 들면, 고이즈미 정권은 조선민주주의 인민공화국에 대한 안전을 보장하는 부시 행정부의 2003년 10월 제안을 따뜻하게 환영한 바 있는데(Samuels, 2004: 324), 위와 같은 이유 때문이었다.

일본-대한민국의 안보 상호작용

미국과 공동 동맹국임에도 불구하고, 또는 아마 그것 때문에, 남한과 일본은 냉전 기간 중에 양자 간 직접적 군사 관계를 제한하고 있었다.[50] 도쿄나 서울 모두 직접적 양자 간 안보 유대를 촉진하기 위한 노력을 중시하지 않았다. 미국이 남한을 만족스럽게 보호하고 있는 데다가, 일제 식민지의 쓰라린 기억을 간직하고 있었기 때문이다. 반면 일본 역시 미국이 훌륭하게 보호하고 있었으며, 복잡한 공약에 관련되는 것을 꺼렸다.[51] 비록 냉전 종식이 일본에 대한 남한 국민들의 부정적 인식을 바꾸는 계기가 되지는 못했지만, 그리고 동맹을 향한 일본의 신중한 태도도 근본적으로 바꾸지 못했지만, 그럼에도 냉전의 종식은 도쿄와 서울 모두의 전략적 타산을 위한 상황과 조건을 변화시켰다.

냉전 종식 및 소련 위협의 종언과 함께 동북아시아에서는 미군 배치가 새로운 문제로 떠올랐다. 1990년 4월 동아시아 전략 구상은, 1990~1992년 및 1992~1995년에 2단계로 나누어 동아시아에서의 병력 감축을 시행하려는 미국의 청사진이었다. 서울도 일본도 각각 서로의 의도를 알지 못하고 있었다. 1990년 남한의 『국방백서』에서 국방부는 일본의 군비 증강이 남한의 국가 안보에 부정적 영향을 미칠 가능성이 있다고 언급했다. 또한 남한은 일본 국회가 해외 평화유지활동을 구실로 1991년 페르시아 걸프전쟁의 사례에 따라 자위대 활용을 논의하는 것을 특히 우려했다. 남한의 외교부 장관 최호중은 일본 군대의 파견은 "일본 재무장의 출발점"이 될 것이라고 우려를 표명했고,

---

50 빅터 차는 한일 양국의 역사적 적대감에도 불구하고 (미국에 의한) 방기(abandonment)의 상호 두려움 때문에 냉전 시대 한일 안보 협력은 유사 동맹(quasialliance) 체제의 맥락에서 작동했다고 주장한다(Cha, 1999a). 즉, 유사 동맹의 맥락에서 볼때 한일 안보 협력의 역동성은 한일 양국이 각각 미국의 안보 공약을 얼마나 확고한 것으로 인식하느냐에 따라 설명될 수 있다는 것이다. 그러나 실제 한일 안보 협력이 구체화된 예는 드물며 단속적이다. 또한 빅터 차는 한일관계를 분석하면서 '한 바구니에 계란을 모두 넣는' 실수를 하는데, 그는 '미국의 정책'이라는 하나의 변수로 너무 많은 것을 설명하려고 한다는 점이다. 빅터 차의 신현실주의적 유사동맹 이론을 반박하는 '순위협론(net threat theory)'에 대한 상세 설명은 T. R. Yoon(2006) 참고.

51 냉전 기간 일본의 관련 회피적(entanglement-averse) 전략적 풍토에 대한 좀 더 자세한 내용에 대해서는 Berger(1993) 참고.

1991년 『국방백서』에는 자위대가 "전진 방어(forward defense)를 위한 공격적 군대로 변모하는 중"이라고 묘사했다(Kang and Kaseda, 2000: 96~97).

서울이 모스크바 및 베이징과 관계 정상화에 성공하면서 도쿄는 불확실한 환경에 처했다. 일부 일본인들은 서울과 모스크바의 급속한 관계 개선으로 인해 모스크바가 '남한 카드'를 제시하며 도쿄와 대립각을 세움으로써, 그나마도 형식적이고 부실한 일소日蘇관계에 추가 압력을 가할지도 모른다고 생각했다. 서울과 베이징의 관계가 정상화되었을 때는 더 많은 사람들의 우려가 있었다. 남한의 언론이나 기타 오피니언 리더들은, 남한과 중국이 일본의 힘을 억제하기 위해 블록을 형성할 가능성이 있다는 견해를 표명했다(Kang and Kaseda, 2000: 96~97).

비록 간헐적이었지만, 이러한 불확실성들로 말미암아 남한과 일본은 일련의 신뢰 및 안보 구축 조치(CSBMs)에 착수할 수 있었다. 처음에는 이러한 조치가 탈냉전 이후 변화된 안보 환경에서 서로의 전략적 타산에 대한 불확실성에 대응하기 위한 것으로 볼 수 있었다. 그러나 1990년대 중반 북한의 위협 발생 이후에는, 양국 간 군사 접촉을 위한 촉매이자 동력으로서 역할을 하고 있다. 평양의 간헐적인 벼랑 끝 전술은 서울과 도쿄가 서로에게 느끼는 불안을 없애지는 못했지만 약화시켰다(Kang and Kaseda, 2000). 북한의 핵과 미사일에 따른 현존하고 명백한 위험이, 한일 간 서로 제기하는 막연하고 실체 없는 위협을 간단하게 압도한 것이다.

1993년 남한 해군과 일본 자위대 간의 교환 교육 프로그램이 시작되었다. 이듬해 남한 해군 함정이 일본에서 첫 기항을 했고, 1996년 일본 함정은 남한을 답방했다. 더 중요한 것은 1994년부터 제도화된 남한 국방 장관과 일본 방위청 장관 사이에 연례 회의가 실무회담 차원의 지원을 받아 개최되고 있다는 점이다(Kang and Kaseda, 2000: 99~101). 양측 군대는 1998년 최초로 공동 훈련을 실시했고, 일본과 남한의 평화 유지군은 현재 동티모르에서 나란히 임무를 수행하고 있다.

이 모든 점을 종합했을 때, 1998년 10월 김대중 대통령과 오부치 게이조 총리의 도쿄 정상회담은 한일 안보 협력의 가장 큰 물결을 일으켰다고 볼 수 있다. 남한의 지도자 김대중 대통령은 일본의 번영과 평화 헌법에 기초한 외교 안보 정책을 찬미하고 "미래 지향적 파트너십"을 촉구했다(≪아사히신문≫, 1998.10.9). 그다음 일본의 지도자 오부치 게이조 총리는 남한의 심화된 민주화 및 경제 발전을 찬양하고, 서면으로는 처음으로 일본의 "진심 어린 사죄(sincere apology)"를 표시했으며, 일본 제국주의 기간에 한국에서 저지른 악행에 대한 "통절한 참회(poignant remorse)"를 표명했다. 가장 중요한 것은 양국 정상이 공통의 안보 이익을 공유하고 있다는 것을 공식 인정하고 직접적 안보 협력을 확대하기로 합의했다는 것이다. 1999년 5월 남한 국방부와 일본 방위청 사이에 세 개의 핫라인이 연결되었다. 그해 8월에는 첫 합동 해상 '수색 구조 훈련'이 — 세 대의 해상 자위대 구축함, 두 대의 대한민국 해군 구축함, 항공 및 정보 지원을 포함한 공동 대형 훈련과 전술 기동 훈련 — 실시되었다. 그리고 일본, 남한, 미국은 대포동 2호 미사일 시험 발사 계획을 포기할 것을 북한에 촉구했다.

2004년 일본의 『외교청서』는 2003년 새로운 노무현 정부의 출범과 김대중 대통령의 '햇볕 정책'을 승계한 대북 '평화번영 정책'의 제안에 주목한다(Japan Ministry of Foreign Affairs, 2004: 3). 이 『외교청서』에 따르면, 양국 간 문화 교류의 확대와 2002년 월드컵 공동 개최를 통해 김대중 정권하에서 발전한 "우호 관계는 유지·강화되고 있다"고 했다(Japan Ministry of Foreign Affairs, 2004: 7). 이 문서는 또한, 북한 문제는 아세안 국가에 일본, 대한민국, 중국이 참여하는 ASEAN+3 정상회의와 같은 양자 간·다자간 협력을 위한 기회를 창출하고 있다고 언급한다.

그러나 최근 대한민국과 일본 사이의 관계 진전에 따라 일본은 지역 및 글로벌 안보에 대한 공헌 확대를 꾀하고 있음에도 불구하고, 역사와 국가 정체성의 문제는 그 어느 때보다 두드러질 조짐이 보인다. 최근 독도를 둘러싼 심각한 의견 대립이 그 증거이다. 일본은 지금 핵무장을 한 적대적인 북한에 직면해 있고, 동시에 미국이 주도하는 테러와의 전쟁에 동참해야 하는 상황에 처해 있다. 따라서 일본은 어쩔 수 없이 안보 강화를 위한 전례 없는 조치에 착수할 수밖에 없다. 일본은 아프가니스탄에서 미국이 주도하는 군사 작전의 후방 지원을 위해 해군을 파병했고, 북한 상공에 정찰 위성을 발사했고, 일본 영해에 숨어 있는 정체불명의 선박과 총격전을 해상 자위대에 허용했고, 심지어 위험하기 이를 데 없는 이라크 재건을 지원하기 위해 무장 군인을 투입했다. 이렇게 일본의 책무가 확장되는 것은 남한으로서는 꺼림칙한 일이다. 또한 이는 한일 안보 협력의 무력감을 강화시킨다. 남한은 식민지 시절의 상흔을 자극하는 일본의 행동에 대응하기 위해 중국을 파트너로 삼았다. 한중 양국은 유엔 안보리 상임 이사국이 되려는 일본의 최근 시도를 연대하여 반대했다. 또한 베이징은 점점 더 동북아시아 지정학에서 서울의 '균형적 역할'을 지원하고 있다. 일본이 철저하고 설득력 있게 제국주의 과거와 관련한 역사 문제에 맞서지 않는 한, 북한이든 남한이든 그 누구와도 진정한 정상적 관계를 유지하기 어려울 것이다.

경제적 그리고 실용적 관계

20세기까지 실제 한국 경제에 영향을 준 유일한 외부 세력은 중국이었다. 그러나 일본은 식민지 시절 한국 사회를 과격하게 재편하여 한국 경제에 중대한 변화를 일으켰다. 제국주의 일본은 분업과 특화라는 자신들의 경제 논리를 강요했다. 그 결과 남한에서는 일본의 식량 공급기지로서 농업을 강조했고, 북한에서는 원자재, 반제품, 전쟁 물자의 주요 원천으로서 풍부한 천연자원(석탄, 철 및 비철 금속, 비금속 자원 등), 중공업, 수력발전 개발에 집중했다. 그러나 북한 내륙 지역은 연안 지역과 비교할 때 여전히 미개발 상태였다. 북한의 연안 지역은 바다를 통해 일본 제국주의 경제망과 연결되었기 때문이다(Hughes, 1999: 118).

한국의 경제발전에 관한 수정주의 학파(Revisionist scholarship)는 일본의 식민지 계획의 유익한 효과와 제2차 세계대전을 전후한 남한의 성장 전략이 연장선 위에 있음을 크게 강조한다(Cumings, 1984; J. E. Woo, 1991; Kohli, 1994 참조). 그러나 이 같은 수정주의 주장을 반박할 몇 가지 중요한 근거가 있다. ① 일본의 식민지 시절 경제 성과는 수정주의자들이 주장하는 것만큼 대단하지 않았다. 더 심각한 것은 1945년 일본 지배가 끝난 직후 15년간은 심각한 사회적 갈등, 전쟁, 정책 표류로 인해 평범한 수준의 경제 성적이 이어졌다는 점이다. ② 정책을 구상하는 것은 정치 지도자이지 관료가 아니기 때문에 연장선 이론은 결정론적 기술관료주의 관점에서 본 편견일 뿐이다. ③ 1945년부터 1953년 사이에 일본이 출자한 주식 대부분이 휴지 조각이 되거나 가치가 하락했다. ④ 노동 탄압을 제외하고, 일본 식민지주의의 사회적 유산은 완전히 뒤집어졌다. 예컨대 인적 자본과 토지 개혁에 대한 관심이 높아졌는데, 이는 오직 일본의 지배로부터 정치적 독립을 쟁취했기 때문에 가능하게 된 것이었다(Haggard, Kang and Moon, 1997).

일본의 식민지 경제 정책의 영향과 무관하게 1945년 이후 일본과 한반도 사이의 경제관계는 더 큰 지정학적, 전략 지정학적, 그리고 국가 정체성 이슈와 빈번하게 연계되는 바람에 가다 서다를 반복하며 간헐적으로 진행되었다. 오늘날 탈냉전 이후 일본의 대한반도 정책은 두 개의 목표를 갖고 추진하고 있다. ① 남한의 지속적인 경기 회복과 성장 촉진, ② 북한을 순화시키기 위한 지원이 그것이다.

북일 경제관계

도쿄와 평양의 전후 경제관계 활성화를 도모하기 시작한 사람은 1955년 일본 총리가 된 하토야마 이치로(鳩山一郎)였다. 그러나 일본과 북한은 1962년 11월이 되어서야 비로소 아주 작은 규모의 화물 운송을 시작했다. 2년 후인 1964년 7월 무역 협정에 서명했지만 효과는 미미했다. 〈표 4-2〉에서 알 수 있

〈표 4-2〉 **일본-남북한 교역 규모(1962~1989년)**

(단위: 100만 달러)

연도	대북한 수출	대북한수입	북일 무역 규모(수지)	북일 무역 증가율	대남한 수출	대남한 수입	한일 무역 규모(수지)	한중 무역 증가율
1962년					109	24	133(+85)	-
1963년					159	25	184(+134)	38%
1964년	12	18	30(-6)	-	110	38	148(+72)	-20%
1965년	18	13	31(+5)	3%	175	45	220(+130)	49%
1966년	5	21	26(-15)	-16%	294	65	359(+229)	63%
1967년	6	30	36(-23)	40%	443	85	528(+358)	47%
1968년	21	34	55(-13)	53%	623	100	723(+523)	37%
1969년	24	32	56(-8)	2%	754	113	867(+641)	20%
1970년	26	31	57(-5)	2%	809	234	1,043(+575)	20%
1971년	32	27	59(+5)	4%	954	262	1,216(+692)	17%
1972년	104	34	138(+70)	134%	1,031	410	1,441(+621)	19%
1973년	111	66	177(+45)	28%	1,727	1,169	2,896(+558)	101%
1974년	277	99	376(+178)	112%	2,621	1,380	4,001(+1,241)	38%
1975년	199	59	258(+140)	-31%	2,434	1,293	3,727(+1,141)	-7%
1976년	106	65	171(+41)	-34%	3,099	1,802	4,901(+1,297)	31%
1977년	139	61	200(+78)	17%	3,927	2,148	6,075(+1,778)	24%
1978년	203	98	301(+105)	51%	5,982	2,627	8,609(+3,355)	42%
1979년	310	137	447(+173)	49%	6,657	3,353	10,010(+3,304)	16%
1980년	414	165	579(+249)	30%	5,858	3,039	8,897(+2,818)	-11%
1981년	319	127	446(+192)	-23%	6,374	3,503	9,877(+2,871)	11%
1982년	344	137	481(+207)	8%	5,305	3,388	8,693(+1,917)	-12%
1983년	360	116	476(+244)	-1%	6,328	3,404	9,732(+2,924)	12%
1984년	280	131	411(+149)	-14%	7,640	4,602	12,242(+3,038)	26%
1985년	274	161	435(+113)	6%	7,560	4,543	12,103(+3,017)	-1%
1986년	204	154	358(+50)	-18%	10,869	5,426	16,295(+5,443)	35%
1987년	238	218	456(+20)	27%	13,657	8,437	22,094(+5,220)	36%
1988년	263	293	556(-30)	22%	15,929	12,004	27,933(+3,925)	26%
1989년	216	267	484(-51)	-13%	17,449	13,457	30,906(+3,992)	11%

자료: Cha(1999: 235~237).

듯, 북한과 일본 사이의 경제관계는 1960년대를 관통하며 그저 그런 정도였고, 1970년대 초반에서야 큰 도약을 할 수 있었다.

1972년 및 1974년의 무역 증가는 부분적으로 도쿄의 좌파 도지사 미노베 료키치(美濃部亮吉)가 조총련 ― 일본에 있는 친북 민간 사회단체 ― 을 사실상(*de facto*) 북한 대표부로 인정했기 때문에 가능했다. 미노베 료키치는 조총련에 면세 혜택을 부여했다(Samuels, 2004: 319). 평양의 무역 박람회에서 북한은 모든 일본 제품을 구입하여 전시했지만 그들은 상품 대금을 지급하지 않았다. 1972년 북한이 협아물산(協亞物産) ― 20개의 일본 기업으로 구성된 ― 에 대한 채무를 이행하지 않자, 일본 통상 산업성(MITI)은 1974년에 모든 수출 신용을 중단했다. 비록 10년 후에 부활이 되었지만, 이것은 즉각적인 무역 감소로 이어졌다. 일본의 채권자는 1975년까지 부실 증권(unpaid notes)이 약 800억 엔이라고 주장했다. 1983년 일본 정부는 북한에서 사업을 하는 일본 기업을 위한 무역 보험 인수를 중단했다. 마지막으로 1986년 10월 일본 정부는 북한과 거래하던 일본 기업이 입은 손실을 보상하기 위해 3000억 엔을 제공했다(Hughes, 1999: 135~136, 141). 이처럼 대금 지급의 결여, 5억 달러가 채 안 되는 무역량에도 불구하고 일본과 북한의 무역은 지속되었다. 1984년 북한이 조선합작경영법을 발표한 뒤 미쓰이 물산의 자회사는 일본의 북한 주민과 함께 금광 사업을 지원했고, 오사카 회사는 1990년 북한에 시멘트 공장을 설립했다(Hughes, 1999: 132).

놀랍게도 1993년 일본은 중국에 이어 북한의 두 번째 무역 상대국이 되었고, 그 후 일시적이지만 최대의 상대국이 되었다. 그러나 〈표 4-3〉과 〈그림 4-1〉에서 볼 수 있듯, 전체 무역량은 곧 감소하기 시작했다. 이는 1980년대 말부터 1990년대 초 사이에 소련과 중국의 지원 철회에 따라 북한 경제가 심각하게 악화되었기 때문이다. 일본은 북한의 주요 무역 상대국이지만, 북한은 일본의 수출시장 중 98번째(슬로베니아, 카자흐스탄 뒤에)에 불과하고, 일본 수입의 64번째(스리랑카과 코스타리카 다음)에 불과하다. 게, 조개 등 해산물이 대

〈표 4-3〉 **일본-남북한 교역 규모(1990~2004년)** (단위: 100만 달러)

연도	대북한 수출	대북한 수입	북일 무역 규모 (수지)	북일 무역 증가율	대남한 수출	대남한 수입	한일 무역 규모 (수지)
1990년	194	271	465(-77)	-	18,574	12,638	31,212(+5,936)
1991년	246	250	496(-4)	+7%	21,120	12,360	33,480(+8,760)
1992년	246	231	477(+15)	-4%	19,460	11,600	31,060(+7,860)
1993년	243	222	465(+21)	-3%	20,020	11,560	31,580(+8,460)
1994년	188	297	485(-109)	+4%	25,390	13,520	38,910(+11,870)
1995년	282	306	588(-24)	+21%	32,610	17,050	49,660(+15,560)
1996년	249	265	514(-16)	-13%	31,449	15,767	47,216(+15,682)
1997년	197	269	466(-72)	-9%	27,907	14,771	42,678(+13,136)
1998년	175	219	394(-44)	-15%	16,840	12,238	29,078(+4,602)
1999년	147	202	349(-55)	-11%	24,142	15,862	40,004(+8,280)
2000년	207	257	464(-50)	+33%	31,828	20,466	52,294(+11,362)
2001년	249	226	475(+23)	+2%	26,633	16,506	43,139(+10,127)
2002년	135	234	369(-99)	-22%	29,856	15,143	44,999(+14,713)
2003년	92	172	264(-80)	-28%	36,313	17,276	53,589(+19,037)
2004년	89	164	253(-75)	-4%	46,144	21,701	67,845(+24,443)

자료: IMF(1992: 247, 304; 1993: 247, 305; 1994: 265, 326; 1995: 269~270; 1996: 275, 342; 1997: 342, 347; 1998: 289, 349); 외교통상부(1998: 396; 401; 1999: 481, 486; 2001: 497; 2002: 483~484; 2003: 497).

일對日 수출의 거의 절반을 차지하고 있고, 그 뒤를 의류, 야채, 전기 기계 등이 따른다. 일본은 북한으로부터 석탄 등의 광물을 수입하고, 차량, 동물의 털/원사 및 원단, 기계 등을 수출한다. ≪사우스 차이나 모닝 포스트(South China Morning Post)≫는 2002년 9월 고이즈미 준이치로 총리의 평양 방문을 계기로 '일본의 대북對北 투자가 급증'할 것이라는 낙관적인 전망을 내놓았지만(*SCMP*, 2002.9.18), 이와 달리 일본 언론은 일본 재계에 광범위하게 퍼져 있는 회의적 반응을 보도했다.

2003년 중반 양국 간의 무역은 지난 10년간 가장 낮은 수준이었다. 더욱 엄격한 일본의 항만 통제로 인해 북한으로부터 들어오는 선적의 수는 감소했다. 그러나 더욱 중요한 것은 북한 공장에 제조 — 섬유, 전기 기계 — 를 의뢰해왔던

〈그림 4-1〉 **북일 교역 현황(1990~2004년)**

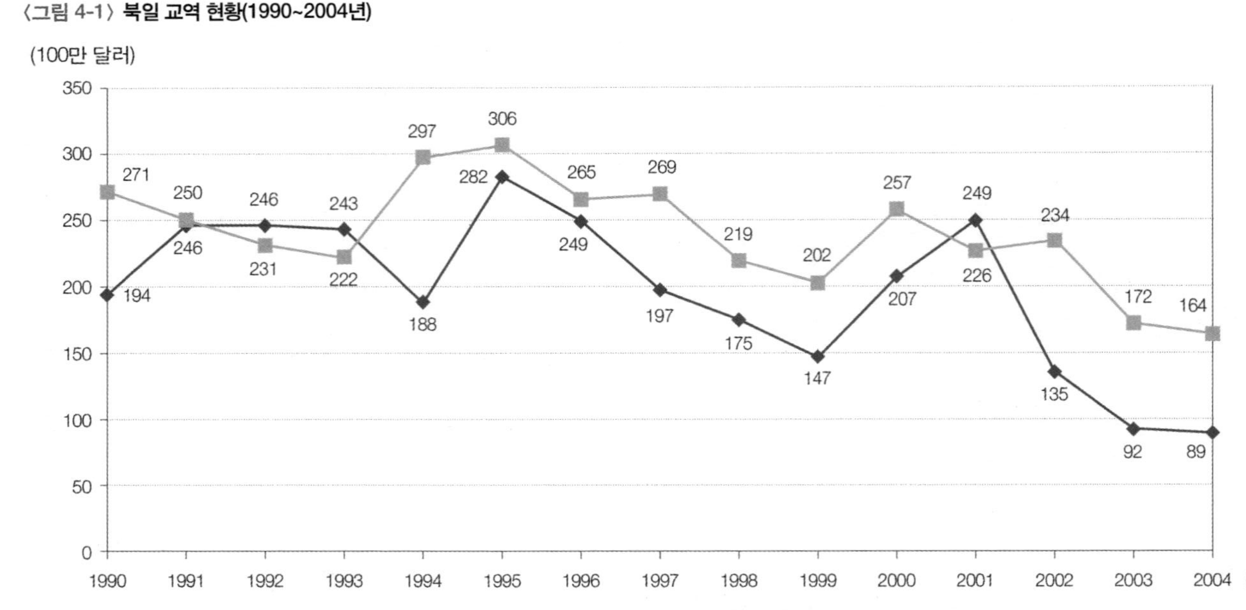

자료: IMF(1992: 247, 304; 1993: 247, 305; 1994: 265, 326; 1995: 269~270; 1996: 275, 342; 1997: 342, 347; 1998: 289, 349); 외교통상부(1998: 396, 401; 1999: 481, 486; 2001: 497; 2002: 483~484; 2003: 497).

일본 기업들이 북한은 너무 위험하다고 인식하기 시작했고 나아가 중국을 매력적인 대안으로 발견했다는 점이다(Manyin, 2003; Samuels, 2004: 320). 비록 무역량이 점차 감소하는 것이 사실이긴 하지만, 북한 경제가 이토록 위축된다는 것은, 북한에게 일본과의 무역 — 특히 달러를 벌어들이는 수출에 — 이 1980년대보다 오늘날 훨씬 더 중요해졌다는 것을 역설적으로 의미한다고 할 수 있다.

북일 무역에서 가장 큰 비중을 차지하는 부분은 일본에 거주하고 있는 북한인이 설립한 사업 또는 불법 마약 거래와 관련되어 있는데, 이 양자는 빈번하게 교차한다. 1984년 북한의 합영법을 계기로 100개 이상의 조총련 합작 사업이 만들어졌다. 그러나 대부분의 북한 내 조총련 '애국 공장'은 실패했거나 일본 정부의 자금 조사를 받아야 했다. 최근에는 많은 지방자치단체가 조총련 시설과 고정자산에 대한 부분적 또는 전면적 면세 정책을 재검토하기로 했다(*The Japan Times*, 2003.6.30). 한편 일본 정부의 마약 밀수에 대한 강경 단속 때문에, 북한의 마약 거래는 중국을 통하는 것으로 변경되었다(*The Tokyo Shimbun*, 2003.11.25). 2003년 6월 일본은 북한 화물 및 여객선과 관련된 불법 밀수에 대한 안전 점검 및 수색 확대를 세관, 입국 심사 당국, 해상 경비대에 명령했다. 북한 선박은 2002년 일본 항구에서 1300회 기항을 했다. 그런데 2003년 1월과 8월 사이에 북한의 기항은 25% 감소했고, 일본에서 120회의 조사를 받았고, 다른 모든 국가 선박의 일반적 평균 10%와 비교할 때 북한 선박의 70%가 운항 중단 명령 또는 안전 경고를 받았다(Nanto and Chanlett-Avery, 2005: 26~28). 비밀 활동을 위해 북한이 사용하는 것으로 의심되는 만경봉 92호 화물 여객선은 일본의 갑작스러운 엄격한 사찰로 인해 2003년 7개월간 정기 운행이 중단되었다. 그러나 흥미롭게도 북한이 만경봉호 페리 서비스를 재개한 이후 무역은 오히려 줄어들었다.

또한 일본에서 불법 수출하는 행위에 대해 정기적인 엄중 단속이 있었다. 일본은 핵무기 개발에 사용될지도 모를 품목을 북한에 수출하는 것을 제한하는 법률을 제정·시행하고 있다. 예컨대 2003년 4월 일본 당국은 친북 재일 한국인이 운영하는 메이신(Meishin)이라는 무역회사를 형사 고발했는데, 이 회사는 북한의 전략 무기 생산에 사용될 수 있는 전자조절기를 수송하려 했던 것으로 알려졌다. 일본의 요청을 받은 홍콩 세관 당국은 메이신으로부터 이 장치를 실은 배를 압수했다. 이 배는 홍콩과 태국을 경유하여 북한을 향하던 것으로 알려졌다(H. N. Kim, 2005).

북한이 납치 문제에 대해 신속하고 철저한 행동을 바라는 일본의 요청에 응하지 않자, 고이즈미 준이치로 총리는 2003년 말 대북 제재를 시사했다. 비록 고이즈미 준이치로는 즉각적인 대북 경제제재를 고려하고 있지는 않다고 했지만, 그러나 그의 관방 장관은 '북한이 사태를 악화시킬 경우' 미래의 제재 가능성을 배제하지 않았다. 이러한 가능성에 대해 북한의 반응은 부정적이었다. 북한 외무성 대변인은 "일본의 바보 같은 움직임에 수반되는 모든 결과"에 대한 책임은 일본에 있음을 경고하면서, 이를 북일 평양 선언의 "악의적 위반"이라고 비난했다.[52]

일본은 2005년 3월 1일부터 기름 오염으로 인한 손해에 대해 배상책임을 인정하는 법률안을 개정 시행했는데, 이는 북한에 대한 사실상의 경제제재에 해당한다. 새로운 법률은 기름 유출사고에 대한 적절한 배상 책임 보험에 가입하지 않은 100톤 이상의 외국 선박이 일본 항구에 기항하는 것을 금지하고 있다. 대부분의 조선민주주의 인민공화국 화물선은 이에 필요한 '선주상호보험(protection and indemnity insurance)'에 가입되어 있지 않은 상태이고, 따라서 그들은 사실상 일본 항구 출입이 금지될 것이다. 일본 국토교통성에 따르면 2003년 일본의 항구에 들어온 외국 선박의 73%가 보험에 가입했고 필요한 보험 요건을 충족했지만, 2004년에 일본의 항구를 방문한 982척의 북한 선박 중 불과 2.5%만이 이와 같은 보험을 충족했다고 한다(D. C. Kang, 2005a). 북한에

52 다음을 참고할 것. "DPRK Slashes Japan's Foreign Exchange Bill," Xinhua News Agency, January 31, 2004.

대한 이런 독자적 제재가 얼마나 효과적일지는 불분명하다. 실제 이러한 독자 제재는 북한에 대한 중국의 영향력만 더욱더 키워주는 결과로 이어질 가능성이 있다. 일부 평론가들은 일본이 평양에 대해 갖고 있는 영향력을 포기하는 행위라고 불평하기 시작했다. 실제 북일 무역은 쇠퇴하고 있는 와중에 북중 무역액은 2001년부터 2004년까지 4년 사이에 세 배가 되었고, 현재 북한 전체 무역의 절반에 이른다. 반면 일본과 북한은 1980년 북일 경제관계가 정점에 이르렀을 때의 겨우 1/5을 거래하고 있을 뿐이다. 이제 일본은 중국의 도움 없이 효과적으로 북한을 제재할 수는 없을 것이다.

일본 내 한국인 영주권자(재일 조선인)의 불법 무역 및 송금은 일본이 북한 외화벌이의 중요한 원천 – 사실상 유일한 원천 – 임을 의미한다. 1990년 소련, 1992년에는 중국이 조선민주주의 인민공화국과 무역 거래에 경화 결제 방식을 취하자 북한은 외화 획득을 위한 새로운 거점이 필요하게 되었다. 또한 북한은 공산주의 붕괴와 함께 협력적 수출 시장도 잃었고, 식품이나 원유 등과 같은 필수 물자의 저가 수입 시장도 상실했다. 조총련에서 송금한 금액이 얼마인지 정확히 알려지지는 않지만, 연간 약 1억 달러 정도(일부 보도는 이 금액의 10배에 이를 것으로 추정하고 있다)로 보인다. 그리고 그것은 1990년대 초반 일본의 버블 경제 붕괴와 1994년 김일성 사망 이후 약 3000만 달러로 급격히 감소했다(Eberstadt, 1996). 송금의 원천이었던 많은 조총련 신용 조합은 일본 경제의 쇠퇴와 함께 파산했고, 지금은 일본 정부의 관리하에 있다(Manyin, 2003: 14).

또한 일본 정부는 2001년부터 친평양 단체와 그 산하 신용 조합의 재정 조사를 강화했다. 2004년 2월, 젊은 자민당(LDP) 의원 그룹이 이끄는 일본 의회는 납치 문제에 대해 점차 커져가는 국민적 분노를 달래기 위한 일환으로, 정부로 하여금 적성국가와 관련된 모든 거래를 중지할 수 있도록 하는 외국환 및 외국 무역 관리법을 개정했다. 이 법은 나아가 모든 현금 송금 및 화물운송마저도 중단할 수 있도록 하고 있다(Green, 2001: 117). 일본과 북한 사이 공식적 송금은 2004년에 34.5% 감소했다. 또한 들리는 바에 따르면, 도쿄는 은행이 북한에 자금을 송금하는 것을 금지하는 비상 계획을 수립하고, 만약 북한이 핵실험을 한다면 일본과 북한 사이의 여객선 승무원 및 승객에 대한 착륙권(landing rights) 또한 거부할 것(일본의 한인 영주권자는 제외하고)이라고 한다(Nanto and Chanlett-Avery, 2005: 26~28).

일반적으로 북한 핵 위기 속에서 일본의 역할은 잠재적으로 중요하다. 가장 중요한 것은 일본이 1965년 한일관계 정상화 협정을 기반으로, 1910년부터 1945년까지의 식민지 통치 기간에 일본이 가한 '엄청난 피해와 고통'을 인식하고 대규모 경제 지원 패키지를 북한에게 약속했다는 점이다. 그러나 이 원조 꾸러미(aid package)는 양국이 관계 정상화에 합의한 후에 제공될 것이고, 이에 따라 현재 일본은 납치 문제 및 핵문제 해결을 관계 정상화와 연계하고 있다. 전해지는 말에 따르면, 일본 당국자는 대략 50~100억 달러의 원조를 논의 중이라고 한다. 북한의 총 GDP는 200억 달러 범위로 추정되는데, 북한 경제 규모를 감안하면 이는 엄청난 액수이다. 그러나 이러한 규모의 자금 지급에 대해서는 어떠한 행동 변화도 이끌지 못한 채 김정일 정권을 인위적으로 연장하는 데 도움만 줄 것이라는 일각의 우려도 있다. 또는 이 자금이 북한군대로 전용될 가능성에 대한 우려도 있다. 이 자금을 확보하기 위해 평양은 이러한 원조 꾸러미에 '배상(reparations)' 또는 '보상(compensation)'이라는 꼬리표를 붙여야 한다는 요구를 접었다. 그리고 또한 1945년 이후 가한 피해에 대한 보상도 제공해야 한다는 주기적 주장도 거두었다.

일본의 협상담당자는 북한 기업들이 1970년대와 1980년대 일본 은행에 진 빚 약 800억 엔(약 6.67억 달러)을 변상받으려고 할 것이다(Manyin, 2003: 9~10). 실제 부채 문제 해결은 관계 정상화를 위한 주요 장애물이 아니었음에도 불구하고, 2003년 5월 일본 정부는 그것이 법적으로 북한과 전면적 무역 금지를 발동하게 할 수 있다고 발표했다. 일본 정부는 일본 법률뿐만 아니라 미국과의 양자 조약까지도 언급했다. 일본 법률은 일본 경제의 건전한 발전에 영향을 미칠 경우 정부가 무역을 제한할 수 있도록 하고 있는데, 일본 정부가 북한에 대한 미국의 제재를 준수하지 않는 경우에는 미일관계는 물론 나아가 일본 경제를 심각하게 훼손시킬 것이라고 결론지었다.

한편, 궁극적으로 금융 공급이 무역 흐름보다 북한 경제 발전에 더 중요할 수 있음에도, 관계 정상화가 조선민주주의 인민공화국에 대한 금융 제공에 어떤 영향을 줄 것인가에 대한 지적은 거의 없다. 북한에 자금을 제공할 가능성이 가장 높은 집단은 일본에 거주하는 친북 한국인일 것이다. 그러나 조총련이 북한과의 사업에 가장 적극적인 그룹인 것은 사실이지만, 그들의 재원財源이 매우 제한되어 있어 그 정치적 영향력은 거의 제로에 가깝게 줄어든 상황이다. 만약 관계 정상화가 된다면 재일 조선인은 대기업을 위한 중개자 역할을 할 것이고, 북한에 가까운 연안 지역의 자치 단체와 경제 단체는 북한에 대한 투자를 확대할 것으로 기대된다. 그러나 이들 역시 재원財源이 매우 한정적이고, 실제로도 감소하고 있는 상황이다. 일본 투자자들은 유엔개발계획의 두만강 개발계획(TRADP: Tumen River Area Development Programme) 같은 다자간 지역 개발 프로그램에 한해 극히 제한된 관심을 보이고 있을 뿐이다(Hughes, 1999: 133). 직접 투자의 실질적인 증가는 일본 대기업이나 금융기관이 투자를 해야 가능한 것인데, 이는 북한의 부채 문제 해결이 관건일 가능성이 높다. 결국 북한은 중국보다 더 매력적인 투자처임을 증명해야 한다.

북한과 일본의 경제관계는 무역과 투자 분야 이외에서 확대되고 있다. 북한이 최초로 구호 외교(aid-seeking diplomacy)를 추진한 건 1995년 5월 도쿄에 대표단을 보내면서부터였다. 조선민주주의 인민공화국은 자신들의 자립 정책을 가급적 위반하지 않으면서 오래된 적에게 다음과 같은 겸손한 요청을 했다. "우리는 일정 기간 가능한 한 많은 쌀을 빌려 주기를 일본에 요청한다." 대한민국 김영삼 대통령의 경고가 있었지만, 일본과 남한은 서로 제휴하여 식량 원조를 제공하기로 결정했다. 이후 일본은 주로 유엔 WFP를 통해 북한에 100만 톤이 넘는 인도적 식량 지원을 제공했다. 원조의 대부분(약 14.5억 달러 상당)은 무상으로 북한에 보내졌고, 35만 톤은 장기 대여로 제공되었다(H. N. Kim, 2005). 일본의 원조 패턴은 도쿄와 평양 간의 정치적 관계를 반영하고 있다. 화물 발송은 관계가 원만했던 1995년과 1996년에 시작되었지만, 1998년 북한이 일본 상공으로 대포동 미사일을 발사한 일과 2001년 공작선 사건이 발생한 이후 중단되었다. 북한이 핵무기 프로그램 포기에 소극적이라는 사실에 직면한 고이즈미 정부는, 평양 정상회담에서 합의된 것 이상의 추가적 식량 지원은 없다고 발표했다. 2004년 8월 일본은 정상회담에서 고이즈미 준이치로가 약속한 북한에 대한 인도적 지원 꾸러미 중 식량 지원 및 의약품의 절반을 실어 보냈다. 여기에는 국제기구를 통해 배포되는 12만 5000톤(약 4000만 달러 상당)의 식량 원조와 700만 달러 상당의 의약품이 포함되어 있었다. 이 원조는 곧 다가올 베이징에서의 양국 간 실무회담에 대비하여 상호 우호의 표시를 제안하도록 평양을 장려하기 위해 설계되었던 것이다.

일본의 2004년『외교청서』에 따르면, 2003년은 일본 공적개발원조(ODA)의 '중대 전환점'이었다고 언급하고 있다. 왜냐하면 일본의 기본 ODA 정책이 11년 만에 개정되었기 때문이다.『외교청서』는 ODA에 대해 다음과 같이 언급하고 있다.

> ODA는 외교의 구성 요소이며, [그리고] 그것은 일본의 안전과 번영에 기여하지 않는 한 수긍할 수도 지지될 수도 없다. 최근에는 다양한 문제들, 예컨대 인도주의적 문제들(빈곤, 기아, 난민, 재해), 글로벌 문제들(환경, 물), 특히 분쟁이나 테러 등의 문제가 더욱 심화되고 있다. 따라서 이러한 문제들을 해결하기 위해 ODA를 최대한 활용하는 일본의 구상은 여러 가지 방향에서 일본에 이익이 될 뿐만 아니라 개발도상국의 안정과 발전으로 이어질 것이라고 ODA 헌장은 언급하고 있다. 예컨대 더욱 진전된 우호 관계 및 인적 교류의 촉진을 통해 그리고 국제무대에서 일본의 지위 개선을 통해 일본에 이익이 된다. 또한 개도국들은 자원과 에너지를 해외 국가에 크게 의존하는 일본에게 있어 필수적이라고 할 수 있

다(Japan Ministry of Foreign Affairs, 2004: 204).

그러나 북한은 이러한 ODA 설명에서 빠져 있다는 점이 주목할 만하다. 북한은 일본 최대의 잠재적 위협 중 하나이면서 또한 1990년대 중반부터 지금까지 존재하는 다양한 인도적 문제에 직면한 국가이다. 과거 북한에 대한 지원을 제공했던 일본은, 일본 ODA의 우선순위는 아시아이지만 ODA 정책 변경을 감안하여 북한에 대해서는 언급하지 않겠다고 밝혔다.

북일 양국의 무역 및 경제관계는 놀랍게도 냉전이 종식된 이후부터 감소한 상태이다. 비록 양국 간 무역 수준은 일본과 남한 사이 앞에서는 무색할 정도이지만, 조선민주주의 인민공화국 입장에서 일본은 상품과 자본 부문에서 절대적으로 중요한 원천이다. 일본은 또한 북한의 후원자 역할을 맡기에 적합한 위치에 있다. 2002년 10월 핵 폭로 이후 북한에 대한 관여의 측면에서 볼 때, 평양에 대한 일본의 경제원조는 동북아시아의 평화와 안정을 확보하고 남북관계를 개선함에 있어서 평양을 애타게 할 수 있는 가장 큰 당근 역할을 할 수 있기 때문이다.

그러나 최근 일본은 합법이든 불법이든 일본과 무역에 종사하는 북한을 제약하는 몇 가지 법률을 시행하고 있다. 문제는 경제적인 것이 아니다. 오히려 납치 문제가 일본의 대북 관여 정책(engagement)에 커다란 부담이 된다는 점이다. 많은 일본 국민은 북한 정부의 행동에 진정으로 공포감을 느낄 뿐만 아니라, 자민당의 정치적 이익을 위해 조성되고 있는 납북자의 운명에 대해 일종의 정서적 연대를 느끼고 있는 상황이다(Samuels, 2004: 331~332). 비록 현재 진행 중인 핵 문제 또한 북한과 일본의 경제 및 정치 관계 정상화와 관련이 있지만, 대중의 상상을 실제로 구체화하는 것은 납치와 관련된 것들이다. 납치는 또 하나의 국가 정체성 문제이고, 북일 관계 분열의 원인이며, 접촉 확대를 방해하고 있는 요인이다. 그러나 평양은 일본을 미국이 주도하는 심리전 및 봉쇄 작전의 "특별 작업대(shock brigade)"라고 비난하는 것을 좋아한다(*The Age*,

2003.6.25). 이 같은 정치적 문제들이 해결되기 전까지는 북일 경제관계에 큰 변화를 기대하기는 어려울 것 같다.

한일 경제관계

이미 미국은 대한민국이 건국될 때부터 자본주의 남한과 일본의 화해 달성을 모색했다. NSC 5506은 명시적으로 아시아의 다른 자유 국가들과 일본과의 무역을 증대시킴으로써, 일본에 대한 미국의 재정 부담을 경감시킬 것을 요구했다. 그러나 이승만 대통령은 남한 경제가 어떤 방법으로든 일본을 지탱하기 위해 이용되는 것에 격렬하게 반대했다. 전술한 것처럼 이승만은 남한에 대한 원조는 한국의 산업과 경제 육성에 사용되어야 한다고 주장하면서 원조를 일본 제품 구입을 위해 지출해야 한다는 미국의 제안에 특히 격분했다.

1950년대 후반 이승만은 대한민국의 수출량과 일본으로부터의 수입량의 균형을 시도했으나, 양국 간 실질적인 지하 거래는 인접 국가 간 자연스러운 경제적 친화성을 보여주었다. 1950년대에 한일 양국 간 경제협력 확대를 방해한 것은 배상(reparations)과 관련한 외교 교착 상태였다. 이승만은 일본에 20억 달러의 배상을 요구한 반면, 일본인들은 거꾸로 식민지 시대 이후 한국에 두고 온 재산에 대한 보상을 받아야 한다고 주장했다. 박정희가 국가수반으로 출현하고 나서야 이러한 역학 관계가 변화한다.

1963년 일본에서의 수입은 1.62억 달러에 달해 대한민국 전체 수입의 30%를 차지했다. 원조를 수입 지표에 포함하는 경우 남한 수입의 70% 이상이 일본에서 나오는 것이었다. 도쿄는 1962년 4000만 달러의 단기 신용, 1800달러의 곡물 구입, 그리고 3740만 달러의 공급자 신용(suppliers'credit)을 포함하여 1960~1965년까지 수많은 형태의 신용을 제공했다. 일본 기업 또한 두 나라 사이의 연결고리를 발전시키는 데 핵심 역할을 했다. 가령 니폰 코에이(Nippon Koei) 같은 기업은 1960년대 초에 남한에서의 사업 기회를 간파하고 지속적인 관계를 구축했다. 일본 기업들은 경제 프로젝트에 대한 직접적인 기여뿐만 아니라, 1961~1965년 사이 박정희의 공화당 운영 비용의 2/3(6600만 달러)를 제공한 것으로 알려졌다(J. E. Woo, 1991: 85~86). 1960년대 초반 남한의 성장에 대한 일본의 이와 같은 기여로 인해, 남한 정부는 당시 대일 부채를 충당하고 미래 경제 교류를 활성화하기 위해 일본과 관계 정상화를 촉진했다.

한일관계 정상화 합의를 한 1965년부터 남한은 일본으로부터 보조금 3억 달러, 차관 2억 달러, 상업신용(commercial credit) 3억 달러 등 총 8억 달러를 받았다. 박정희는 포항 제철 건설에 보조금의 대부분을 사용했다. 차관의 3.5%는 발전소, 철도, 통신 시설 등 기반시설 계획에 사용되었다. 상업신용은 일본의 플랜트 수출(전력 설비 등) 조달 자금으로 들어갔다. 예컨대 니폰 코에이는 여러 건의 한국 수력 댐 건설을 수주했다.

〈표 4-2〉 및 〈표 4-3〉이 나타내듯, 한일 무역은 1965년 정상화 이후 꾸준히 증가하고 있다. 주요하게 감소했던 때는 1997~1998년 아시아 금융위기 직후였다. 아시아 금융위기로부터 무역 수준을 회복하는 데 4년이 걸렸다. 실제 일본은 일격을 당한 남한 경제를 지원하는 데 중요한 역할을 했다. 결국 아시아 금융위기로 한일 경제적 유대는 강화되었다. 즉, 한일 무역은 1997년 10% 감소하고 1998년 32% 감소했지만, 1999년에는 38% 증가하고 2000년에는 31% 증가하여 이전 수준으로 껑충 뛰었다. 1999년 6월 남한은 일본으로부터의 수입을 막는 차별적인 수입 다변화 세금(import diversification tax)을 없앴다. 2004년까지 무역 총액은 678억 달러를 기록하여 1998년과 비교할 때 133% 증가했다.

무역의 지속적인 성장과 함께 일본과의 교역에서 무역 적자도 꾸준히 늘어가고 있다. 대한민국 제품이 철강, 가전, 조선, 기타 중요 분야에서 일본 제품과 경쟁을 하고 있지만, 대한민국의 대일 수출이 수입보다 더 많았던 적이 단 한 번도 없다. 일본이 남한의 자본재 및 기술 수입의 주요 원천이 되면서, 서울은 다른 국가들로부터 더 많은 무역 흑자를 얻기 위해서는 일본과의 무역에서 더 많은 적자가 발생하게 되는 역설적 위치에 처하게 되었다. 남한 국민 중 일부는 일본이 투자와 기술 이전을 통해 의도적으로 한국의 산업 구조를 고안하여, 일본의 자본재 및 기계류를 대량 수입하게 하고 한국의 첨단 기술 향상을 억제하도록 한다고 믿고 있다(Rozman, 2002b: 14).

일본은 환경 기술, 특히 대기 오염 방지 분야에서는 세계적 선두 주자이다. 일본은 한국에 공식적으로 환경 기술을 이전할 계획이 없기 때문에, 양국 간의 기술 이전 및 투자는 주로 양국의 민간 부문 사이에 계획되고 있다. 그러나 양국의 민간 기업 간 경쟁으로 인해 기술 이전은 제한적이다. 대한민국은 지역 환경 협력(regional environmental cooperation)이 환경 기술 이전의 채널 역할을 하기를 원하고 있다. 그것은 전문가 교류, 정보의 교환 그리고 공동 프로젝트 수행 등을 통한 것이다. 동북아시아에서 환경 협력의 발전은 공동 프로젝트를 통해, 결합 기술 및 배기가스 규제를 위한 배출 기준 채택을 통해, 국가 간 기술 이전을 촉진할 것이다. 이를 위해 한국 역시 일본이 주도하는 광범위한 지역 협력인 아시아태평양 환경 회의(ECO-ASIA)와 동아시아 산성비 모니터링 네트워크(EANET)에 참여하고 있다. 이와 같이 한국은 일본과의 협력 강화를 추진하고 있지만 한국은 스스로 만든 딜레마에 갇혀 있다. 즉, 한국은 효과적인 환경 협력을 위해 일본의 금융 및 기술 공헌을 필요로 하면서도, 동시에 지역 환경 정치(regional environmental politics)에서 일본의 리더십을 저지하려 하고 있다. 또한 기술 이전뿐만 아니라 한국은 자신들의 중간 수준의 기술을 위한 일본 내 틈새시장을 찾고 있다.

일본 기술의 수입을 보완하는 것이 일본으로부터의 직접 투자(FDI)이다. 〈표 4-4〉와 〈그림 4-2〉에서와 같이, 일본에서 대한민국으로 투자 유입은 2004년 22.5억 달러를 돌파하여 최고를 기록했다. 같은 해 대한민국에서 일본으로 투자 유출(OFDI)은 3.28억 달러였다. 일본인 투자자들이 생산을 위한 가장 좋은 투자처인 중국으로 점점 더 향하는 와중에도 한국에 대한 일본의 FDI는 증가한 것이다.

중국의 출현으로 도쿄와 서울 모두 탈냉전 이후 외교·경제관계는 좀 더 아

〈표 4-4〉 **한일 FDI 변화(1989~2004년)** (단위: 100만 달러)

연도	남한→일본 FDI 유입액	변화율	일본→남한 FDI 유입액	변화율
1989년	10	-		
1990년	17	+70%	236	-
1991년	12	-29%	226	-4%
1992년	28	+133%	155	-31%
1993년	9	-68%	286	+85%
1994년	96	+967%	428	+50%
1995년	103	+7%	418	-2%
1996년	57	-45%	255	-39%
1997년	99	+74%	265	+4%
1998년	24	-76%	504	+90%
1999년	108	+350%	1,750	+247%
2000년	140	+30%	2,448	+40%
2001년	95	-32%	772	-68%
2002년	92	-3%	1,403	+82%
2003년	51	-45%	541	-61%
2004년	328	+543%	2,250	+316%

자료: Keum(1996: 581); 외교통상부(1998: 405, 408; 1999: 491, 493; 2001: 503, 505; 2002: 489, 491; 2003: 498~499); 산업자원부.

시아 중심적 — 또는 중국 중심적 — 이 되었다. 중국은 일본을 밀어내고 남한의 최대 교역 상대국이 되었으며, 중국은 남한을 밀어내고 일본의 두 번째 교역 상대국이 되었다.

아시아 경제통합 추진에 대한 관심이 고조되면서 한일 자유무역협정(JKFTA) 문제가 1998년 10월 이후 테이블에 올려졌다. 도쿄 정상회담에서 오부치 게이조 총리와 김대중 대통령은 '21세기의 새로운 한일 파트너십에 관한 공동선언'에 서명했다. 이는 화해와 우정의 정신에 기초하여 미래 지향적 관계 구축을 목표로 하고 있다. 1998년 12월에 두 개의 주요 연구 기관 주도 — 일본의 아시아 경제연구소(IDE)와 한국의 대외경제정책연구원(KIEP) — 로 양국 간 FTA의 실현 가능성과 최적화를 분석하기 위해 연구팀이 출범했다. 양 기관은 각각 양자 간 FTA는 장기적으로 양국 경제 모두에 긍정적인 영향을 끼칠 것이며, 양국

〈그림 4-2〉 **한일 FDI 규모(1989~2004년)**

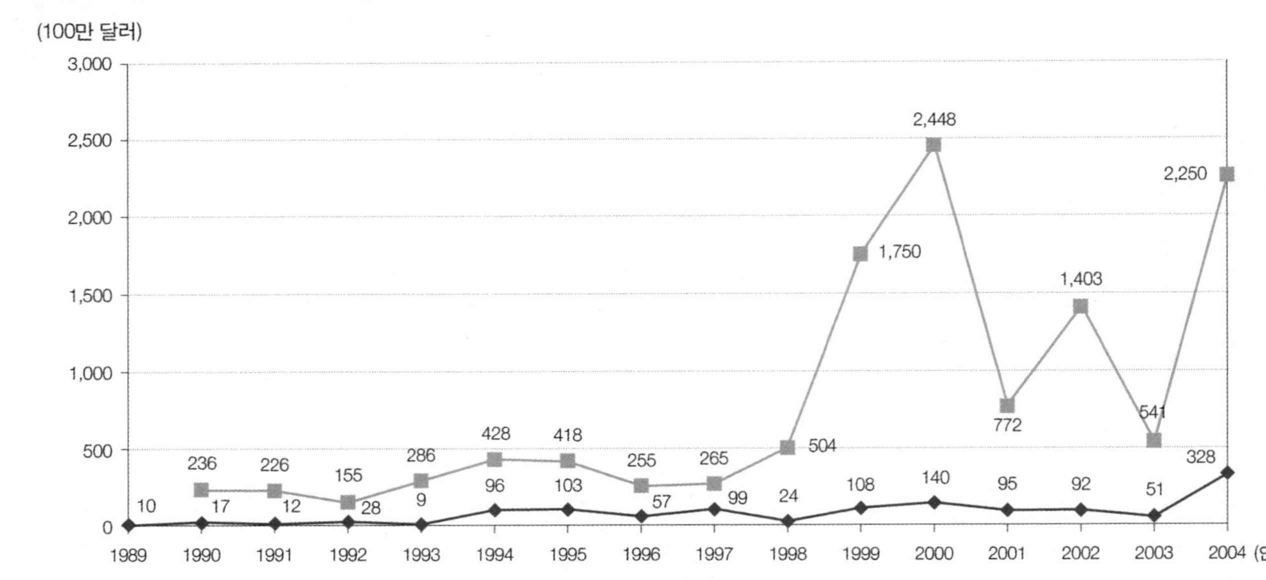

자료: Keum(1996: 581); 외교통상부(1998: 405, 408; 1999: 491, 493; 2001: 503, 505; 2002: 489, 491; 2003: 498~499); 산업자원부(MOCIE).

간 경제관계를 더욱 진전시키기 위한 효과적인 메커니즘이 될 것이라고 결론 지었다.

2002년 3월 서울에서 고이즈미 준이치로 총리와 김대중 대통령은 정부, 기업, 학계의 대표들로 구성된 새로운 공동 연구 그룹을 띄우기로 합의했다. 이 그룹의 목적은 한일 FTA의 타당성 여부를 재검토하고, 동시에 FTA의 잠재적 적용 범위 및 자유무역협정과 관련한 개별 문제 등 몇몇 기본 요소를 재검토하는 것이었다. 1년 후 2003년 6월 고이즈미 준이치로와 노무현 대통령의 도쿄 정상회담에서 조기에 FTA협상을 시작하기로 결정했다. 이 협의는 2003년 12월에 시작되었지만, 도쿄가 어느 범위까지 농산물 수입 관세를 줄이고 제거할 것인가를 둘러싼 양자 간 이견으로 틀어지고 말았다. 일본은 남한산 농산물에 대해 일본 시장의 약 50%를 개방할 수 있음을 암시했지만, 남한은 그와 같은 낮은 시장 접근은 FTA의 취지를 손상하는 것이라고 말했다. 그러자 도쿄는 일본 제품에 대한 한국의 악명 높은 차별의 예를 언급했다. 이에 더해 독도를 둘러싼 분쟁으로 인해 협상 재개는 중단되었다.

한일 양측의 FTA 추진 노력은 다자간 무역 체제를 지지하는 그들의 오랜 정책을 약화시키려는 의도는 아닌 것으로 전해진다. 오히려 두 나라는 세계적인 무역 자유화와 다자간 무역 체제에 대한 보완 조치로서 더욱 자유롭고 개방되고 투명한 경제를 강화하고자 한다. 2003년 정책 발표에서 노무현 대통령은 남한은 시장을 확대하고 경제성장을 촉진하기 위해 동시다발적 FTA를 체결하는 데 단호하게 노력해야 한다는 점을 강조했다. 대한민국은 일본뿐만 아니라 캐나다, 싱가포르, 유럽 4개국과 EFTA, 그리고 ASEAN 10개국과 자유무역 협상에 전념하고 있다. 한국 외교통상부는 미국과 중국뿐만 아니라 인도, 멕시코, 러시아, 남미 메르코수르(MERCOSUR) 시장과의 FTA도 진행 중이라고 밝히고 있다.

남한과 FTA가 달성되지 않으면 일본에 큰 손실의 우려가 있다. 일본 IDE 보고서에 따르면, 제안된 FTA를 백지화하면 일본의 GDP는 10년간 약 10%의 성장을 잃게 되고, 국민소득으로 환산하면 4430억 달러의 손실로 이어질 수 있다고 한다. 이 연구소는 또한 TV 드라마나 노래 등 남한의 문화 상품에 대한 현지의 관심이 잦아들 것이라고 예상하는데, 이는 19억 달러의 수익 상실로 이어질 가능성이 있다고 한다. 반일 감정도 남한의 일본 문화 상품 수용을 방해할 수 있으며 이는 장기간 177억 달러의 이득 상실을 초래할 것이라고 한다.

경제성장에 대한 이러한 위협에도 불구하고 한일 무역 데이터를 보면, 주기적인 국가 정체성의 충돌이 무역 흐름에 영향을 미치지 못하는 것으로 보인다. 즉, 일본의 역사 교과서 문제와 야스쿠니 신사 방문을 둘러싼 외교적 질풍노도(Sturm und Drang)가 있었지만, 이러한 문제들이 한일관계에 표면화되었다고 해서 경제에 지속적 영향을 미치는 것 같지는 않다.

그러나 독도 문제와 관련하여 서울은 분쟁이 해결되지 않으면 경제적 충격이 있을 수 있다는 점을 시사했다. 이 섬은 사람이 살고 있지는 않지만 풍부한 어장으로 둘러싸여 있으며, 아직까지 미개척 상태이지만 가스 및 석유가 존재한다는 보고가 있다. 일본의 다케시마의 날 선언에 대응하여 노무현 대통령은 2005년 3월 23일 "한국 정부는 침략과 식민지의 역사를 정당화하고 지역 패권의 부활을 꾀하는 일본의 시도에 엄중 대처하지 않을 수 없다"라고 경고했다. 또한 "각박한 외교 전쟁도 있을 수 있으며 …… 이는 다양한 분야의 교류가 위축되고 경제적 어려움을 초래할 수 있을지도 모른다"고 경고했다. 이 같은 가능성 때문에 노무현 대통령은 "이 문제에 관해서는 크게 걱정하지 않아도 좋을 것입니다 …… 반드시 해결해야 할 일을 위해서 꼭 감당해야 할 부담이라면 의연하게 감당해야 할 것입니다"라고 말했다.

일본은 남한과의 경제적 상호작용 이외에도 1994년 핵 위기 이후 남북관계 안정과 개선을 위한 다각적인 노력을 지지하고 있다. 일본은 많은 원조 프로그램(예를 들면 북한에 쌀을 보내는 것)과 개발 계획에 참여하고 있으며, 특히 KEDO에 대한 일본의 관대한 공헌은 재정적·정치적 중요성 양면에서 눈에 띈다고 할 수 있다. 도쿄는 대부분의 경우 서울과 워싱턴으로부터의 신호를 따르는 경향이 있는 까닭에, 일본은 KEDO와 함께 조직 내에서 중요한 역할을 했고 선뜻 약 10억 달러라는 대규모 재정 공헌에 합의했다. 만약 북한 경제가 큰 개혁으로 일신하게 되는 경우, 일본과 남한은 대북 지원과 관련하여 긴밀하게 협력할 가능성이 큰데, 이는 도쿄에게 경제 외교를 주도할 수 있는 또 다른 기회를 제공할 것이다.

한일 간 문화 사회적 상호작용

최근 일본에는 남한 문화 붐 – 한류 – 이 있는 상태이다. 〈겨울연가〉 등 한국의 멜로드라마와 한국 영화가 큰 인기를 끌고 있다. 마찬가지로 남한에서도 일본 문화의 인기가 점점 높아지고 쉽게 접근할 수 있게 되었다. 이는 1998년 10월 김대중-오부치 게이조 정상회담을 계기로 생긴 법적 변화 덕분인데, 서울은 단계적으로 일본 문화에 대한 수입 장벽을 제거하기로 합의한 것이다. 남한은 2002년 한일 양국이 공동으로 월드컵을 개최하기 전까지 장벽 철폐에 동의했고, 실제 완료했다. 이제 일본의 연예인을 한국 TV에서 볼 수 있고, 한국인은 자신의 MD플레이어로 제이 팝이라는 일본 팝송을 듣는 것을 좋아한다. 양국은 인터넷으로 잘 연결되어 있는 까닭에 전자메일과 자동 번역 소프트웨어를 사용한 채팅방을 통해 소통이 더욱 증가하고 있다. 관광 붐도 발생하고 있는데, 특히 많은 일본인들이 한국을 방문하고 있다. 2002년은 '시민 교류의 해'로 명명했다(그림 4-3, 표 4-5). 현 수준의 교류와 친밀함은 한일관계 역사에서 유례없는 일이다(Takahashi, 2005).

그러나 이러한 문화적 상호 교류에도 불구하고 양국 국민들 사이에는 폭발 직전의 불신감이 존재한다. 1990년 ≪아사히신문≫ 여론조사에서는 일본인 응답자의 23%가 남한을 싫어하고 61%가 무관심하다고 응답했다. 동시에 서울 ≪동아일보≫의 전국 여론조사에서는 응답자의 66%가 일본을 싫어하는 것으로 조사되었다. 반감의 정도는 젊은 층과 고학력 응답자 사이에서 특히 높았다. 즉, 20대의 70%, 대학 졸업자의 70%가 일본을 싫어한다고 응답했다.

〈그림 4-3〉 **한일 방문객 교류 현황(1993~2004년)**

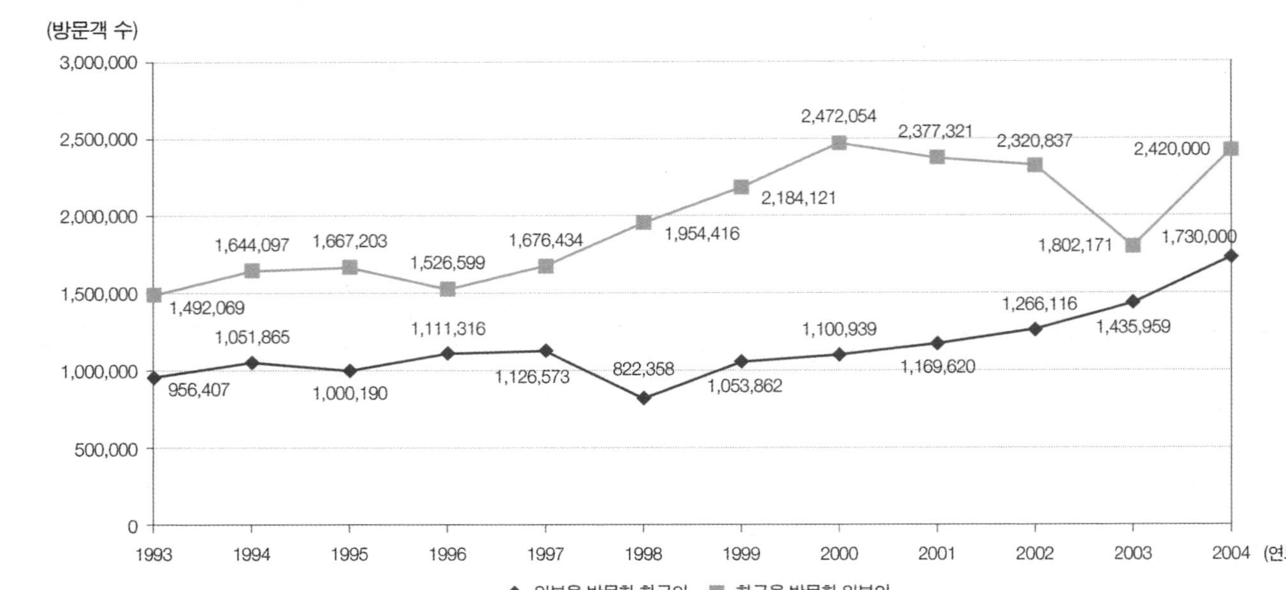

자료: 한국관광공사.

〈표 4-5〉 **한일 방문객 교환(1993~2004년)** (단위: 명)

연도	대한민국 국민의 일본 방문	변화율	일본 국민의 한국 방문	변화율	총계	변화율
1993년	956,407	*	1,492,069	*	2,448,476	*
1994년	1,051,865	+10%	1,644,097	+10%	2,695,962	+10%
1995년	1,000,190	-5%	1,667,203	+1%	2,667,393	-1%
1996년	1,111,316	+11%	1,526,559	-8%	2,637,875	-1%
1997년	1,126,573	+1%	1,676,434	+10%	2,803,007	+6%
1998년	822,358	-27%	1,954,416	+17%	2,776,774	-1%
1999년	1,053,862	+28%	2,184,121	+12%	3,237,983	+17%
2000년	1,100,939	+4%	2,472,054	+13%	3,572,993	+10%
2001년	1,169,620	+6%	2,377,321	-4%	3,546,941	-1%
2002년	1,266,116	+8%	2,320,837	-2%	3,586,953	+1%
2003년	1,435,959	+13%	1,802,171	-22%	3,238,130	-10%
2004년	1,730,000	+20%	2,420,000	+34%	4,150,000	+28%

자료: 한국관광공사.

2002년은 긍정적 감정의 붐이 일어난 해였다. 한일 대화와 월드컵 공동 개최의 결과였다. 여론조사 결과 한국인과 일본인의 유례없는 숫자가 서로에 대해 긍정적 이미지를 갖고 있으며, 보도에 따르면 79%가 양국 관계는 좋은 방향으로 가고 있음을 느낀다고 대답했다(≪아사히신문≫, 2002.7.6, 2면). 그러나 독도 분쟁은 일본에 대한 반감을 부활시켰다. 2004년 남한의 여론조사에서는 응답자의 39%가 한국에 가장 위협적인 국가로 미국을 꼽았고, 조사 대상자의 불과 7.6%가 가장 위협적인 국가는 일본이라고 응답했다. 그러나 2005년 4월 여론조사에서 응답자의 37.1%가 일본을 가장 큰 위협으로 보았고, 28.6%는 북한을 선택했고, 18.5%는 미국을 선택했다. 응답자의 겨우 3.5%만이 서울은 국방 문제에 대해 다른 나라보다 일본과 더 많이 협력해야 한다고 대답했다.[53]

53 다음을 참고할 것. 안성규, “한국에 최대 위협 ‘일본’ 37%”, ≪중앙일보≫, 2005년 4월 18일 자.

결론

16세기 도요토미 히데요시에 의한 조선 침략부터 20세기 강제 병합 및 한반도 식민지화까지 한일관계의 역사는 상호 불신의 역사이다. 제2차 세계대전 후의 관계는 그들에게 부여된 상당한 부담과 함께 형성되었고, 뚜렷한 정치·경제협력이 없었다면 그마저도 흔들렸을 것이다. 21세기 초반 동아시아에서 국가 정체성 충돌은 잠시 후퇴했지만, 그 후 맹렬한 기세로 다시 유행하기 시작했다. 테러리즘의 위협이 아시아 국가 간 협력을 압박함에 따라 2001년 가을 APEC 정상회담에서 지도자들은 역사 문제는 잠시 제쳐두기로 합의했다. 한일 정상회담과 2002년 월드컵 축구 대회의 공동 개최로 인해 한국인과 일본인은 유례없는 숫자가 서로에 대해 긍정적 이미지를 갖고 있으며, 보도에 따르면 79%가 양국 관계는 좋은 방향으로 가고 있음을 느낀다고 대답했다(≪아사히신문≫, 2002.7.6. 2면). 대중문화의 수준에서는 일종의 '한류'가 일본을 사로잡았다. 심지어 일왕은 일본 황실이 역사적으로 한국에 그 뿌리가 있다는 사실을 언급하기도 했다.[54] 그러나 역사 교과서 논쟁과 2005년 독도 분쟁의 재점화에서 보는 바와 같이 이와 같은 우정의 기간은 짧았다.

1990년대에는 일본의 과거 침략을 정당화하려는 군국주의 성향을 가진 일본 정치 지도자들의 선언과 행동이 놀라울 정도로 증가했다. 이는 수정주의적 일본 역사 교과서부터 일본 정치인의 야스쿠니 신사 방문, 독도 분쟁과 같은 영토 분쟁에 대한 일방적 주장, 대만과 관련하여 중국에 맞서 미국과 군사행동을 협력하기로 한 묵시적 약속, 1945년 이전 중국 및 한국에 대한 일본의 소름 돋는 잔학 행위 인정 거부까지 모두를 포함한다. 일본이 여러 번 사과를 했다는 주장은 말과 마음이 상당히 다른 일본의 성향을 감안하면 사실상 무의미하

54 다음을 참고할 것. Howard French, "Japan Rediscovers its Korean Past," *New York Times*, March 11, 2002.

다. 또한 일본은 불쾌한 도발을 똑같이 되풀이하고 있다. 야스쿠니 신사 추가 방문, 한국과 중국의 분노를 야기하는 또 다른 교과서 문제 등이 그렇다. 동시에 일본은 군대를 재정비하고 활동 영역을 확대하고 있는 중이다.

동북아시아 국제정치적 환경에서 무슨 일이 발생할 것인지와 무관하게 한일관계 형성에 있어서 가장 중요한 변수는 일본의 제국주의적 과거가 상대적으로 돌출되는 것인데, 이는 연립정치(coalition politics)를 유발하고, 대외 정책에서 행동으로 나타나기 때문이다. 도쿄의 정치 행위자들은 — 독도 논란이 입증하듯 일본의 다른 곳에서도 — 자신의 목적을 위해 민족주의적 감정을 조작하고, 이에 따라 한국 대중의 여론이 격앙되며 그 결과 한국 정치인들도 자신들의 목적을 위해 일본의 행동을 비난하면서 역방향으로 치달아 흥분의 소용돌이에 빠진다. 냉전적 공산주의 위협이 사라진 상황에서 미국과 동맹관계를 유지하려다 보니, 우리는 한국과 일본 사이에서 촉발될 수 있는 국가 정체성의 갈등과 위기가 얼마나 심각한지, 여태껏 파헤칠 시도조차 하지 않은 것일 수도 있다.

역설적이게도 일본은 서울로 하여금 베이징을 긴밀하게 포용하도록 몰아가지만, 한편으로는 통일 한국이 중국과 제휴하는 것을 걱정하고 있다. 일본은 군사적으로 통합된 한국 — 특히 핵무기를 갖고 있는 — 을 두려워하지만, 안보딜레마의 전형적 표현처럼 정작 일본 자신은 군국주의화하고 있는 중이다. 일본은 동북아시아에서의 경제통합 강화를 말하지만 여전히 북한과 접촉을 축소하고, 러시아와 영토 문제로 적대하고, 중국 봉쇄 정책을 암묵적으로 지지한다.[55] 비록 일본이 의도적으로 자신의 이웃 국가들과 적대한다고는 믿기 어렵지만, 그럼에도 일본 국내의 민족주의(nationalism)는 다른 모든 동북아시아 국가에 존재하는 민족 정체성의 상처와 신랄하게 상호작용하는 대외 정책의 생

55 일본의 가장 중요한 안보 문제로 중국의 부상에 가장 큰 역점을 두고 있는 최근 일본의 『방위백서』를 참고하라.

성을 통해 이러한 현상을 뚜렷하게 보여준다. 중국과 한국은 항상 지나치게 과거에 집착하며 미래를 경시한다고 비판받지만, 역설적으로 "'아시아로 다시 편입되기 위해서' 인정해야만 하는 자신들의 제국주의 과거를 정작 매듭짓지 못하고 있는 것은 바로 일본인들 자신"일 것이다(Rozman, 2003: 539).

다른 한편으로는, 베이징-서울 간 그 어떤 종류의 동맹도 확정적인 것은 없다. 또한 평양의 도발적인 안보 행동이 서울-도쿄 관계를 어떤 방향으로 몰고 갈지는 아무도 예측할 수 없다. 대한민국의 정책 결정자들은 민족 정체성 이슈를 슬그머니 덮고 지나가는 것이 중국의 경제적 부상에 대비하는 전략 차원에서 현명한 선택이라고 생각할는지도 모른다. 어쩌면 여러 종류의 북한 핵실험이 한일 유사동맹을 즉시 부활시킬 수 있을지도 모른다. 민족 정체성 불안에 대한 계량화 및 운용화의 어려움을 감안할 때, 한일 및 북일 사이를 막고 있는 벽이 어느 정도 허물어질 수 있을지, 또는 무엇이 이러한 국면 전환을 이끌지 가늠하기란 어렵다. 그러나 이론상으로도 역사적 증거로도 일본과 두 개의 한국이 과거 민족 정체성의 문제를 진정으로 극복하기만 한다면, 그들은 수많은 실용적 영역에 걸쳐 상호 유익한 방법으로 협력할 수 있을 것이라는 점은 확실하다. 평양, 서울, 그리고 도쿄의 정책 입안자들이 미래를 바라볼 때 이 점을 모두 명심해야 한다.

제5장

미국과 두 개의 한국

당신이 상황을 현실로 규정하면, 그게 곧 현실이 된다.

_ W. I. 토머스(Thomas, 1928: 572)

우리의 …… 목표는 대량살상무기로 미국, 그리고 우리의 친구와 동맹국을 위협하는 테러 지원 정권을 막는 것이다. 이러한 정권들은 9.11 테러 이후 꽤 조용히 있다. 그러나 우리는 그들의 본질을 알고 있다. 북한은 자기 국민들이 굶주리는 와중에도 미사일과 대량살상무기로 무장하고 있는 정권이다. …… 이러한 나라들 그리고 이들의 테러 동맹은 세계 평화를 위협하는 무장을 통해 악의 축을 구성하고 있다.

_ 2002년 1월 29일, 조지 W. 부시[1]

오늘날 제국주의자들은 자신을 평화와 자유의 수호자로 칭하며 더욱 교활하게 침략과 전쟁 정책을 추구하고 있다. 그 좋은 예가 바로 미국이 제시한 테러 방지 슬로건이다. 또한 진보적이고 반제국주의 독립국에 대해 노골적 무력 침략을 꾀하고 있다는 사실에서 우리는 현대 제국주의의 본질을 알 수 있다.

_ 2002년 10월 20일, ≪조선중앙통신≫[2]

1 2002년 1월 29일, 부시 미국 대통령의 연두교서. http://www.whitehouse.gov/news/releases/2002/01/20020129--11.html

2 "Vigilance Against Imperialists' Vicious and Crafty Nature Called for," KCNA,

미국 요인

의심의 여지없이 미국은 여전히 한반도에 대한 가장 지배적인 외부 행위자이다. 지구상 거의 모든 지역에 미국의 패권이 미치지 않는 곳이 없을 정도이지만, 그중 동북아시아는 역사적·지정학적·지경학적 측면에서 보았을 때 미국의 이해관계가 가장 정확히 맞아떨어지는 곳이다. 특히 지역의 전략적 교차점에 위치한 한반도는 미국의 관심을 한 몸에 받고 있다. 미국이라는 나라의 위상과 권력 덕분에 워싱턴은 서울과 평양 모두에게 이유만 다를 뿐 한반도 문제 해결을 위한 핵심이 되었다. 그럼에도 세계 유일 초강대국인 미국의 대외 정책 구상 및 실행은 국내 정치 역학과 지역 및 세계의 이익 변화에 따라 영향을 받고 또 형성된다. 탈냉전 이후 두 한국의 대외관계에서 국지적 및 지역적 요인(local and regional factors)이 더욱 부각된 지금 이 시기에도 이러한 사실은 변함이 없다.

엄청나게 떨어진 지리적 거리 때문에 미국이 불리한 입장에 있다고 생각할지 모르지만, 제2차 세계대전 이래 태평양은 "미국의 호수"라 불러도 무방할 정도가 되었다(Hayes, Zarsky and Bello, 1986). 사실상 이것은 미국이 한국(그리고 일본)의 이웃인 것처럼 행동한다는 의미이다. 미국 경제는 중국, 일본, 한국과의 무역 및 금융 거래에 점점 더 의존하고 있기 때문에 — 이들 동북아시아 핵심 국가인 중국, 일본, 한국은 각각 미국의 세 번째, 네 번째, 일곱 번째 교역 상대국이다(2004년 말 기준) — 미국은 그 어떤 심각한 시장 불안정을 방지하기 위해서라도 동북아시아 국가들과 안정적이고 지속적인 관계를 확보할 필요성을 인식하고 있다. 심각한 시장 불안정이란, 미국에 영향을 주거나, 더 심각하게는 무장 사태나 정권 교체에 따른 시장 연계의 단절을 뜻한다. 훨씬 더 중요한 것은 중국, 일본, 남한은 각각 미국의 첫 번째, 두 번째 및 여섯 번째로 큰 무역 적자

October 20, 2002.

발생국이며, 또한 2004년 말 기준으로 각각 세계에서 두 번째, 첫 번째, 네 번째 외환 보유국이라는 점이다.

오늘날 동아시아의 정치적·군사적 우려는, 제2차 세계대전 후 소련의 위협으로부터 지역 내의 미중 대결로 변화했다. 따라서 반세기 이상 미국은 동아시아 지역에 관심을 집중하고 있는데, 이 지역은 강대국 간 갈등과 냉전 초기 신현실주의자의 지혜를 수용한(Betts, 1993/94; Friedberg, 1993/94; Buzan and Segal, 1994)[3] 패권 경쟁을 위한 무대일 뿐만 아니라 그에 따른 무장 충돌 조짐이 보이는 지역이기 때문이다. 한국은 일본과 마찬가지로 미군의 전진 배치를 위한 두 개의 주요 지역 중 하나라고 할 수 있다. 북한은 대량살상무기 개발을 시도하고 있는데 이는 미국의 안보 비용 부담을 증가시켰고, 따라서 미국은 한반도에 관심을 집중할 수밖에 없었다.

냉전 동안에는 한미관계의 마찰이 드러나지 않았다. 미국은 남한의 특정 지도자의 행동에 늘 만족한 것은 아니었고, 남한의 시민사회도 때로 군사독재 정권을 지원하는 미국의 존재를 비난했지만, 그럼에도 굳건한 동맹이라는 외관은 대체로 유지되었다. 이것은 워싱턴과 서울이 냉전적 반공국가라는 정체성을 공유하고 있다는 점이 크게 작용했기 때문이다. 그러나 탈냉전 이후의 동맹은 훨씬 결속력이 약화된 것으로 보이고, 또한 양국은 많은 이슈에서 공개적으로 이견을 노출하고 있다. 심지어 남한은 고르바초프의 소련, 마오쩌둥 이후의 중국과 관계 정상화를 병행하며, 냉전적 정체성의 잔재에서 탈피하기 시작했다.

이는 탈냉전 이후 미국이 자신의 정체성을 유일 초강대국으로 재구성하면서

---

3 존 미어샤이머(John Mearsheimer)는 '공격적 현실주의'의 프리즘을 통해 중국이 지역 패권자로 출현하는 것은 미국이 21세기 초반에 직면할지 모를 가장 위험한 시나리오라고 비관적으로 예측한다. 그리고 중국의 부상을 미루거나 늦추라고 미국을 재촉하고 경고한다. Mearsheimer(2001: 401~402) 참고.

나타난 추세의 일부라고 할 수 있다. 1999년 새뮤얼 헌팅턴(Samuel Huntington)이 은밀하게 확산되는 미국의 일방주의(unilateralism)를 통렬하게 비판한 것처럼, "미국은 세계 대부분의 국가들이 반대하는 이슈에 대해 하나 또는 소수의 협력자와 함께 점점 더 고립되어갔다. …… 이런저런 각종 문제들에 대해, 국제사회의 대다수는 한편에 서 있고, 미국은 그 반대편에 서 있다"(Huntington, 1999: 41). 헌팅턴은 클린턴 행정부 시절인 1990년대에 존재하던 경향에 대해 언급한 것이었지만, 미국 예외주의(American exceptionalism)라는 무기가 전면적으로 사용되고 국가 정체성이 전면적으로 일신된 것은 부시 당선 이후이다. 일각에서는 클린턴과 부시의 차이는 당파적인 이유로 매우 과장되었다고 주장하면서 클린턴과 부시 행정부를 제국주의적 연속성으로 이해하지만(Bacevich, 2002), 부시 행정부의 강경 근본주의적 사고는 실제로 워싱턴과 세계를 단숨에 장악하고 미국 외교 정책의 방향을 근본적으로 선회하게 만드는 것이었다. 이 과정에서 신보수주의적 근본주의(neoconservative fundamentalism), 이분법적 세계관(Manichean world view), 그리고 맹목적인 극단 국가주의(blinding hyper-nationalism)가 새로운 삼위일체가 되어 마치 탈선한 기관차처럼(Falk, 2003; Hoffmann, 2003; Ikenberry, 2004; Gurtov and Van Ness, 2005) 미국을 외교·재정에서 전례 없이 위험한 방향으로 몰아갔다. 실제 미국 외교 역사상 그리고 역대 대통령 중 이렇게 급격하고 극단적인 전략 결정을 내린 사례는 찾아보기 어렵다. 이런 잘못된 방향 때문에 너무나 짧은 기간에 실속이라고는 찾아볼 수도 없이, 워싱턴의 국제적 이미지, 명성 그리고 특히 유럽 및 남한과의 안보 협력에 엄청난 피해를 입혔다.

부시 행정부는 첫 2년 동안 일방주의 및 예외주의에 따른 폭주와 함께, '기존' 다자간 조약과 '비준 과정에 있는' 다자간 조약을 잇달아 파기하기로 결정했다. ABM 조약, 생물무기금지협약, 포괄적 핵실험 금지조약, 대인지뢰 금지협약, 교토 의정서, 국제형사재판소(ICC) 설립에 관한 조약, 제네바 협정, 국제 소형 무기 판매에 관한 조약 초안 등이 그렇다. 미국은 2000년 12월 31일에 빌

클린턴(Bill Clinton) 대통령이 서명한 조약에 대하여는 준수해야 할 법적 의무가 없다고 주장했고, 2002년 5월 부시 행정부는 조약의 당사자가 되지 않겠다는 결정을 유엔 사무총장에게 통지함으로써 국제형사재판소 로마 규정의 '서명 철회'라는 유례없는 조치를 취했다. 요컨대 부시 행정부는 미국 예외주의의 개념을 극단적 형태로 보여준 전형적인 예라 할 수 있는데, 이는 새롭게 다듬어진 미국의 국가 정체성과 국제적으로 비춰지는 모습(international persona)을 통해 빈번하게 드러났다.

부시 행정부가 다자주의와 국제 협력을 어느 날 갑자기 외면한 것으로 보이지만, 이 같은 선회의 배경에는 보수적 싱크탱크와 부시 행정부의 정책 결정자 사이에 깊은 유대관계가 있었다. 1992년 조지 H. W. 부시 행정부 말년에, 몇 년마다 재작성되는 내부용 군사 지침인 국방계획지침(DPG) 초안은 국방부의 폴 월포위츠(Paul Wolfowitz)가 완성했다.[4] 문서의 46쪽에서는 미국은 새로운 강대국의 출현을 방지하기 위해 노력해야 하며, 미국의 가치를 촉진해야 하고, 나아가 미국의 이익을 지원하기 위해 일방적인 조치(unilateral action)를 취할 준비를 해야 한다고 주장했다. 이 초안에서 그는 미국의 독특한 특성 중 가장 중요한 것은 군사적 우위(military dominance)라고 했다. ≪뉴욕타임스≫와 ≪워싱턴포스트(The Washington Post)≫에 유출되는 바람에 논쟁이 촉발되었지만, 그럼에도 개정된 DPG는 '딕 체니(Dick Cheney)의 역작'(그는 당시 국방부 장관이었다)으로 알려지게 되었다. 체니[5]의 초안은 일방적 군사행동, 군사력의 선제 사용, 다른 나라의 핵 프로그램 개발을 저지하는 데 충분한 강도의 미국 핵무기 유지 등 현재 부시 행정부에 어울리는 정책이 된 아이디어를 고수하고 있

4 [옮긴이] 월포위츠는 조지 H. W. 부시 행정부에서 국방부 차관을 지냈고, 후일 조지 W. 부시 행정부에서 국방부 부장관과 세계은행 총재를 역임했다.

5 [옮긴이] 체니는 조지 H. W. 부시 행정부에서 국방부 장관을 지냈고, 후일 조지 W. 부시 행정부에서 부통령을 역임했다.

다(Hoffmann, 2003: 28). 많은 사람들은 2002년 미국의 국가안보전략(National Security Strategy)이 1992년 DPG의 재현이라는 것을 알아차릴 수 있었다. 한 분석가는 이를 "1992년 체니의 방위기획 초안의 최종 아바타"라고 묘사했다(Hoffmann, 2003: 30).

초안이 누출된 후에 비판에 직면하자, 월포위츠의 제자이자 직속 보좌관인 동시에 1992년 국방부 정책 담당 부차관 타이틀을 가졌던 루이스 스쿠터 리비(Lewis Scooter Libby)는 DPG의 논리를 다음과 같이 재공식화했다.

> 중요한 건 경쟁자의 힘을 차단하는 것이 아니라 미국이 군사적으로 매우 강력해져야 한다는 점이다. 어떤 국가도 미국의 경쟁자가 되려고 꿈꿀 수 없을 정도로 압도적이 되어야 한다. 미국은 다른 나라들이 미국과 경쟁하는 것을 시작하는 것조차 단념하게 할 정도의 군사적 우위를 구축해야만 한다. 이런 계획에는 엄청난 비용이 들어갈 것이다. 미국의 군사 기술은 첨단이고 국방 예산도 엄청난 거액이기 때문에, 그 누구도 거액이 소요되는 장기적인 군사력 증강에 착수할 여유가 없을 것이고, 설령 성공한다 하더라도 아직 30년 이상은 미국을 따라잡지 못할 것이다. 따라서 미국은 단지 오늘날 또는 향후 10년뿐만 아니라 영구적으로 세계 유일의 초강대국이 될 것이다(Mann, 2004: 212 참조).

국가안보보좌관을 거쳐 국무 장관에 부임한 라이스는 부시 행정부에서 시작한 국제조약 및 국제기구 해체의 열광적 지지자였다. 라이스는 2000년 초반 선거 시즌에 ≪포린어페어스(Foreign Affairs)≫에 이념적 변화를 예상하는 칼럼을 발표했다. 이 글에서 그녀는 '국익 증진'을 빙자하여 국제 공동체를 맹비난했고, 클린턴 행정부에 대해서도 "미국의 이해와 관련 없는 협정 체결을 위해 지나치게 다자간 해결에 의존했다"고 공격했다(Rice, 2000: 48). 라이스는 세 개의 "깡패 정권(rogue regimes, 이라크, 북한, 이란)"을 지목하며 "악의 축(axis of evil)"의 도래를 암시했다(Rice, 2000: 60~61). 클린턴 행정부는 2000년 6월 "깡패 국가(rogue states)"에서 "우려 국가(states of concern)"로 의미를 순화했지만, 부시 행정부는 선거운동 중, 그리고 2000년 선거 이후에도 깡패 국가라는 표현을 선호했다.

2000년 9월 네오콘 싱크탱크인 새로운 미국의 세기를 위한 프로젝트(PNAC)는 「미국의 방위 재건: 새로운 세기를 위한 전략·군사·자원」이라는 제목의 정책 보고서를 내놓았다. 이 문서는 부통령 체니, 국방부 장관 도널드 럼스펠드(Donald Rumsfeld) 등 현재 부시 행정부의 고위직에 있는 인사들이 작성한 것이다. 이 PNAC 문서는 "미국의 우위를 유지하고, 경쟁자의 부상을 차단하고, 미국적 원칙과 이익에 부합하는 국제 안보 질서를 형성하는 청사진"을 뒷받침하고 있다. 또한 "여러 전장에서 동시에 전쟁을 벌이고 결정적 승리"를 거두는 미국의 능력을 "핵심 임무"로 설명하고 있다. 따라서 부시 행정부의 외교 정책은 2000년 선거 승리 이후 몇 달 만에 급조된 정책이 아니라 오히려 오랫동안 꿈꿔온 거대 전략(grand strategies)의 결정체라는 것이 명백해졌다(Mann, 2004 참조).

일각에서는 이러한 정책 덕분에 미국이 제국을 만드는 데 성공할 수 있었다고 주장한다. 베트남 전쟁 시대의 좌파 사상가나 수정주의 역사학자들을 제외하고,[6] 제국주의는 미국의 정치적·지적 담론에서 오랫동안 금기 사항임에도, 이에 관한 논쟁은 오늘날 '새로운 세계 질서(new world order)'라는 주제로 뉴스 속에서 부활하고 있다. 부시 정권이 대외 정책의 방향을 근본주의로 선회한 덕분에 과거 좌파의 전유물이었던 '미국 제국주의(American imperialism)' 논쟁은 갑자기 우파의 개념적·전략적 찬동을 얻는 용어가 되었다. 동시에 많은

6 이 수정주의 학파의 윌리엄 애플먼 윌리엄스(William Appleman Williams) 학장은, 미국의 진짜 이상주의는 힘과 자본주의의 탐욕이라는 제국주의 추구로 인해 전복되었다고 주장했다. 비록 윌리엄스는 '비공식적 팽창'을 인정했지만, 그는 경제적 제국주의에 너무 많은 주의를 기울이고, 문화 제국주의에 대해서는 너무 적은 관심을 두었다. Williams(1961, 1980) 참고.

국제관계학자들뿐만 아니라 네오콘 칼럼니스트들 사이에 미 제국(American empire)과 관련한 논쟁 — 그리고 급증하는 문헌 — 에 불을 당겼다. 또한 인상적인 것은 미 제국에 관한 수많은 주요 연구가 부시 시대에 발표된 것이 우연만은 아니라는 점이다(Bacevich, 2002; Johnson, 2004; Ferguson, 2004; Mann, 2003; Barber, 2003; Todd, 2003; Kupchan, 2002; Kagan and Kristol, 2002 참조). 부시 행정부가 'ABC' 행정부[7]로 새롭게 주조된 정체성을 남용하면서 자신의 전임자로부터 탈피하려 했다는 점이 바로 추가적 증거이다.

미 제국을 둘러싼 논쟁의 핵심은 미국의 세계 지배에 있다. 구체적으로 미국 세계 지배의 본질, 논리, 결과에 있다. 미국 제일주의(American primacy) 논쟁은 미국이 유일무이한 군사 초강대국이라는 데에 이견이 없다는 점에서 시작된다. 즉, 미국은 40개국에 군대를 파견하고 있고, 10개국에 해군기지를 갖고 있다. 2003년 회계연도 기준으로 미국의 국방 예산은 4050억 달러(2001년 회계연도 3220억 달러에서 증가)였다. 이는 전 세계 국방비(9970억 달러)의 41%를 차지하고, 미국 다음 23개 국가의 국방 예산을 합한 것보다 크다(IISS, 2004: 353~358).[8] 또한 이들 국가의 대부분은 미국의 공식 또는 사실상의 동맹국들이다. 게다가 미국은 2002년 세계 GDP의 32.5%인 10.4조 달러를 차지한 세계적 경제 초강대국이다(UNDP, 2004: 184~187). 측정은 곤란하지만, 미국은 문화, 교육, 과학 분야에서 동등한 경쟁 상대가 보이지 않는 초강대국으로 널리 인정받고 있다. 요컨대 미국은 세계 인구의 5%가 채 안 되는 국가에 어울리지 않는 다차원적인 세계적 권력을 누리고 있다.

미국은 이미 제국이라거나 또는 미 제국이 부상하고 있다는 주장에 대해,

---

7 [옮긴이] All But Clinton. 즉, 클린턴의 정책만 아니라면 그 어떤 것도 괜찮다는 뜻으로 '반클린턴 정책'을 의미한다.

8 또한 다음을 참고할 것. "World Wide Military Expenditures." http://www.globalsecurity.org/military/world/spending.htm

어떤 비평가들은 미국의 힘(power)이 대단히 과장된 느낌이 있다고 설명한다. 즉, 미국은 감당하기 어려울 정도로 높은 경제적·정치적 그리고 이미지 비용을 부담하고 있고, 제국의 부식 효과(corrosive effect)는 민주주의를 갉아먹고 있으며, 국제법·국제제도(international institutions) 심지어 미국의 동맹국과의 협력관계에도 명백하고 현존하는 위험이 존재하고 있음을 감안하면 그렇다는 것이다. 이러한 반론의 요점은, 미 제국은 지속 가능하지 않다는 것이다. 즉, 군사적 힘과 정치적·경제적 힘 사이의 불균형으로 인해 워싱턴은 야만적 무력의 사용을 지나치게 강조하는, 그리고 과도한 군국주의를 추구하는 불안정한 길을 좇고 있으며, 이러한 제국주의적 모험은 국내외의 저항만을 확산시킬 뿐이라는 것이다(Eland, 2002; Barber, 2003; Falk, 2003; Hoffmann, 2003; Mann, 2003; Todd, 2003; Johnson, 2004).

일부 온건한 비평가들은, 제국주의의 핵심 특징은 정치권력과 지배권력이라고 할 수 있는데 미국은 그렇지 않기 때문에 제국이 아니라고 주장한다. 즉, 어떤 성격의 제국이든지 '제국'으로 불리기 위해선 그에 걸맞은 정치적 지배를 반드시 포함해야 한다는 것이다. 이들은 미국과 약소국 간의 불평등한 관계가 착취를 조장할 수는 있을지언정, 공식적인 정치적 지배 없이 미국을 '제국주의'니 '제국'이니 하고 부르는 것은 사실을 오도하는 것이라고 주장한다. 게다가 필리핀이 한 것처럼, 또 몇몇 나라가 하고 있듯, 어떤 나라든지 미국에게 떠나 달라고 요구하기만 하면 미국의 지배에서 간단히 벗어날 수 있다고 주장한다(Ikenberry, 2004; Schell, 2003). 이러한 형식 논리로 현실을 부정하는 주장에 대한 폴 케네디(Paul Kennedy)의 대응은 주목할 만하다. "좋습니다, 여러분. 뭐라고 부르시든 마음대로 하십시오. 그런데, 제국처럼 보이고, 제국처럼 행동하고, 제국처럼 갈수록 여기저기서 꽥꽥 소리치고 다니는데, 이게 무엇을 뜻하는지 설마 모른다고 하시지는 않겠죠?"(Kennedy, Perle and Nye, 2003: 14)

강경파 네오콘 전문가들은(Kagan, 1998; Krauthammer, 2001; Boot, 2001; Mallaby, 2002) '자비로운 제국주의(benevolent imperialism)'라는 자신들의 비전

을 자화자찬한다. 즉, 대담하고 일방적인 군사 활동을 중심으로 조직된 세계적 규범의 시대에, 자비로운 제국주의야말로 민주주의를 촉진하고 폭정, 테러리즘, 대량살상무기의 확산을 약화시키는 자유주의 세력이라고 묘사한다. 또한 이러한 자유주의 제국 전략을 위해서는 국제법과 국제기구의 속박으로부터 해방이 필요하다고 그들은 주장한다. 대신 제국을 통해 어설픈 안보가 아닌 절대 안보를 추구할 수 있다고 주장한다(Eland, 2002; Chace, 2002). 예컨대, ≪월스트리트저널(Wall Street Journal)≫의 맥스 부트(Max Boot)는 미국의 글로벌 야망과 단호함이 과도해서가 아니라 오히려 부족해서 문제라고 주장한다. 부트는 1990년대 초반 조지 H. W. 부시 행정부는 고전적 현실주의 정책을 답습했다는 이유로, 클린턴 행정부는 부끄러울 정도로 미국의 힘을 주장하는 데에 우유부단했다는 이유로 공격한다. 부트는 2001년 후반에 쓴 글에서 자신있게 다음과 같이 예측했다. "일단 사담 후세인(Saddam Hussein)을 제거하면, 우리는 아프가니스탄의 카불과 함께 바그다드에서 미국 주도의 국제 섭정을 부과할 수 있다. 그러면 미국의 진지함과 신뢰도는 복원될 것이고, 우리는 이 지역으로부터 많은 기회와 함께 생산적인 협력을 누릴 수 있을 것이다. 그리고 우리를 위협하는 국제 테러망을 격퇴하는 우리의 원대한 작업에 도움이 될 새로운 열정을 보여줄 수 있을 것이다"(Boot, 2001: 27).

영국의 역사학자이자 선동가인 니얼 퍼거슨(Niall Ferguson, 옥스퍼드대학교에서 뉴욕대학교으로 황급히 이직한 교수)과 캐나다 인권학자 마이클 이그나티에프(Michael Ignatieff)는 '자비로운 제국주의'라는 네오콘의 헛소리(trumpery)에 가담하고 있다. 퍼거슨에 따르면 미국은 실제 오랫동안 제국이었고 지금도 제국이지만, 그것은 규칙과 제도를 옹호하고 평화를 유지함으로써 공공재를 보장하는 자유주의 제국이라고 주장한다. 이 같은 자유주의 제국이 문제가 아니라 세계가 그것을 충분히 활용하지 못하는 게 문제라는 것이다. 그러나 미 제국주의 미덕에 대한 퍼거슨의 주장은, 탈냉전 이후 세계는 냉혹한 선택에 직면하고 있다는 모호한 주장에 기초를 두고 있다. 즉, 미국의 자유주의 제국에 뿌리

박은 새로운 글로벌 질서이냐, 아니면 분권화되고 혼란을 초래하는 국가 간 경쟁이 난무하는 세계이냐가 그것이다(Ferguson, 2004). 이그나티에프는, 미국에게는 제국주의적 힘을 사용하는 것 말고는 선택의 여지가 없다고 한다. 다만 중요한 건 어떻게 이 힘을 통해 새로운 세계 질서 형성에 기여할 것인가에 있다고 주장한다(Ignatieff, 2003a, 2003b). 또한 이그나티에프는 자유주의 제국의 경우 "이라크 같은 지역에서 민주주의와 지역 안정을 위한 마지막 희망이 되었다"고 주장한다(Ignatieff, 2003a: 54).

2001년 9월 11일 테러 직후 백악관의 반응을 보면, 향후 세계 질서와 관련하여 급진적 네오콘의 관점에서 대응 틀을 짜려한다는 것이 명백해졌다. 부시 행정부는 아프가니스탄에 은신하는 알카에다(Al-Qaeda)로부터 '악의 축' 국가로 대응 초점을 전환했다. 이들 악의 축 국가들은 본질적으로 오사마 빈 라덴(Osama bin Laden)과는 아무런 관계가 없었지만, 미 제국 프로젝트를 추진하는 데에 방해가 된다는 것이 분명했기 때문이다(Falk, 2003). 19세기 말 미 제국의 첫 번째 시도자였던 윌리엄 매킨리(William McKinley) 대통령과 똑같이, 부시 대통령은 미국 육군사관학교 연설에서 "미국은 확장할 제국도, 건설할 유토피아도 없다"고 단호하게 선언했다.[9] 매킨리 대통령이 미국-스페인 전쟁 ─ 쿠바 하바나 항구에서 USS 메인호의 침몰 의혹과 함께 1898년 4월에 시작된 ─ 을 이른바 "작지만 화려한 전쟁"으로 확대해석한 것처럼 부시 대통령도 이와 비슷하게 미국의 세계적 영향력을 또다시 확대하기 위해 테러와의 전쟁이라는 수사를 사용하고 있다. 1898년 8월 매킨리는 개신교 성직자 그룹에게 "우리가 할 수 있는 것이라고는 필리핀인을 모두 거두어들여 그들을 교육시키고, 수준을 높이고, 문명화하고, 기독교화하는 것 밖에는 없었다"(Michael and Taylor, 1964: 295에서 재인용)라고 말하면서 자신의 행동을 합리화했다.

---

9 다음을 참고할 것. "President Bush Delivers Graduation Speech at West Point." http://www.whitehouse.gov/news/releases/2002/06/print/20020601--3.html

세계 도처에서 미국의 역할이 더욱 확대되면서 한반도에서는 민족주의가 부활했다. 역사적으로 반제국주의와 반식민주의의 이데올로기로 발생한 한국의 민족주의는 한국인의 민족 단결을 조성했으며, 또한 남북관계 및 남북한 모두와 미국의 관계 형성에 중요한 결정 요인 중 하나의 역할을 하고 있다. 부시 대통령이 2002년 연두교서 연설에서 북한은 이라크, 이란과 함께 '악의 축'의 일부라고 선언했을 때, 북한만 격노한 것이 아니었다. 남한도 마찬가지로 화가 났다. 남한의 스피드 스케이팅 선수가 2002년 동계 올림픽에서 자신의 금메달을 박탈당한 이후 대한민국에서는 반미 정서가 증폭되었고, 부시 대통령의 '악'이라는 형용사는 불필요하게 그것을 부채질했다(Shin and Chang, 2004). 북한은 반제국주의적 민족주의를 더욱 강하게 표명했다. 북한은 국가적 생존 투쟁에서 민족 정체성의 중요성을 강조했다. 남한과 북한은 서로 다른 정치 체제에도 불구하고 여전히 민족적으로 한 국가라는 정체성과 민족주의에 우선순위를 두고 있다. 그리고 미국이 북한을 악이라고 공개 낙인찍음으로써 어떤 점에서는 남북이 한 핏줄이라는 정서를 다시 소생시켰다(Shin and Chang, 2004).

북한의 공식 발표에서는 미국과 그 지도자들을 묘사할 때 '제국주의자'라는 단어를 거의 늘 사용한다. 이 용어는 워싱턴에 대한 평양의 입장을 의미할 뿐만 아니라, 북한의 자아상(self-image)과 피포위 강박관념을 적절하게 연상시킨다. 북한에게 제국주의란, 어떤 행위자가 다른 세력 범위를 장악하거나 권위를 강제하기 위해 침략하거나 팽창하는 것을 함축한다. 한국전쟁 이후부터 지금까지 북한은 미국이 적대적 의도를 가지고 한반도 정세에 간섭하는 것으로 보고 있다. 냉전 종식은 유독 평양의 공포와 불안감을 더욱 강화시켰고 부시 행정부의 대북 강경책은 이를 더욱 부채질했다. 북한의 국가적 기본 이념인 주체사상은 국제관계에서 자력갱생 국가로서의 정체성을 반영하고 있다. 또한 미국을 묘사하기 위해 '제국주의'라는 용어를 지속적으로 사용하는 것은, 미국을 자신들의 이상을 위협하는 세력으로 보는 입장을 반영하는 것이다.

그러나 미 제국주의라고 일컫는 비난이 있는 가운데에도, 미국은 평양의 치명적인 위협이 되기도 하고, 생존을 위한 외부적 지원 역할을 하기도 하고, 때로는 둘 다가 되어 평양의 전략적 사고와 행동의 중심이 되고 있다. 소련의 종말, 중국의 신뢰할 수 없는 원조, 점점 더 긴밀해지는 한중관계를 고려할 때, 북한은 부득이하게 미국을 중국이나 소련과 기능적으로 대등한 대상으로 고려할 수밖에 없다. 냉전 시대 북한이 동맹국인 모스크바와 베이징을 이간질하여 양자로부터 경제적·기술적·군사적 원조를 거두어들인 특별한 상황이었다면, 이제 북한은 똑같은 원조 — 그리고 또한 국제적 정통성, 투자, 무역 — 를 호의보다는 무력 사용 쪽으로 기울고 있는 하나의 적[10]으로부터 얻어내야만 하는 상황에 처했다(Manning, 2002: 82 참조).

1945년 8월 이후 미국은 한반도와 매우 밀접하게 연관되어 있기 때문에 미국의 행동은 특히 안보 차원에서 중대한 영향력을 발휘한다. 미국은 한반도에 대한 역사적 개입과 동맹국인 남한과의 상호 안전보장조약 때문에 한국에서 주도적 역할을 피할 수 없다. 역설적인 사실은, 미국은 오늘날 한반도 남북 모두에 가장 중요한 국가라는 점이다. 미국은 어쩌면 아랍-이스라엘 분쟁보다 한국의 평화 추구에 더 직접적으로 묶여 있는 것 같다(Barry, 1996). 요컨대 탈냉전 이후 세계 유일의 초강대국이라는 미국의 정체성과, 탈냉전 이후 한민족 국가라는 한국의 종족 민족주의적 정체성은 서로 삐걱거리고 있다. 워싱턴, 평양, 서울의 국내 정치 역학(둘째 이미지)은 이 같은 정체성 충돌을 부채질하고 있다.

10 [옮긴이] 미국을 의미한다.

과거의 무게

한국은 서양에 대한 원한으로 19세기를 시작했다. 18세기 후반과 19세기에 기독교는 한국 서민들 속으로 파고들기 시작했다. 그리고 조정朝廷은 중국의 예수회 선교사로부터 스며들기 시작한 서양 종교와 문화를 강경 진압했다. 이양선이 등장했을 때도 한국인들은 그들과 엮이는 것을 전혀 원하지 않았고, 오직 고립 정책만을 유지하려고 했다. 초창기 몇 차례의 약탈 이후, 미국은 한반도가 일본으로 넘어가는 것을 기꺼이 도왔다. 미국은 제2차 세계대전이 종결될 즈음에서야 한반도로 되돌아왔고, 그나마도 처음에는 쥐꼬리만큼의 관심만 보였을 뿐이다.

주지하는 바와 같이 1854년 매튜 C. 페리(Matthew C. Perry) 제독은 일본을 개방시켰다. 그리고 일본은 4년 이내에 미국과 통상 조약을 체결하는 것으로 대응했다. 그러나 한국에서는 무력 외교(gunboat diplomacy)가 다른 방향으로 흘렀다. 1866년 미국의 상선인 제너럴셔먼호[11]는 한국에서 대외 교역과 천주교 선교 활동은 불법이라고 선언한 현지 당국자를 무시하고 대동강 상류로 항해했다. 배가 평양 근처에서 좌초되자 24명의 승무원은 한국 정부군과 전투를 벌였고 24명 전원이 사망했다. 오늘날 북한은 이 사건이 발생한 것으로 추정되는 지역에 명판 표시를 해두고 있다. 동시에 공식 역사와 김일성 전기에는 김일성의 증조부인 김응우가 제너럴셔먼호 공격을 주도했다고 주장하고 있다(Armstrong, 1998: 32). 미국이 이후의 상황을 묻자, 중국 황실에 문의하라는 답을 들었을 뿐이다. 분노한 미국인들은 "적절한 시기에 대동강까지 가서 그에 상응하는 응징을 할 것"이라 맹세했다(Drake, 1984: 107; 또한 Cumings, 1997: 97

11 [옮긴이] 서울대 외교학과 명예교수 김용구에 따르면, 제너럴셔먼호는 해적선이라고 한다. 다음을 참고할 것. 김용구, 『세계관의 충돌과 한말 외교사, 1866~1882』(2004, 문학과 지성사), 105~106쪽.

참조). 이윽고 1871년 미국은 다섯 척의 함대를 이끌고 한반도로 접근했다. 한국인들의 강력한 저항에 부딪힌 미국은 결국 철수하고 말았지만,[12] 이 과정에서 한국인 350명이 희생되었고 쇄국은 더욱 강화되었다(K. H. Kim, 1980: 51~62 참조).[13]

우리는 제너럴셔먼호 사건이 오늘날 북한 지역인 평양에서 발생했다는 사실을 간과하면 안 된다. 북한은 이 사건을 잊지 않고 있으며 이 사건을 유용한 선전 도구로 자랑스럽게 활용하고 있기 때문이다. 김응우가 공격을 이끌었다는 주장의 역사적 정확성은 의심스럽지만, 이는 북한이 김 씨 일가를 중심으로 국가 정체성을 구축할 필요성이 있었음을 뜻하는 것이다. 제너럴셔먼호 사건을 통해 한국은 미국을 중상주의와 개종을 목적으로 한 제국주의적 의도를 가진 나라로 인식하게 되었다. 그리고 미국은 한국을 폭력적이고 폐쇄적인 은둔자로 인식하게 된다. 이러한 인식은 오래도록 지속되었다. 물론 1945년 한반도 분열의 시작과 함께 두 개의 한국은 서로 다른 경로로 갈라진다. 북한은 여전히 외부 세계를 향해 그 적대감을 유지하지만, 남한은 세계에 개방되었고 그 결과 세계화 시대의 중요한 행위자가 되는 데 성공했다.[14]

일본이 1870년대 동아시아 중화질서에 대한 공격을 시작하자, 중국은 일본의 팽창을 저지하는 수단으로 미국과 연대할 것을 한국에 촉구했다.[15] 중국은 한국이 중국의 세력균형(balance-of-power) 전략을 따라주기를 원했고, 한 중국 지식인이 "미국은 이기적 이득을 결코 추구한 적이 없는 유일한 서양 세력"(K. H. Kim, 1980: 211~212, 285, 295)이기 때문에 한국의 최고 동맹국이 될 것이라고 말한 것도 이 맥락에서 나온 발언이었다. 미국의 타이콘데로가(Ticonderoga)

---

12 [옮긴이] 신미양요를 의미한다.

13 커밍스에 의하면 약 650명의 한국인이 사망했다고 한다(Cumings, 1997: 97 참조).

14 한국의 세계화에 대해서는 S. S. Kim(2000a) 참고.

15 [옮긴이] 『조선책략』을 의미한다.

호가 조미朝美수호통상조약을 협상하기 위해 한국에 도착하자, 중국이 주도적으로 중재에 나섰다. 그렇게 함으로써 그들은 외부세계에 은둔 왕국을 개방시켰다. 물론 이러한 외부 세계에 대한 개방은 일본과의 강화도조약 체결(1876년)로 시작된 것이었다. 동아시아 질서에 서양 시스템이 중첩되는 상황이 지속되는 도중, 1882년 5월 인천에서 한국은 미국과 조약을 체결했는데, 이는 서방과의 공식적 관계의 시작이자 122년 이상의 한미관계(1905~1945년 일본 제국주의 공백 기간에는 중단되었지만)의 시작이었다(K. H. Kim, 1980: 301~302, 328). 중국은 물론, 중국보다는 낮은 정도지만 한국도, 미국과 이 조약(그리고 프랑스, 영국, 독일과 유사한 조약)이 일본의 침략으로부터 한국을 보호해줄 것이라고 믿었다.

한국의 왕은 한미관계 강화에 관심이 있었고 따라서 미국인 고문과 교관을 요청했으나 미국은 별 관심을 보이지 않았다. 이 당시 중국은 서양 제국주의와 일본의 침략으로 인해 수많은 문제에 직면한 상황이었고, 일본은 명백하게 신뢰할 수 없었고, 미국은 한국에 무관심했다. 이 같은 상황들이 한국 왕실로 하여금 러시아와 더욱 긴밀한 관계를 추구하도록 몰아갔다(C. I. Kim and H. K. Kim, 1967: 44, 61~62). 미국은 1890년대에 들어서도 한국에 거의 관여하지 않았고, 20세기 개막과 함께 한국에서는 완전히 등을 돌렸다. 1900년 곧 당선될 시어도어 루스벨트(Theodore Roosevelt) 대통령은, 러시아에 대한 억제 수단으로 "일본이 한국을 소유하는 것"을 보고 싶다고 말할 정도였다(C. I. Kim and H. K. Kim, 1967: 125, n14에서 재인용). 실제 루스벨트 임기 동안 미국은 묵시적으로 한국에 대한 일본의 우위를 인정했고, 그 대가로 미국은 필리핀에서의 이익을 인정받았다. 이것이 바로 가쓰라-태프트 합의이다. 1907년 한국이 헤이그 평화회의에 나타났을 때, 미국은 한국 대표단의 독립 호소를 지지하지 않았으며 또한 1910년 일본이 완전히 한국을 병합했을 때에도 간섭이나 항의조차 하지 않았다.

제2차 세계대전이 끝날 무렵 미국은 다시 한국 문제에 개입하기 시작했고,

한국인들은 긍정적인 기대를 하고 있었다. 미국은 한국인들에게 식민주의적 또는 제국주의적 개입이 없었던 것으로 인식되고 있었으며, 또한 미국은 이승만을 포함한 망명 한국 민족주의자들의 중요한 해외 활동 기지이기도 했기 때문이다. 미국독립선언과 윌슨의 민족자결주의 원칙으로 구체화된 전통적인 미국의 가치는 한국인들이 미국에 대한 이미지를 형성하는 데 결정적인 역할을 했고, 많은 한국 민족주의자도 그 정당성을 인정했다.[16] 마지막으로 가장 중요한 것은 미국은 한국인들이 싫어하는 적국 일본을 물리친 연합국의 지도자였다는 점이다. 따라서 많은 한국인들은 미국을 위와 같은 상징에 수반되는 모든 선의, 책임, 약속을 가진 민족 구원자로 묘사했다(S. S. Kim, 1980/81).

역설적인 것은 해방과 분단 과정에서 미국의 결정적 역할로 인해 한국은 해방과 동시에 분단되었다는 점이다. 실제 1945년 한국에 대한 미국 개입의 가장 지속적인 유산은 바로 한반도와 한민족의 분열이다. 이와 관련하여 그레고리 헨더슨(Gregory Henderson)이 다음과 같은 유명한 말을 남겼다.

> 지금까지 그 어떤 민족 분단도 한국 분단만큼 기원을 믿기 힘든 것이 없다. 분단이 발생했을 당시 이처럼 국내 상황이나 정서 따위가 전혀 고려되지 않은 분단도 없고, 이처럼 오늘날까지 설명하기 힘든 분단도 없다. 이토록 어리석은 실수와 부주의가 이렇게 큰 역할을 한 경우도 없다. 마지막으로, 한국의 분단만큼 미국 정부가 무거운 책임을 통감해야 하는 분단도 없다(Henderson, 1974: 43).[17]

16 그러나 윌슨 대통령은 1919년 3월 1일 한국의 만세 시위에 대해 민족자결원칙 14개 항에 따른 후속조치를 거부했다.

17 [옮긴이] 미국의 한반도 분단 책임과 관련해서는 돈 오버도퍼의 평가를 참고할만 하다. ≪워싱턴포스트≫ 기자 출신이었던 오버도퍼는 그의 저서 『두 개의 한국(THE TWO KOREAS)』에서, 얄타회담 당시 미국 국무장관 에드워드 스테티니어스가 "한국이 도대체 어디에 박혀 있는 나라인지 아느냐"고 물었다는 어이없는 일화를 기록으로 남겼다. 또한 오버도퍼는 "미국 정부는 한반도의 미래에 관해 그 주인인 한국인들과는 단 한

한국전쟁 중 프랭클린 루스벨트(Franklin Roosevelt) 행정부는 한반도와 직접 관련된 국가의 이익을 보호하고 잠재적인 충돌을 미연에 방지하기 위해 전후 한국에 대한 국제 신탁통치를 주장했다. 중립적 한국만이 아시아의 평화와 안정에 도움이 될 수 있는 최선책이며, 소련-중국의 동의도 얻을 수 있는 길이라고 미국은 생각했다(Matray, 1985: 19). 미래 신탁통치를 받아야 할 국가로 간주된 한국은 1945년 봄 샌프란시스코 유엔 창립회의 참가도 거부되었다.[18] 미국 트루먼 행정부는 1945년 8월 한반도에 소련군이 주둔하자 한국을 어떻게 취급할 것인가에 대해 즉각적인 결정을 해야만 했다. 전쟁성 사업국의 전략 및 정책단 내 정책과에서 분할 작업을 했다. 두 명의 젊은 대령 본스틸(나중에 한국의 유엔군 사령관이 되는)과 러스크(나중에 미 국무 장관이 되는)에게 한반도를 두 개의 점령 지역으로 분할하는 임무를 맡겼는데, 두 젊은 장교는 30분 만에 한반도 분할 지점을 결정했다(W. S. Lee, 1982: 83; 또한 Cumings, 1981: 120~121 참조). 미군은 가장 가까운 곳이라고 해도 600마일이나 떨어진 오키나와에 있었지만, 소련은 이미 북한에 들어와 있는 상황이었다. 미군의 당면 문제는 어떻게 신속하게, 소련이 받아들일 수 있는, 그리고 소련의 한반도 장악을 저지할 수 있는 방법으로 일본의 항복을 준비하느냐 하는 것이었다. 그들은 38선을 선택했는데, 그것이 거의 균등한 분할이기도 했고 수도 서울을 미국 측 영역에 유지할 수 있었기 때문이었다(Hart-Landsburg, 1998: 40~41 참조).

이 계획은 지휘 계통의 결재를 거친 후 8월 14일 트루먼 대통령이 서명하고, 다음 날 일반 명령 제1호의 일부로 맥아더 장군에게 전달되었다. 그리고 미국은 일본과 필리핀에서 일본에 대한 항복을 접수할 준비를 했고, 소련은 만주에

번도 협의한 적이 없었다"고 혹독하게 비판했다. 이에 대해서는 다음 기사를 참고할 것. "한쪽 손이라도 서로 붙잡고 있으면……", ≪중앙일보≫, 2015년 7월 29일 자.

18 [옮긴이] 이것이 이승만의 반대 때문이었다는 주장으로는 김자동 대한민국 임시정부 기념사업회장의 다음 견해를 참고할 것. 김자동, "이승만은 독립의 '훼방꾼'", ≪한겨레≫, 2011년 8월 12일 자.

서 일본의 항복을 받아들일 준비를 했다. 미국 행정부 내 대부분의 사람들은 스탈린이 이 계획안을 거부할 것으로 예상했다. 소련은 한국으로 진입하지 말라는 미국의 경고를 무시했고, 미군이 한반도에 도착하기 전 이미 한반도 전체를 점령할 수 있을 정도로 군사적 우위의 입장에 있었기 때문이다. 그러나 스탈린은 8월 16일, 미국의 제안을 이의 없이 수용했다. 스탈린이 항복 협상을 기꺼이 수용한 이유가 무엇이든, 이로 인해 미국의 남한 점령(occupation)이 가능하게 되었다.

트루먼 대통령은 자신의 회고록에서 38선에 의한 한국 분할 결정은 일본의 항복을 접수하는 데 필요한 군사적 편의를 위한 것이었다고 설명했다(Hart-Landsburg, 1998: 40~41 참조). 그리고 그는 이 문제에 대해 스탈린의 동의를 얻을 수 있었던 것을 큰 성공으로 생각했다. 일각에서는 한국의 분할 결정이 얄타와 포츠담의 전시 회담에서 결정된 것으로 의심하지만, 대부분의 학자들은 트루먼의 설명을 통설로 받아들이고 있다. 정치적·전략적 현실은 미국의 선택권을 제한하는 상황이었고, 따라서 이 결정이 그들이 할 수 있었던 최선이었다고 암묵적으로 이해되고 있다.[19] 결국, 스탈린이 미국의 제안을 수용한 것은 동부 유럽의 소비에트화에 대해 반발이 일어나지 않도록 연합군과 조화를 유지하려는 염원, 일본 점령에 참여하거나 적어도 일본 내에서 동등한 목소리를 확보하려는 희망, 그리고 신탁통치가 친소련 한국으로 이어질 것이라는 자신감 때문이라는 게 명백했다.

북한에서 소련의 권한이 강화되자 난민의 대량 유출이 시작되었다. 소련은 이 난민들을 부유한 지주들과 친일파로 낙인찍었지만, 사실 그들은 모든 사회계층을 망라하고 있었다. 1947년 중반까지 180만 명의 난민이 남쪽으로 탈출했고, 추가로 300만 명이 1950년 한국전쟁 초기 몇 달 동안 탈출했다. 이 480만 명의 난민들이 오늘날 남북 사이에서 헤어진 약 1000만 명의 이산가족으로

19 대안 및 더욱 비판적 해석은 Harrison(2002); S. S.Cho(1967) 참고.

해석되고 있다. 이러한 사람들이 북한에서 탈출했기 때문에, 애석하게도 북한에서는 소련이 후원하는 한국인들이 더욱 쉽게 정치권력을 장악할 수 있었다(W. S. Lee, 1982: 186~187; Cumings, 1981: 55~61).

일반명령 1호(General Order Number One)는 한국의 영구적 정치 분열을 의도한 것은 아니지만 — 그것은 일본의 항복을 접수하기 위한 명령이었다 — 3년도 안 되어 정치 분열을 초래하고 말았다. 미국의 목표는 한반도에 대한 통일된 신탁통치안을 도출하는 것이었지만, 소련과 타협에 실패했다. 전후 세계에서 미국의 명성 훼손을 염려한 국무부와, 한반도 어딘가로 미군을 이동시키고자 하는 육군성의 염원을 참작하여, 미국은 자신의 점령 영역 내에서 한국 정부의 수립을 도모하기로 결정했다. 1948년 8월 남쪽에서는 대한민국이 선포되었고 한 달 후 북쪽에서는 조선민주주의 인민공화국이 선포되었다. 그해 12월 유엔한국임시위원단(UNTCOK)이 유일하게 남쪽에서 선거를 관찰할 수 있었다는 사실에 근거하여, 유엔 총회는 한반도에서 합법적인 정부로 대한민국 정부를 승인하는 결의안을 채택했다. 1949년 1월 1일 미국은 대한민국을 승인하고, 37개 국가들이 즉시 잇달아 승인했다. 조선민주주의 인민공화국에 대해서는 오직 소련 연합 국가들만이 승인을 했다. 이처럼 남한과 북한 사이에 외교적 승인과 정통성을 확보하기 위한 길고 긴 경쟁적 다툼이 시작되었다. 소련군은 1948년 말 한반도를 떠난 반면, 미군은 안정을 보장하기 위해 1949년 6월까지 한반도에 남아 있었다.

남한에서 마지막 군대가 철수한 지 6개월 후, 미국 국무 장관 애치슨은 내셔널 프레스 클럽에서 아시아에서의 미국 방어선을 설명하는 연설을 했다. 이 1950년 1월 연설에서 애치슨의 방위선에는 한국과 대만이 모두 제외되었다(Acheson, 1950). 애치슨에 따르면 방어선을 넘어 공격이 발생하는 경우 초기 방어 책임은 해당 국가의 국민들에게 있고, 그다음 유엔이 집단적으로 대응할 것이라고 했다. 방위선에서 한국을 제외한 것은 학자들의 비판의 초점이 되었다. 애치슨의 주장은 남한이 전면적 침략에 직면하기보다는 오히려 체제가 전복될 가능성이 더 크다고 보는 미국 행정부의 믿음을 반영한 것이었다. 따라서 이에 대한 최적의 대응은 현지 국력 강화와 자립심을 조성하는 것이었다(Matray, 1985: 218). 또한 애치슨은 베이징에 자리 잡은 중국 공산당을 향해 미 행정부가 우정을 원한다는 메시지를 보내고 있었던 것으로 짐작된다. 애치슨의 발언을 통해 알리고자 했던 의도가 무엇이었든지 간에 모스크바, 베이징, 평양이 이해한 것은 미국은 중국이나 한국에서의 무력 충돌에 연루되는 것을 원하지 않는다는 것이었다.

한국전쟁은 1950년 6월에 시작되었다. 전쟁의 기원에 대해서는 상반되는 네 가지 해석이 존재한다. 전통적 입장은 한국전쟁을 공산주의의 세계적 확장을 위한 스탈린 전략의 산물로 이해하는 것이다. 이 견해에 따르면 김일성은 꼭두각시이자 가해자이다. 스펙트럼의 다른 쪽 끝에 위치한 수정주의 학파는 한국전쟁에 대한 미국과 대한민국의 책임을 주장하고 있다. 이 해석에 따르면 이승만은 미국 제국주의의 팽창을 촉진하려 했던 꼭두각시이자 하수인이다. 신전통주의 학파는 스탈린이 아닌 김일성을 전쟁의 주동자로 이해한다. 신수정주의 학파는 어느 한 개인을 비판하는 것을 지양하고, 한반도에서의 오래된 계급투쟁을 원인으로 본다(H. J. Kim, 1994). 한국전쟁의 기원에 관한 이들 네 개의 견해 중, 1990년대 초 소련의 기록보관소 공개로 드러난 증거에 의하면 신전통주의 학파의 견해가 진실에 가장 가깝다. 소련의 문서들은 김일성이 1949년 초에 전면적 남침 계획을 수립했음을 입증하고 있다. 이때 김일성은 스탈린과 회담을 거듭 요구하기 시작했고 결국 1949년 3월에 모스크바에서 스탈린과 만났다. 그러나 소련 대사는 스탈린에게 공격은 현명하지 않다고 조언했고, 소련의 중앙위원회도 1949년 북한의 남침에 반대하는 공식 결정을 내렸다. 1950년 1월이 되자 김일성은 침략을 위한 새로운 계획을 제안했고, 스탈린은 북한에 군사적 준비를 계속할 것을 촉구하는 것으로 대응했다. 김일성은 1950년 4월에 다시 모스크바를 방문했다. 이때 스탈린은 공격이 가능할 정도로 국제 정세가 변화했지만, 전쟁을 진행하기 이전에 마오쩌둥의 승인이 필요하다고 언급했다. 김일성은 1950년 5월 중순에 마오쩌둥과 회담했고 전쟁은 6월 25일에 시작되었다(Goncharov, Lewis and Xue, 1993; H. J. Kim, 1994).

조선 인민군은 한반도 남쪽으로 급속하게 진격했다. 대부분의 미군이 한국에서 이미 철수했기 때문에 대한민국이 자주적으로 공산주의 세력을 저지할 수 없다는 점은 명백했다. 트루먼 대통령은 나중에 그의 회고록에서 한국에 개입한다는 결정은 그의 대통령 임기 중 가장 어려운 결정이었지만, 한국 문제를 냉전체제하에서 "서구(the West)의 힘과 결단력의 상징"으로 생각했다고 밝혔다.[20] 이 사례에는 명백하게 세 가지 요인이 작용했다. 즉, 일본에 대한 전략적 위협, 대서양 동맹의 신뢰성, 그리고 유엔의 집단 안전보장 체제의 실효성이 그것이다. 트루먼은 맥아더에게 일본에서 대한민국으로 군수품을 이전하는 것과, 미국 시민의 피난을 보호하기 위해 공중 엄호할 것을 허락했다. 한편 미국은 6월 27일 유엔 안보리에서 북한군 격퇴를 지지하는 결의안을 얻어냈다. 만약 소련이 유엔 안보리에 참여했다면 소련은 의심의 여지없이 유엔 결의안을 거부했을 것이다. 그러나 소련 대사는 중국에서 공산주의 혁명이 성공했음에도 불구하고 중국 대표를 대만의 국민당에서 중국 공산당으로 바꾸지 않은 것에 대한 항의 수단으로 안보리에 불참했다. 미국의 전투 부대는 7월 1일 부산에 도착했다. 부산 주변에서 그리고 인천에서의 유명한 상륙 작전을 시작으로, 미군과 대한민국군은 서울과 남한 대부분을 수복하고 10월 중순 평양까지 장악했다.

김일성은 마오쩌둥과 스탈린에게 지원을 호소했고, 10월 25일 펑더화이(彭德懷) 사령관의 지휘 아래 중국의 인민지원군이 전쟁에 개입하여 미국이 한반도 북부로 진격하는 것을 저지했다. 같은 시기에 소련 미그 전투기도 참전하

20 트루먼의 개입 결정에 대한 탁월한 분석으로는 Paige(1968)을 보라. 페이지는 전쟁 첫 주에 대해 가장 자세한 설명을 제공할 뿐만 아니라 트루먼 조치의 원인과 위기에 대한 타당성과 관련하여 다양한 문제를 검토하고 있다.

여 — 이들 대원은 중국인이나 한국인 조종사 행세를 했다 — 미국의 제공권 우위를 저지할 수 있었다. 1950년 말까지 양측은 전쟁이 시작될 때 점유하고 있던 것과 거의 동등한 영토를 유지했다. 전투는 1953년 7월까지 이어졌음에도 불구하고 남한과 북한은 2.5마일 폭의 DMZ 추가를 제외하고는, 그들이 전쟁을 시작할 때와 거의 같은 지리적 경계를 유지하며 전쟁에서 벗어날 수 있었다. 1953년 7월 27일에 서명한 정전협정의 서명자에는 대한민국이 포함되지 않았다. 이승만 대통령이 정전협상에 총력 반대한 결과, 북한, 중국 및 유엔 군사령부만이 정전협정에 서명했다.

37개월간의 전쟁 결과 미국은 13만 7250명의 사상자를 낳았다(전사자 3만 6940명, 부상자 9만 2134명, 실종자 3737명, 전쟁 포로 4439명. 국방부, 2003: 8). 남한은 40만 명의 병력을 잃었고 막대한 민간인 손실을 입었다. 북한과 중국의 사상자를 합한 수는 200만 명에 육박했다. DMZ 양쪽의 재산상 피해는 심각했다(Barry, 1996: 69). 미국은 파괴적인 폭격을 감행했고 그 결과 북한 전역에 서 있는 건물은 거의 아무것도 남겨놓지 않았다. 따라서 전쟁은 북한 주민들에게 엄청난 두려움, 분노, 미국에 대한 증오를 남겼고, 이러한 현상은 주한미군이 남한에 계속 주둔하면서 더욱 악화된 상태이다(I. Y. Chun, 1977: 77~84). 전쟁은 북한의 정체성 형성에 결정적 사건이었다. 1950년 침략 때문에 미국의 정책 입안자들과 대중의 마음속에 북한은 어떠한 대가를 치르더라도 반드시 억제되고 틀어막아야 할 공격적 공산주의자라는 이미지가 새겨졌다. 반면 북한 주민들은 미국의 한국 전쟁 개입과 주한미군 주둔을 한반도 정세에 대한 강대국의 간섭으로 간주하고 있다. 냉전이 종식된 지 15년이 흘렀지만, 미국과 북한은 엄격하게 말하면 여전히 전쟁 상태에 있고 이데올로기 갈등의 진흙탕에 빠져 있다.

1953년 휴전은 오래가지 않을 것으로 예상되었지만 50년 이상 유지되고 있다. 정전협정이 낳은 기관도 역시 유지되고 있다. 양측 장교로 구성된 군사정전위원회(MAC)는 1953년부터 1980년대 후반까지 그리고 오늘날에도 여전히 자리를 지키면서 사실상 유일한 공식 북미 접촉 창구 역할을 하고 있다. 종래 스웨덴, 스위스, 체코슬로바키아, 폴란드(체코슬로바키아와 폴란드는 공산주의 붕괴 이후 더 이상 회원이 아니다)로 구성된 중립국감시위원단(NNSC)도 역시 존속하고 있다.

한국전쟁은 남북한뿐만 아니라 미국의 냉전적 정체성을 창조하는 데 커다란 기폭제 역할을 했다. 먼저 남북한에는 하나의 전체로서 집단적 종족 민족주의 정체성을 약화시키는 결과와 함께 다양한 정체성 경쟁에서 냉전적 정체성이 압도적으로 지배하는, 정체성 정치에 결정적 변화를 초래했다(C. S. Chun, 2001: 132). 또한 미국은 자신들의 냉전적 정체성을 구체화하는 데 한국전쟁에 빚을 졌다. 미국의 냉전적 정체성은 세계적 양극체제와 도처에 존재하는 공산주의 위협에 대한 일도양단의 이분법적 시각(Manichaean vision)이 만연하는 미국의 전략적 풍토를 낳았다. 한국전쟁은 냉전적 정체성의 구축을 가속화하고 완성했기 때문에, 냉전이 종식된 지 10년 이상이 지나고 공산 세계가 붕괴·전환되었음에도 불구하고, 남북한 사이에 냉전적 정체성 정치를 완전히 끝내는 데에는 실패했다(C. S. Chun, 2001: 142). 요컨대, 한국전쟁은 한반도뿐만 아니라 세계 도처에서의 냉전적 경로를 결정하고 말았다.

또한 전쟁 정치는 냉전의 게임 규칙을 제정하고, 동아시아 전체에 걸쳐 그리고 아시아를 넘어 동서 대립 패턴을 굳어지게 했다(Jervis, 1980). 과도한 군사 예산, NATO의 무장화, 경쟁적 동맹 체제의 세계화 모두 한국전쟁을 통해 형성되었다. 한국전쟁으로 인해 동서 갈등은 냉혹한 양극체제의 이분법적 시각에 의존하는 강경한 전략적 풍토로 구체화되었다. 또한 한국전쟁은 공산권의 결집이라는 중요한 결과를 가져왔다. 공식적으로 1950년 2월 14일에 체결된 중소 동맹은 단기적으로 강화되었지만 한국전쟁으로 인해 장기적으로 약화되었다. 제3세계 중립국의 인식이 어떠했든지 간에, 중국의 한반도 개입은 소련과 함께 중국의 위상을 크게 강화시켰다. 중소 분열은 중소 동맹관계가 점점 더 평등해지면서 생긴 불가피한 결과였다(Stueck, 1995: 370 참조). 그리고 동아시아에서 세력 균형을 좌우하는 영향력은 소련에서 서서히 중국으로 이동했다.

미군은 유엔의 명령 아래 전쟁이 마무리된 이후에도 남한에 여전히 주둔하고 있다. 주한미군(USFK)의 크기는 지난 50년간 고작 몇 번 변경되었을 뿐이다. 1971년 닉슨 정권은 주한미군 7사단을 철수시켰다. 그 후 1976년 카터는 대통령 선거운동 기간 중에 북한보다 강한 대한민국의 경제력을 감안하여 한국에서 점진적으로 미군을 철수할 것이라고 발표했다. 군 현대화 프로그램과 함께 카터는 자신의 계획을 이행했으나 1979년 2월, 1970년대 후반 북한의 군사력 증강으로 인해 철군은 중지될 것이라고 발표했다. 오늘날 미국의 존재, 그리고 특히 남한에서 미군들의 행태는 여전히 한미관계의 논쟁적 이슈로 남아 있다.

워싱턴-서울-평양 삼각관계에 대한 새로운 도전

정치와 외교 문제: 정상화를 향한 긴 여정

냉전 종식 덕분에 미국은 중국과 실무관계를 형성할 수 있었다. 이후 미국은 클린턴 대통령의 두 번째 임기 중 베트남과 화해했다. 미국이 베트남과 전쟁을 끝낸 지 20년 만이었다. 그러나 냉전이 종식된 이후에도 빠른 북미관계 정상화를 예측한 사람은 거의 없었다. 스탈린주의 국가로서 강렬한 정치적 처지 때문에 그 같은 결과가 있을 것 같지도 않았다. 북한은 한반도 영구 분단을 획책한다는 수사학적 이유로 남북 '교차승인'을 비난했기 때문이다. 나아가 북한의 붕괴 가능성에 대한 예상이 넘쳐났고, 이것이 관계 정상화를 시간 낭비처럼 보이게 만들었다. 그럼에도 1990년대 후반 클린턴이 임기를 마칠 무렵, 북미관계 정상화 이슈가 테이블 위로 올려졌다. 그러나 결국 새로운 '핵 폭로'로 말미암아 무산되고 말았는데, 관계 정상화를 향한 그 어떤 진전도 완전히 어둡게 만든 이 새로운 교착 상태의 해결을 위해 펜타곤의 입안자들과 국무부의 전략가들은 급박하게 움직여야 했다.

21세기 초반의 북미관계는 유례를 찾기 어려운 독특한 사례이다. 소련의 붕괴에도 불구하고 북한은 정치적, 군사적, 그리고 이념적으로 최장 기간 미국의 적국인 상황이고, 그 역逆도 마찬가지이다. 오늘날 국제 문제에서, 북미 양국처럼 60년 가까이 상호 원한, 증오, 그리고 외관상 변치 않는 적대적인 냉전적 정체성을 붙들고 서로를 자극하며 부채질하는 이런 관계는 없다.

1953년 한국전쟁이 종결된 이후부터 1980년대 후반까지 미국과 북한 사이에 그 어떤 종류의 공식 외교 접촉도 없었다. 1973년 북한 외교관들은 유엔에서 영구 옵서버 임무를 수행하기 위해 처음으로 뉴욕에 도착했다. 그러나 그들은 워싱턴과 평양 사이의 얼어붙은 냉전적 적대감을 누그러뜨릴 수 없었다. 이듬해 북한 최고인민회의는 미국 의회에 정전협정(armistice)을 북미 평화조약(peace treaty)으로 대체할 것을 제안하는 서한을 보냈다. 그리고 1975~1976년 즈음, 미 국무 장관 헨리 키신저(Henry Kissinger)는 북한 승인(recognition)에 찬성하는 의견을 실제로 갖고 있었다. 즉, 키신저는 미국과 일본은 북한을 인정하고, 그 대가로 소련과 중국은 남한과 외교관계를 수립하는 교차승인론(cross- recognition)을 요구했다(Barry, 1996: 78). 북한은 미국을 악마화하는 정책을 펼치면서도 한편으로는 제럴드 포드(Gerald Ford)와 카터 행정부하에서 공식 관계 수립을 목표로 양국 간 협의를 계속 제안했다. 그 후 1983년 4월 이집트의 호스니 무바라크(Hosni Mubarak) 대통령이 평양을 방문했을 때, 평양은 그에게 워싱턴에 이러한 제안을 전달해달라고 요청했다. 그러나 미국은 남한을 배제한 북한의 협상 제안에 대해 지속적으로 퇴짜를 놓았다. 1984년 1월 북한은 '3자 회담(Tripartite Conference Proposal)'를 제안했다. 이 3자 회담은 중국 총리를 통해 미국 행정부와 의회에 보낸 서한에서 제의한 것으로, 남북한과 미국이 대등한 당사자로서 적대 상태를 끝내고 공식적 평화조약 체결을 위해 협상하는 내용이었다. 또한 이 제안에서는 한반도 통일을 위해서는 주한미군 철수와 남북 대화가 필요하다고 주장했다. 평양의 계획에 따르면, 두 개의 협상안이 있었다. 하나는 북미 간 정전협정을 대체하는 협상이었고, 다른 하나는 남북한 사이의 군축 및 불가침협정이었다. 이에 대해 미국은 남북회담의 선결적 필요성을 호소하는 대한민국을 지지함으로써 평양의 요구에 대응했고, 또한 중국을 포함한 진정성 있는 4자회담이라면 환영할 것임을 내비쳤다(Clough, 1987: 190~192).

냉전의 긴장이 서서히 완화되고 세계 도처에서 발생하는 전략적 변화와 함께, 레이건 행정부는 북한과 대화를 시작하기 위해 '신중한 구상(modest initiative)'으로 명명된 작업에 착수했다. 평양이 점점 더 고립되는 것은 동북아시아를 위태롭게 만드는 불안정한 요소임을 인식하고, 로널드 레이건(Ronald Reagan)은 1988년 가을 국무부에게 중립적 환경에서 북한 대표와 실질적 논의를 유지할 권한을 부여했고, 나아가 학문, 문화, 스포츠, 그리고 다른 몇몇 영역에서 북한 민간단체의 미국 방문을 허용했다. 그는 또한 사안별로 얼마간의 수출을 허용함으로써 북한과 상업 및 금융 거래에 대한 전면 금지에 가까운 조치를 폐지했다.[21] 그러나 조지 H. W. 부시 행정부는 이 정책을 유지하지 않았다.

1990년대 초반 동구권과 소련의 붕괴는 미국 대통령 조지 H. W. 부시와 클린턴의 중요한 관심 사항이었다. 벨라루스, 카자흐스탄, 우크라이나의 핵무기를 안전하게 확보한 후, 이들 구공산주의국가들이 민주주의와 자본주의 국가로 자연스럽게 전환될 수 있도록 광범위하게 유도할 필요성이 있었다. 북한에 대한 정책은 최악의 경우 무시 정책(ignorance)이었고, 기껏해야 봉쇄 정책(containment)이었다. 북한의 핵무기 열망을 억제하기 위한 최소한의 조치만

21 1996년 9월 12일, 워싱턴 DC, 상원 외교위원회 동아시아태평양 소위원회에서 마크 민튼(Mark Minton) 한국 담당 과장의 증언.

취할 뿐이었다. 또한 공산 정권과 그 어떤 종류의 대가를 약속하는 정책은 실패할 가능성이 크기 때문에 그것만은 피하겠다는 상투적 약속만 존재하고 있었다.

그러나 1993년 3월 12일 북한은 1985년 12월에 서명한 바 있는 핵확산 방지조약(NPT)에서 탈퇴하겠다면서 90일간의 사전 법적 통지를 했다.[22] 이 탈퇴는 IAEA의 특별 사찰 요구 – 유엔 제재 위협으로 뒷받침되는 – 에 대한 평양의 맞대응이었다. 이 특별 사찰은 시간이나 장소에 구애되지 않고 언제 어느 지역이든 무제한적으로 접근할 수 있도록 요구하는 것으로, 지금까지 IAEA가 출범한 이후 이와 같은 요구는 처음이었다. 북한의 NPT 탈퇴 선언 이후 서울, 도쿄, 워싱턴, 비엔나, 뉴욕에서는 일순간 위기 분위기가 조성되었고, 동시에 149개 국가는 '평양의 의도적 탈퇴를 비난하는 성명'을 발표했다(Wit, Poneman and Gallucci, 2004: 27).[23] 1993년 내내 북미 간 긴장은 고조되었다. 북한은 핵 시설에 대한 IAEA 봉인을 조작한 것으로 알려졌고 이에 따라 유엔 제재가 고려되었다. 그러나 중국은 유엔 제재에 대해 거부권 행사 위협으로 맞섰고, 따라서 안보리는 그해 5월 온건한 결의안을 통과시킬 수밖에 없었다. (1993년 제1차 북미 핵 위기를 해결하기 위한 - 옮긴이) 북미회담은 6월 뉴욕에서 시작되었는데, 미국은 북한의 요구 사항 중 가장 중요한 구성 요소인 경수로(LWRs) 제공에 대해 원칙적으로 신속하게 수용했다. 북한은 IAEA(IAEA는 이 문제를 안보리에 회부할 수 있었을 뿐이다), 유엔 안보리(안보리는 제재의 위력 없는 결의안을 내놓을 수 있을 뿐이었다), 미국(미국은 평양과 직접 양자회담을 할 수밖에 없었다)이 꺼

---

22 [옮긴이] NPT(핵무기 비확산에 관한 조약) 10조에 따르면 각 당사국은 3개월 전에 유엔 안보리에 탈퇴 통고를 하면 NPT로부터 탈퇴할 수 있다.

23 이 책은 세 명의 미국인 참여자가 쓴 것으로, 첫 번째 북한 핵 위기에 대한 가장 권위 있고 종합적인 설명으로 유명하다. 조엘 위트(Joel Wit)는 국무부 소속이었고, 대니얼 포너먼(Daniel B. Poneman)은 국가안전보장회의 소속이었고, 로버트 갈루치(Robert L. Gallucci)는 첫 번째 북한 핵 위기 당시 제네바의 미국 측 수석 협상 대표였다.

낼 수 있는 카드의 선택권을 제한하는 데 성공했다. 한편 클린턴 행정부가 북한에 맞선 연합 전선 전략으로 서울, 도쿄, 베이징, 모스크바, IAEA, 안보리 및 미국 의회를 한 팀으로 묶으려는 시도는 더욱 방해받을 수밖에 없었다.

미국은 북한에 두 개의 경수로를 공급하겠다는 원칙에 합의했지만, 그럼에도 세부 사항을 타협하는 데 거의 일 년을 끌면서 합의 이행을 지체시켰다. 당시 상황을 간략하게 살펴보면, 1994년 5월 북한은 IAEA 사찰단이 없는 상태에서 영변 원자로에서 핵 연료봉 제거를 시작했다. 이 문제가 유엔 안보리로 회부되자 북한은 "유엔의 제재는 선전포고로 간주될 것"이라고 선포했다(*The Pyongyang Times*, 1994.6.18, p.2). 중국은 다시 거부권 행사를 위협하고, 동시에 북한과 1961년 북중 상호원조조약의 책임을 재천명하여 유엔 안보리를 꼼짝 못하게 했다. 그러자 1994년 6월 미국은 군사행동을 검토하기에 이르렀고, 실제로도 군사적 해결이 임박한 것처럼 보였다(Sigal, 1998: 132; Oberdorfer, 1997: 323~326). 클린턴 행정부의 지속적 봉쇄 정책은 실패했고 대안은 준비되어 있지 않은 상태였다. 이때 전 미국 대통령인 지미 카터가 평양에 가서 북한의 핵 개발 계획을 동결하겠다는 김일성의 개인 서약을 받아냈다. 클린턴 행정부는 다소 머쓱했지만 북한과 협상을 하는 것 외에는 선택의 여지가 없었고, 그 결과 북미 제네바 합의로 이어지는 4개월간의 과정이 공식적으로 시작된 것이다.

클린턴 행정부의 국방 장관 윌리엄 페리(William Perry)는 협상 가능성에 대해 다음과 같이 회고하고 있다. "우리는 대통령에게 어느 모로 보나 비참한 선택권을 제시해야 할 상황에 놓여 있었다. 우리가 언젠가 직면할지도 모를, 북한이 핵무기를 갖는 것을 허용하느냐 아니면 파괴적인 비핵전쟁의 위험을 무릅쓰고 북한의 핵 개발을 저지하느냐 하는 씁쓸한 선택권이 있었다"(Carter and Perry, 1999: 123~124).[24] 비록 일부 대북 강경 정책을 외치는 반대파들이 북한

24 이 진술에 대한 각주를 보면 애슈턴 카터(Ashton B. Carter)는 여기서 언급되는 회의

에 대한 클린턴의 정책을 '유화 정책(appeasement)'이라고 비판했으나, 분명한 사실은 협상을 통한 제네바 합의가 없었다면, 북한은 오늘날 1~2개 또는 6~8개가 아닌 50개에서 100개에 이르는 핵무기를 가졌을지도 모른다는 점이다.[25]

1994년 10월 타결된 제네바 합의는 미국과 북한 사이에 제한적 포용(limited engagement) 시대를 열었다. 이 문서는 이른바 북한 핵 문제에 대한 해결책으로 북미 양국에 네 가지 조건을 요구했다. 첫째, 북한의 에너지 위기를 해결하기 위해 미국은 두 개의 경수로 건설을 촉진할 의무를 지는데, 이 중 첫 번째 경수로는 원자력의 평화적 이용에 관한 북한과의 서면 합의에 대한 대가로 2003년까지 완공되어야 한다. 동시에 북한은 경수로 건설 중 흑연 감속 원자로(graphite-moderated reactors)를 동결하고 폐기할 의무를 부담했다. 그 대가로 미국은 북한에 매년 50만 톤의 중유 공급을 보장했다. 둘째, 안보 목적으로 핵무기를 추구하는 북한을 다루기 위해 미국은 북한에 핵무기를 사용하거나 사용하겠다는 위협을 하지 않을 것이라고 약속했고(소극적 안전보장), 북한은 대한민국과의 대화에 참여하기로 했다. 셋째, 국제 레짐(international regimes)의 실효성을 보장하기 위해 북한은 NPT와 IAEA의 요구 사항을 준수하기로 했다. 마지막으로 양국은 제네바 합의에 서명 후 3개월 이내에 무역과 투자 장벽을 완화하는 것을 시작으로 정치적·경제적 관계의 완전 정상화를 추진하기로 했다.

북한은 이 합의 문서를 매우 긍정적으로 평가했다. 북한 수석대표 강석주는 이 문서를 핵 분쟁을 최종적으로 해결한 "역사적 의미를 가진 매우 중요한 획기적 문서"라고 표현했다. 북한의 공식 매체는 이 합의를 "최대의 외교적 승

에 참석하지 않았었고 페리가 "이야기를 전달해준 것"이라 설명되어 있다(Perry, 2002: 121 참조).

25 50~100개의 핵무기라는 수치는 페리의 추정이다. 다음을 참고할 것. William J. Perry, "It's Either Nukes or Negotiation," *Washington Post*, July 23, 2003, p.A23.

리"라고 주장하며, 중국의 압력이나 도움 없이 북한 스스로 달성한 것임을 생색내기 위해 애를 썼다. 북한은 "우리는 독립적 입장에 기초하여 다른 사람의 동정이나 충고에 의지하지 않고 미국과 자주적으로 회담을 했다. 따라서 제네바 합의의 채택은 우리의 자주적 외교 정책의 소중한 열매이다"라고 주장했다 (≪로동신문≫, 1994.12.1).

따라서 제네바 합의는 평양과 워싱턴에 연락 사무소를 설립하는 것부터 시작(미국과 중국이 완전한 관계 정상화에 이른 경로와 유사)하여 북미관계 정상화를 향한 로드맵 역할을 할 수 있었지만, 미국 측의 뜨뜻미지근한 합의 이행으로 인해 거의 아무런 진전도 이루지 못했다. 미국은 제네바 합의를 다루는 데에 진지함이 결여되었는데, 이는 미국 회계 감사원(GAO)의 다음과 같은 언급으로 더욱 명백해졌다. "제네바 합의는 국제적으로 구속력 있는 법적 문서라기보다는 '구속력 없는 정치적 합의' 또는 '구속력 없는 국제 합의'라고 정확하게 설명되어야만 한다."[26] 그러나 북한은 당연히 제네바 합의가 법적 구속력 있는 조약으로 다루어질 것으로 기대했다. 그리고 이후 북한은 제네바 합의의 이행과 관련해 이중 잣대로 인해 고통받고 있다고 인식하게 되었다.

1994년 11월 중간 선거에서 공화당이 의회를 다시 장악하면서 미국에서 제네바 합의의 이행은 정치적으로 실현 가능성이 더욱 낮아졌다. 클린턴 행정부는 북한 핵 프로그램처럼 인기 없는 문제로 의회와 대결하는 데 정치적 밑천을 소진하는 것을 내켜하지 않았다. 사실 클린턴 행정부가 제네바 합의의 이행을 고려한 적이 있었는지조차 의문이다. 1994년 당시 많은 전문가들은 6개월 또는 3년 이내에 북한의 붕괴를 예측하고 있었다. 따라서 합의가 이행되었다 해도 그것은 간헐적 범위 내에서의 이행이었을 뿐이었다.

26 다음을 참고할 것. "Nuclear Nonproliferation: Implications of the U.S./North Korean Agreement on Nuclear Issues," GAO Report to the Chairman, Committee on Energy and Natural Resources, U.S. Senate, October 1996(GAO/RCED/NSIAD-97-8).

제네바 합의의 파괴적 침몰에도 불구하고 2년이 채 안 되어 북미 외교관계에 또 다른 전선이 열렸다. 1996년 4월 제주에서 열린 한미 정상회담에서 미국과 남한이 북한과 중국을 포함한 2+2 형식의 '4자 평화회담 추진'에 합의한 것이다.[27] 클린턴과 김영삼 대통령도 북한이 2~3년 내에 붕괴될 것이라고 예측하면서 평화회담을 제안한 것이다(Green, 1997).[28] 북한은 제네바 합의가 완성되기 이전인 1994년 4월, '구시대적 휴전 체제'를 '새로운 평화 준비 체제'로 교체하는 2+0회담을 제안한 바 있었다(*The Pyongyang Times*, 1994.5.7). 그러나 미국은 남한을 배제한 그 어떤 제안에도 응하는 것을 거부했다. 실제 남한의 방침은 평화 프로세스는 남북 내부 사이의 과정이어야 한다는 것이었다. 다만 클린턴은 서울로부터 좀 더 유연한 정책을 요구받는다면, 기꺼이 정치적 자산을 지출할 용의가 있었다. 왜냐하면 그는 1996년 11월 대통령 선거 이전에 북한 이슈의 진전을 증명하고 싶었기 때문이다.[29]

그러나 1996년 9월 북한의 공작 잠수함이 좌초되고,[30] 남한에서는 먼 산악지역으로 달아난 북한 게릴라 부대를 소탕하기 위해 대규모 수색 작전이 벌어지면서 4자 회담은 거의 좌초되는 상황이었다. 일주일에 걸친 추격전 끝에 게릴라들은 사살되었다. 남한은 평양의 사과를 요구했고 12월 하순에 "깊은 유감"이라는 표현을 얻어냈는데, 이로 인해 이 평화협상은 진행될 수 있었다.

1997년 8월 뉴욕에서 4자회담 예비회담이 시작되었지만 당사자들은 평화

27 [옮긴이] 당시 김영삼 정부는 북한 붕괴론에 근거하여 대북 정책을 관리했는데, 이 4자 회담도 4자회담의 틀 내에서 북한 붕괴에 대비하려는 의도였다.

28 다음을 참고할 것. "North Korea Collapse Predicted," Associated Press, March 6, 1997.

29 예컨대, 한미 공동성명을 발표하는 날 ≪월스트리트저널≫은 "43년간 교착 상태에 있는 한반도의 어떤 움직임이 대통령 선거의 해의 빌 클린턴에게 힘이 될 것"이라고 언급했다(*Wall Street Journal*, 1996.4.16, p.A1 참조).

30 [옮긴이] 1996년 9월 18일 북한의 강릉 앞바다 잠수함 침투 사건을 말한다.

협상에서 다루어질 주제조차 합의하지 못했다. 미국과 남한 당국자들은 영구 평화 메커니즘 수립뿐만 아니라 신뢰 구축 및 한반도 긴장 완화를 위한 조치를 제안했다. 그러나 북한은 그 어떤 향후 논의도 남한에서의 미군 철수에 초점을 맞춰야 한다고 주장했다. 북한은 한미 양국에 대규모 식량 지원을 보장해줄 것과 평화협상이 시작되기 전에 경제제재를 완화해줄 것을 요구하면서, 동시에 미국과 평화조약 체결을 위한 단독 협상을 고집했다. 남한의 수뇌부는 서울을 과소평가하고 미국과 독점적 협상을 시도하려는 평양에 대해 극도로 민감했다. 김영삼 정부는 북한이 평화회담을 위한 서울의 조건에 동의하지 않는 한 북한에 경제원조를 할 수 없다고 주장했고, 심지어 북한의 기근 때문에 제공되는 인도적 지원의 흐름까지도 늦췄다.

따라서 북한도, 남한도, 중국도 모두 평화 회담에 만족할 수 없었다. 베이징은 미국이 너무 성급하게 행동해 준비도 안 된 북한과 중국을 다짜고짜 세간의 주목 속으로 떠밀어 곤란하게 만들었다고 믿었다. 그들에게 불리하게 작용할 것이 틀림없는 협상의 함정에 갇히는 것을 피하기 위해 어떤 대응을 해야 하는지는 고사하고, 무엇이 요구될 것인지도 모른 채 말이다. 따라서 베이징은 주한미군 및 북미 평화조약 체결에 협상의 초점이 맞춰져야 한다는 북한의 요구에 반대하며, 또한 협상에서 신뢰구축 조치를 다루어야 한다는 남한과 미국의 공동 제안도 거부하며, 중립적 입장을 취했다. 대신 중국 정부는 4개국(미·중·남·북)은 양국 간 관계 개선을 논의할 필요가 있다면서 익숙한 양자 간 협상을 제안했다(≪코리아 헤럴드≫, 온라인판, 1997.8.23).

출발은 순조롭지 않았지만, 그럼에도 평화협상은 뉴욕에서 세 차례 예비회담을 거친 후, 그다음 제네바로 이동하여 본회담을 열었다. 회담은 천천히 진행되었지만 1998년 결정적 합의 가능성의 징후들이 보이기 시작했다. 그것은 부분적으로 1997년 말 당선된 남한의 김대중 대통령이 주도한 것이었다. 그러나 4자 평화회담은 북한이 3단 도발을 하면서 돌연 큰 그늘이 드리워졌다. 남한 영해에 대한 일련의 잠수함 침입, 금창리 지하 핵 시설 건설 의혹, 1998년 8

월 말 일본 상공으로의 대포동 미사일 발사가 그것이다. 이 같은 북한의 3단 도발에 따라 한미 양국은 한반도에서의 영구 평화조약 체결보다 더 시급하게 처리해야 할 현안이 있다는 데에 의견이 모아졌다.

북한의 미사일 실험 및 플루토늄 재처리 의혹은 북한이 제네바 합의를 포기할 것이란 소문을 낳았다. 이에 대응하여 클린턴 대통령은 미국의 대북 정책에 대한 철저한 검토 및 평가를 수행하기 위해 자신의 전 국방 장관 윌리엄 페리를 발탁했다. 이른바 페리 프로세스(Perry process)는 클린턴 행정부가 꽉 막힌 대북 관계의 새로운 돌파구를 찾기 위해 수행한 최고 수준의 노력이 시작됨을 의미했다. 페리 보고서는 1999년 10월에 완성되었다. 이 보고서는 제네바 합의의 중요성에 주목하고, 대북 억제와 동시에 단계적 포괄적 포용(step-by-step comprehensive engagement) 및 북미관계 정상화라는 투 트랙 접근을 요구하고 있다. 보고서는 또한 정책 대안을 모색하는 과정에서 북한 정권 교체(regime change) 및 정권 붕괴 — 김정일 정권의 붕괴를 촉진하기 위해 북한을 약화시키는 정책 — 를 고려했지만, 결국 거부되었음을 강조한다(Perry, 1999).[31]

미국 공화당 의원들은 뉴욕 출신 벤자민 길먼(Benjamin Gilman)이 위원장을 맡고 있는 북한 자문 그룹의 보고서를 요약하여, 페리 보고서에 즉각적 공격으로 대응했다. 이 보고서는 클린턴 행정부의 정책을 부적절하다고 설명하고, 북한은 제네바 합의에 서명하기 전보다 명백하게 더 큰 위협이 되었다고 주장했다(North Korea Advisory Group, 1999). 이처럼 미국 내에서 부정적 반응이 있었지만, 페리 보고서의 발행 및 권고 내용이 일부 이행되면서 긴장의 분위기가

31 [옮긴이] 페리 보고서는 북한 체제의 붕괴에 대한 기대를 배제하고 존속 가능성을 전제로 하고 있으며, 이를 토대로 북미 상호 간에 존재하는 위협을 감소시켜야 한다는 '상호위협감소' 개념을 수용했다. 이 보고서는 또한 북 핵문제 발생 초기 클린턴 행정부가 실제로 감행 직전까지 갔던 '외과적 수술 방식'의 북한 핵시설 폭격과 같은 군사적 수단은 전쟁의 위험성과 동맹국의 반대를 감안하여 배제하기로 했다. 다음을 참조할 것. 김학성, 『한미관계론』(명인문화사, 2012), 169쪽.

완화되었고, 이는 북미관계 및 남북관계 모두에서 실질적 조치로 이어졌다. 물론 이러한 조치들은 관계 정상화를 위해 필요한 조치들에는 한참 미치지 못하는 것이었다.

미국과 관계 정상화를 바라는 북한의 염원이 최근 일은 아니지만 — 김일성은 1977년 ≪르몽드(Le Monde)≫와의 인터뷰에서 미국이 먼저 제안해온다는 전제하에 미국과의 관계를 기꺼이 정상화할 용의가 있다고 주장한 바 있다 — 관계 정상화 염원에 대한 평양의 진정성에는 의문이 있다. 일각에서는 강대국을 교묘한 솜씨로 다루어 최대한의 안보적·경제적 이익을 얻어내는 북한의 성향을 감안하면, 2000년 6월 역사적 남북 정상회담은 워싱턴에 대한 일종의 양보였다고 추측하고 있다. 그리고 이는 양자 및 다자간 원조와 FDI를 얻기 위한 북미관계 정상화 회담을 최종 겨냥했다는 것이다. 또 다른 일각에서는 남북 정상회담은 남북 대화의 부활을 요구한 제네바 합의의 이행이었다고 한다. 동시에 미국은 2000년 6월 북한에 대한 오랜 무역 제재를 추가적으로 완화하는 발표를 했다. 그 대가로 북한은 미사일 실험의 유예를 재확인했다. 남북 정상회담은 북미관계 발전에 공헌했는데, 2000년 10월 초 워싱턴에서 클린턴 대통령과 북한군 차수 조명록의 사상 첫 준정상회담(quasisummit meetings)이 개최되었고, 바로 직후 미국 국무 장관 매들린 올브라이트(Madeline Albright)와 김정일 사이에 평양 회담이 있었다.

북한은 미국 대통령의 평양 방문을 기대하고 있었지만, 조명록의 미국 방문은 2000년 10월 12일 북미 공동 코뮤니케와 10월 24일 미국 국무 장관 올브라이트의 공식 국빈 방문으로 이어지는 데 그쳤다. 이 공동 코뮤니케에서 양측은 쌍무관계에 대한 새로운 방향을 취할 용의가 있다고 언급했다. 그리고 "첫 중대 조치로서 쌍방은 그 어느 정부도 타방에 대하여 적대 의사(hostile intent)를 가지지 않을 것이며, 앞으로 과거의 적대감에서 벗어난 새로운 관계를 수립하기 위해 모든 노력을 다할 것이라는 양측 정부의 의지를 확인했다"고 했다.[32] 양국은 호혜적인 경제협력과 교류를 발전시킬 것을 약속했고, 양국 관계의 근본적 개선을 위해 미사일 문제를 해결하고 제네바 합의를 강화하기로 서약했다. 이 선언은 빈사 상태에 있는 4자 평화회담의 다자주의를 뛰어넘어 거의 완전히 쌍무적 표현으로 쓰여 있다.

실제 2000년 10월 준정상회담과 그에 따른 공동 코뮤니케 발표로 인해 북미 미사일 협정이 일부 진전될 수 있었다. 몇몇 클린턴 행정부의 전 당국자들 – 가장 눈에 띄는 사람으로는 매들린 올브라이트 국무 장관과 웬디 셔먼 대북 정책조정관 – 은 얼마 남지 않은 클린턴 임기 내에 미사일 합의에 도달하려면 클린턴 대통령의 평양 방문이 필요하다고 생각했다(Pollack, 2003). 그러나 북한은 2000년 후반 부시가 미국 대통령에 선출되는 것과 동시에 현장 검증 요구가 있자 북미 정상회담을 주저했다. 부시 행정부는 거의 모든 미국 외교 정책의 구성 요소들을 체계적으로 '일방주의화(unilateralizing)'하는 데에서 대북 정책을 찾으려 했고, 이는 북미 상호 교류의 부재 시대로 이어졌다. 부시 행정부가 취임한 지 3주가 채 되지 않았을 때, 김대중 대통령은 워싱턴으로 외교통상부 장관 이정빈을 급파했다. 이정빈은 미국의 새로운 국무 장관 파월에게 대한민국의 대북 정책의 핵심을 설명했고, 햇볕 정책에 대한 미국의 새로운 지지를 모색했다. 동시에 가능한 한 빠른 시일 내에 부시 대통령과 김대중 대통령의 회담이 가능하도록 청원했다. 파월 장관은 대한민국의 정책에 대해 광범위한 지지를 보내면서도 미국의 구체적인 대북 정책은 새로운 정부하에서 검토 중에 있다고 밝혔다. 이후 이어진 한미 정상회담에서 부시 대통령은 김대중 대통령에게 호의적이지 않았다. 부시 대통령은 김정일의 신뢰성에 대해 그리고 북한이 '모든 협정의 조건을 준수하는지'에 대해 공개적으로 회의적인 목소리를 냈다. 실제 부시 대통령의 발언 중에는 김정일에 대한 자극적이고 굴욕적

---

32 공동 코뮤니케 전문은 다음을 참고할 것. "U.S.-D.P.R.K. Joint Communique," U.S. Department of State, Office of the Spokesman, October 12, 2000. http://www.armscontrol.org/Events /commique.asp

인 비난이 있었던 것으로 드러났고, 들리는 바에 의하면 대한민국 대통령은 이를 매우 불쾌해했다고 한다. 북한은 즉각 다음 주 서울에서 예정된 장관급 회담을 취소하고, 미국의 '적대적' 대북 정책을 거칠게 비난했다. 북한은 "대화든 전쟁이든 모두 준비되어 있다"고 되풀이했다.

그러나 북미관계 정상화에 대한 북한의 명백한 염원을 담은 이 발언은 탈냉전 초기에 전략 지정학적 힘의 상관관계 변화와 깊은 관련이 있었다. 이 같은 지정학적 힘의 변화는 예컨대, 실현성 있는 대안으로서 제3세계의 실패(따라서 비동맹 운동 내에서의 외교적 승인 및 리더십을 얻기 위한 북한의 활동이 효력이 없었다는 것), 소련의 붕괴, 모스크바와 베이징의 외교적 승인을 얻어낸 서울의 북방정책 승리 같은 것들이었다. 〈표 5-1〉에서 보는 바와 같이 부시 행정부 아래에서 미국의 제네바 합의 불이행 또는 기준 미달 이행(underimplementation)이 지속되었고, 따라서 미국이 경수로를 완성하여 제공하기로 한 기한인 2003년이 다가오자 평양은 공개적으로 우려를 표명하기 시작했다. 2001년 2월 20일 북한 외무성 대변인은 "미국이 정직하게 제네바 합의를 이행하지 않을 경우 …… 우리는 더 이상 이 합의에 연연할 필요가 없다. 경수로 사업이 언제 완성될지에 대해 그 누구도 대답하지 못하는 작금의 상황에서, 우리는 KEDO의 존재가 무의미하다고 간주하지 않을 수 없다"고 밝혔다(≪조선중앙통신≫, 2001.2.22). 2001년 6월 18일 역시 북한 외무성은 "제네바 합의는 경수로 제공의 지연으로 인해 붕괴 위험에 있다"고 경고했다(≪조선중앙통신≫, 2001.6.18). 그러나 2001년 9월 11일 테러 공격이 발생하자, 미국의 대북對北 관여 정책은 우선순위에서 밀려났음이 재확인되었고, 평양을 협상 당사자보다는 새로운 위협으로 간주하는 부시 행정부의 성향은 강화되었다.

미국이 제네바 합의 이행을 끊임없이 망설였다는 것은 움직일 수 없는 사실이다. 미국이 KEDO의 경수로 건설이 완료되기 이전에 평양이 붕괴될 것으로 기대했다는 것은 공지의 사실이었다. 이러한 기대는 서울에서도 워싱턴과 도쿄 못지않았다. 그러나 경수로 건설 사업의 지체는 어느 한 당사자에게 전적

〈표 5-1〉 **제네바 합의의 이행 상황(2002년 말 기준)**

제네바 합의 규정	이행 상황
미국은 2003년까지 경수로형 원자력 발전소 2기를 제공하기로 동의한다(1.1조).	2002년 현재, 계획보다 4년 지체된 상황. 남한과 일본의 자금 지원 지체는 없었음. 미국의 이행과 건설이 지체됨.
미국은 북한에 대해 핵무기 위협 또는 핵무기 사용을 하지 않을 것을 공식 보증한다(3.1조).	이행되지 않음. 미국은 한반도에 대하여 군사력을 대안으로 유지하고 있다. 미국은 2001년 12월 「핵 태세 검토 보고서」에서 북한을 핵무기의 표적으로 삼는 것을 지속하고 있다.
북한은 경수로 계획이 완공되면 핵 원자로를 동결하고 폐기하는 데 동의한다(1.3조).	2002년 12월까지 준수함.
북한은 IAEA가 핵 동결을 감시하는 데 전면적으로 협력하기로 동의한다(1.3조).	2002년 12월까지 준수함.
미국과 북한은, 무역과 투자 장벽을 제거함으로써, 정치적·경제적 관계의 전면적 관계 정상화 추진에 협력하기로 동의한다(2.1조).	미국은 무역에 대해 제한적으로만 규제를 완화함. 관계 정상화나 평화협정을 위한 별도의 진전은 없었음. 미국 국무부는 북한을 계속 테러국가로 나열하고 있음.
미국과 북한은 각자의 수도에 연락 사무소를 설치하며, 이는 상호 대사급 관계로의 격상을 목표로 한다(2.2조, 2.3조).	이행되지 않음.

자료: Cha and Kang(2003: 137).

으로 책임이 있는 것도 아니고, 사업을 진전시키기 위해 필요한 상호 신뢰를 유지하려는 북한의 조치가 없었던 것도 아니었다. 그러나 경수로 노형爐型을 어떻게 표기할지에 대한 '정체성 논쟁(identity argument)'으로 6개월을 낭비했고, 그 후 고의적 노동 분쟁으로 인해 KEDO가 북한 노동자들을 중앙아시아 노동자들로 대체할 때까지 건설이 중단되기도 했다.[33] 이러한 문제에 더해 1996년 잠수함 침투 사건이 터지자 유화적 태도는 거의 사라졌다. 가장 큰 문제는 북한의 HEU 프로그램 의혹과 깊은 관련이 있었다. 클린턴 행정부는 아마도 HEU 프로그램을 알고 있었던 것으로 보이지만, 그것이 이전 합의의 위

33 [옮긴이] 북한은 월 110달러인 임금을 600달러로 인상해줄 것을 요구하며 2000년 4월부터 200명의 노동자 중 100명을 철수시켰는데, 이에 따라 KEDO는 우즈베키스탄 노동자 250명을 투입했다.

반 또는 중대한 위반이라고 생각하지는 않았다.[34]

부시 대통령이 북한에 관심을 갖는 상황은 오직 NMD(국가 미사일 방어체제)와 관련할 때뿐이었다. 즉, 미국은 북한을 NMD 배치 필요성의 근거를 설명하기 위한 상징물로 활용했다. 이라크, 이란과 달리 북한은 미국 본토까지 위협할 수도 있는 장거리 미사일 능력이 있다는 것이 그 이유였다. 부시는 2002년 1월 연두교서 연설에서 북한을 '악의 축'으로 선언했고, 2002년 3월 부시 행정부는 북한이 제네바 합의를 준수하고 있다는 점을 인정하길 거부했다(그리고 이는 미국의 KEDO 자금 조달에 위협이 되었다). 2002년 10월 마침내 평양의 HEU 프로그램에 대한 의혹이 폭로되었고, 이로 인해 평양과 워싱턴은 심각하게 틀어지고 말았다. 북미 접촉의 오랜 공백기를 깨고, 2002년 10월 초 미국 국무부 차관보 제임스 켈리는 평양과 포괄적 정책 논의를 갖기로 합의했다는 구실로 북한을 방문했다. 켈리의 방북 목적에 대해 아무런 공개 설명도 없었기 때문에, 그 누구도 평양에서의 임박한 북미 대결을 전혀 눈치채지 못했다. 또한 켈리 차관보가 다름 아닌 엄중 메시지를 전달하기 위해 평양을 방문할 것이라는 사전 암시를 이미 북한에 전달했다는 미국 당국자의 얘기도 믿을 만한 근거가 없었다. 일반적으로 알려진 설명에 따르면, 켈리는 북한 당국자와 외교적 세부 사항에 시간을 허비하지 않고, 곧바로 북한 HEU 프로그램에 대한 미국 정보기관의 조사 결과를 제시하며, 북한의 HEU 프로그램이 북미관계의 진전을 가로막고 있음을 분명하게 밝혔다고 한다. 또 다른 설명에 따르면, 북한이 제네바 합의의 붕괴에 대한 책임을 미국으로 몰고 갔다고 한다. 또한 오버도퍼와 인터뷰한 북한 당국자들은,

34 이와 관련해 최근 ≪포린어페어스≫에서, 해리슨의 갈루치 및 라이스 사이의 열띤 논쟁은 미국 정보 당국과 북한의 반박 모두 모호하다는 것을 보여준다(Harrison, 2005a, 2005b; Reiss and Gallucci, 2005 참조).

비밀 시설에서 우라늄 농축을 시도하고 있다는 걸 절대 부정하지 않았고, 그들의 행위는 부시 행정부의 적대 정책에 대한 대응이라고 표현했다. …… 우리 교섭 담당자는 북한이 부시 행정부가 취임하기 전에 그와 같은 핵 프로그램이 존재했는지에 대해 'NCND 정책'[35]을 취하고 있다고 말했다. 그들은 또한 북한이 이미 핵무기를 갖고 있는지에 대해서도 'NCND'로 대응했다(Don Oberdorfer, "My Private Seat at Pyongyang's Table," *Washington Post*, November 10, 2002, p.B3).

(2002년 가을, 평양에서 미국과 북한 사이의 회담 이후) 2003년 여름 북한을 적대시하고 위협하는 다양한 시나리오를 포함한 작전계획 5030이 언론에 유출되었고, 동시에 2003년 5월 불법 무기 재료를 운반하는 것으로 추정되는 선박과 비행기를 도중 차단할 수 있도록 계획된 대량살상무기 확산방지구상(PSI)이 발표되었다(Auster and Whitelaw, 2003 참조). 이러한 전략적 문서들은 평양에 대한 저주(anathema)를 의미하는 것이었다. 북한 당국자들과 북한 매체 모두, 오랫동안 미국의 안보 정책 토론과 문서를 면밀히 추적하고 있었다. 예컨대 2002년 10월 핵 위기가 발생한 후 북한의 성명에서는 주기적으로 부시 대통령의 '악의 축'에 북한이 포함된 것을 언급했고, 북한의 NPT 탈퇴를 정당화하며 부시 행정부의 선제공격 독트린(preemption doctrine)은 사실상 선전포고라고 언급했다(Pollack, 2003).

부시 행정부 제1기가 끝날 무렵 도널드 그레그, 제임스 레이니(James Laney), 스티븐 보스워드(Stephen Bosworth), 윌리엄 페리, 웬디 셔먼, 찰스 카트먼까지 실질적으로 모든 전 주한 미국 대사 및 북한 특사들은 부시 행정부의 북한 정권에 대한 접근 방법을 공개적으로 비판했다. 2003년 8월 북한의 핵 문제에 대한 국무부의 특사를 사임한 프리처드는, "부시의 재임기간 북한은 한두 개의 핵무기를 갖고 있었지만, 지금은 여덟 개 이상 핵무기를 소유하고 있을 가

35 [옮긴이] 긍정도 부정도 하지 않는 정책을 뜻한다.

능성 — 명백한 가능성 — 이 있다. 그리고 이것은 우리가 사담 후세인이 10년 내에 북한과 같은 핵 역량을 갖게 될 것을 우려하여 그를 제거하던 당시에 발생한 일"이라고 밝혔다.[36]

만약 관계 정상화가 된다면, 안전보장은 필수적인, 적어도 충분한 선행조건이 되어야 할 것으로 보인다. 생존 중심 안보 딜레마(survival-driven security dilemma)의 중요성은 2000년 북한을 방문했던 프리처드의 논평에서 증명되고 있다.

> 나는 북한 지도자 김정일이 2000년 10월 올브라이트 미국 국무 장관에게 말한 것에 깜짝 놀랐다. 김정일은 1970년대 중국 지도자 덩샤오핑은 당시 중국이 아무런 외부 안보 위협에 직면하고 있지 않았기 때문에 경제 발전에 자원을 집중할 수 있었다고 올브라이트에게 말했다. 김정일은 미국이 북한에 대해 적절한 안전보장만 해준다면, 미국은 더 이상 위협이 아니라고 군부를 설득할 수 있을 것이라고 말했다. 그렇게 되면 국가 자원을 경제개발에 집중했던 중국과 비슷한 입장에 있게 될 것이라고 말했다(Charles Pritchard, "A Guarantee to Bring Kim into Line," *The Financial Times*, October 10, 2003).

1999년 인터뷰에서 페리도 비슷한 평가를 했다. "우리는 우리 자신을 북한에 대한 위협으로 생각하지 않는다. 그러나 나는 북한이 미국을 위협으로 생각하고 있고, 따라서 그들은 대포동 1호 미사일을 억지(deterrence) 수단으로 이해한다는 점을 전적으로 믿고 있다."[37]

---

36 다음을 참고할 것. David Sanger, "Intelligence Puzzle: North Korean Bombs," *New York Times*, October 14, 2003, p.A9.

37 다음을 참고할 것. Public Broadcast Service interview, Washington, DC, September 17, 1999, as provided by NAPSNet, September 30, 1999.

미국의 관여(engagement)가 없다면 북한은 그들이 원하는 국제 원조도, 그들이 갈망하는 국제적 승인(recognition)도 얻을 수 없는 운명으로 보인다. 더 중요한 것은 미국의 관여가 없다면 북한은 벙커 심리(bunker mentality)를 유지할 가능성이 높다는 것이다. 가령 2003년 8월 선언이 그 증거이다.

> 부시 행정부는 '악의 축'의 일부로, '선제 핵 공격'의 목표물로 북한을 목록에 올린 후 드러내놓고 핵무기 사용 의지를 밝히고 있다. 이는 부시 행정부가 힘으로 우리 체제를 질식시키려 하는 것이고 우리는 이에 맞서 강력한 억지력을 구축하기로 결심했다. 따라서 우리는 그러한 힘을 갖기로 결심했다. …… 그것은 우리의 주권을 보호하기 위한 자위적 수단이다(≪조선중앙통신≫, 2003.8.29).

미국이 자비로울지 여부를 결정하기 전에 북한이 먼저 핵무기 계획을 포기해야 한다는 미국의 요구는 실패한 방식으로 보인다. 워싱턴의 안전보장과 경제적 유인이 있었기 때문에 남한, 대만, 브라질, 아르헨티나, 남아프리카공화국, 우크라이나, 벨라루스, 카자흐스탄에도 핵무장을 포기하도록 설득할 수 있었다. 유일하게 파키스탄에서만 실패했다(Sigal, 1998: 4, 254). 남한은 미국으로부터 강력한 안전보장을 대가로 1970년대에 핵개발 계획을 포기했다. 미국의 넌-루가(Nunn-Lugar) 원조 프로그램[38]에 따라 러시아는 많은 핵무기를 폐기했다. 또한 우크라이나 — 약 1900개의 구소련 핵탄두를 소유하고 있었다 — 는 안전보장, 경제 지원, 에너지 지원에 대한 대가로 핵무기를 모두 제거하기로 합의했다(Hayes, 2003; Sigal, 1998: 254, 305n 참조). 이러한 성공적 사례들이 긍정적

38 [옮긴이] 1991년 미 상원의 샘 넌(Sam Nunn), 리처드 루가(Richard Lugar) 의원이 주도한 법안을 근거로 만들어진 프로그램으로, '협력적 위협 감축 프로그램(Nunn-Lugar Cooperative Threat Reduction Program)'이라고도 한다. 이 프로그램에 따라 미국은 1990년대 옛 소련 붕괴 당시 러시아, 우크라이나 등이 보유한 핵무기, 핵물질, 핵기술 등을 폐기할 때 그 대가로 자금과 장비, 인력 등을 지원했다.

유인 정책을 위한 자극제 역할을 해야만 하고, 따라서 핵무기 보유와 관련된 것들을 대체하기 위해서는 의미 있는 안전보장을 제공해야 한다. 그러나 미국은 평양이 반복적으로 '협박'을 사용한다는 이유로 안전보장이나 원조 제공 약속을 주저하는 것으로 보인다.

군사 및 안보 문제

북미 안보 상호작용

한반도와 동아시아에 대한 미국의 대외 정책은 탈냉전 이후에도 몇 번이나 변경되었다. 1990년 미국 국방부 보고서는 미국의 역할을 "지역 균형자, 정직한 중개자, 최종적 안보 보증인"으로 규정했다. 소련의 위협이 크게 감소했다고 해도 미국은 "2부 리그 국가들"의 "지역 팽창주의적의 야망"을 견제하기 위해 계속 관여하고 있는 상황이다(U.S. Department of Defense, 1990). 1992년 소련이 붕괴하자 미국은 동아시아에서 군사 공약을 축소하기로 했지만 이 결정은 1995년에 뒤집혔다. 부분적으로는 이 지역에서 미국의 리더십을 일신하고자 하는 염원 때문에, 그리고 부분적으로는 미국 본토보다 아시아에 군대를 상주시키는 것이 비용 면에서 더 싸기 때문이었다(Nye, 1995: 98).

탈냉전 이후 초기 얼마간 미국의 대북 정책은 억지(deterrence) 정책이었다. 그러나 이 정책은 북한의 경착륙이라는 위험에 대처할 수 없음이 명백해졌다. 따라서 1996년 미국은 '억지-플러스(deterrence-plus)' 태세로 전환했다. 억지-플러스의 특징은 일종의 대화 및 기능적 신뢰 구축 과정이라는 점이다. 즉, 미국은 북한 체제는 지지하지 않으면서, 남북문제에 대해 수동적인 역할에서 적극적인 역할로 전환하려 한 것이다(Laney, 1996). 북한의 정권 붕괴 및 정치적·경제적 무정부 상태를 수반하는 경착륙 시나리오는 가장 바람직스럽지 않지만 동시에 가장 그럴듯해 보였고, 반면 연착륙은 바람직하지만 가능성이 낮다는 점을 감안하면, 억지-플러스 정책의 이행은 쉽지 않은 것이었다(Drennan,

1998b).

1990년대를 통해 그리고 21세기에 들어서자 핵 카드는 북한에 일관되게 매우 강력한 수단이 되었다. 북한은 외교 정책의 만능 수단, 대체 수단, 효율적 수단으로서 핵무기 프로그램을 활용하기 위해 분투했다. 평양에게 핵무기 프로그램은 군사적 억지력이자, 남한과 국가 정체성 경쟁의 평형 장치이자(남한은 핵무기가 없다), 미국과 중국으로부터 이권을 뽑아내기 위한 협상카드이자, 정권 생존을 위한 효과적인 보험이다. 따라서 북한의 핵 능력을 둘러싼 국제적 불확실성이 이토록 오래 지속되고 있는 것이다.

북한의 핵무기 프로그램과 관련하여, 비대칭적 갈등 및 협상 이론은 북한이 보여주는 위협 논리의 일정 부분을 설명해준다. 약소국은 자신들의 총합 구조적 힘(aggregate structural power)에 어울리지 않는 협상력을 보여줄 수도 있는데, 강한 국가가 전략적으로 중요하게 생각하는 지역을 약소국이 점령하고 있거나 강한 국가의 행동 영역이 약소국의 홈그라운드인 경우에 그렇다(Habeeb, 1988: 130~133; Barston, 1971; 킴, 1997; J. J. Suh, 2006). 북한은 1994년 미국과의 협상에서 비대칭적 협상 전략을 성공적으로 활용했고, 그 결과 제네바 합의가 탄생되었다. 그러나 미국은 제네바 합의를 북한이 만족할 만큼 이행하는 데 게을리했고, 그러자 북한은 1998년 대포동 1호를 발사와 함께 미사일 기술을 이슈화하고, 2002년 말과 2003년 초 세 개의 '핵 도화선'에 불을 붙이며 처음의 협상 전술로 돌아왔다. 그 세 개는 우라늄 처리 시설 추진, 영변 핵 시설에서 플루토늄 추출, 제네바 합의에 따라 동결된 원자로 가동 재개이다.[39]

2002년 10월 북한이 비밀 HEU 프로그램을 갖고 있음을 시인했다는 의혹과 함께 시작된 사태는 한반도에서의 '제2차 핵 위기'로 자주 언급된다. 그러나 이 상황을 위기라고 설명하기에는 오해의 소지가 너무 많다. 위기란 전격적이고, 중대한 이해관계가 있으며, 대응 시간이 촉박하고, 대안은 제한적이며, 의사

39 Leon V. Sigal, 2003년 2월 26일, 컬럼비아대학교에서 발표.

결정자 수에 한계가 있을 때를 말하는데, 이 사례의 경우에는 이 기준을 충족하지 못했다. 우선 부시 행정부는 4개월 동안 핵 프로그램을 알고 있었다. 따라서 북한의 전격적 '고백'에는 전격적인 요소가 없었다. 또한 북한의 실토에도 부시 행정부는 위기 모드로 전환하지 않았다. 마지막으로 제네바 합의의 여러 조항에 대해 적절한 이행을 거부한 것이 미국임을 감안하면, 또한 대통령 선거 당시 부시의 김정일 및 북한에 대한 비난과 가장 유명하게는 2002년 부시의 연두교서에 따르면,[40] 이 '위기'는 형성된 지 오래되었다고 할 수 있다.[41] 더 중요한 핵심은, 워싱턴은 서울과 도쿄가 평양에 대해 취해온 유화적 접근방법을 우려하여 HEU 문제를 제기한 것으로 보인다는 점이다.[42] 남북한은 철

40 [옮긴이] 북한을 악의 축으로 언급한 부시의 연두교서 연설을 의미한다.

41 새로운 대한민국 대통령 노무현이 부시 대통령과 회담할 때 그는 김정일에 대해 다음과 같이 얘기를 했다고 한다. "그래요, 그는 악당이지만, 우리가 공개적으로 그것을 말할 필요는 없습니다." 그리고 부시 행정부가 후세인과 이라크를 다룬 방법처럼 핵 문제를 개인을 향한 공격으로 변질시키는 것은 북한을 무장해제시킬 수 있는 외교적 성공의 기회를 사라지게 할 것이라고 지적했다. 다음을 참고할 것. David E. Sanger, "U.S. Is Shaping Plan to Pressure North Koreans," *New York Times*, February 14, 2005, p.A1.

42 [옮긴이] 2002년 10월 미 국무부 동아태 차관보 제임스 켈리의 방북으로 촉발된 제2차 북미 핵 위기와 관련해서 전 통일부 장관 정세현은 다음과 같은 주장을 했다. "2000년 정상회담으로 남북관계가 다시 순항하던 2002년 10월, 이번에는 미국 정부가 직접 "북한이 우라늄 폭탄을 만들기 위해 고농축 우라늄 프로그램(HEUP)을 가동하고 있다"며 한국도 대북 압박에 동참하라고 요구했다. 이것이 이른바 2차 북핵위기다. 김대중 정부는 북핵 활동을 중단시킨 '미-북 제네바기본합의'(1994.10)를 깨기 위해 부시 정부가 고농축 우라늄 소동을 벌인다고 판단했다. 따라서 '북핵 문제 해결과 남북관계 개선 병행' 방침을 견지했지만, 부시 정부의 의도대로 '제네바기본합의'는 일단 깨졌다. '기본합의'가 깨지고 나니까 2003년 말쯤, 고농축 우라늄 프로그램이 슬그머니 위험성이 별로 없는 우라늄 저농축 프로그램(UEP)으로 바뀌었다. 용두(龍頭)처럼 솟구쳤던 북핵 정보가 불과 1년여 만에 사미(蛇尾)로 변한 것이다." 이에 대해서는 다음 기사를 참고할 것. "북핵 정보의 진실, 그것이 알고 싶다", ≪한겨레≫, 2014년 11월 30일 자; "북핵

도 연결 사업과 북한 개성에 새로운 경제개발구역을 만드는 계획을 추진하는 중이었다. 또한 일본의 고이즈미 준이치로 총리는 평양을 방문 — 일본이 미국에 알리지 않고 9개월 이상 암중모색해온 방문 — 하여 관계 정상화를 논의하고 있었다. 이러한 상황에서 워싱턴은 동맹국[43]의 고삐를 죄고, 동북아시아에서 협상의 방향에 대한 통제력의 회복을 꾀하려고 한 것이다(Harrison, 2005a: 101~102).

2000년 대통령 선거 기간 중 공화당에서 발간한 7월 보고서는 클린턴 행정부의 대북 정책을 '유화 정책'이라고 비난하며 전면적 정비를 요구했다.[44] 콘돌리자 라이스가 2000년 초 ≪포린어페어스≫에 기고한 「국익 증진(promoting the national interest)」이라는 논설에서도 미국의 정책은 북한과 맞서기에 충분히 공세적이지 않다면서 유사한 언급을 했다. 2000년 9월 출간한 새로운 미국의 세기를 향한 신보수주의 메니페스토(네오콘 선언문)에서도 앞의 문건들을 추종했다. 그리고 몇몇 기고자(체니, 월포위츠)들은 곧 부시 행정부에 참여했다.[45] 따라서 부시 대통령 당선 이후 이어진 미국 군사 독트린의 근본적 변화는 단순한 수사적 태도가 아니라는 것이 명백해졌다. 구체적으로 2001년 9월 4개년 국방검토보고서(QDR)는 위협기반 모델(threat-based models)에서 능력

위기 진원지 켈리, 말 바꾸고 '미안하다'", ≪오마이뉴스≫, 2007년 3월 21일 자; "동맹 강화 위해서 미국의 진실 왜곡 규명해야", ≪오마이뉴스≫, 2007년 3월 22일 자.

43 [옮긴이] 대한민국과 일본을 의미한다.

44 다음을 참고할 것. House Policy Committee, the House of Representatives, "Clinton-Gore North Korea Aid: Evidence Shows False Premise for Appeasement," April 11, 2000; "Clinton-Gore North Korea Aid Will Provide Plutonium for Nuclear Bombs," April 14, 2000; Clinton-Gore Aid to North Korea Supports Kim Jong-il's Million Man Arms," July 27, 2000.

45 다음을 참고할 것. *Rebuilding America's Defenses: Strategy, Forces and Resources for a New Century, A Report of the Project for the New American Century*, September 2000.

기반 모델(capability-based models)로 근본적인 변화를 요구했다. 또한 2001년 마지막 날 의회에 제출한 핵태세검토보고서(NPR)에서는 전술 핵무기 사용 문턱을 낮추고 북한을 7개의 공격 목표 국가 중 하나로 나열했다. 그리고 부시의 선제공격 독트린은 2002년 6월에 웨스트 포인트 사관학교에서 처음 선언한 후, 2002년 9월 미국 국가안전보장회의에서 공식 발표하고 체계화했다. 비뚤어진 자기 파멸적 결과인 이 선제공격 독트린은 2003년 3월 이라크에서 실행되었다.[46]

북한은 이러한 미국의 공식 발표에 대해 매우 세심한 관심이 있으며, 핵 개발 계획이 있었다는 2002년 10월의 서슴없는 고백은 이와 같은 미국의 호전적 정책 때문에 고취된 것이라는 주장이 설득력이 없지 않다. 2002년 6월 파월에 따르면 미국은 "아무 전제 조건 없이 언제 어디서든" 북한과 만날 용의가 있다고 말했지만, 갈루치는 북한이 이 말을 "북한의 항복을 접수하기 위해 만날 수 있다"는 것으로 해석했다고 주장한다.[47] 실제 파월은 북한과 회담을 추진하면서 다양한 전제 조건을 포함시켰다. 가령 대량살상무기 확산 작업을 하지 말 것, 식량을 북한 어린이들에게 제공할 것, 덜 위협적인 재래식 무기 체제로 전환할 것, NPT 체제를 전면 준수할 것 등이다. 8월이 되자 부시 행정부는 돌연 북일관계 개선이 있어야 한다고 요구했다.[48] 앞에서 언급한 미국의 핵태세검토보고서는 북한에 대해 핵 공격을 하지 않겠다고 보장한 제네바 합의의 소극적 핵 안전보장 조항과 명백하게 모순된다는 점에 주목해야 한다. 핵태세검토보고서는 이와 같은 안전보장을 제공하기는커녕 북한을 명백하게 공격 대상

46 [옮긴이] 당시 유엔 사무총장 아난은 2004년 "이라크 전쟁은 유엔헌장에 저촉되는 불법행위"라고 규정한 바 있다.

47 다음을 참고할 것. "Bush's Hard Line with North Korea," *New York Times*, February 14, 2002.

48 [옮긴이] 그러나 정작 9월, 북일 정상회담이 벌어지자 미국은 일본에 서두르지 말라고 과도하게 압박했다(254쪽 참조).

으로 승인하고 있다. 그런데도 미국은 제2차 북미 핵 위기와 함께 제네바 합의는 "사실상 죽었다"라고 선언했다.[49]

2002년 10월에 시작된 북미 사이의 제2차 핵 위기를 해결하기 위해 북한 외무성은 켈리와 강석주 사이에 실제 무슨 일이 있었는지에 대한 자신의 견해를 자세히 설명하는 권위 있는 성명을 발표했다. 또한 북한 협상 담당자가 켈리 미국 국무부 차관보에게 제안한 '그랜드 바겐'에 대해서도 설명했다.

> 북한은 커다란 아량을 베풀어 다음 세 가지 문제에 대해 협상에 의한 해결을 모색할 준비가 되어 있음을 분명히 했다. 첫째, 미국은 북한의 주권을 인정할 것인지, 둘째, 미국은 북한에 대한 불가침을 보장할 것인지, 셋째, 미국은 북한의 경제 발전을 방해하지 않을 것인지이다. …… 만약 미국이 핵무기 불사용을 포함한 북한에 대한 불가침을 조약(treaty)을 체결하여 법적으로 보장하는 경우 …… 북한은 미국의 안보 우려를 제거할 용의가 있다.[50]

이 성명에는 미국에 대한 명시적인 재정적 보상 요구는 없었다. 이후 북한의 공식 견해는 기본적으로 위의 10월 25일 성명에서 제시한 윤곽을 고수하고 있다.

일부에서는 이러한 북한의 초기 입장은 북한 핵 프로그램이 다른 사람들이 두려워하는 만큼 진행되지 않았다는 암시로 간주한다. 2002년 11월 의회에 제공된 비非기밀 평가서의 중앙정보국(CIA) 언급에 따르면, "원심 분리기 시설의 건설은 최근까지 시작되지 않았다. …… 지난해 북한은 대량의 원심 분리기

---

49 다음을 참고할 것. "Powell: U.S.-N. Korea Nuclear Deal Dead," *CBS News*, October 20, 2002.

50 다음을 참고할 것. "Conclusion of Non-Aggression Treaty between DPRK and U.S. Called for," KCNA, October 25, 2002; O'Hanlon and Mochizuki(2003) for a "grand bargain" proposal from an American perspective.

자재들을 구하기 시작했다. …… 우리는 북한이 전면 가동할 경우 – 빠르면 5년 안에 가능하게 될 것이다 – 1년에 두 개 또는 그 이상의 핵무기를 만들어낼 수 있는 무기급 우라늄 생산 공장을 건설 중이라는 걸 최근에서야 알았다".[51] 적어도 미국 정보 당국은 북한이 우라늄 농축 무기를 제조하는 데에, 또는 궁극적으로 이를 가능하게 하는 생산 능력을 갖추는 것조차 여전히 힘에 부쳐한다고 생각한 것이다.

핵무기 생산에 충분하게 필요한 양의 고농축 우라늄(high-enriched uranium)을 생산하기 위해서는 수많은 원심분리기가 충분히 오랫동안 지속적으로 가동되어야 한다. 핵 과학자 리처드 가윈(Richard Garwin)은 1300개의 고성능 원심분리기가 3년간 쉴 새 없이 가동되어야 하나의 핵무기를 만들 수 있는 60kg의 핵분열성 물질을 얻을 수 있다고 추정하고 있다. 북한의 제한된 전력 사정과 제한된 컴퓨터 성능을 감안할 때 미국이 비난하는 것처럼, 무시해도 될 양을 넘어선 HEU을 생산했다고 믿기 어렵다(Harrison, 2005: 130; Pollack, 2003: 30~33). 이 같은 맥락에서 실제 남한 정부는 "우리는 북한이 HEU에 기반한 핵무기 계획이 있다는 결정적인 증거를 갖고 있지 않다"라고 발표했다.[52]

그러나 2004년 2월 파키스탄은 자국의 핵물리학자 압둘 카디르 칸(Abdul Qadeer Khan)이 지난 15년간[53] 비밀리에 이란, 리비아뿐만 아니라 북한에도 핵 기술을 이전했음을 고백했다고 발표했다. 그의 고백은 평양이 HEU 프로그램을 갖고 있다는 워싱턴의 주장을 뒷받침했다. 그러나 북한은 자신들의 핵무

51 다음을 참고할 것. CIA Report to the U.S. Congress on North Korea's Nuclear Weapons Potential, November 19, 2002. www.fas.org/nuke/guide/dprk/nuke/CIA111902.html

52 "〈제네바 합의 10년…다시 불거진 北核〉", ≪연합뉴스≫, 2004년 10월 21일 자.

53 [옮긴이] 칸 박사는 2004년 1월 국영TV 인터뷰에서 15년 동안 핵 장비와 기밀을 북한과 이란, 리비아 등에 공급했다고 털어놨다. 다음을 참고할 것. "'파키스탄 핵의 아버지' 칸 박사, 가택연금 해제", ≪경향신문≫, 2009년 2월 9일 자.

기 추진 속에는 우라늄 이용은 없다며 일관되게 부정했고, 북한에 대해 이라크와 같은 군사 공격을 시작하기 위한 구실로 칸 박사의 '거짓' 고백을 은밀하게 획책하고 있다고 미국을 비난했다. 북한이 실제 핵무기 개발 계획을 가졌을 기술적 가능성에 대한 이 논쟁은, 미국과 북한 간의 협상을 둘러싼 정치 논쟁에 그 배경을 두고 있다. 2002년 10월 평양에서의 강석주-제임스 켈리 회담 이후 북미관계는 급속하게 긴장 상태로 빨려들어갔다. 미국이 제네바 합의에 따른 대북對北 석유 지원 중단을 발표하자, 북한은 영변 핵 시설의 감시 장치를 제거하기 시작했고 2003년 1월 NPT를 탈퇴했다. 이 시기 평양은 미국과 양자 협상을 주장한 반면 미국은 다자간 협상을 주장했다.

이 같은 태도는 2003년 2월과 3월에도 계속되었고, 미국은 북한의 무모한 움직임을 억제하기 위해 동북아시아로 병력을 추가 배치할 계획이라고 발표했다. 평양은 노무현 대통령 취임식 날 한반도와 일본 사이의 바다로 미사일을 시험 발사하면서 응수했고, 그다음 미국의 정찰기를 차단하려고 20분 동안 그림자처럼 따라다녔다. 미국은 24대의 폭격기를 괌으로 이동시켜 북한을 사정거리 내에 둠으로써 군사 위협을 실천에 옮겼다. 3월 중순 북한은 추가 미사일 시험 발사를 했고, 평론가들은 이를 미국과 양자회담을 촉진하기 위한 도발적 시도로 보았다. 3월에 한미 군사 훈련(war games)이 끝났다.

4월 중순 평양은 미국이 핵 문제 해결을 위해 한반도 정책에 대담한 전환을 할 용의가 있다면, 다자회담을 수용하겠다는 놀라운 입장을 발표했다. 평양이 북미 양자회담의 대안으로 다자회담을 수용한 지 불과 열흘 만에 미국과 북한은 3자회담을 위해 중간 지점인 베이징에서 만났다. 회담은 예정보다 하루 일찍 끝났다. 북한은 완성된 핵무기의 존재를 인정했을 뿐만 아니라 핵 프로그램 포기에 대한 대가로, 특기特記하지는 않았지만 미국의 '중대 양보(major concessions)'를 제안했다고 미국은 주장했다. 북한의 불만에도 미국은 이 제안에 공개적으로 대응하지 않았고, 5월과 6월도 별다른 움직임 없이 지나갔다.

2003년 8월 베이징에서 6자회담 제1라운드에서 북한은 '일괄 타결(package

solution)' 방안을 제안했다. 북한은 제네바 합의 ― 구체적으로 언급하지는 않았지만 ― 를 부활시킬 것을 제안한 것이다. 그리고 미사일 협상에 대한 대가로 북일 및 남북 간 경제협력 보장, 미국 및 일본과 외교관계 수립을 제안했다. 평양은 자신들의 핵 프로그램 폐기 여부는 미국의 적대 정책 완화에 달려 있으며, 불가침조약(nonaggression treaty)은 미국의 적대 정책 완화 여부를 가늠하는 하나의 기준이 될 것이며, 그러한 조약은 반드시 법적인 구속력이 있어야 할 것이고 이들 작업이 동시에, 즉 "말 대 말, 행동 대 행동"으로 이루어져야 한다고 제안했다.[54] 김영일 외무성 부상 및 6자회담 대표는 다음과 같이 상술했다.

> 미국은 또한 경수로 제공 지연으로 인한 전력 손실을 보상해야 하고, 경수로 건설을 완료해야만 한다. …… 동시 행동의 원칙에 따라 미국은 중유 공급을 재개하고 인도적 식량 지원을 대폭 늘려야 한다. …… 이 원칙에 따라 미국이 북한과 불가침조약을 매듭짓고 전력 손실을 보상한 이후부터 우리는 우리의 핵 시설과 핵 물질을 재동결하도록 할 것이고 이에 대한 모니터링 및 사찰도 허용할 것이다. 미사일 문제는 북미 및 북일 외교관계가 열려야 해결될 수 있을 것이다. 그리고 우리는 경수로 사업이 완료된 시점부터 우리의 핵 시설을 폐기할 것이다.[55]

중국, 러시아, 그리고 남한은 일괄 타결 방안을 기꺼이 받아들이는 반면, 일본과 미국은 여전히 자신들의 개별 목적에 초점을 맞추고 있다고 북한은 주장했다.

미국은 북한의 안보 우려를 고려하면서 핵 문제를 해결하기 위해 다자간 안전보장 협정의 가능성을 모색했다. 2003년 10월 파월 국무 장관은 "협정은 공

---

54 다음을 참고할 것. "6자 회담 기조연설", ≪조선중앙통신≫, 2003년 8월 29일 자.

55 다음을 참고할 것. "6자 회담 기조연설", ≪조선중앙통신≫, 2003년 8월 29일 자. 또한 전력손실 보상 문제는 Harrison(2004) 참고.

개적인 것이고 서면으로 작성된 것이어야 하며, 내가 희망하는 것은 다자적인 것이다"라고 밝혔다.[56] 파월의 부하 직원들은 평양이 수용할 수 있는 동시에 핵 교착 상태도 완화할 수 있는 방안을 담은 협정문 초안을 작성하는 중이었다. 부시 대통령은 2003년 10월, 미국은 북한의 동북아시아 이웃 나라와 워싱턴이 서명한 다자간 안전보장을 북한에 제공할 것이라고 처음으로 언급했다. 이에 대해 북한은 조심스럽지만 긍정적 반응을 보이며 신속하게 대응했다. 북한은 유엔 대사관을 통해 "그것이 북한과 공존하려는 의사에 기초하고 있으며 동시 행동의 원칙에 의한 일괄 타결 제안을 실현하는 데 긍정적 역할을 목표로 하고 있다면, 우리는 부시의 '서면 불가침 보장' 발언에 대해 검토할 준비가 되어 있다"고 밝혔다(≪조선중앙통신≫, 2003.10.25).

2003년 10월 중순 북한은 핵 능력을 실증하겠다고 위협했고, 그 후 12월 초순 평양은 핵 프로그램 폐기를 위한 전제 조건 목록을 제시했다. 이러한 조건에 대해 미국은 협상을 위한 선제 조치로 핵 프로그램을 폐기할 것을 북한에 요구하면서 응수했다. 이 요구는 미국이 2004년 2월 6자회담 제2라운드에서 밝힐 CVID 조건을 미리 제시한 것이다.

2004년 6월에 개최된 6자회담 제3라운드에서 미국은 여섯 단계 비핵화 과정의 윤곽을 제시했다. 첫째, 북한은 먼저 자신들의 "모든 핵 프로그램을 폐기한다"고 선언한다. 둘째, 그 후에 협상 당사국들은 '잠정적'인 다자간 안전보장을 제공한다. 그리고 북한의 에너지 요구 사항에 대한 연구를 시작하고 경제 제재 해제 및 테러 지원국 목록에서 삭제하기 위해 필요 조치들을 논의하기 시작한다. 셋째, 그다음 당사국들은 HEU와 플루토늄을 포함한 북한의 모든 핵 프로그램을 당사국들의 감독하에 불능화·폐기·제거하기 위한 상세한 이행 협정을 체결한다. 넷째, 이러한 협정 체결과 함께 '미국'을 제외한 당사국들은

56 다음을 참고할 것. "US Seeks Partners for Multilateral Security Pact with North Korea," Agence France-Presse, October 11, 2003.

북한에 중유를 제공한다. 다섯째, 3개월의 준비 기간에 북한은 모든 핵 활동 목록을 완전하게 제공하고, 모든 핵 활동을 중단하고, "모든 핵 물질의 확보와 폐연료봉의 감시를 허용"한다. 여섯째, 이 같은 핵 폐기가 완료된 이후 에너지 조사 그리고 경제제재 종료 및 테러리스트 목록 삭제 등의 논의를 통해 "지속적인 혜택"이 북한에게 주어질 것이다.[57]

그러나 이 제안은 CVID 주문呪文을 재공식화한 것과 다름없어 보였다. 이 제안에 따르면 북한은 미국으로부터 그 어떠한 상호 보증 없이 먼저 양보하도록 되어 있다. 북한에 대한 요구 조건은 매우 구체적인 반면, 미국의 조건은 모호하고 임의적이었다. 예컨대, 미국은 심지어 새로운 중유 제공에도 참여하지 않겠다고 했다.[58] 그러나 이와 대조적으로 제3라운드에서 남한의 제안은 평양에 비핵화를 준비하는 데 더 많은 시간을 주고, 핵 폐기 조건으로 관계 정상화를 향한 진전을 보장하며, 북한에 에너지 프로그램을 제공함으로써 핵 문제를 해결하자는 것이었다. 즉, 제네바 합의의 부활이었다.

6자회담 제1라운드, 제2라운드와 마찬가지로 제3라운드(2004년 6월)도 결론을 내지 못하고 끝났다. 그 후 2004년 11월 미국 대통령 선거가 진행되면서 6자회담은 미국 국내 정치에 밀려 부차적인 의제가 되고 말았다. 그러나 부시는 대통령에 재선되자마자 새로운 협상을 2005년 초에 개최할 것이라고 했다. 2005년 1월 북한은 "미국이 우리 체제를 중상 비방하지 않고 내정 간섭을 중단한다면, 우리도 미국을 적대하지 않고, 존중하고 신뢰할 것이다"라고 발표했다(*ABC News*, 2005.1.14에서 재인용).[59] 부시는 2005년 2월 연두교서에서 미국은 "북한이 핵 야망을 포기하도록 설득하기 위해 아시아 국가와 긴밀히 협력"

57 "Dealing with North Korea's Nuclear Programs," 2004년 7월 15일, 미국 국무부 동아시아태평양 차관보 켈리의 미국 상원 외교 위원회에서의 증언.

58 6자회담 제3라운드에서 미국이 제안한 6단계 계획의 문제점은 Harrison(2004) 참고.

59 다음을 참고할 것. "N Korea to Resume Nuclear Talks." http://www.abc.net.au/news/newsitems/200501/s1282279.htm.

하고 있다고 짧게 언급하면서, 이와 같은 분위기에 화답한 것으로 보였다.

그러나 외교적 정체에 묶이게 되자 평양은 2005년 2월 10일, 자신들의 벼랑 끝 전술의 판돈을 올렸다. 북한은 "우리는 부시 행정부의 노골화되는 대조선 고립 압살 정책에 맞서 자위를 위해 핵무기를 만들었다. 따라서 "6자회담 참여는 무기한 중단할 수밖에 없다"라고 성명을 발표한 것이다.[60] 서방 언론은 북한이 핵무기를 보유하고 있다는 이 공개 선언을 맹비난했다. 그러나 북한이 발표한 이 2월 10일 성명으로 인해 '양자-다자간' 협상의 돌풍이 일어났고, 특히 중국이 남북한 모두와 벌인 예방 외교는 최고 수준에 이르렀다. 후진타오 주석과 김정일 국방위원장 사이에 메시지가 교환되었고, 후진타오의 평양 방문은 2005년 하반기로 예정되었다.[61] 한편 베이징과 서울의 외교 접촉 또한 강화되었다. 서울과 다른 모든 참가국들은 6자회담에서 북한의 입장을 뒤집는 방법을 모색하기 위해 베이징을 찾았다. 이것이 북한과 미국의 과장된 태도를 누그러뜨리게 했고, 6자회담은 2005년 7월과 9월 제4라운드에서 절정에 달했다.

2005년 7월 9일 북한은 한 달 후 6자회담 제4라운드에 복귀하기로 합의했다.[62] 이러한 북한의 전격적 6자 회담 복귀는 중국의 막후 압력의 결과가 아니라, 미국 국무부 차관보 크리스토퍼 힐(Christopher Hill, 6자회담의 수석대표인 켈리의 후임자)과 북한의 김계관 사이의 직접 양자 '협상'에 따른 것이었다.[63] 사

---

60 조선민주주의 인민공화국 외무성 성명의 영문 텍스트는 다음을 참고할 것. ≪조선중앙통신≫, 2005년 2월 10일 자.

61 초청장은 2003년 베이징을 방문했던 북한 총리 박봉주가 전달했다.

62 다음을 참고할 것. Glenn Kessler, "North Korea Agrees to Rejoin Talks," *Washington Post*, July 10, 2005, p.A01; Choe Sang-Hun, "South Korea Welcomes Return to Disarmament Talks," *International Herald Tribune*, July 10, 2005.

63 다음을 참고할 것. "[北 6자회담 복귀 선언] 전문가 10人의 전망 사실상 北·美회담 될 가능성", ≪조선일보≫, 2005년 7월 10일 자. 이러한 관련성은 1994년 북미 제네바 합의가 계기가 되었음에 주목해야 한다. 북한은 제네바 합의가 베이징의 막후 외교와 관련이 있다는 의견을 논박하기로 작정했다. 그리고 재빨리 "조선민주주의 인민공화국

실 6자회담으로 조속하게 복귀하고자 하는 평양의 의지를 보여준 첫 번째 징후는 2005년 6월 17일에 있었다. 김정일 국방위원장은 남한의 통일부 장관 정동영과 유례없이 다섯 시간 동안 일대일회담을 했다. 그러나 회담 복귀 날짜는 정해지지 않았다. 결정적인 건, 북미 사이의 간극을 메우기 위한 중국 측 노력의 일환으로 탕자쉬안(唐家璇, 국무위원이자 전 외교부장)이 평양을 방문하기로 예정되었는데, 탕자쉬안의 평양 방문 전날 베이징에서 중국이 주최하는 만찬이 있었다. 이곳에 초대된 김계관과 크리스토퍼 힐은 세 시간에 걸쳐 만찬 회동을 했는데, 이때 북한의 최종적인 6자회담 복귀 날짜를 확정하여 전달한 것이 주효했다. 그러나 워싱턴이 조만간 유엔 안보리에 대북 제재 결의안 초안을 제출할 것 ― 이는 이른바 플랜 B로, 베이징을 궁지로 몰아 공멸 상황(lose-lose situation)에 빠뜨리고 그리하여 중국의 거부권 위협을 희석시키려는 ― 이라는 평양에 대한 중국의 막후 경고도 무시할 수 없는 역할을 했다.

평양의 6자회담 복귀 결정은 어느 정도는 중국과 남한의 중재 외교 덕분이라고 할 수 있다. 이 중재 외교는 북미가 서로 만들어낸 진퇴양난의 상황으로부터 체면을 세워주며 출구를 제공하는 것이 목적이었다. 이러한 명분 있는 출구는 부시 행정부가 김정일을 '폭군'으로 규정하고 라이스는 북한을 '폭정의 전초기지'로 낙인찍음에 따라 특히 중요했다. 중국, 남한, 러시아는 이런 종류의 발언을 중단하도록 부시 행정부에게 촉구했고, 북한의 핵 폐기에 대한 대가로 경제 및 안보 유인 조치를 세밀하게 계획했다. 사실 2월 10일 성명에 따른 과장적 대응을 미국이 묵시적으로 철회한 것도 평양에게는 중요한 것이었다.[64] 북한이 협상 자세로 주장한 그리고 2004년 6월 6자회담 제3라운드 막바

에 의한 외교적 쾌거"라고 칭했다. 그리고 "우리는 독립적 입장에 기초하여 다른 사람의 동정이나 충고에 의지하지 않고 미국과 자주적으로 회담을 했다. 그리고 그 누구의 간섭도 없이 북미 제네바 합의를 채택했다. 이는 우리의 독립 외교 정책의 소중한 열매이며, 이로써 마침내 미국으로 하여금 우리의 요구를 수용하도록 했다"라고 발표했다(≪로동신문≫, 1994.12.1).

지에 중국의 의장성명에서 그룹 컨센서스로 암시한 '말 대 말', '행동 대 행동' 접근은 평양과 워싱턴에 명분 있는 출구를 제공했다.

분명히 "6자회담 틀 내에서의 양자회담"을 위해 복귀하는 것이라는 평양의 주장에 대해 워싱턴이 형식에 관한 한 공개적으로 이의를 제기하지 않았다는 점은 회담 자체에 대한 전망의 측면에서는 희망적 신호였다. 형식에 대한 좀 더 유연하고 실용적인 자세가, 결정적이라고는 못해도 중요한 요소였다. 그러나 워싱턴은 이전 라운드부터 협상 테이블에 상정되어 있던 제안이 진전되는 것을 실질적으로 거부했다. 심지어 미국은 자신들의 최소한의 제안인 "지금 당장이 아닌 장래에"라는 제안과 2005년 7월 9일 서울이 제안한 다채로운 조기 유인책과 결합하는 것마저도[65] 거부했다. 이것이 아마 서울로 하여금 3일 후(7월 12일) 모든 사람이 보고 판단할 수 있도록 독자적인 '에너지 대 핵협상' 제안을 공식 발표하게 한 하나의 원인이 되었던 것 같다. 이 마셜플랜(Marshall Plan) 같은 서울의 발표에 직면하자, 라이스 미국 국무 장관은 7월 13일 기존 강경 입장에서 한발 물러나는 것으로 대응했다. 즉, 부시 행정부는 남한의 제안이 2004년 6월 6자회담 제3라운드에서 미국이 제시한 제안[66]과 결합될 수 있는지 검토할 계획이라고 밝힌 것이다. 미국은 협상의 제4라운드 두 번째 단계의 첫 5일 동안 평화적인 핵 프로그램에 대한 그 어떤 언급에도 격렬하게 반대했다. 그럼에도 부시 행정부가 중국 측의 공동성명 초안에 서명하는 데 동의한 이유는 무엇일까? 다음이 중국에서 말하는 화불단행(禍不單行, 불행은 항

---

64 다음을 참고할 것. Joel Brinkley and David E. Sanger, "North Koreans Agree to Resume Nuclear Talks," *New York Times*, July 10, 2005, pp.1, 11; Glenn Kessler, "Both Sides Bend to Restart N. Korea Talks," *Washington Post*, July 14, 2005, p.A20.

65 다음을 참고할 것. Joel Brinkley, "Rice Has No Plans to Improve Offer to North Korea in Arms Talks," *New York Times*, July 9, 2005, p.A3.

66 [옮긴이] 제3차 라운드에서 미국이 제시한 여섯 단계 계획을 의미한다. 358쪽 참조.

상 겹쳐 오게 마련이다)으로 분류되는 그 이유 목록이다.

(1) 지난 5년간 미국의 '맞춤형 봉쇄(tailored containment)' 정책의 실패를 감안하면 별다른 대안이 없었다.
(2) 중국은 자신들의 구동존이求同存異적 공동성명을 지지하는 '유지동맹(coalition of the willing)'을 성공적으로 동원했다. 특히 평화적 핵 프로그램(경수로) 제공에 찬성한 3국(중국, 남한, 러시아), 반대한 국가(미국), 그리고 이들 두 개의 입장 사이에서 기권 또는 분열된 국가(일본)와 함께 3.5 대 1.5의 상황을 만들어냈다.
(3) 중국은 미국을 'Yes 또는 No'라는 선택에 가두었다. 즉, 공동성명을 수용할 것인지 아니면 제4라운드의 붕괴, 나아가 6자회담의 실패에 대해 세계로부터 비난을 뒤집어쓸 것인지 선택하라고 미국을 압박했다.
(4) 미국인들은 일단 공동성명을 수용해도, 나중에 자의적이고 이기적인 해석을 통해 철회할 수 있음을 전제로 중국의 공동성명 초안을 수용할 수 있다고 생각했다.

부시 행정부 제2기가 국내외의 다양하고 복합적인 재난으로 고통을 받고 있음을 — 이라크에서의 곤경 심화, 이란과 또 다른 핵 교착 상태, 뉴올리언즈를 덮친 허리케인 카트리나 및 지지율 하락 — 감지한 베이징은, 서명을 하든지 아니면 6자회담을 깨고 책임을 감수하든지 하라고 워싱턴을 더욱 압박했다. 이틀간의 내부 토론 후 일요일 저녁(9월 18일) 부시 대통령은 중국이 제시한 공동성명 초안에 서명할 것을 승인했다. 협상의 제4라운드 두 번째 세션(9월 13~19일) 참가자들에 따르면, 만약 부시 대통령이 합의를 거부했다면 중국은 적대적 대결에 외교적 종지부를 찍을 기회를 날려버린 미국을 비난할 준비를 하고 있었다고 한다.[67]

국제관계 이론은 북미 핵 문제를 풀기 위한 다자간 국제 협력 능력에 대해

의문을 던진다. 국제 협력은 상호 이익 촉진을 위한 기회라는 인식이 필요할 뿐만 아니라, 이러한 기회가 식별되고 인식되자마자 이에 대응하는 정책 협조도 필요하기 때문이다. 행위자의 수가 증가하면 이탈 가능성도 증가하고 이탈자에 대한 제재 가능성도 감소하게 된다. 게다가 거래비용과 정보비용은 각 행위자의 보상 구조(payoff structure) 및 상호 이익의 다양성과 복잡성에 비례하여 상승하고, 처한 상황에서 공동의 이해관계를 쉽게 인식하고 실현하는 데 악영향을 미친다.[68] 부시 행정부에서 북한과 협상 대표를 지낸 프리처드는 안전보장에 대한 미국의 직접적 약속 없이 북한은 핵무기 프로그램을 포기하지 않을 것이라고 단언하며, 부시 행정부의 대북 강경책에 대해 날카로운 비판을 한 바 있다. 6개국에서 온 외교관들이 24시간 통역을 끼고 앉아 있는 회담을 통해 "짧은 기간 내에 이 문제를 해결할 수 있을 것이라는 사고", 게다가 아무런 비공식 협의도 없이 협상 타결을 시도하려는 사고는 "터무니없다(ludicrous)"는 것이다(Sonni Efron, "Ex-Envoy Faults U.S. on N. Korea," *Los Angeles Times*, 2003.9.10에서 재인용).[69]

그러나 그보다 더 중요한 것은 북미 간 지난 60년간 상호 불신과 적대의 역사를 고려할 때 평양이 워싱턴을 신뢰할 이유가 거의 없다는 점이다. 개번 매코맥(Gavan McCormack)의 말을 빌리자면, "워싱턴에서 북한의 핵 위협은 지난 10년간 주요 이슈였지만, 평양에서 미국의 핵 위협은 지난 50년간 이슈였다. 핵 시대 속에서 북한의 특수성은 무엇보다도, 북한은 세계 그 어떤 나라보다 더 오랫동안 미국의 핵 위협에 직면해 있고, 그 속에서 살고 있다는 점이다"

67 다음을 참고할 것. Joseph Kahn and David E. Sanger, "U.S.-Korean Deal on Arms Leaves Key Points Open," *New York Times*, September 20, 2005.

68 이에 대한 이론적 정책적 함의에 대한 상세한 설명은 다음을 참고할 것. the October 1985 special issue of *World Politics*, 38: 1. 특히 Oye(1985) 참고.

69 또한 다음을 참고할 것. Peter Slevin, "Former Envoy Presses North Korea Dialogue," *Washington Post*, September 9, 2003, p.A19.

(McCormack, 2004: 150).[70] 강경한 부시 행정부의 등장과 함께 미국은 북한의 국가 정체성을 '악의 축' 창립 멤버로 부당하게 규정하고 그다음 악의 국가 압살(정권 교체) 정책(strangulation strategy)을 추진했다. 이 점을 감안하면 평양은 워싱턴을 더욱 불신할 만하다. 비록 이러한 미국의 전략은 세 개의 '악의 축' 원조 국가 중 부시 독트린의 첫 번째 시험 사례였던 이라크에서 적지 않은 수렁에 빠지면서 더디게 진행되었지만 말이다.

한미 동맹관계

한편 한미관계는 탈냉전 이후 첫 10년간은 꽤 흔들림 없어 보였다. 지속적인 북한의 도전과 이에 맞선 한미 동맹 구도는 거의 변화가 없었다. 그러나 1990년대 후반~21세기 초반 김대중, 노무현 대통령 임기 동안 대북 개방 노선을 거치면서 동북아시아 안보에 대한 대한민국의 접근 방식은 미국의 접근 방식으로부터 멀어져갔다. 그 결과 한미 동맹 사이에 새로운 긴장이 나타났고, 한미 동맹은 1990년대 초반 전문가들이 예상치 못했던 외교적 시나리오로 이동하게 되었다.

한미 동맹이 50년간 지속되었다는 사실은 성공적인 동맹 관리와 변치 않는 공약을 증명한다고 볼 수 있다. 국제관계 이론에 의하면 동맹은 외부적 균형 수단을 의미한다.[71] 이들은 군비 증강의 집적 및 해외 영토 확장을 통한 내부적 균형과 함께 힘(또는 안보)을 강화하는 수단 중 하나이다. 따라서 동맹은 목적이 아니라 수단이다. 동맹이 와해된다면 그것은 국가의 정체성(힘의 강화를 위한 국가 전략의 변화를 초래하는) 변화, 외부적 위협의 성격 변화, 연합된 공약

---

70 한국에서의 미국의 핵 패권에 대한 유사한 분석으로는 Hayes(1988); J. J. Suh(2006) 참고.

71 동맹에 대한 주요 분석으로는 Liska(1962); Rothstein(1968); Altfeld(1984); Walt(1987, 1997); Snyder(1997) 참고.

과 신뢰에 대한 인식 변화, 국가이익이나 전략적 선호에 대한 변화를 의미한다고 할 것이다. 동맹은 뚜렷한 힘의 비대칭이 존재할 때(하나의 국가가 동맹에서 지배적인 국가일 경우), 그것이 고도로 제도화될 때, 또는 동맹 당사국들이 공동의 정체감이나 유사한 정치적 신조를 공유할 때 지속될 가능성이 더욱 높아진다. 그러나 힘의 비대칭은 한편 강대국에 의한 방기(abandonment) 위협 또는 약소국에 의한 연루(entrapment) 위협을 증가시킨다. 동맹은 글로벌 정치(global politics)에서 격동적 변화의 시대에 특히 취약하지만, 그럼에도 동맹은 지도자가 불확실성의 제거를 원하기 때문에 존속한다(Haftendorn, Keohane and Wallander, 1999). 우리 시대의 세 가지 중요한 변화 — 세계적 민주화의 '제3의 물결', 냉전 종식, 세계화 — 는 동맹의 주요 존재 이유인 국가 및 비국가 행위자를 규정하는 상황과 조건을 심오하게 바꾸어놓았다. 나아가 힘(power)의 강화 및 위협 감소를 추구하는 상황과 조건 또한 심오하게 바꾸어놓았다. 문제는 한미 동맹과 같은 냉전적 동맹이 지속될 수 있을지, 지속된다면 어떻게 지속될지 아니면 해소될지이다. 그리고 만약 한미동맹이 지속된다면 탈냉전 이후의 도전에 대해, 그리고 9.11 테러 이후 안보 질서에 대해 어떻게 대처할지도 문제이다.

1953년 한미동맹이 체결되었을 때의 남한은 그의 생존과 안보를 미국에 의존하는 가련한 최전선 도미노 국가(domino state)였다. 그러나 지난 수십 년간 급속한 경제적·정치적 발전으로 인해 국가적 자신감이 커졌고, 이에 따라 미국과 대등하고 상호 존중하는 관계를 원하는 염원 또한 커졌다. 냉전의 종식 그리고 이와 동반한 남한 노태우 대통령의 북방 정책 승리는 1990년 모스크바, 1992년 베이징과의 관계 정상화로 이어졌고, 이로 인해 남한은 정체성 모색 행위와 외교 정책 행위 모두에서 더 많은 독립적 공간을 확보할 수 있었다. 남한은 미국 의존국 지위에서 형성된 대외 정책을 지속하기보다는 신흥 공업국(NIC)과 신흥개도국(NDC)으로서 새로운 국가 정체성에 걸맞은 외교 정책을 전개하기로 결정했다. 이러한 국가 정체성 변화의 증거는 1999년 서울의 결정에서 나타났다. 중국의 민감성을 충분히 존중하여 미국의 TMD 계획에 가담하지 않은 것이다.

좀 더 일반적으로 말하자면, 한미 동맹은 냉전적 군사 동맹 체제에서 안보 관리 체제로 1990년대 초반에 어느 정도 전환했다. 김대중 대통령이 "한반도와 일본에 주둔한 미군은 한반도뿐만 아니라 동북아시아의 평화와 세력 균형 유지에 결정적"이라고 언급한 것도, 이와 같은 맥락이다.[72] 그러나 양국 정부 간 책임 분담에 대해 커다란 논쟁이 있었다. 대한민국은 의사 결정에서 동등한 파트너가 되고 싶어 하면서도, 그에 상응하는 재정적·정치적 공헌은 꺼리고 있다고 미국은 주장한다. 즉, 미국은 대한민국의 무임승차(free-riding)를 비난하고 있다. 반대로 대한민국은 미국에 대해 동맹의 힘(power)은 공유하지 않고 동맹의 비용만 떠넘긴다고 비난한다. 이처럼 힘은 공유하지 않고 부담만 나누려는 태도는 더욱 민주적이고 논쟁적으로 변모해가는 서울의 국내 정치에서 흔쾌히 수용되기는 어려울 것이다.

1970년대 초반까지는 미국이 주한미군 주둔, 유지를 위한 모든 비용을 댔다. 1970년대 후반 미국이 철군을 고려하자 서울은 주한미군에 더 많은 지원을 하기 시작했다. 1980년대 초반부터 대한민국은 공동 시설의 유지 관리비를 공동으로 부담할 것을 약속했고, 1990년대 초까지 이 공동 부담액은 총기본비용(total base costs)의 1/3까지 증가했다. 1990년에 대한민국은 주한미군 지원을 위해 3.3억 달러를 지불했고, 2002년에 한국은 4.9억 달러를 지불하여 전년 동기 대비 9000만 달러를 증가시켰다. 2004년에는 6.23억 달러로 증가했고, 2005년에 미국은 9%의 증가를 요구했다(Gross, 2004: 9). 남한의 공헌 금액은 GDP 및 국방비의 비율로 환산했을 경우 독일과 일본을 초과하는 것으로 알려졌다(J. Y. Chung, 2003: 41). 2000년 자료에 따르면 남한의 '방위비 분담액'

72 다음을 참고할 것. 1998년 3월 16일, 제54회 육군사관학교 졸업식 김대중 대통령 축사. http://www.bluehouse.go.kr/engpdown/031717485480316--1

비중은 42%로 독일(21%)보다는 높지만 일본(79%)보다는 낮다(국방부, 2003: 71).[73]

미국과 대한민국 사이의 특별한 관계는 북한 위협의 본질에 대한 합의 결여 및 적절한 갈등 관리 방식에 관한 합의 결여로 인해 크게 위협받고 있다. 조선민주주의 인민공화국의 의도와 능력을 어떻게 평가할 것인가에 대한 치열한 정책 논쟁이 워싱턴과 서울에서 — 또한 도쿄에서도 — 맹위를 떨치고 있다. DMZ 북쪽으로부터의 전면적 침략은 더 이상 주요 위협으로 보이지는 않는다. 그보다 미국과 대한민국은 강압적 흥정을 겨냥한 북한의 제한적 호전 행위를 어떻게 다룰 것인가를 해결해야 한다. 비록 이런 성가신 행위들이 분명 위기 고조에 대한 우려를 불러일으키긴 하지만, 그러나 이것이 전면적 역습을 뜻하는 것은 아니며, 평양은 지금까지 이런 식의 이판사판식 게임을 능숙하게 해왔다. 김대중 정부에서 남한은 대북 햇볕 정책으로 전환했고, 노무현 정부는 평화번영 정책으로 이 개방 정책을 더욱 적극적으로 지속했다.[74] 2000년 6월 남북 정상회담에서 김대중 대통령은 "한반도 냉전 구조의 해체"를 요구했다. 동시에 그는 한반도에서 주한미군 주둔 지속의 필요성도 언급했지만, 일각에서는 이 발언이 한미 동맹의 역할 축소를 완곡하게 시사한 것이라고 해석했다. 그러나 2001년 미국은 「4개년 국방검토보고서(QDR)」를 발표했는데, 여기에서는 잠재적 적국을 평가하는 기준으로 종래 '위협 기반(threat-based)' 모델에서 '능력 기반(capabilities-based)' 모델로 전환했다. 전통적인 군사적, 경제적, 국내 정치적 그리고 결집된 능력의 측면에서 북한은 위협이라고 보기 어렵지

73 [옮긴이] 방위비 분담금과 관련하여 다음 기사를 참고할 것. 유용원, "미군 방위비 분담, GDP 비중으로 따지니 한국이 최고 수준", ≪조선일보≫, 2016년 5월 6일 자.

74 [옮긴이] 노무현 정부는 출범 20여일 만인 2003년 3월 15일에 대북 송금특검을 발표하여 남북관계를 크게 경색시켰고, 이후 남북관계 개선은 지체를 면치 못했다. 따라서 노무현 정부가 햇볕 정책을 적극적으로 지속했다는 저자의 견해는 다소 무리가 있어 보인다.

만, 현재 미국의 판단으로 다른 차원에서는 더욱더 위협적 존재이다. 지속적인 대량살상무기의 추구 및 개발, 벼랑 끝 협상 전술의 사용, 북한의 불안정성 모두 북한은 위협적 존재라는 워싱턴의 인식을 강화시키고 있다. 그러나 서울은 이 같은 평가를 공유하지 않는다.

유례없을 정도로 워싱턴과 서울의 대북 정책은 서로 조화를 이루지 못하고 있다. 부시 행정부는 클린턴 시대의 정책을 포기했고 이는 한미 동맹관계의 큰 좌절을 낳았다. 더 중요한 것은, 부시 행정부의 접근 방식은 부시 행정부 내 대북 강경파를 부추겼고 이로 인해 평양의 벼랑 끝 전술이 부활되고 말았다는 점이다. 평양의 위협에 직면한 미국은 제네바 합의에 따라 매달 평양에 제공하기로 한 중유 공급을 중지하기로 결정했고, 이에 따라 평양의 핵 프로그램 재가동은 당연한 수순이었다. 평양의 피포위 강박관념의 관점에서는 자신들의 생존 전략을 위해 핵은 필수적 수단이 되었고, 부시 행정부의 강경책은 남북 화해의 장애물로 인식되었다. 이러한 인식 차이 때문에 2001년 3월 김대중-부시 정상회담은 부분적으로 실패했다고 볼 수 있다.

이후 부시 행정부는 2002년 대선에서 한나라당(GNP) 후보였던 이회창 대표를 워싱턴에서 환대하고, 체니 부통령을 포함한 고위 공직자와 면담을 허용하여 김대중의 승계자인 노무현을 불쾌하게 했다(Snyder, 2004를 참조).[75] 2003년 9월 대한민국 외교통상부 장관 윤영관은 미국 국무 장관 파월과 열띤 회담을 가졌는데, 이 회담에서 윤영관은 불가침조약 또는 평화조약 그리고 핵 시설 해체의 대가로 경제관계 개선을 요구하는 북한의 요구에 미국이 응할 것을 요청했다. 윤영관은 미국이 북한에 대한 입장을 양보하지 않는 한 대한민국은 이라크 파병을 고려하지 않을 것이라고 주장한 것으로 알려졌다.[76] 이 논쟁에 대

---

75 그러나 이로 인해 이회창 후보가 친미로 인식되면서 대통령 당선 가능성에서 오히려 해를 입은 듯하다.

76 [옮긴이] 그러나 당시 윤영관 외교통상부 장관은 이라크 파병을 적극 주장하기도 하는

해 정통한 몇몇 당국자에 따르면, 파월은 퉁명스럽게 "이는 동맹국 사이에 서로를 대하는 태도가 아니다"라고 윤영관에게 말했다고 한다.[77] 그 후 윤영관 장관은 외교통상부 내의 '친미파' 통제에 대한 무능력 또는 무의지로 인해 사임해야만 했다.

노무현 후보는 대통령 선거 기간에 일련의 인기영합적 수사修辭로 한미 동맹에 충격파를 던졌다. 그는 청와대에 들어간 후 자신의 공식 견해를 누그러뜨렸지만 미국은 여전히 그를 경계하고 있고, 주한미군의 지위는 2008년 노무현 대통령의 임기까지 민감한 이슈로 남아 있을 개연성이 크다. 그러나 2004년 노무현 대통령과 주한미군 사령관은 한국군 약 3000명의 이라크 파병뿐만 아니라 서울의 주한미군 기지 이전, 주한미군의 이라크 이동까지도 성공적으로 감독해냈다.

이처럼 한미 양국이 긴장을 관리하며 협력하는 와중에도, 최근 남한의 시민사회는 주한미군 주둔에 대해 유별난 경각심을 보이고 있다. 2002년, 주한미군으로 인한 부정적 외부 효과를 최소화하기 위해 100개 이상의 시민 단체가 '불평등한' 한미주둔군지위협정(SOFA)으로 구조화된 한미 관계를 비판하는 대규모 시위에 참여한 것이다. 그들은 또한 주한미군의 부당한 처사에 항의했다. 2002년 6월 교통사고로 한국인 10대 소녀 두 명을 숨지게 한 주한미군에게 내린 무죄 평결을 비난하며, 이들의 주장은 뚜렷하게 하나로 뭉쳤다. 이 시위의 목적은 반드시 동맹관계를 종료하거나 미군 철수를 촉발하겠다는 것이 아니라, 보상 또는 불만 시정 수단을 모색하기 위함이었다.

캐서린 문(Katharine Moon)은 정보를 공유하고 정치적 행동과 자원 동원을

등 일관성이 없었다. 이와 관련해서는 다음 기사를 참고할 것. 김태경, "DJ정부 때 한미동맹 문제 많았다. 미, '파병'으로 노무현에 의심 풀어", ≪오마이뉴스≫, 2003년 6월 4일 자.

77 다음을 참고할 것. David Sanger, "Intelligence Puzzle: North Korean Bombs," *New York Times*, October 14, 2003, p.A9.

조정하기 위해 이질적인 반미 그룹들이 모인 '빅 텐트'를 언급하고 있다. 이 빅 텐트 아래에서의 반미 운동 그룹은 급진적 좌파 학생들, 종교 활동가, 전투적 민주노총(KCTU), 주한미군 범죄 근절 운동 본부뿐만 아니라 법률가, 환경운동가, 학자, 평화 운동가, 보수적 한국노총(FKTU), 주류 NGO의 지도자, 일반 국민, 지방 정부 관계자, 심지어 일부 국회의원까지도 포함하고 있다. 이들의 전반적인 목표는 정부 정책 — 남한과 미국 모두 — 에 영향을 미치는 것이었다. 그리고 환경 안전, 토지 이용 및 여성 폭력을 포함한 일반 국민의 삶과 관련된 일상의 문제를 해결하기 위한 것이었다. 캐서린 문에 따르면, 이 반미 운동이 적대자에 맞서 단결하고, 사회적 자본 구축을 통한 네트워크를 제공하고, 평소 금지된 영역인 외교 안보 정책으로의 진입을 제공함으로써, 지난 10년간 남한의 민주주의를 공고히 하는 데 기여했다고 한다(K. Moon, 2003 참조).

2002년 대규모 반미 시위에도 불구하고 한미 동맹에 대한 평가는 여전히 통일되어 있지 않다. 한국 갤럽 여론조사에서 20대의 76%가 미국에 대해 부정적 태도를 보여주고 있었지만, 50대 이상은 불과 26%만이 부정적이었다. 20대에서는 거의 두 명 중 한 명 꼴로 주한미군의 철수를 지지한 반면, 50대 이상에서는 10명 중 한 명꼴로 주한미군 철수를 찬성했다. 마찬가지로 기성세대가 젊은 세대보다 북한에 더 부정적 의견을 보였다(Cha, 2003; S. J. Lee, 2004 참조). 2004년 1월 여론조사에 따르면, 한국인의 39%가 미국을 남한 안보의 최대 위협으로 여긴 반면 북한은 33%에 불과했다.[78] 2004년 10월 ≪중앙일보≫ 여론조사 — 미국의 대통령 선거 전 세계 10개국 여론조사의 일부 — 는 미국과 관련한 대한민국의 불만의 대부분은 부시 대통령을 향한 것으로 나타났다. 1028명의 한국인 응답자 중 65%는 일반적으로 미국인에게 호감을 느끼고, 67%는 미국이 세계 무대에서 지도적 역할을 하는 것이 중요하다고 답변했지만, 응답자의

78 다음을 참고할 것. 홍영림, "한국 안보위협 국가, 미국이 1위로", ≪조선일보≫, 2004년 1월 12일 자.

72%는 부시 대통령에게 호감이 가지 않는다고 답했다. 조사에 참여한 10개국 중 부시 대통령에 대한 국민 반감이 한국보다 더 큰 나라는 프랑스와 스페인뿐이었고, 이 조사에서 인구 비례로 보았을 때 이라크 전쟁에 가장 반대한 것은 한국인들이었다(≪중앙일보≫, 2004.10.14). 젊은 한국인들 사이에서 부시 대통령은 청부 살인업자로 인식되고 있고, 그의 호전적 본능은 핵무기에 대한 김정일의 욕망보다 더 큰 위험으로 인식되고 있다(Menon, 2003: 7). ≪중앙일보≫ 김영희 대기자는 "미국은 선의의 우방이라기보다 결과에 관계없이 일방적 군사행동을 취하는 패권 대국으로 여겨진다. 그러나 여론조사에서 한국인은 국가(미국)와 국민(미국인)을 예리하게 구별하고 있는 것으로 드러났다"라고 지적한다.[79] 그럼에도 이러한 광범위한 반미적 태도는 동맹관계 유지에 거의 도움이 되지 않을 것으로 보인다.

시민사회의 압력과 무관하게, 남한이 한미 동맹으로부터 탈피를 추구함에는 일정한 한계가 있을 수밖에 없다. 미국의 안전보장이 없었다면 대한민국은 북한의 위협에 대해 내부 균형에 의존해야 했을 것이고, 이것은 거의 확실하게 핵무기 개발로 이어졌을 것이다. 따라서 서울로서는 관련된 손실을 감안하면, 미국의 핵우산 아래 남아 있는 것이 비용 대비 효과적이다. 또한 남한과 미국은, 한국이 성숙한 산업 경제로 성장하고 발전하는 데에 특히 중요한 분야에서 핵심적인 경제협력자라는 사실을 유념해야 한다.

동맹을 둘러싸고 조성된 한미 간 긴장을 해소하기 위한 대안으로는 동맹의 지역화(regionalization of the alliance)가 언급된다. 안보 공약을 동아시아 전체로 확대하면 각종 부담들을 다수 국가들이 공유할 수 있고, 이에 따라 한미 양자 사이의 긴장을 완화할 수 있을 것이다. 그러나 지역화를 위해서는 동맹 목표의 확장이 필요한 데다가, 왜 한미 동맹이 지역 동맹을 위한 출발점 역할을

79 다음을 참고할 것. 김영희, "케리 당선을 바라는 한국인들", ≪중앙일보≫, 2004년 10월 14일 자.

해야 하는지가 바로 와 닿지 않는다. 예컨대 남한 국민들은 중국을 2006년 남한의 가장 가까운 협력자가 될 것으로 예상하기 때문에, 남한을 위한 적합한 지역 협력자로 미국을 이해하는 건 점점 더 어려워질 것이다(J. H. Chung, 2001: 784 참조). 중국이 지속적 개발의 초점을 지역 경제에 맞추는 것도 이러한 신념을 강화시키고 있다. 중국의 노동력은 여러 나라 제조업자를 위해 매우 중요한 요소가 되었기 때문에, 한국을 비롯한 여타 국가들도 상투적 안보 우려보다는 기꺼이 경제 번영 강화에 집중하려고 한다. 이러한 중국과의 관계는 지역 안정과 번영을 위해 비동맹을 기반으로 하는 새로운 조직 구조에 해당하는 것이고, 이는 지역 안정을 위한 중요한 보증인으로서 미국과의 동맹에 묵시적으로 도전하는 것이다.

경제적·실용적 문제들

한미 경제관계

지난 20년간 남한은 국내 시장 보호를 완화하면서 갈수록 더 자유화되었다. 남한의 현재 관세 수준은 OECD 국가들과 비슷한 수준이며 쌀 및 기타 농산물을 제외한 거의 모든 상품에 대한 수입 물량 제한을 제거한 상태이다. 남한은 국내 생산의 40% 이상을 수출하고 있으며, 이것이 남한을 일본에 이어 세계에서 두 번째로 큰 수출국으로 만들었다.

남한의 '경제 기적'은 경이적 현상이지만, 1950년대와 1960년대에 걸쳐 남한 경제를 지탱한 미국의 역할을 과소평가해서는 안 된다. 1946년부터 1976년까지 미국은 한국에 경제·군사 원조로 126억 달러를 제공했다. 미군 배치 비용을 포함한다면, 합계는 연간 10억 달러에 가까워진다. 1950년대 남한은 미국의 원조에 크게 의존하고 있었다. 당시 많은 개발 기관은 한국을 악몽으로, 골칫거리로, 밑 빠진 독에 물 붓기로 생각했다. 한국은 필수품 수입에 미국의 원조를 사용했고, 이를 통해 인플레이션 압력에 대처할 수 있었다(J. E. Woo,

1991: 45~48). 워싱턴은 원조에 조건을 달기 위해 부단히 노력했지만, 1960년대 중반까지 미국 원조의 대부분은 차관보다는 보조금으로 지급되었다(J. E. Woo, 1991: 79).

이제 더 이상 서울은 생존을 위해 미국의 원조에 의존하고 있지는 않지만, 여전히 미국은 대한민국에게 경제적으로 지극히 중요한 지역이다. 〈표 5-2〉가 가리키고 있듯, 두 나라 사이의 무역은 2000년 670억 달러로 정점에 달했고 2003년에는 610억 달러를 기록했다. 그러나 2003년 미국은 한국 제품의 최대 수출 지역이라는 자리를 처음으로 중국에 양보했고, 그 후 2004년 중국은 남한의 최대 무역 상대국이 되었다. 그럼에도 2004년 한미 무역은 2003년 590억 달러에서 사상 최고인 716억 달러를 기록하여 전년 대비 21% 증가했다. 이는 중국보다 불과 77억 달러 적고 일본보다 38억 달러 많은 기록이다. 1990년대 중반 이후 남한은 거래된 모든 제품의 측면에서 미국의 여섯 번째 또는 일곱 번째 무역 상대국이었으며 특히 미국 농산물 수출을 위해 중요했다. 심지어 1998년 아시아 금융위기 이후에도 대한민국의 순위는 9위로 떨어졌을 뿐이다. 좀 더 구체적으로, 남한은 미국의 주요 농산물 시장 중 하나로 미국의 네 번째 농산물 시장이다. 미국은 1990년대 중반 아시아 금융위기를 전후하여 일부 무역 흑자를 시현한 적도 있지만, 일반적으로 남한과는 무역 적자를 시현하고 있다. 〈표 5-2〉와 〈그림 5-1〉이 보여주듯 1999년 이후 연평균 무역 적자는 약 91.7억 달러를 기록하고 있다.

미국보다 높은 그리고 일본의 세 배에 이르는 대한민국의 수입 공산품 소비 비율을 감안하면, 미국의 무역 적자는 어떤 점에서는 놀라운 일이다. 게다가 미국은 한국으로부터의 수입을 면밀하게 감시하고 있고, 남한에 대한 반덤핑 소송에 착수하는 것을 두려워하지 않는다. 1980년에서 2000년 사이에 미국은 모든 무역 상대국에 대해 연평균 42건의 반덤핑 소송을 제기한 바 있다. 현재 대한민국은 미국으로부터 무려 15건의 반덤핑 명령을 부과받은 상태이다. 아시아 금융위기를 계기로 국제통화기금(IMF)은 자유무역을 촉진하기 위해 일

〈표 5-2〉 **미국-남북한 교역 규모(1990~2004년)**

(단위: 100만 달러)

연도	대북한 수출	대북한 수입	북미 무역 규모(수지)	북미 무역 증가율	대남한 수출	대남한 수입	한미 무역 규모(수지)	한미 무역 증가율
1990년	0.03	0.0	0.03(+0.03)	-	16,946	19,446	36,392(-2,500)	-
1991년	0.1	0.1	0.2(0.0)	567%	18,890	18,560	37,450(+330)	+3%
1992년	0.1	0.0	0.1(+0.1)	-50%	18,290	18,090	36,380(+200)	-3%
1993년	2.0	0.0	2.0(+2.0)	+1900%	17,930	18,140	36,070(-210)	-1%
1994년	0.2	0.0	0.2(+0.2)	-90%	21,580	20,550	42,130(+1,030)	+17%
1995년	11.6	0.0	11.6(+11.6)	+5700%	30,400	24,130	54,530(+6,270)	+29%
1996년	0.5	0.0	0.5(+0.5)	-96%	33,305	21,670	54,975(+11,635)	+1%
1997년	2.5	0.0	2.5(+2.5)	+400%	30,122	21,625	51,747(+8,497)	-6%
1998년	4.4	0.0	4.4(+4.4)	+76%	20,403	22,805	43,208(-2,402)	-17%
1999년	11.3	0.0	11.3(+11.3)	+157%	24,922	29,475	54,397(-4,553)	+26%
2000년	2.7	0.1	2.8(+2.6)	-75%	29,242	37,611	66,853(-8,369)	+23%
2001년	0.5	0.0	0.5(+0.5)	-82%	22,376	31,211	53,587(-8,835)	-20%
2002년	25.1	0.1	25.2(+25.0)	+4940%	23,009	32,780	55,789(-9,771)	+4%
2003년	8.0	0.0	8.0(+8.0)	-68%	24,814	34,219	59,033(-9,405)	+6%
2004년	23.8	1.5	25.3(+22.3)	+218%	28,783	42,849	71,632(-14,066)	+21%

자료: IMF(1992: 247; 1993: 247; 1994: 265; 1995: 269; 1996: 275; 1997: 347; 1998: 280); 외교통상부(1998: 396, 401; 1999: 481, 486; 2001: 497); 대한민국 외교부; 미국 상무부 국제무역청.

〈그림 5-1〉 **한미 교역 현황(1990~2004년)**

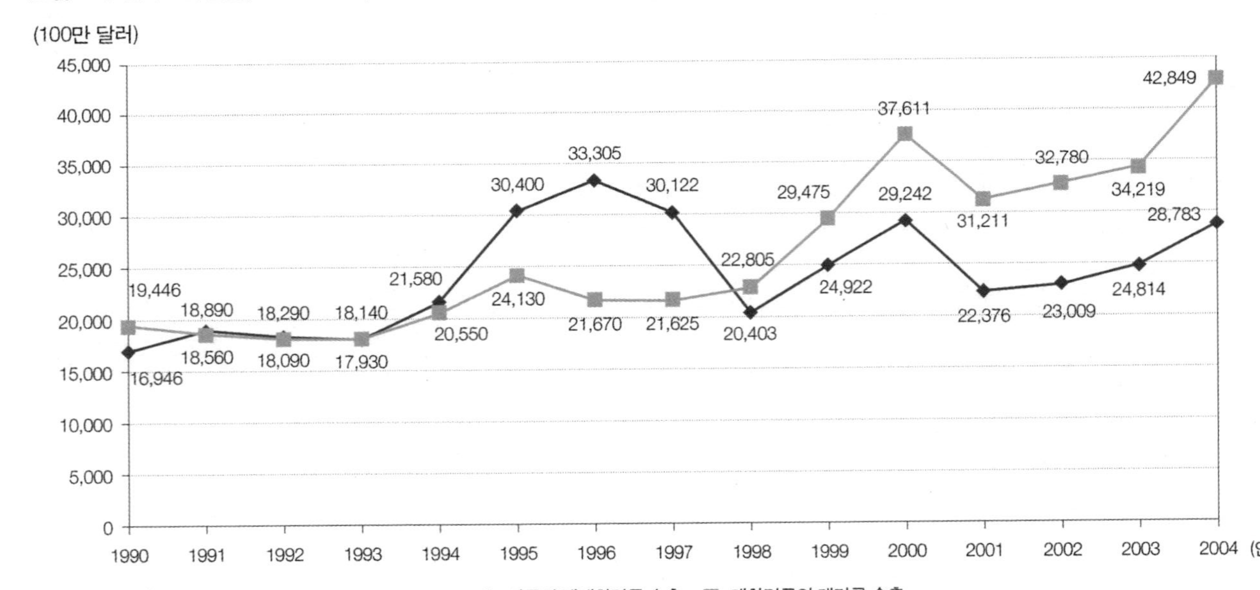

자료: IMF(1992: 247; 1993: 247; 1994: 265; 1995: 269; 1996: 275; 1997: 347; 1998: 280); 외교통상부(1998: 396, 401; 1999: 481, 486; 2001: 497). 이상 외교통상부 및 KOTRA.

부 거슬리는 장벽을 제거하도록 서울에 강요했다. 그러나 한국의 자동차 산업 – 독일과 프랑스를 EU(유럽연합)의 생산에 포함하는 것으로 계산하면 세계 제4위 – 은 미국 자동차 판매의 약 6%를 차지하며 명성을 유지하고 있다. 남한은 또한 아시아 금융위기 이후 상당한 양의 철강을 미국에 수출했다. 미국은 2000년 발효된 연간농업법의 버드 수정안(Byrd Amendment)으로 거두어들인 반덤핑 관세를 자국의 철강 산업에 배분했고, 이는 불공정 무역 관행으로 WTO에 제소당했다. 2001년 부시 행정부는 생산량 감축과 관련한 국제 협상을 촉진하기 위해 철강 수입에 관세를 부과하려 했다. 그러나 WTO는 이러한 부시 행정부의 관세 부과 시도가 부당하다는 결정을 했고, 이에 따라 부시 행정부는 유럽연합의 보복 위협을 받자 2003년 말에 관세를 철회했다.

한편, 클린턴 행정부는 1990년대 후반 한국의 철강 회사를 상대로 다수의 반덤핑 조치에 착수했다. 그뿐만 아니라 미국과 유럽연합은 미국과 독일 기업에 손해를 끼치며 반도체 제조업체를 지원하는 대한민국을 비난하고, 2003년 남한의 하이닉스 칩에 대해 상계관세를 부가했다. 2004년 4월 미 무역 대표부(USTR)는 서울이 통신업을 성장 동력으로 정했다는 이유로, 국제 전기 통신 협정에 따른 무역 상대국의 적합성을 평가하는 연례 보고서에서 남한을 '주요 우려 국가(key country of concern)'로 지정했다. 미국 당국자는 또한 자동차 분야에서의 차별과 농업 분야에서의 보호주의에 대해 한국에 불만을 표시했다. 예컨대 1999년에 이르러서야 일본 차의 한국 수출이 시작되었고 또한 서울은 2005년에 만료되는 WTO 협정하에서의 모든 수입 쌀의 구매, 유통, 그리고 최종 용도까지 통제하고 있다. 지적재산권 또한 미국의 걱정거리가 되고 있다. 2004년 1월 한국은 무역관련 지적재산권협정(TRIPs협정)과 관련하여 미국의 '우선 감시 대상국'에 올랐는데,[80] 이는 서울이 온라인 음악 해적 행위와 영화의 불법 복제 행위를 방지하기 위한 조치를 외면한다는 의혹 때문이었다.[81]

---

80 [옮긴이] 그 후 2009년 해제되었다.

〈표 5-3〉 **한미 FDI 변화(1990~2004년)** (단위: 100만 달러)

연도	남한→미국 FDI 유입액	변화율	미국→한국 FDI 유입액	변화율
1990년	410	*	317	*
1991년	450	+10%	297	-6%
1992년	380	-16%	379	+27%
1993년	416	+9%	341	-10%
1994년	717	+72%	311	-9%
1995년	1,402	+96%	645	+107%
1996년	1,178	-16%	876	+36%
1997년	1,195	+1%	3,190	+264%
1998년	1,220	+2%	2,974	-7%
1999년	1,810	+48%	3,739	+26%
2000년	1,303	-28%	2,922	-22%
2001년	1,837	+41%	3,889	+33%
2002년	1,405	-24%	4,500	+16%
2003년	730	-48%	1,200	-73%
2004년	1,420	+95%	4,730	+294%

자료: Keum(1996: 581); 외교통상부(1998: 406~407; 1999: 491, 493; 2001: 503, 505; 2002: 489, 491; 2003: 498~499); 주한미국대사관; 수출입은행.

어떻게 보면 남한의 국제 경제관계와 관련한 미국의 중요성은 감소하고 있다고 볼 수도 있다. 1980년대 후반 대한민국 제조업 수출품의 40%는 미국행이었다. 이 수치는 2002년까지 20% 미만으로 떨어졌고 중국으로의 수출은 갈수록 증가하고 있다. 그리고 북미자유무역협정(NAFTA)은 대한민국과 미국의 무역을 희생하고 미국-멕시코 무역을 증가시켰다. 2003년에 중국은 남한 수출의 주요 목적지로 미국을 앞질렀다. 1980년대 초반~1990년대 후반에는 미국과 일본이 대한對韓 수출의 선두 경쟁을 벌였지만, 2000~2003년의 경향은 일본이 남한에 대한 핵심 공급자로서 미국을 명확하게 앞질렀음을 보여준다. 이는 한미 무역의 대부분은 기업 내 무역(intrafirm trade)이기 때문에 이제 무역 적자

81 대한민국의 무역 장벽에 대해서는 Manyin(2004); Noland(2004a) 참고.

자체가 더 이상 그렇게 논쟁적이지 않다는 것을 뜻하며, 또한 미국은 자신들의 결정적인 무역 경쟁자로 부상한 중국에 더욱 집중하게 되었음을 뜻한다.

동북아시아에서 중국이 부상한다는 것은 지역 무역블록(regional trade bloc)에 남한의 관심이 높아지고 있음을 의미하는데, 이는 미국의 이익에 부정적 영향을 끼칠 수 있는 것이다. 한일, 한중일, ASEAN+3[82] 자유무역지대가 모두 논의되었지만 아무런 진전을 보지 못하고 있는 상태이다. 노무현 대통령은 심지어 글로벌 경제 속에 북한을 엮어 넣기 위한 수단으로 북한을 포함한 형태의 지역 무역 협정에 대해 논의하기도 했다.

〈표 5-3〉이 보여주듯 1990년대 후반에는 미국에서 남한으로의 FDI가 증가했다. 아시아 금융위기를 계기로 IMF가 제시한 개혁에는 대한민국 투자 관련 법의 자유화가 포함되어 있었다. 1990년대 후반까지 FDI에 대한 남한의 금지 규정은 외국인의 과반수 소유권에 대한 인도의 전설적인 제한과 비슷했다. 이전에는 외국인 개인이 어떤 회사의 발행 주식총수의 5% 이상을 소유할 수 없었고, 한국에 본점을 둔 회사에 대한 외국인 전체 소유권은 20% 미만이어야 했다. 그런데 1997년 금융위기 이후 12월 이러한 규정은 각각 50%, 55%로 완화되었다. 이로 인해 아시아 금융위기 직후 미국에서 한국으로 FDI가 급증했지만 일회성 이벤트에 그쳤고, FDI 흐름의 수준은 2001년 이후 감소하기 시작했다. 유럽의 투자 유입량이 몇 차례 미국을 능가하긴 했지만, 그럼에도 미국은 FDI 총량 측면에서 여전히 남한에 대한 최대 투자자이다. 일본과 중국은 남한에 대한 FDI의 측면에서 미국과 유럽에 한참 뒤처지고 있다. 전반적으로 대한민국에 대한 FDI는 감소하고 있다고 할 수 있고, 2002년 대한민국은 30개 OECD 국가 중 23번째 해외직접투자 유입(IFDI)을 기록했지만, 2003년 18위로 개선되었다.

소유 지분에 대한 규제 완화가 있었지만, 대한민국에는 미국 투자자를 위협

---

82 ASEAN과 한국, 중국, 일본.

〈그림 5-2〉 **한미 FDI 규모(1990~2004년)**

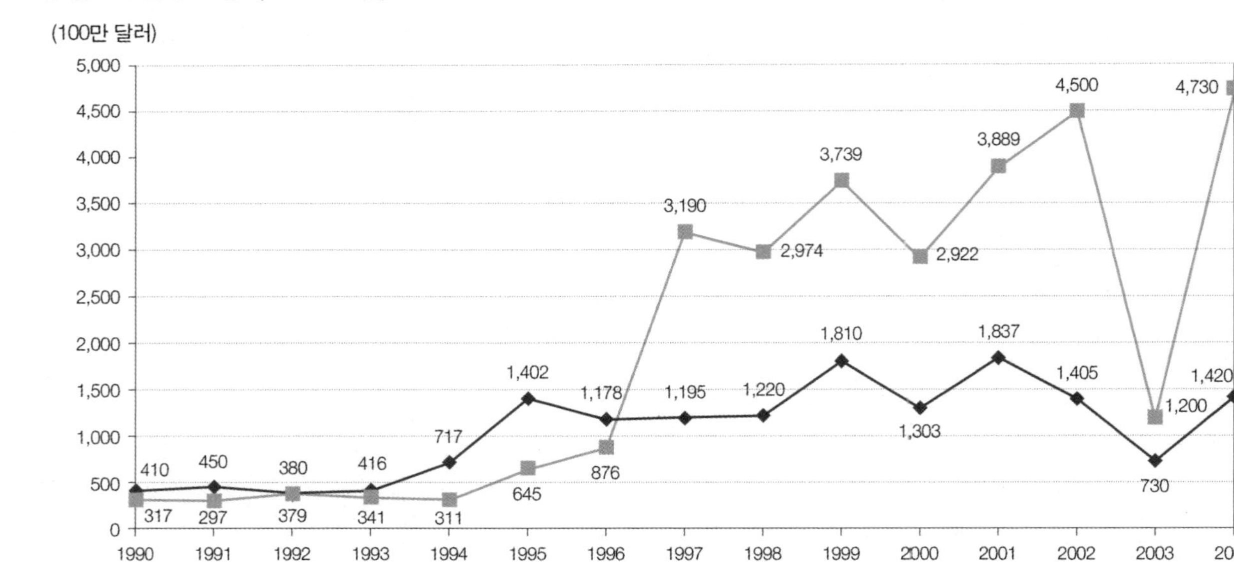

자료: Keum(1996: 581); 외교통상부(1998: 406~407; 1999: 491, 493; 2001: 503, 505; 2002: 489, 491; 2003: 498~499); 주한미국대사관.

하는 요소가 여전히 남아 있다. 기업 수준의 조사와 남한 정부에 제출된 불만에 따르면, 가장 빈번하게 언급되는 문제는 노동 시장의 문제이다. 또한 남한은 회계와 관련해 투명하지 않은 것으로 비판받고 있다. 2001년 프라이스워터하우스쿠퍼스(PwC: the Pricewaterhouse Coopers)의 불투명 지수에 따르면 남한은 35개 국가 중 31번째로, 중국, 인도네시아, 러시아, 터키 다음으로 불투명한 것으로 나타났다. 또한 대한민국은 회사가 외국 본사로 수익을 송금하는 것을 곤란하게 하는 일정한 세금과 규제 감독을 유지하고 있다. 그럼에도 에이티커니(A.T. Kearney)가 발표한 연간 FDI 신뢰 지수에서 대한민국의 순위는 꾸준히 상승하고 있고 ― 2002년 21위에서 2003년 18위 ― 남한의 장벽들은 특히 WTO 창설 이후 계속 완화되고 있다. 만약 남한이 노동 시장 문제를 개선할 수 있다면, 그래서 투명성을 개선할 수 있다면, 나아가 자본 흐름에 대한 규제를 완화할 수 있다면 아마도 FDI 유입은 더욱 증가할 것이다(Noland, 2004a: 94~95).

미국과 대한민국은 FDI 유입 증대에 도움이 될 양자 간 투자 협정(BIT)을 달성하기 위해 몇 년간 노력했지만 협상은 1999년에 중단되었다. 이러한 조약의 주요 장애물은 한국의 '스크린 쿼터'이다. 이는 극장 상영 시간의 40%를 한국 영화로 채워야 할 것을 요구한다.[83] 미국은 ― 미국은 캐나다와 프랑스의 스크린 쿼터에도 반대한다 ― 투자 협정을 체결하기 위해 남한의 이러한 쿼터를 완화하고 궁극적으로 제거하게 만들었다. 그러나 〈그림 5-2〉에서 알 수 있듯이, 한국에 대한 미국의 직접 투자는 BIT 조약이 존재하지 않음에도 불구하고 성장을 계속하고 있다. 의회의 일각에서는 한미 자유무역협정을 요구했지만 그러한 협상은 궤도에 오르지 못했다. 이러한 협정을 통해 GDP 성장률 측면에서 상대적으로 한국이 미국보다 더 혜택을 얻겠지만, 결국 양국 모두 긍정적인 혜택을 얻을 것이다(Manyin, 2004: 18~19).[84] 2004년 대한민국은 칠레와 최초의 특

83 [옮긴이] 즉, 365일 중 146일을 한국 영화로 채워야 한다.

혜 무역 협정을 체결했고 현재 일본 및 싱가포르와는 협상 중에 있다.

미국과 대한민국 사이의 경제관계가 시들한 것은 여러 가지 면에서 정치적 위험 요소라고 할 수 있다. 남한이 경제관계에서 중국과 일본에 점점 더 긴밀해질수록, 북한이 얽힌 문제와 관련하여 3국의 정치적 의견은 갈수록 유사성을 띨 것이다. 따라서 미국과 남한의 경제적 이익의 탈동조화는 두 동맹국 간 전략적 차이를 더욱 확대시킬지도 모른다. 그러나 궁극적으로 한미 경제관계는 지난 20년 전에 비해 오늘날 더욱더 근접하고 있다. 산업 내 무역(intra-industry trade) 증가와 함께 서비스 무역 증가, 기업 간 침투 확대, FDI 증가 등 미국이 다른 대부분의 부유한 OECD 국가와 유지하는 관계 이상의 그 어떤 것을 향해 전진하고 있다. 또한 양국 간 상호 의존성은 확대되고 있는 중이다.

한미 간 사회문화적 상호작용

한미 관계의 전개는 남한의 변화하는 국내 문화의 관점에서 볼 필요가 있다. 1980년대 중반 이후 일련의 사건들은 사회문화적 변화를 반영한 것이었고, 이는 사회문화적 변화를 초래했다. 1980년대의 민주주의 혁명, 냉전 종식, 세계화 및 정보 혁명의 도래, 1997년 12월과 2002년 12월 진보적 대중주의자 김대중과 노무현의 선거 승리 등이 그것이다. 냉전 종식 이후 남한은 미국에 의존하는 최전선 도미노 국가의 지위에서 벗어나 새로운 국가 정체성을 정립

---

84 [옮긴이] 그러나 한국은행에 따르면 2012년 한미 FTA 발효 이후 한국의 경제성장률은 2013년 2.9%, 2014년 3.3%, 2015년 2.6%을 기록했다. 이는 같은 기간 세계 경제성장률에도 미치지 못하는 기록이다. "연도별 세계·한국 경제성장률 추이", ≪연합뉴스≫, 2016년 3월 20일 자. 전면적 자유무역 체제에 대한 비판적 견해로는 다음을 참고할 것. Erik Reinert, *How Rich countries got rich and Why poor countries stay poor* (PublicAffairs, 2007); 장하준, 『나쁜 사마리아인들』(부키, 2007); 장하준·정승일·이종태, 『무엇을 선택할 것인가』(부키, 2012); "장하준 교수 "무역장벽 없애서 부자 된 나라 없다"", ≪한국일보≫, 2011년 2월 18일 자; 장하준, "한미 FTA, 진정한 자유무역 아니다", ≪연합뉴스≫, 2010년 12월 27일 자.

하려고 노력해왔다.

1990년대 남한의 민주주의가 공고화되는 과정에서 남한 대중의 인식은 미국을 해방자, 보호자, 후원자로 여기던 인식으로부터, 미국이 남한을 팍스 아메리카나의 지정학적 볼모(geopolitical pawn)로 여긴다는 인식으로 변화했다.[85] 그리고 냉전 종식, 러시아 및 중국과의 관계 개선으로 인해 미국을 향한 한국인들의 적대감을 좀 더 자유롭게 표현하는 것이 가능해졌다. 학생운동에 참여한 젊은 한국인들은 한미 동맹의 부담 공유 문제에 대해, 그리고 조선민주주의 인민공화국과의 관계 개선 가능성에 대해 자신들의 관심을 더욱 당당하게 표현했다.

또한 21세기 초 미국은 남한 국민에게 적대감을 일으키는 빌미를 제공했다. 부시 대통령이 북한을 '악의 축'의 일원으로 낙인찍자 한국인들은 크게 화를 냈다. '악'이라는 형용은 2002년 동계 올림픽에서 남한의 스피드 스케이팅 선수가 마지막 바퀴에서 미국 선수를 방해했다는 의혹으로 금메달을 박탈당하면서 기름을 끼얹게 된 반미 감정 때문에 더욱 악화되었다. 악명 높은 '악의 축' 연설을 한 후 몇 주 되지 않은 2002년 2월 중순, ≪뉴욕타임스≫는 부시 대통령이 예정된 아시아 방문을 시작하지도 않았는데, 남한의 보수 언론에는 '악의 축'의 일부로 북한을 포함한 부시의 연설에 대한 비난으로 가득 찼다고 보도했다. 단단히 무장한 껍데기 속에 있는 스탈린식 북한을 경제적 유인책을 통해 빼내려던 지난날의 외교적 노력이 부시의 연설로 인해 물거품이 되고 말았다며 항의한 것이다.[86] 2002년 여론조사에서 62%의 남한 국민이 '악의

---

85 반미의 첫 번째 커다란 파도는 광주에서의 항쟁을 잔인하게 진압한 1980년대 초반에 발생했다. 미국은 공모한 것으로 간주되었고 남한의 권위주의 정권을 지지하여 비판을 받았다. 그러나 이러한 감정은 1980년대 후반부터 1990년대 초반 사이에 민주적 전환 및 통합 과정에서 대부분 잦아들었다(Shorrock, 1986 참조).

86 다음을 참고할 것. David E. Sanger, "Allies Hear Sour Notes in 'Axis of Evil' Chorus," *New York Times*, February 17, 2002; Clay Chandler, "Koreans Voice Anti-American

축' 발언은 "한반도 긴장을 고조시키는 지나친 발언"이라고 생각하는 것으로 나타났다. 반면 31%만이 "북한의 위협을 시사한 적절한 발언"이라고 대답했다(Larson and Levin, 2004).

2002년 6월 두 명의 10대 소녀가 학교에서 집으로 돌아오는 길에 서울 남쪽 좁은 시골길에서 미국 장갑차에 압사당하는 사건이 발생했다. 그러나 미군 법원은 차량을 운전했던 두 명의 군인에게 과실 치사 및/또는 비자발적 살인(involuntary manslaughter)을 포함한 모든 혐의에 대해 무죄 방면하고 말았다. 이에 대해 전국적인 시위가 발생했다. 2002년 대선 사흘 전인 12월 14일 밤에 30만 명 이상의 한국인들이 추모 촛불을 들고, 노래를 부르며, 서울 시청 광장을 비롯하여 무려 전국 57개 장소에서 집회를 벌였다. 그들은 한국과 미국 간에 공정하고 대등한 파트너십을 요구하며 '국가 주권 회복의 날'을 선포하기도 했다(S. J. Han, 2004: 164).

2002년 12월 선거에서 노무현 대통령의 승리는 부분적으로는 반미 감정을 활용한 그의 능력에 기인한 것이고, 또 부분적으로는 그의 혁신적 선거운동에 기인한 것이었다. 전통적 보수 일간지(예컨대 ≪조선일보≫, ≪중앙일보≫, ≪동아일보≫)를 앞지르는 젊은 한국 '네티즌'의 온라인 풀뿌리 선거운동은 노무현을 인터넷 유명 인사로 만든 웹 사이트를 창안했고 유권자 등록 운동을 조직했다. 선거 당일 투표율 보고 결과 노무현이 고전하는 것으로 드러나자, 인터넷 세대들은 휴대폰과 컴퓨터로 투표를 독려하는 문자 메시지를 보냈다(Lewis, 2004: 194). 노무현 대통령의 승리는 이후 남한의 사회적·문화적 지형의 변화와 직접 연결되었다.

이것이 정말 반미의 표현이라고 할 수 있을까? 일반적인 대답은 '아니다'이다. 퓨 세계 태도조사 프로젝트(Pew Global Attitude Project) 연구 결과가 보여주는 것처럼, 반미 감정은 부시 대통령의 임기하에서의 광범위하고 보편적인

Sentiments," *Washington Post*, February 21, 2002.

〈표 5-4〉 **미국에 대한 대한민국 국민들의 태도(2000~2004년)** (단위: %)

날짜	질문	응답
≪동아일보≫ (2000년 10월 25일 ~11월 18일)	1. 귀하께서는 미국을 좋아하십니까 싫어하십니까? 또는 좋아하는 것도 아니고 싫어하는 것도 아닙니까?	1. 좋아한다(30.7) 2. 안 좋아한다(18.7) 3. 좋아하지도 않고 싫어하지도 않는다(50.6) 4. 모르겠다/무응답
	2. 귀하께서는 어떤 국가가 군사적으로 가장 위협적이라고 느끼십니까? 하나를 선택해주십시오.	북한(53.7), 일본(20.7), 미국(12.4), 중국(7.7), 러시아(4.0)
	3. 귀하께서는 향후 10년 이내에 어떤 국가가 아시아에서 가장 영향력 있는 국가가 될 거라고 생각하십니까? 하나를 선택해주십시오(아시아 국가가 아니라도 상관 없음)	중국(52.6), 일본(23.3), 대한민국(10.7), 미국(8.1), 러시아(2.1)
퓨리서치 센터 (2002년 하반기)	1. 귀하께서는 미국을 어떻게 생각하십니까?	우호적이다(53), 비우호적이다(44), 무응답(3)
	2. 귀하께서는 세계를 가장 위협하는 것이 무엇이라고 생각하십니까?	에이즈(24), 종교 및 종족 분쟁(28), 핵무기(30), 빈부격차(43), 인구 및 환경 문제(73)
	3. 귀하께서는 미국이 주도하는 테러와의 전쟁에 찬성하십니까 또는 반대하십니까?	찬성(24), 반대(72)
리서치앤리서치 (2004년 1월 25일)	1. 귀하께서는 한국의 안보에 어떤 국가가 가장 위협적이라고 생각하십니까?	미국(39), 북한(33), 중국(12), 일본(8)
≪중앙일보≫ (2004년 10월)	1. 귀하께서는 미국에 호감을 갖고 계십니까?	그렇다(65)
	2. 귀하께서는 조지 W. 부시 미국 대통령에 대해 호감 또는 비호감 중 어떤 생각을 갖고 계십니까?	비호감(72)
	3. 귀하께서는 미국의 차기 대통령으로 부시와 케리 중 누구를 지지하십니까?	부시를 지지한다(18), 케리를 지지한다(68)
	4. 미국이 이라크를 침공한 것은 옳은 일이라고 생각하십니까 아니면 잘못된 일이라고 생각하십니까?	잘못된 일이다(85)

자료: "[한일공동 여론조사/韓日美中국민 의식] 국가별 호감도", ≪동아일보≫, 2000년 12월 4일 자; "What the World Thinks in 2002," The Pew Research Center for the People & The Press, December 4, 2002; ≪조선일보≫, 2004년 1월 12일 자; ≪중앙일보≫, 2004년 10월 14일 자.

현상이 되었다(표 5-4). 이른바 반미는 미국인이나 미국에 대한 일관된 반대라기보다 실제로는 미국 정책에 대한 혐오의 표현이다(Cumings, 2004 참조). 그렇긴 하지만 미국의 정책이나 사건에 대한 반대는 필연적으로 미국의 국가 및 국민 이미지에 부수적 피해를 야기한다.

동맹관계와 상호작용이 60년간 지속되다 보니 남한과 미국 사이에는 매우

〈표 5-5〉 **한미 방문객 교환(1993~2004년)** (단위: 명)

연도	대한민국 국민의 미국 방문	변화율	미국 국민의 한국 방문	변화율	총계	변화율
1993년	420,177	-	325,366	-	753,543	-
1994년	576,741	+37%	332,428	+2%	909,169	+22%
1995년	657,804	+14%	358,872	+8%	1,016,676	+12%
1996년	839,573	+28%	399,300	+11%	1,238,873	+22%
1997년	806,264	-4%	424,258	+6%	1,230,522	-1%
1998년	425,330	-47%	405,735	-4%	831,065	-32%
1999년	571,332	+34%	396,286	-2%	967,618	+16%
2000년	719,227	+26%	458,617	+16%	1,177,844	+22%
2001년	670,456	-7%	426,817	-7%	1,097,273	-7%
2002년	692,407	+3%	459,362	+8%	1,151,759	+5%
2003년	679,196	-2%	421,709	-8%	1,100,905	-4%
2004년	700,000	+3%	570,000	+35%	1,270,000	+15%

자료: 한국관광공사.

밀접한 사회적·문화적 연계가 존재한다. 〈표 5-5〉와 〈그림 5-3〉에서 알 수 있듯, 약 70만 명의 남한 국민들이 매년 미국을 방문한다. 남한을 방문하는 미국인 수도 1990년대 초반부터 꾸준히 증가하고 있으며 오늘날 미국에서 매년 50만 명 이상의 미국인들이 한국으로 여행을 하고 있다. 남한에는 미국 외의 그 어떤 나라보다 1인당 미국 박사 학위 소지자가 많다는 것은 공지의 사실이다. 이들 미국 교육을 받은 엘리트들은 고등 교육, 정부, 외교, 종교, 과학, 그리고 예술 분야에서 선도적인 지위를 차지하고 있다. 실제 모든 주미 대사는 미국의 일류 대학에서 박사 학위를 받았다(김경원, 이홍구, 양성철, 한승주, 홍석현 등). 한국의 대미 정책 형성에 이들의 역할과 영향력을 과소평가할 수 없다.

영어가 국제 공용어로 성공의 열쇠가 되면서, 다수의 조바심 내는 돈 많은 부모들은 어린 자녀들을 미국의 사립학교로 보내거나 또는 어처구니없는 일(예컨대, 영어를 유창하게 하도록 그들의 자녀에게 혀 수술을 강제하는 것)부터 실용적인 일(예를 들면 유명한 미들베리 외국어 여름학교를 모델로 새롭게 생겨나기 시작

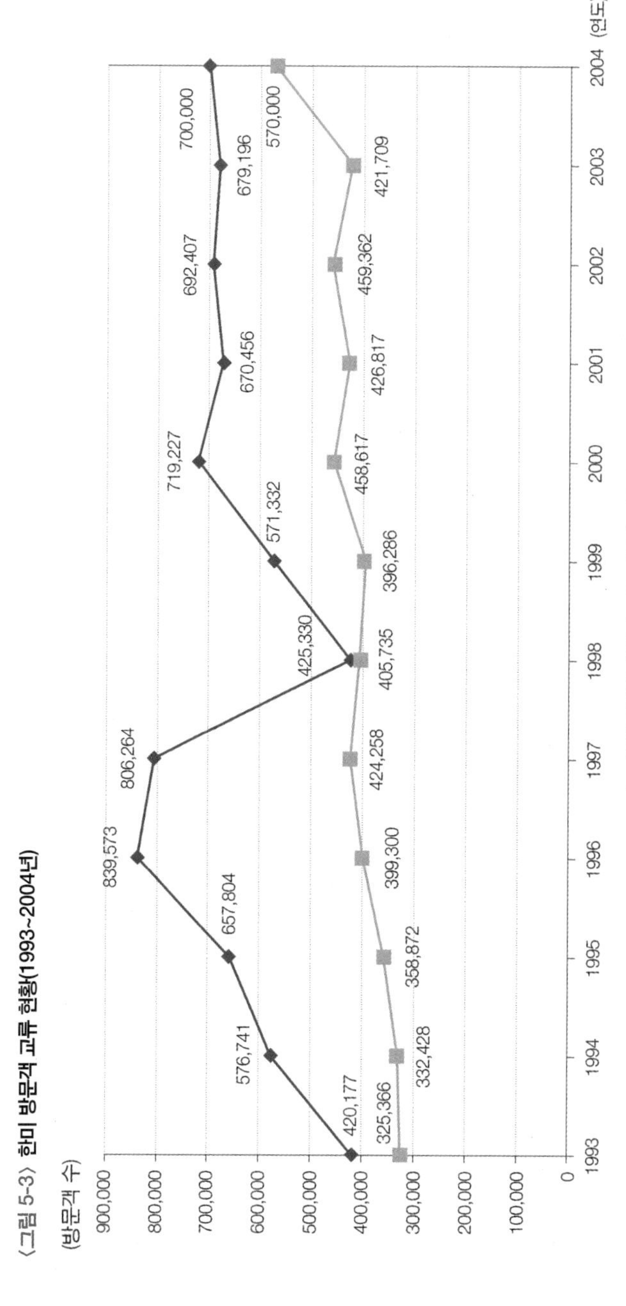

〈그림 5-3〉 **한미 방문객 교류 현황(1993~2004년)**

자료: 한국관광공사.

〈표 5-6〉 **주요 국가별 해외동포 현황(2003년 1월 1일 기준)** (단위: 명)

	일본	중국	미국	캐나다	러시아	호주	기타	총계
시민권자	260,168	1,967,285	682,264	67,232	549,943	17,876	23,024	3,567,792
영주권자	531,758	2,253	1,137,483	63,727	196	19,113	95,216	1,849,746
체류자	106,788	175,251	337,751	39,162	7,593	22,951	229,917	919,413
총계	898,714	2,144,789	2,157,498	170,121	557,732	59,940	348,157	6,336,951

자료: 외교통상부(2004: 563).

한, 심화된 외국어 집중 모의 훈련을 위한 '영어 마을'에 자녀들을 보내는 것)까지 다양한 선택을 하는 것을 볼 수 있다.

마지막으로 한국인 해외 동포는 미국과 남한을 연결하고 있다. 〈표 5-6〉에서와 같이 2003년 미국은 해외 한국인의 최대 본거지로 중국을 대체했다. 이렇게 미국으로 이민자가 압도적으로 늘어난 것은 최근의 일이다. 이러한 흐름은 미 의회가 국적 쿼터 제도를 폐지한 1965년 이후 현저하게 증가했다. 그러나 소수 인구(미국 인구의 1% 미만)로 인해 투표 권력이 미약하기 때문에, 한인 동포들이 국가적 수준에서 미국에 미치는 정치적 영향력은 다소 제한되어 있다. 한 가지 예외가 있다면 한인 교회들인데, 이들은 2004년 북한 인권법을 밀어붙여 존재감을 입증한 바 있다.

북미 경제관계

1950년 6월 북한의 남침 이후 미국은 거의 40년 동안 북한에 철저한 경제제재 조치를 부과했고, 〈표 5-7〉에서 알 수 있듯 대북 제재의 범위 및 특수성은 꾸준히 확대되었다. 1994년 북미 제네바 합의 2조는 "본 합의문이 서명된 후 3개월 이내에 쌍방은 통신서비스의 제한 및 금융 거래를 포함한 무역 및 투자 장벽을 완화한다"라고 명시했다. 1995년 3월 미국 상무부는 미국 곡물상에게 북한에 대한 5만 5000톤의 옥수수 판매를 승인하면서 조선민주주의 인민공화국에 대한 수출의 문을 열었다. 1990년대 중반 워싱턴은 통신 제휴, 관광 여

〈표 5-7〉 **북한에 대한 미국의 제재(1950~2004년)**

날짜	관련 법률	제재 내용
1950년 1월 28일	수출통제법 (Export Control Act)	북한에 대한 수출 금지.
1950년 12월 17일	적성국 교역법 (Trading with the Enemy Act)	미국 내 북한 자산 동결, 해외 자산 관리 규정 공고. 이는 사실상 북한과 무역 및 금융 거래 전면 금지령이었음.
1951년 9월 1일	무역협정 연장법 (Trade Agreement Extension Act)	북한에 대한 최혜국 대우 자격 금지.
1962년 8월 1일	대외원조법 (Foreign Assistance Act)	북한을 원조하기 위한 보조금 지급 금지.
1975년 1월 3일	1974년 미국통상법 (Trade Act of 1974)	북한에 대한 일반특혜관세제도 금지.
1975년 5월 16일	무기수출통제법 (Arms Export Control Act)	미국 수출입은행에 의한 북한에 대한 포괄적 통상 금지령 적용.
1986년 10월 5일	수출입 은행법 (Act of Ex-Im Bank)	미국 수출입은행에 의한 북한에 대한 신용공여 금지.
1988년 1월 20일	무기수출 통제법 (Arms Export Control Act)	북한을 테러 지원국으로 등재하고, 북한은 무역 금지 대상이고, 일반특혜관세제도 허가 금지 대상이고, 군수품 관리 항목에서 열거된 품목의 판매 금지 대상이고, 수출입 은행의 원조 및 신용공여 금지 대상임. 북한에 원조를 부여하는 그 어떤 국제 금융 기관의 결정이든 반대 투표하라는 미국의 명령.
1988년 4월 4일	국제무기거래규제법(수정법) (International Arms Trading Regulations)	북한에 대한 방위 산업 물자와 용역의 수출입 및 판매 금지.
1992년 3월 6일	군수품 관리 항목 (Munitions Control Items)	북한이 이란과 시리아에 미사일 기술을 넘기는 데 연루된 것으로 확인. 미국은 군수품 관리 항목에 등재된 품목의 수출을 금지하고, 정부는 2년간 북한과 접촉 금지. 미사일, 전자 장비, 우주 항공 및 군용 항공기 제조에 관련된 북한의 모든 활동에 적용.
2004년 10월 18일	2004년 북한 인권법 (North Korean Human Rights Act of 2004)	북한의 인권과 자유 증진을 위해, 동법은 비정부 기구가 관리하는 정보 원천(예컨대, 라디오)에 대한 접근 가능성 향상 요구, 그리고 매일 12시간씩 방송되는 자유 아시아 방송(Radio Free Asia) 및 미국의 소리(Voices of America)의 북한 송신 요구. 그리고 2005~2008년까지 연간 200만 달러의 재정 지원 승인. 국제적으로 인정된 인도주의 기준에 따른 원조 배분이 확보되는 경우에 인도적 지원 증가를 승인. 북한 난민 고아, 인신매매 피해자에 대한 인도적/법적 지원을 위해 2005~2008 회계연도에 연간 2000만 달러 승인. 또한 북한 난민에 대한 난민/망명 자격 열거.

자료: Davis et al(1994); Renneck(2003).

행, 영공 통과료 지불, 북한의 마그네사이트 구입 및 곡물과 아연의 물물 교환을 포함하여 사안별로 얼마간의 거래를 승인했다(Eberstadt, 1998c: 121 참조). 마침내 1999년 9월 최초 수출 금지 이후 거의 50년 만에, 클린턴 대통령은 무역과 여행에 영향을 미치는 대북 경제제재를 완화할 것이며, 그렇게 함으로써 미국 역사에서 가장 장구한 무역 금지 조치를 종료할 것이라고 발표했다.[87] 이전에 허가가 필요했던 많은 품목들이 지금은 허가 없이 수출 가능 대상에 포함되었다. 미국 상무부 상품통제목록(CCL: Commerce Control List)에 올라 있던 어떤 품목들은 무조건 거부 정책에서 사안별 검토로 전환되었다.

오늘날 무역과 관련 거래는 일반적으로 비이중용도 제품(non-dual-use goods)에 대해 일련의 중요한 조건이 충족된 경우에 한해 허용된다(이중용도 제품은 민수용이나 군수용으로 모두 사용 가능한 제품을 뜻한다). 평양에 적용되는 모든 수출 규제를 풀기 위해서는 북한은 우선 미국 국무부의 테러 지원국 명단에서 삭제되어야 한다. 또한 미국은 북한에 정상 무역관계(NTR: Normal Trade Relations) — 이전에는 최혜국 대우라고 불렀던 — 의 지위를 적용할 수도 없다. 공산주의 국가에 대해서는 이와 같은 자격을 부여하는 것을 금지하는 1951년 무역협정연장법(Trade Agreement Extension Act)의 제한 때문이다. 1974년 통상법(Trade Act of 1974)에 따라 북한은 일반특혜관세제도(GSP) 지위에서도 배제된 상황이다. 그러나 미국 시민은 북한으로 여행할 수 있고, 북한에서 환승하거나 머무르는 동안 사용할 수 있는 금액에 제한도 없다. 2000년 6월 19일 이전에 동결된 자산은 여전히 동결된 상태로 유지되고 있다.

무역 제한의 완화에도 불구하고 북한과 미국 간 무역 및 투자는 사실상 존재하지 않는 상태이며 또한 고도로 정치화된 상태이다. 〈표 5-2〉가 보여주는

87 [옮긴이] 1999년 9월 17일 미국은 페리 프로세스에 따라 대북 경제제재 완화 조치를 발표했고, 이에 화답하여 북한은 일주일 후인 9월 24일에 장거리 미사일 발사 유예를 선언했다.

바와 같이 북미 무역은 거의 일방통행이다. 미국은 북한에 주로 적당한 양의 농산물을 수출하는 반면 북한으로부터의 수입은 사실상 전무하다. 2003년 남한과 미국의 단 하루치의 무역액(1.61억 달러)이 북미 간 무역액의 14년(1990~2003년) 총합보다 2.5배 더 크다. 이것은 주로 북한의 수출 경쟁력 부족과 관련이 있다. 물론 미국의 경제제재로 말미암아 세계 최대 시장으로 접근하는 것이 막힌 것은 사실이지만, 북한은 제재가 없는 다른 시장에서 제품을 판매할 때에도 미미한 성공을 거두었을 뿐이다. 그래도 북한의 수출 경쟁력과 관련하여 현시점에서 미국의 관세가 경제제재보다 더 중요하다. 북한에 대한 관세 장벽을 감안하면, 개성공단 제품을 대한민국 상품으로 인정한 몇몇 국가들의 결정은 공단의 성공에 지극히 중요한 요소라고 할 수 있다.

미국의 경제제재보다 북한에 훨씬 더 큰 악영향을 미치는 것은 다자간 원조(예컨대 아시아 개발은행, IMF, 세계은행)를 얻기 위해 북한이 국제금융기관에 가입하는 것을 미국이 지속적으로 반대하고 있다는 점이다. 1987년 11월 두 명의 북한 공작원이 매설한 폭탄에 의해 KAL 항공기가 파괴되면서 조선민주주의 인민공화국의 국제기구 가입은 제한되기 시작했다. 이 사건 이후 미국은 북한을 테러 지원국 명단에 올렸고, 1979년의 수출 관리법(Export Administration Act)에 따라 미국과 무역, 수혜 개도국(Beneficiary Developing Country) 지위, 미국 군수품 목록에 있는 항목 판매, 대부분의 대외 원조, 수출입 은행의 자금 조달 및 국제 금융기구의 지원 등이 거부되었다. 따라서 북한은 세계은행과 IMF에 가입 신청을 할 수 있도록 그의 지위를 변경하는 데에 특히 관심이 있다. 미국은 2000년 이 문제와 관련하여 남한 및 일본과 논의했는데, 남한은 관계 정상화를 향한 북한의 노력을 지지한 반면, 일본은 일본인 납치 문제가 해결될 때까지 지위 변경에 반대했다(Rennack, 2003: 7~8).

두 번째 핵 위기와 관련한 새로운 국제 제재의 가능성은 지금도 여전히 존재한다. 2003년 1월 IAEA는 북한의 핵무기 프로그램 재가동을 비난하고 이를 유엔 안보리에 회부하기 직전에 멈추었는데, 만약 북한이 추가적인 움직임을

〈표 5-8〉 **미국의 대북 원조(1995~2004년)**

	식량 원조				
회계연도	톤(ton)	상품 가격 (100만 달러)	KEDO 지원 (100만 달러)	의약품 (100만 달러)	총계 (100만 달러)
1995년	0	0.0	9.5	0.2	9.7
1996년	19,500	8.3	22.0	0.0	30.3
1997년	177,000	52.4	25.0	5.0	82.4
1998년	200,000	72.9	50.0	0.0	122.9
1999년	695,194	222.1	65.1	0.0	287.2
2000년	265,000	74.3	64.4	0.0	138.7
2001년	350,000	102.8	74.9	0.0	177.7
2002년	207,000	82.4	90.5	0.0	172.9
2003년	40,170	33.6	2.3	0.0	35.9
2004년	60,000	-	0.0	0.0	-
총계	2,013,864	648.8	403.7	5.2	1,057.7

자료: Manyin and Jun(2003: 1); Eberstadt(2004a: 34).

보였다면 새로운 제재를 부과했을 것이다. 북한은 유엔이 부과하는 그 어떤 제재도 전쟁 행위로 간주할 것이라고 주장했다.

사실 부시 행정부가 테러와의 전쟁에서 알카에다의 자금 조달을 차단하는 데 사용한 방법을 북한에도 적용하여 거의 존재하지 않는 소득 원천마저 질식시키려 했다는 것이 2005년 초에 밝혀졌다. ≪뉴욕타임스≫는 이를 "북한의 광범위한 격리"를 위해 블록을 구축할 수 있는 "선별된 기술 종합 세트 및 새로운 압력 수단"이라고 설명했다. 이 계획은 미사일 판매 손실과 일본 거주 북한인들로부터의 재원 이전에 대한 탄압을 만회하기 위해 이른바 북한이 새롭게 저지르는 불법 거래 및 위조에 대응하기 위한 것으로 알려졌다.[88]

〈표 5-8〉에서 알 수 있듯 경제적 상호작용에 대한 기존 금지 조치에도 불구

88 다음을 참고할 것. David E. Sanger, "U.S. Is Shaping Plan to Pressure North Koreans," *New York Times*, February 14, 2005, p.A1.

하고 1995년부터 미국은 북한에 10억 달러 이상의 대외 지원을 제공했다. 약 60%는 식량 원조 형태, 약 40%는 KEDO를 통한 에너지 지원 형태였다. 190만 톤에 달하는 식량 원조는 유엔 WFP를 통해 보내왔다. 4억 달러에 달하는 미국의 KEDO 기여 금액은 KEDO 프로그램의 약 1/4에 해당하는 금액이었다. 반면 남한, 일본, 유럽연합, 몇몇 다른 나라들이 나머지 잔액을 조달했다. 이 중 제네바 합의에 따른 대북 중유 제공 비용으로 3.78억 달러가 할당되었다. 그러나 부시 행정부는 2004년 및 2005년 회계연도 예산 요청에 KEDO에 대한 예산을 한 푼도 포함하지 않았다(Manyin and Jun, 2003).

북한에 대한 식량 원조는 미국 내에서 논쟁을 일으킨 바 있다. 일각의 정책 입안자들과 평론가들은, 식량 원조는 광범위한 외교 정책과 연계되어야 한다고 요구했다. 즉, 안보 문제에서의 협력을 장려하기 위해 식량 지원 약속을 활용하거나, 북한 붕괴를 촉발하기 위해 식량 지원을 중단하거나 해야 한다는 것이다. 다른 일각에서는 식량은 무기로 이용되어서는 안 되며, 따라서 인도적 지원 문제와 대북 정책 문제는 분리되어야 한다고 주장했다. 즉, 조건 없이 식량을 지원하거나, 조건을 붙인다면 국제 구호단체에게 원조의 분배와 감시를 위한 자유를 허용하게 하는 조건으로 식량을 지원해야 한다는 것이다. 북한에 대한 원조 제공 여부는 미국 의회가 행정부의 대북 정책에 영향을 미칠 수 있는 수단이기도 하다. 1998년부터 의회는 매년 해외사업세출예산법(Foreign Operations Appropriations Bill)의 필수 사항으로, KEDO 사업에 자금을 할당하기 전에 북한과 핵·미사일 협상의 진전 여부를 대통령이 입증하도록 하고 있다(Manyin and Jun, 2003: 5).

클린턴 행정부는 대북 식량 지원은 무조건적이라고 주장했지만, 1990년대 내내 다양한 안보 관련 협상에 북한의 참여를 확보하거나 협력을 증대시키기 위해 식량 원조를 활용했음은 분명하다(Natsios, 2001; Noland, 2000a: 182~191 참조). 미국이 했던 최대의 지원은 1999년 금창리 지하 핵시설 의혹에 대한 사찰 허용의 대가로 50만 톤의 쌀을 제공한 것이다. 이 같은 '대화 대 식량' 접근은 북한의 협상 참여를 확보하는 데 일정 정도 도움을 주었다. 그러나 이것이 북한의 행동에 실질적 변화를 가져올 것 같지는 않다. 2002년 6월 부시 행정부는 향후 미국의 대북 식량 원조는 북한이 다음과 같은 점을 수용할 것인지 여부에 달렸다고 발표했다. 이는 다른 수혜국들도 응하는 조건으로, 국가의 전 분야에 대한 식량 원조자의 접근 허용, 국가적 영양 실태 조사, 그리고 식량 원조 감시 체제 개선 등이 그것이다. 즉, 부시 행정부는 '검증 과정'을 요구한 것이다. 북한은 이러한 조건을 충족시키지 않았고 이에 따라 미국의 2003년 식량 원조는 2002년의 1/5 수준으로 감소했다. 추가 원조 가능성은 평양이 어떤 반응을 보이느냐 여부에 달려 있다(Manyin and Jun, 2003: 7).

조선민주주의 인민공화국과 경제협력을 위한 미국 측 태도의 저변에는 늘 양면적 감정이 있었다. 한편으로는, 북한이 경제적으로 휘청거리면 경제적으로 풍족할 때보다 전쟁을 수행하거나 WMD를 개발하는 데 힘을 쏟을 수가 없을 것이다. 이러한 관점에서 보면 1990년대 북한의 경제적 고통은 분명히 미국과 대한민국에 유리하게 안보 균형을 변화시켰다. 그러나 다른 한편으로는, 북한의 경제적 붕괴는 잠재적으로 매우 불안정한 상황 전개로 이어질 수 있다.

북미 관계의 함수와 관련한 최근 움직임을 보면, 경제적 관여에서는 점점 멀어지면서 북한의 인권 상황을 개선시키기 위한 미국의 일방적 압력으로 치닫고 있다. 2004년 10월에 서명한 북한 인권법은 북한의 인권 상황을 개선하고 북한 주민이나 난민에 대한 인도적 지원을 제공하는 것을 목적으로 한다. 이 법은 인권, 민주주의, 법의 지배, 그리고 북한의 시장경제 발전을 촉진하는 프로그램을 지원하기 위해 대통령은 민간 및 비영리 그룹에 보조금을 제공할 수 있도록 하고 있다. 이에 따라 미 대통령은 북한 주민이나 난민에 대한 인도적 지원을 위해 2008년까지 적어도 연간 2000만 달러의 지출이 가능하다. 이 법은 또한 미국 망명 신청이 가능한 난민 자격을 규정했다. 이처럼 양국 간 적대적 정체성은 미국의 국내 정체성 정치로 인해 더욱 예리해지고 첨예해졌는데, 이는 베이징 6자회담이 합의에 도달하는 데 부정적인 결과를 예측하게 하는 또 하나의 장애물이라고 할 수 있다.

결론

국제정치에서 유일한 원인 또는 일원론적 단일 요인 설명에 중점을 두는 것은 국제정치에 작용하는 역동성을 빈번하게 은폐하기 마련이다. 북한 및 남한과 미국의 상호작용은 원인과 결과에서 많은 가닥이 중복되고 있다. 미국이 남북한 모두의 상상력 속에서 굉장히 중요한 역할 – 역사적으로나 지금 이 순간에도 – 을 떠맡고 있기 때문에, 삼각관계 속에서 한 국가의 이익이 다른 두 국가의 언행과 관련하여 어떻게 달라지는지를 살펴보는 것은 매우 중요하다. 워싱턴-서울-평양 삼각관계의 팽팽한 측면과 예리한 양상으로 인해 세 당사국 각각 모두 다른 두 국가와 자족적 관계를 창조할 능력이 있고, 그러한 작용과 반작용은 매우 우발적이라는 점을 인식하는 것이 중요하다.

한미관계사 – 특히 제너럴셔먼호 사건에서부터 최근 북한의 핵 추구로 인한 교착상태까지의 북미관계 – 는 북미 갈등이 물질적 힘(material power)을 초월하는 것임을 우리에게 가르쳐주고 있다. 북미 갈등은 처음에는 서양 제국주의와 은자의 왕국이라는 맥락에서, 그 이후에는 냉전 이데올로기의 대결 속에서 전쟁과 함께 태어난 깊은 역사적 뿌리를 갖고 있고, 이는 반세기 이상 영구화된 상황이다. 오늘날 북미 갈등은 단순히 핵무기를 둘러싼 것이 아니라 충돌하는 세계관(worldviews), 그리고 자아 및 타자의 인식과 관련된 것임을 알아야 한다. 어느 순간, 수사적으로 선과 악을 논하는 것이 국제 안보만큼이나 중요하게 되었다. 9.11 테러 이후 계속되고 있는 테러와의 전쟁은 미국에 찬성하느냐 또는 반대하느냐의 이분법적 시각에 휘말리게 하고 있다. 역사적 갈등으로 인해 북한은 아무 행동도 하지 않았음에도 자동적으로 '미국에 반대하는' 리스트에 등재되었다.

국가는 상호 불신하는 존재이기 때문에 대부분 자기중심적 또는 자력구제적 측면에서 이해관계를 정의하는 것을 상호주관적 이해(intersubjective understandings)라고 한다. '안보 딜레마'를 상호주관적 이해로 구성된 사회구조로 이해하는 한,[89] 그것은 미국과 북한이 상호 충돌하는 적대적 정체성을 조장하는 것으로 보인다. 북한은 미국을 제국주의 국가로 간주하는데, 이는 북한에게 미국은 침략 세력이라는 의미이다. 이 제국주의자로부터 야기되는 안보 불안을 모면하기 위해 북한은 국가 주권과 자결권을 더욱 부풀려 강조하는데, 이것이 북한을 고립주의에 가까운 국가로 만들고 있다. 또한 북한의 지도 원리인 주체사상 — 북한은 국제관계에서 자주 국가여야 한다는 것을 의미하는 — 은 여러 가지 면에서 제국주의 세력에 대한 반대를 기반으로 구성되어 있다.

언뜻 보면 미국이 지금까지 이러한 상황이 타파되기를 희망했는지조차 불분명해 보인다. 중국의 국제 안보 전문가에 따르면, 미국은 평화 또는 한국 통일의 이름으로 북한 문제를 해결하는 데 가장 중요한 두 개의 열쇠를 보유하고 있다. 바로 미국은 냉전 초기부터 지속되고 있는 적대 상태를 종결하기 위해 결단을 해야만 한다는 것과, 동시에 워싱턴은 북한에게 정권 타도(레짐 체인지)를 도모하지 않을 것이라는 손에 잡히는 구체적 보장을 제공해야만 한다는 것이다.[90] 끊임없이 평양을 적으로 바라보고 낙인찍는 것은 사회적으로 구축된, 한반도에 만연한 적대적 정체성에 대해 그 어떤 변화의 전망도 불가능하게 하는 것이다. 연례 『국방백서』에서 북한을 특징짓던 '주적'이라는 딱지를 제거한 남한의 선례를 뒤좇아 미국도 이 같은 적대적 정체성 담론의 유해한 역할을 인식하고 그것을 최소화하기 위해 노력해야만 한다. 클린턴 행정부는 공식적으로 '깡패 국가(rogue state)'라는 용어의 사용에서 손을 떼었지만, 부시 행정

89 안보 딜레마의 이러한 정의는 Wendt(1992)에서 인용.

90 다음을 참고할 것. Howard W. French, "Doubting U.S., China Is Wary of Korea Role," *New York Times*, February 19, 2005, pp.A1, A6.

부는 이를 북한과 직접 관련한 정치적 유행으로 재도입했다. 이것은 잘못된 방향으로 가는 조치였다.

북미 모두의 정체성을 변화시키는 방법은 북한을 포용(engagement)하는 것이다. 포용은 분열적 이데올로기 담론 없는 건설적 대화, 국제기구 상호 참여, 그리고 관계 정상화를 수반해야만 한다. 북한이 제기하는 문제에 좀 더 효과적으로 대처하려면 평양을 미국의 관계망으로 끌어들이는 것이 배제하는 것보다 낫다. 따라서 '북미관계 정상화'는 현재 양국이 깨부술 수 없는 적대적 정체성을 탈바꿈하는 데 결정적 조치가 될 것이다.

최근 북한과 좀 더 생산적인 대화를 추구하도록 미국을 고무해야만 하는 추가적 상황이 발생했는데, 서울이 북미 적대 관계에 따른 지속적인 안보 딜레마로 좌절하고 있다는 점이 그것이다. 다시 말하지만, 이것은 오직 어느 한 방향 또는 또 다른 한 방향으로만 움직일 거라 전망하는 것이 불가능하다. 대한민국의 정체성 — 또는 아마도 진화 중인 정체성 — 은 1940년대 중반 미군의 점령으로, 그다음 미국의 한국전쟁 참여로, 그리고 그다음 20세기 나머지 전체의 대부분에 걸쳐 미국의 군사적·재정적 지원으로 인해 형성되었고 보호되고 있다. 그러나 오늘날 대한민국은 북한 주민을 인정하는 것을 시작 — 문화적 또는 국가적 수준에서 — 할 정도의 충분한 자신감을 가진 국내 정치적·경제적 성숙의 단계에 도달했다. 따라서 대한민국 국민과 남한 정부가 미국이 부당한 방법으로 북한과 핵 협상을 진행한다고 인식한다면 미국에 대한 적대감만 커질 것이다. 마찬가지로 비록 미군이 북한 체제로 강제 흡수되는 것을 막아주면서 한반도의 남쪽 절반을 보호하고 있다 하더라도, 미국이 한반도의 분열 원인으로 인식될 경우 이는 미군 주둔에 대한 대중적 반대의 한 원인이 될 것이다.

실제 한국에는 민족국가 차원에서의 국가 정체성 부활이 진행되고 있다. 즉, 한국의 분열된 민족국가는 두 개의 반쪽이 공식적으로는 서로를 향해 상호 접근하면서 주시하고 있는 반면, 60년간의 보호자이자 선동가는 두 개의 반쪽으로부터 여전히 크고 낮은 정도의 호소와 경멸의 대상으로 남아 있다. 미국은 지금 잘못된 길을 추구하면 두 개의 한국 모두로부터 부정적 반응을 유발할 위험이 있다. 그리고 이에 대한 충분한 사전 조치가 없다면 한반도에서 자신의 위치를 잃을 위험이 있다. 미군이 한반도에서 철수한 뒤 남침이 있었던 1950년 이후, 한반도에서 미국의 미래가 이렇게나 불투명했던 적이 없다.

제6장

두 개의 한국의 미래

인간은 스스로 역사를 만들어가지만, 자신들이 꼭 원하는 대로만 만들어지는 것은 아니다. 인간은 스스로 선택한 환경 속에서 역사를 만들어가는 것이 아니라 과거로부터 전승된 환경과 직접 대면하면서 만들어가기 때문이다.

_ 마르크스(1959: 320)

그것은 최고의 시기였다, 그것은 최악의 시기였다, 지혜의 시대이기도 했고, 바보들의 시대이기도 했고, 믿음의 시대였고, 불신의 시대였다, 빛의 계절이었고, 어둠의 계절이었다, 희망의 봄이었고, 절망의 겨울이었다.

_ 찰스 디킨스, 『두 도시 이야기』(1859)

탈냉전 시대에 한국의 통일을 논한다는 것은 이중의 역설과 마주치는 것과 같다. 제2차 세계대전의 종결과 함께 한국이 해방되고 분단된 이래, 한국 통일에 대한 전망이 이렇게나 가깝게 느껴진 적도 없었지만, 반면에 또한 이렇게나 멀게 느껴진 적도 없다. 어떻게 보면 약한 북한이 강한 남한보다 분단 한반도의 미래 형성에 훨씬 더 중요한 열쇠를 갖고 있다고 할 수도 있다. 다른 측면에서 보면, 북한의 미래는 ─ 북한에게 어떤 미래가 존재한다면 ─ 주로 남한, 중국, 미국, 일본, 러시아의 순서로 이들 외부 세력의 지원에 달려 있다고 할 수 있다. 따라서 한국의 재통일 전망은 북한 체제의 역학 관계와 관련한 함수이며, 내부 개혁과 외부 지원의 복합적이고 지속적인 상호작용의 함수이다. 이것은 분단 한반도의 미래를 형성하는 변수들이 유별나게 많이 존재한다는 점을 의미한다.

현재는 과거와 미래 사이에서 균등하게 분할된 한 조각이다. 그것은 불변의 과거이고 가변의 미래이다. 우리는 어떻게 경험적 현실('존재')과 규범적 현실('당위') 사이의 간극을 메울 수 있을까? 우리는 우리가 알고 있는 과거 지식을 토대로 바람직한 미래를 위한 방안을 전개시켜나간다. 이 장에서는 과거와 현재가 미래에 어떻게 영향을 미치는지 평가하고, 이러한 사고를 북한 붕괴론이라는 망령, 분단 정치가 취할 법한 경로에 영향을 줄 수 있는 변수 및 행위자들을 포함한, 한반도 평화와 재통일 가능성에 적용할 것이다.

미래 연구를 위해 과거로 돌아가다

유토피아라는 이미지는 인간 존재에 대한 대안으로 오랫동안 미래의 상상을 지배해왔다. 플라톤부터 모어, 베이컨, 루소, 칸트, 오웬, 그리고 마르크스에 이르기까지 전통적인 유토피아적 사고를 관통하는 공통 주제는 인류 환경의 대안을 예견하는 것이다(Manuel and Manuel, 1979; Beres and Targ, 1977 참조). 에드워드 핼릿 카(Edward Hallett Carr)는 근본적으로 상용相容할 수 없는 '유토피아'와 '현실'을 병치시키면서 전형적인 '현실주의적' 해석을 한다. 즉, 전자는 "미래에 몰두하여 현재와 과거를 간과하는 경향"이 있는 반면, 후자는 "현재와 과거만을 토대로 미래를 연역하려는 경향"이 있다는 것이다. 카에 따르면 "이상주의자는 다소 과격하게 현실을 거부하면서 의지적 행동을 통해 현실을 이상향으로 대체할" 가능성을 믿는다고 한다(Carr, 1958: 11). 그러나 현대의 저명한 미래학자들의 저작에 반영되었듯, 유토피아의 개념은 바람직한 사회 질서를 예견하는 행위 중 하나라고 할 수 있다. 역사적 현실은, 유토피아와 현실을 엄격히 양분하는 자가당착이 아닌, 현실과 가능성 사이의 지속적 대화에 반응하는 방식으로 개념화되고 있다(S. S. Kim, 1984: 302).

유토피아적 사고는 필연적으로 현재의 상황을 부정한다. 칼 만하임(Karl Mannheim)의 주장을 빌리면, "보수적 사고방식에서는 이러한 유토피아 따위는 존재하지 않는다"(Mannheim, 1968: 206). 사회를 발전시키는 데 유토피아적 사고의 필요성을 주장한 사람은 막스 베버(Max Weber)이다. 그는 "모든 역사적 경험은 다음의 사실을 분명하게 뒷받침해준다. 즉, 끊임없이 불가능에 도전하지 않았다면 인류는 가능성에 도달하지 못했을 것"이라고 했다(Gerth and Mills, 1958: 128에서 재인용). 인간의 고통은 불가피하다는 관념을 넘어서, 더 공명정대하고 인간적인 사회를 구상하도록 해준 힘이 바로 유토피아적 사고이다.

그러나 이와는 대조적으로 20세기의 공포 — 두 번의 세계대전, 전체주의, 대량살상무기 — 와 함께 유토피아 프로젝트는 누그러졌고, 디스토피아(반이상주의) 사상이 등장했다. 미래는 희망의 근원이기는커녕 디스토피아 소설이라는 문학 장르가 보여주듯 회피해야 할 공포('미래의 충격')의 대상이 되었다. 예브게니 자미아틴(Eugene Zamiatin)의 — 완성되었지만 구소련에서 혁명 이후 3년 동안 출간되지 못했던 — 『우리들(We)』(1924), 올더스 헉슬리(Aldous Huxley)의 『멋진 신세계(Brave New World)』(1932), 그리고 조지 오웰(George Orwell)의 『1984』(1949) 등이 그 예이다.

형식과 내용에 다양한 변화가 있기는 했지만, 몇 세기에 걸쳐 진화해온 유토피아적 사고는 인간의 불행은 불가피한 것이라는 믿음에서 벗어나 우리의 상상력을 훨훨 날아오르게 해줄 뿐 아니라, 더 인간적이고 정의로운 사회로 개선해나가는 데 도움을 준 통찰력의 근원이다. 인간 공동체에 대한 대안 가능성을 확신함으로써, 신념, 비전, 희망이 갖고 있는 응집 및 해방 기능을 강조함으로써, 나아가 상호 보완적 측면에서 가치와 사실을 명확히 함으로써, 유토피아의 전통은 경험 이론과 규범 이론의 변증법적 통합에 중요한 기여를 했다.

그러나 한편 유토피아적 전통은 변화를 위한 뚜렷한 미래상을 제시해주지는 못한다. "철학자들은 단지 다양한 방법으로 세계를 해석하기만 했다. 그러나 중요한 것은 세계를 바꾸는 일이다"(Marx, 1967: 402)라며 한탄한 것이 바로 마르크스였는데, 아마 이러한 현재와 미래 사이의 불만족스러운 연계 때문이었을 것이다. 과거의 에덴동산을 그리워하든, 미래의 천국 부활을 기대하든, 유토피아적 시각으로는 현재에서 미래에 이르는 그럴듯한 경로는 언제나 잡힐 듯 잡히지 않는 것이었다. 또한 유토피아적 사고는 외부 세계의 체계화된 제약으로부터 스스로를 고립시키는 은둔 사회의 이미지를 보이며, 핵심 가치인 조화(harmony)에 과도하게 집착하는 경향이 있다. 전통적 중화질서 안에서 계층적 사회 질서를 바로 잡기 위해 조화의 가치(중국어로 和)가 이상화되고 정당화되었던 동아시아의 과거가 이를 어느 정도 증명해준다.[1]

1960년대에 유토피아적 사고가 쇠퇴하고 미래 충격에 대한 반유토피아적 정서가 떠오르면서 미래 연구가 범람하듯 쏟아져 나왔다. 그때 이후로 이 분야는 다수의 특징적인 발전이 있었다. 위험은 점증하는 반면 기회는 감소하는 매우 복잡하고 상호 의존적인 세계에 대한 새로운 관심과 함께, 1960년대 후반 '세계 질서 연구(world order studies)'라는 국제관계의 새로운 분야가 모습을 드러냈다. 이 새로운 학문 분야에서 솔 멘들로비츠(Saul Mendlovitz), 리처드 포크(Richard Falk), 요한 갈퉁(Johan Galtung), 알리 마즈루이(Ali Mazrui) 등의 학자들이 세계 질서 프로젝트(World Order Model Project)에 참여하여 미래의 대안적 세계에 대한 가능하고 바람직한 시나리오를 설계하고, 나아가 체제전환 과정(transition process)을 위한 광범위한 적응 지침도 설계했다(Mendlovitz, 1975; Falk, 1975; Galtung, 1980; Mazrui, 1976; Falk and Kim, 1982; Falk, Kim and Mendlovitz, 1982, 1991). 이와 같은 미래 모델들은 미래 세계의 모습에 대해 애써 예측하기보다는 일어날 수 있는 만일의 사태를 고려하기 위해 노력하며, 핵심 변수의 동향과 상호작용에 따른 결론을 제시하려고 노력한다.

동시에 군사 연구 개발(R&D)은 미래 연구 발전에 '보이지 않는 손'이었다.

1 더 자세한 논의는 S. S. Kim(1979: 19~48) 참고.

연구 개발에 대한 정부의 지원은 특히 제2차 세계대전 말 미국에서 설립된 랜드(RAND) 프로젝트 — 지금은 랜드연구소 — 를 토대로, 다양한 미래 예측 기법이 출현하는 계기가 되었다(예컨대 게임 이론, 예측 통계 모델, 적응 체제 모델).

그러나 1960년대의 글로벌 모델들은 글로벌 생태 운동, 오일 파동, 또는 스태그플레이션 위기 등 1970년대 주요 사건을 예측하는 데 성공하지 못했다. 확실히 미래 국제관계 연구는 잘못된 예견과 주요 사건 예측에 대한 심각한 실패 사례들로 가득 차 있다.[2] 이 이론의 후계자들은 1989년에서 1991년 사이에 발생한 중대한 구조적 변화를 더더욱 예측하지 못했다. 놀랍게도 1980년대 가장 지배적인 국제관계 이론인 구조적 현실주의(structural realist theory)조차 정확성과는 전혀 거리가 멀었다. 이 이론은 3극 또는 양극체제의 소멸 및 냉전의 종식을 포함한 국제 체제의 거대 구조적 변화를 예측하는 데 거의 무력했다(Deudney and Ikenberry, 1991; Gaddis, 1992/93; Kegley, 1994; Kratochwil, 1993; Lebow, 1994; Lynn-Jones and Miller, 1993 참조).

이러한 모델의 대부분은 자기 이론의 체계적 정합성을 고집하다가 실패한 것이다. 그들은 그 당시에도 경제적·인구통계학적 성장률 및 기술 변화의 안정성 가정에 대하여 비판받았지만, 정말 예상을 빗나간 건 정치적 변화였다. 사회주의의 위기, 소련의 붕괴, 그리고 단일 글로벌 경제의 출현은 앞서 언급한 예측 모델들이 얼마나 잘못되었는지를 보여주었을 뿐이다.

그럼에도 미래의 이미지는 인간 행동의 강력한 동력이 될 수 있기 때문에 이러한 모델은 여전히 중요하다고 할 수 있다. 미래를 어떻게 보느냐에 따라 현재의 행동 양식이 결정되기 때문이다. 동유럽과 소련 시민들은 철의 장막 건너편의 삶에 대해 알게 되면서 — 1980년대에 걸쳐 더 많은 것을 알게 되었다 — 자신들의 미래가 분명해지기 시작했고, 그에 따라 변화를 요구할 기회를 잡을 수 있었다. 북한 사람들이 이와 유사하게 변화를 요구할 수 있는 상황에 있었

2 잘못된 예측 목록에 대해서는 S. S. Kim(1984: 317~318) 참고.

는지는 논쟁의 여지가 있다. 평양은 주체사상과 미국 제국주의 사이의 이분법적 논쟁을 끊임없이 제시하며 대안적 미래상을 거부하는 요령을 터득했기 때문이다.

역설적이지만 인류의 미래에 대한 최고의 예측 가능한 특징은 바로 예측 불가능하다는 점이다.[3] 그러나 언젠가 분명 우리의 행동을 이끌어갈 다양한 대안적 이미지들 사이에서 어떤 미래가 부상할 것이다. 이와 관련하여 중요한 것은, 분석을 하는 데에 편견이 있어서는 안 된다는 점이다. 이러한 오류는 무턱대고 논리적 일관성을 고집하는 경우에서 쉽게 볼 수 있다. 어떤 학자가 지적하듯, "현재의 동향을 미래에 반영하는 것은 이러한 동향에 대한 잠정적 승인"일 뿐이다(Hampden-Turner, 1970: 305). 일반적으로 미래 모델과 시나리오는 분석가들의 지배적인 관심, 선호, 역사에 대한 의식적·잠재의식적 투영을 반영한다. 그리고 이러한 모델과 시나리오는 역사 속의 특정 시간과 장소의 산물이다.

가장 야심적인 프로젝트는 '규범적 예측(normative forecasting)'으로 명명할 수 있다. 그들은 개연성 있는 미래를 제공하고 또한 그것을 추구하는 데에 적절한 단계를 보여주고 있다. 원자 폭탄을 개발하기 위한 맨해튼 계획(Manhattan Project), 유럽 재건을 위한 마셜플랜, 인간을 달로 보내겠다는 아폴로 계획(Apollo Project) 등이 규범적 예측 및 계획의 전형적인 예이다. 그러나 이러한 프로젝트들은 참여 민주주의의 예가 아닐 뿐더러, 글로벌 요구사항(global needs)도 거의 고려하지 않았다. 그 밖에도 그들은 소련이 원자 폭탄 취득을 서두를 것이라는 것, 아시아와 유럽에서의 냉전적 단층선(fault lines)이 굳어질 것이라는 것 등을 예상하지 못했다.

미래 모델 제작 프로젝트가 얼마나 야망에 넘치는지와 관계없이, 그것들이 대부분 서양 선진국의 산물이라는 것을 알아야 한다. 왜냐하면 자본과 인력의

3 S. S. Kim, 1984: chap.8 참고.

한계로 인해 개발도상국은 미래 예측의 핵심적 역할에 실패하거나 또는 서구 선진국들이 개연성 있고 유익한 것으로 인정하는 모델과 시나리오를 만들려 하지 않기 때문이다. 이로 인해 서양의 자본주의, 민주주의, 기술 혁명 – 그러나 사회적 또는 경제적 혁명은 아닌 – 의 혜택이 영속적으로 확대될 것이라는 예측이 만연하게 되었다(Fukuyama, 1992; Friedman, 1999).

세계 질서의 변환은 궁극적으로, 드러난 현실과 바람직한 미래 사이의 변증법이라고 할 수 있다. 세계화가 국가와 민족의 상호 연결성을 확대했듯, 더 많은 의견과 통찰력이 미래 세계 질서에 대한 담론에 참여하게 되었다. 그러나 동시에 초강대국 간 경쟁이 막을 내리면서 패권을 장악한 미국이 글로벌 시스템의 발전을 지도해나가는 유일한 주인공인 것처럼 되고 말았다. 그러나 진정한 지구적 연합(global coalition) 없이 미국이 어디까지 갈 수 있을지는 여전히 의문이다. 그리고 가령 북한과 같은 국가는 특정 지역에 대한 미국의 계획을 지연시키고, 타협하게 하고, 포기하게 하는 놀라운 능력이 있다. 미래의 경로를 예측하는 데 특히 중요한 것은 아주 작은 결정들이 할 수 있는 중대한 역할을 검토하는 것이다. 오늘날 평양, 서울, 워싱턴 – 그리고 베이징, 모스크바, 도쿄 – 에서 만들어지는 미시적 결정은 동북아시아와 한반도의 미래가 나아갈 방향에 결정적 역할을 하게 될 것이다.

역설적이지만, 바람직한 미래 형성이 가능한지 여부는 사회과학적 의문에 대한 예측이 본질적으로 어렵다는 말로 대신할 수 있다. 국제관계 분야에서 왜 그렇게 예측에 큰 논란이 있고 대부분 부정확한지에 대해서는 많은 이유가 있다.[4] 우선 우리는 세계 정치 속에서 일반적 원칙(general laws)에 대한 그 어떤 과학적 주장도 경계해야 한다. 왜냐하면 논란의 여지없는 모범적 위상이나 타당성을 가진 법칙은 거의 없기 때문이다. 예측력만으로 일반 원칙을 수립하

4 더욱 상세한 분석과 설명은 Choucri and Robinson(1978); S. S. Kim(1984: 301~342); Almond and Genco(1977); Jervis(1991/92) 참고.

고 입증하는 데에는 개념적·방법론적 문제가 너무 많다. 즉, 다루기 힘들 정도로 수많은 변수들, 미지수의 크기, 격렬한 국내 정치의 불안정한 성격, 통제된 실험에 적합하지 않은 자료들, 정량 분석에서 가치와 규범 포착의 어려움, 그리고 외인적 요인과 내인적 요인 사이의 복잡한 상호작용 등이 그렇다.

프랜시스 후쿠야마(Francis Fukuyama)가 주장한 것과 달리(Fukuyama, 1989, 1992 참조) 역사의 종말은 오지 않았다. 역사의 전개는 가속화되고 오히려 과열되고 있으며, 우리의 기대와 예측을 빈번하게 희롱하고 있다. 물론 지금처럼 예측 불가능한 시대에는 북한의 미래와 한반도의 미래 사이, 혹은 북한의 미래와 지역 정치 및 지구 정치의 미래 사이의 변화무쌍한 관계에 대해 설익은 낙관론 또는 비관론의 오류를 범하기 쉽다. 저비스가 상기시키듯, 과거의 일반화가 더 이상 유효하지 않다면 그것은 더 이상 미래를 위한 확실한 지침을 제공할 수 없다. 세계 정치의 흐름은 상당한 정도로 우발적 또는 경로 의존적이 되었다. 왜냐하면 예상치 못한 특정 사건이 세계 정치가 완전히 다른 궤도를 따르도록 손쉽게 강제할 수 있기 때문이다(Jervis, 1991/92: 42~45). 즉, '과거의 경험'은 그것이 무엇을 의미하건, 그리고 잊혀지지 않는다 해도, 더 이상 미래를 위한 신뢰할 수 있는 지침 역할을 할 수 없다.

김일성 시대 이후 북한에서 앞으로 전개될 상황을 정확하게 예측하는 것은 쉽지 않다. 그것은 점점 상호 의존적이고 상호작용하는 세계에서 빈번하게 상충되는 국내외 압력을 받으며, 요동치는 궤적을 따라 움직이는 목표물의 종착역을 예측하는 것과 같다. 또한 북한의 미래 예측이 어려운 것은, 김일성 이후 시대에 평양의 비공식 정치 및 의사 결정 과정과 관련한 핵심 변수들의 상대적 비중을 확신할 수 없기 때문이다.[5]

북한의 미래가 예측 불가능하다고 말하는 것은 그들의 미래가 이미 결정되었다는 것이 아니라 오히려 융통성이 있음을 의미하는 것이다. 여기서 북한의

5 북한의 비공식 정치의 상세한 분석은 S. S. Kim(2000c) 참고.

미래를 바람직한 방향으로 개선하는 데에 외부적 요인이 잠재해 있을 가능성이 있다. 김일성 이후 체제의 미래에 대한 이러한 비결정적 이미지는 외부 세계가 북한에 어떤 영향력이든 사용할 수 있는 일정 정도의 공간을 열어주며, 이는 북한 지도자들이 미래의 가능한 시나리오를 선택하는 데 도움을 줄 것이다. 국가의 행위가 단일 요인에 따라 결정되는 경우는 거의 없다. 국가적 학습은 정치 속에서, 특히 국가 정체성의 위기 상황에서 가능한 것인데, 이는 오늘은 이쪽에서 내일은 저쪽으로 움직이는 국민과 정치인들에게 중요한 선택의 기회를 제공하는 하나의 매개변수라고 할 수 있다(Jervis, 1991/92: 40~41).

붕괴론자 내, 붕괴론자의, 붕괴론자에 의한 시나리오

한반도 상황에 대한 미래 시나리오의 문제는 분단된 한국의 현재 상황이 어떠한지와 관련이 있다. 60년 분단 역사에도 불구하고 소수의 사람들만이 한국의 분단은 영구적 현상이라고 주장한다. 대부분의 한국인들은 민족적·언어적·역사적 뿌리가 동일한 한국의 통일은 필연적인 것으로 오랫동안 간주해왔다. 그러나 만약 이것이 정말 다가올 한국의 미래라면, 거기에는 일어날 수 있는 각양각색의 우발적이고 경로 의존적인 방법들이 존재한다. 예컨대, 하나의 가능한 미래인 붕괴 시나리오에 의한 통일 – 흡수통일로 알려진 – 은 한반도 미래에 대한 논쟁의 저변에서 지배적인 관점을 유지하고 있다.

1989년부터 1991년까지 국제 체제의 중대한 변화가 짧은 시간 내에 연속적으로 – 베를린 장벽의 붕괴, 독일 통일, 냉전의 종식, 소련과 국제 공산주의의 종말 – 발생하면서, 분단 한국 역시 재통일을 향해 거침없이 돌진하고 있는 중이라는 첫 번째 예측의 물결이 세계적으로 퍼져나갔다. 이후 1994년 7월 북한 김일성 주석의 갑작스러운 사망, 확산되는 기근, 가동되지 않는 북한 공장 등을 계기로 두 번째 물결이 이어졌다. 북한이 6개월 이내에 붕괴하거나 3년 이내에 독일식 흡수 방식으로 재통일될 것이라는 예측이 쏟아진 것이다.[6] 미국 국방부는 일본 및 남한과 함께 여러 가지 우발적 붕괴에 대비하기 시작했다. 심지어 남한의 김영삼 대통령(1993~1998년)조차 북한을 불시착으로 향하는 "고장난 비행기"로 묘사하고, 이것은 갑작스러운 재통일로 이어질 것이라면서 붕괴론자의 흐름에 편승했다. 1996년 4월 남한과 미국의 지도자들은 2~3년 내에 북한이 붕괴할 수 있다고 은밀하게 예측하고 4자 평화회담 추진을 준비한 바 있다. 또한 1994년 미국이 서명한(또는 북한이 서명한) 제네바 합의도, 북한이 존속할 날이 얼마 남지 않았다는 가정에 근거한 것이었다. 김영삼 대통령이 두 개의 경수로 건설에 필요한 40~50억 달러의 무려 70%에 이르는 비용을 부담하는 데 동의한 것도, 이와 같은 가정에 근거한 것이었다.[7]

하지만 붕괴와 흡수를 통해 통일이 임박했다는 주장은 다음의 비현실적이고 과장된 가정에 의존하고 있다. 첫째, 북한이 큰 싸움이나 다른 전쟁을 유발하지 않고 붕괴 또는 흡수에 의한 평화적 재통일에 굴복할 것이다. 둘째, 북한의 100만 강군은 어떻게든 사라질 것이다. 셋째, 남한은 붕괴하는 북한을 정치적·군사적·경제적·사회적·문화적으로 흡수할 의지와 능력을 모두 갖고 있다. 넷째, 통일 한국은 자발적으로 핵 옵션을 포기하고 동북아시아 안정을 위한 세력이 되면서 평화적·민주적·비무장적 국가로 스스로 변신할 것이다(Eberstadt, 1997).

붕괴-흡수 통일론은 북한은 어차피 망할 거라는 박제된 사고, 우경화 편향, 한국의 평화적 재통일을 가로막는 수많은 난관에 대한 무관심으로 인해 얼룩지고 퇴색된 상태이다. 붕괴를 예측하면서도 도대체 무엇이 붕괴된다는 것인

6 예컨대 Eberstadt(1994a, 1995b, 1997, 1999)를 참고할 것. 1990년대 후반 붕괴론자들의 시나리오를 지지하거나 무임승차한 사람이 누구인지에 대한 상세한 설명은 Noland (2004b: 12~16)를 참고.

7 [옮긴이] 북한이 붕괴하면 그 경수로는 대한민국 소유가 된다고 생각했기 때문이다.

지도 분명하지 않다. 경제 붕괴를 의미하는가, 정권 붕괴를 의미하는가, 체제 붕괴를 의미하는가 아니면 국가 붕괴를 의미하는 것인가? 대부분 붕괴론자의 주장은 경제 실패를 체제 또는 국가 붕괴와 동일시하는 성급한 경제적 환원주의의 오류를 범하고 있다. 사실 1990년대 중반 이후 북한의 회복 능력과 북한 정권이 주민들을 심리적으로 철저하게 통제하고 있는 것을 보면, 경제 붕괴가 반드시 정권, 체제 혹은 국가의 붕괴로 이어지는 것은 아니라는 것을 보여준다. 북한 정치는 외부에서 알 수 없는 암상자(black box)에 갇혀 있기 때문에, 국가 붕괴 없이 정권이나 체제가 붕괴할 수 있을지 단정하기 어렵다. 그 어떤 가능성의 예측도 편차가 클 수밖에 없다.

1990년대 중반, 붕괴론자들이 득세할 당시 이 이론은 북한 정권의 붕괴는 남한에 의한 독일식 흡수통일을 초래할 것이라고 광범위하게 (그리고 틀리게) 추정했다. 붕괴-흡수가 성공적으로 작동하기 위해서는 다음과 같은 네 가지 특유한 가정에 해당되어야 한다. 첫째, 북한은 경제적인 어려움 때문에 새로운 한국전쟁 없이 붕괴되어야 한다. 둘째, 북한군은 무기를 버리고 그들의 지휘 통제 체계를 포기하는 것에 동의해야 한다. 셋째, 대한민국은 정치적·경제적·사회적·문화적으로 북한 지역과 주민을 흡수할 방안이 있어야 한다. 마지막으로, 통일 한국은 핵 보유를 포기하고 동북아시아의 안정을 위한 세력이 될 것을 실증해야 한다. 그러나 이러한 모든 가정이 실현될 가능성이 낮기 때문에 서울도, 특히 1998년 2월 김대중 정부와 2003년 2월 노무현 정부의 도래 이후, 평화와 번영 정책의 기치 아래 햇볕 정책을 지속적으로 추진하면서 북한 붕괴에 대한 열망을 거둔 것이다.

붕괴-흡수론의 핵심은, 대중이 통일을 한반도의 영구 평화를 보장하기 위한 필요충분조건으로 인식하고 있다는 것이다. 탈냉전 이후 세계의 수많은 분쟁 지역에서 국가 형성(state-making)을 위한 원시적 열정이 난무하고 있지만, 민족 '통일'만큼 본질적으로 강력하고 영구적인 것도 없다. 특히 그것이 패권적 통일인 경우에는 더욱 그렇다. 그러나 이와 관련한 적절한 본보기는 독일이 아니라 바로 두 개의 예멘 – 공화제인 북예멘과 마르크스주의를 추종하는 남예멘 – 이다. 이들은 1990년 5월 합병하여 통일되었지만 2년이 채 안 되어 내전이 발생하고 말았다.

그 어떤 붕괴 시나리오도 북한이 혼자 조용히 멸망할 가능성은 거의 없다고 본다. 북한은 외부 이웃 세력들이 원하지 않거나 감당하지도 못할 전쟁이나 거대 혼란을 일으키며 붕괴되지, 홀로 초연히 사라지지는 않을 것이기 때문이다. 또한 다양한 붕괴 시나리오는 북한의 100만 강군을 어떻게 처리할 것인가에 대한 문제를 간과한다. 북한 군대가 통일 한국에 평화적으로 적응 또는 해체되는 것은 미증유의 엄청난 문제를 불러일으킬 것이고, 북한은 이 '붕괴 카드'를 꺼내드는 것만으로도 훌륭한 레버리지를 손에 쥐고 있는 셈이다.

과거로부터 전해 내려온 국내, 남북 간, 동북아시아의 외부 요인들이 너무나 강렬한 까닭에 반세기가 넘는 동족상잔의 정치가 이어지고 난 후, 두 개의 한국은 서로 다른 민족, 국가, 체제, 사회, 문화, 정체성을 갖게 되었다. 지금은 비록 하나의 동족이 분단되어 있지만 갈등의 외부 근원만 제거하면 통일될 것이라고 기대하는 것은, 두 개의 한국의 극단적 민족주의자들이 소중히 여기며 이용하는 민족 중심적 낭만주의에 지나지 않는다. 물론 민족 통일은 여전히 경쟁적인 정통성 추구 및 정통성 깎아내리기에 의거한 남북한 정치의 필수 요소이며, 원초적 열정의 대상이며, 남북한의 민관군民官軍 복합체를 기능하게 만드는 원동력이다. 이제 통일은 수많은 비전과 전략을 낳는 일종의 성장 산업이 되었고, 대중을 이리저리 몰고 다니는 정형화된 문구가 되었다. 한국전쟁은 1945년 미국과 소련이 초래한 분단을 더욱 고착화했는데, 이는 김일성의 실패한 '과대망상'이나 다름없었다. 이로 인한 동족상잔의 비극으로 300만 명 이상이 희생되고 약 1000만 명의 이산가족이 발생했으며, 분단 정치의 운명이 고착화되었다. 즉, 두 개의 분리된, 불평등한, 서로 다른 이념적 발전 경로를 가진 불완전한 민족국가가 된 것이다.

북한 지도부가 남한에 의한 흡수를 막기 위해 가능한 모든 군사적 수단을 활용해야 한다는 데에 과도한 믿음을 갖고 있음에는 의문이 없다. 심지어 핵무장을 제외하고도 DMZ 북쪽을 따라 대규모의 병력이 공격적으로 배치되어 있다. 또한 북한은 세계에서 세 번째로 많은 화학 무기를 갖고 있을 뿐만 아니라 정교한 전달 체계까지 갖춘 것으로 평가되고 있다. 이 점에서 북한의 핵과 미사일 카드는 비용 대비 효율적인 전략적 평형 장치일 뿐만 아니라 체제 유지를 위한 비용 대비 효율적인 보험 계약의 역할을 하고 있다.

설령 체제 붕괴가 발생했다 할지라도 그것은 평화적 재통일보다는 내부적 폭동에 의한 유혈 사태로 이어질 가능성이 크다. 독일식 통일이 몰고 올 사회·경제·정치·군사적 비용을 우려하여, 서울은 별도의 정권 수립을 선호할 것이다. 이는 국가 자본을 붕괴시킬 위험이 있는 난민 '폭탄'을 제거하기 위한 것이다. 또한 이는 남한의 취약한 민주주의와 점점 번영하지만 아직 견고하지 못한 경제를 파괴하는 위협이 될 수 있기 때문이다. 1997년 후반 남한의 금융위기 도래 이전에도 통일 비용과 편익에 대한 대중의 태도와 인식에 근본적인 변화가 이미 진행되고 있었다. 대한민국 국민들은 북한의 대규모 기근으로 인한 엄청난 위기에 대해 학습했고, 또한 한국의 흡수통일에 대한 국제적 전망을 접하게 되면서 자신들의 생활 수준이 악화되는 것은 아닌지 우려하기 시작했다. 그 결과 그들은 흡수 통일을 더욱 드러내놓고 반대하게 되었다. 더 많은 남한 국민들은 심지어 통일 이후에도 차라리 북한의 경제 수준이 상승할 때까지 정부가 남북 사이에 어떤 종류의 경계선을 유지하기를 기대하며, 통일에 대한 위험을 분산하고 싶어 한다. 서독의 동독 통합 비용은 남한이 북한을 흡수하는 데 부담해야할 비용에 비하면 아무것도 아닌 수치이다.

1987년 민주화 열풍에도 불구하고, 또는 아마도 그것 때문에, 남한에서는 여전히 지역 대립 및 분열의 정치가 기승을 부리고 있다. 1948년 대한민국 수립 이후 12번의 계엄령 및 긴급명령, 그리고 수천 번의 파업이 있었다. 지역적 적대감을 가진 북한의 붕괴에 더하여 빈곤에 허덕이는 수백만 북한 난민이 남쪽으로 쇄도한다면, 그것은 또 다른 동족상잔의 내전 및/또는 한국 민주주의의 종말을 향한 확실한 지름길일 것이다. 아마도 독일 경험으로부터 도출할 수 있는 가장 바람직하고 실현 가능한 교훈은, 1972년 기본 조약에서 구현되고 1972년부터 1989년까지 두 개의 독일의 국제관계를 현실화한 '하나의 독일, 두 개의 국가(one Germany, two states)' 모델일 것이다.

흡수 통일은 통일 한국이 수용할 수 있는 용량을 넘어 두개의 사회, 분리된 체제, 이탈하는 정체성이라는 최악의 요소들을 결합할 것이고 그에 따라 갈등은 격화될 것이다. 심지어 가장 낙관적인 시나리오 – 지나친 유혈 사태 없이 평화적으로 재통일되는 – 에서조차도 통일 한국은 과도하게 민족주의적(hyper-nationalistic)일 가능성이 가장 높고, 이는 잠재적으로 지역 안보에 매우 파괴적이고 심각한 도전을 제기할 것이다. 동북아시아에 안보 공동체(또는 안보 레짐)가 존재하지 않음을 감안하면, 지역 안정과 관련하여 한국 재통일이 가져올 파괴적 파급력은 여러 우발적 요인에 달려 있다고 할 수 있는데, 여기에는 통일의 시기와 방법, 통일 한국의 외교 정책의 성격, 그리고 4대 강국 사이의 변화하는 관계에 따라 체계화되는 동북아시아 국제관계의 정세 등이 포함된다.

결국, 강대국 간 경쟁이 종식되고 동시에 한층 더 한국 중심적인 자율 공간이 열리면서 오히려 흡수 통일보다는 남북한 내(intra-Korean) 그리고 남북 간(inter-Korean) 화해를 위한 더 큰 기회가 생겼다고 볼 수 있다. 한국이 분단된 1945년 이후 처음으로 한국 문제 해결의 일환으로서 두 개의 한국 – 그리고 서로 다른 정체성 – 의 평화적 공존을 바탕으로 한, 그리고 동북아시아 지역 문제 해결의 일환으로서 남북 간 새로운 데탕트에 근거한, 4대 강국 사이에 새로운 컨센서스를 논하는 것이 가능하게 되었다. 적어도 2001년 부시 행정부가 등장하기 전까지 한반도 갈등의 근본 원인은 외인적이라기보다는 내인적이었기 때문에, 이의 해결을 위해서는 '우선적으로 두개의 한국 정책'이 필요하다고 할 수 있다. 오늘날 두 개의 한국은 더 이상 강대국 간 장기판의 졸卒이 아니라 화해의 정치를 향한 핵심 열쇠를 쥐고 있다.

우리는 이제 붕괴가 북한에 임박한 결론이 아니라고 말할 수 있을 것이다.

게오르기 불리체프(Georgy Bulychev)의 말을 빌리면, 김일성은 북한의 시스템을 "외부 압력에 견딜 수 있도록 그리고 떠오르는 내부 도전을 통제하고 분쇄할 수 있도록" 명확하게 설계했다(Bulychev, 2005). 2005년 4월 대한민국의 노무현 대통령은 "북한의 갑작스러운 붕괴 가능성은 희박하며 남한 정부는 그것을 장려할 의도를 갖고 있지 않다"고 확인했다.[8] 김정일 정권은 국가와 경제가 파산되지 않도록 최소한의 조치를 취했는데, 이러한 조치에는 북한의 국제사회에 대한 원조 호소도 포함되어 있다.

반드시 인식해야 할 것은 한반도의 미래는 동북아시아 시스템 – 사실은 글로벌 시스템 – 의 미래 중 일부라는 점이다. 여기서 말하는 체제(system)란 어떤 개별 구성 요소들(하위 체제)의 총체를 의미하는 것인데, 그것들이 결국 전체를 형성해내는 것이므로 이 두 가지는 서로 결합되어 있고(긴밀한 응집성) 함께 변화한다고(공변성共變性) 할 수 있다. 하위 체제의 일부 변경은 체제의 다른 부분에 변화를 야기하지만 그러나 전체로서의 체제는 각 개별 부분을 합계한 총합보다 더 크고 그 개별 부분과는 다른 고유한 속성과 작용을 보여준다. 개별적 하위 체제의 총체(ensemble)가 전체로서의 체제 수행에 영향을 줄 정도로 상호 연결되는 한, 그것은 하나의 체제로 취급하는 것이 타당하다.[9] 우리의 주제에 적용하자면, 동북아시아와 세계 속에서 4대 강국의 행위가 북한과 남한이 어떻게 행동할 것인가를 결정하지는 못해도 영향을 미칠 것이라고는 말할 수 있다. 또한 북한과 남한 자신의 행동 역시 4대 강국의 미래를 형성하는 데 기여할 것이다.

체제(system)를 올바로 인식하기 위해서는 많은 유동적 요인들을 고려해야 하는데, 이는 미래 예측을 어렵게 만든다. 나비가 모스크바에서 날개를 펄럭

8 다음을 참고할 것. 최훈, "북한 갑작스러운 붕괴 가능성 매우 낮아", ≪중앙일보≫, 2005년 4월 14일 자.

9 시스템 이론에 대해서는 Jervis(1997) 참고.

이면 서울에서 어떤 일이 일어날 것인가? 이하에서는 북한에 대한 일련의 가능한 미래 시나리오를 나열할 것이다. 다만 각각의 시나리오는 매우 우발적인 것이어서 한반도 미래에 대한 개연성 있는 시나리오를 가늠하기란 여전히 쉽지 않다.

'미래의 가능한' 대안적 시나리오

1990년대 중반부터 포스트 김일성 체제의 미래 – 과연 북한이 생존할 것인지 붕괴할 것인지 – 를 두고 토론을 벌인 이분론자들의 논쟁은 북한의 엘리트 탈북자까지 가세할 정도로 누구나 즐기는 국민적 오락거리가 되었고, 그 추측 또한 넘쳐흘렀다.[10] 포스트 김일성 체제의 미래가 신의 섭리에 따라 운명지어지는 것이 아닌 선택적 인간 행동의 산물이라는 인식을 통해, 이제는 이것 아니면 저것이라는 일도양단식 논쟁은 지양하고 질적으로 풍부한 논쟁으로 진화되어야 한다.

분석적으로 볼 때, 이쪽 끝에서 저쪽 끝까지 예상 가능한 전체 영역에서 우리는 최소 다섯 개의 가능한 미래 예측 시나리오를 생각할 수 있다. 체제 붕괴, 체제 쇠퇴, 체제 유지, 체제 개혁, 체제 전환이 그것이다. 나는 여기서 가장 그럴싸한 세 개의 가능한 시나리오인 체제 유지, 체제 개혁, 체제 쇠퇴 시나리오에 초점을 맞추고자 한다. 변화 또는 연속성을 평가하기 위한 기준으로 미래 예측 시나리오의 시간적 범위를 간략히 짚고 넘어갈 필요가 있다. 북한의 미

10 김일성 이후 북한의 미래에 대한 다수의 추측과 분석에 대해서는 B. J. Ahn(1994); Eberstadt(1993, 1997); Foster-Carter(1992, 1998); Moon and Kim(2001); B. C. Koh(1994); C. N. Kim(1996); K.W. Kim(1996); Y. S. Lee(1995); McCormack(1993); D. S. Suh(1993); Scalapino(1997) 참고.

래는 다음 세 개의 시계視界로 나눌 수 있다. ① 단기 미래: 여기서는 1년 단위의 당면 과제와 초점을 말한다(한 학년, 회계연도 등). ② 중기 미래: 좀 더 장기적인 프로젝트로 5~7년 단위(예컨대, 4년제 대학 과정, 많은 민주주의 국가에서의 5년 선거 주기, 북한을 포함한 사회주의 국가의 7개년 경제계획), ③ 장기 미래: 공상가, 혁명가, 그리고 세계 체제 변환 설계자의 30~50년 단위. 해리 하딩(Harry Harding)이 지적한 대로 미국의 북한 분석가들 대부분은 북한의 가까운 과거와 가까운 미래에 초점을 맞추고 있지만, 가까운 과거나 미래의 문제보다 궁극적으로 더 중요한 것은 바로 북한의 '장기 미래'이다(Harding, 1995: 21~22). 이 절의 주요 초점은 중기 미래, 즉 2010~2012년 이후 포스트 김일성 체제의 미래이다.

변화의 방향에 관해서는 몇 가지 가능한 궤도가 있다. 예컨대 체제 유지 시나리오는 현재 궤도에서 변함없이 유지되고 있다 해도 좋을 것이다. 또한 체제 개혁 또는 체제 쇠퇴 궤도를 향해 이동하고 있다고 해도 무방하다. 이들 세 개의 가능한 미래 예측 시나리오는 상호 배타적인 것으로 간주해서는 안 된다. 어느 하나에서 다른 하나로 변해갈 수 있고, 그 반대도 가능하기 때문이다.

체제 유지(System-Maintaining) 시나리오

북한의 첫 번째 가능한 미래 예측 시나리오는 바로 체제 유지 시나리오이다. 이 시나리오하에서 김정일 정권은 국가 이데올로기, 정체성, 그리고 정치 조직을 확고하게 장악할 것이다. 목적은 체제 방어일 것이고, 수단은 미국 제국주의 악마화(demonization) 및 주체사상의 위대함에 대한 일상적 선언일 것이다. 북한 정권의 염원이 현재 수준의 통제와 지배를 유지하는 것이라면 정치 개혁은 거의 불가능하다. 1997년 놀랜드는 '뭉개기 전략(muddling through)'을 통한 체제 유지를 예측했다. 즉, 북한은 필요에 따라 수시로 적절한 조치를 하면서 중국, 그리고 어쩌면 남한과 일본의 재정 지원에 의존할 것이라고 보았다(Noland, 1997).

정권을 지속하는 데 필요한 자금 조달을 위해 이미 현재도 그렇듯이 평양은 아마도 미사일과 핵기술의 수출을 모색해야만 할 것이고, 불법 위조와 마약 밀매 활동을 계속해야만 할 것이다. 이러한 시나리오에서 남북 및 국제적 접촉이 어느 정도 지속되고 확대될지는 불분명하다. 또한 북한의 핵 도박이 현재 체제를 유지하는 데 어떤 역할을 할지 불분명하다. 다만 워싱턴이 북한의 강제적 레짐 체인지를 마다하지 않겠다고 밝힌 상황에서, 핵 억지력의 존재는 미국의 전략을 저지하는 역할을 할 수 있을 것이다. 한편, 북한 핵 프로그램의 존재로 인해 미국은 한반도에 더욱 주목할 수밖에 없을 것이다.

체제 개혁(System-Reforming) 시나리오

북한에 대한 두 번째 가능한 미래 시나리오는 체제 개혁 시나리오이다. 이 시나리오에서 가장 설득력 있는 주장은, 평양이 마오쩌둥 이후 중국의 경제 개방과 개혁의 경로를 따를 것이라는 설명이다. 이것은 다음의 몇 가지 또는 전부를 포함할 것이다. 소유권 제도 개편, 농업의 탈집단화, 경제적 의사 결정에 대한 새로운 시스템 도입, 새로운 경제특구 개방, 핵심 국제경제기구 가입(IMF, 세계은행, 아시아 개발 은행, WTO 등), 워싱턴 및 도쿄와의 관계 정상화, 남북 경제협력 확대, 조선 인민군의 부분적 해체, 기술 연수를 위한 미국과 일본으로의 유학생 파견 등이 그것이다.

중국의 1인당 GDP는 10년 만에 두 배가 되었고 이는 북한이 중국의 경로를 따르도록 자극제 역할을 할 것이다. 그러나 평양은 마오쩌둥 이후 중국 사회주의에 대해 모순된 성명을 발표한 바 있다. 1978년에서 1991년 사이 여섯 차례의 비공식 정상회담에서 덩샤오핑은 김일성에게 개혁과 개방을 통해 북한 경제를 발전시킬 것을 촉구했지만, 김일성은 나진-선봉 자유경제무역지대를 언급하고 "우리는 이미 개방했다"라며 신경질적으로 반박했을 뿐이었다.[11] 그러나 1993년 9월에는 중국 방문단에게 "중국적 특징을 가진 사회주의 건설을 지속하면서도 눈부신 개혁 개방의 성과를 얻었다"라며 중국에 대해 경탄했고, "중국의 경험은 우리 조선인들을 고무하는 요소가 될 것"이라고 발언한 것으로 알려졌다.[12] 1999년 5월 김정일은 평양의 중국 대사 완융샹(萬永祥)과의 회담에서 중국식 개혁을 지지한다고 말한 것으로 알려졌다. 대신에 그는 베이징에 '조선식 사회주의'를 존중해줄 것을 요구했다고 한다(*AFP*, 1999.7.16).

2001년 1월 북한 선언에서는 이데올로기적 관점을 '신사고'에 맞추어 조정하고, 새로운 세기가 요구하는 '국가 경쟁력'을 촉진하기 위해 직업윤리가 필요함을 역설했다.[13] 그런데 이 새로운 세기 — '상하이의 특징을 보유한 자본주의'의 광범위한 시찰을 위해 김정일은 8개월 만에 벌써 두 번째로 상하이를 '비밀' 방문했다 — 에는 주체사상이 상하이화되고, 북한이 '제2의 중국'이 될 것이라는 억측이 난무하기 시작했다. 김대중 대통령은 국가안전보장회의의 권위 있는 성명과 함께 이 같은 '제2의 중국' 예측에 힘을 실었다. 이 성명에서는 김정일의 상하이 방문이 "북한이 중국식 개혁 및 개방 정책에 대해 깊은 관심을 갖고 제2의 중국이 되고자 노력하고 있음을 보여주는 것"이라고 주장했다. 그는 또한 내각에 '상당한 변화'에 대비할 것을 지시한 것으로 알려졌다(Chanda, 2001: 26).

경제개혁에 착수하고자 하는 북한의 표면적인 결의와 중국식 개혁 개방이 가장 유망한 방법이라는 대중적 인식에도 불구하고, 여기에는 최소 다섯 가지

---

11 다음을 참고할 것. EIU(Economist Intelligence Unit), *Country Report: South Korea and North Korea*(1st Quarter, 1999), p.40.

12 다음을 참고할 것. *North Korean News*, No.702(September 27, 1993), p.5.

13 다음을 참고할 것. "The Twenty-First Century Is a Century of Great Change and Great Creation," *Rodong Sinmun[Worker's Daily]*, January 4, 2001, p.2; "Let Us See and Solve All Problems from a New Viewpoint and a New Height," *Rodong Sinmun[Worker's Daily]*, January 9, 2001, p.1.

중대한 장애물이 존재한다. 첫째, 중국의 개혁 개방은 냉전이 절정이었던 시기에 이루어졌는데, 이 시기에 중국은 반소련이라는 그들의 현실 정치적 레버리지를 최대한 누리고 활용할 수 있었다. 예컨대 베이징은 1980년 5월에 세계은행과 IMF에 쉽게 가입할 수 있었다. 중국이 경제개혁을 시작했을 때 중국은 이미 미국과 실질적 관계 정상화 경로에 있었고, 따라서 경제적으로도 미국과 협력할 수 있었다. 그러나 평양은 최소한으로 필요한 투명성 기준을 충족시키는 것조차 내켜하지 않고 있고, 미국의 테러 지원국 목록 등재 및 납치 문제 미해결로 인한 일본의 반대 때문에 핵심 국제금융기관(IMF, 세계은행, 아시아 개발은행)의 회원 가입이 저지되고 있는 상황이다.

둘째, 중국의 경제개혁은 정치적 책임자 교체와 관련되어 있었다. 즉, 1978년 12월 4인방 및 마오쩌둥의 후계자인 화궈펑(華國鋒)의 제거와 함께 새로운 최고 지도자로서 덩샤오핑이 주도권을 확보했기 때문이다. 그러나 많은 반대 추측에도 불구하고 김정일은 확고하게 권력을 유지하고 있는 것으로 보이며, 심지어 김씨 왕조 내에서 그의 후계자를 지명할 것으로 보인다. 셋째, 포스트 마오쩌둥의 중국과 달리 북한은 중국이 1980년대에 끌어모았던 FDI 수준을 만들어낼 부유한, 유명한, 그리고 진취적인 재외 조선인이 존재하지 않는다. 넷째, 우리가 동아시아의 전환 경제 속에서 목격했던 농업 주도의 개혁 과정을 북한에 단순 적용할 수는 없다. 왜냐하면 북한의 초기 조건은 중국이나 베트남과는 판이하게 다르고, 오히려 구소련이나 동구권과 닮아 있기 때문이다.

다섯째 장애물은 진퇴양난에 처한 평양의 정체성 딜레마와 관련이 있다. 주체사상 체제를 살려내기 위해서는 오히려 역설적으로 주체사상의 주요 부분을 파괴해야 하고 상당한 개방이 필요하며, 나아가 자본주의 남쪽 경쟁자의 도움도 필요하다. 그러나 위대한 지도자 김일성('국가의 아버지')이 창조하고, 발전시키고, 그 아들에게 전달된 체제의 이념적 연속성에서 벗어나는 것은 생존 필요성으로 인정되기보다는 국가이성(*raison d'état*)의 궁극적 배신으로 간주될 것이다. 놀랜드의 말처럼 "남한을 무찌르고 주체사상의 완전체로 거듭나면 될 텐데, 무엇하러 북한이 개방하고 3류 남한처럼 되려 하겠는가(Noland, 2002: 182)?"

설령 북한이 세계경제에 참여하기 위해 충분한 경제개혁에 착수하더라도, 북한은 매우 경쟁이 치열한 경제 지역에 속해 있음을 깨닫게될 것이다. 아시아의 호랑이들은 중국이 개혁을 시작할 당시 아직 번영하지 못한 상태였음에 반해, 오늘날 일본, 남한, 말레이시아, 싱가포르, 대만, 중국 자신도 대북한 수출 전략을 위해 치열한 경쟁을 하고 있다. 김정일 정권 또한 중국 경제 자유화에 – 수반되어왔고 – 수반된, 자유화까지는 아니더라도 서서히 다가오는 다원화를 경계하고 있을 가능성이 크다. 1989년 톈안먼 대학살은 사회주의 국가의 개혁에 존재하는 긴장의 상징이며, 북한도 그것을 너무나 잘 알고 있다. 설령 북한이 체제 개혁에 착수한다고 하더라도, 1989년의 베이징 같은 민주주의 항쟁으로 인해 체제 유지 전략으로 빠르게 회귀할 공산도 크다.

그럼에도 북한이 체제 개혁 전략을 선호할 것이라는 몇 가지 증거가 있다. 1991년 북한은 나진-선봉 자유경제무역지대를 설립했는데, 이는 이후에 나진-선봉 자유경제구역이 되었다(Cotton, 1998). 평양은 또한 두만강 지역 개발 계획에 참여하기로 합의하고, 최근에는 남한과 협력하기 위해 중국 국경에 신의주 특별행정구(SAR: Special Autonomous Region)를 지정하고 개성산업공단을 만들었다. 1992년에서 2000년 사이에 북한은 외국인 투자와 관련하여 47개의 새로운 법률을 만들었고, 1998년 9월 헌법 개정에서는 주체사상의 진부한 표현 내에서도 '사유 재산', '물질적 자극', '비용, 가격, 이익'을 언급하고 있다(Noland, 2002: 182). 2001년 1월 김정일의 상하이 방문 동안 그는 (상하이 특성을 유지하면서도) 개혁 개방을 성공시킨 중국 발전 모델을 극구 칭찬했다. 2002년 여름에 북한은 통제 가격 체제 조정, 원화의 평가절하, 임금 인상, 배급 체제의 조정, '사회주의 물자교류 시장'을 열었다. 그리고 농민들에게 토지의 특정 구획 경작에 대한 일종의 재산권을 부여하고 경제특구에 대한 법률을 확대했다(Noland, 2001 참조).

특히 아직 널리 인정되지는 않았지만, 조선민주주의 인민공화국의 문화 및 체제 개혁과 관련해 의미 있는 것은, 변화의 속도가 더딘 북한 사회에 북한 난민이 귀환하면서 발생할 수 있는 정체성의 변화/재정립 역할이다. 중국 동북부에서 고국으로 귀환한 난민들은 현재 가까운 해외에서 직접적인 생활 경험을 가진, 통계학적으로 의미 있는 북한의 첫 번째 군집을 구성하고 있다. 그들은 중국에서 상대적으로 가난한 지역인 동북부에서의 생활이 '사회주의 낙원'인 고국에서의 삶보다 훨씬 더 윤택하다는 사실을 목격했다. 또한 그들은 남한에서 온 인도주의 NGO, 관광객, 사업가, 기독교 선교사들을 통해 남한이 번영했다는 사실을 알게 되었다. 이러한 귀환 난민들을 침묵하게 하거나 억압하거나 투옥하기에는 그 수가 너무 많다(Lankov, 2004b: 872).

그러나 이 같은 체제 개혁 전략을 취하는 과정에서 남한과의 정체성 차이를 감수하겠다는 북한의 능력 또는 의욕은 여전히 추가 연구 대상이며 미해결 문제로 남아 있다. 비록 남북 교류와 실용적 협력이 증가하는 형태로 일부 징후가 보이기는 하지만 말이다. 2002년 중반에 시작한 진지한 개혁에도 불구하고 이 가설의 가치를 판단하기 위한 측정점(datapoints)으로서 그 어떤 확고한 결론을 이끌어내기에는 여전히 부족해 보인다.

체제 쇠퇴(System-Decaying) 시나리오

북한에 대한 세 번째 가능한 미래 시나리오는 체제 쇠퇴 시나리오이다. 북한의 주체사상 체제가 이론과 실천 양면에서 유연성을 발휘하지 못한다면, 가장 가능성이 높은 시나리오 중 하나가 바로 체제 쇠퇴일 것이다. 이는 평양이 체제 유지를 위해 필요한 조정조차도 할 수 없는, 즉 기근이 지속적으로 악화되고 경제가 계속 쇠퇴하는 상황을 말한다. 이 시나리오에서는 식량 폭동과 노골적 내전의 소용돌이를 예측한다. 이 시나리오의 기폭제로는 북한 최고위층의 정치적·군사적 변절이라든지, 경제개혁의 길에 착수한 후 번영에 대한 새로운 경험을 가진 주민들이 국가에 등을 돌려 개혁이 갑자기 중단된다든지, 북미 벼랑 끝 대결 중 워싱턴이 오판하여 북한에 군사 공격을 단행한다든지 하는 것들이 포함될 수 있다.

만약 체제 쇠퇴의 시나리오가 달성된다면 그것은 체제 붕괴 상황으로 이어질 수도 있을 것이다. 북한의 경제 시스템은 너무도 취약하기 때문에 체제 쇠퇴가 가속화될 경우 순식간에 붕괴에 이를 것이 눈에 선할 정도이다. 그러나 사하라 남쪽 아프리카 국가들의 이른바 '네 번째 세계'의 예에서 알 수 있듯, 국가는 특히 국제 원조가 생명선을 제공하는 경우 제로 또는 마이너스 성장률에도 불구하고 꽤 오랫동안 목숨을 부지할 수 있음을 보여주고 있다. 따라서 사소한 수준의 정치 불안마저도 반드시 체제 붕괴의 징후로 보아야 하는 것은 아니다. 예를 들어 황장엽은 자신의 망명에 너무 많은 의미를 부여하려는 위험성에 대해 경고했다. 그는 "공화국(북한)은 경제적 어려움에 처해 있지만 여전히 정치적으로 단결되어 있고 북한 붕괴의 위험성은 없다"고 했다(*Far Eastern Economic Review*, 1997.2.27, p.15에서 재인용). 1997년 초에 나온 이러한 예측은 지금까지 현실로 드러나고 있다. 더욱이 북한은 국가 능력이나 군사력이 부족하지 않을뿐더러, 생존을 위해 이 두 가지를 활용해왔고 앞으로도 활용해갈 것이다.

붕괴 예측은 김일성의 사망으로 절정에 달했다. 대부분의 일본, 남한, 미국 전문가들은 북한이 6개월 이내에 붕괴한다고 했고, 좀 더 신중한 전문가들조차도 기껏해야 3년 더 지속될 것이라고 예측했다. 그들은 북한이 붕괴되면 한반도는 독일식으로 흡수통일될 것이라고 믿었다(일각에서는 경제적 고통이나 박탈이 정치적 변화로 이어진다는 신뢰할만한 이론이 없다며 붕괴론과는 정반대의 논리를 펼치지도 했다. Noland, 1997: 106). 1995년 찰스 울프(Charles Wolf)가 실시한 랜드연구소의 연구는, 통일 한국의 GDP는 2015년까지 2조 달러 — 1994년 한국 GDP의 다섯 배 — 에 이를 것으로 낙관적인 전망을 했다(Wolf et al., 1995: 7~8). 카렌 하우스(Karen Elliott House)는 ≪월스트리트저널≫에서, 미국은 "평양에 대한 지원 모색을 중단해야 하며, 조만간 필연적으로 붕괴할 것이니 그대로 내버려두라"고 했다.[14] 나아가 니콜라스 에버슈타트(Nicholas Eberstadt)는 ≪포린어페어스≫에서 북한 붕괴 촉진 및 그로 인한 '한국 재통일 촉진'이라는 적극적인 정책을 주문했다(Eberstadt, 1997). 그러나 일각에서는 만약 북한이 정말로 체제 붕괴로 향하는 체제 쇠퇴의 경로로 들어섰다면, 유엔, 세계은행, IMF의 추가 지원과 함께 서울, 도쿄, 워싱턴, 베이징에 의한 대규모 구제 금융을 포함한 북한 체제 구조라는 새로운 시나리오가 필요하다는 제안도 있었다.

미래의 예측 가능한 통일 시나리오에 대해, 남북 간 공식적 수준에서 가장 많이 논의되고 있는 것은 두 개 한국의 연합 제안이다. 평양은 두 개의 한국이 고려민주연방제로 결합할 것을 제안하지만, 서울은 한민족 공동체(Korean National Community)를 제안했다. 두 가지 제안 모두, 두 개의 서로 다른 정치체제를 유지하되 통일은 주로 자신의 체제와 국가 정체성에 의할 때만이 가능하며 가장 바람직하다고 묵시적으로 전제한다. 따라서 평양은 계급 기반의 주체사상 국가를 희망하고, 통일을 향한 전향적 조치 이전에 남한에 공산당이 합법화되고 '진보적 정부'가 수립되어야 한다는 전제 조건을 강조해왔다. 이와 대조적으로 서울은 자유민주주의를 주장하고, 모든 국가 조직에 북한에 비해 2:1로 유리한 대한민국 인구 비율을 활용하는 비례대표 투표 시스템을 제창했다. 서울은 통일을 향해 단계적으로 노력하고자 하는 반면, 평양은 중요한 문제를 일괄 처리하는 것을 선호한다. 또한 서울은 그 어떤 연방 기관에 대해서도 전국적 선거를 선호하는 반면, 평양은 일련의 정치적 협상을 선호한다.

그러나 전쟁에 의한 통일 시나리오는 서울과 평양 모두 배제하고 있는 것으로 보인다. 특히 평양에게 이러한 시나리오는 자신들의 방식에 따른 한반도 통일을 어렵게 한다. 하지만 군사적 옵션이 아니고서는, 북한이 자기 방식대

---

14 다음을 참고할 것. Karen Elliott House, "Let North Korea Collapse," *Wall Street Journal*, February 21, 1997, p.A14.

로 한국을 재통일하는 것도 불가능할 것이다. 또한 북한의 핵무기 축적은 그 어떤 형태로든 무력 충돌이 수반된 시나리오의 위험을 증가시키고 있다. 대한민국은 조선민주주의 인민공화국의 어느 정도 사소한 도발은 인내하면서, 그리고 현재 한미 연합사령부 구조를 위반하는 미국의 북한에 대한 선제공격에 대해서는 경고하면서, 모든 무력 충돌 발발 가능성을 줄이기 위해 노력하고 있다.[15]

연방제와 전쟁에 의한 재통일 모두 가능성이 낮아 보이고, 가장 가능성이 높은 것은 '작은 교류를 통해 평화를 만들어나가는 점진적 평화' 접근법이며 이 가능성은 이 장의 마지막 절에서 검토될 것이다. 다음 절에서는 특정 시나리오를 다른 어떤 시나리오보다 더 가능성 있게 만드는 다양한 변수들 – 현지의, 남북 간, 이원적(dyadic), 국제적 차원에서 – 을 추적하고 설명할 것이다.

통합 상호작용적 설명을 향하여

한반도 재통일에 대해 다양한 미래 시나리오 중 중요한 문제는 어떤 시나리오가 실현 가능한 시나리오인가 하는 점이다. 다양한 시나리오의 가능성과 다른 시나리오에 대한 어떤 시나리오의 개연성을 설명하기 위해서는, 특유한 우연성 및 경로 의존성을 설명할 다른 변수들을 살펴보아야 한다. 한국 재통일의 경우 이것은 남한과 북한의 국내 정치, 남북 사이의 정치, 동북아시아 국제정치, 그리고 글로벌 정치(global politics)를 살펴본다는 것을 의미하는데, 행위자들은 이 네 개의 차원에서 서로 교차하며, 남북 간 정치와 한국 재통일의 정치가 어떻게 발전할 것인가를 결정짓는 역할을 하고 있다. 이 책 전체를 통해

15 다음을 참고할 것. "ROKG Ministers Answer Questions on Security, Diplomacy, Unification to Parliament," *Chosun Ilbo*, November 14, 2004.

설명했듯이 정체성 정치는 국지적, 남북한 사이, 지역적, 그리고 세계적 차원에서 불가분하게 연결되고 혼재되어 있다. 심지어 남북한의 정치 엘리트들은 4대 강국 간 냉전적 국제 정체성 정치를 국내 정치에 끌어들여 자기중심적 이해관계에 맞게 여과하기도 했다(C. S. Chun, 2001: 143).

국지적 차원

분단된 한반도에서 남과 북은 자신들의 배타적 안보 의식과 정통성을 극대화하기 위해 빈번하게 폭력적인 방법으로 국가 정체성 동원 정치를 활용해왔다. 동일한 문화적·역사적 토대에서 1945년 시작된 경쟁적인 정통성 및 정통성 깎아내리기 정치는, 그 후 두 개의 대립하는 냉전적 초강대국의 후원 아래에서 매우 다른 방식으로 전개되었다. 조국 통일은 늘 정치적 수사학의 중요한 부분이었고, 원초적 열정의 대상이었고, 남북 모두에서 민-관-군 복합체 형성을 위한 동력이었다. 적례로, 두 개의 한국은 한국어로 'Korea'를 어떻게 불러야 할지에 대한 합의조차 못 하고 있는 실정이다. 북한에서는 조선이라고 하고, 남한에서는 한국이라고 한다. 분단된 한반도에서 평화와 통일에 이르는 근본적 장애물 중 하나는, 두개의 한국이 매우 다양한 방법을 통해 또 다른 한국에 반대하는 형태로 자기 자신의 정체성을 정의하고 있다는 사실이다(Grinker, 1998: 8~9; Bleiker, 2004; S. S. Kim, 1991; Gills, 1996).

오늘날 북한의 국가로서의 정당성에는 의문이 있다. 평양은 대내적인 주권국가로서 당연한 책무인 인간의 기본적 욕구를 계속해서 충족시킬 수 있을까?[16] 북한 붕괴론자는 북한의 경제적 고통을 중심으로 시나리오를 전개하고 있다. 북한은 모든 사회주의 국가를 괴롭힌 국영 경제체제 문제로 고통받고 있다. 대외 무역의 중단 또는 축소, 흉작으로 인한 기근, 군사력 유지를 위한

16 대내 주권 대 대외 주권에 대해서는 Jackson(1990) 참고.

자원 할당, 그리고 김 씨 일가를 찬양하는 거창한 프로젝트에 희소한 자원을 소진하는 것 등으로 인해 경제적 건전성은 더욱 악화되었다. 1990년에서 1995년 사이에, 북한 경제는 1/4까지 축소되었고, 1992년에 정부는 하루 두 끼만 먹으라고 주민들에게 권고했다. 1995년 여름 기습 폭우로 인해 농작물이 황폐화되자 북한은 사상 유례없이 국제 원조기관에 식량 원조를 호소해야만 했다.

놀랜드는 생활수준 향상을 위해 북한 경제를 '개선'하는 데 연간 20억 달러가 소요될 것이라고 추산하고, 이 중 절반은 소비 지출 재순환에, 나머지 절반은 산업 및 기간 시설 투자에 사용되어야 한다고 예측했다(Noland, 2000b). 2002년 7월 김정일 정권은 가격, 임금, 통화 가치의 변화 그리고 정형화된 시장(formalized markets)을 허용하여 엄격한 체제 유지 시나리오에서 벗어났다. 북한의 향후 조치는 북한 정권이 경제 관리 능력에 대해 얼마나 확신을 갖고 있는지에 따라 결정될 것이다. 지금까지 북한은 고립주의와 자급자족을 중시하는 오류를 범해왔다.

붕괴되는 북한 경제를 구제하는 금전적 비용은 2500억 달러에서 3.5조 달러에 이를 것으로 추산되고 있다.[17] 그러나 이런 수치는 북한에 대한 신뢰할만한 통계가 부재하다는 점과 한반도 재통일과 관련된 대내외적 요인들의 불확실성을 고려할 때, 어림짐작이나 마찬가지이다. 실제로 통일에 대한 남한의 연구와 논의의 초점은 그것을 어떻게 달성할 것인가에서 어떻게 냉정하고 이성적으로 비용-편익 계산을 할 것인가로 미묘하게, 그러나 의미심장하게 변화했다(Lee and Hong, 1997). 1997년 놀랜드는 1조 달러를 추산했는데, 그에 따르면 한반도 북부로부터 대규모 이동을 방지하는 것이 주요 목적이라면 이에 대한 주요 수단은 대규모 설비 투자라는 것이다(Noland, 1997: 113). 후에 일반 균

17 다음을 참고할 것. 최훈, "북한 갑작스러운 붕괴 가능성 매우 낮아", ≪중앙일보≫, 2005년 4월 14일 자; "Costs of Unifying Koreas Put at $200 Billion to $2 Trillion," *The Korea Herald*, June 29, 1996, p.1.

〈표 6-1〉 남북한 주요 경제 지표 비교(2004년 기준)

분야	단위	북한(A)	남한(B)	비율(A : B)
인구	100만 명	22.7	48.1	1 : 2.1
명목 GNI	10억 달러	20.8	681.0	1 : 33
1인당 GNI	달러	914	14,162	1 : 15.5
GDP 성장률(2004)	%	2.2	4.6	1 : 2.0
무역 총액	10억 달러	2.86	478.3	1 : 167
수출		1.02	253.8	1 : 249
수입		1.84	224.46	1 : 122
무역수지	100만 달러	-820	29,340	
GNI 중 무역 비중	%	13.8	70.0	1 : 5.1
유엔 예산 분담률	%	0.010	1.796	1 : 180
산업 구조	%			
서비스업		32.3	55.5	1 : 1.7
광업 및 제지업		27.2	29.1	1 : 1.1
건설업		9.3	9.3	1 : 1
농림수산업		26.7	3.7	1 : 0.14
전기, 가스, 수도업		4.4	2.4	1 : 0.5
석탄 생산량	100만 톤	22.8	3.2	1 : 0.14
발전 설비 용량	100만 kw	7.7	60.0	1 : 7.7
발전 전력량	억 kwh	206	3,421	1 : 16.6
원유 도입량	만 배럴	390	82,579	1 : 212

자료: 대한민국 통일부 및 UN Doc. A/RES/58/1B.

형 모델에서 놀랜드와 그의 공동 저자는, 높은 수준의 남북 간 이동은 북쪽에 필요한 투자의 양을 제한함으로써 통일 한국을 위해 더 나은 결과를 낳을 수도 있음을 시사했다(Noland, Robinson and Liu, 1998).

가장 가까운 비교 사례는 재통일된 독일이다. 동독으로 향하는 서독의 보조금이 연간 1000억 달러로 급증하자 서독에서 통일의 희열은 곧 절망과 상호 비난으로 전락했고, 동독도 유례없는 실업률 상승, 사회적 소외, 높은 사망률과 자살률을 경험했다. 약 6500억 달러가 서독에서 동독으로 이전되었는데, 이는 1991년 동독 GDP의 63%, 1992년 동독 GDP의 95%를 차지하는 것이었다(Y. S. Lee, 2002). 1998년 9월 독일 통합을 이끈 헬무트 콜(Helmut Kohl) 수상은 선거에서 패배하여 자리에서 물러나야 했다. 자신의 유례없는 성과가 선거 패배의 원인이 된 것이다. 이처럼 독일의 경우 하나의 민족이라는 정체성은 민족 재건 정치를 위한 굳건한 기초라기보다는 미덥지 못한 갈대와도 같았음이 드러났다.

그러나 거의 대부분의 측면에서 남한은 서독과 다르고, 북한도 동독이 아니다. 따라서 독일의 선례 — 동족상잔의 비극도 없었다 — 는 한반도에 적합하다고 보기 어렵다(표 6-1). 독일의 철의 장막은 38선보다 훨씬 더 투과성이 있었다. 동독은 서독의 라디오나 TV에 채널을 맞출 수 있었고, 1970년대부터 매년 110~160만 명의 동독인들이 서독을 방문했으며, 120~310만 명의 서독인들이 동독으로 여행했다(Bleiker, 2004: 57). 대한민국의 노무현 대통령은 분명했다. "한국의 통일 과정은 독일과는 상당히 다를 것입니다."[18]

남한 국민들이 느끼는 통일의 효과는 그 편차가 클 것이다. 예컨대 건설 같은 비무역 제품 부문은 북한으로부터의 새로운 수요를 활용할 수 있을 것이다. 놀랜드는 북한에 대한 대규모 투자가 남한의 경제 발전을 이끌 수 있다는 흥미로운 견해를 제시하고 있다. 또한 그는 북한에 대한 투자가 남한 자본가들에게 이익을 가져다줄 것이며, 이에 따라 소득 분배는 노동에서 자본으로 이동하게 될 것임을 시사하고 있다. 또한 서로 다른 노동 계급 간의 소득 분배는 더 고도로 숙련된 노동계급 쪽으로 이동할 것임을 시사한다(Noland, 2002).

북한의 붕괴 및/또는 재통일의 경제적 영향보다 평가하기 더 어려운 것은 바로 사회적 충격이다. 로이 리처드 그린커(Roy Richard Grinker)는 "동질성의 거대 서사(master narrative of homogeneity)"라고 언급하며 통일은 잃어버린 민족 통합과 정체성을 즉시 회복하게 할 것이라고 말한다(Grinker, 1998: 4). 그러나 비록 대부분의 남북 한국인이 단일 민족으로 구성되어 있다 해도 그 유사

18 다음을 참고할 것. "노대통령 '북 붕괴 질문받고 깜짝 놀라'", ≪조선일보≫, 2005년 4월 14일 자.

성의 정도는 가늠하기 어렵다는 것이 정설이다. 거의 절대적 통제에 가까운 스탈린주의 커튼 뒤에서 60년을 보냈는데, 그들이 동포라고 부르는 남한 사람들과 실제로 얼마나 유사하겠는가? 남한 국민들은 국제적이고 기술적으로 숙련된 반면, 북한은 글로벌 이벤트와 생활방식을 모두 피하고 있으며 무지하다. 동독처럼 북한은 아마 통일 한국에서 열등한 지위로 강등될 공산이 있고, 200~300만 명의 군대 및 특권 지배층은 재교육 및 탈이념화가 필요할 것이다(Bulychev, 2005). 사실 네오콘 이론가들은 영원한 동족이라는 믿음 때문에 대한민국이 형편없는 정책 결정을 하고 있다고 주장하고 있다.[19] 1995년 조사에서 78.5%의 남한 국민은 남북한 사이의 경제 발전의 차이를 인정하고 '민족 동질성'을 회복한 후에 통일이 되어야 한다고 주장한 반면, 9.5%만이 즉각적인 통일을 선호했다(세종연구소, 1995: 70). 이는 일반적으로 재통일에 대한 강한 감정적 호소에도 불구하고, 비용을 고려했을 땐 통일의 열정이 급속하게 시들해지고 있음을 보여준다.

냉전이 종식된 이후 남한은 점점 늘어나는 탈북자를 흡수해야 했다. 1989년 이전에는 겨우 607명의 북한 탈북자가 있었던 반면 그 숫자는 2003년 한 해에만 두 배로 늘었다. 2004년 7월에 대한민국은 베트남에서 거의 460명에 이르는 북한 난민을 공수해왔는데 이는 한국전쟁 이래 최대의 탈북자였다. 2004년 9월 약 6300명이 탈북했고, 대한민국 정부는 이들에게 6500만 달러 이상을 지원했다.[20] 남북 간 정체성의 간극을 가장 잘 드러내는 상징적 징표 중 하나는, 남한의 관대한 재정 지원과 직업 훈련, 그리고 여러 가지 도움에도 불구하고 탈북자들이 극단적 어려움에 직면한다는 데에 있다(W. Y. Lee, 1997; I. J. Yoon, 2001: 14; Bulychev, 2005; Bleiker, 2005: xliii).

---

19 예컨대 Eberstadt(2004b: 432~433) 참고.

20 다음을 참고할 것. "Number of NK Defectors in South Exceeds 5,000," *The Korea Times*, September 7, 2004.

탈북자들은 돈을 다루며 다양한 제품 사이에서 현명한 선택을 해야 하는 시장경제 사회의 경쟁적 속성에 대처하는 데 어려움을 겪고 있다. 그들은 북한의 교육이 남한에서 필요한 컴퓨터 기술, 영어 이해 능력, 한자 지식 등에 불충분했다는 것을 깨닫게 되었다(Bleiker, 2004: 43~44). 이러한 경험들로 인해 탈북자들은 남한 사회에 통합되는 데에 어려움을 겪고 있다.

이것은 특히 탈북자들이 다른 나라에서 온 이민 노동자들보다 훨씬 더 심리적 문제로 상처받고 있는 것에서 드러나고 있다. 많은 탈북자들은 남한 사회와 남한 국민들에 대해 '폐쇄적'이고 '이기적'이라고 비판한다. 탈북자들은 '북한 주민의 절대 다수는 일본으로부터 그들을 해방시킨, 한국전쟁에서 미국에 승리한, 민족 경제의 기반을 구축한 김일성에 대해 큰 사랑과 존경을 갖고 있다'는 점에 만장일치로 동의한다. 그러나 똑같이 흥미로운 것은 대부분의 탈북자들은 정치적인 면에서 남한 체제에 적응하는 데는 아무런 지장이 없다는 사실이다(Bleiker, 2004: 44).

북한과 남한 사이에 드러난 정체성의 차이에 대해 독일에 선례가 없는 것은 아니다. 동독의 첫 민선 총리 로타르 드 메지에르(Lothar de Mazière)는 "베를린 장벽이 무너졌을 때, 우리가 생각했던 것보다 45년의 분단이 훨씬 더 우리에게 큰 충격을 주었다는 점에 우리는 날마다 놀라고 있다"라고 말한 적이 있다. '동독인'들이 공통적으로 겪은 경험은 그들이 '동독인'으로서 공통의 정체성을 갖고 있었다는 깨달음이었다(Bleiker, 2004: 50). 적어도 국지적 차원에서는 고질적인 국내 지역주의와 남한의 지역 정체성 정치를 감안했을 때, 두 개의 독일보다는 두 개의 한국에서 이런 현상이 발생할 가능성이 더 크다.

남북 간 이원적 차원

한국전쟁이 끝난 후 거의 20년 가까이 두 개의 한국은 자신들의 경쟁적인 통일 비전에 대해 토론하고 때로는 실행에 옮기기도 했는데, 그것은 오로지 어느 하나의 국가 정체성이 다른 하나의 국가 정체성을 타도하거나 대체하는 맥락에서 진행되었다. 리처드 닉슨(Richard Nixon)의 차이나 쇼크와 1970년대 초반 미중 화해가 잇따른 후, 두 개의 한국은 세 차례 짧은 주기의 남북 대화와 데탕트를 경험했다. 1971년 8월에 시작하여 2년간 일곱 차례의 적십자 회담이 서울과 평양을 오가며 개최되었다. 이러한 협상의 진행 중에 남한과 북한은 세 개의 원칙을 지지하기로 합의한 공동 코뮤니케를 만들어냈다. 그 내용은 ① 통일은 자주적 노력으로 달성되어야 한다, ② 통일은 평화적 방법으로 실현해야 한다, ③ 사상, 이념 그리고 제도의 차이를 초월해 민족의 단결을 도모한다는 것이다. 두 번째 협상 주기는 다양한 실용적·인도주의적 분야의 접촉 및 교류가 넘쳐나고, 통일의 3원칙을 재확인하며 1984년 9월부터 1986년 2월까지 계속되었다. 1988년에 시작된 세 번째 주기에서는 냉전 종식에 따른 국제 정체성 정치의 변화에 영향을 받아 이전 두 차례의 회담보다는 전망이 더 밝았다. 이것은 남북 교역에 활기를 불어넣었고, 분리되어 있지만 두 개의 동등한 회원국으로서 두 개의 한국의 유엔 동시 가입을 이끌었으며, 두 개 중요한 문서의 초안을 만들어냈다. 즉, 남북 기본 합의서(공식적으로는 '남북 사이의 화해와 불가침 및 교류·협력에 관한 합의서'로 알려졌다), 그리고 '한반도 비핵화 공동선언'이다. 이 두 가지 역사적 합의는 대한민국 총리와 북한 총리가 서명한 후 1992년 2월 19일에 발효되었다.

기본 합의서 5조에서는 "남과 북은 현 정전 상태를 남북 사이의 공고한 평화 상태로 전환시키기 위해 공동으로 노력하며 이러한 평화 상태가 이룩될 때까지 현 군사정전협정(1953년 7월 27일)을 준수한다"고 규정하고 있다. 또한 1992년의 한반도 비핵화 공동선언에는 "남과 북은 핵무기의 시험, 제조, 생산, 접수, 보유, 저장, 배비, 사용을 하지 아니한다"고 단호한 어조로 규정하고 있다. 그러나 1990년대 초반 이후 이러한 역사적 합의는 준수되거나 이행되기보다는 위반한 것이 더 많았고, 이는 2002년 후반 핵 위기를 일으킨 북한의 폭로를 계기로 명백해졌다.

1998년 2월 김대중 대통령 취임식에서 남한은 북한을 해치거나 흡수할 생각이 없다고 밝히며 북한 개방을 위한 햇볕 정책을 시작했다. 햇볕 정책은, 북한을 해치는 것은 북한 붕괴 이후 이어질 혼란과 파괴 때문에 선불리 실행할 수 있는 정책 대안이 아니라는 사실을 분명하게 인식한 데에서 출발했다. 그러나 정책의 이행을 위한 구체적 방안은 없었다. 그것은 '통일 방안'이라기보다는 '대북 정책'이었다(Y. S. Yang, 1998: 48).[21] 이 정책의 두 가지 핵심 기둥은 정경분리 원칙은 엄격하게 유지하되, 상호주의 원칙은 유연하게 적용하는 것이었다(Y. S. Yang, 1998: 48). 놀랜드는 햇볕 정책은 "장기적으로 북한의 외부 침략을 단념시키고, 심지어 정권의 내부 변환을 촉진하는 일련의 상호 의존성"을 창출하는 것을 목적으로 했다고 언급했다(Noland, 2000a: 113). 김대중 대통령은 평양의 핵심 우려 중 하나로 남아 있는 흡수 통일을 언급하면서, 남한은 "북한을 해치거나 흡수할 의도가 없음"을 반복해 약속하고 공표했다. 그리고 이것은 평화 프로세스의 핵심 부분으로서 정체성의 차이를 수용하기 위한 가장 의미 있는 조치라고 주장했다(Bleiker, 2005: xliii).

햇볕 정책은 2000년 6월 13~15일 사이의 역사적 남북 정상회담을 위한 적절한 환경을 조성했다. 그리고 국내외 TV 시청자들 앞에서 김대중 대통령과 김정일 국방위원장이 서로 포옹했다. 정상회담은 한국의 통일이 임박했다는 많은 추측을 낳았다. 비록 두 김 씨는 정상회담에서의 행동을 통해 서로의 정통성을 수용하는 상징적인 표시를 했지만, 그럼에도 그 어느 누구도 가까운 장래에 재통일이 도래할 것이라는 믿음을 명확히 밝히지 못했다. 실제 김대중 대통령도 분단된 한반도가 민족 통일이 되기까지는 20년에서 30년이 걸릴 것

21 [옮긴이] 햇볕 정책은 당장에 한반도 통일을 추구하기보다는 한반도에 상존하고 있는 상호 위협을 해소하고 남북한이 공존공영을 추구하는 것을 목표로 하고 있는 것이고, 통일은 그다음의 문제였다. 이러한 점에 비추어보면 햇볕 정책은 통일 정책이라기보다는 대북 정책이라고 할 수 있다.

이라고 예측했고, 심지어 북한에서도 "북과 남의 서로 다른 체제의 통일에 관한 문제는 미래에 서서히 해결하도록 후손들에게 맡겨두자"라고 처음으로 선언했다(≪로동신문≫, 2000.6.25, 6면).

그러나 정상회담의 중요성을 과소평가해서는 안 된다. 이것은 서로의 정통성을 인정하고 상호 승인했다는 의미이며, 그것은 결국 두 개의 한국이 자신들의 패권적 통일이라는 환상을 내려놓고, 분리된 두 개의 국가로서 평화적 공존 가능성을 수용하는 데 성공했음을 의미한다. 정상회담의 최대 성과를 하나 꼽는다면, 경쟁적 정통성 추구 및 정통성 깎아내리기를 통한 골육상잔 정치에 종지부를 찍었다 ─ 아마도 일시적인 것이겠지만 ─ 는 점이다. 한편 이러한 변화는 일정 범위에 제한된 것이었다. 정상회담에서 발표한 공동선언은 안보 및 군사 문제에 대해 철저히 침묵했으며, 실제 남북관계 발전을 위한 실용적 통로로서 경제적 관계를 선정했다. 사실 6.15 공동선언의 4조에서는 "민족 경제"라는 용어를 사용했는데 이는 남북 경제의 궁극적 통합을 상정한 것이 분명했다(C. I. Moon, 2002: 231~232). 2000년 정상회담 이후 〈표 6-2〉에서 볼 수 있듯 남북 간에는 25개 이상의 합의가 체결되었다.

일반적으로 말해 대한민국과 북한의 무역은 사실상 북한에 대한 경제원조이며, 대한민국은 북한 외화벌이의 주요 원천 중 하나가 된 상황이다(Kim and Winters, 2004 참조). 1990년대 초반 소규모 교환으로 시작된 것이 2002년 이후부터 일본을 크게 앞지르며, 남한은 북한의 두 번째 무역 상대국이 되었다. 무역은 김대중 대통령 햇볕 정책의 기능적 초석이었는데, 이는 북한의 핵 긴장, 해군의 도발, 그리고 단거리 미사일 시험에도 불구하고 지속되었다. 김대중 대통령의 재임 기간에 무역은 1998년 2.21억 달러에서 2003년에 7.21억 달러로 세 배 이상 증가했다.

이 무역의 중요한 구성 요소 중 하나는 위탁가공(POC) 무역이라는 점인데,

22 [옮긴이] 2005년 8월 19일 이후 남북합의서 자료는 통일부 남북회담 홈페이지 참고.

〈표 6-2〉 **남북 합의서 연표, 1972~2005년(2005년 8월 기준)[a]**

번호	날짜[b]	장소	합의사항
1	1972년 7월 4일		7.4 남북 공동성명
2	1991년 12월 31일		남북 사이의 화해와 불가침 및 교류·협력에 관한 합의서(남북 기본합의서)
3	1992년 1월 20일		한반도 비핵화 공동선언
4	1992년 2월 19일		남북 고위급 회담 분과위원회 구성 및 운영에 관한 합의서
5	1992년 3월 19일		남북 핵통제 공동위원회 구성 및 운영에 관한 합의서
6	1992년 5월 7일		남북 군사공동위원회 구성 및 운영에 관한 합의서
7	1992년 5월 7일		남북 연락사무소의 설치 및 운영에 관한 합의서
8	1992년 5월 7일		남북 교류협력공동위원회 구성 및 운영에 관한 합의서
9	1992년 9월 17일		남북화해공동위원회 구성 및 운영에 관한 합의서
10	1992년 9월 17일		남북 사이의 화해와 불가침 및 교류·협력에 관한 합의서의 제3장 남북교류협력의 이행과 준수를 위한 부속 합의서
11	1992년 9월 17일		남북 사이의 화해와 불가침 및 교류·협력에 관한 합의서의 제3장 남북교류협력의 이행과 준수를 위한 부속 합의서
12	1992년 9월 17일		남북 사이의 화해와 불가침 및 교류·협력에 관한 합의서의 제3장 남북교류협력의 이행과 준수를 위한 부속 합의서
13	1994년 6월 28일		남북 정상회담 개최를 위한 합의서
14	1994년 7월 2일		남북 정상회담 개최를 위한 실무절차 합의서
15	2000년 4월 8일	평양	남북 정상회담 개최 관련 합의서
16	2000년 5월 18일	판문점	2000년 4월 8일 남북 정상회담 관련 합의서 이행을 위한 실무절차 합의서
17	2000년 6월 15일	평양	6.15 남북공동선언
18	2000년 6월 30일	금강산	남북 이산가족방문단 교환과 면회소 설치운영 및 비전향장기수 송환에 관한 합의서
19	2000년 12월 16일	평양	남북 사이의 상사분쟁해결절차에 관한 합의서
20	2000년 12월 16일	평양	남북 사이의 소득에 대한 이중과제방지 합의서
21	2000년 12월 16일	평양	남북 사이의 청산결제에 관한 합의서
22	2000년 12월 16일	평양	남북 사이의 투자보장에 관한 합의서
23	2002년 8월 28일	금강산	부산아시아경기대회 북한선수단참가를 위한 남북실무접촉 합의서
24	2002년 8월 30일	서울	남북경제협력추진위원회 제2차 회의 합의문
25	2002년 9월 8일	금강산	제4차 남북적십자회담 합의서
26	2002년 9월 17일	금강산	남북 철도·도로 연결 공사 자재·장비 제공에 관한 합의서
27	2002년 9월 17일	금강산	남북 철도·도로 연결 실무협의회 제1차 회의 합의서
28	2002년 11월 9일	평양	남북경제협력추진위원회 제3차 회의 합의문
29	2003년 1월 22일	금강산	제3차 남북적십자실무접촉 합의서
30	2003년 1월 25일	평양	남북 철도·도로 연결 실무협의회 제2차 회의 합의서

31	2003년 1월 27일	판문점	동·서해지구 남북관리구역 임시도로 통행의 군사적 보장을 위한 잠정 합의서
32	2003년 5월 23일	평양	남북경제협력추진위원회 제5차 회의 합의문
33	2003년 6월 9일	개성	남북 철도·도로 연결 실무접촉 합의서
34	2003년 7월 4일	문산	남북 철도·도로 연결 실무협의회 제3차 회의 합의서
35	2003년 7월 31일	개성	남북경제협력제도 실무협의회 제2차 회의 합의서
36	2003년 8월 28일	서울	남북경제협력추진위원회 제6차 회의 합의문
37	2003년 10월 28일	개성	제7차 남북 철도·도로 연결 실무접촉 합의서
38	2003년 11월 8일	평양	남북경제협력추진위원회 제7차 회의 합의문
39	2003년 11월 21일	금강산	제2차 남북적십자회담 합의서
40	2003년 12월 5일	속초	제8차 남북 철도·도로 연결 실무접촉 합의서
41	2004년 3월 5일	서울	남북경제협력추진위원회 제8차 회의 합의문
42	2004년 6월 5일	평양	'남북해운합의서'의 이행과 준수를 위한 부속합의서
43	2005년 7월 12일	서울	남북경제협력추진위원회 제10차 회의 합의문
44	2005년 7월 27일	개성	남북수산협력실무협의회 제1차 회의 합의서
45	2005년 7월 30일	개성	남북 철도·도로 연결 실무협의회 제5차 회의 합의서
46	2005년 8월 5일	판문점	남북경제협력 이행에 관한 9개 합의
47	2005년 8월 19일	개성	남북농업협력위원회 제1차 회의 합의문

주: a. 북한과 KEDO(남한이 회원국으로 있는) 사이의 합의는 제외했고, 수많은 "공동언론발표"도 제외했음.
b. 서명일 또는 효력 발생일.

자료: 대한민국 통일부.[22]

남한 기업이 북한에 원자재를 수출하고 그다음 완제품이나 반제품을 수입하는 것이다. 이러한 형태의 무역은 북한에 새로운 일자리를 창출하고, 어느 정도의 기술 이전, 남한으로부터 북한에 대한 제법 큰 투자, 그리고 가장 중요한 것으로 남북 주민들 간의 직접적 접촉을 수반한다. 설립된 POC 공장의 대부분은 남한 기계를 사용하고 남한 관리자들을 두고 있다. 2003년까지 남한 기업들은 북한에서 신발, 침대, TV 세트 및 남성용 정장을 만들고 있다.[23]

또한 1990년대 중반 이후 서울에서는 '비거래적 무역(nontransactional trade)'

23 다음을 참고할 것. James W. Brooke, "Quietly, North Korea Opens Markets," *New York Times*, November 19, 2003, pp.W1, W7.

의 흐름이 증가하고 있는데, 이것은 KEDO의 원자로 프로젝트나 인도적 원조 같은 비상업적 제품의 교환을 의미한다. 비거래적 무역은 1995년에 시작되었고, 상업 무역과 거의 같은 수준까지 크게 증가했다. 전반적으로 이러한 거래 증가는 대한민국이 주도하고 북한이 수용한 프로그램 중 일부인데, 이는 남북 간 갈등 관리, 평화 유지, 재통일 촉진과 같은 이해관계에 대한 기능적 연계를 만들어내기 위한 것이었다(통일부, 2005).

남북 간 경제 거래에는 총액 면에서 중요한 한계가 있다. 평양은 외환 보유고 부족으로 대한민국에서 수입을 하고 싶은 만큼 할 수가 없는 상황이었고, 통제 경제와 북한의 절대적인 빈곤 때문에 남한 상품을 위한 자유 시장이 존재하지 않았기 때문이다. 북한이 경제학과 비즈니스를 공부하기 위해 해외에 보내는 주민의 수를 확대하고, 몇몇 중요한 경제개혁 법안을 통과시켰음에도 불구하고, 남한의 투자자들은 북한에 대한 투자의 안전성과 수익성에 대해 여전히 두려워하고 있다. 예컨대 2000년 11월 북한 당국은 그 당시 모든 남북 POC 무역의 90%를 수송하고 있는 항로였는데도(Y. S. Dong, 2001: 90~91), 남포항에 한성 선박 컨테이너선의 입항을 거부한 바 있다.

한편 문화적·사회적 교류 — 금강산 방문 및 이산가족 상봉 — 는 일각에서 기대했던 것만큼 획기적이지 않았다. 극적인 미디어 이벤트에도 불구하고 북한 주민과 남한 주민들 사이에서 진정한 기능적 연계로 간주될 수 있는 지속적인 연결 유형을 만들어내지 못했다. 1998년 11월에 시작된 금강산 관광사업은 북한으로 여행하는 남한 국민들의 수를 증가시켰지만 그것은 현대 그룹의 엄청난 금융 부담으로 이루어진 것이었고, 또한 남한 관광객과 북한 주민들 사이의 지속적인 상호작용도 허용하지 않았다. 마찬가지로 이산가족 상봉은 상징적으로 중요하며 감정적으로 심금을 울리고 있지만, 한 번의 짧은 만남뿐이고 향후 접촉을 위한 메커니즘도 고안하지 못했다. 현재 속도라면 이산가족 상봉 참가에 신청한 12만 2000여 명의 연로한 남한 주민들 대부분은 기회가 주어지기 전에 사망할 것이다. 이미 2만여 명은 사망했다(Foster-Carter, 2003).

무역의 총량이 늘어나고 그 수치도 갈수록 인상적이지만, 북한 경제에, 그리고 한반도 평화를 촉진하는 경제 교류의 측면에서 가장 큰 변화를 불러올 수 있는 분야는 바로 투자이다(Kim and Winters, 2004 참조). 남한의 햇볕 정책 시작과 동시에 북한은 1998년 헌법과 외부 경제협력에 초점을 맞춘 세 개의 법률을 개정 공포 ― 외국인 투자법, 합작법, 외국인 기업법 ― 했지만, 이들 외국인 투자에 대한 세금, 외환의 통제, 외국 은행의 역할, 토지 임대, 그리고 관세에 관한 외부 경제협력에 초점을 맞춘 법률은 북한의 국가 정체성을 뒷받침하는 주체사상 철학과 여러 가지로 조화되지 않는다(E. Y. J. Lee, 2000 참조). 또한 이것들이 남한 기업에 매력이 있는지도 의문이다. 예를 들면 북한은 현대가 자금을 조달해서 만든 북한의 비닐하우스는 현대가 아닌 북한 소유라고 하면서, 그곳에서 생산되는 농작물의 40%는 국가를 위해 사용되어야 한다고 주장하고 있다.[24] 한국개발연구원(KDI)의 조사에 따르면 2000년 또는 2001년 북한에서 사업을 시작한 672개 회사 중 171개 회사만이 2001년 11월 북한에 여전히 참여하고 있고, 응답한 115개 기업 중 1/3만이 이익을 내고 있다고 대답했다(Tait, 2003: 311).

남북 경제관계는 여러 측면에서 불명확한 상태이다. 북한에 새로운 개성 공단이 출범하는 경우 투자 분위기는 완전히 달라질 수 있을 것이다.[25] 그것은 이미 다수의 한국 중소기업으로부터 주목을 받고 있다. 양국 사이에 도로와 철도가 다시 연결 ― 김대중 대통령이 사실상 통일로 규정한 것 ― 된다면 무역 거래 비용을 줄일 수 있고, 남북한을 더 큰 거래 시스템 속으로 끼워 넣을 수 있다. 북한은 대외개방의 필요성을 인식하고 투자와 무역을 촉진하기 위한 법률 개정에 착수한 상태이다. 북한 경제를 활성화하거나 적어도 안정화시키는 데

24 다음을 참고할 것. Anthony Faiola, "A Crack in the Door in N. Korea," *Washington Post*, November 24, 2003, p.A10.

25 [옮긴이] 2014년 기준 123개 개성공단 입주 업체는 모두 흑자를 내고 있다.

필요한 자금의 원천이 될 가능성이 가장 높은 곳도 바로 남한이다.

폭발 직전의 핵 교착 상태에도 불구하고 남한의 관리자 및 감독자를 태운 버스는 매일 서울을 떠나서, 북한 노동자들과 함께 남한 시장에서 판매할 주방용품과 의류를 생산하는(이것들은 아직 북한에서는 팔리지 않는다), DMZ 북쪽의 개성공단으로 간다. 불과 몇 년 전까지만 하더라도 대부분의 현실주의자들이 가능성의 영역을 넘어선 것이라고 일축했던 일들이 지금 일어나고 있다. 원자재와 완제품이 한때 주요 침략 루트로 생각했던 길을 거쳐 지나가고 있는 중이다(Feffer, 2005). 이와 같은 '점진적인 실용적 협력에 의한 평화'는 분단된 한반도에서 정체성 차이에 대해 싸우는 것보다 함께 살아가는 방법을 제시하고 있다.

지역적 차원 및 4대 강국의 역할

동아시아에는 통일 한국의 위상과 관련해서 세 개의 주요 가능성이 있다(V. D. Cha, 1997). 첫째 전통적 견해는 통일 한국 정부가 이 지역의 주요 행위자가 될 것이며 미국의 영향력으로부터 좀 더 독립적이 될 것이라는 견해이다. 둘째 '무장 중립(armed neutrality)'이라는 견해는 통일 한국이 동북아시아 지역 경제에 단단히 얽혀 있는 관계로 특정 국가와 동맹을 맺지 않을 것으로 이해한다. 세 번째 가능성은, 통일 한국이 경제력 및 군사력에서 눈에 띄는 지역 대국이 될 것이라는 견해이다. 한국의 통일 가능성에 대한 중국, 일본, 러시아, 미국의 반응은 위 각 시나리오의 상대적 가능성에 따라 좌우될 것이다. 이러한 미래의 가능성들을 추정하는 데 어려움이 있음을 고려할 때, 4대 강국은 반드시 만일의 사태에 대비하는 전략을 준비하고 다채로운 과거와 역동적 현재에 기초해 한반도의 미래를 진단하는 시도를 해야만 한다.

중국의 역할

남쪽에 의한 흡수나 북쪽의 체제 붕괴로 한국이 통일될 것이라는 예상은 중국 외교 정책의 한 부분을 차지하게 되었다. 그러나 한국의 통일에 대한 중국의 입장은 결코 고정 불변이 아니며 국내, 동북아시아, 그리고 아마도 가장 중요한 미중관계의 상황을 포함해 세계정세가 어떻게 진화하느냐에 따라 얼마든지 변형될 수 있는 것임을 인식하는 것이 중요하다. 21세기 초 중국은 가공할 지역 강국으로 부상하고 있으며 현재는 양호한 외부 안보 환경을 누리고 있는 반면 모든 인접 국가의 안보 전략에 거대한 영향력을 미치고 있다. 4대 강국 중 중국만이 유일하게 남북한 모두와 원만한 포괄적 관계를 유지하고 있으며, 절제되고 보수적인 전술을 이용해 그것을 유지하고 있다.

관계 정상화 이전 중국의 한반도 정책 의도를 살피기 위해 서울이 사용한 리트머스 시험지는, 중국이 북한 스타일의 한국 통일과 한반도에 대한 평화와 안정(즉, 두 개 한국의 평화적 공존) 중 어느 것을 지지하느냐 정도였다. 1992년 공식 관계 정상화 결정이 있고 나서야 서울은 중국이 현상 유지를 선호한다는 것을 알게 되었다(V. D. Cha, 1999b). 적어도 2000년 남북 정상회담이 있기 전까지 평양은 자신들의 엄격한 통일 방안에 대한 베이징의 약간의 이견조차도, 그것이 행동이든 인식이든, 동맹의 방기(abandonment)와 사회주의의 배신으로 여기고 몹시 분개했다.

1993년 중국의 저명한 국제관계학자이자 상하이 국제문제 연구소(SIIS) 전직 소장이었던 첸치마오(陳啓懋)는, 한국의 통일 문제에 대한 중국의 입장을 다음과 같이 언급했다.

> 중국은 '하나의 국가, 하나의 민족; 두 개의 체제, 두 개의 정부' 원칙에 따른 김일성 주석의 고려연방제 통일 계획을 지지하고 있다. 중국 지도부는 이것이 북한과 중국의 전통적인 우호 관계 때문만이 아니라 이 정책이 현재 한국의 상황에 적합하며, 한국의 국익은 물론 지역의 평화와 안정을 지지한다고 생각하기 때문이다.

> 반면 극적인 변화는 — 그것은 매우 위험하고 갈등, 심지어 전쟁으로 변질되기 쉽다 — 한민족에 재앙이 될 것이다. 나아가 그것은 중국 안보뿐만 아니라 아시아 태평양 지역 전체 그리고 세계 안보까지 위협한다(Q. Chen, 1993a: 70).

중국은 김일성의 연방제 방안이 한반도의 평화와 안정을 위해 가장 바람직하고 실현 가능한 방법이라는 구실로 두 한국의 평화적 공존을 지지하고, 그 어떤 '극적인 변화(예컨대, 독일식 한국통일)'도 반대한다고 밝혔다. 이는 두 마리 토끼를 다 잡고 싶어 하는 중국의 염원을 시사한다. 중국의 한국 전문가들은 한국의 통일에 대해 상당 기간 현 상황이 유지될 수 있기를 희망하는 보수적인 경향이 있다(Y. H. Park, 1998). 중국이 북한 붕괴를 막고자하는 염원이 매우 강렬하다는 걸 쉽게 알 수 있는데, 이는 북한이 정말로 체제 붕괴에 임박할 경우 중국이 개입할 가능성이 크다는 것을 의미한다.

안보에 대한 베이징의 우려, 그리고 흡수통일 시나리오에 대한 베이징의 반대를 강화시키는 것은 바로 미국의 한반도 전략에 대한 중국의 인식이었다. 홍콩의 친중국 신문은 다음과 같이 말했다. "단도직입적으로 말하면 미국은 북한이 몰락하길 원한다. 그리고 이것은 사회주의 국가의 무난한 변화를 수행하기 위한 미국의 전략적 구성 요소 중 하나이다. 미국은 북한 말살 전략을 실행할 것이다. …… 서독이 동독을 집어삼킨 것처럼, 남한이 북한을 집어삼키는 것을 가능하게 하는 것을 목표로."[26] 그러나 1990년대 후반 미중관계가 개선되고, 특히 1997년 장쩌민 국가 주석이 미국을 국빈 방문하면서 한반도 상황을 바라보는 미국의 인식에 반대하던 중국의 입장도 진정되는 것처럼 보였다. 비록 중국의 강경파들은 미국의 한반도 친親통일 정책의 본질은 미국의 중

26 다음을 참고할 것. *Hsin Pao*(Hong Kong), April 8, 1994, p.24, in *FBIS-China*, April 12, 1994, pp.13~15; *Hsin Pao*, June 24, 1994, p.25, in *FBIS-China*, June 24, 1994, pp.7~8.

국을 향한 봉쇄 정책(containment)이라고 굳게 믿고 있지만 말이다.[27]

현상 유지를 원하는 베이징의 한반도 반통일 정책은 동북아시아 정치의 균형자(balancer)로서 중국의 영향력을 극대화하는 데 확실히 도움을 주고 있다. 그러나 한편 중국은 북한이 궁지에 몰려 저항하는 길 외에 방법이 없다고 판단하면, 적어도 지역 전쟁을 유발할 것을 진심으로 두려워하고 있다. 베이징은 평양이 독일식 흡수 통일에 굴복하느니 전쟁을 택할 것이라는 점에 대해 의심하지 않는다. 이러한 전쟁에서 핵무기가 사용된다면 그것은 중국 이외에도 북한과 남한에 더 큰 영향을 미칠 것이다(Eberstadt, 2004b: 434). 게다가 북한이 그야말로 붕괴한다 하더라도, 그것은 남한에 의한 즉각적인 흡수보다는 오히려 참혹한 내전을 유발할 가능성이 크다. 그 어떤 종류의 파괴적인 재통일 과정도, 그 어떤 새로운 종류의 한국전쟁도 중국에게는 유쾌하지 못하다. 바로 중국 경제에 대한 파급효과 때문이다. 동북아시아 정세의 불안정성에 대한 국제적인 우려는 중국으로 하여금 엄청난 재정 비용을 수반하게 할 것이고, 이로 인해 중국의 경제 대국 신화는 중단될지도 모른다(Eberstadt, 2004b: 447). 북한 경제가 급속하게 쇠퇴하는 대안 시나리오는 중국에 아무런 위안이 될 수 없다. 중국은 통일 한국의 이념적·전략 지정학적 결과에 두려워하기 때문에, 북한이 붕괴 위기에 처할 경우 베이징은 북한을 구하기 위해 개입할 지도 모른다. 개입의 방법으로는 한반도 북쪽에 전략적 방패를 유지하는 방법 또는 난민의 대규모 탈출을 차단하는 방법이 있을 수 있다.

설령 한국의 재통일이 평화적으로 도래할 것이라는 영웅적 가정을 받아들인다 해도, 따라서 내전의 점화도, 대규모 난민 탈출도 없다고 해도, 베이징은 여전히 서해에서 어업, 광물, 석유, 가스 매장과 관련한 광범위한 영토 분쟁에 대처해야만 하고, 이 중 일부는 이미 대한민국과 중국의 협상 의제로 올라와

27 [옮긴이] 미국이 한반도 친통일 정책을 유지하고 있다는 저자의 지적에 의문이 없는 건 아니니다. 이 책 451쪽 이하에 서술된 '미국의 역할'을 참고하라.

있다. 오늘날 중국의 안보 딜레마는 종족 민족주의적으로도 논쟁적일 뿐만 아니라 전략 지정학적으로도 얽혀 있다. 왜냐하면 8000만 명 이상의 소수민족(전체 중국 인구의 약 8%)이 전략적으로 민감하면서도 중국 영토의 64%를 차지하는 정치적 "자치" 지역에 거주하고 있기 때문이다. 중국은 비한족非漢族들이 살고 있는 신장, 내몽골, 티베트 지역 때문에 전전긍긍하고 있고, 이들의 민족 정체성이 불거져 나오는 것을 철저히 차단하고 있다. 민족주의로 똘똘 뭉친 통일 한국이 한중 경계 지역을 따라 또는 중국 북동부 지방에 대해 역사적 영토임을 주장한다면 과연 어떻게 할 것인가? 남한의 다물多勿[28]이라는 5만 명 이상의 회원을 가진 단체가 다음과 같은 주장을 하며 영토 회복 주장을 전개하고 있다. "만주는 우리 것이었지만, 빼앗겼다. [그리고] …… 아마도 언젠가는 우리의 영토가 될 것이다". 다물多勿의 행동은 이미 베이징의 강력한 항의를 불러일으켰고 서울은 그러한 행동을 억제해야 할 필요성이 있음을 인정했다(Kreisberg, 1996: 84~85).

새로운 통일 한국은 4대 강국에 대한 한국의 외교관계를 근본적으로 변화시키고 '지역에서의 권력 투쟁과 경제적 경쟁을 더 분명하고 격렬하게' 만들면서, 지역의 새로운 전략 지정학적 전망을 야기할 것이다(F. Wang, 1999: 181). 중국의 일부 분석가들은 한국에서 일어나고 있는 민족주의를 반세기 이전 일본의 민족주의와 비교하기도 한다. 한국은 "점차 고립주의와 민족주의의 과격한 특성을 드러내면서 일본을 따를 수도 있다. 한국 민족주의의 비이성적 격정의 오만함은 아직 엄밀히 검증되지 않았다. …… 따라서 사람들은, 만약 한반도가 더욱 강하고 부유한 국가로 통일된다면, 한국인들이 원하는 것이 무엇인지를 파악하기 매우 어려울 수도 있다는 점을 우려하고 있다"(F. Wang, 1999: 181).

그런데도 일부 중국 분석가들은 다양한 최종 단계 시나리오에 대한 몇 가지

28 [옮긴이] 다물(多勿)은 '되물린다', '되찾다', '되돌려놓다'라는 의미의 순우리말이다.

아이디어를 제시했다. 한 학자에 따르면 중국의 궁극적 관심사는 평양에서 누가 다음번 "위대한 지도자"가 되느냐가 아니라, "북한이 안정되고 우호적인 완충 국가로 남아 있을지 여부"라고 한다(X. Yi, 1995: 133). 어떤 시나리오는 붕괴된 북한에서, 미국 및/또는 남한으로부터 도움을 추구하는 세력과 중국으로부터 도움을 도모하는 또 다른 세력 간의 내분을 가정하기도 한다. 중국군 장교와 광범위한 인터뷰를 수행한 주중대사관의 전 무관 에릭 맥베이든(Eric McVadon)에 의하면, 만약 이러한 일이 발생할 경우 "베이징은 이러한 호소를 거절할 것이며, 워싱턴과 서울에게도 똑같이 거절하라고 촉구할 것이다. 만약 베이징의 쌍무적 촉구가 불충분하여 미국 및/또는 대한민국이 북한 내 당파적 요구에 응할 것으로 보이면, 중국은 미군과 대한민국군의 북한 개입 움직임을 저지하기 위해 유엔 안보리의 개입을 요청할 것"이라고 한다(McVadon, 1999: 287). 이러한 관점에서 보면, 김대중 대통령이 햇볕 정책을 내세워 북한을 해치거나 흡수하지 않겠다고 약속했을 때, 이 발언이 전략 지정학적으로 중국에게 얼마나 감미롭게 와 닿았을지는 자명하다.

결국 중국은 다음과 같은 세 가지 조건이라면 한국 재통일에 반대하지 않을 것이다. ① 점진적이고 평화적인 통일이어야 한다. ② 흡수에 의한 패권적 통일이 아닌 남북 간 협상에 의한 통일이어야 한다. ③ 통일 한국은 중국의 안보 또는 국익에 해가 되거나 위협이 되어서는 안 된다. "중국은 한반도의 평화적 통일을 위해, 그리고 통일 한국을 우호적인 친선국, 적어도 중립국으로 유지하기 위해 자신의 영향력을 행사할 것"이다(G. Zhao, 1997: 82). 게다가 통일 한국은 중국의 경제적·군사적 세력권 내로 이동할 것으로 예상된다. 중국은 미국과 일본의 지도를 단순하게 추종하지 않는 통일 한국의 외교 모형 개발을 도와야 한다(J. Cai, 1996: 200). 여기서 언급되지 않고 있는 것은 통일 한국이 사회주의 동맹국 안으로 편입되어야 한다는 이념적 또는 정체성과 관련한 원칙뿐이다. 반면 한국 통일에 우선하는 중국의 단일 최대의 과제는 중국 국내 정치의 안정성 유지 — 조화로운 '소강사회(小康社会)'의 성공적 확립 — 이다. 이는 궁극적·평화적·점진적으로, 그리고 외부 간섭 없이 달성되어야 할 목표로 오늘날 중국에서 정의되고 있다.

아마도 베이징이 이룬 최대의 공헌은, 북한은 주변 세력에 대해 거대한 문제를 야기하지도 않고 큰 싸움 없이 붕괴할 바나나 공화국이 아니라는 견해를 이해시켰다는 점이다. 중국은 북한에 외교적·경제적 지원을 제공할 뿐만 아니라 서울, 워싱턴, 도쿄에게 소용돌이, 혼란, 그리고 북한 체제 붕괴에 이은 대규모 난민 탈출에 대처하는 것보다는, 한반도에서 두 개의 한국의 평화적 공존을 촉진하는 것이 모두에게 이익이라는 점을 명확히 함으로써, 다른 어떤 갈등 지역보다 한반도 정세와 관련해 중요한 임무를 수행하고 있다. 이러한 체제 유지 시나리오는 더 나은 대안이 없는 지금, 하기에 따라 최선의 선택도 될 수 있고 최악도 될 수 있는 상황이다.

즉, 중국은 현재 한국 통일 전망과 관련해 기회라기보다는 커다란 위험으로 인식하고 있다. 한국이 통일된다는 것은 중국의 지정학적 완충지대인 북한이 사라진다는 것을 의미하고, 미국을 다루는 것을 포함해 포괄적 국익을 촉진하는 데 한반도 이슈의 활용이라는 유용성이 사라지는 것을 의미하기 때문이다. 또한 한국 통일은 한반도 및 세계 문제와 관련하여 베이징의 영향력을 감소시킬 것이고, 사회주의 국가인 북한이 하나 줄어들게 되어 더욱 반사회주의 세계에 둘러싸이는 것을 의미하게 될 것이고, 동북 지방으로 더 많은 난민이 쏟아져올 것이고, 한반도에서 미군이 철수하게 된다면 이는 일본의 재무장을 촉발할 것이다

러시아의 역할

소련 붕괴 후 러시아의 전략 지정학적 힘은 절대적·상대적 관점 모두에서 감소하고 있고 따라서 동북아시아 정세에서 러시아의 역할은 미미해졌다. 더욱이 다른 4대 강국과 비교했을 때 한국의 통일은 러시아에 훨씬 적은 문제를 야기할 것으로 보인다. 모스크바는 통일 한국으로 인한 정치적·군사적·경제

적 손실이 가장 적기 때문에 통일 한국에 대해 차분하게 앞날을 생각할 수 있다. 구심점이 없는 오늘날 세계의 세력 균형(balance of power) 차원에서 봤을 때, 중국이나 일본이 지배하는 약하고 분열된 한국보다 통일 한국이 러시아가 더 큰 해상 주도권을 갖게 되는 데 도움이 될 것이라 예상할 수 있다. 즉, 한국의 일본에 대한 역사적 증오와 중국에 대한 의구심은 한국으로 하여금 러시아와 더욱 긴밀한 관계를 구축하도록 유도할 것이다. 또한 주요 산업국가로서 통일 한국은 특히 에너지와 원자재 시장에서 러시아와 자연스러운 상호보완성을 추구하게 될 것이다(Rubinstein, 1997: 161~162).

그러나 러시아가 한국 통일을 지원한다는 것이 남한이 북한을 흡수하는 붕괴 시나리오를 지지한다는 뜻은 아니다. 북한 붕괴로 인한 흡수 통일은 러시아의 국경 안보와 지역 경제 발전에 유해하기 때문이다. 러시아 지도자들은 빈번하게 4대 강국 중 유일하게 러시아만이 한국의 '평화적' 통일을 지지하며 또한 러시아와 한국은 전쟁 경험이 없음을 강조하고 있다. 러시아의 저명한 한반도 전문가인 알렉산더 제빈(Alexander Zhebin, 러시아과학원 극동문제연구소 한국학 소장)에 따르면, 러시아가 한반도의 평화적 통일을 지지하는 것은 러시아의 경제적 이익과 불가분하게 연결되어 있다고 한다.

> 러시아 극동 지역의 안보는 한반도에서의 사태가 어떻게 전개되느냐에 달려 있다. 북미 군사 충돌이 발생하는 경우, 한국의 체르노빌(체르노빌 수준의 방사능 노출 사고가 나려면 남한의 원자력 발전소 최소 10개가 파괴되어야 한다)로 인한 방사성 구름과 한국 난민 행렬은 아마도 미국의 태평양 연안에는 도달하지 않겠지만, 러시아에는 확실히 도달할 것이다. 그리고 코소보 전쟁 중 베오그라드 중국 대사관이 폭격당한 것처럼, 어쩌면 이번에도 또 미국이 '철 지난' 지도 위에서 크루즈 미사일의 표적을 찾을지도 모른다. 러시아 안보에 직접적 위협이 될 수 있는 군사적 옵션은 모스크바로서는 받아들일 수 없다. …… 또한 한반도에서의 군사적 충돌은 러시아 극동 프로젝트의 일환인 석유, 가스, 운송 및 기타 극동의

사회경제적 발전 계획을 산산조각낼지도 모른다(Zhebin, 2005: 148).

1990년대 초반 러시아의 한반도 외교는 한반도의 통일을 지원한다는 것으로 표현되었지만, 좀 더 솔직하게 말하면 그 당시 크렘린은 북한의 붕괴를 기대하고 있었을지도 모른다. 모스크바가 평양과의 관계를 격하시켰다는 것은 러시아가 북한에 대해 중재 역할을 할 충분한 영향력이 없음을 의미했다. 1990년대 중반 유명한 몇몇 러시아 공산주의자들이 북한 지도부의 초청으로 북한을 방문했는데, 이들은 김정일에 대해 경의를 표했다. 북한 지도자들은 방문객들에게 고르바초프가 '잘못된 방법을 선택'하도록 부추긴 것이 무엇인지 반복해서 물었고, '고르바초프와 그의 수하들이 고의적으로 사회주의 체제와 위대한 러시아를 파괴하는 대역죄大逆罪'를 저질렀다는 자신들의 의견을 피력했다(The DPRK Report, NAPSNET, No.10, p.1).

1990년대 중반 이후 러시아 지도자들은 한반도 분쟁 해결에 있어서 러시아의 역할을 강화하기 위해 남한 및 북한 지도자들과 양자회담을 활용했다. 김대중 대통령은 1999년 5월 모스크바 방문에서 이 역할을 지지했고, 옐친 대통령도 남북 간 접촉 확대에 대한 지지 의사를 재차 표명했다(Wishnick, 2004). 러시아는 2000년 6월의 깜짝 남북 정상회담을 환영했다. 일부 러시아 분석가들 사이에서는 평양이 정상회담을 통해 미국의 양보를 기대한다는 추측도 있었지만,[29] 그럼에도 남북 정상회담은 중대 약진이라며 찬사를 보냈다. 또한 한반도와 관련한 러시아의 실질적 이해관계는 베이징, 도쿄, 그리고 워싱턴에 대하여 자신들의 정치적·외교적 명성을 강화하고자 하는 염원이라는 외부 분석가들의 추측도 있다(Eberstadt, 2004b: 430).

러시아는 일반적으로 김대중 대통령의 햇볕 정책에 강력한 지지를 표명했다. 분석가들은 이를 북한 정권이 통일에 대해 더 편안하게 느끼도록 북한의

29 다음을 참고할 것. The DPRK Report, NAPSNET, April, 2000, No.23, p.2.

외부 환경을 개선하는 수단으로 이해했다. 이들 러시아 분석가들은 북한이 개혁에 착수한다면, 대외 원조, 투자, 기술 지원 및 다른 기회를 통해 빠른 성과를 거둘 수 있을 것이라 믿고 있다(The DPRK Report, NAPSNET, May, 1998, No.12, p.6). 중국과 베트남은 이 점에서 평양의 자극제 역할을 할 것이다. 러시아 한국 연구자들의 결론은, 김정일 정권은 굳건하게 권력을 유지할 것이지만, 지속적인 경제 위기, 혁명 후 세대의 분열, 해외 정보 유입 증가 등의 문제는 언젠가는 터질 시한폭탄이라 보고 있다. 급격한 통일은 바람직하지 않기 때문에 러시아는 국제사회가 두 국가의 장기적 공존을 고려해야 한다고 믿는다. 또한 러시아는 제재의 부담 아래에 고립된 국가보다는, 오히려 상대적으로 안전이 보장되고 자신감 있는 북한이 대화와 개혁을 위한 협력자가 될 수 있다고 생각한다(Torkunov, 2003: 46). 남한 당국자는 이와 동일한 이유로 2000년 새로운 북러 조약의 조인을 지원했고, 그리고 그것은 한러 양국 관계에 아무런 악영향을 미치지 않을 것이라고 언급했다(Wishnick, 2004).

안보 측면에서는 일본 또는 중국이 통일 한국에서 우세한 지위를 달성할 가능성에 대해 걱정하지 않는다. 이것이 어쩌면 모스크바가 통일 협상에서 중재자가 되는 데 관심을 보이는 이유인지도 모른다. 실제 러시아는 통일 한국을 일본 또는 중국이라는 잠재적 위협에 대항하기 위한 세력으로 볼 가능성이 있다. 그러나 이러한 맥락이라면, 러시아는 아마도 한국의 통일이 일본의 무장강화, 심지어 일본의 핵무장을 초래할 것이라는 점을 걱정해야 할지도 모른다. 통일 한국이 일본의 핵 무력에 대비한 보장책으로 러시아와 동맹 – 사실상 핵우산 – 을 맺을지도 모른다는 안보 딜레마 가능성이 한일 사이에 존재하지만, 그러나 이는 지역 내에서 적대감을 고조시키는 결과만 낳을 것이다. 이러한 시나리오를 피하기 위해 4대 강국이 통일 한국의 독립성과 통일성을 보장하는 국제 협정을 체결하자는 조정안이 제시되고 있는 상황이다(S. H. Joo, 2003). 그러나 이러한 조정안은 보증인들 사이의 세력균형 및 미심쩍은 집단안보 메커니즘에 의존하게 될 가능성이 크다.

러시아는 대한민국이나 미국이 북한의 행동을 바꾸려고 노력하거나 북한의 붕괴를 도모하는 것에 반대하면서, 장기적으로 두 개의 한국이 평화적 공존을 추구하는 점진적 과정으로서의 한국 통일을 지지한다. 이런 과정을 거친 후에, 서울과 평양이 대등한 입장에서 협상하는 평화적 방법에 의해 한국의 통일은 달성될 수 있을 것이다(S. H. Joo, 2003). 김정일과 푸틴의 2000년 7월 정상회담 이후 푸틴 대통령은, 통일은 평화와 안정의 분위기 속에서 2000년 6월 공동선언을 기반으로 하여 진행되어야 한다고 언급했다. 러시아는 일관되게 한반도의 통일을 촉진하면서, 북한이 부당하게 러시아를 이용하려는 시도를 눈감아 주고 있다. 북한은 틀림없이 모스크바에 진 40억 달러의 빚을 탕감받으려 할 것이고, 소련 시절 건설한 산업 시설의 현대화를 위해 러시아의 지원을 끌어내려 할 것이다.[30] 그리고 북한은 서울과 통일 협상을 내세워 좋은 조건으로 러시아제 무기를 획득하려 할 것이다.

일본의 역할

일본은 적절한 국가 정체성과 역할을 추구하며 불가사의한 경제력을 유지하고 있다. 일본은 한국 통일의 결과에 엄청난 이해관계를 갖고 있으면서도, 역사적인 민족 정체성 문제로 인해 일본이 할 수 있는 역할은 제한되어 있다. 통일 한국이 그들의 정치·경제 시스템, 전략적 선택과 입장 그리고 주요 지역 및 세계 강국 — 특히 중국과 미국 — 과 관계에서 어떠한 태도를 취하든, 일본의 안보와 번영에 영향을 미칠 것이다. 이 때문에 일본은 한국 통일과 관련해 야누스적 접근을 하고 있다. 리처드 할로란(Richard Halloran)이 말한 대로, "도쿄는 통일을 지지하는 척하지만, 그것은 '다테마에' 또는 겉모습일 뿐이다. '혼네'

30 [옮긴이] 북한은 결국 2014년 5월 5일 러시아로부터 약 100억 달러(10조 3000억)의 채무를 탕감받았다. 다음을 참고할 것. "푸틴이 북한 채무 100억 달러를 탕감해준 이유", ≪조선일보≫, 온라인판, 2014년 5월 6일 자.

또는 실제로 한국 통일을 보고 싶어 하는 일본인은 거의 없다. 그것을 공공연하게 말하는 것이 정치적으로 정당하지 못한 것이지만 말이다"(Halloran, 1997: 216).

일본 정부는 1950년대와 1960년대를 관통하여 한국 통일에 차라리 무관심했다. 그러나 1970년대 이후 부득이 한반도의 현상 유지를 지지하기 시작했고, 이러한 입장은 그 당시 미국의 정책과 거의 일치하는 것이었다. 과거 식민지 시절 악행과 관련한 일본의 죄책감과 한국인의 한恨(진정되지 않는 원한)이 결합하여, 남북관계에 대해 도쿄는 비교적 무난하고 수동적 입장을 취할 수밖에 없었다. 일본의 한반도 전문가를 대상으로 한 1995년 조사에서는 1/3 이상이 한반도 통일에 대해 반대했다. 이는 중국의 한반도 전문가들의 반대 비율보다 더 큰 수치이다(Y. S. Lee, 1995: 13). 일본의 대중 여론은 한국의 통일은 가능할 것 같지 않다거나(1990년대 중반 한 조사에서는 응답자의 37%가 10년 또는 그 이후의 일일 것이라고 응답했다) 또는 완전히 불가능하다는 의견(응답자의 28%)이다.[31]

또한 일본이 어떤 유형의 레버리지를 통해 한반도 미래에 관여하게 될지도 불분명하다. 일본은 최근 경제 정책과 원조 정책을 한반도 발전과 결부시키기 위해 노력했지만, 그럼에도 도쿄는 가령, 남북 대화 과정, 남북 교역의 급성장, 한반도의 군비 통제 및 해체, 평화조약 체결 등 통일 문제의 핵심에 대해 거의 아무런 역할을 하지 못하고 있다(Yamaji, 2004).

그러나 한반도의 지속적인 불확실성, 북미 핵 대결과 관련한 지지부진한 의문, 남한에서의 반미 감정(정확하게는 반부시 감정) 확산, 그리고 일본의 우경화 가속과 함께 도쿄는 남북 문제에 대해 좀 더 적극적 자세를 취하도록 압박받을 것이 거의 확실하다. 이것은 안보 영역에 특히 적용될 것인데, 이는 '시빌리

31 다음을 참고할 것. *The White Paper of National Opinion Survey for Korea, Japan, and China*(Seoul: KBS & Yonsei University, 1996), p.435.

언 파워(civilian power)'라는 일본의 자아상에 의문을 제기할 것이고, 이것이 한국의 통일에 대한 일본의 역할에 영향을 미칠 것이다.[32] 이것은 경제 영역에서도 또한 적용될 것이다. 일본인들은 남북 교역의 강도와 수준에 상당히 놀라고 있고, 서울은 도쿄를 앞질러 평양의 두 번째 교역 상대국으로 부상하고 있다.

역사적 굴레로부터 파생된 한일 사이의 적대감은 통일 한국에 대한 일본의 역할과 관련해 광범위한 전망을 낳고 있다. TV 해설자이자, 작가이자, 자칭 '국제주의자'이면서 다소 극단적인 면을 보여주고 있는 다케무라 겐이치(竹村健一)는 1990년 한국 통일이 초래할 비관적이고 현실적인 예언을 다음과 같이 단호하게 주장했다. "한국이 통일된다면 한국의 일본 전면 침략은 불가피하다. …… 따라서 한반도는 지금처럼 분단을 유지하면서 경제적으로 북한을 지원하는 것이 일본에는 최선의 이익이다[*Far Eastern Economic Review* (Hong Kong), 1991.1.31, p.31에서 재인용]." 비록 역사적으로 일본에 대한 침략은 한국이 아니라 중국이 한 것이지만, 다케무라 겐이치는 '한국은 일본의 심장을 겨누는 비수'라는 오래된 전략적 격언을 분명하게 고취시키고 있다.

스펙트럼의 또 다른 극단에 있는 빅터 차는, 통일 한국은 미국의 영향력으로부터 더욱 독립적이 될 것이며, 한중관계는 더욱 강화될 것이며, 또한 일본을 향해 부정적 감정을 발산할 것이라는 '일반 통념'을 반박한다. 빅터 차의 '유사동맹' 이론에 따르면, 미군 주둔의 감소 및 통일의 경제적 기초 여건에 대응하기 위한 한일 안보 협력의 긴급성 때문에, 한국 통일로 인해 한일관계는 급속하게 개선되고 한중관계는 빠르게 악화될 것이라고 주장한다(V. D. Cha, 1997: 82~86; 2000a). 일본 방위대학교 총장 니시하라 마사시(西原正)는 "일본은 도쿄와 워싱턴에 우호적인 통일 한국, 경제적으로 실현가능하고 정치적으로 개방된 통일 한국, 그리고 형식적 수준의 미군 유지를 허용하는 통일 한국을

32 '시빌리언 파워'로서 일본에 대해서는 Funabashi(1991/92) 참고.

도모하고 있다"라고 주장한다(Armacost and Pyle, 2001: 126에서 재인용).

일반적으로 한국 통일에 대한 일본의 정책은 유동적이며 경로 의존적인 것으로 보인다. 예컨대, 한국의 통일 그리고 북한의 핵무기와 미사일 위협에 대한 두려움이 결합하여 일본은 1990년대 후반부터 남북관계의 흐름을 예의 주시하기 시작했다. 오늘날 일본 내 북한 붕괴론자들은 흡수 통일 시나리오를 지지하는 반면, 체제 유지론자들은 컨센서스 방식에 의한 통일을 옹호하고 있다(T. Y. Paek, 1999). 변화무쌍한 국제 환경 속에서 이 두 견해는 상호작용할 것이고, 그 과정에서 한국 통일에 대한 일본인들의 지배적인 견해가 나타날 것이다. 만약 통일 한국이 일본과 민주적·경제적 체제를 공유한다면, 장기적으로 안정적 양자관계를 지탱하는 데 도움이 될 것이고, 현실적 방법으로 양국 간 갈등을 해결하는 데에도 도움이 될 것이다. 나아가 양국 간 경제적·문화적 교류협력 확대를 위한 신뢰 구축에 큰 도움이 될 것이다. 일본은, 예컨대 중거리 탄도 미사일, 장거리 폭격기, 외양해군外洋海軍의 능력, 무엇보다도 핵무기처럼 일본을 위협하는 공격 무기를 보유한 통일 한국을 절대 원치 않는다. 통일 한국이 이와 같은 무기를 보유한다면 일본은 이를 잠재적 위협으로 간주하고 예방적 대응조치를 취할 수 있다. 어쨌든 1991~1992년 대한민국 『국방백서』에서는 일본을 가상의 적으로 규정했고, 1995년 2월 독도/다케시마 문제가 표면화되었을 때 서울은 위 제도 근해에서 군사 훈련을 실시했다. 그러나 한국의 통일은 동북아시아의 주요 불안 요인을 없애는 것이고, 그 결과 평화와 안정에 기여하게 될 것이다(Okonogi, 2000: 129). 남한 국민은 일본이 한국 통일에 도움이 될 것이라고는 믿지 않는다. 1990년대 중반의 조사에서 한국인 응답자 79.5%가 일본은 암묵적으로 한국의 통일을 방해한다고 믿고 있었고, 5.7%만이 통일을 강하게 지지할 것이라고 믿었다(T. Y. Paek, 1999: 43~44).

바람직한 통일 한국을 달성하기 위한 최선의 정책적 접근 방식은 통일 이전, 도중, 이후에 한미일 간 긴밀한 3각 정책 공조를 유지하는 것이다(Yamaji, 2004). 결국 통일 이후 한국의 방위 태세는 한국이 무엇을 위협으로 인식하느냐에 따라 영향을 받을 것인데, 그것은 통일 이후의 국제 정세를 알지 못하는 상황에서 예측하기 쉽지 않다. 그러나 위협 인식은 선입견으로 인해 영향받을 가능성이 있고, 한국의 일본에 대한 역사적인 두려움과 반감을 감안할 때 이것이 통일 한국과 일본의 관계에 좋은 징조는 아니다.

일본 최고의 한국 전문가 오코노기 마사오(小此木政夫)는, 통일 한국에서 극단적 반일 민족주의가 대두되는 것을 일본인들은 우려한다고 주장한다. 통일 한국은 일본에 대항하기 위해 중국에 의존할 가능성을 부정할 수 없다. 1995년 11월 김영삼 대통령과 장쩌민 주석이 정상회담에서 함께 일본을 비판하는 입장을 취한 이후, 한중 연대 가능성이 일본과 한국 언론에 보도된 바 있다(Okonogi, 2000: 129). 마찬가지로 일본의 교과서에 대한 중국과 한국의 반대도 도쿄가 이러한 우려를 하는 하나의 원인이었다.

또한 일본은 통일을 계기로 북한 난민의 유입 가능성을 우려하고 있다. 현재 일본은 난민을 거의 수용하지 않고 유엔을 통한 지원에만 집중하고 있다. 최근 일본 정부는 일본 시민 '열두 명' — 북한에서 중국으로 탈출하여 일본으로 돌아가길 원하는 북한 국적의 일본인 배우자 — 을 보호하고 있으면서도, 중국 측 입장을 고려하여 그 활동에 대해 침묵을 유지했는데, 이는 실질적으로 1986년 북중 송환협정의 위반이다. 공식적으로 일본 정부는 정치적 망명 희망자를 받아들이지 않으며, 따라서 난민 지위를 신청하기 위해 일본에 오려는 사람들에게 여행 허가서를 발행해주지 않는다(Samuels, 2004: 327). 따라서 갑자기 북한 '보트 피플'이 쇄도하거나 또는 북한 주민들이 이주를 목적으로 느닷없이 일본계 후손임을 주장하는 경우, 일본이 어떻게 대처할 것인지 명확하지 않다.

한국 통일과 관련하여 일본이 직면하고 있는 불확실성 때문에 일본은 한국 통일 문제에 대해 명확한 입장을 취하지 못하고 있고, 이 때문에 한국에서는 일본이 한국 통일에 반대한다는 것이 통념으로 굳어지고 있다. 북한이라는 위협 제거, 지역 통합 촉진, 북한 근대화를 위한 새로운 투자 기회 제공 등 통일 한국을 통해 얻을 것이 많이 있지만, 일본은 민족 정체성의 충돌 및 일본을 배제한 중국과 한국의 통합 가능성에 대해 우려한다. 하필 지금 일본은 북한과의 무역 쇠퇴로 인해 대북 영향력을 상실한 상황이고, 따라서 한국의 통일 담론에 참여할 수 있는 중요한 요소를 잃은 상태이다. 그러나 일본의 원조는 한국의 통일 과정에 매우 커다란 역할을 할 가능성이 있으며, 남북 대화를 촉진하고 자극하는 역할까지도 할 수 있을 것이다. 따라서 일본인도 한국인도, 한반도 통일에 있어서 도쿄의 선제적 역할 가능성을 경시해서는 안 된다. 그러나 그러한 역할을 창출하기 위해서는 한일 및 북일관계 모두를 괴롭히는, 그 결과 통일 한국과 일본 사이의 관계를 괴롭힐 과거 민족 정체성 문제를 극복하려는 엄중한 노력이 반드시 수반되어야 할 것이다.

미국의 역할

한국의 통일에 관한 미국의 역할을 고찰할 때, 해리슨의 주장을 음미해볼 가치가 있다. 즉, "북한도 그렇지만 남한에서도 한반도 분열의 주요 책임자가 미국이라는 믿음이 있다. 그러므로 미국은 민족 통합의 회복을 도와줄 특별한 책임이 있다고 할 수 있다"(Harrison, 2002: 102). 미국 정책 결정자 사이에 영구적 분단에 대한 죄책감이 있는지는 불분명하지만, 그럼에도 1990년대 중반 중국, 일본, 러시아, 미국의 동북아시아 전문가를 상대로 한 조사에서 한국 통일을 가장 많이 지지하는 나라는 미국인 것으로 나타났다(Y. S. Lee, 1995: 13). 어쨌든 분명한 것은, 미국은 한반도 통일을 촉진하거나 방해할 수 있는 힘이 있다는 점이다. 그러나 미국에서 활동하는 전문가들의 위와 같은 입장에도 불구하고, 미국 정부는 한반도 통일에 대해 명확한 입장을 취한 적도 없고, 추구한 적도 없다.

기나긴 냉전 시대에 미국의 지배적인 관심과 목표는 무력으로 한반도 통일을 달성하려는 김일성의 '과대 망상'을 저지하는 것이었다. 그러나 양극 질서의 소멸과 함께 통일 가능성이 한층 더 커진 것처럼 보이면서 정세는 복잡해졌다. 냉전의 상대적 단순성과 비교했을 때 탈냉전 이후 북한의 행동은 더욱 복잡해졌다. 대량살상무기 개발이나 내부 붕괴 또는 외부 폭발 위협 같은 더 까다롭고 다면적인 과제와 함께 워싱턴에 맞서고 있기 때문이다. 이제 한국에 대한 미국의 관심은 공산주의 봉쇄에서 지역 및 한반도 평화와 안정으로 그 초점이 이동했다. 그런데 이는 아이러니하게도 탈냉전기의 미국이 한국 분쟁 해결의 '정직한 브로커'라는 다소 이례적인 역할을 맡은 것처럼 보이게 만들었다. 한반도 통일에 대한 확고한 입장을 취하지도 않고, 남한과 동맹을 종료하지도 않고, 한반도에서 그들의 군대를 제거하지도 않고, 북한과 관계를 정상화하지 않고도 말이다.

한국 통일에 대한 명시적인 미국의 정책은 존재하지 않는다. 뭉개기 전략(muddling through) — 재앙은 피하고 싶지만 그것을 예방하기 위해서 오직 제한된 조치만 취하는 — 이 북한 문제에 대한 미국의 반복되는 레퍼토리이다. 따라서 미국의 대북 정책 변화가 한국 통일에 대한 미국의 정책을 은연 중에 이해할 수 있는 일종의 대용물 역할을 한다고 볼 수 있다.

미국의 전통적인 공식 정책은 한민족이 수용할 수 있는 조건하에서 한반도의 평화 통일을 지지하는 것이다. 1990년대 내내 미 정부 고위 당국자는, "미국의 정책은 동북아 지역 안정과 한국인들의 민족 통일을 향한 진전을 촉진하기 위한 핵심 기여자로서 한반도에 항구적 평화를 구축하는 것이다"라고 강조했다(Drennan, 1998b: 167~168에서 재인용). 그러나 1990년대 초반 한국전쟁 이후 처음으로 (그리고 특히 독일 통일을 계기로), 한반도는 남한에 의한 흡수 통일이 불가피하다는 줏대 없는 주장까지도 미국에서 들려왔고 심지어 이는 유행처럼 번졌다. 서울과 워싱턴의 많은 전문가는 북한이 곧 붕괴할 것이라고 예측했는데 이런 경향은 1994년 7월 김일성 사망을 계기로 더욱 강화되었다(McDevitt, 2001: 256; Noland, 2004b: 12~19). 클린턴 행정부는 북한 붕괴라는 막연한 환상에 취해 1994년 제네바 합의에 서명했다. 제네바 합의를 이행하는 데에, 특히 45억 달러에 이르는 경수로 부품을 제공하는 데에 국내 정치적 어려움이 있을 것이 뻔한 상황이었음에도 말이다. 이렇게 북한 붕괴에 따른 한반도 통일을 기대하는 국면은 1994년부터 1998년까지 지속되었고, 1998년 북한이 미사일을 발사하고 나서야 미국은 대북 정책에 대한 새로운 구상을 내놓기 시작했다.

탈냉전 이후 통일을 향한 첫 번째 국면과 관련한 유명한 저작은 에버슈타트의 『북한의 종말(The End of North Korea)』이다(Eberstadt, 1999). 이전 저작에서 에버슈타트는 북한이 대량살상무기를 축적하고 있지만 경제 악화가 진행되고 있기 때문에 곧 자체 붕괴될 것이라고 주장했다. 그는 독일 통일 사례와 같은 급격한 통일이 경제성장을 자극하고, 지역적 긴장을 완화시킬 것이라고 주장하면서 급격한 통일을 호소했다. 그는 서방 정부는 중국과 러시아 정부를 불쾌하게 하는 것을 감수하고서라도 평양을 응석받이로 대하는 것을 중단할 필요가 있다고 주장했다. 또한 미국 정부에 통일 한국에 대한 안전보장을 요구했고, 일본에는 그 재정 부담을 보장할 것을 요구했다(Eberstadt, 1997). 그러나 다른 사람들은 에버슈타트의 붕괴와 통일에 대한 이중낙관론에 반대했다. 이들은 북한이 비틀거릴지언정 붕괴되지 않고 오랫동안 지속될 것이며, 또한 북한 붕괴에 의한 통일이 되는 경우에 서울은 10년에서 25년간 1조 달러가 넘는 비용을 치를 가능성이 크다고 역설했다(Noland, 1997).

최근 저서에서 에버슈타트는 자신의 태도를 바꾸었다. 그는 이제 "북한의 붕괴를 예측하는 것은 지금 고려 중인 현상의 엄청난 복잡성, 인간이 중심이 된 독립적이고 예측 불가능한 속성, 그리고 정보의 비대칭성으로 인해 궁극적으로 해결할 수 없는 문제"라며, 북한의 붕괴를 예측하는 노력을 "예술의 영역(realm of art)"에 맡긴다고 시인했다(Eberstadt, 2004a: 24). 에버슈타트는 이 책에서 제안한 것과 유사한 시나리오 형성(scenario building) 접근 방법을 시사하고 있다(Eberstadt, 2004b: 429).

에버슈타트류의 붕괴론자들이 깨닫지 못한 것 중 하나는 김일성의 죽음이 실제 더 안정된 북한을 만들었을지도 모른다는 사실이다. 김정일의 북한은 남한의 흡수를 포함한 통일의 꿈을 꾸었던 그의 아버지의 북한과 다르다. 불리

체프의 말을 빌리면, "김정일은 …… 네로도 루이 14세도 아니다. 그는 후대를 생각하며, 나라가 제 자리를 유지하기 바란다. 그러나 그는 변화하지 않고는 그것이 불가능하다는 것도 알고 있다"(Bulychev, 2005). 이러한 맥락에서 정권 자체의 교체보다는 정권의 전략적 패러다임의 변화가, 북한의 미래에 대한 광범위한 우려를 해결하는 데에 더욱 적절해 보인다.

1998년 북한이 미사일 실험을 강행하자 비로소 미국은 북한과 북한의 미래에 대한 논의가 필요하다는 점을 인식했다. 이에 따라 1999년 10월 페리 보고서가 발표되었는데, 이는 미국의 한반도 통일 정책과 관련하여 두 번째 국면이 시작되는 것을 의미했다. 페리 보고서는 제네바 합의의 중요성에 주목하여 억지(deterrence)와 동시에 단계별 포괄적인 포용(step-by-step comprehensive engagement) 및 관계 정상화라는 투 트랙 접근을 요구했다. 단명한 이 두 번째 단계는 적극적인 포용 정책 중 하나였다. 이 단계에서 미국은 서울-평양 간 통일 협상을 촉진시킬 수 있는 몇 가지 문제 — 관계 정상화 및 안보 문제 — 를 흔쾌히 논의할 것처럼 보였다. 이 억지-플러스 정책의 논리는 북한 체제를 떠받치는 것도 아니요, 붕괴를 꾀하는 것도 아니다. 대신 단순한 억지(deterrence)를 넘어 대화 및 신뢰 구축 프로세스를 추진하는 것이다. 억지-플러스 정책과 함께 미국은 남북 간 정세 관리에 대해 수동적 태도에서 보다 적극적인 역할로 변화했다.

이 기간에 통일에 대해서 미국과 대한민국 사이에 입장 조정이 있었다. 주한미군의 존재를 인정하고 나아가 미군은 남북이 통일된 이후에도 계속 주둔해야 한다는 김대중 대통령의 수차례 공개 선언은 한미 간 결연한 신뢰, 의지, 공약의 상징이었다. 김대중 대통령은 다음과 같이 설명했다. "한반도와 일본에 주둔하는 미군은 한반도뿐만 아니라 동북아시아의 평화와 세력 균형 유지에 결정적이다."[33] 이에 대한 미국의 공식 반응은 다음과 같았다.

---

33 1998년 3월 16일, 제54회 육군사관학교 졸업식 김대중 대통령 축사. http://www.blue

> 미국은 한미 동맹의 중요성과 한반도 통일 이후에도 미군 존재의 필요성을 확인하는 대한민국 김대중 대통령의 공식 성명을 환영한다. 미국은, 북한이 더 이상 위협적 존재가 아니라 해도 미국의 동맹국과 주둔군은 한반도와 지역 안정을 지속적으로 뒷받침할 것이라는 점에 강력하게 동의한다.[34]

동시에 남한과 미국의 정보 당국 사이에, 북한이 어떻게든 향후 최소 15년은 버틸 것이라는 데에 의견이 일치했다.

미국의 한반도 통일 정책과 관련한 세 번째 국면은 부시 행정부가 조심스럽게 시작한 레짐 체인지(정권 교체) 유도 정책이었다. 세계 재편을 목표로 하는 네오콘들은 선제 행동 – 일방적이든 집단적이든 – 을 부추기고 있는데, 이는 레짐 체인지를 촉발하고, 북한을 해체하고, 그 결과 미국 지도하에서 새로운 통일 한국의 탄생을 목표로 하는 것이다(Olsen, 2003: 87).[35] 그러나 이라크에서 수월하게 레짐 체인지를 이행하는 데 실패한 것이 이와 같은 악성 정책(virulent policy)을 늦추는 데에 공헌했다. 사실 이 세 번째 단계는 북미 초기 단계의 뭉개기 전략과 닮았다. 미국은 핵 위기를 다루기 위한 임시방편으로 남

---

house.go.kr/engpdown/031717485480316--1

34 다음을 참고할 것. U.S. Department of Defense, Office of International Security Affairs, *United States Security Strategy for the East Asia-Pacific Region 1998*(Washington, DC: U.S. Department of Defense, Nov. 1998), p.62.

35 북한과 한반도 통일에 대해서 좀 더 적극적 정책을 공개 요구하는 것으로는 다음을 참고할 것. Michael Judge, "North Korea's Dr. Evil," *Wall Street Journal*, October 15, 2002; "Pyongyang's Nuclear Blackmail," *Wall Street Journal*, October 18, 2002; Chuck Downs, "Kim Jong-il: Unfit Even for Dictatorship," *Wall Street Journal*, October 21, 2002; Bill Gertz, "Lawmakers Ask Bush to End Accord," *Washington Times*, October 31, 2002; "Kim Jong-il's Sunset," *Far Eastern Economic Review*, November 7, 2002; James T. Hackett, "North Korea Ripe for Change," *Washington Times*, December 2, 2002.

북 화해를 추진하는 데 만족하는 듯하다. 미국은 그러다가 장기적인 현상 유지로 후퇴하는 평화 프로세스를 원하기도 하고, 그러다가 언젠가 남북공존이 가능할 수 있도록, 나아가 화해와 통일로 이어질 수 있는 제한 없는 교섭을 원하기도 한다. 바꿔 말하면, 미국은 한반도의 평화 프로세스가 여전히 느린 협상 경로를 유지하는 데 매우 만족한다. 그리고 미국은 매번 기회가 있을 때마다 용의주도하게 질질 끌면서 점진주의를 조장할 가능성이 있다. 미국의 이러한 마지못한 태도는 북한이라는 적을 유지함으로써 현대 미국의 정책적 목표를 지원하고 있는데, 이는 한반도에 배치된 미군의 유지와 NMD/TMD 시스템을 구축하기 위한 논리적 근거를 제공하고 있다(Olsen, 2003: 88~89).

이러한 미국의 뭉개기 전략은 모험적이지만 무력 충돌을 통한 붕괴로 이어질 수 있는 레짐 체인지보다는 확실히 뛰어난 전략이다. 붕괴 시나리오를 통해 통일을 촉진하는 방법은 위험하다. 왜냐하면 그것은 필연적으로 대한민국 국군으로 하여금 행정, 강화講和, 북한 재건에 핵심 역할을 하게 할 것이고, 이는 남한에서 민주주의로 전환한 이후에 하지 않았던 정치적 역할 속으로 군을 밀어 넣는 것이기 때문이다. 북한 붕괴의 결과로 나타날 수 있는 진짜 가능성은 불안정한 통일 한국, 비민주적 통일 한국이다. 따라서 강경파들이 악착같이 집착하는 북한 붕괴를 통한 통일은 전쟁 재개 일보 직전이라는 최악의 결과를 가져올 것이다.

또한 이러한 시나리오가 현실화될 경우 이에 대한 미군의 준비 여부도 명확하지 않다. 만약 북한이 붕괴될 경우 남한에 주둔하고 있는 현재 미군 병력은 상당히 돌발적인 상황에 기초한, 기존 임무와 현저히 다른 역할과 임무를 맡아야 할 것이다. 그리고 인도주의적인 임무도 맡게 될 것이 거의 확실하다. 또한 미군은 아마도 북한 경제 및 기반 시설 재건에 참여하게 될 것이며, 북한의 대량살상무기 해체에 관여할 것이 확실하다(Haselden, 2002/03: 122~123). 중국 인민해방군(PLA)과 조정 — 아마도 공동작업 — 능력 또한 통일 한반도에서 주한미군에 필요한 기능 중 하나가 될 것이다. 마지막으로, 미군은 북한 붕괴와 같은 불측의 사태를 다루기 위해 광범위한 이슈 영역에 걸쳐 정보 수집 및 분석 능력을 강화해야 할 필요성이 있다. 그중에서도 특히 위험한 붕괴 시나리오는 내부 또는 외부 전쟁을 통한 붕괴와 북한군의 독자적 행동으로 이어질 수 있는 붕괴라고 할 수 있다.

만약 미군이 한국 통일에 중대한 행위자가 되고자 한다면 이는 남한 측의 분노로 이어질 수도 있다. 존 페퍼(John Feffer)가 언급하듯, "미국과 남한의 접근 방식이 충돌한다면 그것은 그들이 이상적인 통일 과정이라 여기는 관점의 차이로 설명될 수 있다. 공산주의 국가가 유럽에서 붕괴된 과정은 미국인들로 하여금 통일은 속삭인다고 되는 게 아니라, 어느 순간 빅뱅과 함께 이루어진다는 기대를 하도록 만들었다"(Feffer, 2005). 예컨대, 대한민국은 통일 노력 과정에서 미군 이용의 대가를 지불할 개연성이 낮다. 심지어 남한에서 점증하는 반미 감정이 미국을 한반도 통일에 반대하는 입장으로 몰고 가 통일을 저해하는 결과를 불러올 수도 있다(Mitchell, 2002/03: 129~130). 한국이 통일된다면 그것은 미국에 재정적으로 부담이 될 것이고, 한반도에 대한 전략적 접근과 영향력에 대한 손실로 이어질 것이며, 미중관계에 악영향을 끼칠 것이다. 따라서 미국을 통일 반대 입장으로 돌아서게 하는 데에는 아마 큰 힘이 들지 않을 것이다. 또한 한반도 통일은 지정학적 완충지대로서 한반도의 역할과 통일 한국의 잠재력에 대한 일본의 불안 때문에 미일관계에 악영향을 미칠 수도 있다. 일본 요인은 미국을 한반도 통일 반대로 이끌 수도 있는 가장 중요한 가늠자이다(Olsen, 2003: 86). 만약 정말로 미국이 통일에 반대할 경우, 워싱턴은 통일의 실현 가능성을 공개적으로 의심하며 더욱 파괴적인 형태의 반대를 감행할 수도 있다(Olsen, 2003: 87).

통일을 위한 최선의 전략은 남한과 북한이 화해를 하는 것이다. 상당한 수준의 화해가 선행되지 않은 통일은 재앙으로 판명될 것이다. 화해를 강조하는 것은 기본적으로 우선순위에 대한 인식 문제이다. 화해 없는 통일은 재앙을 향한 지름길이지만, 통일 없는 화해는 그래도 의미 있는 진전을 나타내는 것이다. 이것은 모든 당사자에게 이익이며 지역과 한반도에 대한 미국의 이익과도 전적으로 양립하는 것이다(Drennan, 1998b: 174~175). 1990년대 후반의 포용 단계가 2000년 6월 남북 정상회담을 촉구하는 데 도움이 되었든 안 되었든, 어쨌든 포용을 추구하려던 것에 반해, 유감스럽게도 부시 행정부의 레짐 체인지 단계에서 미국은 남한이 북한과 화해를 추구하는 것을 지지하지 않았고, 남한이 그렇게 화해를 시도할 경우 미국과 갈등을 일으키는 요인이 되고 말았다.

현재 미국은 북한의 핵무기 개발 문제에 이목을 집중하고 있다. 설령 미국과 북한이 핵무기 문제를 성공적으로 해결한다고 하더라도, 이 두 나라 사이의 관계가 어느 방향으로 전개될지는 알 수 없다. 더욱 관심을 가져야 할 문제는, 핵 프로그램 포기는 '북한에 대한 미국의 강압적 레짐 체인지 정책을 저지할 유일한 수단을 포기하는 것을 의미한다'는 북한의 강력한 믿음이다. 즉, 북한의 핵 프로그램을 제거함으로써 동북아시아 세력 질서를 변경하려는 미국의 욕망은, 북한으로 하여금 미국의 적대 행위에 대비한 억제 수단으로 더욱 악착같이 핵무기를 보유하도록 고취시킬 뿐이다. 이는 앞으로 다가올 몇 년간 북미 핵 갈등이 지속될 것임을 시사한다.

글로벌 커뮤니티

유엔은 인류 역사 최초의 본격적인 글로벌 조직이라고 할 수 있는데, 이는 세계 공동체 사조思潮 중 가장 정당성 있는 제도적 발상이라 할 수 있다. 그러나 유엔은 글로벌 평화, 안보, 발전, 인권 및 환경 보호와 관련한 다양한 문제를 다루기 위해 광범위하게 의식을 고취시키고, 컨센서스를 형성하고, 기준을 설정하고, 입법 과정을 촉진하는 데에는 여전히 불완전하다고 할 수 있다. 유엔은 국제 연맹(League of Nations)의 후계자로서 많은 기대를 안고 출범했다. 이는 모든 국가가 한목소리를 낼 수 있는 단일한 지구 공동체(global community)를 위해 여태껏 고안된 적이 없는, 매우 야심찬 시도 중 대표적인 것이었다. 그러나 유엔은 세계의 지정학적 역학관계 때문에 글로벌 커뮤니티를 위한 하나의 회합 장소에서 두 개, 그다음엔 세 개의 냉전 블록 싸움터로 변질되고 말았다. 즉, 제1세계, 제2세계, 제3세계 각자 모두 자신들의 민족주의적 목적을 위해 이 세계 기구를 조종하려고 했을 뿐이다. 따라서, 이른바 유엔의 위기는 주로 글로벌 기구(global organization) 내에서의 민족 정책 위기로 이해될 수 있다. 실제 유엔의 근본 과제는 파편화되고 빈번하게 충돌하는 국가 주권 주장과 인도적 개입 주장의 우선성을 둘러싼 경쟁이 벌어지는 세계 속에서, 어떻게 적절하고 실행 가능한, 글로벌하면서도 국가 중심적인 기구로 생존해나갈 것인가에 있다.

국제적 정당성의 추구

분단 한국의 정치와 관련하여 유엔만큼 중요한 국제기관은 없다. 국제적 정당성을 획득한 완벽한 하나의 민족이 되기 위한 대장정 속에서, 서울과 평양이 토론 광장을 찾아 온 세계를 헤매고 다녀도, 세계 관객의 온 이목을 집중시킬 수 있는 무대를 쉽게 찾을 수 있는 곳은 바로 유엔뿐이다. 국가 정체성이 구성주의자들(constructivists)의 주장처럼 국제 제도(international institutions) 내의 사회적 상호작용 과정을 통해 변화하는 것이라면, 유엔은 그 어떤 국제적 정부간 기구(intergovernmental organization)보다도 남북한 정체성 정치의 변화와 지속성을 타진하기 위해 많은 사회적·제도적 환경을 제공하고 있다.

유엔 회원국은 1945년 51개 국가에서 2003년 191개 국가로 늘어났다. 유엔 회원국이 된다는 것은 자긍심 있는 국가, 특히 분단되거나 독립을 열망하는 국가라면 반드시 필요한 국제적 승인 및 정통성의 면허장 — 말하자면 국가 정체성의 상징 — 으로 간주되었다(표 6-3). 유엔 가입은 많은 제3세계 국가와 극소 국가(ministates)들이 가장 신속하고 적은 비용으로 포럼 쇼핑(forum shopping)을 할 수 있는 장소일 뿐만 아니라, 더 많은 국가들로부터 외교적 승인을 얻을 수

〈표 6-3〉 **유엔 회원국과 남북한의 승인 경쟁(1945~2005년)**

연도	북한 승인 국가	남한 승인 국가	남북한 모두 승인한 국가	북한만 승인한 국가	남한만 승인한 국가	유엔 회원국가
1945년	-	-	-	-	-	51
1948년	8	0	-	8		58
1950년	12	6	-	12	6	60
1955년	12	6	-	12	6	60
1959년	14	15	-	14	15	82
1962년	16	54	-	16	54	110
1965년	23	73	-	23	73	117
1970년	35	81	-	35	81	127
1976년	93	96	49	-	-	147
1980년	102	115	64	38	51	154
1985년	103	126	69	34	57	159
1990년	109	146	90	19	56	160
1992년	127	169	117	10	52	179
1995년	132	180	126	5	54	185
1999년	135	183	131	-	-	189
2003년	153	186	150	3	36	191
2005년	155	186	152	3	34	191

자료: 『남북한 국력 추세 비교 연구』(서울: 통일연구원, 1993), 547~548쪽; 『북한 개요』(서울: 통일원, 1995), 450~457쪽; UN 공보, ORG/1156(1993년 1월 19일); 대한민국 통일부.

있는 매우 중요한 촉매제였다. 수십 년에 걸쳐 정통성 경쟁과 국가 정체성 동원이라는 제로섬 게임에 갇혀 있는 두 개의 한국에게 유엔이 가장 주요한 세계적 싸움터라는 것은 너무 당연했다.

국가 정체성이 소유물이 아니라 상호 관계에서 정의되는 것임을 감안하면, 글로벌 공동체 안에서 남북이 각각 어떤 국가 역할을 보여주려 했는지 살펴보는 것이 중요하다. 이는 특히 유엔 체제의 상징과 구조라는 일반적인 측면과 유엔 총회라는 특별한 측면을 검토해보아야 한다.[36] 남북한은 유엔 회원국이

36 두 개의 한국의 유엔 외교에 대한 분석으로는 S. S. Kim(1997b), Pak(1995), Kihl(1998), B. C. Koh(2000), S. W. Lee(2004) 참고.

라는 자격을 자기 확증을 위한 수단 그리고 상대를 곤란하게 만들려는 수단으로 이용해왔다. 제1장에서 논한 바와 같이 국가 정체성의 정립은 국제적 생애주기를 관통하며 지속적인 협상, 즉 사회적 상호작용 과정을 수반한다. 이는 물리적·심리적 생존, 안보, 복지를 고양하기 위해 자아는 타자가 부여하지 않는 정체성을 확보하려 애쓰고, 타자는 자아가 전유하지 않은 정체성을 부여하려고 노력하는 과정을 말한다. 글로벌 공동체로부터 유일한 민족국가로 인정받기 위해 장구한 투쟁을 벌여온 두 개의 한국이 이를 너무나도 잘 보여주고 있다.

역사적인 반전은 1991년 9월 17일(46번째) 연례회의 첫 번째 날에 발생했다. 유엔 총회가 160번째와 161번째 회원국으로 북한과 남한을 인정한 것이다.[37] 이 획기적 사건은 이미 5주 전 안보리에서 일어난 사건으로 인해 가능했다. 실제로 1991년 8월 8일 안보리의 3001번째 회의는 세계 기구의 글로벌 상위정치(high politics)[38]의 역사에 가장 주목할 만한 사건이기도 했지만, 한편으로는 매우 시시한 순간으로 기억될 것이다. 이날 안보리는 분단된 두 한국의 운명을 최종적으로 결정짓기 위해 겨우 5분 — 동부 표준시계로 정확하게 오전 11시 30분과 11시 35분 사이에 — 을 할애했다. 아무런 토론 없이 이사회는 만장일치로 남북한의 유엔 가입과 관련한 신규 가입국 심사위원회 보고서를 채택했다.

유엔이 결정을 내리는 데 보여준 다소 이례적인 방식 또한 의미심장하다. 두 개의 별도 회원 가입 신청은 단일 결의안으로 병합되어, 이사회 결정(및 유엔 총회에 대한 권고)은 투표도 없이 결의안 702호(1991년)로 채택되었다.[39] 안

37 1991년 9월 17일, 유엔 총회 결의안, 46/1.

38 [옮긴이] 상위정치는 전쟁, 평화. 군사, 안보 문제 등과 같은 국가의 존망과 관련된 문제를 다루는 것을 의미하고, 하위 정치(low politics)는 경제, 사회개발, 기술, 문화, 오염, 인구 과잉 등을 다루는 것을 의미한다. 자세한 내용은 다음을 참고할 것. 박재영, 『국제정치의 패러다임(제3판)』, 53쪽.

39 1991년 8월 8일, UN Doc. S/PV. 3001.

보리는 간략하게 단지 두 개의 별도 회원 가입 신청을 수용하는 상임이사국(P-5)의 합의가 있었음을 강조했다. 이는 제로섬 스타일을 가진 남북한의 정치적 일방 주장을 방지하기 위한 일괄 타결로서, 이 결정 자체가 보편성의 원칙과 부합하는 것이며, 이로써 남북한 모두가 국제적 정통성을 획득할 수 있었으니 양자 모두의 대성공으로 칭송되었다. 1991년의 이러한 집단 결정은 서로 맞붙은 한국이라는 쌍둥이를 분리하는 것만큼이나 까다로운 외교적 외과 수술이었고, 이는 탈냉전 초기에 유엔이 활기를 되찾았음을 알리는 하나의 기념비적 사건이었다.

그러나 평양은 유엔 가입을 외교적 성공 또는 국가 안보와 생존을 위한 그랜드 바겐으로 받아들이기는커녕, 지나칠 정도로 방어적이고 의기소침한 반응을 보였다. 1991년 5월 27일에 작성하여 안보리에 제출한 북한 외무성 성명은, 비통한 어조로 국가 정체성 연루의 딜레마를 인정하며 오랫동안 유엔 동시가입을 반대해왔던 기존 태도를 뒤집었다.

> 국제 정세의 급격한 변화를 이용하여 남한 당국은 한반도를 둘로 갈라 유엔가입을 억지로 추진하는 결코 용납할 수 없는 반역죄를 저지르고 있다. …… 남한 당국이 일방적으로 유엔의 구성원이 되기를 고집하고, 우리만 홀로 남게 된다면 전체 조선의 이해관계와 관련한 중대 문제는 유엔 설교에 치우친 방식으로 처리될 것이고, 이는 중대 결과를 수반하게 될 것이다. 우리는 그렇게 방치할 수는 없다. 현 단계에서 조선민주주의 인민공화국은 남한 당국이 야기한 일시적 국난을 극복하기 위한 조치로 유엔에 가입하는 것 외에는 선택의 여지가 없다.[40]

하나의 민족 정체성에 대한 북한의 고뇌를 제대로 이해하기 위해서는 한발 뒤로 물러나 지난 수십 년간 변화해온 유엔의 역할을 재평가하는 것이 필요하

40 1991년 6월 3일, UN Doc. S/22642, p.4.

다. 특히 그동안 수많은 변질과 논란이 있어온 '한반도 문제'와 관련해서 더욱 그렇다. 왜냐하면 미국은 한국의 독립 및 통일 문제에 대해 소련과 직접 협상을 통해 합의하는 데 실패하자, 1947년 한반도 통일에 문제를 풀기 위한 마지막 남은 실마리는 유엔밖에 없다고 결론 내렸기 때문이다. 즉, 소련의 반대에도 불구하고 유엔은 미국이 후원하는 결의안 초안을 채택했는데, 이는 1947년 11월 14일 유엔 한국임시위원단(UNTCOK)이 남한에서의 총선(1948년 5월 10일)을 원활히 진행하고, 감시하고, 감독하도록 하는 결의안이었다. 그 결과 1948년 8월 15일 서울에서 대한민국이 새로운 출범을 공식 선언했고, 4개월 후 유엔 총회에서는 다음과 같이 선언된, 미국이 제출한 또 다른 결의안 초안 — 1948년 12월 12일 결의안 195(III) — 을 채택했다.

> 유엔 한국임시위원단이 감시와 협의를 실시할 수 있었던, 그리고 전체 조선인의 절대 다수가 거주하는 한국의 그 지역에서 효과적으로 통제 및 사법권을 보유한 합법 정부(대한민국 정부)가 수립되었음을 선언한다. 이 정부는 한국의 그 지역 유권자가 자유의사를 유효하게 표현하고 유엔 한국임시위원단이 관찰할 수 있었던 선거에 기초하고 있다. 이는 선거가 가능했던 한반도 내에서 유일한 합법정부이다.[41]

이 결의안은 이른바 한반도 문제에 대한 유엔 관여를 알리는 선언으로 간주될 수 있다. 이 결의안은 명확성이 결여되었는데, 남한은 이를 활용하여 지체 없이 한반도에서 유일한 정부라는 주장을 하고 나섰다. 그리고 이는 '대한민국이 유엔 감독하에 한반도 통일 방안을 결심하는 데 결정적 기회'를 제공했다(S. J. Kim, 1976: 36; 또한 C. Y. Pak, 1995: 613 참조). 대한민국 대통령 이승만에게

---

41 1948년 12월 12일 UN Doc. GAOR, 187차 회의, 결의안 195(III), "The Problem of the Independence of Korea." pp. 25~27.

통일은 '영토 회복'에 다름없었다. 심지어 그는 가급적 평화적으로, 필요하다면 무력으로 조국 통일을 하겠다고 반복적으로 호소했다(S. J. Kim, 1976: 37). 그러나 북한은 8월 25일 최고 인민위원회 의장으로 김일성을 '선출'하고, 9월 9일 이 위원회는 조선민주주의 인민공화국의 수립을 선포하면서 한반도 전체에 대한 관할권을 주장했다. 요컨대 해방되고 분단된 한국은 1948년 가을에 이르러 공식적으로 통일된 민족국가의 막을 내렸다.

1949년 초 대한민국과 조선민주주의 인민공화국은 처음으로 유엔 가입을 신청했다. 안보리 결과는 뻔한 것이었다. 그다음 10년간 남한은 여러 번 재신청을 했지만 북한은 한 번밖에 신청하지 않았다. 그 후 북한은 1957년 소련과 이중 국적자의 공민권에 관한 협약을 체결했다. 한반도에서의 유일한 합법 정부로 여러 번 인용되었기 때문에 남한은 유엔 무대에서의 경쟁에서 혜택을 받았지만, 매번 소련의 거부권에 직면하곤 했다. 〈표 6-3〉에서 보는 바와 같이 1960년 고작 15개 국가가 평양을 승인한 반면, 56개 국가가 서울을 승인했다. 한편 북한은 비록 그 당시 이행되지는 않았지만, 남한이 주장하는 남북한 유엔 개별 가입의 수용을 고민해야 할 정도로 할 정도로 바닥을 치고 있는 상태였다. 북한은 1960년대 내내 주로 국내에서의 주권과 정당성 유지에 관심이 있었다.

그러나 1970년대에 들어서면서 평양이 경쟁적인 정통성 정치에 개입하면서 번영의 시기(*la belle époque*)가 대두되었다. 남한은 동서 데탕트 부각, 미중 화해, 인도차이나 지역에서 미국의 패배, 주한미군 철수, 중국의 유엔 가입, 신국제경제질서(NIEO)를 요구하는 집단적 글로벌 행위자로 제3세계의 등장 등, 변화하는 국제 환경에 도전을 받았다. 평양은 유엔에서 유일 정통성(absolute legitimation)을 인정받기 위해 적극적으로 비동맹운동의 회원을 모집하기 시작했다.

1973년 남북 모두는 뉴욕의 유엔에 옵서버 사무소를 설치했고 대한민국은 제네바 방안(개별 유엔 회원 가입)을 채택하기 위해 움직였으나, 평양은 이를 즉각 거부하고 통일을 향한 과도기적 단계인 '고려연방제 국가'의 형성을 요구했다. 김일성은 "남북이 통일 이전에 유엔에 가입하려면 적어도 고려연방공화국의 이름 아래에서 하나의 국가로 가입해야 한다"라고 주장했다(≪인민조선≫, 1973.6.27).

그러나 개별 가입이든 하나의 국가로 가입이든 가입으로 이어지기보다는 일련의 사건 때문에 오히려 묘한 결론으로 이어졌다. 즉, 1975년 유엔 총회에서 같은 날 두 개의 모순된 결의안이 채택되는 일이 벌어진 것이다. 하나는 친한국 결의안으로(결의안 3390A), 찬성59-반대51(기권 29표)였고, 다른 하나는 친북 결의안(결의안 3390B)으로 찬성54-반대43(기권 42표)였다. 북한은 친한국 결의안은 묵살하고, 친북 결의안을 유엔 정치 역사에서 "획기적 사건"이자 "중대한 전환점"이 될 것이라고 공표했다. 그러나 실제 이 1975년 논쟁은 단지 한반도에 두 개의 별개 정부와 국가가 존재하는 현실을 세계 기구에 알리고 정당화를 강요했을 뿐이다. 그 이후 평양은 오히려 갑자기 유엔과 관련한 논의를 중단했다. 1976년 중반 거의 동등한 수의 국가들이 남북한을 각각 승인했고, 절반 이상은 양국 모두를 승인했다(표 6-3). 서울과 평양 그 어느 곳도 이중二重 승인한 국가들을 보복하지 않았다.

그러나 1980년대 북한은 일련의 외교적 좌절로 고통받는다. 신국제경제질서(NIEO)를 추구하던 제3세계는 동력이 소진되었고, 유엔은 다시 미국 패권으로 회귀했다. 북한이 개최한 수많은 주체사상 관련 회의나 심포지엄은, 1983년 서울의 국제의회연맹(IPU) 회의, 1985년 세계은행/IMF 연례회의, 1986년 아시안 게임, 그리고 가장 중요한 1988년 하계 올림픽 등에 비하면 초라한 수준이었다. 평양은 서울 올림픽 참가 보이콧을 세계에 호소했으나, 겨우 쿠바만이 불참하는 데 그쳤다. 1983년 미얀마 아웅산 묘소 폭파 사건과 1987년 KAL 여객기 공중 폭파 행위로 인해 평양은 국제 규범의 잔인한 위반자로 묘사되었다. 이에 따라 변화하는 조류를 감지하고 북한은 하나의 연방 단일체로 유엔에 공동 가입하자는 김일성의 제안을 다시 꺼내들었다. 그러나 유엔에는 이러한 전례가 없었다. 즉, 유엔(United Nations)은 그의 명칭과는 달리, 민족이나 국가연합(confederations)이 아닌 국가(states)만을 승인한다. 평양은 여전히, 유엔 동시 가입 제안은 "범죄적 분열주의자의 책동"이며 "미국은 남조선을 영원히 자신들의 통제에 두려는 목적을 달성하기 위해 이러한 분열주의적 제안을 창작했다"고 주장하며, 단호한 정치적 수사를 유지했다(≪로동신문≫, 1991.5.18).

1991년 3월 8일 남한은 1991년 유엔 가입을 신청하겠다고 공개 선언하면서 비밀 외교에서 공개 외교로 전환했다. 그 후 서울은 전현직前現職 총리와 외교부 장관이 남북한 유엔 동시 가입, 필요하다면 남한만의 단독 가입에 대한 지지를 모으기 위해 36개국 순회를 발표했다. 베이징의 명시적 지지가 없었지만, 서울은 중국이 단독으로 거부권을 행사함으로써 자신의 국제적 명성과 경제적 이익에 대한 위험을 감수하지는 않을 것이라는 견해를 확신하고 있었다. 이러한 도박은 논쟁이 되었다기보다는, 북한이 5월 27일 극적으로 오래된 당의 정책을 뒤집고 별도로 유엔 가입을 신청하면서 결실을 맺게 되었다.

20년간(1971년에서 1991년) 냉전의 주요 4대 회원국 — 사실 냉전 정치의 네 개 주요 단층선(fault lines) — 및 민족 정체성 사례를 관리해온 유엔의 관리 능력을 감안할 때, 한반도 통일과 관련하여 유엔 역할의 방관 가능성과 한계가 보인다. 냉전과 함께 중국, 독일, 베트남, 한국 등 분단 정치 조직과 관련한 주요 회원 가입의 문제는 유엔을 괴롭히기 시작했다. 이후 이들 각각은 의제에서 하나둘씩 사라져갔다. 1971년 미국과 중국의 관계 개선 덕분에 베이징은 중국 몫의 유엔 좌석의 응당한 주인으로 승인받았고, 타이베이는 그 자리를 포기해야만 했다. 두 개의 독일 문제는 1973년 유엔 동시 가입을 통해, 그리고 이후 1990년 독일 통일로 인해 해결되었다. 남베트남이 북베트남에게 넘어간 2년 후인 1977년, 베트남은 단독으로 유엔 가입을 승인받았다. 마지막으로 1991년 남북한은 동시 가입 절차를 거쳐 유엔 회원국이 되었다.

만약 한국 통일이 전쟁, 흡수 통일 혹은 세계 기구 외부에서의 합의와 같은

'특별한 사건'에 따른 결과라면, 유엔은 이에 대해 사후적으로 정당성을 승인하는 간접적이고 제한적인 역할에 머물 수밖에 없을 것이다. 그러나 한국의 통일이 '지속적인 평화와 화해의 과정'으로 정의되는 경우에는, 유엔은 이 과정에서 중요한 역할을 갖게 될 것이다. 그것은 바로 김대중 대통령이 사람, 상품, 서비스가 새롭게 연결된 남북 철도와 도로를 통해 비무장지대(DMZ)를 넘어 자유롭게 드나드는, 법적 통일에 앞서 '사실상의 한국 통일'이라고 칭하는 것이다(C. I. Moon, 2005: 8~9). 동등한 회원국으로 남북한 모두를 받아들이고 정당화함으로써, 유엔은 남북 모두의 평화적 공존 그리고 내부 협력 및 외부 세계 기구와 협력 가능성을 확대해왔다. 여기에 유엔 회원국들의 정체성 정치에 대한 유엔의 사회화 역할(socialization role)이 있다. 즉, 국가는 사회적 상호작용을 통하여 국가 정체성을 변화시키거나 조정한다. 또한 국가는 세계 기구(world organization)에는 수많은 국가 정체성이 존재하고, 정체성 차이의 평화적 공존은 필연적 과정일 수밖에 없다는 진실을 습득하게 된다.

유엔은 한국전쟁에 개입했지만, 냉전 기간에 유엔의 위신과 존재 가치를 거의 보여주지 못했다. 무력으로 한반도를 통일하겠다는 김일성의 '과대 망상'을 저지하는 중요한 역할에도 불구하고, 유엔헌장 7장에서 집행 규정이 구체화된 집단 안보체제는 결국 강화되기보다는 약화되었다. 유엔이 냉전 시대에 아시아를 파괴한 갈등들을 관리하고 해결하는 데 의미 있는 역할을 하지 못했다는 사실은, 유엔이 한국전쟁에 참여함으로써 발생된 논쟁과 유산으로부터 대부분 기인하는 것이다(Stueck, 1995: 370 참조).[42] 또한 갈등 관리에 각자의 이해관계가 얽혀 있는 4대 강국이 이 지역에 존재하는 것은, 유엔 체제(특히 안보리)와 국제 금융 기관은 서양 제국의 도구일 뿐이라는 광범위한 인식을 낳고 있다. 그리고 국가 주권과 불간섭이라는 규범에 집착하는 것도 동아시아 지역

42 아시아의 폭력적 갈등에 대한 유엔의 한계적 그리고 간접적 역할에 대한 뛰어난 논의는 Foot(2003) 참고.

갈등에 유엔이 개입하는 것을 막는 요인이라 할 수 있다. 이에 대한 몇 가지 예외가 있는데 캄보디아[유엔 캄보디아 과도행정기구(UNTAC)]와 동티모르[유엔 동티모르 과도행정기구(UNTAET)]에서의 평화유지활동, 동티모르 유엔 지원 사업[유엔동티모르지원단(UNMISET)]이 그것이다(Foot, 2003: 312). 동시에 갈등 관리에 관하여 결정적으로 실망스러운 유엔 시스템의 특징 중 하나는, 위기 단계가 하류로 퍼지기 전에 상류 단계 초기에 충돌을 관리할 능력이나 의지가 없다는 점이다. 유엔은 갈등의 새로운 출현을 예방하기보다는, 주로 이미 무르익은 위기에 대응하는 데 급급한 형편이다(S. S. Kim and A. Kim, 2004: 987 참조).

대한민국은 국제기구(international organizations) 참여에 북한보다 적극적이지만, 그럼에도 한국은 한반도 통일과 평화 프로세스 과정에서 국제기구에 적극적인 역할을 요청하지 않고 있는 상황이다. 대신 서울은 동맹국인 미국과 직접 조정하는 것을 선호하고 있다. 결국 가장 중요한 것은, 유엔과 기타 국제기구는 남북 간 평화 프로세스에 대하여 제한적 역할 – 그리고 빈번하게 간접적 역할 – 을 한다는 것이다. 사정이 이러함에도 불구하고 유엔은 '국가 행위의 특정 형태를 제한하는 규범적·법적 프레임의 공급자로서, 그리고 이해관계가 노출될 수 있고, 정당화될 수 있고, 불법화될 수 있는 무대'로서 결정적인 규범적 기능을 수행하고 있다(Foot, 2003: 340).

국제 인도주의적 지원

유엔은 북한의 기근으로 생긴 100만 명(전체 인구의 약 5%)에서(Haggard and Noland, 2005: 8) 250만 명(전체 인구의 약 11%. Natsios, 2001: 215) 사이로 추산되는 사망자에 대처하기 위해, 북한 현지에서 매우 중요한 역할을 수행했다. 1995년 유엔 긴급원조를 얻기 위해 긴급 호소문을 발표하면서, 북한 정부는 사상 처음으로 유엔 평가단 – 유엔 인도주의 사무국, 유엔개발계획, 세계 보건기구(WHO), 유니세프, 유엔세계식량계획, 유엔식량농업기구(FAO)를 대표한 – 이 피해 상황을 평가할 수 있도록 입국을 허용했다. 몇 차례의 현장 평가를 한 후 유엔,

〈표 6-4〉 유엔 인도적 지원 관련 기관의 북한을 위한 요청(1996~2004년)

기간	요청 금액 (100만 달러)	기부 금액 (100만 달러)	요청 금액 대비 비율
1996년 7월~1997년 3월	43.6	34.4	79%
1997년 4월~1998년 3월	184.4	158.4	86%
1998년 1월~1998년 12월	383.2	215.9	56%
1999년 1월~1999년 12월	292.1	189.9	65%
2000년 1월~2000년 12월	313.8	153.1	49%
2001년 1월~2001년 12월	384.0	248.0	65%
2002년 1월~2002년 12월	246.8	220.0	89%
2003년 1월~2003년 12월	229.4	133.1	58%
2004년 1월~2004년 12월	208.8	125.2	60%
합계	2,286.1	1,478.0	-

자료: 유엔 인도주의 업무조정국(스위스, 제네바).

특히 WFP는 11월에 구호 식량을 보냈다. 첫 선적은 여름 홍수로 기아 상태에 있는 50만 명에게 분배할 수 있는 쌀 5140톤이었다. 12월까지 고립된 주권에 얽매였던 북한은 이제 다자간 원조 당국자들과 이전 그 어느 때보다 흔쾌하게 협력하고 있고, 이들 원조 당국자들을 겉치레 도시인 평양을 벗어나 재난에 시달리는 오지 마을로 데리고 갔다. 그 결과 WFP 구호 요원들은 기근 및 기아 확산과 관련한 모든 징후와 목격담을 본국 사무실로 보낼 수 있었다. 어떤 지역에서는 아이들의 체중이 평균 체중의 80%에도 미치지 못했다. 그러나 평양의 거만한 전체주의 국가로서 국제적 평판 때문에, 그리고 모든 외국 TV나 인쇄 매체가 북한에 접근할 수 없다는 사실 때문에, 기근에 대한 국제적인 반응은 뜨뜻미지근했다. 〈표 6-4〉에서 보는 바와 같이, 유엔 관계기관의 북한에 대한 인도주의적 지원은 1996년 7월부터 2004년 12월까지 총 14.9억 달러에 이른다. 이는 요청된 자금의 약 65%에 이르는 금액이다. 유엔 WFP는 최연소 어린이와 임신 중이거나 수유 중인 여성을 포함하여 가장 취약한 인구 집단에 대한 식량 지원을 목표로 했고, 그 결과 많은 생명을 구하고 북한 주민의 영양 상태를 개선하는 데 기여했다.

〈표 6-5〉 **유엔 WFP의 대북 식량 지원 목표치(2004년 1월 1일~ 2005년 6월 30일)**

WFP 요청	171,177,896달러		481,190톤	
지원국	자금 조달 수준	비중	식량 구매량	비중
호주	6,548,690	3.83	17,875	3.71
캐나다	4,321,970	2.52	6,639.1	1.38
쿠바	570,000	0.33	2,500	0.52
유럽연합 위원회	5,510,579	3.22	12,343.5	2.57
핀란드	390,179	0.23	518	0.11
독일	2,784,788	1.63	9,419	1.96
아일랜드	932,836	0.54	1,210	0.25
이탈리아	3,610,109	2.11	5,243.5	1.09
일본	39,546,665	23.10	131,847	27.33
대한민국	23,385,414	13.66	100,000	20.78
룩셈부르크	808,166	0.47	2,000	0.43
뉴질랜드	523,249	0.31	825	0.17
노르웨이	1,759,989	1.03	2,641	0.55
개인 기부	123,481	0.07	102	0.02
미국	19,025,900	11.11	50,000	10.39
기타 기부 총액	118,120,986		371,155.0	
WFP 요청액 대비 비중	69%		77%	
부족분	53,056,910		110,035.2	
부족분 비중	31%		23%	

자료: 유엔세계식량계획(WFP).

유엔의 호소는 북한에 원조를 제공하는 것과 관련한 국내 정치적 어려움을 극복하고, 미국, 일본, 남한의 참여를 정당화하는 데 기여했다. 1995년부터 WFP는 북한에 대한 식량 원조로 약 400만 톤을, 주로 곡물로 제공했다. 〈표 6-5〉는 어떻게 유엔의 원조가 북한 요구의 연평균 67%에 이르렀는지를 나타낸다. 또한 WFP는 도시 인구도 꽤 위험에 노출되어 있다는 사실을 확인했다. 왜냐하면 협동 농장에서 산출되는 것과 비교할 때 도시 가구는 공공분배 시스템(PDS)을 통해 더 적은 배급량을 받기 때문에, 식량에 대한 접근이 더 제한적이기 때문이다. 북한에서는 2002년 경제개혁으로 말미암아 주민들은 식량 가격 급등을 경험하고 있다. 가구는 현재 소득의 평균 65%를 정부의 배급을 포함한 식량 구입에 지출하고 있다(World Food Programme, 2005a, 2005b).

실제 식량 위기는 또 다시 고개를 내미는 것으로 보인다. 2004년 WFP는 북한 주민의 대부분은 외부 도움을 절실하게 원한다고 발표했다. 2004년 후반부터 2005년 초까지 노인 약 100만 명과 60만 명의 북한 어린이들에게 식용유 배급이 중단되었고, 여름에는 또 다른 250만 명의 주민들에 대한 배급 축소가 예상되고 있다.[43] 그러나 WFP는 이들을 먹여 살리고 북한에 대한 프로그램을 지속하기 위해 국제적 공헌에 전적으로 의존하고 있다. 〈표 6-5〉가 나타내고 있듯, 일본(23%), 대한민국(14%), 미국(11%) 3국이 가장 중요한 공헌자이다. 만약 북한과 지정학적 분쟁이 발생한다면 이들 국가는 언제든 기여금을 줄여 나갈 것이다.

이렇게 북한 기근 해결에 참여함으로써 유엔 기관은 갖가지 조사 및 연구를 실시하게 되었고 이는 북한에 대한 새로운 정보를 얻게 해주었다. 2002년 유니세프와 WFP는 영양 실태 조사를 실시했고 2003년 WFP는 일련의 가계 식량 경제 분석을 공개했다. FAO와 WFP는 2004년 9월과 10월에 공동 작물 및 식량 공급 평가 임무를 처리했다. 신체 측정 조사는 1998년과 2002년에 실시했다. 유엔 환경 계획은 2003년 북한의 첫 국가 환경 보고서를 만들었다(UNEP, 2003).

이 연구는 1990년대부터 다양한 식량 원조 프로그램의 성공을 보여주고 있다. 2004년 영양 실태 조사는 2002년 마지막 조사 이후 어린 아이들의 영양 상태가 개선되었음을 보여주고 있다(World Food Programme, 2005a). WFP의 "확인할 수 없으면, 지원하지 않는다(No Access, No food)"라는 정책으로 인해, 식량 배급은 북한의 203개 시군구 중 154개 지역에 영향을 미쳤다. 이는 전체 주민의 83%에 이르는 수치이다. WFP는 구호품 분배에 대한 관찰이 허용되지

---

43 다음을 참고할 것. "대북 식량지원 수주일 내 중단 위기", ≪조선일보≫, 2005년 4월 1일 자.

않은 지역에 대해서는 배급을 정기적으로 중지했다. 2004년 후반 인도주의 단체에 부과된 새로운 제약 조건 때문에, 2005년 WFP는 15명의 국제 관찰 요원을 10명으로 감축해야만 했다. 그러나 WFP는 평양에 주요 사무소와 신의주, 원산, 함흥, 청진, 그리고 혜산에 위치한 다섯 개의 지국 사무소를 유지하고 있다. 이 여섯 개의 사무실을 가진 WFP는 북한에서 일하는 그 어떤 국제기구보다 훨씬 광범위한 지리적 범위를 포괄하고 있다. 2005년 가을 놀라운 움직임이 있었는데, 북한은 미국에 의한 정치적 개입 의혹이 있다는 이유로 모든 국제원조기구에 북한을 떠날 것을 요구했다. 유엔은 평양과 협상을 열고 식량 원조의 지속을 시도하고 있으나 최종 결과는 알 수 없다.

다자간 개발 원조

글로벌 경제 발전에서 대한민국은 다자간 개발 원조의 제공자인 반면, 북한은 이 같은 원조의 수혜자이다. 1993년 유엔총회 전 연설에서 대한민국 외교부 장관 한승주는 '개발 자원의 실질적인 증가'의 필요성을 강조하고, "이 분야에서 그들의 노력을 강화할 것"을 선진국에 촉구했다(B. C. Koh, 2000: 202에서 재인용). 대한민국의 유엔 분담금은 증가하고 있지만, 공적개발원조(ODA)의 총 수준은 증가하지 않고 있으며 유엔이 설정한 권고 기준인 GDP의 0.7%보다 여전히 낮은 상황이다.[44] 그러나 공정하게 말하면, 남한이 북한으로 보내는 원조가 ODA 숫자에는 포함되지 않은 것도 어느 정도 영향이 있다. 마찬가지로 미국과 일본의 반대 때문에 북한은 세계은행이나 아시아 개발은행에서의 개발 원조 혜택을 누릴 수 없다. 따라서 유엔개발계획은 북한이 도달할 수 있는 개발 원조를 위한 최선의 희망이다. 왜냐하면 미국, 일본, 또는 기타 국가에서 정치적 이유로 유엔개발계획을 방해하는 것은 곤란하기 때문이다. 그러나

44 [옮긴이] 현재는 GDP가 아닌 'GNI'의 0.7%를 권고 기준으로 하고 있다. 2013년 이 기준을 충족시킨 국가는 5개국에 불과했다.

유엔개발계획은 핵과 군사적 야망을 포기하지 않는 북한에 자금을 제공하는 것에 신중 그 자체이다. 최근 유엔개발계획은 두만강 지역 개발 계획의 수명을 2015년까지 연장하기로 했다.[45]

1980년 평양에 유엔개발계획 사무소가 설립된 이래 북한 정부와 유엔개발계획 사이에 강력한 환경 파트너십이 구축되어 있다. 환경은 제1차(1997~2000년) 및 제2차(2001~2003년) 국가 협력 체제(Country Cooperation Frameworks)의 주요 우선 분야로 간주되었고, 이것은 북한에 대한 유엔개발계획의 참여에 기초 역할을 하고 있다.

유엔과 남북 화해

1990년대에는 유엔이 북한과 남한을 위해 어떤 일을 준비하고 있는지 아는 사람은 거의 없었다. 유엔 공동 가입이 남북한의 경쟁적인 정통성 정치와 정통성 깎아내리기 정치를 진정시킬 것인가, 혹은 악화시킬 것인가? 세계화된 탈냉전 세계 속에서 국제기구의 새로운 승인이 한반도에서 여전히 기승을 부리고 있는 냉전적 사고를 누그러뜨릴 수 있을까? 15년이 지난 지금, 그것은 지나치게 낙관적이지도 지나치게 비관적이지도 않을 것이라는 예측이 현실로 드러난 것으로 보인다.

북한과 남한 모두 1980년대부터 적어도 2000년까지는 탈냉전 세계의 궤도 속에 안착해 있었다. 남한은 세계화를 수용했으며 다자 협력에 대한 관심을 확대해 왔다. 남한은 대규모 유엔 분담금을 지불하고, 유엔의 지도부 역할에 참여하고, 유엔 평화 유지 활동을 지지하고, 많은 주요 국제 협정에 서명했고, 국제회의에도 참가했으며, 환경 문제에 대한 협력을 확대하려 하고 있고, 더 많은 다자간 개발 원조를 요구하고 있다. 이와 대조적으로 북한은 유엔을 국

45 다음을 참고할 것. “UNDP Extends River Project in N. Korea, China by a Decade,” Yonhap, April 27, 2005.

가 주권 및 주체적 독립 노선에 대한 자신들의 연설을 들어주는 선전 무대로 활용하며 그들의 자급자족적 지향을 고수하고 있다. 동시에 북한은 기근 구호를 위해 유엔 시스템의 다양한 부분에서 원조를 받아들이고 있으며, 정도는 덜하지만 경제개발도 수용하고 있다.

2000년 열린 남북 정상회담과 함께, 다자 외교를 수행하는 분위기와 스타일에서 남북한의 변화가 감지되었다. 유엔 안팎에서 파란만장했던 '정통성 전쟁(legitimacy war)'의 역사를 벌인 이후 최초로, 서울과 평양은 공동결의안 초안을 공동 후원했고, 이것은 2000년 10월 31일 유엔총회에서 – 투표 없이 – 만장일치로 채택된 것이다. 그것은 바로 유엔총회 결의안 A/55/11 '한반도 평화와 안전, 통일에 대한 결의'이다. 흥미롭게도 이 결의안은 통일보다 평화에 우선순위를 둠으로써 서울의 입장을 반영하고 있다. 그러나 2000년 9월 15일 북한은 유엔 대사 이형철을 통해 세계에 전달한 기조연설에서 자주성이 자신들의 삶과 영혼만큼이나 중요하다고 손꼽았다. 즉, "자주성은 조선민주주의 인민공화국 정부의 대내외 정책과 노선에 충만하다. …… 정상회담과 그로 인한 공동선언은 획기적 이정표를 상징하고, 우리 민족의 자주적 통일 주장을 달성하기 위한 전환점을 의미한다"고 주장했다.[46]

유엔은 북한에 대한 역할을 계속할 가능성이 크고 두 개의 한국도 유엔에서 자신들의 역할을 계속할 가능성이 크지만, 한반도의 통일과 안보체제의 조정을 위한 주요 촉진제는 남북 내부의 양자 간 원천(bilateral sources)으로부터 나올 것으로 보인다. 2000년 6월 남북 정상회담 및 이에 따른 실무 수준의 회담은 유엔과 무관하게 이루어졌다. 중국의 거부권 위협으로 인해 6자회담은 유엔과 무관하게 진전 또는 정체하고 있다.[47] 유엔은 한반도에서 약간의 역할을

46 UN Doc. A/55/PV.17(September 15, 2000), p.26.

47 [옮긴이] 이는 2005년 6자회담의 성과물인 '9.19 공동성명'이 발표되기 이전의 상황을 설명한 듯하다. 현재 중국은 6자 회담의 가장 강력한 지지자이다.

하고 있지만, 미국, 중국, 그리고 두 개의 한국 자체와 비교할 때 그들의 역할이 주도적이라고 보기는 어려울 것이다.

유엔은 — 구체적으로 유엔 체제 내에서 두 한국의 회원 가입 문제 — 한반도의 경쟁적인 정통성 정치 및 정통성 깎아내리기 정치에 일정 역할을 했음에도 불구하고, 한반도 통일 관련 요인들의 대부분은 국지적, 남북 간 이원적 수준에서 포착된다. 2002~2003년 핵 교착상태가 분출되기 이전에 북한은 IMF, 세계은행, 아시아 개발 은행과 관계를 구축하는 중이었다. 북한은 또한 지난 10년간 식량 원조를 제공했던 일련의 국제기구 및 NGO에도 참여했다. 이신화는 세계 언론이 '북한 고립이 끝나기 시작했다'고 평가한 것에, 그리고 북한과 ARF의 통합이 훌륭하게 성공을 거둔 것에 주목한다(S. W. Lee, 2004: 180). 그러나 이러한 기구 중 그 어떤 기구도 적극적으로 통일 전략을 고안하지도 않고 있으며, 북한을 어느 방향으로 독려하지도 않고 있다.

생각해볼 만한 하나의 제안은 '북한에 대해 국제적으로 후원하는 마셜플랜'이다. 불리체프에 따르면, 이러한 프로그램이 레짐 체인지 — 설령 그것이 '벨벳 혁명' 방식이라 하더라도 — 를 겨냥한 것이라는 의혹을 피해야 한다고 주장한다. 그 대신 현 정치 엘리트들의 점진적인 변화를 유도하는 프로그램이어야 한다고 강조한다. 붕괴론자들의 예측과 비교하면, 이 프로그램은 여러 단계를 포함해야 하며 10년 또는 15년을 넘는 동안 이행되어야 할 것이다(Bulychev, 2005).

남북은 하나가 될 수 있을까?

가장 노골적인 질문에 — 김일성 이후의 체제가 얼마나 오래 지속될 수 있을지, 그리고 어떠한 모양이나 형태일지 — 대한 간단한 대답은 없다. 북한과 외부 세계 사이의 상호작용은 매우 복잡하고 다양하고 심지어 혼란스럽기까지 하다. 북한에서 향후 사태가 전개될 양상에 대해 우리의 이해를 복잡하게 하는 것은, 관련 모든 국가가 난궤도 속에서 움직이는 목표물이 될 수 있다는 것, 그리고 이는 경쟁적이고 모순적인 역학 관계에 따라 결과가 좌우될 수 있다는 점이다. 중국, 일본, 러시아 경제의 미래는 무엇인가? 중국 공산당의 미래는 무엇인가? 남한의 민주주의는 얼마나 안정적인가? 미일 동맹은 얼마나 안정적인가? 남한은 북한에 얼마나 원조를 제공할 것인가? 이러한 질문에 대한 답변은 북한의 미래에 대한 가능성의 범위를 암시한다고 볼 수 있다.

영구 평화와 통일의 밀알이 되기 위해서는 — 즉, 컨센서스에 의한 통일 시나리오 — 두 개의 한국이, 특히 더 강하고 안정적인 남한이 '실무 평화 체제' 탄생을 위한 일련의 작지만 실용적인 조치들을 취해야 한다.[48] 궁극적 목표로 민주적이고 평화적인 통일을 위해 헌신하고 있음에도, 이와 같은 기능적 접근을 지속하려면 다음과 같은 몇 가지 전제가 필요하다. 즉, ① 민족 통일 그 자체가 자동적으로 평화, 강대국, 번영, 민주주의를 의미하지 않는다. ② 남북 화해가 선결되지 않은 한반도 통일은 — 정말로 실무 평화 체제가 선결되지 않으면 — 모두에게 대참사를 향한 확실한 지름길이 될 것이다. ③ 두 개의 한국은 우선 국내에서의 변화와 함께 지역 화해를 위한 정치를 시작해야 한다. 그다음 그들이 가장 쉽게 합의에 도달할 수 있는 상호 관심 분야를 논의하여 기능적 평화 프로세스(functional peace process)를 시작해야 한다.

실무 평화 체제는 정체성의 차이를 수용한다는 전제에서 비로소 실행될 수 있는 것이다. 남북한의 모든 사회적·경제적 행위자들을 하나로 결속할 수 있는 토대가 마련되어야 그들을 움직이게 할 수 있다. 경제 분야에서 시작하는 이러한 기능적인 접근은 간헐적인 남북대화를 살아 움직이는 것으로 유지시키기 위한 바람직한 대중적 압력이나 파급효과를 제공할 수 있다. 동시에 관련 분야의 교류를 확대하도록 자극할 수 있다. 다양한 기능적 경로 시스템이

48 고전적 기능주의에 대해서는 Mitrany(1966) 참고.

란 '실용적 접근에 의한 점진적 평화(peace by pieces)'라는 기능적 국제관계 이론을 의미하는 것이다. 이에 따르면 남북한의 사회적·경제적 통합을 위한 유기적 요소인 작은 교류들(pieces)이 쌓이면 자연스럽게 실무 평화 체제로 이어질 것이다.

국가 간 전쟁의 종결을 연구하기 위해 인센티브 기반의 전략적 협상 방식을 활용하는 내전 분석가들은 전쟁을 강화講和로 이끌기 위해서는 협상, 합의 및 실행의 3단계 과정이 필요하다는 것을 인정하고 있다. 각 단계는 두 당사자가 ① 진지하게 분쟁 해결을 논의하기 위한, ② 최종 평화 협정과 새로운 분쟁 이후의 질서를 수용하기 위한, ③ 협정을 실제 이행하기 위한 특정한 결론에 도달했음을 암시한다. 두 개의 한국은 현재의 상황을 받아들일 수 없게 만드는 외인적 변화가 없는 한, 평화 협정에 대해서 진지하게 고려하지도 체결하지도 못할 것이다. 왜냐하면 협상에 의한 통일은 안정과 번영의 기간에 발생한다기보다는 오히려 남북이 현재의 분단 상황을 유지하기에 너무나 많은 비용이 소요되어 유지할 수 없다는 위기 상황에 직면해야 비로소 가능할 수 있기 때문이다(A. Kim, 2004: 210). 대한민국은 — 1997~1998년 금융위기 및 2004년 중반 노무현 대통령의 탄핵에도 불구하고 — 상대적으로 안정적이고 번영하는 반면, 북한은 불안정과 번영의 결핍에 대처하기 위한 대응 메커니즘을 발전시켰다. 이 때문에 두 개의 한국이 자신들의 체제 유지에 대한 욕망을 극복하고 어떤 종류의 대타협(grand compromise)에 이를 가능성은 희박해 보인다. 따라서 일련의 기능적인 연계 및 네트워크를 만들기 위한 단계별 접근 정책이 바람직할 것으로 보인다.

적절한 기능적 연계를 식별하는 데에는 갈등 관리 분석이 유용한 수단이다. 남북관계를 갈등 관리의 렌즈를 통해 접근한다면 낙관적인 여러 수단이 출현할 것이다. 갈등 관리 접근 방식을 사용하려면 몇 가지 오해, 즉 ① 모든 갈등은 본질적으로 나쁘거나 또는 위험하므로 그러한 것들은 발본되거나 해결되어야만 한다, ② 모든 무력 충돌이나 안보 딜레마에 대해서 단일 수준 또는 단일 요인의 해결책이 있다, ③ 그 진단과 처방은 항상 일치하고 있다는 오해를 불식시키는 것이 필요하다. 이와 같은 접근법은 과거 및 현재의 사고를 더 평화로운 미래창조를 향한 시각으로 체계화하는 방법 중 하나이다.

이러한 갈등 관리 접근 방법은 여러 가지 요인들을 융합할 수 있다는 이유로 국제관계 연구에서 유행하고 있다. 첫째, 강대국 간 전쟁 및 초강대국 간 경쟁이라는 전통적 관심은 국가 간 갈등 및 국가 정체성 형성 전쟁으로 그 초점이 변화했다. 둘째, 체계적 수준(systemic-level)의 변수에서 양자 수준(dyadic-level)의 상호작용 변수로 그 초점이 변화했다. 셋째, 국제 갈등과 관련해서는 좀 더 역동적이고 과정 지향적(process-oriented) 개념으로 초점이 변화했다. 마지막으로, 유일한 원인 또는 일원론적 단일요인 설명에서 갈등 분석 및 관리까지 다면적이고 다차원적 접근으로 초점이 변화했다(S. S. Kim and A. Kim, 2004).

갈등 관리 접근방식이 효과적이라는 증거는 여러 수준에서 다양한 유형의 행위자들 간 파트너십을 수용할 가능성이 높아진다는 데에 있다. 그 어떤 단일 행위자도 — 유엔, 지역 기구, 강대국, NGO — 가령 만성적인 한반도 갈등과 같은, 복잡한 무력 갈등의 성공적인 예방, 봉쇄, 또는 해결을 위한 필요한 자원, 방책, 전략을 갖고 있지 못하다. 갈등의 근원을 다루기 위해서는 분석의 각급 수준에서 적어도 한 묶음 이상의 개입 전략 또는 대응 메커니즘이 필요하다. 지역 및 글로벌 정세에서 한반도가 차지하고 있는 비중을 감안할 때, 남북 내부 간 갈등과 한반도를 넘어선 갈등 모두 해결되어야 할 필요가 있다.

에버슈타트는 최근 북한의 핵 문제를 둘러싼 교착상태는 불안정 균형(unstable equilibrium)임을 시사했다. 즉, 핵 교착 상태로 인해 북한의 핵 능력 확장 여지는 점점 더 커지고 있다는 것이다. 이러한 불안한 균형이 1년, 5년, 10년, 또는 그 이상 얼마나 지속될지는 알 수 없다. 그렇다면 우리가 풀어야 할 문제는 대체 무엇이 이 균형의 변동을 야기하느냐 하는 것이다. 북한에서의 일종의 반란 그리고 북한에 대한 외부 개입, 이 두 가지가 유망한 후보처럼 보인다(Eberstadt, 2004b: 438). 이처럼 협상을 통한 핵 위기 해결에 대해 많은 저항이 있음에도 불구하고, 심지어 에버슈타트조차 "모든 것을 고려했을 때 결국, 북한 핵 위기를 협상을 통해 최종적으로 해결한다면 북한의 주변 국가 모두에 즉각적이고 중기적인 안보 환경이 개선될 것"이라고 흔쾌하게 인정하고 있다. 그럼에도 에버슈타트는 평양은 협상을 수용하지 않을 것이라고 시사한다(Eberstadt, 2004b: 441).

외부 세계 — 서울, 베이징, 모스크바, 도쿄, 워싱턴 — 가 평양에 대응하는 방법은 북한이 외부 세계에 대응하는 방법과 밀접하게 관련되어 있다. 북한의 예측 불가능한 미래는 숙명적이라기보다는 오히려 가변성이 있다고 보아야 한다. 김일성 이후 체제의 미래에 대한 이러한 비결정적 이미지는 4대 강국 같은 외부 세계에 일정한 공간을 열어주는 것이기도 하다. 즉, 이 같은 비결정적 이미지가 외부 세계로 하여금 북한 지도자들이 향후 가능한 시나리오를 선택하는 데 도움을 줄 수도 있는 영향력 활용을 가능하게 해준다. 이처럼 4대 강국은 한반도 통일에 '제약과 기회(constraints and opportunities)'를 부과할 수는 있겠지만, 그러나 그들이 한반도 통일의 성격과 방향을 명령할 수는 없다(C. I. Moon, 2005: 10).

궁극적으로 실용적 접근에 의한 점진적 평화(peace-by-pieces) 방식이 한반도에만 한정되는 것은 아니다. 오히려 그것은 역사적으로 한반도 정세에 관여해온 4대 강국의 적극적 참여를 불러일으킬 것이다. 한반도 분쟁 해결에 유엔의 참여는 지금까지 제한적이었지만, 국제기구와 국제 NGO의 역할 증대가 있을 것이다. 비록 그것이 남북의 미래 경로에 대해 결정해야만 하는 국지적 수준 그리고 남북 양자 수준의 역할이라고 해도, 남북은 외부 행위자들을 고려하여 의사 결정을 할 것이며 그 결과 이들 외부 행위자들은 한반도의 화해와 통일의 방향을 결정하는 데에 중요한 역할을 하게 될 것이다.

1968년에 우주 비행사 프랭크 보먼(Frank Borman)은 글로벌 인류 정체성을 구현하기 위해서 우주선 아폴로 8호를 타고 달까지 약 24만 마일을 여행해야 했다. 그곳에서 바라본 지구는 그야말로 '하나의 세계'였다. '행동은 국지적으로 하되, 사고는 글로벌하게' 를 외치며 온 세계를 압도하는 세계화의 위력 덕분에 오늘날 두 개의 한국도 진정한 지구촌 안에 살고 있다. 이 최종 분석에서 가장 역설적이고 흥미로운 것은, 두 개의 한국이 통일에 대한 집착을 놓으면 놓을수록 통일에 더 가까이 다가갈 수 있을 것이라는 도교道教의 역설과 닮았다는 점이다. 서로 이질적인 요소들을 하나로 통합하기 위해서는, 우선 그들 각자의 길을 가게 해야 할 것이다.

참고문헌

국내 문헌

고병철 외. 1977.『북한외교론』. 서울: 경남대학교 극동문제연구소.

구영록. 1995.『한국의 국가이익』. 서울: 법문사.

국방부. 2000.『2000년 국방백서』. 서울: 국방부.

________. 2005.『2004년 국방백서』. 서울: 국방부.

세종연구소 엮음. 1995.『('95) 국민의식조사』. 성남: 세종연구소.

양성철·강성학 엮음. 1995.『북한외교정책』. 서울: 서울프레스.

와다 하루키(和田春樹). 1992.『김일성과 만주항일전쟁』. 이종석 옮김. 서울: 창작과 비평사.

외교부. 1979.『한국 외교 30년』. 서울: 외교부.

________. 1997.『외교백서 1997』. 서울: 외교부.

외교통상부. 1998.『한중 관계 현황 및 최근 중국 정세』. 서울: 외교통상부.

________. 1999.『외교백서 1998』. 서울: 외교통상부.

________. 2000.『외교백서 1999』. 서울: 외교통상부.

________. 2001.『외교백서 2000』. 서울: 외교통상부.

________. 2002.『외교백서 2001』. 서울: 외교통상부.

________. 2003.『외교백서 2002』. 서울: 외교통상부.

________. 2004.『외교백서 2003』. 서울: 외교통상부.

________. 2005.『외교백서 2004』. 서울: 외교통상부.

이종석. 2000.『북한-중국관계 1945-2000』. 서울: 중심.

킴, 새뮤얼[사뮤엘김(Kim, Samuel)]. 1997.「북미협상과 북한의 전략」.『북한의 협상전략과 남북한 관계』. 서울: 경남대학교극동문제연구소.

통일부. 2003a.『통일백서 2003』. 서울: 통일부.

________. 2003b.『2004 북한 개요』. 서울: 통일부.

________. 2004. 『통일백서 2004』. 서울: 통일부.

________. 2005. 『통일백서 2005』. 서울: 통일부.

한승주. 1995. 『세계화시대의 한국외교』. 서울: 지식산업사.

________. 1999. 「삼각 관계의 태동: 미국, 중국, 그리고 한반도」. ≪사상≫, 11, 29~70쪽.

황장엽. 1998. 『북한의 진실과 허위』. 서울: 통일정책연구소.

________. 1999. 『나는 역사의 진리를 보았다』. 서울: 한울.

국외 문헌

Acharya, Amitav. 2003/04. "Will Asia's Past Be Its Future?" *International Security*, 28(3), pp.149~164.

Acheson, Dean G. 1950. "Crisis in Asia: An Examination of United State Policy." *Department of State Bulletin*, January 23, pp.111~118(Originally delivered on January 12, 1950 at the National Press Club).

Ahn, Byung-Joon. 1994. "Korea's Future After Kim Il Sung." *Korea and World Affairs*, 18(3), pp.442~472.

Ahn, Byung-min. 2004. "ROK-Russia Summit to Boost Railway Link Project." *The Korea Times*, September 21.

Akaha, Tsuneo. 2002. "Japan's Policy Toward North Korea: Interests and Options." in Tsuneo Akaha(ed.). *The Future of North Korea*. New York: Routledge, pp.77~94.

Alagappa, Muthiah. 1998. "Introduction." in Muthiah Alagappa(ed.). *Asian Security Practice: Material and Ideational Influences*. Stanford, CA: Stanford University Press, pp.1~24.

________. 2003. "Preface." in Muthiah Alagappa(ed.). *Asian Security Order: Instrumental and Normative Features*. Stanford, CA: Stanford University Press, pp.ix~xv.

Almond, Gabriel A. and Stephen J. Genco. 1977. "Clouds, Clocks, and the Study of Politics." *World Politics*, 29(4), pp.489~522.

Altfeld, Michael F. 1984. "The Decision to Ally: A Theory and Test." *Western Political Quarterly*, 37(4), pp.523~544.

Angell, Norman. 1913. *The Great Illusion: A Study of the Relation of Military Power in Nations to Their Economic and Social Advantage*, 4th ed. New York: G. P.

Putnam's Sons.

Armacost, Michael H. and Kenneth B. Pyle. 2001. "Japan and the Unification of Korea: Challenges for U.S. Policy Coordination." in Nicholas Eberstadt and Richard J. Ellings(eds.). *Korea's Future and the Great Powers.* Seattle: University of Washington Press, pp.125~163.

Armstrong, Charles K. 1998. "'A Socialism of Our Style': North Korean Ideology in a Post-Communist Era." in Samuel S. Kim(ed.). *North Korean Foreign Relations in the Post-Cold War Era.* New York: Oxford University Press, pp.32~53.

________. 2001. "The Nature, Origins, and Development of the North Korean State." in Samuel S. Kim(ed.). *The North Korean System in the Post-Cold War Era.* New York: Palgrave, pp.39~63.

Armstrong, Charles K. et al.(eds.). 2006. *Korea at the Center: Dynamics of Regionalism in Northeast Asia.* Armonk, NY: M. E. Sharpe.

Arreguin-Toft, Ivan. 2001. "How the Weak Win Wars: A Theory of Asymmetric Conflict." *International Security*, 26(1), PP.93~128.

Auster, Bruce B. and Kevin Whitelaw. 2003 "Upping the Ante for Kim Jong Il: Pentagon Plan 5030, A New Blueprint for Facing Down North Korea." *U.S. News & World Report*, July 21, p.21.

Axelrod, Robert. 1984. *The Evolution of Cooperation.* New York: Basic Books.

Bacevich, Andrew. 2002. *American Empire: The Realities and Consequences of U.S. Diplomacy.* Cambridge, MA: Harvard University Press.

Bajanov, Evgeny. 1995. "Assessing the Politics of the Korean War, 1949-51." *Bulletin of Cold War International History Project*, 5.

Baldwin, David A. 1979. "Power Analysis and World Politics: New Trends Versus Old Tendencies." *World Politics*, 31, PP.161~194.

Baldwin, David A.(ed.). 1993. *Neorealism and Neoliberalism: The Contemporary Debate.* New York: Columbia University Press.

Barber, Benjamin R. 1995. *Jihad vs. McWorld: How the Planet is Both Falling Apart and Coming Together and What This Means for Democracy.* New York: Times Books.

________. 2003. *Fear's Empire: War, Terrorism, and Democracy.* New York: Norton.

Barry, Mark Philip. 1996. *Contemporary American Relations with North Korea: 1987-*

1994. PhD dissertation, Woodrow Wilson Department of Government and Foreign Affairs, University of Virginia, Charlottesville.

Barston, Ronald P. 1971. "The External Relations of Small States." in August Schou and Arne Olav Bruntland(eds.). *Small States in International Relations*. Stockholm: Almqvist & Wiskell, pp.39~56.

Bazhanov, Evgeny P. 2000a. "Russia's Policies Toward the Two Koreas." in Wonmo Dong(ed.). *The Two Koreas and the United States*. Armonk, NY: M. E. Sharpe, pp.147~165.

________. 2000b. "Russian Views of the Agreed Framework and the Four-Party Talks." in James Clay Moltz and Alexander Y. Mansourov(eds.). *The North Korean Nuclear Program: Security, Strategy and New Perspectives from Russia*. New York: Routledge, pp.219~235.

________. 2006. "Korea in Russia's Post Cold War Regional Political Context." in Charles K. Armstrong et al.(eds.). *Korea at the Center: Dynamics of Regionalism in Northeast Asia*. Armonk, NY: M. E. Sharpe, pp.214~226.

Bazhanov, Evgeny and Natalya Bazhanov. 1994. "The Evolution of Russian- Korean Relations." *Asian Survey*, 34(9), pp.789~798.

Bedeski, Robert E. 1995. "Sino-Korean Relations: Triangle of Tension, or Balancing a Divided Peninsula?" *International Journal*, 50, pp.516~538.

Bell, Daniel(ed.). 1967. *Toward the Year 2000: Work in Progress*. Boston: Beacon Press.

Beres, Louis Rene and Harry R. Targ. 1977. *Constructing Alternative World Futures: Reordering the Planet*. Cambridge, MA: Schenkman.

Berger, Thomas U. 1993. "From Sword to Chrysanthemum: Japan's Culture of Anti-Militarism." *International Security*, 17(4), pp.119~150.

________. 2000. "Set for Stability? Prospects for Conflict and Cooperation in East Asia." *Review of International Studies*, 26(3), pp.405~428.

________. 2003. "The Construction of Antagonism: The History Problem in Japan's Foreign Relations." in G. John Ikenberry and Takashi Inoguchi(eds.). *Reinventing the Alliance: US-Japan Security Partnership in an Era of Change*. New York: Palgrave Macmillan, pp.63~88.

________. 2004. "Japan's International Relations: The Political and Security Dimensions." in Samuel S. Kim(ed.). *The International Relations of Northeast Asia*. Boulder, CO: Rowman & Littlefield, pp.135~169.

________. 2005a. "The Politics of Memory in Japanese Foreign Relations." Unpublished manuscript, Department of International Relations, Boston University, Boston.

________. 2005b. "Of Shrines and Hooligans: The Structure of the History Problem in East Asia after 9/11." Unpublished manuscript, Department of International Relations, Boston University, Boston.

Betts, Richard K. 1993/94. "Wealth, Power, and Instability: East Asia and the United States After the Cold War." *International Security*, 18(3), pp.34~77.

Bin, Yu. 2004. "China-Russia Relations: Presidential Politicking and Proactive Posturing." *Comparative Connections* [Online], 6(1), pp.125~136. Available at http://www.csis.org/media/csis/pubs/0401q.pdf

Binder, Leonard, et al.(eds.). 1971. *Crises and Sequences in Political Development*. Princeton, NJ: Princeton University Press.

Bleiker, Roland. 2004. "Identity, Difference, and the Dilemmas of Inter-Korean Relations: Insights from Northern Defectors and the German Precedent." *Asian Perspective*, 28(2), pp.35~63.

________. 2005. *Divided Korea: Toward a Culture of Reconciliation*. Minneapolis: University of Minnesota Press.

Bloom, William. 1990. *Personal Identity, National Identity and International Relations*. New York: Cambridge University Press.

Boot, Max. 2001. "The Case for American Empire." *The Weekly Standard*, 7(5),27.

Bridges, Brian. 1993. *Japan and Korea in the 1990s: From Antagonism to Adjustment*. Bookfield, VT: Edward Elgar.

Brooks, Stephen G. and William C. Wohlforth. 2000/01. "Power, Globalization, and the End of the Cold War: Reevaluating a Landmark Case for Ideas." *International Security*, 25(3), pp.5~53.

Brzezinski, Zbigniew. 1997. *The Grand Chessboard: American Primacy and Its Geostrategic Imperatives*. New York: Basic Books.

Bueno de Mesquita, Bruce and David Lalman. 1992. *War and Reason: Domestic and International Imperatives*. New Haven, CT: Yale University Press.

Bull, Hedley. 1977. *The Anarchical Society: A Study of Order in World Politics*. New York: Columbia University Press.

Bulychev, Georgy. 2005. "A Long-Term Strategy for North Korea." *Japan Focus* [Online], February 15. Available at http://japanfocus.org/article.asp?id=222

Burrows, William E. and Robert Windrem. 1994. *Critical Mass: The Dangerous Race for Superweapons in a Fragmenting World*. New York: Simon & Schuster.

Buruma, Ian. 1994. *The Wages of Guilt: Memories of War in Germany and Japan*. New York: Farrar, Straus and Giroux.

Buzan, Barry. 1991. *People, States and Fear: An Agenda for International Security Studies in the Post-Cold War Era*, 2nd ed. Boulder, CO: Lynne Rienner.

Buzan, Barry and Gerald Segal. 1994. "Rethinking East Asian Security." *Survival*, 36(2), pp.3~21.

Buzan, Barry and Rosemary Foot(eds.). 2004. *Does China Matter? A Reassessment*. London: Routledge. 5

Buzo, Adrian. 1999. *The Guerilla Dynasty: Politics and Leadership in North Korea*. Boulder, CO: Westview Press.

Cai, Jianwei(ed.). 1996. *Zhongguo da zhanlue: lingdao shijie da lantu* [*China's Grand Strategy: A Blueprint for World Leadership*]. Haikou, China: Hainan hubanshe.

Calder, Kent C. 1988. *Crisis and Compensation*. Princeton, NJ: Princeton University Press.

________. 1989. "The North Pacific Triangle: Sources of Economic and Political Transformation." *Journal of Northeast Asian Studies*, 8, pp.3~17.

Carr, E. H. 1958. *The Twenty Years' Crisis 1919-1939: An Introduction to the Study of International Relations*. New York: St. Martin's Press.

Carter, Ashton B. and William J. Perry. 1999. *Preventive Defense: A New Security Strategy for America*. Washington, DC: Brookings Institution Press.

Cha, Victor D. 1997. "Korean Unification: The Zero-Sum Past and the Precarious Future." *Asian Perspective*, 21(3), pp.63~92.

________. 1999a. *Alignment Despite Antagonism: The United States-Korea-Japan Security Triangle*. Stanford, CA: Stanford University Press.

________. 1999b. "Engaging China: Seoul-Beijing *Détente* and Korean Security." *Sur-*

vival, 41, pp.73~98.

________. 2000a. "Japan's Grand Strategy on the Korean Peninsula: Optimistic Realism." *Japanese Journal of Political Science*, 1(2), pp.249~274.

________. 2000b. "The Security Domain of South Korea's Globalization." in Samuel S. Kim(ed.). *Korea's Globalization*. New York: Cambridge University Press, pp.217~241.

________. 2001a. "Japan-Korea Relations: Ending 2000 with a Whimper, Not a Bang." *Comparative Connections* [Online], 2(4), pp.88~93. Available at www.csis.org/media/csis/pubs/0401q.pdf

________. 2001b. "Japan-Korea Relations: History Haunts, Engagement Dilemmas." *Comparative Connections* [Online], 3(1), pp.104~112. Available at www.csis.org/media/csis/pubs/0101q.pdf

________. 2001c. "Japan-Korea Relations: Quicksand." *Comparative Connections* [Online], 3(3), pp.101~107. Available at www.csis.org/media/csis/pubs/0103q.pdf

________. 2003. "South Korea: Anchored or Adrift?" in Richard J. Ellings and Aaron L. Friedberg(eds.). *Strategic Asia 2003-04: Fragility and Crisis*. Seattle: The National Bureau of Asian Research, pp.109~130.

Cha, Victor D. and David C. Kang. 2003. *Nuclear North Korea: A Debate on Engagement Strategies*. New York: Columbia University Press.

Chace, James. 2002. "Imperial America and the Common Interest." *World Policy Journal*, Spring, pp.1~9.

Chanda, Nayan. 2001. "Kim Flirts with Chinese Reform." *Far Eastern Economic Review*, February 8, 26.

Chang, Iris. 1997. *The Rape of Nanking: The Forgotten Holocaust of WorldWar II*. New York: Penguin.

Chang, Parris H. 1993. "Beijing's Policy Toward Korea and PRC-ROK Normalization of Relations." in Manwoo Lee and Richard W. Mansbach(eds.). *The Changing Order in Northeast Asia and the Korean Peninsula*. Seoul: The Institute for Far Eastern Studies, Kyungnam University, pp.155~172.

Chang, Sung-hwan. 1974. "Russian Designs on the Far East." in Taras Hunszak(ed.). *Russian Imperialism from Ivan the Great to the Revolution*. New Brunswick, NJ:

Rutgers University Press.

Chen, Qimao. 1993a. "The Role of the Great Powers in the Process of Korean Reunification." in Amos A. Jordan(ed.). *Korean Unification: Implications for Northeast Asia*. Washington, DC: Center for Strategic and International Studies, pp.59~79.

________. 1993b. "New Approaches in China's Foreign Policy: The Post-Cold War Era." *Asian Survey*, 33(3), pp.237~251.

Chicago Council on Foreign Relations. 2004. *Global Views 2004: Comparing South Korean and American Public Opinion and Foreign Policy*. Chicago: Chicago Council on Foreign Relations.

Cho, Soon Sung. 1967. *Korea in World Politics 1940-1950: An Evaluation of American Responsibility*. Berkeley: University of California Press.

Choucri, Nazli and Thomas Robinson(eds.). 1978. *Forecasting in International Relations*. San Francisco: Freeman.

Christensen, Thomas J. 1992. "Threats, Assurances, and the Last Chance for Peace: The Lessons of Mao's Korean War Telegrams." *International Security*, 17(1), pp.122~154.

________. 1996. *Useful Adversaries: Grand Strategy, Domestic Mobilization, and Sino-American Conflict, 1947-1958*. Princeton, NJ: Princeton University Press.

________. 2001. "Posing Problems Without Catching Up: China's Rise and Challenges for U.S. Security Policy." *International Security*, 25(4), pp.5~40.

Chufrin, Gennady(ed.). 1999. *Russia and Asia: The Emerging Security Agenda*. New York: Oxford University Press.

Chun, Chae-sung. 2001. "The Cold War and Its Transition for Koreans: The Meaning from a Constructivist Viewpoint." in Chung-in Moon, Odd Arne Westad and Gyoo-hyoung Kahng(eds.). *Ending the Cold War in Korea: Theoretical and Historical Perspectives*. Seoul: Yonsei University Press, pp.115~145.

Chun, Hae-jong. 1968. "Sino-Korean Tributary Relations in the Ch'ing Period." in John K. Fairbank(ed.). *The Chinese World Order: Traditional China's Foreign Relations*. Cambridge, MA: Harvard University Press, pp.90~111.

Chun, Hongchan and Charles E. Ziegler. 1997. "The Russian Federation and South Korea." in Stephen J. Blank and Alvin Z. Rubinstein(eds.). *Imperial Decline:*

Russia's Changing Role in Asia. Durham, NC: Duke University Press, pp.185~210.

Chun, In Young. 1977. *North Korea and the United States, 1955-1972: A Study of North Korea's Hostility Toward the United States*. PhD dissertation, University of Cincinnati, Cincinnati, OH.

Chung, Chong-wook. 1999 "Limitations of South Korea-China Military Cooperation." *Korea Focus*, 7(5), pp.97~99.

Chung, JaeHo. 1993. "The Political Economy of South Korea-China Bilateralism: Origins, Progress, and Prospects." in Ilpyong Kim and Hong Pyo Lee(eds.). *Korea and China in a New World: Beyond Normalization*. Sungnam: Sejong Institute, pp.257~309.

________. 2001. "South Korea Between Eagle and Dragon: Perceptual Ambivalence and Strategic Dilemma." *Asian Survey*, 41(5), pp.777~796.

Chung, Jin-Young. 2003. "Cost Sharing for USFK inTransition: Whither the ROKU. S. Alliance?" in Donald W. Boose, Jr. et al.(eds.). *Recalibrating the U.S.-Republic of Korea Alliance*. Carlisle, PA: Strategic Studies Institute, U.S. Army War College, pp.35~53.

Clough, Ralph. 1987. *Embattled Korea: The Rivalry for International Support*. Boulder, CO: Westview Press.

Connor, Walker. 1978. "A Nation Is a Nation, Is a State, Is an Ethnic Group, Is a…." *Ethnic and Racial Studies*, 1(4), pp.377~400.

Connolly, William E. 1991. *Identity/Difference: Democratic Negotiations of Political Paradox*, Ithaca, NY: Cornell University Press.

Cotton, James. 1998. "The Rajin-Sonbong Free Trade Zone Experiment: North Korea in Pursuit of New International Linkage." in Samuel S. Kim(ed.). *North Korean Foreign Relations in the Post-Cold War Era*. New York: Oxford University Press, pp.212~234.

Council on Foreign Relations. 1999a. "U.S. Policy Toward North Korea: A Second Look[Online]." *Task Force Report*, No.24, july. New York: Council on Foreign Relations Press. Available at http://www.cfr.org/publication.html?id=3205

________. 1999b, October. *Safeguarding Prosperity in a Global Financial System: The Future International Financial Architecture*. Task Reforce Report No.25, New

York: Council on Foreign Relations Press.

________. 2003 *Meeting the North Korean Nuclear Challenge: Report of an Independent Task Force Sponsored by the Council on Foreign Relations*. New York: Council on Foreign Relations Press.

Crocker, Chester A., Fen Osler Hampson and Pamela Aall. 2004. *Taming Intractable Conflicts: Mediation in the Hardest Cases*. Washington, DC: United States Institute of Peace Press.

Cruz, Consuelo. 2000. "Identity and Persuasion: How Nations Remember Their Pasts and Make Their Futures." *World Politics*, 52(3), pp.275~312.

Cumings, Bruce. 1981. *The Origins of the Korean War: Liberation and the Emergence of Separate Regimes 1945-1947*. Princeton, NJ: Princeton University Press.

________. 1984. "The Political Economy of China's Turn Outward." in Samuel S. Kim (ed.). *China and the World: Chinese Foreign Policy in the Post-Mao Era*. Boulder, CO: Westview Press, pp.235~265.

________. 1990. *The Origins of the Korean War, Vol. II: The Roaring of the Cataract 1947-1950*. Princeton, NJ: Princeton University Press.

________. 1997. *Korea's Place in the Sun*. New York: W. W. Norton.

________. 2004. "Anti-Americanism in the Republic of Korea." *Joint U.S.-Korea Academic Studies*, 14, pp.205~229.

Davis, Zachary S. et al. 1994. "Korea: Procedural and Jurisdictional Questions Regarding Possible Normalization of Relations with North Korea." Congressional Research Service, Report for Congress 94-933, November 29.

Denisov, V. I. 1997. "Russia and the Problem of Korean Unification." in Tae-Hwan Kwak(ed.). *The Four Powers and Korean Unification Strategies*. Seoul: Institute for Far Eastern Studies, Kyungnam University, pp.35~47.

Deng, Yong and Fei-Ling Wang(eds.). 2005. *China Rising: Power and Motivation in Chinese Foreign Policy*. Lanham, MD: Rowman & Littlefield.

Desch, Michael C. 1998. "Culture Clash: Assessing the Importance of Ideas in Security Studies." *International Security*, 23(1), pp.141~170.

Deudney, Daniel and G. John Ikenberry. 1991. "Soviet Reform and the End of the Cold War: Explaining Large-Scale Historical Change." *Review of International Studies*

17, pp.225~250.

Deutsch, Karl W. 1967. *Political Community and the North Atlantic Area*. New York: Greenwood Press.

________. 1988. *The Analysis of International Relations*. Englewood Cliffs, NJ: Prentice Hall.

Dittmer, Lowell. 1992. *Sino-Soviet Normalization and Its International Implications*. Seattle: University of Washington Press.

________. 2004. "The Emerging Northeast Asian Regional Order." in Samuel S. Kim (ed.). *The International Relations of Northeast Asia*. Lanham, MD: Rowman & Littlefield, pp.331~362.

Dittmer, Lowell and Samuel S. Kim. 1993a. "In Search of a Theory of National Identity." in Lowell Dittmer and Samuel S. Kim(eds.). *China's Quest for National Identity*. Ithaca, NY: Cornell University Press, pp.1~31.

________(eds.). 1993b. *China's Quest for National Identity*. Ithaca, NY: Cornell University Press.

Dong, Wonmo. 2000. *The Two Koreas and the United States*. Armonk, NY: M. E. Sharpe.

Dong, Yong-seung. 2001. "After the Summit: The Future of Inter-Korean Economic Cooperation." *East Asian Review*, 13(2), pp.75~96.

Doyle, Michael. 1983a. "Kant, Liberal Legacies, and Foreign Affairs." *Philosophy and Public Affairs*, 12, pp.205~235.

________. 1983b. "Kant, Liberal Legacies, and Foreign Affairs, Part 2." *Philosophy and Public Affairs*, 12, pp.323~353.

Drake, Frederick C. 1984. *The Empire of the Seas: A Biography of Rear Admiral Robert Wilson Shufeldt, USN*. Honolulu: University of Hawaii Press.

Drennan, William. 1998a, October. "Special Report No. 38: Mistrust and the Korean Peninsula: Dangers of Miscalculation." Washington, DC: U.S. Institute for Peace. Available at http://www.usip.org/pubs/specialreports/early/sr korea.html

________. 1998b. "The U.S. Role in Korean Reunification." *Korea and World Affairs*, 22(2), pp.159~176.

Eberstadt, Nicholas. 1993. "North Korea: Reform, Muddling Through, or Collapse?" *NBR Analysis*, 4(3), pp.5~16.

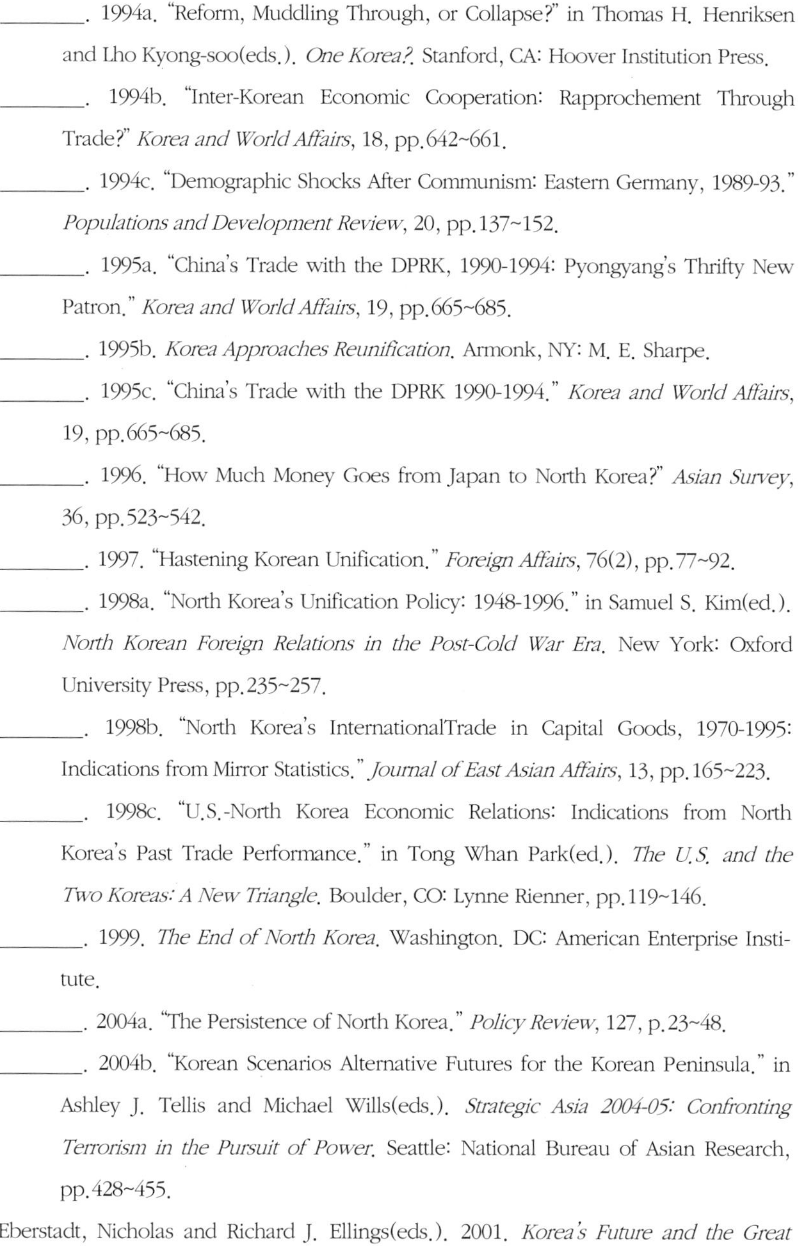

________. 1994a. "Reform, Muddling Through, or Collapse?" in Thomas H. Henriksen and Lho Kyong-soo(eds.). *One Korea?*. Stanford, CA: Hoover Institution Press.

________. 1994b. "Inter-Korean Economic Cooperation: Rapprochement Through Trade?" *Korea and World Affairs*, 18, pp.642~661.

________. 1994c. "Demographic Shocks After Communism: Eastern Germany, 1989-93." *Populations and Development Review*, 20, pp.137~152.

________. 1995a. "China's Trade with the DPRK, 1990-1994: Pyongyang's Thrifty New Patron." *Korea and World Affairs*, 19, pp.665~685.

________. 1995b. *Korea Approaches Reunification*. Armonk, NY: M. E. Sharpe.

________. 1995c. "China's Trade with the DPRK 1990-1994." *Korea and World Affairs*, 19, pp.665~685.

________. 1996. "How Much Money Goes from Japan to North Korea?" *Asian Survey*, 36, pp.523~542.

________. 1997. "Hastening Korean Unification." *Foreign Affairs*, 76(2), pp.77~92.

________. 1998a. "North Korea's Unification Policy: 1948-1996." in Samuel S. Kim(ed.). *North Korean Foreign Relations in the Post-Cold War Era*. New York: Oxford University Press, pp.235~257.

________. 1998b. "North Korea's InternationalTrade in Capital Goods, 1970-1995: Indications from Mirror Statistics." *Journal of East Asian Affairs*, 13, pp.165~223.

________. 1998c. "U.S.-North Korea Economic Relations: Indications from North Korea's Past Trade Performance." in Tong Whan Park(ed.). *The U.S. and the Two Koreas: A New Triangle*. Boulder, CO: Lynne Rienner, pp.119~146.

________. 1999. *The End of North Korea*. Washington. DC: American Enterprise Institute.

________. 2004a. "The Persistence of North Korea." *Policy Review*, 127, p.23~48.

________. 2004b. "Korean Scenarios Alternative Futures for the Korean Peninsula." in Ashley J. Tellis and Michael Wills(eds.). *Strategic Asia 2004-05: Confronting Terrorism in the Pursuit of Power*. Seattle: National Bureau of Asian Research, pp.428~455.

Eberstadt, Nicholas and Richard J. Ellings(eds.). 2001. *Korea's Future and the Great Powers*. Seattle: University of Washington Press.

Eckert, Carter J. 1991. *Offspring of Empire: The Koch'ang Kims and the Colonial Origins of Korean Capitalism, 1876-1945*. Seattle: University of Washington Press.

Eckert, Carter et al. 1991. *Korea Old and New: A History*, Cambridge, MA: Harvard University Press.

Eland, Ivan. 2002. "The Empire Strikes Out: The 'New Imperialism' and Its Fatal Flaws." *Policy Analysis*, 459, pp.1~27.

Ellings, Richard J. and Aaron L. Friedberg(eds.). 2002. *Strategic Asia 2002-03: Asian Aftershocks*. Seattle: National Bureau of Asian Research.

Ellison, Herbert J. 2001. "Russia, Korea, and Northeast Asia." in Nicholas Eberstadt and Richard J. Ellings(eds.). *Korea's Future and the Great Powers*. Seattle: University of Washington Press, pp.164~187.

Elman, Miriam Fendius. 1995. "The Foreign Policies of Small States: Challenging Neorealism in Its Own Backyard." *British Journal of Political Science*, 25, pp.171~217.

Erikson, Erik H. 1946. "Ego Development and Historical Change." *Psychoanalytic Study of the Child*, 2, pp.359~396.

________. 1956. "The Problem of Ego Identity." *Journal of the American Psychoanalytic Association*, 4, pp.56~121.

________. 1959. "Identity and the Life Cycle: Selected Papers by Erik H. Erikson." *Psychological Issues*, 1, pp.1~171.

________. 1963. *Childhood and Society*, 2nd ed. New York: Norton.

________. 1965. *The Challenge of Youth*. Garden City, NY: Doubleday, Anchor.

________. 1968. "Identity and Identity Diffusion." in Chad Gordon and Kenneth J. Gergen(eds.). *The Self in Social Interaction*. New York: Wiley, pp.197~205.

________. 1974. *Dimensions of a New Identity*. New York: Norton.

Fairbank, John K.(ed.). 1968. *The Chinese World Order: Traditional China's Foreign Relations*. Cambridge, MA: Harvard University Press.

Falk, Richard A. 1975. *A Study of Future Worlds*. New York: Free Press.

________. 2003, March 24. "Will the Empire Be Fascist?" Available at http://www.transnational.org/forum/meet/2003/Falk FascistEmpire.html

Falk, Richard A. and Samuel S. Kim. 1982. *An Approach to World Order Studies and the*

World System. New York: Institute for World Order.

Falk, Richard A., Samuel S. Kim and Saul H. Mendlovitz(eds.). 1982. *Studies on a Just World Order, Vol. I: Toward a Just World Order*. Boulder, CO: Westview Press.

________. 1991. *Studies on a Just World Order, Vol. III: The United Nations and a Just World Order*. Boulder, CO: Westview Press.

Feffer, John. 2003. *North Korea South Korea: U.S. Policy at a Time of Crisis*. New York: Seven Stories Press.

________. 2005. "Korea's Slow-Motion Reunification." Policy Forum Online 05-53A: June 28, 2005. Available at http://www.nautilus.org/fora/security/0553Feffer.html

________. 2006. "Grave Threats and Grand Bargains: The United States and Regional Order in Northeast Asia." in John Feffer(ed.). *The Future of U.S.-Korean Relations*. New York: Routledge, pp.178~199.

Ferguson, Joseph. 2003. "Russia's Role on the Korean Peninsula and Great Power Relations in Northeast Asia: Ramifications for the U.S.-ROK Alliance." *NBR Analysis*, 14(1), pp.1~14.

Ferguson, Niall. 2004. *Colossus: The Price of America's Empire*. New York: Penguin Press.

Foot, Rosemary. 2003. "The UN System as a Pathway to Security in Asia: A Buttress, Not a Pillar." in Muthiah Alagappa(ed.). *Asian Security Order: Instrumental and Normative Features*. Stanford, CA: Stanford University Press, pp.311~345.

Foster-Carter, Aidan. 1992. *Korea's Coming Unification*. Economist Intelligence Unit M2, London: Economist Intelligence Unit.

________. 1994. "Korea: Sociopolitical Realities of Reuniting a Divided Nation." in Thomas H. Hendricksen and Lho Kyong-soo(eds.). *One Korea?*. Stanford, CA: Hoover Institution Press, pp.31~47.

________. 1998. "Regime Dynamics in North Korea: An European Perspective." in Chung-in Moon(ed.). *Understanding Regime Dynamics in North Korea: Contending Perspectives and Comparative Implications*. Seoul: Yonsei University Press, pp.113~139.

________. 2003. "North Korea-South Korea Relations: Symbolic Links, Real Gaps." *Comparative Connections*[Online], 5(2), pp.91~100. Available at http://www.

csis.org/media/csis/pubs/0302q.pdf

Friedberg, Aaron L. 1993/94. "Ripe for Rivalry: Prospects for Peace in a Multipolar Asia." *International Security*, 18(3), pp.5~33.

________. 2000. "Will Europe's Past Be Asia's Future?" *Survival*, 42(3), pp.147~159.

Friedman, Thomas. 1999. *The Lexus and the Olive Tree*. New York: Farrar Straus Giroux.

Fukuyama, Francis. 1989. "The End of History?" *National Interest*, Summer, pp.3~18.

________. 1992. *The End of History and the Last Man*. New York: Free Press.

Funabashi, Yoichi. 1991/92. "Japan and the New World Order." *Foreign Affairs*, 70(5), pp.58~74.

Gaddis, John Lewis. 1992/93. "International Relations Theory and the End of the Cold War." *International Security*, 17(3), pp.5~58.

Galtung, Johan. 1976. "On the Future, Future Studies and Future Attitudes." in H. Ornauer et al.(eds.). *Images of the World in the Year 2000: A Comparative Ten Nation Study*. Atlantic Highlands, NJ: Humanities Press, pp.3~21.

________. 1980. *The True Worlds: A Transnational Perspective*. New York: Free Press.

Garrett, Banning and Bonnie Glaser. 1995. "Looking Across the Yalu: Chinese Assessments of North Korea." *Asian Survey*, 35(6), pp.528~545.

Garver, John W. 1998. "Sino-Russian Relations." in Samuel S. Kim(ed.). *China and the World: Chinese Foreign Policy Faces the New Millennium*. Boulder, CO: West view Press, pp.114~132.

Gellner, Ernest. 1983. *Nations and Nationalisms*. Ithaca, NY: Cornell University Press.

George, Alexander L. 1993. *Bridging the Gap: Theory and Practice in Foreign Policy*. Arlington, VA: U.S. Institute of Peace Press.

Gerth, H. H. and C. Wright Mills(eds.). 1958. *From Max Weber: Essays in Sociology*. New York: Oxford University Press.

Gills, Barry K. 1996. *Korea Versus Korea: A Case of Contested Legitimacy*. New York: Routledge.

Gilpin, Robert. 1981. *War and Change in World Politics*. New York: Cambridge University Press.

Goldstein, Avery. 2005. *Rising to the Challenge: China's Grand Strategy and International*

Security. Stanford, CA: Stanford University Press.

Goncharov, Sergei N., John W. Lewis and Xue Litai. 1993. *Uncertain Partners: Stalin, Mao, and the Korean War*. Stanford, CA: Stanford University Press.

Gong, Gerrit W.(ed.). 1996. *Remembering and Forgetting: The Legacy of War and Peace in East Asia*. Washington, DC: Center for Strategic and International Studies.

Gorbachev, Mikhail. 1987. *Realities and Guarantees for a Secure World*. Moscow: Novosti Press Agency.

Good Friends. 1999. "The Report on Daily Life and Human Rights of North Korean Food Refugees in China." Available at http://www.jungto.org/gf

Green, Michael. 1997. "North Korean Regime Crisis: U.S. Perspectives and Responses." *Korean Journal of Defense Analysis*, 9, pp.7~25.

________. 2000, July 31. "Why Tokyo Will Be a Larger Player in Asia." Northeast Asia Peace And Security Network Special Report.

________. 2001. *Japan's Reluctant Realism: Foreign Policy Challenges in an Era of Uncertain Power*. New York: Palgrave.

Grimes, William W. 2000. "Japan and Globalization: From Opportunity to Restraint." in Samuel S. Kim(ed.). *East Asia and Globalization*. Lanham, MD: Rowman & Littlefield, pp.55~79.

Grinker, Roy Richard. 1998. *Korea and Its Futures: Unification and the Unfinished War*. New York: St. Martin's Press.

Gross, Donald G. 2005. "U.S.-Korea Relations: South Korea Confronts U.S. Hardliners on North Korea." *Comparative Connections* [Online], 6(4), pp.47~57. Available at http://www.csis.org/media/csis/pubs/0404q.pdf

Gurtov, Melvin. 1994. "The Future of China's Rise." *Asian Perspective*, 18(1), pp.109~128.

________. 2002. "Common Security in North Korea: Quest for a New Paradigm in Inter-Korean Relations." *Asian Survey*, 42(3), pp.397~418.

Gurtov, Melvin and Peter Van Ness(eds.). 2005. *Confronting the Bush Doctrine: Critical Views from the Asia-Pacific*. London and New York: RoutledgeCurzon.

Ha, Yong Chool. 1994. "Russo-North Korean Relations in Transition." in Doug Joong Kim(ed.). *Foreign Relations of North Korea During Kim Il Sung's Last Days*.

Sungnam: Sejong Institute, pp.331~355.

Haas, Ernst. 1986. "What Is Nationalism and Why Should We Study It?" *International Organization*, 40, pp.707~744.

Habeeb, William. 1988. *Power and Tactics in International Negotiation: How Week Nations Bargain with Strong Nations*. Baltimore: The Johns Hopkins University Press.

Habermas, Jürgen. 1973. *Legitimation Crisis*. translated by Thomas McCarthy. Boston: Beacon.

________. 1994. "Citizenship and National Identity." in Bart van Steenbergen(ed.). *The Condition of Citizenship*. London: Sage, pp.20~35.

Haftendorn, Helga, Robert O. Keohane and Celeste A. Wallander(eds.). 1999. *Imperfect Unions: Security Institutions over Time and Space*. New York: Oxford University Press.

Haggard, Stephan. 1990. *Pathways from the Periphery: The Politics of Growth in the Newly Industrializing Countries*. Ithaca, NY: Cornell University Press.

Haggard, Stephan and Marcus Noland. 2005. *Hunger and Human Rights: The Politics of Famine in North Korea*. Washington, DC: U.S. Committee for Human Rights in North Korea.

Haggard, Stephan, David Kang and Chung-in Moon. 1997. "Japanese Colonialism and Korean Development: A Critique." *World Development*, 25(6), pp.867~881.

Hahm, Chaibong and Kim Seog-gun. 2001. "Remembering Japan and North Korea: The Politics of Memory in South Korea." in Gerrit W. Gong(ed.). *Memory and History in East and Southeast Asia: Issues of Identity in International Relations*. Washington, DC: CSIS Press, pp.101~112.

Hall, Rodney Bruce. 1999. *National Collective Identity: Social Constructs and International Systems*. New York: Columbia University Press.

Halloran, Richard. 1997. "Korean Reunification and the United States: A Futuristic and Speculative Assessment." in Dalchoong Kim and Chung-in Moon(eds.). *History, Cognition, and Peace in East Asia*. Seoul: Yonsei University Press, pp.215~233.

Hampden-Turner, Charles. 1970. *Radical Man*. Cambridge, MA: Schenkman.

Han, Sang-Jin. 2004. "Korea and U.S. Culture: Cultural Interaction from a Korean Perspective." *Pacific Partners: Korean-American Relations in the Twentyfirst Century.* Proceedings of the Conference on Enhancing the Partnership Between Korea and the United States in the Twenty-First Century, The Center for Korean Studies, University of Hawaii, Manoa.

Han, Sung-Joo. 1993. "Fundamentals of Korea's New Diplomacy." *Korea and World Affairs*, 17(2), pp.227~245.

Handel, Michael. 1981. *Weak States in the International System.* London: Frank Cass.

Hao, Yufan and Zhai Zhihai. 1990. "China's Decision to Enter the Korean War: History Revisited." *The China Quarterly*, 121, pp.94~115.

Harding, Harry. 1995. "The New Regime in North Korea and Its Future: Principal Scenarios." in *The Future of North Korea: Implications for the Korean Peninsula and Northeast Asia.* Seoul: The Institute of Foreign Affairs and National Security, pp.21~37.

Harrison, Selig. 1996. *Japan's Nuclear Future: The Plutonium Debate and East Asian Security.* Washington, DC: Carnegie Endowment for International Peace.

________. 1998a. "North Korea from the Inside Out." *Washington Post*, 21 June, p.C01.

________. 1998b. "U.S. Policy Toward North Korea." in Dae-Suk Suh and Chae Jin Lee (eds.). *North Korea After Kim Il Sung.* Boulder, CO: Lynne Rienner, pp.61~83.

________. 2002. *Korean Endgame: A Strategy for Reunification and U.S. Disengagement.* Princeton, NJ: Princeton University Press.

________. 2004. *Ending the North Korean Nuclear Crisis: A Proposal by the Task Force on U.S. Korea Policy.* Chicago: The Center for International Policy and the Center for East Asian Studies, University of Chicago.

________. 2005a. "Did North Korea Cheat?" *Foreign Affairs*, 84(1), pp.99~110.

________. 2005b. "Harrison Replies." *Foreign Affairs*, 84(2), pp.146~148.

Hart, Tom. 2001. "The PRC-DPRK Rapprochement and China's Dilemma in Korea." *Asian Perspective*, 25(3), pp.247~259.

Hart-Landsberg, Martin. 1998. *Korea: Division, Reunification, and U.S. Foreign Policy.* New York: Monthly Review Press.

Haselden, Carl E. 2002/03. "The Effects of Korean Unification on the U.S. Military Presence in Northeast Asia." *Parameters*, Winter, pp.120~132.

Hauner, Milan. 1992. *What Is Asia to Us? Russia's Asian Heartland Yesterday and Today.* London: Routledge.

Hayes, Peter. 1988. "American Nuclear Hegemony in Korea." *Journal of Peace Research*, 25(4), pp.351~364.

________. 1991. *Pacific Powderkeg: American Nuclear Dilemmas in Korea.* Lexington, MA: Lexington Books.

________. 1993b. "The Republic of Korea and the Nuclear Issue." in Andrew Mack(ed.). *Asian Flashpoint.* Canberra, Australia: Allen & Unwin, pp.51~83.

________. 1994c. "Should the United States Supply Light-Water Reactors to Pyongyang?" *The Korean Journal of Defense Analysis*, 6, pp.179~221.

________. 2003. "Bush's Bipolar Disorder and the Looming Failure of Multilateral Talks with North Korea." *Arms Control Toda*, 33(8), pp.3~6.

Hayes, Peter, Lyuba Zarsky and Walden Bello. 1986. *American Lake: Nuclear Peril in the Pacific.* New York: Penguin Books.

Held, David. 1995. *Democracy and the Global Order: From the Modern State to Cosmopolitan Governance.* Stanford, CA: Stanford University Press.

Heginbotham, Eric and Richard Samuels. 1998. "Mercantile Realism and Japanese Foreign Policy." *International Security*, 22(4), pp.171~203.

Henderson, Gregory. 1974. "Korea," in Gregory Henderson, Richard Ned Lebow and John G. Stoessinger(eds.). *Divided Nations in a Divided World.* New York: McKay, pp.43~96.

Hicks, George. 1997. *Japan's War Memories: Amnesia or Concealment?* Aldershot: Ashgate.

Hirschman, Albert O. 1980. *National Power and the Structure of Foreign Trade.* Exp. (ed.). Berkeley: University of California Press.

Hoffmann, Stanley. 2003. "The High and the Mighty: Bush's National-Security Strategy and the New American Hubris." *The American Prospect*, January 13, pp.28~31.

Holsti, K. J. 1996. *The State, War, and the State of War.* New York: Cambridge University Press.

Hong, Soon-young. 1999. "Thawing Korea's Cold War: The Path to Peace on the Korean Peninsula." *Foreign Affairs*, 78, pp.8~12.

Hoover, Kenneth R. 1975. *A Politics of Identity: Liberation and the Natural Community.* Urbana: University of Illinois Press.

Hopf, Ted. 1998. "The Promise of Constructivism in International Relations Theory." *International Security*, 23(1), pp.171~200.

________. 2002. *Social Construction of International Politics: Identities and Foreign Policies.* Ithaca, NY: Cornell University Press.

Hosking, Geoffrey. 1997. *Russia: People and Empire.* Cambridge, MA: Harvard University Press.

Howard, Michael. 1979. "War and the Nation-State." *Daedalus*, 108(4), pp.101~110.

Hu, Weixing. 1995. "Beijing's Defense Strategy and the Korean Peninsula." *Journal of Northeast Asian Studies*, 14, pp.50~67.

Hughes, Christopher W. 1999. *Japan's Economic Power and Security: Japan and North Korea.* New York: Routledge.

Huntington, Samuel. 1991. *The Third Wave: Democratization in the Late Twentieth Century.* Norman: University of Oklahoma Press.

________. 1996. *The Clash of Civilizations and the Remaking of World Order.* New York: Simon & Schuster.

________. 1999. "The Lonely Superpower." *Foreign Affairs*, 78(2), pp.35~49.

Hwang, Eui-gak. 1993. *The Korean Economies.* Oxford: Clarendon Press.

Ignatieff, Michael. 2003a. "The Burden." *New York Times Magazine*, January 5, pp.22~27, 50~54.

________. 2003b. "The Challenges of American Imperial Power." *Naval War College Review*, 56(2), pp.53~63.

Ikenberry, G. John. 2004. "Illusions of Empire: Defining the New American Order." *Foreign Affairs*, 83(2), pp.144~154.

Ikenberry, G. John and Michael Mastanduno. 2003a. *International Relations Theory and the Asia-Pacific.* New York: Columbia University Press.

________. 2003b. "Conclusion: Images of Order in the Asia-Pacific and the Role of the United States." in G. John Ikenberry and Michael Mastanduno(eds.). *International Relations Theory and the Asia-Pacific.* New York: Columbia University Press, pp.421~439.

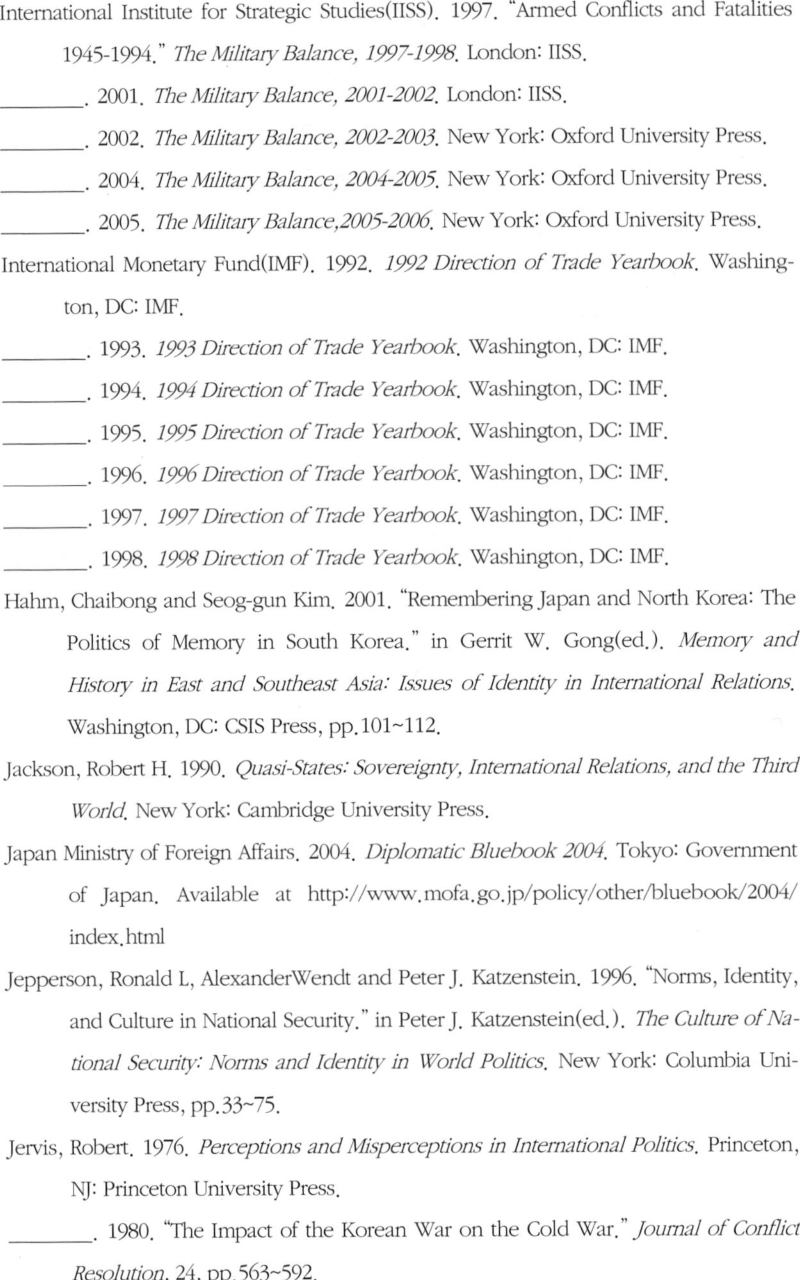

International Institute for Strategic Studies(IISS). 1997. "Armed Conflicts and Fatalities 1945-1994." *The Military Balance, 1997-1998*. London: IISS.

________. 2001. *The Military Balance, 2001-2002*. London: IISS.

________. 2002. *The Military Balance, 2002-2003*. New York: Oxford University Press.

________. 2004. *The Military Balance, 2004-2005*. New York: Oxford University Press.

________. 2005. *The Military Balance,2005-2006*. New York: Oxford University Press.

International Monetary Fund(IMF). 1992. *1992 Direction of Trade Yearbook*. Washington, DC: IMF.

________. 1993. *1993 Direction of Trade Yearbook*. Washington, DC: IMF.

________. 1994. *1994 Direction of Trade Yearbook*. Washington, DC: IMF.

________. 1995. *1995 Direction of Trade Yearbook*. Washington, DC: IMF.

________. 1996. *1996 Direction of Trade Yearbook*. Washington, DC: IMF.

________. 1997. *1997 Direction of Trade Yearbook*. Washington, DC: IMF.

________. 1998. *1998 Direction of Trade Yearbook*. Washington, DC: IMF.

Hahm, Chaibong and Seog-gun Kim. 2001. "Remembering Japan and North Korea: The Politics of Memory in South Korea." in Gerrit W. Gong(ed.). *Memory and History in East and Southeast Asia: Issues of Identity in International Relations*. Washington, DC: CSIS Press, pp.101~112.

Jackson, Robert H. 1990. *Quasi-States: Sovereignty, International Relations, and the Third World*. New York: Cambridge University Press.

Japan Ministry of Foreign Affairs. 2004. *Diplomatic Bluebook 2004*. Tokyo: Government of Japan. Available at http://www.mofa.go.jp/policy/other/bluebook/2004/index.html

Jepperson, Ronald L, AlexanderWendt and Peter J. Katzenstein. 1996. "Norms, Identity, and Culture in National Security." in Peter J. Katzenstein(ed.). *The Culture of National Security: Norms and Identity in World Politics*. New York: Columbia University Press, pp.33~75.

Jervis, Robert. 1976. *Perceptions and Misperceptions in International Politics*. Princeton, NJ: Princeton University Press.

________. 1980. "The Impact of the Korean War on the Cold War." *Journal of Conflict Resolution*, 24, pp.563~592.

________. 1991/92. "The Future of World Politics: Will It Resemble the Past?" *International Security*, 16(3), pp.39~73.

________. 1997. *System Effects: Complexity in Political and Social Life*. Princeton, NJ: Princeton University Press.

________. 2002. "Theories of War in an Era of Leading-Power Peace." *American Political Science Review*, 96(1), pp.1~14.

Ji, You. 2001a. "China and North Korea: A Fragile Relationship of Strategic Convenience." *Journal of Contemporary China*, 10(28), pp.387~398.

________. 2001b. "The PLA, the CCP and the Formulation of Chinese Defense and Foreign Policy." in Yongjin Zhang and Greg Austin(eds.). *Power and Responsibility in Chinese Foreign Policy*. Canberra, Australia: Asia Pacific Press, pp.105~131.

Jia, Hao and Zhuang Qubing. 1992. "China's Policy Toward the Korean Peninsula." *Asian Survey*, 32(12), pp.1137~1156.

Johnson, Chalmers. 2004. *The Sorrows of Empire: Militarism, Secrecy, and the End of the Republic*. New York: Metropolitan Books.

________. 2005. "The Real 'China Threat'." *Asia Times* [Online], March 19. Available at http://www.atimes.com/korea.html

Johnston, Alastair Iain. 1995. *Cultural Realism: Strategic Culture and Grand Strategy in Chinese History*. Princeton, NJ: Princeton University Press.

________. 1998. "China's Militarized Interstate Dispute Behaviour 1949-1992: A First Cut at the Data." *China Quarterly*, 153, pp.1~30.

________. 2003. "Socialization in International Institutions: The ASEAN Way and International Relations Theory." in G. John Ikenberry and Michael Mastanduno (eds.). *International Relations Theory and the Asia-Pacific*. New York: Columbia University Press, pp.107~162.

________. 2004. "China's International Relations: The Political and Security Dimensions." in Samuel S. Kim(ed.). *The International Relations of Northeast Asia*. Lanham, MD: Rowman & Littlefield, pp.65~100.

Johnston, Alastair Iain and Paul Evans. 1999. "China's Engagement with Multilateral Security Institutions." in Alastair Iain Johnston and Robert S. Ross(eds.). *Engaging*

China: The Management of an Emerging Power. New York: Routledge, pp. 235~272.

Johnston, Alastair Iain et al. 2001. "Treating Identity as a Variable." Paper presented at the annual meeting of the American Political Science Association, San Francisco, CA, August 30-September 2.

Joo, Seung-ho. 1998. "Russia and Korea." in Bae-ho Hahn and Chae-jin Lee(eds.). *The Korean Peninsula and the Major Powers.* Sungnam: Sejong Institute.

________. 2000a. "DPRK-Russian Rapprochement and Its Implications for Korean Security." *International Journal of Korean Unification Studies*, 6, pp.193~223.

________. 2000b. *Gorbachev's Foreign Policy Toward the Korean Peninsula, 1985-1991.* Lewiston, NY: Edwin Mellon.

________. 2001. "The New Friendship Treaty Between Moscow and Pyongyang." *Comparative Strategy*, 20(5), pp.467~482.

________. 2003. "Russia and the Korean Peace Process." in Tae-Hwan Kwak and Seung-Ho Joo(eds.). *The Korean Peace Process and the Four Powers.* Burlington, VT: Ashgate, pp.143~170.

de Jourvenal, Bertrand. 1967. *The Art of Conjecture.* New York: Basic Books.

Jungk, Robert and Johan Galtung(eds.). 1969. *Mankind 2000.* London: Allen & Unwin.

Kagan, Robert. 1998. "The Benevolent Empire." *Foreign Policy*, 111, pp.24~35.

Kagan, Robert and William Kristol(eds.). 2002. *Present Dangers: Crisis and Opportunity in American Foreign and Defense Policy.* San Francisco: Encounter Books.

Kahn, Herman and Anthony Wiener. 1967. *The Year 2000: A Framework for Speculation on the Next Thirty-Three Years.* New York: Macmillan.

Kang, C. S. Eliot. 2004. "Japan in Inter-Korean Relations." in Samuel S. Kim(ed.). *Inter-Korean Relations: Problems and Prospects.* New York: Palgrave Macmillan, pp.97~116.

Kang, C. S. Eliot and Yoshinori Kaseda. 2000. "Japanese Security and Peace Regime on the Korean Peninsula." *International Journal of Korean Unification Studies*, 9(1), pp.117~135.

Kang, David C. 2005a. "Japan-Korea Relations: History Impedes the Future." *Comparative Connections*[Online]. 7(1), pp.123~132. Available at http://www.csis.org/

media/csis/pubs/0501q.pdf

________. 2005b. "Japan: U.S. Partner or Focused on Abductees?." *The Washington Quarterly*, 28(4), pp.107~117.

Kang, David C. and Ji-Young Lee. 2005. "Japan-Korea Relations: Little Progress on North Korea or History Dispute." *Comparative Connections* [Online], 7(2), pp. 133~142. Available at http://www.csis.org/media/csis/pubs/0502q.pdf

Kapstein, Ethan B. 1995. "Is Realism Dead? The Domestic Sources of International Politics." *International Organization*, 49(4), pp.751~774.

Katzenstein, Peter J.(ed.). 1996. *The Culture of National Security: Norms and Identity in World Politics*. New York: Columbia University Press.

Katzenstein, Peter J. and Nobuo Okawara. 2001/02. "Japan, Asia-Pacific Security, and the Case of Analytical Eclecticism." *International Security*, 26(3), pp.153~185.

Kegley, Charles W. Jr. 1994. "How Did the Cold War Die? Principles for an Autopsy." *Mershon International Studies Review*, 38, pp.11~41.

________. 1995. *Controversies in International Relations Theory: Realism and the Neo-liberal Challenge*. New York: St. Martin's Press.

Kennedy, Paul. 1993. *Preparing for the Twenty-First Century*. New York: Random House.

Kennedy, Paul, Richard Perle and Joseph S. Nye, Jr. 2003. "The Reluctant Empire: In a Time of Great Consequence." *Brown Journal of World Affairs*, 10(1), pp.11~31.

Keohane, Robert O. and Joseph S. Nye. 1977. *Power and Interdependence*. Boston: Little, Brown.

Keohane, Robert O. 1984. *After Hegemony: Cooperation and Discord in the World Political Economy*. Princeton, NJ: Princeton University Press.

Keum, Hieyeon. 1996. "Normalization and After: Prospects for the Sino-South Korean Relations." *Korean and World Affairs*, 20, pp.572~580.

Khong, Yuen Foong. 1987. "The Lessons of Korea and the Vietnam Decisions of 1965." in Charles F. Hermann, Charles W. Kegley, Jr. and James N. Rosenau(eds.). *New Directions in the Study of Foreign Policy*. Boston: Allen & Unwin, pp.302~349.

________. 1992. *Analogies at War: Korea, Munich, Dien Bien Phu, and the Vietnam*

Decisions of 1965. Princeton, NJ: Princeton University Press.

Kihl, Young Whan. 1998. "North Korea and the United Nations." in Samuel S. Kim (ed.). *North Korean Foreign Relations in the Post-Cold War Era*. New York: Oxford University Press, pp.258~279.

Kihl, Young Whan and Peter Hayes(eds.). 1997. *Peace and Security in Northeast Asia: The Nuclear Issue and the Korean Peninsula*. Armonk, NY: M. E. Sharpe.

Kim, Abraham. 2004. "The Challenges of Peacefully Reunifying the Korean Peninsula." in Samuel S. Kim(ed.). *Inter-Korean Relations: Problems and Prospects*. New York: Palgrave, pp.197~218.

Kim, C. I. Eugene and Han-Kyo Kim. 1967. *Korea and the Politics of Imperialism, 1876-1910*. Berkeley: University of California Press.

Kim, Choong-Nam. 1996. "The Uncertain Future of North Korea: Soft Landing or Crash Landing?" *Korea and World Affairs*, 20(4), pp.623~636.

Kim, Dalchoong and Chung-in Moon(eds.). 1997. *History, Cognition, and Peace in East Asia*. Seoul: Yonsei University Press.

Kim, Hakjoon. 1990. "International Trends in Korean War Studies: A Review of the Documentary Literature." *Korea and World Affairs*, 14(2), pp.326~346.

________. 1993. *Korea's Relations with Her Neighbors in a Changing World*. Elizabeth, NJ: Holly.

________. 1994. "Russian Archives on Origins of Korean War." *Korea Focus*, 2(2), pp.22~31.

Kim, Hong Nack. 1998. "Japan in North Korean Foreign Policy." in Samuel S. Kim(ed.). *North Korean Foreign Policy in the Post-ColdWar Era*. New York: Oxford University Press, pp.116~139.

________. 2006. "Japanese-North Korean Relations Under the Koizumi Government." in Hong Nack Kim and Young Whan Kihl(eds.). *North Korea: The Politics of Regime Survival*. Armonk, NY: M. E. Sharpe, pp.161~182.

Kim, Ilpyong J. 1994. "The Soviet Union/Russia and Korea: Dynamics of 'New Thinking'." in Young Whan Kihl(ed.). *Korea and the World: Beyond the Cold War*. Boulder, CO: Westview Press, pp.83~95.

Kim, Jungwon Alexander. 1975. *Divided Korea: The Politics of Development, 1945-72*.

Cambridge, MA: Harvard University Press.

Kim, Key-Hiuk. 1980. *The Last Phase of the East Asian World Order*. Berkeley: University of California Press.

Kim, Kyung-won. 1996. "No Way Out: North Korea's Impending Collapse." *Harvard International Review*, 18(2), pp.22~71.

Kim, Samuel S. 1976. "The Developmental Problems of Korean Nationalism." in Se-Jin Kim and Chang-hyun Cho(eds.). *Korea: A Divided Nation*. Silver Spring, MD: The Research Institute on Korean Affairs, pp.10~37.

________. 1979. *China, the United Nations, and World Order*. Princeton, NJ: Princeton University Press.

________. 1980/81. "United States Korean Policy and World Order." *Alternatives: A Journal of World Policy*, 6, pp.419~452.

________. 1984. *The Quest for a Just World Order*. Boulder, CO: Westview Press.

________. 1991. "North Korea and the Non-Communist World: The Quest for National Identity." in Chong-Sik Lee and Se-Hee Yoo(eds.). *North Korea in Transition*. Berkeley: Center for Korean Studies, Institute of East Asian Studies, University of California at Berkeley, pp.17~42.

________. 1992. "China as a Regional Power." *Current History*, 91, pp.247~252.

________. 1995. "North Korea in 1994: Brinkmanship, Breakdown and Breakthrough." *Asian Survey*, 35(1), pp.13~27.

________. 1997a. "China as a Great Power." *Current History*, 96, pp.246~251.

________. 1997b. "North Korea and the United Nations." *International Journal of Korean Studies*, 1, pp.77~105.

________(ed.). 1998a. *North Korean Foreign Relations in the Post-Cold War Era*. New York: Oxford University Press.

________. 1998b. "In Search of a Theory of North Korean Foreign Policy." in Samuel S. Kim(ed.). *North Korean Foreign Relations in the Post-Cold War Era*. New York: Oxford University Press, pp.3~31.

________. 1998c. "Chinese Foreign Policy in Theory and Practice." in Samuel S. Kim (ed.). *China and the World: Chinese Foreign Policy Faces the New Millennium*. Boulder, CO: Westview Press, pp.3~33.

________. 1999. "China and the United Nations." in Elizabeth Economy and Michel Oksenberg(eds.). *China Joins the World: Progress and Prospects.* New York: Council on Foreign Relations Press, pp.42~89.

________. 2000a. "Korea and Globalization(Segyehwa): A Framework for Analysis." in Samuel S. Kim(ed.). *Korea's Globalization.* New York: Cambridge University Press, pp.1~28.

________. 2000b. "Korea's Globalization Drive: Promise Versus Performance." in Samuel S. Kim(ed.). *Korea's Globalization.* New York: Cambridge University Press, pp.242~281.

________. 2000c. "North Korean Informal Politics." in Lowell Dittmer, Haruhiro Fukui and Peter N. S. Lee(eds.). *Informal Politics in East Asia.* New York: Cambridge University Press, pp.237~268.

________(ed.). 2000d. *East Asia and Globalization.* Lanham, MD: Rowman & Littlefield.

________. 2001. "The Making of China's Korea Policy in the Era of Reform." in David M. Lampton(ed.). *The Making of Chinese Foreign and Security Policy in the Era of Reform.* Stanford, CA: Stanford University Press, pp.371~408.

________. 2004a. "Introduction: Managing the Korean Conflict." in Samuel S. Kim(ed.). *Inter-Korean Relations: Problems and Prospects.* New York: Palgrave Macmillan, pp.1~20.

________. 2004b. "China's New Role in the Nuclear Confrontation." *Asian Perspective*, 28(4), pp.147~184.

________. 2004c. "China in World Politics." in Barry Buzan and Rosemary Foot(eds.). *Does China Matter? A Reassessment.* New York: Routledge, pp.37~53.

________. 2004d. "Regionalization and Regionalism in East Asia." *Journal of East Asian Studies*, 4(1), pp.39~67.

________. 2004e. *The International Relations of Northeast Asia.* Lanha, MD: Rowman & Littlefield.

Kim, Samuel S. and Lowell Dittmer. 1993. "Whither China's Quest for National Identity?" in Lowell Dittmer and Samuel S. Kim(eds.). *China's Quest for National Identity.* Ithaca, NY: Cornell University Press, pp.237~290.

Kim, Samuel S. and Abraham Kim. 2004. "Conflict Management." in Mary Hawkesworth and Maurice Kogan(eds.). *Encyclopaedia of Government and Politics*, 2nd ed., Vol.2. New York: Routledge, pp.980~993.

Kim, Samuel S. and Matthew S. Winters. 2004. "Inter-Korean Economic Relations." in Samuel S. Kim(ed.). *Inter Korean Relations: Problems and Prospects.* New York: Palgrave Macmillan, pp.57~80.

Kim, Taeho. 1997. "Korean Views on the Taiwan-PRC Relations and the Japan Factor." in James R. Lilley and Chuck Downs(eds.). *Crisis in the Taiwan Strait*, Washington, DC: National Defense University Press, pp.303~325.

________. 1999. "Strategic Relations Between Beijing and Pyongyang: Growing Strains amid Lingering Ties." in James R. Lilley and David Shambaugh(eds.). *China's Military Faces the Future.* Armonk, NY: M. E. Sharpe, pp.295~321.

Koh, Byung Chul. 1984. *The Foreign Policy Systems of North and South Korea.* Berkeley: University of California Press.

________. 1985. "China and the Korean Peninsula." *Korea and World Affairs*, 9, pp.264~279.

________. 1994. "Prospects for Change in North Korea." *Korean Journal of National Unification*, 3, pp.237~255.

________. 1998. "Japan and Korea." in Bae-ho Hahn and Chae-jin Lee(eds.). *The Korean Peninsula and the Major Powers.* Sungnam: Sejong Institute, pp.33~68.

________. 2000. "*Segyehwa*, the Republic of Korea, and the United Nations." in Samuel S. Kim(ed.). *Korea's Globalization.* New York: Cambridge University Press, pp. 196~216.

Kohli, Atul. 1994. "Where Do High Growth Political Economies Come From? The Japanese Lineage of Korea's 'Developmental State'." *World Development*, 22(9), pp.1269~1293.

Kortunov, Sergei. 2003. "Russia's National Identity: Foreign Policy Dimension." *International Affairs* [Moscow], 49(4), pp.97~106.

Kovrigin, Evgenii. 2003. "The Russian Federation and the Two Korean States: Economic Cooperation the Early 21 Century." *The Seinan Law Review* 35(3-4), pp.95~128.

Kowert, Paul A. 1998. "Agent Versus Structure in the Construction of National Identity." in Vendulka Kubalkova, Nicholas Onuf and Paul Kowert(eds.). *International*

Relations in a Constructed World, Armonk. NY: M. E. Sharpe, pp.101~122.

________. 1999. "National Identity: Inside and Out." *Security Studies*, 8, pp.1~34.

Kratochwil, Friedrich. 1993. "The Embarrassment of Changes: Neo-Realism as the Science of Realpolitik Without Politics." *Review of International Studies*, 19, pp.63~80.

Krause, Jill and Neil Renwick(eds.). 1996. *Identities in International Relations*. New York: St. Martin's Press.

Krauthammer, Charles. 1991. "The Unipolar Moment." *Foreign Affairs*, 70, pp.24~33.

________. 2001. "The American Empire and the Islamic Challenge." *The Weekly Standard*, 7(9), 25.

Kreisberg, Paul H. 1996. "Threat Environment for a United Korea: 2010." *Korean Journal of Defense Analysis*, 8, pp.84~85.

Kupchan, Charles A. 2002. *The End of the American Era: U.S. Foreign Policy and the Geopolitics of the Twenty-First Century*. New York: Knopf.

Lampton, David M. and Richard Daniel Ewing. 2004. *The U.S.-China Relationship Facing International Security Crises: Three Case Studies in Post-9/11 Bilateral Relations*. Washington, DC: The Nixon Center.

Laney, James T. 1996. "North and South Korea: Beyond Deterrence." Speech delivered to the Asia Society Corporate Conference, Seoul, Korea, May 11.

Lankov, Andrei. 2004a. "Cold War Alienates Seoul, Moscow." *The Korea Times* [Online], September 17. Available at http://times.hankooki.com

________. 2004b. "North Korean Refugees in Northeast China." *Asian Survey*, 44(6), pp.856~873.

Lardy, Nicholas. 2002. *Integrating China into the Global Economy*. Washington, DC: Brookings Institution Press.

Larson, Eric et al. 2004. *Ambivalent Allies?: A Study of South Korean Attitudes Toward the U.S.* Santa Monica, CA: Rand Corporation, March.

Lebow, Richard Ned. 1981. *Between Peace and War: The Nature of International Crisis*. Baltimore: The Johns Hopkins University Press, pp.57~97.

________. 1994. "The Long Peace, the End of the Cold War, and the Failure of Realism." *International Organization*, 48, pp.249~278.

Lee, Chae-jin. 1996. *China and Korea: Dynamic Relations*. Stanford, CA: Hoover Institution Press.

________. 1998a. "The Evolution of China's Two Korea Policy." in Bae-ho Hahn and Chae-jin Lee(eds.). *The Korean Peninsula and the Major Powers*. Sungnam: Sejong Institute, pp.115~146.

________. 1998b. "China and North Korea." in Dae-sook Suh and Chaejin Lee(eds.). *North Korea After Kim Il-Sung*. Boulder, CO: Lynne Rienner, pp.165~209.

Lee, Changsoo and George De Vos. 1981. *Koreans in Japan: Ethnic Conflict and Accommodation*. Berkeley: University of California Press.

Lee, Chong-sik. 1963. *The Politics of Korean Nationalism*. Berkeley: University of California Press.

________. 1985. *Japan and Korea: The Political Dimension*. Stanford, CA: Hoover Institution Press.

Lee, Eric Yong-Joong. 2000. "Development of North Korea's Legal Regime Governing Foreign Business Cooperation: A Revisit Under the New Socialist Constitution of 1998." *Northwestern Journal of International Law and Business*, 21(1), pp.199~242.

Lee, Shin-wha. 1999a. "Preventing Refugee Crisis: A Challenge to Human Security." *Asian Perspective*, 23, pp.133~154.

________. 1999a. "Responses to North Korean Food Refugees." *Security Dialogue*, 30, pp.122~124.

________. 1999b. "A Number of People in Limbo." *Vantage Point*, May, pp.22~25.

________. 2004. "International Organizations and the Inter-Korean Peace Process: Traditional Security Versus Nontraditional Security." in Samuel S. Kim(ed.). *Inter-Korean Relations: Problems and Prospects*. New York: Palgrave Macmillan, pp.175~196.

Lee, Sook-Jong. 2004. "The Roots and Patterns of Anti-Americanism in Korean Society: A Survey-Based Analysis." *Joint U.S.-Korea Academic Studies*, 14, pp.183~204.

Lee, Won Sul. 1982. *The United States and the Division of Korea, 1945*. Seoul: Kyunghee University Press.

Lee, Woo-young. 1997. "Northern Defectors in South Korea." *Korea Focus*, 5(3), pp.31~

40.

Lee, Young-sun. 1995. "Is Korean Reunification Possible?" *Korea Focus*, 3(3), pp.5~21.

________. 1997. "Kim Jong-Il and Economic Reform: Myth and Reality." *Korea Focus*, 5(6), pp.70~83.

________. 2002. "The Cost and Financing of Korean Unification." in Sung-Hee Jwa, Chung-in Moon and Jeong-Ho Roh(eds.). *Constitutional Handbook on Korean Unification*, Part III. Seoul: Korea Economic Research Institute, pp.1125~1161.

Lee, Young-sun and Yong-Pyo Hong. 1997. "Unified Korea and New Strategies for National Survival." in Dalchoong Kim and Chung-in Moon(eds.). *History, Cognition and Peace in East Asia*. Seoul: Yonsei University Press, pp.177~199.

Legvold, Robert. 1999. "The Three Russias: Decline, Revolution, and Reconstruction." in Robert Pastor(ed.). *A Century's Journey: How the Great Powers Shape the World*. New York: Basic Books, pp.139~190.

Levin, Norman D. 1997. "What if North Korea Survives?" *Survival*, 39, pp.156~174.

Levy, Jack. 2001. "Theories of Interstate and Intrastate War: A Levels-of-Analysis Approach." in Chester A. Crocker, Fen Osler Hampson and Pamela Aall(eds.). *Turbulent Peace: The Challenges of Managing International Conflict*. Washington, DC: United States Institute of Peace Press, pp.3~27.

Lewis, John Wilson and Xue Litai. 1988. *China Builds the Bomb*. Stanford, CA: Stanford University Press.

Lewis, Peter. 2004. "Broadband Wonderland." *Fortune*, 20, pp.191~198.

Li, Vladimir F. 2000a. "North Korea and the Nuclear Nonproliferation Regime." in James Clay Moltz and Alexandre Y. Mansourov(eds.). *The North Korean Nuclear Program*. New York: Routledge, pp.138~155.

________. 2000b. *Rossiya I Koreya v geopolitike evraziiskogo vostoka(xx vek)* [*Russia and Korea in the Geopolitics of the Eurasian East(20th century)*]. Moscow: Nauchnaya Kniga.

Liska, George. 1962. *Nations in Alliance: Limits of Interdependence*. Baltimore: The Johns Hopkins University Press.

Litwak, Robert. 2000. *Rogue States and U.S. Foreign Policy*. Baltimore: The Johns Hopkins University Press.

Litwak, Robert. 2001. "What's in a Name? The Changing Foreign Policy Lexicon." *Journal of International Affairs*, 54(2), pp.375~392.

________. 2003. "Non-Proliferation and the Dilemmas of Regime Change." *Survival*, 45(4), pp.7~32.

Liu, Jinzhi and Yang Huaisheng(eds.). 1994. *Zhongguo dui Chaoxian he Hanguo zhengci wenjian huibian 5(1974-1994)*[*A Collection of Documents on China's Policy toward the Democratic People's Republic of Korea and the Republic of Korea, Vol. 5(1974-1994)*]. Beijing: Zhongguo shehui kexue chubanshe.

Liu, Ming. 2003. "China and the North Korean Crisis: Facing Test and Transition." *Pacific Affairs*, 76(3), pp.347~373.

Lynn-Jones, Sean and Steven Miller(eds.). 1993. *The Cold War and After: Prospects for Peace*. Cambridge, MA: MIT Press.

Macdonald, Donald Stone. 1992. *U.S-Korean Relations from Liberation to Self- Reliance: The Twenty-Year Record: An Interpretative Summary of the Archives of the U.S. Department of State for the Period 1945 to 1965*. Boulder, CO: Westview Press.

Mack, Andrew. 1975. "Why Big Nations Lose Small Wars: The Politics of Asymmetric Conflict." *World Politics*, 27(2), pp.175~200.

________. 1993. "The Nuclear Crisis on the Korean Peninsula." *Asian Survey*, 33, pp. 339~359.

Mallaby, Sebastian. 2002. "The Reluctant Imperialist: Terrorism, Failed States and the Case for American Empire." *Foreign Affairs*, 81(2), pp.2~7.

Mann, James. 2004. *Rise of the Vulcans: The History of Bush's War Cabinet*. New York: Viking.

Mann, Michael. 2003. *Incoherent Empire*. New York: Verso.

Mannheim, Karl. 1968. *Ideology and Utopia*. New York: Harcourt, Brace & World.

Manning, Robert. 1999. "The Enigma of the North." *Wilson Quarterly*, 23, pp.72~80.

________. 2002. "United States-North Korean Relations: From Welfare to Workfare?" in Samuel S. Kim and Tai Hwan Lee(eds.). *North Korea and Northeast Asia*. Lanham, MD: Rowman & Littlefield, pp.61~88.

Mansourov, Alexandre Y. 1995. "The Origins, Evolution, and Current Politics of the North Korean Nuclear Program." *Nonproliferation Review*, 2(3), pp.25~38.

________. 2000a. "The Natural Disasters of the Mid-1990s and the Their Impact on the Implementation of the Agreed Framework." in James Clay Moltz and Alexandre Y. Mansourov(eds.). *The North Korean Nuclear Program.* New York: Routledge, pp.76~90.

________. 2000b. "North Korea's Negotiations with the Korean Peninsula Energy Development Organization(KEDO)." in James Clay Moltz and Alexandre Y. Mansourov (eds.). *The North Korean Nuclear Program.* New York: Routledge, pp.156~170.

________. 2004. "Kim Jong Il Re-Embraces the Bear, Looking for the Morning Calm: North Korea's Policy Toward Russia Since 1994." in Byung Chul Koh(ed.). *North Korea and the World: Explaining Pyongyang's Foreign Policy.* Seoul: Kyungnam University Press, pp.239~284.

Manuel, Frank E. and Fritzie P. Manuel. 1979. *Utopian Thought in the Western World.* Cambridge, MA: Harvard University Press.

Manyin, Mark E. 2003, November 26. "Japan-North Korean Relations: Selected Issues." Washington, DC: Congressional Research Service.

________. 2004, July 1. "South Korea-U.S. Economic Relations: Cooperation, Friction and Future Prospects." CRS Report for Congress, Washington, DC: Congressional Research Service.

Manyin, Mark E. and Ryun Jun. 2003, March 17. "U.S. Assistance to North Korea." Report to Congress, Washington, DC: Congressional Research Service.

Mao, Zedong. 1965. *Selected Works of Mao Tse-Tung*, Vol.1, Beijing: Foreign Languages Press.

Marx, Karl. 1959. "The 18th Brumaire of Louis Napoleon." in Lewis Feuer(ed.). *Basic Writings on Politics and Philosophy: Karl Marx and Friedrich Engels.* New York: Doubleday.

________. 1967. *Writings of Young Marx on Philosophy and Society.* translated by Lloyd D. Easton and Kurt H. Guddat(eds.). Garden City, NY: Anchor Books.

Matray, James Irving. 1985. *The Reluctant Crusade: American Foreign Policy in Korea, 1941-1950.* Honolulu: University of Hawaii Press.

Mazrui, Ali A. 1976. *A World Federation of Cultures: An African Perspective.* New York: Free Press.

McCormack, Gavan. 1993. "Kim Country: Hard Times in North Korea." *New Left Review*, 198, pp.21~48.

________. 2004. *Target North Korea: Pushing North Korea to the Brink of Nuclear Catastrophe*. New York: Nation Books.

McDevitt, Michael. 2001. "The Post-Korean Unification Security Landscape and U.S. Security Policy in Northeast Asia." in Nicholas Eberstadt and Richard Ellings (eds.). *Korea's Future and the Great Powers*. Seattle: University of Washington Press, pp.251~296.

McVadon, Eric A. 1999. "Chinese Military Strategy for the Korean Peninsula." in James R. Lilley and David Shambaugh(eds.). *China's Military Faces the Future*. Armonk, NY: M. E. Sharpe, pp.271~294.

Mearsheimer, John. 2001. *The Tragedy of Great Power Politics*. New York: Norton.

Mendlovitz, Saul H.(ed.). 1975. *On the Creation of a Just World Order*. New York: Free Press.

Menon, Rajan. 2003. "The End of Alliances." *World Policy Journal*, 20(2), pp.1~20.

Merton, Robert K. 1949. *Social Theory and Social Structure: Toward the Codification of Theory and Research*. Glencoe, IL: Free Press.

Meyer, Peggy Falkenheim. 2005. "Russo-North Korean Relations." Paper presented at the International Council for Korean Studies Conference 2005, Arlington, VA, August 5-6.

________. 2006. "Russo-North Korean Relations Under Kim Jong Il." in Young Whan Kihl and Hong Nack Kim(eds.). *North Korea: The Politics of Regime Survival*. Armonk, NY: M. E. Sharpe, pp.203~214.

Michael, Franz H. and George E. Taylor. 1964. *The Far East in the Modern World*. Rev.(ed.). New York: Holt, Rinehart and Winston.

Ministry of National Defense(MND). 2003. *ROK-US Alliance and USFK*. Rev.(ed.). Seoul: MND.

Mitchell, Derek. 2002/03. "A Blueprint for U.S. Policy Toward a Unified Korea." *Washington Quarterly*, 26(1), pp.23~137.

Mitrany, David. 1966. *A Working Peace System*. Chicago: Quadrangle.

Moon, Chung-in. 1991. "International Quasi-Crisis: Theory and a Case of Japan- South

Korean Bilateral Friction." *Asian Perspective*, 15(2), pp.99~123.

________. 1996. *Arms Control on the Korean Peninsula*. Seoul: Yonsei University Press.

________. 2002. "Sustaining Inter-Korean Reconciliation: North-South Korea Cooperation." *Joint U.S.-Korea Academic Studies*, 12, pp.225~250.

________. 2005. "Rethinking Korean Unification and the Future of North Korea." *Korea and World Affairs*, 29(1), pp.7~25.

Moon, Chung-in, Masao Okonogi and Mitchell B. Reiss(eds.). 2000. *The Perry Report, the Missile Quagmire, and the North Korean Question: The Quest of New Alternatives*. Seoul: Yonsei University Press.

Moon, Chung-in, Odd Arne Westad and Gyoo-hyoung Khang(eds.). 2001. *Ending the Cold War in Korea: Theoretical and Historical Perspectives*. Seoul: Yonsei University Press.

Moon, Chung-in and Yongho Kim. 2001. "The Future of the North Korean System." in Samuel S. Kim(ed.). *The North Korean System in the Post-Cold War Era*. New York: Palgrave, pp.221~258.

Moon, Katharine H. S. 2000. "Strangers in the Midst of Globalization: Migrant Workers and Korean Nationalism." in Samuel S. Kim(ed.). *Korea's Globalization*. New York: Cambridge University Press, pp.147~169.

________. 2003. "Korean Nationalism, Anti-Americanism, and Democratic Consolidation." in Samuel S. Kim(ed.). *Korea's Democratization*. New York: Cambridge University Press, pp.135~158.

Moore, Barrington, Jr. 1978. *Injustice: The Social Bases of Obedience and Revolt*. White Plains, NY: M. E. Sharpe.

Morrison, Charles E. and Astri Suhrke. 1979. *Strategies of Survival: The Foreign Policy Dilemmas of Smaller Asian States*. New York: St. Martin's Press.

Myers, Ramon and Mark Peattie(eds.). 1984. *The Japanese Colonial Empire, 1895-1945*. Princeton, NJ: Princeton University Press.

Nam, Kwang-sik. 2004. "Keeping Mum on China's Claim." *Vantage Point*, 27(9), pp.15~19.

Nanto, Dick K. and Emma Chanlett-Avery. 2005, February 9. *The North Korean Economy: Background and Policy Analysis*. Washington, DC: Congressional Research

Service.

Natsios, Andrew. 2001. *The Great North Korean Famine.* Washington, DC: U.S. Institute of Peace Press.

Neustadt, Richard E. and Ernest R. May. 1986. *Thinking in Time: The Uses of History for Decision-Makers.* New York: Free Press.

Niksch, Larry A. 1992. "North Korea's Nuclear Weapons Program." CRS Issue Brief. Washington, DC: Congressional Research Service.

________. 1994a. "Comprehensive Negotiations with North Korea: A Viable Alternative for a Failed U.S. Strategy." *Korea and World Affairs*, 18, pp.250~272.

________. 1994b. "Opportunities and Challenges in Clinton's Confidence: Building Strategy Towards North Korea." *The Korean Journal of Defense Analysis*, 6, pp.145~156.

Niou, Emerson and Peter Ordeshook. 1994. "Less Filling, Tastes Great: The Realist-Neoliberal Debate." *World Politics*, 46, 209~234.

Noland, Marcus. 1997. "Why North Korea Will Muddle Through." *Foreign Affairs*, 76(4), pp.105~118.

________(ed.). 1998. *Economic Integration of the Korean Peninsula.* Washington, DC: Institute for International Economics.

________. 2000a. *Avoiding the Apocalypse: The Future of the Two Koreas.* Washington, DC: Institute for International Economics.

________. 2000b. "The Economics of Korean Unification." Washington, DC: Institute for International Economics. Available at http://www.iie./publications/papers/paper.cfm?ResearchID=364

________. 2001. "Economic Strategies for Reunification." in Nicholas Eberstadt and Richard J. Ellings(eds.). *Korea's Future and the Great Powers.* Seattle: The National Bureau of Asian Research and University of Washington Press, pp.191~228.

________. 2002. "North Korea's External Economic Relations: Globalization in 'Our Own Style'." in Samuel S. Kim and Tai Hwan Lee(eds.). *North Korea and Northeast Asia.* Lanham, MD: Rowman & Littlefield, pp.165~193.

________. 2003, July. "Famine and Reform in North Korea." Institute for International

Economics Working Paper, WP 03-5, July.

________. 2004a. "The Strategic Importance of U.S.-Korea Economic Relations." *Joint U.S.-Korea Academic Studies*, 14, pp.79~102.

________. 2004b. *Korea After Kim Jong-il.* Washington, DC: Institute for International Economics.

Noland, Marcus, Sherman Robinson and Li Gang Liu. 1998. "The Costs and Benefits of Korean Unification." *Asian Survey*, 38, pp.801~814.

North Korea Advisory Group. 1999. "Report to the Speaker, U.S. House of Representatives." Congress of the United States, October 29, 1999.

Norton, Anne. 1988. *Reflections on Political Identity.* Baltimore: The Johns Hopkins University Press.

Nye, Joseph S., Jr. 1974. "Transnational Relations and Interstate Conflicts: An Empirical Analysis." *International Organization*, 28, pp.961~996.

________. 1988. "Neorealism and Neoliberalism." *World Politics*, 40, pp.235~251.

________. 1990. *Bound to Lead: The Changing Nature of American Power.* New York: Basic Books.

________. 1995. "East Asian Security: The Case for Deep Engagement." *Foreign Affairs*, 74(4), pp.90~102.

________. 2004. *Soft Power: The Means to Success in World Politics.* New York: Public Affairs.

Oberdorfer, Don. 1997. *The Two Koreas: A Contemporary History.* Reading, MA: Addison-Wesley.

Oh, Kongdan and Ralph Hassig. 1999. "North Korea Between Collapse and Reform." *Asian Survey*, 39(2), pp.287~309.

________. 2000. *North Korea Through the Looking Glass.* Washington, DC: Brookings Institution Press.

O'Hanlon, Michael and Mike Mochizuki. 2003. *Crisis on the Korean Peninsula: How to Deal with a Nuclear North Korea.* New York: McGraw-Hill.

Okonogi, Masao. 2000. "The North Korean Crisis and Japan's Choice." in Wonmo Dong (ed.). *The Two Koreas and the United States.* Armonk, NY: M. E. Sharpe, pp.119~129.

Olsen, Edward A. 2003. "The United States and the Korean Peace Process." in Tae-Hwan Kwak and Seung-Ho Joo(eds.). *The Korean Peace Process and the Four Powers*. Burlington, VT: Ashgate, pp.76~97.

Ornauer, Helmut, et al.(eds.). 1976. *Images of the World in the Year 2000: A Comparative Ten Nation Study*. Atlantic Highlands, NJ: Humanities Press.

Oye, Kenneth A. 1985. "Explaining Cooperation Under Anarchy: Hypotheses and Strategies." *World Politics*, 38, pp.1~24.

Paek, Tae-youl. 1999. "Korean Unification and Japan's Foreign Policy." in Lee Young Sun and Masao Okonogi(eds.). *Japan and Korean Unification*. Seoul: Yonsei University Press, pp.33~50.

Paige, Glenn D. 1968. *The Korean Decision: June 24-30, 1950*. New York: The Free Press.

Pak, Chi Young. 1995. "Korea and the United Nations." *Korea and World Affairs*, 19(4), pp.612~631.

Park, Han S. 1998. "Human Needs, Human Rights, and Regime Legitimacy: The North Korean Anomaly." in Moon Chung-in(ed.). *Understanding Regime Dynamics in North Korea*. Seoul: Yonsei University Press, pp.221~235.

Park, Jung Sun. 2006. "The KoreanWave: Transnational Cultural Flows in Northeast Asia." in Charles K. Armstrong et al.(eds.). *Korea at the Center: Dynamics of Regionalism in Northeast Asia*. Armonk, NY: M. E. Sharpe, pp.244~256.

Park, Young-ho. 1998. "International Perceptions of Korean Unification Issues." *Korea Focus*, 6(1), pp.72~80.

Pastor, Robert. 1999. "The Great Powers in the Twentieth Century: From Dawn to Dusk." in Robert A. Pastor(ed.). *A Century's Journey: How the Great Powers Shape the World*. New York: Basic Books, pp.1~31.

Paul, T. V. 1994. *Asymmetric Conflicts: War Initiation by Weaker Powers*. New York: Cambridge University Press.

Paviatenko, Viktor N. 1999. "Russian Security in the Pacific Asian Region: The Dangers of Isolation." in Gilbert Rozman, Mikhail G. Nosov and Koji Watanabe(eds.). *Russia and East Asia: The 21st Century Security Environment*. Armonk, NY: M. E. Sharpe, pp.44~59.

Perry, William. 1999. "Review of United States Policy Toward North Korea: Findings and Recommendations." Available at http://www.state.gov/www/regions/eap/991012_northkorea_rpt.html

________. 2002. "The United States and the Future of East Asian Security: Quo Vadis?" in Keun-Min Woo(ed.). *Building Common Peace and Prosperity in Northeast Asia*. Seoul: Yonsei University Press, pp.119~129.

Podberezsky, Igor V. 1999. "Between Europe and Asia: The Search for Russia's Civilizational Identity." in Gennady Chufrin(ed.). *Russia and Asia: The Emerging Security Agenda*. New York: Oxford University Press, pp.33~51.

Pollack, Jonathan D. 2003. "The United States, North Korea, and the End of the Agreed Framework." *Naval War College Review*, 56(3), pp.11~49.

Pollack, Jonathan and Lee Chung-min. 1999. *Preparing for Korean Unification*. Santa Monica, CA: RAND.

Powell, Robert. 1991. "Absolute and Relative Gains in International Relations." *American Political Science Review*, 85(4), pp.1303~1320.

________. 1994. "The Neorealist-Neoliberal Debate." *International Organization*, 48(2), pp.313~344.

Prizel, Ilya. 1998. *National Identity and Foreign Policy: Nationalism and Leadership in Poland, Russia and Ukraine*. New York: Cambridge University Press.

Putin, Vladimir. 2003. "A State of the Nation Address to the Federal Assembly of the Russian Federation(Moscow, May 16, 2003)." *International Affairs* (Moscow), 49(4), pp.1~17.

Putnam, Robert. 1988. "Diplomacy and Domestic Politics: The Logic of Two-Level Games." *International Organization*, 42, pp.427~460.

Ravenhill, John. 2002. "A Three Bloc World? The New East Asian Regionalism." *International Relations of the Asia-Pacific*, 2(2), pp.167~195.

Reiss, Mitchell B. and Robert L. Gallucci. 2005. "Responses: Red-Handed: The Truth About North Korea's Weapons Program." *Foreign Affairs*, 84(2), pp.142~145.

Rennack, Dianne. 2003, January 24. "North Korea: Economic Sanctions." Report for Congress. Washington, DC: Congressional Research Service.

Rice, Condoleeza. 2000. "Promoting the National Interest." *Foreign Affairs*, 79(1), pp.

45~62.

Risse-Kappen, Thomas. 1994. "Ideas Do Not Float Freely: Transnational Coalitions, Domestic Structures, and the End of the ColdWar." *International Organization*, 48(2), pp.185~214.

Roh, Tae Woo. 1992. *Korea in the Pacific Century: Selected Speeches 1990-1992*. Lanham, MD: University Press of America.

Rose, Gideon. 1998. "Neoclassical Realism and Theories of Foreign Policy." *World Politics*, 51, pp.144~172.

Rosecrance, Richard and Arthur A. Stein(eds.). 1993. *The Domestic Bases of Grand Strategy*. Ithaca, NY: Cornell University Press.

Rosenau, James N. 1987. "Toward Single-Country Theories of Foreign Policy: The Case of the USSR." in Charles Hermann, Charles W. Kegley and James Rosenau(eds.). *New Directions in the Study of Foreign Policy*. Winchester, MA: Allen & Unwin, pp.53~74.

________. 1990. *Turbulence in World Politics: A Theory of Change and Continuity*. Princeton, NJ: Princeton University Press.

________. 1994. "China in a Bifurcated World: Competing Theoretical Perspectives." in Thomas W. Robinson and David Shambaugh(eds.). *Chinese Foreign Policy: Theory and Practice*. New York: Oxford University Press, pp.524~551.

________. 1996. "The Dynamics of Globalization: Toward an Operational Formulation." *Security* Dialogue, 27(3), pp.247~262.

Rothstein, Robert L. 1968. *Alliances and Small Powers*. New York: Columbia University Press.

Roy, Dennis. 1998. "North Korea as an Alienated State." *Survival*, 38(4), pp.22~36.

Rozman, Gilbert. 2002a. "Japan's Quest for Great Power Identity." *Orbis*, 46(1), pp.73~91.

________. 2002b. "Japan and South Korea: Should the U.S. Be Worried About Their New Spat in 2001?" *Pacific Review*, 15(1), pp.1~28.

________. 2002, May. "South Korean Identity: In Search of National Pride, East Asian Regionalism and a Role in Globalization." Unpublished manuscript, Department of Sociology, Princeton University.

_______. 2003. "Japan's North Korean Initiative and U.S.-Japanese Relations." *Orbis*, 47(3), pp.527~539.

_______. 2004. *Northeast Asia's Stunted Regionalism: Bilateral Distrust in the Shadow of Globalization*. Cambridge: Cambridge University Press.

Rozman, Gilbert, Mikhail G. Nosov and Koji Watanabe(eds.). 1999. *Russia and East Asia: The 21st Century Security Environment*. Armonk, NY: M. E. Sharpe.

Rubinstein, Alvin Z. 1997. "Russia's Relations with North Korea." in Stephen Blank and Alvin Rubenstein(eds.). *Imperial Decline: Russia's Changing Role in Asia*. Durham, NC: Duke University Press, pp.155~184.

Ruggie, John Gerard. 1998. "What Makes the World Hang Together? Neoutilitarianism and the Social Constructivist Challenge." *International Organization*, 52(4), pp. 855~885.

Russett, Bruce. 1993. *Grasping the Democratic Peace: Principles for a Post-Cold War World*. Princeton, NJ: Princeton University Press.

Russett, Bruce and John Oneal. 2001. *Triangulating Peace: Democracy, Interdependence, and International Organizations*. New York: Norton.

Samuels, Richard J. 2004. "Payback Time: Japan-North Korea Economic Relations." in Ahn Choong-yong, Nicholas Eberstadt and Lee Young-sun(eds.). *A New International Engagement Framework for North Korea? Contending Perspectives*. Washington, DC: Korean Economic Institute of America, pp.317~333.

Scalapino, Robert. 1997. "North Korea at a Crossroads." Essays in Public Policy No.73. Stanford, CA: Hoover Institution, Stanford University, pp.1~18.

Scalapino, Robert A. and Chong-sik Lee. 1972. *Communism in Korea, Part I: The Movement*. Berkeley: University of California Press.

Schell, Jonathan. 2003. "America's Vulnerable Imperialism." *YaleGlobal*, November 24. Available at http://yaleglobal.yale.edu/display.article?id=2873

Scholte, Jan Aart. 1996. "Globalisation and Collective Identities." in JillKrause and Neil Renwick(eds.). *Identities in International Relations*. New York: St. Martin's Press, pp.38~78.

Schou, August and Arne Olau Brundland(eds.). 1971. *Small States in International Relations*. Stockholm: Almqvist & Wiskell.

Schweller, Randall. 1998. *Deadly Imbalances: Tripolarity and Hitler's Strategy of World Conquest*. New York: Columbia University Press.

Scobell, Andrew. 2004a. *China and North Korea: From Comrades-in-Arms to Allies at Arm's Length*. Strategic Studies Institute Monograph, Carlisle, PA: U.S. Army War College.

________. 2004b. "China and Inter-Korean Relations: Beijing as Balancer." in Samuel S. Kim(ed.). *Inter-Korean Relations: Problems and Prospects*. New York: Palgrave Macmillan, pp.81~96.

________. 2005. "North Korea's Strategic Intentions." Strategic Studies Institute Monograph, july. Carlisle, PA: U.S. Army War College.

Sejong Institute. 1997. *Korea's National Strategy: Agenda Setting for the 21st Century*. Sungnam: Sejong Institute.

Seymour, James D. 2005. "China: Background Paper on the Situation of North Koreans in China." A Writenet Report, Commissioned by United Nations High Commissioner for Refugees, Protection Information Section(DIP). Available at http://www.unhcr.ch/cgi-bin/texis/vtx/home/opendoc.pd?tbl=RSDCOI&id=4231d11d4

Seymour, James D. 2006. "The Exodus: North Korea's Out-Migration." in John Feffer (ed.). *The Future of U.S.-Korean Relations*. New York: Routledge, pp.130~159.

Shambaugh, David. 2003. "China and the Korean Peninsula: Playing for the Long Term." *The Washington Quarterly*, 26(2), pp.43~56.

________. 2004/05. "China Engages Asia: Reshaping the Regional Order." *International Security*, 29(3), pp.64~99.

________(ed.). 2006. *Power Shift: China and Asia's New Dynamics*. Berkeley: University of California Press.

Shen, Jiru. 2003. "Weihu DongBeiYa anquan de dangwu zhili[The UrgentTask of Preserving Peace in Northeast Asia]." *Shijie jingji yu zhengshi* [*World Economics and Politics*], 9, pp.53~58.

Shi, Yinhong. 2003.1.15. "How to Understand and Deal with the DPRK Nuclear Crisis." *Ta Kung Pao* (Hong Kong), p.A11(translated by FBIS-CHI-2003-0115, January 16, 2003).

Shim, Jae Hoon. 1999. "A Crack in the Wall." *Far Eastern Economic Review*, 29 April, pp.10~12.

Shin, Gi-Wook and Paul Yunsik Chang. 2004. "The Politics of Nationalism in U.S.-Korean Relations." *Asian Perspective*, 28(4), pp.119~145.

Shorrock, Tim. 1986. "The Struggle for Democracy in South Korea in the 1980s and the Rise of Anti-Americanism." *Third World Quarterly*, 8(4), pp.1195~1218.

Sigal, Leon V. 1997. "Who is Fighting Peace in Korea? An Undiplomatic History." *World Policy Journal*, 24, pp.44~58.

________. 1998. *Disarming Strangers: Nuclear Diplomacy with North Korea*. Princeton, NJ: Princeton University Press.

________. 2000. "Negotiating an End to North Korea's Missile Making." *Arms Control Today*, 30(5), pp.3~7.

Snyder, Glenn H. 1997. *Alliance Politics*. Ithaca, NY: Cornell University Press.

Snyder, Jack. 1984/85. "Richness, Rigor, and Relevance in the Study of Soviet Foreign Policy." *International Security*, 9(3), pp.89~108.

________. 2004. "One World, Rival Theories." *Foreign Policy*, 145, pp.52~62.

Snyder, Scott. 1997. "North Korea's Decline and China's Strategic Dilemma. Special Report." Washington, DC: U.S. Institute of Peace.

Snyder, Scott. 1999. *Negotiating on the Edge: North Korean Negotiating Behavior*. Washington, DC: U.S. Institute of Peace Press.

________. 2000. "Pyongyang's Pressure." *Washington Quarterly*, 23, pp.163~170.

________. 2000/01. "North Korea's Challenge of Regime Survival: Internal Problems and Implications for the Future." *Pacific Affairs*, 73(4), pp.517~533.

________. 2003a. "China-Korea Relations: Beijing in the Driver's Sear? China's Rising Influence on the Two Koreas." *Comparative Connections*[Online], 4(4), pp.95~101. Available at http://www.csis.org/media/csis/pubs/0204q.pdf

________. 2003b. "China-Korea Relations: A Turning Point for China?" *Comparative Connections*[Online], 5(2), pp.101~107. Available at http://www.csis.org/media/csis/pubs/0302q.pdf

________. 2003c. "China-Korea Relations: Middle Kingdom Diplomacy and the North Korean Nuclear Crisis." *Comparative Connections*[Online], 5(3), pp.113~118.

Available at http://www.csis.org/media/csis/pubs/0303q.pdf

________. 2004. "China-Korea Relations: No Shows, Economic Growth, and People Problems." *Comparative Connections* [Online], 5(4), pp.111~117. Available at http://www.csis.org/media/csis/pubs/0304q.pdf

________. 2005. "China-Korea Relations: Six-Party Success and China's Peninsular Diplomacy." *Comparative Connections* [Online], 7(3), pp.109~116. Available at http://www.csis.org/media/csis/pubs/0503q.pdf

Snyder, Scott, Ralph A. Cossa and Brad Glosserman. 2005. "The Six-Party Talks: Developing a Roadmap for Future Progress." *Issues & Insights*, 5(8), pp.1~28.

Sokov, Nikolai. 2002. "A Russian View of the Future Korean Peninsula." in Tsuneo Akaha(ed.). *The Future of North Korea*. New York: Routledge, pp.129~146.

Song, Dexing. 1998. "Lengzhan hou DongbeiYa anquan xingshe de bianhua[Changes in the Post-ColdWar Northeast Asian Security Situation]." *Xiandai guoji guanxi*[*Contemporary International Relations*], 9, pp.34~38.

Sprout, Harold and Margaret Sprout. 1971. *Toward a Politics of the Planet Earth*. New York: Van Nostrand Reinhold.

Spurr, Russell. 1988. *Enter the Dragon: China's Undeclared War Against the U.S. in Korea, 1950-1951*. New York: Newmarket Press.

Stockholm International Peace Research Institute(SIPRI). 2001. *SIPRI Yearbook 2001: Armaments, Disarmament and International Security*. New York: Oxford University Press.

________. 2002. *SIPRI Yearbook 2002: Armament, Disarmament and International Security*. New York: Oxford University Press.

________. 2004. *SIPRI Yearbook 2004: Armaments, Disarmament and International Security*. New York: Oxford University Press.

________. 2005. *SIPRI Yearbook 2005: Armaments, Disarmament and International Security*. New York: Oxford University Press.

Stueck, William. 1995. *The Korean War: An International History*. Princeton, NJ: Princeton University Press.

Suh, Dae-Sook. 1967. *The Korean Communist Movement 1918-1948*. Princeton, NJ: Princeton University Press.

________. 1988. *Kim Il Sung: The North Korean Leader*. New York: Columbia University Press.

________. 1993. "The Prospects for Change in North Korea." *Korea and World Affairs*, 17(1), pp.5~20.

Suh, Jae-Jung. 2006. "Imbalance of Power, Balance of Asymmetric Terror: Mutual Assured Destruction(MAD) in Korea." in John Feffer(ed.). *The Future of U.S.-Korean Relations*. New York: Routledge, pp.64~80.

Suny, Ronald Grigor. 1999/2000. "Provisional Stabilities: The Politics of Identitiesin Post-Soviet Eurasia." *International Security*, 24(3), pp.139~178.

Sutter, Robert. 2005. *China's Rise in Asia: Promises and Perils*. Lanham, MD: Rowman & Littlefield.

Tait, Richard. 2003. "Playing by the Rules in Korea: Lessons Learned in the North-South Economic Engagement." *Asia Survey*, 43(2), pp.305~328.

Takahashi, Kosuke. 2005. "Japan-South Korea Ties on the Rocks." *Japan Focus*, March 28.

Tamamoto, Masaru. 1991. "Japan's Uncertain Role." *World Policy Journal*, 8, pp.584~585.

Tanter, Raymond and Richard H. Ullman(eds.). 1972. *Theory and Policy in International Relations*. Princeton, NJ: Princeton University Press.

Thomas, W. I. 1928. *The Child in America*. New York: Knopf.

Thucydides. 1978. *The Peloponnesian War*. translated by Rex Warner. New York: Penguin.

Todd, Emmanuel. 2003. *After the Empire: The Breakdown of the American Order*. New York: Columbia University Press.

Toloraya, Georgi. 2002. "Russia and North Korea." in Tsuneo Akaha(ed.). *The Future of North Korea*. New York: Routledge, pp.147~156.

________. 2003a. "Korean Peninsula and Russia." *International Affairs(Moscow)*, 49(1), pp.24~34.

________. 2003b. "President Putin's Korea Policy." *The Journal of East Asian Affairs*, 17(1), pp.23~51.

Tolz, Vera. 1998. "Conflicting 'Homeland Myths' and Nation-State Building in Post-communist Russia." *Slavic Review*, 57(2), pp.267~294.

Torkunov, A. 2003. "The Korean Issue." *International Affairs(Moscow)*, 49(4), pp.37~47.

Truman, Harry S. 1955. *Memoirs Vol.1: Year of Decisions*. Garden City, NY: Doubleday.

United Nations Development Programme(UNDP). 1999. *Human Development Report 1999*. New York: Oxford University Press.

________. 2004. *Human Development Report 2004*. New York: Oxford University Press.

________. 2005. *Human Development Report 2005*. New York: Oxford University Press.

United Nations Environment Programme(UNEP). 2003. *State of the Environment DPR Korea 2003* [Online]. Available at http://www.unep.org/PDF/DPRK_SOE_Report.pdf

United States Department of Defense. 1990. *A Strategic Framework for the Asian Pacific Rim: Looking Towards the Twenty-first Century*. Washington, DC: Department of Defense.

________. 2001. *Quadrennial Defense Review Report(QDRR 2001)*. September 30, p.2. Available at http://www.defenselink.mil/pubs/qdr2001.pdf

Vasquez, John. 1987. "Foreign Policy, Learning, and War." in Charles F. Hermann, Charles W. Kegley, Jr. and James N. Rosenau(eds.). *New Directions in the Study of Foreign Policy*. Boston: Allen & Unwin, pp.366~383.

________. 1992. "World Politics Theory." in Mary Hawkesworth and Maurice Kogan (eds.). *Encyclopedia of Government and Politics*, Vol.2. New York: Routledge, pp.839~861.

Verba, Sidney. 1971. "Sequences and Development." in Leonard Binder et al.(eds.). *Crises and Sequences in Political Development*. Princeton, NJ: Princeton University Press.

Vital, David. 1967. *The Inequality of States: A Study of the Small Power in International Relations*. New York: Oxford University Press.

Vorontsov, Alexander. 2002. "Russia and the Korean Peninsula: Contemporary Realities and Prospects." *Far Eastern Affairs*, 30(3).

Wallander, Celeste. 1996. "The Sources of Russian Conduct: Theories, Frameworks, and Approaches." in Celeste Wallander(ed.). *The Sources of Russian Foreign Policy after the Cold War*. Boulder, CO: Westview Press, pp.1~20.

Wallensteen, Peter and Karin Axell. 1993. "Armed Conflict at the End of the Cold War, 1989-92." *Journal of Peace Research*, 30, pp.331~346.

Wallensteen, Peter and M. Sollenberg. 2001. "Armed Conflict, 1989-2001." *Journal of Peace Research*, 38(5), pp.629~644.

Walt, Stephen M. 1987. *The Origin of Alliances*. Ithaca, NY: Cornell University Press.

________. 1997. "Why Alliances Endure or Collapse." *Survival*, 39(1), pp.156~179.

________. 1998. "International Relations: One World, Many Theories." *Foreign Policy*, 110, pp.29~46.

Waltz, Kenneth N. 1959. *Man, the State and War*. New York: Columbia University Press.

________. 1979. *Theory of International Politics*. Reading, MA: Addison-Wesley.

________. 1997, "Evaluating Theories." *American Political Science Review*, 91(4), pp. 913~917.

Wang, Fei-Ling. 1998. "China and Korean Unification: A Policy of Status Quo." *Korea and World Affairs*, 22, pp.177~198.

________. 1999. "Joining the Major Powers for the Status Quo: China's Views and Policy on Korean Reunification." *Pacific Affairs*, 72, pp.167~185.

Wang, Jianwei. 2003. "Territorial Disputes and Asian Security: Sources, Management, and Prospects." in Muthiah Alagappa(ed.). *Asian Security Order: Instrumental and Normative Features*. Stanford, CA: Stanford University Press, pp.380~423.

Wang, Jisi. 2005. "China's Search for Stability with America." *Foreign Affairs*, 84(3), pp.39~48.

Wang, Yizhou. 1999. "Mianxiang ershi shiji de Zhongguo waijiao: sanzhong xuqiu de xunqiu jiqi pinghem [China's Diplomacy for the 21st Century: Seeking and Balancing Three Demands]." *Zhanlue yu guanli* [*Strategy and Management*], 6, pp.18~27.

________(ed.). *Construction Within Contradictions: Multiple Perspectives on the Relationship Between China and International Organizations*. Beijing: China Development Publishing House.

Weathersby, Kathryn. 1995. "To Attack, or Not to Attack? Stalin, Kim Il Sung, and the Prelude to War." *Bulletin of Cold War International History Project*, 5, pp.1~9.

________. 1996. "New Russian Documents on the Korean War: Introduction and

Translations." *Bulletin of Cold War International History Project*, 6-7, pp.30~84.

________. 1999. "The Korean War Revisited." *The Wilson Quarterly*, 23(3), pp.91~95.

Weber, Max. 1968. *From Max Weber: Essays in Sociology.* in H. H. Gerth and C. Wright Mills(eds.). New York: Oxford University Press.

Weigert, Andrew, J. Smith Teitge and Dennis W. Teitge. 1986. *Society and Identity: Toward a Sociological Psychology.* Cambridge: Cambridge University Press.

Weiner, Michael. 1994. *Race and Migration in Imperial Japan.* New York: Routledge.

Wendt, Alexander. 1987. "The Agent-Structure Problem in International Relations Theory." *International Security*, 41, pp.335~370.

________. 1992. "Anarchy Is What States Make of It: The Social Construction of Power Politics." *International Organization*, 46, pp.391~425.

________. 1994. "Collective Identity Formation and the International State." *American Political Science Review*, 88, pp.384~396.

________. 1995. "Constructing International Politics." *International Security*, 20(1), pp. 71~81.

________. 1999. *Social Theory of International Politics.* New York: Cambridge University Press.

Whiting, Allen S. 1989. *China Eyes Japan.* Berkeley: University of California Press.

Williams, William Appleman. 1961. *The Tragedy of American Diplomacy.* Rev.(ed.). New York: Delta Books.

________. 1980. *Empire as a Way of Life.* New York: Oxford University Press.

Wishnick, Elizabeth. 2001a. "Review of *Rossiia I Koreia v geopolitike evrazeiskogo vostoka* [*Russia and Korea in the Geopolitics of the Eurasian East*] by Vladimir Li." Northeast Asia Peace and Security Network, Special Report.

________. 2001b. *Mending Fences: Moscow's China Policy from Brezhnev to Yeltsin.* Seattle: University of Washington Press.

________. 2002. "Russian-North Korean Relations: A New Era?" in Samuel S. Kim and Tai Hwan Lee(eds.). *North Korea and Northeast Asia.* New York: Rowman & Littlefield, pp.139~162.

________. 2004. "Russia in Inter-Korean Relations." in Samuel S. Kim(ed.). *Inter-Korean Relations: Problems and Prospects.* New York: Palgrave Macmillan, pp.117~138.

Wit, Joel S., Daniel B. Poneman and Robert L. Gallucci. 2004. *Going Critical: The First North Korean Nuclear Crisis*. Washington, DC: Brookings Institution Press.

Wohlforth, William C. 1993. *The Elusive Balance: Power and Perceptions During the Cold War*. Ithaca, NY: Cornell University Press.

________. 1994/95. "Realism and the End of the Cold War." *International Security*, 19(2), pp.91~129.

________. 1999. "The Stability of a Unipolar World." *International Security*, 24(1), pp.5~41.

Wolf, Charles, Jr. 1995. *Long-Term Economic and Military Trends, 1994-2015: The United States and Asia*. Santa Monica, CA: RAND.

________. 1997. "Asia in 2015." *Wall Street Journal*, 20 March, p.A16.

Wolf, Charles, Jr. and Kamil Akramov. 2005. *North Korean Paradoxes: Circumstances, Costs, and Consequences of Korean Unification*. Santa Monica, CA: Rand.

Woo, Jung-En. 1991. *Race to the Swift*. New York: Columbia University Press.

Woodruff, David. 1999. *Money Unmade: Barter and the Fate of Russian Capitalism*. Ithaca, NY: Cornell University Press.

World Bank. 1991. *World Development Report 1991*. New York: Oxford University Press.

________. 1996. *World Development Report 1996*. New York: Oxford University Press.

________. 1997. *World Development Report 1997*. New York: Oxford University Press.

________. 1999. *World Development Report 1998/99*. New York: Oxford University Press.

________. 2001. *World Development Report 2000/2001*. New York: Oxford University Press.

________. 2002. *World Development Report 2002*. New York: Oxford University Press.

________. 2003a. *World Development Report 2003*. New York: Oxford University Press.

________. 2003b. *World Development Report 2004*. New York: Oxford University Press.

________. 2004. *World Development Report 2005*. New York: Oxford University Press.

________. 2005. *World Development Report 2006*. New York: Oxford University Press.

World Food Programme. 2005a. "WFP DPR Korea EMOP 10141.3 Emergency Food World Food Programme Assistance to Vulnerable Groups." Available at http://

www.wfp.org/operations/current operations/project docs/101413.pdf

________. 2005b. "Update on Korea, Democratic Republic." May 18.

Yamaji, Hideki. 2004. "Policy Recommendations for Japan: Unification of the Korean Peninsula." Washington, DC: The Brookings Institution, Center for Northeast Asian Policy Studies.

Yan, Xuetong. 1995. "Lengzhan hou Zhongguo de duiwai anquan zhanlüe[China's post-Cold War External Security Strategy]." *Xiandai guoji guanxi* [*Contemporary International Relations*], 8, pp.23~29.

Yan, Xuetong and Li Zhongcheng. 1995. "Zhanwang xia shiji chu guoji zhengzhi [Prospects for International Politics in the Beginning of the Next Century]." *Xiandai guoji guanxi* [*Contemporary International Relations*], 6, pp.2~8.

Yang, Chengxu. 1994. "Dui Dong Ya anquan wenti de fenxi[An Analysis of the East Asian Security Problem]." *Guoji wenti yanjiu* [*International Studies*], 3, pp.19~22.

Yang, Seung Ham, Woosang Kim and Yongho Kim. 2004. "Russo-North Korean Relations in the 2000s: Moscow's Continuing Search for Regional Influence." *Asian Survey*, 44(6), pp.794~814.

Yang, Young Shik. 1998. "Kim Dae-jung Administration's North Korea Policy." *Korea Focus*, 6(6), pp.48~62.

Yi, Xiaoxiong. 1995. "China's Korea Policy: From 'One Korea' to 'Two Koreas'." *Asian Affairs*, 22(2), pp.119~139.

Yoon, In-Jin. 2001. "North Korean Defectors Abroad and in South Korea." *Development and Security*, 30(1), 1~26.

Yoon, Tae-Ryong. 2006. *Fragile Cooperation: Net Threat Theory and Japan-Korea-U.S. Relations*. PhD dissertation, Department of Political Science, Columbia University, New York.

Yu, Shaohua. 1997. "Chaoxian bandao xingshi de fazhan yu qianjing[The Evolving Situation and Future Prospects of the Korean Peninsula]." *Guoji wenti yanjiu* [*International Studies*], 4, pp.12~16.

Yufan, Hao and Zhai Zhihai. 1990. "China's Decision to Enter the Korean War: History Revisited." *The China Quarterly*, 121, pp.94~115.

Zacek, Jane Shapiro. 1998. "Russia in North Korean Foreign Policy." in Samuel S. Kim (ed.). *North Korean Foreign Relations*. Hong Kong: Oxford University Press.

Zakaria, Fareed. 1998. *From Wealth to Power: The Unusual Origins of America's World Role*. Princeton, NJ: Princeton University Press.

Zhang, Aiping. 1994. *Zhongguo Renmin Jiefang Jun* [*China's People's Liberation Army*], Vol.1, Contemporary China Series. Beijing: Dangdai Zhongguo Chubanshe.

Zhang, Xiaoming. 1998. "The Korean Peninsula and China's National Security: Past, Present, and Future." *Asian Perspective*, 22, pp.259~272.

Zhao, Gancheng. 1997. "China's Korea Unification Policy." in Tae-Hwan Kwak(ed.). *The Four Powers and Korean Unification Strategies*. Seoul: Institute for Far Eastern Studies, Kyungnam University, pp.59~86.

Zhebin, Alexander. 2005. "The Bush Doctrine, Russia, and Korea." in Mel Gurtov and Peter Van Ness(eds.). *Confronting the Bush Doctrine: Critical Views from the Asia-Pacific*. New York: Routledge Curzon, pp.130~152.

Zou, Yunhua. 1998. "The Relationship Between TMD and the Global and Regional Security." *Guoji wenti yanjiu* [*International Studies*], 1, pp.27~29.

찾아보기

ㅂ

ㅅ

ㅇ

ㅌ

ㅍ

ㅎ

[용어]

ㄱ

ㄴ

ㄷ

ㄹ

컬럼비아 대학의 웨더헤드 동아시아 연구소 산하

한국 연구 센터 후원으로 출간된 저서들(1998~2006)

Samuel S. Kim(ed.), *North Korean Foreign Relations in the Post-Cold War Era* (New York: Oxford University Press, 1998).

Samuel S. Kim(ed.), *Korea's Globalization*(New York: Cambridge University Press, 2000).

Laurel Kendall(ed.), *Under Construction: The Gendering of Modernity, Class, and Consumption in the Republic of Korea*(Honolulu: University of Hawaii Press, 2001).

Samuel S. Kim(ed.), *The North Korean System in the Post-Cold War Era*(New York: Palgrave, 2001).

Charles K. Armstrong(ed.), *Korean Civil Society: Social Movements, Democracy and the State*(London: Routledge, 2002).

Samuel S. Kim(ed.), *Korea's Democratization*(New York: Cambridge University Press, 2002).

Samuel S. Kim(ed.), *Inter-Korean Relations: Problems and Prospects*(New York: Palgrave Macmillan, 2004).

Samuel S. Kim, *The Two Koreas and the Great Powers*(New York: Cambridge University Press, 2006).

지은이_ **새뮤얼 킴(Samuel S. Kim)**

새뮤얼 킴은 컬럼비아대학교 정치학과 겸임교수이자 웨더헤드 동아시아 연구소의 수석 연구학자이다. 1985~1986년 풀브라이트 교수로서 중국 베이징의 외교문제 연구소에서 강의했고, 1986~1993년에는 프린스턴대학교 공공국제정책대학원인 우드로윌슨 스쿨에서 강의했다. 그는 동아시아 국제관계 및 세계질서 연구에 관한 책 22권의 저자이자 편집자이다. 저서로는 *China, the United Nations and World Order*(1979), *The Quest for a Just World Order*(1984), *China and the World*(ed., 1984, 1989, 1994, 1998), *North Korean Foreign Relations in the Post-Cold War Era*(ed., 1998), *Korea's Globalization*(ed., 2000), *East Asia and Globalization*(ed., 2000), *The International Relations of Northeast Asia*(ed., 2004) 등이 있다. 또한 *American Journal of International Law*, *Asian Perspective*, *Asian Survey*, *China Quarterly*, *International Interactions*, *International Organization*, *Journal of East Asian Studies*, *Journal of Peace Research*, *World Policy Journal*, *World Politics*를 포함한 국제관계 저널에 150편 이상의 논문을 발표한 바 있다.

옮긴이_ **김병로(金炳魯)**

김병로는 1968년 충남 청양에서 태어나 서강대학교 경영학과를 졸업하고 국회의원 비서관을 역임했다. 이후 (사)동북아전략연구원(이사장 천정배) 수석연구원, (사)대륙으로가는길 전략기획실장(상임고문 정동영)을 거쳐, 현재 한반도 정치연구소장으로 있으면서 각종 강연과 집필 활동에 전념하고 있다. 저서로는 『쾌도난마 조선정치(상, 하)』(2012), 『친노는 왜 항상 실패하는가: 2017 집권 전략』(2015) 등이 있다.

smartguy68@naver.com

한울아카데미 1925

한반도와 4대 강국

지은이 새뮤얼 킴
옮긴이 김병로
펴낸이 김종수
펴낸곳 한울엠플러스(주)
편집책임 조인순
편집 김영은

초판 1쇄 인쇄 2016년 9월 20일
초판 1쇄 발행 2016년 9월 30일

주소 10881 경기도 파주시 광인사길 153 한울시소빌딩 3층
전화 031-955-0655
팩스 031-955-0656
홈페이지 www.hanulmplus.kr
등록번호 제406-2015-000143호

Printed in Korea.
ISBN 978-89-460-5925-2 93340 (양장)
ISBN 978-89-460-6228-3 93340 (학생판)

※ 책값은 겉표지에 표시되어 있습니다.
※ 이 책은 강의를 위한 학생용 교재를 따로 준비했습니다.
강의 교재로 사용하실 때에는 본사로 연락해주시기 바랍니다.